U0801253

公司诉讼
法律实务全解

股东权益保护 · 公司权益保护 · 债权人权益保护

李洪灯　等著

法律出版社
LAW PRESS·CHINA

作者简介

（按姓氏拼音排序）

陈婷婷

毕业于中国人民大学法学院，获得硕士学位，北京金诚同达（上海）律师事务所高级合伙人，兼任复旦大学法律硕士专业学位实务导师、复旦大学法学院实务课程讲师、华东政法大学法律硕士校外导师、上海市金融消费调解中心中立评估专家，专业领域涉及商事争议解决、金融合规与诉讼等。陈律师曾办理了多起具有重大影响力与示范意义的案件，主办的两案入选《最高法院公报案例》，是原工作系统内首届“十佳青年”，获得多项荣誉称号，担任电视节目《律师说》《法治天下》《法官说案》、SMG《法眼看天下》嘉宾，连续三年参与最高人民法院“司法调研重大课题”并执笔调研报告，著有多篇获奖学术论文。

姜莉丽

毕业于浙江大学和伦敦政治经济学院，分别获得法学学士、法学硕士学位，现为北京金诚同达（上海）律师事务所合伙人，同时担任光伏产业新能源公司锦浪科技（300763）独立董事、复旦大学法律硕士专业学位实务导师、复旦大学法学院实务课程讲师。姜律师曾经上海市司法局选拔，被委派至香港顶级的大律师行Temple Chambers交流访问，并跟随当时的香港大律师公会主席Russel Coleman学习。姜律师一直致力于为跨国公司、大型民营公司、股权投资基金提供投融资相关的法律服务，在此领域具有非常丰富的实务经验。

李　晨

毕业于上海对外经贸大学法学院，现为北京金诚同达（上海）律师事务所合伙人，兼任复旦大学法学院实务课程讲师、华东政法大学法律硕士专业实训导师，执业领域涉及投融资、并购重组、商事争议解决、不良资产处置等。李律师自执业以来为诸多跨国企业、大型民营公司、投资机构提供各类投融资以及常年法律服务，并代理了诸多商事争议解决案件，在相关领域中积累了丰富的实务经验。

李洪灯

毕业于复旦大学法学院，获得硕士学位，现为北京金诚同达（上海）律师事务所高级合伙人，兼任复旦大学司法与诉讼制度研究中心秘书长、复旦大学法律硕士专业学位实务导师、复旦大学法学院实务课程讲师、华东政法大学法律硕士实训导师、十余家仲裁机构仲裁员。李律师具有丰富的案件办理经验，执业领域主要集中在商事争议解决、不良资产处置、经济金融刑事案件辩护等。李律师具有较为深厚的司法研究能力，作为课题组成员、执笔人和调研小组负责人参与国家社科基金重大项目、最高法院司法研究重大课题、上海高院党组重大课题6项，个人撰写相关课题报告、论文、书稿合计近50万字，与复旦大学法学院段厚省教授、高鹏博士合著学术专著一部。

罗亚中

毕业于复旦大学法学院，获得硕士学位，现为北京金诚同达（上海）律师事务所资深主办律师，兼任华东政法大学法律硕士专业实训导师，参与复旦大学法学院实务课程。罗律师具有证券从业资格及基金从业资格，深耕资本市场、民商事争议解决、并购重组、投融资等专业领域，自执业以来为众多上市公司、新三板公司、金融机构、投资机构、中小型企业等提供常年及专项法律服务，代理众多争议解决案件，在相关业务领域中积累了丰富经验。除实务经验外，罗律师公开发表了《浅析企业筹备IPO注意事项》《探析定增项目中上市公司大股东承诺保底收益问题》《〈上市公司重大资产重组管理办法〉漫漫谈》等十余篇专业文章。

彭　凯

毕业于厦门大学法学院，获得硕士学位，现为北京金诚同达（上海）律师事务所高级合伙人，兼任复旦大学法律硕士专业学位实务导师、复旦大学法学院实务课程讲师、厦门市地方金融协会调解员、多家机构签约讲师，专业领域涉及网络安全与数据合规、金融科技、公司收并购及争议解决等。彭律师专注于互联网、新金融行业及各类新兴业态的合规实务，为众多头部互联网公司、金融科技企业提供各类法律服务，其深谙国内网安数据合规、新兴金融领域法律法规，撰有详细务实的解读性文章，包括《搜索引擎“算法侵权”的归责路径探析》《当GDPR来敲门：“摩拜数据门”中的数据合规新启示》等，并编有商业银行互联网贷款合规实务手册。

许中华

毕业于上海对外经贸大学，获得法律硕士学位，现为北京金诚同达（上海）律师事务所高级合伙人，兼任复旦大学法学院实务课程讲师、上海对外经贸大学法律硕士校外导师，专业领域涉及投融资、并购重组、破产与商事争议解决等。除实务经验外，许律师还撰写了《论民间网络借贷平台的监管和法律规制》《域外破产抵销权比较研究——我国破产抵销权制度的完善》等与业务领域相关的论文，参与《“一带一路”沿线国家数据保护与网络安全法律指南》编译。

周晨黠

毕业于上海交通大学，先后获得法学学士、经济学学士、法律硕士学位，现为北京金诚同达（上海）律师事务所资深主办律师，专业领域涉及争议解决、网络安全与数据合规、破产重整等。自执业以来曾代理众多商事争议解决案件，同时为多家互联网企业、金融科技公司提供合规法律服务。周律师曾撰写、翻译包括《论破产程序中债权确认的方式》《融资租赁合同效力的认定与辨析》《漫谈爬虫与合规》《律师与工程师应当使用相同的机器人语言》等在内的众多专业文章，参与新科技领域的研究工作，聚焦于个人信息保护与数据合规、人工智能、大数据、网络安全等多个新兴领域开展研究，通过法律与技术相结合的方式进行知识输出。

序言

孔祥俊*

《人类简史》中有个经典提问:"'标致汽车'这家公司是真实存在的吗?"通过这个看似多余的问题,作者出人意料地指出"公司"与"法律"等概念本质上是一个虚幻的事物,只是人类"想象的现实"。然而,正是这样人类共同的想象,使得公司成为当今社会最具活力的经济细胞以及群体协作创造社会财富的载体,也从根本上改变了人类自身。

作为一种组织形式,公司自诞生之日就面临治理问题,并且这个议题同样不可避免地需要借助另一个人类想象的产物——法律。纵观我国首部《公司法》颁布以来的20余年间,其始终占据着我国民商事法律中基本法的地位。其间历经一次修订、四次修正,出台五部司法解释,无不反映出公司法律制度之精细化以及实务问题之复杂化。这一点与司法领域与公司有关的纠纷日益多发遥相呼应,与公司有关的纠纷案由也已增加至26个。

关于案由,一个有趣的现象是,虽然案由是每个司法案件的必备标签,还有自己专属的司法解释,但却并不为许多法科学生以及从事非讼业务的实务人士所认识,很多人提起案由这个词甚至颇感茫然。实质上,案由是以民法理论对民事法律关系的分类为基础,是对民事案件所包含的法律关系进行的高度概括。现行《民事案件案由规定》(法〔2020〕347号)即是基于现行立法及审判实践,以法律关系的内容进行全面编排的体系。因此,案由不仅是整个诉讼过程中法院对所有案件进行分类及管理的必备工具,更是诉讼参与方主张权利或提出抗辩应沿袭的路径。唯有在具体的案由以及对应法律关系之下,我们才得以如王泽鉴教授所言去讨论"谁

---

* 上海交通大学凯原法学院院长、知识产权与竞争法研究院院长凯原讲席教授、博士生导师。

得向谁,依据何种法律规范,主张何种权利”。

本书的独特之处就在于这种根植于案由的体系性,这种体系性在全书的三个层级均得到了体现。从宏观层面,全书上下册25个章节囊括了《民事案件案由规定》中“与公司有关的纠纷”全部案由,书中的每个章节直接对接一个案由,构建了公司纠纷法律关系的完整网络,实现了全覆盖。从中观层面,各章节之间的结构安排亦自成体系。此次出版的上册为权益保护篇,作者将对应的11个案由进行分类,形成股东权益保护、公司权益保护以及债权人权益保护三编。每编中各章也按照由权益基础到保护路径、由表及里的顺序逐一论及各个案由。从微观层面,每章(每个案由)之下,均按照严密且统一的逻辑进行层层递进的论述:案由对应的法律关系及依据→案由外延(与类似案由的区分)→权利及义务主体→纠纷类型→实务难点及争议焦点→权益保护程序(管辖、时效及举证)。此外,每个章节最后附有该章对应的法律法规及适法意见,与章节内容相呼应,且完整收录了权利基础规范、司法解释、程序规范、部门规章、针对特定问题的复函或批复、地方高院的适法意见,部分章节对专业性较强的问题还援引了行业准则或自治规则。可以说,这种脉络清晰的体例结构及编写思路,无论是对于希望搭建或夯实公司法律知识框架,还是追求“短、平、快”地掌握某个实务问题,抑或是有意培养公司纠纷的法律分析及解决思维的读者,均是极佳的帮助。

作为一本法律实务书籍,司法案例在其中的重要性自不必多言。相信每个法律人在内心都将案例视为宝库,然而很多时候我们或许应当重新审视案例之于法律规范的意义:案例的作用不仅在于使受众在处于类似情形下时可以按图索骥地找到可供参考的法律解决方案,更在于使原本高度抽象且浓缩的法律条文在客观世界中投射出一幅幅具体生动的图画,最终从多个角度汇聚成法律规范自身的“全息影像”使其可以全方位地被感知。倘若我们深刻理解案例与法律之间的这种双向的“涵摄”过程,就会遗憾于简单堆砌式的案例汇编与法律规范之间这种深层互动的欠缺,以及因此导致的案例自身作用之受限。

令人欣喜的是,本书展现了对案例意义的充分诠释。书中案例在选择、编排、分析和应用上完美契合了法律规范应然内涵及其适用过程中的尺度与张力,并反之深化了对后者的认知。首先,本书涉及的案例极具代表性。这种代表性的保障是对相应司法案例的全面掌握。从本书内容可以看出作者对每个案由对应案例进行了“地毯式”的检索,如本书第一章“股东资格确认纠纷”,对最高人民法院5年间审理的全部案例进行逐一阅览并选取典型案例。其余章节亦在全面涉猎了从程序到实体乃至执行方面的案例,至于业内耳熟能详的“海富案”“徐工案”等经典案例更是尽数收录。其次,本书收录的案例具有权威性,原则上仅限于最高人民法院判决或者公布、评选、收录的案例。对于相应法律问题没有上述对应案例或者对于新类型问题,在充分进行比较的基础上选择典型案例,并对存在的地域差异或观点差异并未回避,而是在如实呈现的基础上进行归纳及说明分析,以帮助读者归纳出更具代表性的观点。最后,案例与本书框架及内容完美融合。收录的案例紧扣实务问题,在体系化的结构下,为层层递进的法律问题探索答案,且精准的事实提炼保障了压缩后的无损品质。对于同一问题,作者甚至可能同时选取多个裁判结果不同的案例,并通过分析解读出原因,以令读者亲身体会案例之间的细微差别以及影响裁判的实质性因素,从而在更深层次上实现对法律规则的全面理解与准确适用。此外,书中收录案例数量之可观、类型之广泛,亦使受众易于从各个不同角度找到可供参考的情形。

阅读本书,常常会自然地被文章写作思路牵动而逐步深入。这种体验不得不说应得益于作者不断抛出环环相扣的问题,如同希柯克定义的悬念:只有让观众知道牌桌底下藏着一枚定时炸弹,牌局上的一举一动才会时时牵动人心,否则观众只能看到一个爆炸后的狼藉场面。可视化技术的巧妙运用,如每章之前的思维导图、每个案例视图、相关问题的统计及对比图示,使得学习因技术便捷而增添愉悦及丰富的学习层次,也便于让不同的读者群体都能找到打开这本书的方式。

本书的作者中有曾经的资深法官,也有长期从事司法实务的律师,还有会写代码的法律人。感谢他们汇聚各自经验与优势,使得本书能够轻松地与各个群体的法律人实现对话。无论是作为从事或参与司法实务的法官、律师以及公司法务人员的工具书与检索书,还是作为法科学生深入学习公司法的辅导书,抑或作为备考司法考试的参考书,相信不同读者群体都能从中学以致用、融会贯通。衷心希望通过本书输出的有形或无形内容,推动法律职业共同体在公司法实务领域进一步增进共识,促进专业领域内法治人才的转型升级。

是为序。

被告:杨照春。

2007年3月14日,原告张建中、被告杨照春签订合作出资协议约定,原、被告共同出资1238万元,以被告名义受让绿洲公司61.75%股权,其中,被告出资877.501万元,占43.77%;原告出资360.499万元,占17.98%。原告同意所有出资(或股权)登记在被告名下,股东权利由被告代为行使。

2007年3月28日,原告张建中、被告杨照春签订补充协议,被告确认原告已经按约向被告支付360.499万元,实际持有绿洲公司17.98%的股权;双方同意代为持股的期限为3年,自2007年3月28日至2010年3月27日止;代为持股期限届满后30日内,被告应将股权变更登记至原告的名下,相应手续依法办理……2007年3月15日、16日,原告张建中将350万元出资款付给上海亚帆公司,该公司于次日又将款转入南京中船公司;2007年4月15日,被告杨照春出具确认书,确认收到原告张建中的360.499万元出资款。2007年3月23日,江苏纵横会计师事务所有限公司出具验资报告称,绿洲公司申请登记的注册资本2005万元,全体股东于2007年3月21日前一次缴足,其中,被告杨照春委托南京中船公司向绿洲公司开设的临时存款账户缴存1238万元。2008年11月25日,被告杨照春出具承诺书,承诺于2009年2月底前将张建中实际持有绿洲公司17.98%的股权变更登记至原告名下。2009年5月15日,绿洲公司核准登记,绿洲公司股东为被告杨照春、马卫忠等14位自然人和南京中船公司。张建中提起诉讼要求确认其所持有绿洲公司股权并变更登记。

上海静安法院判决确认杨照春持有的绿洲公司股权中17.98%为张建中所有。双方均未上诉。(见图1-8)

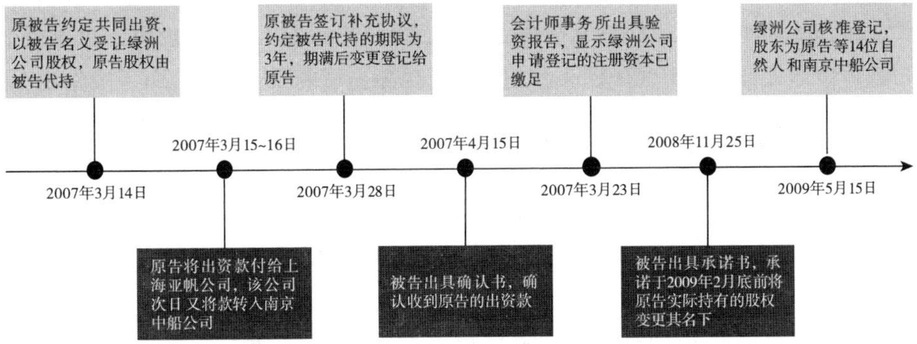

图1-8　张建中诉杨照春股权确认纠纷案

法院认为,原告张建中、被告杨照春之间的合作出资协议、补充协议和被告出具的确认书、承诺书，系当事人真实意思表示，无《合同法》第五十二条规定的情形，因此，原、被告的合作出资协议、补充协议等合法有效。根据原、被告的约定，代持股权的期限已逾，原告有权依约主张自己的权利，故应确认争议股权为原告所有。在我国尚未通过立法确立代持协议的效力时，该判决通过运用法理推论，通过对合同效力的基础判断规则进行分析，确认了代持协议的效力，并确认了隐名股东的股东资格。值得注意的是，虽然确认了隐名股东的股东资格，法院并没有想当然地支持隐名股东的变更工商登记请求。对于隐名股东显名化的请求，在缺少法律依据的情况下，法院将隐名股东办理变更登记的显名化行为类比为"股权转让行为"，法院认为："杨照春在代为持股期限届满后，为原告办理相应的股权变更登记手续，形同股东向股东以外的人转让股权。"因此，依照《公司法》就对外转让股权行为的规定，应当经过其他股东过半数同意。

从显名化程序的适用效果上看，当时所确立的裁判规则与《公司法司法解释（三）》第二十四条第三款规定一致。该案例入选最高人民法院公报案例，由此可知该裁判规则具备一定权威性，甚至可能是《公司法司法解释（三）》有关规则的演变前身。本案的裁判结果及推理过程殊值赞赏，但股权转让与隐名股东显名化的区别亦应引起重视。在裁判规则推论中，上海静安法院将该种隐名股东显名化的行为认定为"形同股东向股东以外的人转让股权"。而根据《公司法》的规定，基于保障人合性，有限公司股东对外转让股权时，其他股东享有同等条件下的优先购买权。根据学界通说以及实务界的实践情况，侵犯其他股东的优先购买权的股权转让行为无效。在上述法律背景下，假设这样一种情况——隐名股东主张显名化时，如其他股东主张行使优先购买权。隐名股东对股权实际享有的所有权竟然无法对抗法律赋予其他股东的优先购买权。[①] 在同等条件下，隐名股东所享有的股权应当优先转让给其他股东。此外，从法理上分析，对外转让股权规则在价值上也不完全与该种情形相符。因为优先购买权的是为了保障公司的"人合性"，而一般来说，隐名股东作为实际出资人，股东权利的实际行使者，只是在"工商登记"的表面层面上未参与公司，而在公司决策作出、公司分红等实质层面上可能均有参与行为。因此，其显名化的行为对"人合性"来说可能并不会造成破坏。甚至是"人合性"的进一步体现（隐名股东显名化意味着剔除了实际上与公司无关联的"显名股东"）。因此适用对外转让股权行为类比股东显名化行为在价值上似乎存在一定的差异。

不仅如此，《公司法司法解释（三）》第二十四条第三款规定以及上述案例确立

① 关于优先购买权的权利性质，学界存在物权说、债权说、期待权说、形成权说等多种争议观点，因与主题关联不大，在此不再深入展开。

的裁判规则，也并不完全适用于所有类型的显名化程序。例如，不完全隐名出资股东意味着其他股东早就明知或者同意了隐名股东的存在。如果其他股东在明知的状态下未对隐名股东提出异议，那么该种明知也应当视为对隐名股东存在的默许。如果简单适用该项规则，允许其他股东否定隐名股东的工商登记，将违反诚实信用原则。因此，对于不完全隐名股东，没必要再要求其获得其他股东半数以上同意。

最新出台的《九民纪要》回应了这一问题。《九民纪要》第二十八条规定，“实际出资人能够提供证据证明有限责任公司过半数的其他股东知道其实际出资的事实，且对其实际行使股东权利未曾提出异议的，对实际出资人提出的登记为公司股东的请求，人民法院依法予以支持。公司以实际出资人的请求不符合公司法司法解释(三)第 24 条的规定为由抗辩的，人民法院不予支持”。虽然《九民纪要》不能作为裁判依据进行援引，但是其作为裁判说理指引对司法实践具有重要价值。

b. 规避法律型隐名出资和非规避法律型隐名出资股东的显名化程序

规避法律型隐名出资和非规避法律型隐名出资的差异在于隐名出资的成因不同。由于隐名股东显名化涉及工商登记变更，而工商登记有国家权力的参与具备法定的公示效力，是国家从形式层面赋予股东权利外观，因此对于规避法律型的隐名出资，其本身性质就与国家利益相冲突，除非其所规避的法律被予以放宽，否则难以获得显名化。

以本章所引述案例 3 为例(公务员隐名股东提出请求成为具有公示效力的工商登记股东主张不予支持)，虽然该案例中法院认定了涉案公务员为争议股份的实际出资人，具备股东资格，但是对于要求被告协助办理工商变更登记的诉讼请求却予以驳回。对于这一诉讼请求的驳回，一审法院通过僵硬套用股东显名化规定中要求“其他股东或者一半以上股东同意”的法律规定进行说理。二审法院未采纳该观点，而是表明“《公务员法》的管理性禁止性规范，是与当事人的‘市场准入’资格有关，该类规范目的之一在于由特定管理机关依法履行其管理职能，以维护社会秩序。有鉴于此，陈孝斌、张彩霞上诉提出请求成为具有公示效力的工商登记股东的主张，与前述法律规定相悖，不能成立，不予支持”。由此可知，虽然禁止公务员入股为管理性禁止性规范，公务员的参股行为并不因违背相关规定而无效，但是公务员要求办理工商登记的请求仍然无法获得支持。从法理上分析，工商登记是由代表国家的公权力机关赋予有关主体股东权利外观的行为，其根本目的在于维护交易秩序安全，所代表的是国家利益。而规避法律型隐名出资是对利用法律的局限性作出的有损于法律实施行为，与国家利益相违背。两者之间存在天然的利益冲突，因此规避法律型的隐名出资难以获得合法的显名化支持。

由于我国法律并不排斥隐名出资,因此对于非规避法律型的隐名出资,隐名股东基于何种成因适用该制度在所不论,其显名化程序只要符合相关领域的法律规定即可。

案例·20　－中国审判案例要览案例－

外商投资企业隐名投资、得到其他股东认可并征得审批机关同意的可认定为具有股东身份

——合泰公司等诉好又多公司等股权确认纠纷案①

原告:合泰公司、于曰江。

被告:好又多公司、罗碧容、吴娟丽。

好又多公司股东为潘皓燮、许红曦。好又多公司作出股东会决议,同意潘皓燮、许红曦将其各持有中山市好又多公司的60%和40%股权转让给罗碧容、吴娟丽,上述人员之间签订《股权转让协议》。

2007年4月26日,合泰公司、于曰江与罗碧容、吴娟丽签订《委托代理投资协议》,其中订明:合泰公司信托于曰江投资中国商业企业,双方已签订信托协议。于曰江委托罗碧容及吴娟丽作为合泰公司的投资代理人,投资成立中山市好又多公司,注册资本为人民币100万元,由合泰公司或其关联企业以借款方式给罗碧容人民币60万元及吴娟丽人民币40万元,代理投资中山市好又多公司。罗碧容与吴娟丽在此协议特别声明其在好又多公司仅为投资的代理人,不享有任何股权及其所属权益。

在合泰公司与于曰江签订的《投资信托协议》中订明:于曰江依相关法律规定,另行委托罗碧容、吴娟丽以其自然人名义投资成立好又多公司。投资以由合泰公司或其关联企业借款与名义投资人和名义投资人以委托投资的股权质押的方式完成。所产生的任何信托财产或投资权益,皆归属于公司。

2007年6月28日,罗碧容、吴娟丽与合泰公司签订《股权转让协议》,约定罗碧容、吴娟丽将其分别持有的中山市好又多公司60%和40%股权转让给合泰公司。

另查明:商务部办公厅在2009年9月10日发出《商务部办公厅关于好又多公

① 参见广东省广州市荔湾区人民法院(2010)荔法民二涉初字第11号判决书;国家法官学院:《中国审判案例要览·2012年商事审判案例卷》,中国人民大学出版社2014年版,第152页。

司整改有关问题的通知》(商办资函〔2009〕220号),通知好又多公司应首先依照国家相关规定履行合泰公司收购好又多公司的反垄断申报和相关审查程序。2010年5月30日,广东省对外贸易经济合作厅作出《关于外资并购设立外资企业中山市好又多百货商业有限公司的批复》(粤外经贸资字〔2010〕160号),批复同意好又多公司原股东罗碧容将其持有的公司60%股权转让给合泰公司,原股东吴娟丽将公司40%股权转让给合泰公司。原告为避免权利被侵犯,遂起诉要求确认其享有好又多公司100%的股权,三被告协助办理工商变更登记。

广东广州荔湾法院判决支持合泰公司全部诉求,双方均未上诉。

法院主张"依据2010年8月16日起施行的《最高人民法院关于审理外商投资企业纠纷案件若干问题的规定(一)》第十四条的规定,因合泰公司以委托代理投资的方式已经实际投资好又多公司,并通过《股权转让协议》的形式,将罗碧容、吴娟丽分别持有的好又多公司60%和40%股权全部予以回收,现《股权转让协议》已经征得了广东省对外贸易经济合作厅的同意,合泰公司请求确认公司股东身份的主张符合上述法律规定"。并据此判决要求被告协助办理股权变更登记。

本案的外商投资企业设立并不违反我国对于外商投资的限制规定,采用隐名出资的原因出于投资便利,因此该种情况的隐名投资属于非规避法律型隐名投资。在满足相关获得审批机关同意、得到其他股东认可的情况下,可以实现显名化。

2. 因瑕疵出资引发的股东资格确认纠纷

瑕疵出资,是指当法律法规、公司章程或出资协议对股东的出资义务有所规定时,股东违反上述规定义务,用以出资的财产存在完全不符合或部分不符合上述规则的情形。[①] 简言之,瑕疵出资就是股东违反出资义务的行为。

瑕疵出资的类型,按照其违法程度可分为三种:完全未出资、未完全出资、未适当出资。其不同的表现形态注定了对公司、股东及债权人产生不同的影响。完全未出资指股东完全未履行出资义务,其具体表现为:第一,股东在签订公司章程后拒绝出资,或者在公司成立之后拒绝办理相关出资财产的财产权转移手续;第二,股东因各种客观因素或法律因素所导致的事实上的不能出资或法律上的不能出资,事实上不能出资,如股东用于出资的财产因为不可抗力而损毁,法律上的不能出资,如股东用于出资的专利技术事先已经泄密等;第三,股东表面上履行了出资义务,实则根本未交付出资的虚假出资行为,如虚报注册资本、以非法手段骗取验资

① 参见蒋大兴:《公司法的展开与评判——方法·判例·制度》,法律出版社2001年版,第137页。

报告;第四,股东在公司成立后暗自抽回、转移已认缴的出资额,导致公司资本不实,但其自身继续保留享有股权的行为。未完全出资,是指股东未履行全部的出资义务,而只履行了出资义务的一部分。例如,股东货币出资不到位、股东用以出资的财产经评估与股东认缴资本额不相符等。未适当出资,是指股东未在约定的期限内缴纳出资,或用以出资的财产本身存在瑕疵,如用以出资的财产的标的物本身存在瑕疵,财产存在权利瑕疵,如股东对此标的物不享有完整的所有权等。

案例·21 - 最高人民法院案例 -

出资瑕疵不能作为否认股东资格的唯一标准

——武汉冷储公司等与张亚春等股东资格确认纠纷上诉案①

上诉人(一审本诉原告、反诉被告):武汉冷储公司。

上诉人(一审本诉被告、反诉原告):冷冻冷藏公司、民联工贸公司、采购批发公司、唐云峰等20人。

被上诉人(一审本诉被告):张亚春等5人。

一审本诉原告、反诉被告:谭垒。

2011年3月31日,谭垒与武汉冷储公司签订《协议》,约定谭垒在民联工贸公司、采购批发公司各持股85%,武汉冷储公司在冷冻冷藏公司持股85%;谭垒同意在其出资完成后从其持有的两家公司的股权让渡给乙方持股35%。具体让渡后,谭垒实际持有民联工贸公司和采购批发公司各50%股权,武汉冷储公司委托谭垒各持股35%,双方在随后签订的《委托持股和投资协议》中另行约定:本协议的订立,对双方均为不可撤销、无条件的承诺,是双方签订《委托持股和投资协议》的依据,也是双方就上述四家公司最终在工商部门进行股东变更登记后的股东结构及持股比例情况反映,各协议互相补充,具有同等法律效力。

2011年5月10日,冷冻冷藏公司、民联工贸公司、采购批发公司的《章程》均作了修订。冷冻冷藏公司《章程》第八条为:"公司股东名录:武汉冷储公司,认缴出资额785.4万元,出资方式货币,持股比例85%,实缴出资785.4万元,出资时间2011年3月15日。"民联工贸公司、采购批发公司同样条款也记载了武汉冷储公司均作

① 参见云南省高级人民法院(2018)云民初130号民事判决书;最高人民法院(2019)最高法民终1149号民事判决书。

为股东享有85%的股权,以及足额缴纳情形。

按约定,武汉冷储公司应该支付的款项总额为5877.24万元,取得三个公司各85%的股权。武汉冷储公司已根据合同约定支付了大部分股权转让款,没有支付的部分款项577.24万元。其后,武汉冷储公司提起诉讼要求确认对冷藏公司享有85%股权。

云南高院一审判决确认武汉冷储公司是冷冻冷藏公司的股东,享有冷冻冷藏公司85%的股权;确认谭垒是民联工贸公司、采购批发公司的股东,各享有85%的股权;驳回武汉冷储公司、谭垒的其他诉讼请求等。最高人民法院二审驳回上诉,维持原判。

一审法院认定争议焦点之一为"武汉冷储公司和谭垒要求分别确认的股东资格及85%股权出资是否成立"。对于该项主张,唐云峰等23名被告主张武汉冷储公司和谭垒未能支付完毕相关出资款项已经构成违约,因此不应支持其诉讼请求。

对于该焦点,一审法院认为,"武汉冷储公司的出资瑕疵不能成为否认股东资格的唯一标准",理由是:"首先,从本案的合同目的看,双方签订协议的主要目的是履行《分立协议》中昆明食品集团管理层的出资义务……由于武汉冷储公司履行了大部分出资义务……股权已转至昆明食品集团管理层的代表唐云峰名下。因此,本案的主要合同目的已经实现,应该继续履行合同。其次,确认股东的资格需综合考虑多种因素,而在有限责任公司,最关键的是公司对股东的承认或认可。公司股东完成了获得股东身份的必经程序,且受让人在受让股份后,以股东身份行使权力(参与股东会、参与公司运营决策等),此时否认其股东资格缺乏事实依据。最后,在本案的诉讼之前,被告方也一直没有对尚欠款项提出异议,而在公司章程和协议中明确武汉冷储公司已经足额缴款,因此,武汉冷储公司的出资瑕疵不能成为否认股东资格的理由。由于一审被告方在本案中没有要求武汉冷储公司支付尚欠款项,因此,对于尚欠的款项可另案主张。"

根据一审法院观点,虽然是否履行出资义务是判定股东资格取得的重要标准,但是不能刻板地套用法律规定对存在瑕疵的出资行为给予苛刻的责任,对于出资瑕疵所带来的影响,应当综合多种因素进行分析,出资瑕疵不必然导致股东资格的丧失。

最高人民法院在二审中补充认为,"虽然武汉冷储公司尚有577.24万元款项未支付,但《合作补充协议(第一号)》载明《战略合作协议》签订后,武汉冷储公司已向冷冻冷藏公司等足额支付出资款;案涉各公司章程也记载了武汉冷储公司或谭垒85%的持股比例。因此，一审法院结合唐云峰等23人并未对尚欠款项提出异议并提起诉讼的事实，认定武汉冷储公司及谭垒对案涉公司出资比例为85%股权正确。一审法院对该问题论述充分，本院予以认可，不再赘述”。由此可知，最高人民法院对于上述裁判规则是持肯定态度的。

案例·22 -最高人民法院案例-

名义股东擅自利用股东地位使用自有资金进行增资所对应的股权属于隐名股东

——郭忠河与张长天等股东资格确认纠纷再审案①

再审申请人（一审第三人、二审上诉人）：郭忠河。

被申请人（一审原告、二审被上诉人）：张长天。

一审被告：中天海公司。

田地公司于2005年8月成立，股东为张某某、沈某二人。后田地公司的股东情况经多次变更，至2014年3月26日，股东为张某某和卓某。张长天从未持有田地公司的股权。2006年，田地公司独资设立俏夕阳公司。2009年6月1日法定代表人变更为郭忠河。2008年6月，俏夕阳公司更名为联中远公司，2013年5月俏夕阳公司更名为中天海公司。2010年3月8日，联中远公司注册资本由100万元增加至3000万元，郭忠河出资2850万元。2010年9月8日，联中远公司注册资本由3000万元增加至3500万元，郭忠河出资3350万元。2011年1月18日，田地公司将所持联中远公司股权转让给卓某。股权转让已经工商变更登记。此后，中天海公司注册资增加至4500万元，增资1000万元均由郭忠河出资。2014年11月24日郭忠河持股96.67%。

2010年，张长天多次通过自己的银行账户向郭忠河银行账户进行大额转账以履行出资义务，但是在验资后又抽逃出资。2014年至2016年年底，除张天转入的上述增资款1000万元外，郭忠河还多次向中天海公司汇入款项。2009年6月1日，郭忠河向张长天出具一份《承诺书》，确认联中远公司的全部资金均为张长天所出，公司的经营资金及公司的经营管理亦均由张长天承担，并承诺：其仅是名义上的股

① 参见福建省厦门市中级人民法院（2016）闽02民初1111号民事判决书；福建省高级人民法院（2018）闽民终932号民事判决书；最高人民法院（2019）最高法民申1764号再审民事裁定书。

东，不享有作为股东的一切权利，股东权利均由张长天享有，股东义务同样由张长天承担。后，张长天向法院提起诉讼要求确认郭忠河所持有中天海公司96.67%股权归其所有。

福建厦门中院一审判决第三人郭忠河所持有的中天海公司96.67%股权归属于张长天所有并驳回张长天的其他诉讼请求。福建高院二审驳回上诉，维持原判。最高人民法院裁定驳回郭忠河的再审申请。（见图1－9）

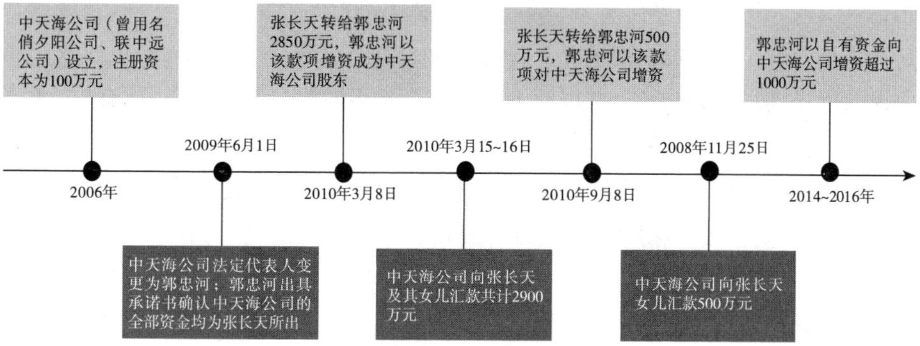

图1－9　郭忠河与张长天等股东资格确认纠纷再审案

本案对于股东资格确认纠纷确立了两个特殊裁判规则。

第一，增资后抽逃出资，不影响增资行为效力，仍旧认定履行了出资义务。一审法院认为，“该两次增资均履行了法定的验资、变更注册资本等法定程序，即增资行为已经工商登记部门予以核准并对外公示，为合法有效之增资行为，是否存在增资后抽逃出资的行为并不能影响出资行为的法律效力”。二审法院主张，“虽然该两次增资款进入公司账户后，中天海公司有大额款项直接或通过案外人张某的账户间接汇入张长天账户，但此时郭忠河任中天海公司的法定代表人且实际负责经营管理该公司，其对该转账行为理应知悉且应承担相应的管理责任，该转账行为是否属于抽逃出资的行为目前尚无定论，且与本案股东资格确认无涉。退一步讲，即使是属抽逃出资行为，郭忠河本人亦有过错，也不能因此来主张自己才是真正的股东，而应当通过中天海公司或其他股东另找法律救济途径来解决”。对于上述观点，最高人民法院也予以支持，补充论证道：“增资行为已经根据工商行政管理部门核准并予以公示，已经履行了法定程序，因此即使增资后抽逃出资，增资行为效力也不受影响。仍应当视为履行了出资义务。”

第二，名义股东擅自利用股东地位用自有款项进行增资所对应的股权属于隐名股东。正如案情所言，在郭忠河代持股期间，在未经张长天同意的情况下，郭忠河利用其股东地位，对中天海公司进行了第三次增资1000万元。在该种情况下二审法院认为，首先，从郭忠河出具的《承诺书》内容分析，其所代持的股权是整体性代持而非特定比例股权的代持，其明确承诺中天海公司全部资金均为张长天所出，自己不享有作为股东的一切权利，从信守契约的角度，应依《承诺书》约定认定股权归属于张长天，而从保持股权的整体性角度，在此前张长天已实际出资两笔增资款3350万元情况下，显然也不宜将郭忠河持有的中天海公司股权认定分属郭忠河与张长天二人。其次，郭忠河出具《承诺书》在先，以投资者名义增资在后，其理应预料在张长天未提供增资款的情况下自己对中天海公司进行增资可能产生股权归属争议的后果，但其仍予增资，并以此为由抗辩张长天的股权归属主张，既有悖《承诺书》之约定，亦有违诚信原则，况且郭忠河是作为中天海公司的法定代表人实际负责经营管理该公司，如仅以此次增资款非来源于张长天而认定增资款对应的股权归属郭忠河，则将致实际股东陷入原有股权被稀释的风险之中，有违公平原则，也有悖双方代持股权之初衷。因此，无论是依《承诺书》约定，还是依公平原则，郭忠河对中天海公司第三次增资款1000万元所对应的股权仍应归属于张长天所有。

这一观点最高人民法院也予以肯定，认为根据承诺，郭忠河仅是中天海公司名义上的股东，不享有股东的一切权利，其对该1000万元增资存在的法律风险理应明知。二审法院根据本案实际情况，考虑到有限责任公司人合因素及对实际出资人的权益保护，结合诚实信用原则，认定中天海公司第三次增资款1000万元所对应的股权应归属于张长天所有，并无不妥。即便该1000万元由郭忠河自有资金出资，亦不影响该增资款对应股权的归属认定。

分析隐名股东资格确认纠纷问题相关案例可以发现，最高人民法院对于资格确认主要从是否履行实际出资义务、是否达成投资合意、是否满足形式要件、是否形成代持关系等多个角度进行判断。但是对比部分案例也可以发现在证明标准上存在一定的差异。例如，上述列举的案例中，部分案例对于是否履行出资义务的证据要求较为宽松，部分案例对于该问题的证据要求却较为严格。

(三)因股权转让引发的股东资格确认纠纷

众所周知，投资者投资入股设立公司的目的是赚取公司的经营利润，一旦公司发展壮大，部分股东可能希望尽快变现收回当初的出资，或者希望增持自己已经拥有的股权份额。为了实现这一目标，股东往往会选择与公司其他股东或第三人签订股权转让协议的方式来转让自己的股权或者受让其他股东的股权。在这一股权转让的过程中经常会发生股东资格的确认纠纷。

案例·23　－最高人民法院案例－

不宜因股权转让协议解除直接否认已经获得的股东资格

——承乾公司与历山公司等股东资格确认纠纷再审案①

再审申请人(一审原告):承乾公司。

被申请人(一审被告):历山公司。

一审第三人:荟宏公司、兆泰公司。

2000年1月31日,承乾公司注册成立,荟宏公司和兴地公司各持有承乾公司50%股权。2005年3月1日,兴地公司将其持有的48%股权转让给荟宏公司,将2%股权转让给王镜源。

2005年10月21日,历山公司、荟宏公司、兆泰公司和王镜源签订《股权转让及增资扩股协议》,约定历山公司持股比例50%……历山公司承担融资义务……同日,历山公司、荟宏公司和兆泰公司共同签署了《合资合同》,除增加若历山公司未按约定全面、足额、按期完成融资义务,则历山公司应立即向荟宏公司支付违约金人民币1亿元,荟宏公司收到该笔违约金后,该融资义务由历山公司、荟宏公司各承担50%的内容外,其余内容与承乾公司章程的内容基本一致。

2005年11月3日,北京市商务局同意以股权并购方式设立中外合资企业——承乾公司。

2006年2月22日,历山公司、荟宏公司、兆泰公司与王镜源签订《股权转让及增资扩股补充协议》,约定历山公司增资款支付截止时间延期至2006年2月27日……2006年3月13日,会计师事务所出具验资报告,截至2006年3月7日,承乾公司共收到全体股东缴纳的注册资本人民币2.24亿元。

2012年3月19日,会计师事务所出具验资报告,自承乾公司完成第一期增资的工商变更登记之日起2年内,历山公司缴付增资第二期折合人民币12,120万元的港币。截至2012年3月1日,承乾公司已收到股东历山公司、荟宏公司和兆泰公司缴纳的增资第二期出资,即本期实收注册资本人民币242,398,624.22元,各股东累计实缴注册资本人民币5.27亿元,占已登记注册资本总额的100%。

承乾公司以《合资合同》和《股权转让及增资扩股协议》均已解除为由,请求法

① 参见北京市高级人民法院(2017)京民初117号民事判决书;最高人民法院(2019)最高法民申3945号民事裁定书。

院确认历山公司不再享有股东资格。

北京高院一审判决驳回承乾公司的全部诉讼请求，最高人民法院裁定驳回再审申请。

对于承乾公司的主张，北京高院认为股权转让协议解除的后果应当根据合同的履行情况、合同性质来进行综合判定。“系列协议终止或解除后，历山公司与荟宏公司、兆泰公司中外股东之间关于向承乾公司投资的合作关系终止，由此产生的法律后果由前述系列协议约定及《合同法》相关规定调整。历山公司作为承乾公司股东，其享有的股权本质是股东与公司之间的法律关系。历山公司与荟宏公司、兆泰公司中外股东进行的包括制定公司章程、决定公司经营范围、资本总额、出资方式、认缴股款、选举公司领导机关、申请公司设立登记等在内的创设承乾公司的行为，应当由具有组织法性质的《公司法》(2004 年修正)调整；在承乾公司设立之后，公司章程也成为规范公司与股东之间、股东之间关系的准则。在本案中，承乾公司诉请确认历山公司不再享有承乾公司股东资格并退出承乾公司，涉及公司设立、股东出资、确认股东资格等公司与股东之间的关系；如果历山公司退出承乾公司，还将出现公司资本减少、股东持股比例变化等属于公司重大事项变化的情形，根据承乾公司章程、《承乾公司章程修正案》的规定，该等事项亦应通过公司内部治理程序解决。即使因承乾公司陷入公司僵局而无法通过内部治理程序解决前述问题，《公司法》(2004 年修正)亦规定有相应的解决途径。因此，承乾公司以前述系列协议终止或解除而径行要求确认历山公司不再享有承乾公司股东资格并退出承乾公司的诉讼请求，不符合《公司法》(2004 年修正)及承乾公司章程、《承乾公司章程修正案》的相关规定，于法无据。”

对于此观点，最高人民法院予以认可，并表示，“历山公司系根据合同所涉的股权转让、公司注册资本增加等约定内容，先后通过行政审批、工商变更以及缴纳出资等履约行为合法取得了股东资格，尚无证据证明该股东资格因法定或约定等事由被剥夺。而承乾公司提出的否定历山公司股东资格、退还出资款等主张将涉及公司设立、股东出资、确认股东资格等公司与股东之间的组织关系，可能引发公司资本减少、股东持股比例变化等重大事项的纠纷。故原判决就股东认缴出资等公司创设行为适用承乾公司作为中外合资企业并购设立当时施行的 2004 年 8 月 28 日第二次修正的《公司法》来调整，就承乾公司设立之后的股东与公司、股东与股东之间的关系准则适用公司章程规定来处理认定，并无不当，最终认定承乾公司以涉案合同终止解除为由提出历山公司不再享有承乾公司股东资格的主张，不符合法律和章程规定,不予支持,亦无不当”。

根据该案例可以得知,虽然股权转让协议是获取股东资格的基础,但协议解除的法律效果应当根据多种因素进行综合判定,不宜直接基于基础法律关系消灭而否认股东资格,可以适用《公司法》、公司章程中对于转让协议解除的有关规定进行处理。

案例·24 -最高人民法院案例-

受让人基于工商登记产生信赖受让时为善意的可取得公司股权

——徐文、姜世强股东资格确认纠纷案①

再审申请人(一审第三人、二审被上诉人):徐文。

被申请人(一审原告、二审上诉人):姜世强、胡宝军。

一审被告、二审被上诉人:畅运公司。

一审第三人、二审上诉人:夏翠维。

一审第三人:宫玉杰等共4人。

大连中院(2016)辽02刑初83、97号刑事判决认定夏翠维、宫玉杰以非法占有为目的,隐瞒真相,骗取徐文财物,构成诈骗罪。夏翠维明知其与徐文并未达成转让畅运公司股权的最终合意,却指使相关证人向法院出具虚假的证人证言,导致二审法院作出夏翠维、宫玉杰依据表见代理取得畅运公司股权的认定。但夏翠维、宫玉杰已在大连市工商行政管理局对畅运公司的股东信息进行变更登记,畅运公司当时的工商登记信息显示夏翠维、宫玉杰为畅运公司股东。姜世强、胡宝军基于对该企业股东登记信息的信赖,与夏翠维签订转让畅运公司股权的合同。姜世强、胡宝军获得股东资格。徐文对此提出异议,主张有新证据证明姜世强、胡宝军并非善意受让股权。

辽宁高院二审判决认定姜世强、胡宝军善意取得畅运公司股权,最高人民法院裁定驳回再审申请。

该案例反映了善意取得制度适用于股东资格的取得。根据最高人民法院再审

① 参见辽宁省高级人民法院(2013)辽民二终字第46号民事判决书;最高人民法院(2019)最高法民申3396号民事裁定书。

审查论述,“姜世强、胡宝军基于对该企业股东登记信息的信赖,与夏翠维签订转让畅运公司股权的合同,其信赖利益应予保护。在一审、二审中,本案没有证据证明姜世强、胡宝军二人明知或应知夏翠维采取欺骗手段取得徐文在畅运公司的股权。畅运公司注册资金为1000万元,夏翠维以1800万元向姜世强、胡宝军转让畅运公司全部股权,该价格并非明显不合理的低价。二审法院参照《物权法》第一百零六条[①]关于善意取得的规定,认定姜世强、胡宝军善意取得畅运公司股权,并无不当。”据此可判断股东资格的善意取得制度适用应当满足以下要件:第一,没有证据证明交易相对人对股权异常状态为明知或者应知;第二,股权处分人对股权不享有实际权益;第三,股权处分人具备享有股权的权利外观;第四,交易价格并非明显不合理的低价。上述裁判规则所适用的判断要件中没有体现“交付或登记”条件,而“交付或登记”是善意取得制度的构成要件之一。实际上此问题涉及股权的“交付”,一般情况下,办理工商变更登记即可视为“完成交付”。此判决中对该条件隐去,可能是已经默认了工商登记已经变更的事实。

此外,值得注意的是,对于交易相对人一般推定为善意,只有在提出相反且能够明确证明交易时相对人非善意的证据,才能够推翻该善意的推定。在本案中,徐文提起再审时提交的刑事裁判文书只能证明夏翠维不能基于表见代理取得畅运公司股权,并不能明确推翻姜世强、胡宝军在交易时对工商登记记载的信赖,证实该两人非善意。

(四)因其他原因引发的股东资格确认纠纷

实务中还存在诸多其他原因引起的股东资格确认纠纷,如工商登记行为导致、企业改制所致、让与担保行为引发等股东资格确认纠纷,由于较为杂乱不宜进行过于细致的分类,因此将该类案例全部归类于本节的样本案例之中。

---

① 参见《民法典》第三百一十一条:“无处分权人将不动产或者动产转让给受让人的,所有权人有权追回;除法律另有规定外,符合下列情形的,受让人取得该不动产或者动产的所有权:(一)受让人受让该不动产或者动产时是善意;(二)以合理的价格转让;(三)转让的不动产或者动产依照法律规定应当登记的已经登记,不需要登记的已经交付给受让人。”

1. 股东决议效力争议引起的股东资格确认纠纷

案例·25　– 最高人民法院案例 –

股东决议存在程序瑕疵仍可以认定股东资格

——支建公司等与惠能公司股东资格确认纠纷再审案①

再审申请人(一审被告、二审被上诉人):支建公司。

再审申请人(一审第三人):李少卿等4人。

被申请人(一审原告、二审上诉人):惠能公司。

支建公司成立于2004年8月3日,张根绪、李少卿、史汉东、戴新庄、陈恩林为公司原始股东。2005年6月10日,公司召开股东会议,决议内容为惠能公司通过现金出资的方式成为支建公司的股东。其后,支建公司于2006年5月15日、9月1日通过召开临时股东大会和董事会,再次增资,最终经过出资、验资、办理工商登记,惠能公司共持有支建公司84.64%股权,成为支建公司的最大股东。后经陕县工商局调查,2005年6月10日的股东会实际并未召开。李少卿、张根绪、史汉东、戴某某、陈某某5位股东在股东会决议上的签名是在不同时间不同地点所签。

后,支建公司及李少卿等4人以股东会决议违反法律规定无效为由拒绝承认惠能公司股东资格。2011年5月30日,惠能公司在河南洛阳中院提起股东资格确认之诉。

河南洛阳中院一审判决认定惠能公司的股东资格,持有支建公司84.64%的股权。河南高院二审判决驳回上诉,维持原判。最高人民法院驳回再审申请。

最高人民法院认为,本案再审审查的焦点问题为"惠能公司是否享有支建公司84.64%的股权"。

对于此问题,支建公司等再审申请人否认惠能公司享有支建公司股权的主要理由如下:第一,支建公司2005年6月10日作出的股东会决议根本不存在,陕县工商局于2009年4月15日作出的陕工商行处字〔2009〕第11号《行政处罚决定书》中

---

① 参见河南省洛阳市中级人民法院(2011)洛知民初字第72号;河南省高级人民法院(2016)豫民终1012号民事判决书;最高人民法院(2018)最高法民申1305号。由于(2011)洛知民初字第72号、(2016)豫民终1012号民事判决书未在网上进行公布,因此对案件事实只能通过再审裁定予以了解。而再审裁定中主要是围绕再审申请是否符合法律规定予以开展,未就案件事实进行论述,因此,此处通过复述再审裁定中的部分情节以及结合相关新闻报道进行事实复述。

也确认了该股东会决议实际并未召开；第二，依据《公司法》（2005 年修订）的规定，不允许未经召开股东会而直接作出决议。对于支建公司等再审申请人的主张，最高人民法院不予认可，并有针对性地进行了说理。

首先，针对股东会决议效力问题，最高人民法院认为虽然陕县工商局针对该决议作出了《行政处罚决定书》，但实际上决定书内容是对支建公司提交虚假材料办理工商登记的行为进行处罚。“此处所称的‘虚假’是指股东会未实际召开的虚假。”该行政处罚并没有对决议内容的真实性予以否定，仅能证实股东会决议作出的程序存在违反法律规定的行为，但不能因此否认股东会决议系各签名股东的真实意思表示。

根据法院调查的案件事实，虽然股东会决议签名股东李少卿等 4 人并未实际参与股东会议，但是对于股东会决议的内容 4 人是已经明知的，并分别在不同时间、地点对股东会决议进行了签署。签署行为应当视为股东会决议内容的认可，在没有其他证据证实签署行为违背意愿的情况，应当将会议决议内容视为其真实的意思表示。虽然股东会决议作出程序存在瑕疵，但是以此为由要求认定股东会决议无效，仅以股东会召开、表决程序的瑕疵，就否定惠能公司的出资事实、否定 5 位股东在股东会决议签名的真实意思表示，有违诚信原则和公平原则。

其次，针对法律适用问题。最高人民法院认为虽然 2004 年修正的《公司法》与现行公司法在确认股东会决议效力方面的规定表述稍有不同，但法理相通，现行《公司法》是对 2004 年修正的《公司法》规定的进一步细化。对于决议的效力认定，不能单纯地仅以作出程序等要件作为判断的唯一标准，根据公司法立法精神，对股东会决议效力的认定，不仅要考虑股东会召开、表决程序是否规范，更需注重的是股东会决议是否系股东的真实意思表示。在该立法精神指导下，认定股东会决议有效与 2004 年修正的《公司法》的规定并不矛盾，不存在法律适用错误的问题。

惠能公司是否享有股东资格并持有 84.64% 股权的问题，其中对于股东会决议效力的判断体现了股东会决议效力对股东资格取得的影响。最高人民法院的再审裁定也主要是就该问题展开。依据最高人民法院论述的逻辑，对于股东会决议引发的股东资格确认纠纷，股东资格取得的前提是股东会的增资决议有效。从法理上分析，股东会决议是取得股东资格的意思表示体现，一系列相关法律行为的意思表示基础。因此其有效与否对于获取股东资格行为具有决定性意义。在本案中，再审申请人与被申请人的论辩也主要集中于股东会决议的效力。对于股东会决议效力判断，不仅要考虑程序的规范性，还应当注重决议是否体现股东的真实意思表示。对于召集、表决程序存在瑕疵的股东会决议，其并不当然归于无效，若能证明股东会决议仍能够反映股东的真实意思,可以认定其有效性。

2. 工商登记争议引起的股东资格确认纠纷

案例·26　－最高人民法院案例－

伪造材料办理工商变更登记不能取得股东资格

——林某与蔡敦鸿等股东资格确认纠纷再审案①

再审申请人(一审原告、二审上诉人):林某。

被申请人(一审被告、二审被上诉人):蔡敦鸿。

被申请人(一审被告、二审被上诉人):奥鑫公司。

林凡勇主张以206万元的价格向省乡企投资公司购买的"药用阴道栓"专利权和"百仙妇炎清"药号入股奥鑫公司,取得奥鑫公司股东资格。2002年5月15日,奥鑫公司工商登记显示林凡勇持有奥鑫公司65%股权及担任法定代表人职务。2002年8月7日,奥鑫公司向修文县工商局申请变更登记的材料上写明林凡勇为公司股东。后林凡勇向法院提起诉讼,要求确认对奥鑫公司的股东资格。林凡勇于2009年死亡,其母亲刘廷绮、女儿林某以继承人身份提起本案诉讼。2017年9月6日,朱德飞以刘廷绮、林某委托诉讼代理人身份向最高人民法院提交再审申请书。

此前,刘廷绮已于2017年5月10日因病死亡。朱德飞提交的再审申请书及授权委托书均有刘廷绮签名。朱德飞确认刘廷绮在提出再审申请之前已死亡,再审申请书及授权委托书上"刘廷绮"签名非本人所签。

再审申请中,蔡敦鸿、奥鑫公司主张,林凡勇通过伪造股权转让协议、股权转让款收条、股东会会议纪要、董事会决议等文件,到工商局进行变更登记,骗取了奥鑫公司65%的股权和法定代表人身份。而林凡勇在公司没有投入股金,不是奥鑫公司的股东。

后法院查明,贵州贵阳中院(2004)筑民三初字第04号民事调解书的内容,"药用阴道栓"专利权和"百仙妇炎清"药号系由贵州省乡镇企业信用担保中心以206

① 参见贵州省高级人民法院(2017)黔民终62号民事判决书;最高人民法院(2017)最高法民申4040号民事裁定书。由于(2017)黔民终62号民事判决书未在网上进行公布,因此对案件事实只能通过再审裁定予以了解,而再审裁定中主要是围绕再审申请是否符合法律规定予以开展,未就案件事实进行论述,因此,此处仅通过复述再审申请人与被申请人的主张侧面恢复案件事实,或与法院查明事实有一定出入。

万元的价格转让给奥鑫公司,转让款于 2017 年 6 月方执行完毕。贵州贵阳中院(2012)筑刑再终字第 4 号刑事判决书对林凡勇伪造股权转让手续并申请该次工商变更登记的事实进行了确认。最高人民法院裁定驳回林某的再审申请。(见图 1-10)

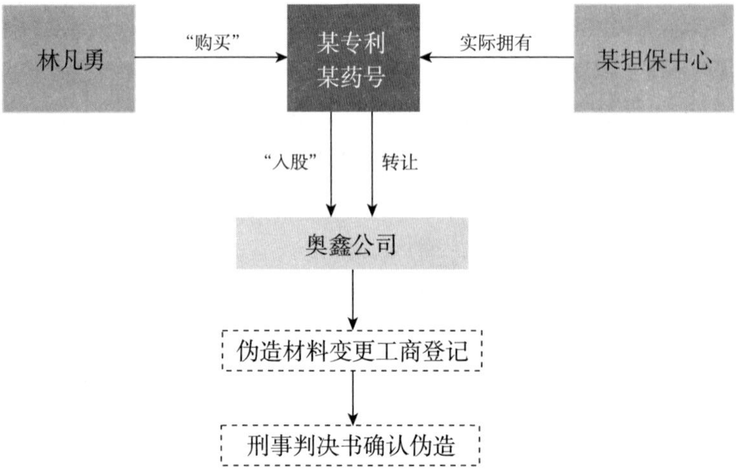

图 1-10　林某与蔡敦鸿等股东资格确认纠纷再审案

林某作为林凡勇的继承人提起再审是主张继受取得股东资格。对于该法律问题进行判断的争议焦点是"有关林凡勇是否系奥鑫公司股东并享有奥鑫公司 65% 股权的认定是否正确"。

对于该问题再审法院从"是否以相关财产权利出资入股"和"工商变更是否有效"两个角度作出了判断,并确定林凡勇不享有股东资格。

首先,从是否实际出资来看。林凡勇主张以"药用阴道栓"专利权和"百仙妇炎清"药号向奥鑫公司投资入股,但是未能提出充足证据予以证明。并且从法院调查来看,贵州贵阳中院(2004)筑民三初字第 04 号民事调解书的内容认定"药用阴道栓"专利权和"百仙妇炎清"药号系由贵州省乡镇企业信用担保中心以 206 万元的价格转让给奥鑫公司,转让款于 2017 年 6 月执行完毕。因此,现有证据无法证实系林凡勇购买专利权和药号作为出资投入奥鑫公司之中,林凡勇的出资事实难以认定。

其次,从工商变更的效力上看。工商变更作为股东资格获取的形式要件,在无相反证据推翻的情况下,具备公示效力。工商变更效力也是再审申请人主张具备股东资格的重要理由之一。对于此,最高人民法院结合工商变更登记办理的背景情况论证了本案工商变更行为的无效。最高人民法院认为:"奥鑫公司从 2001 年至今进行过多次工商变更登记,仅有 2002 年 5 月 15 日的变更登记中有林凡勇持有

65%股权的记载,而该登记已被生效的行政判决撤销。且贵州贵阳中院(2012)筑刑再终字第4号刑事判决书对林凡勇伪造股权转让手续并申请该次工商变更登记的事实进行了确认。”

对于股东资格判定要结合实质条件与形式条件进行综合判断。从实质条件上,主要就当事人是否实际出资进行分析;从形式条件上,则是判定工商登记的合法性。虽然工商登记在一般情况下具备公示效力,登记内容推定有效。但是若存在证据可以推翻登记内容(如本案中的生效裁判文书),那么应当以实际证据内容为准。即便通过伪造材料获取了工商登记上的股东身份,也不能享有股东资格。

3. 让与担保引起的股东资格确认纠纷

案例·27　－最高人民法院案例－

担保权人基于让与担保获得股权登记的并非实际股东

——王绍维与赵丙恒等股东资格确认纠纷再审案①

再审申请人(一审第三人、二审上诉人):王绍维。

被申请人(一审原告、二审被上诉人):赵丙恒。

被申请人(一审第三人、二审被上诉人):郑文超。

被申请人(一审被告):金建公司。

二审上诉人(一审第三人):殷子岚。

金建公司、博信智公司、殷子岚、王绍维签署的《三方协议》,以及2012年12月1日赵丙恒与殷子岚、王绍维签订的《协议书》约定,金建公司股权办理至殷子岚、王绍维名下系作为债权的担保;殷子岚、王绍维在工商登记中记载为金建公司的股东。其后赵丙恒提起诉讼,要求确认其系金建公司的股东。

再审中,王绍维主张赵丙恒诉称其作为股权出质人将股权以让与担保的方式出质给博信智公司,后博信智公司又作为股权质权人将质押标的转让于王绍维、殷子岚,其并不丧失股东资格。但因股权质押合同未在工商管理部门进行备案登记,违反了法律的强制性规定,导致不能产生股权质押的物权效力,仅能在当事人之间

① 参见河北省高级人民法院(2015)冀民二终字第53号民事判决书;最高人民法院(2015)民申字第3620号民事裁定书。由于(2015)冀民二终字第53号民事判决书未在网上进行公布,因此对案件事实只能通过再审裁定予以了解,而再审裁定中主要是围绕再审申请是否符合法律规定予以开展,未就案件事实进行详细论述。

发生合同之债。本案当事人之间转让的标的实际是股权,赵丙恒、郑文超是通过向博信智公司转让股东权利后参与金建公司经营管理活动。在金建公司的股权转让过程中,赵丙恒、郑文超丧失了股东资格,博信智公司享有了金建公司的股权后,又转让给了王绍维、殷子岚,王绍维、殷子岚取得了金建公司的股东资格。

河北高院二审确认赵丙恒为公司股东,王绍维、殷子岚非金建公司的股东。最高人民法院裁定驳回王绍维的再审申请。

本案的焦点在于如何解读《三方协议》《协议书》中约定对股权的处分行为。对于办理股权登记的行为性质,原一审、二审判决将案涉担保方式认定为股权质押。据此,再审申请人认为股权质押应当办理相应的工商登记,因此不能产生物权效力,而是转而形成相应的债权效力。最高人民法院纠正了一审、二审法院判决观点,结合协议中所体现的合同方真实意思表示,分析认为,"金建公司股权办理至殷子岚、王绍维名下系作为债权的担保,而非真正的股权转让;殷子岚、王绍维虽在工商登记中记载为金建公司的股东,但仅为名义股东,而非实际股东。此种通过转让标的物的所有权来担保债权实现的方式属于非典型担保中的让与担保"。

对于基于让与担保取得的工商变更效力问题,最高人民法院主张让与担保"并非真正的股权转让,殷子岚、王绍维虽在工商登记中记载为金建公司的股东,但仅为名义股东,而非实际股东。殷子岚、王绍维可以依据约定主张担保权利,但其并未取得股权"。

根据该判决观点,在让与担保的情况下,虽然办理了相应的工商登记,使得担保权人外观上具备了股东资格,但是该种股权转让以及工商变更登记的最终目的是担保债权实现,工商登记中将担保权人记载为金建公司的股东,但仅为名义股东,而非实际股东。从法理上分析,不限于让与担保,一般的担保行为导致的工商变更登记也都不应当确认具备股东资格。因为作为担保人在签订让与担保合同时主观上并不具备成为公司股东的意思表示,行为的目的是担保债权实现。因此对于缺乏主观意图的担保登记行为,虽然具备股东形式要件,但是缺乏意思要件。而前述的裁判规则中,是否具备获得股东资格的意思要件是判断股东资格获得的重要标准。

六、法律法规及适法意见

(一)全国性

1.《公司法》节选

第二十五条　有限责任公司章程应当载明下列事项:

（一）公司名称和住所；

（二）公司经营范围；

（三）公司注册资本；

（四）股东的姓名或者名称；

（五）股东的出资方式、出资额和出资时间；

（六）公司的机构及其产生办法、职权、议事规则；

（七）公司法定代表人；

（八）股东会会议认为需要规定的其他事项。

股东应当在公司章程上签名、盖章。

第三十一条　有限责任公司成立后，应当向股东签发出资证明书。

出资证明书应当载明下列事项：

（一）公司名称；

（二）公司成立日期；

（三）公司注册资本；

（四）股东的姓名或者名称、缴纳的出资额和出资日期；

（五）出资证明书的编号和核发日期。

出资证明书由公司盖章。

第三十二条　有限责任公司应当置备股东名册，记载下列事项：

（一）股东的姓名或者名称及住所；

（二）股东的出资额；

（三）出资证明书编号。

记载于股东名册的股东，可以依股东名册主张行使股东权利。

公司应当将股东的姓名或者名称向公司登记机关登记；登记事项发生变更的，应当办理变更登记。未经登记或者变更登记的，不得对抗第三人。

第七十一条　有限责任公司的股东之间可以相互转让其全部或者部分股权。

股东向股东以外的人转让股权，应当经其他股东过半数同意。股东应就其股权转让事项书面通知其他股东征求同意，其他股东自接到书面通知之日起满三十日未答复的，视为同意转让。其他股东半数以上不同意转让的，不同意的股东应当购买该转让的股权；不购买的，视为同意转让。

经股东同意转让的股权，在同等条件下，其他股东有优先购买权。两个以上股东主张行使优先购买权的，协商确定各自的购买比例；协商不成的，按照转让时各自的出资比例行使优先购买权。

公司章程对股权转让另有规定的，从其规定。

第七十三条　依照本法第七十一条、第七十二条转让股权后，公司应当注销原股东的出资证明书，向新股东签发出资证明书，并相应修改公司章程和股东名册中有关股东及其出资额的记载。对公司章程的该项修改不需再由股东会表决。

第七十四条　有下列情形之一的，对股东会该项决议投反对票的股东可以请求公司按照合理的价格收购其股权：

（一）公司连续五年不向股东分配利润，而公司该五年连续盈利，并且符合本法规定的分配利润条件的；

（二）公司合并、分立、转让主要财产的；

（三）公司章程规定的营业期限届满或者章程规定的其他解散事由出现，股东会会议通过决议修改章程使公司存续的。

自股东会会议决议通过之日起六十日内，股东与公司不能达成股权收购协议的，股东可以自股东会会议决议通过之日起九十日内向人民法院提起诉讼。

第七十五条　自然人股东死亡后，其合法继承人可以继承股东资格；但是，公司章程另有规定的除外。

第一百三十条　公司发行记名股票的，应当置备股东名册，记载下列事项：

（一）股东的姓名或者名称及住所；

（二）各股东所持股份数；

（三）各股东所持股票的编号；

（四）各股东取得股份的日期。

发行无记名股票的，公司应当记载其股票数量、编号及发行日期。

第一百四十二条　公司不得收购本公司股份。但是，有下列情形之一的除外：

（一）减少公司注册资本；

（二）与持有本公司股份的其他公司合并；

（三）将股份用于员工持股计划或者股权激励；

（四）股东因对股东大会作出的公司合并、分立决议持异议，要求公司收购其股份；

（五）将股份用于转换上市公司发行的可转换为股票的公司债券；

（六）上市公司为维护公司价值及股东权益所必需。

公司因前款第（一）项、第（二）项规定的情形收购本公司股份的，应当经股东大会决议；公司因前款第（三）项、第（五）项、第（六）项规定的情形收购本公司股份的，可以依照公司章程的规定或者股东大会的授权，经三分之二以上董事出席的董事会会议决议。

公司依照本条第一款规定收购本公司股份后,属于第(一)项情形的,应当自收购之日起十日内注销;属于第(二)项、第(四)项情形的,应当在六个月内转让或者注销;属于第(三)项、第(五)项、第(六)项情形的,公司合计持有的本公司股份数不得超过本公司已发行股份总额的百分之十,并应当在三年内转让或者注销。

上市公司收购本公司股份的,应当依照《中华人民共和国证券法》的规定履行信息披露义务。上市公司因本条第一款第(三)项、第(五)项、第(六)项规定的情形收购本公司股份的,应当通过公开的集中交易方式进行。

公司不得接受本公司的股票作为质押权的标的。

2.《公司法司法解释(三)》节选

第十六条　股东未履行或者未全面履行出资义务或者抽逃出资,公司根据公司章程或者股东会决议对其利润分配请求权、新股优先认购权、剩余财产分配请求权等股东权利作出相应的合理限制,该股东请求认定该限制无效的,人民法院不予支持。

第十七条　有限责任公司的股东未履行出资义务或者抽逃全部出资,经公司催告缴纳或者返还,其在合理期间内仍未缴纳或者返还出资,公司以股东会决议解除该股东的股东资格,该股东请求确认该解除行为无效的,人民法院不予支持。

在前款规定的情形下,人民法院在判决时应当释明,公司应当及时办理法定减资程序或者由其他股东或者第三人缴纳相应的出资。在办理法定减资程序或者其他股东或者第三人缴纳相应的出资之前,公司债权人依照本规定第十三条或者第十四条请求相关当事人承担相应责任的,人民法院应予支持。

第二十条　当事人之间对是否已履行出资义务发生争议,原告提供对股东履行出资义务产生合理怀疑证据的,被告股东应当就其已履行出资义务承担举证责任。

第二十一条　当事人向人民法院起诉请求确认其股东资格的,应当以公司为被告,与案件争议股权有利害关系的人作为第三人参加诉讼。

第二十二条　当事人之间对股权归属发生争议,一方请求人民法院确认其享有股权的,应当证明以下事实之一:

(一)已经依法向公司出资或者认缴出资,且不违反法律法规强制性规定;

(二)已经受让或者以其他形式继受公司股权,且不违反法律法规强制性规定。

第二十三条　当事人依法履行出资义务或者依法继受取得股权后,公司未根据公司法第三十一条、第三十二条的规定签发出资证明书、记载于股东名册并办理公司登记机关登记,当事人请求公司履行上述义务的,人民法院应予支持。

第二十四条　有限责任公司的实际出资人与名义出资人订立合同，约定由实际出资人出资并享有投资权益，以名义出资人为名义股东，实际出资人与名义股东对该合同效力发生争议的，如无法律规定的无效情形，人民法院应当认定该合同有效。

前款规定的实际出资人与名义股东因投资权益的归属发生争议，实际出资人以其实际履行了出资义务为由向名义股东主张权利的，人民法院应予支持。名义股东以公司股东名册记载、公司登记机关登记为由否认实际出资人权利的，人民法院不予支持。

实际出资人未经公司其他股东半数以上同意，请求公司变更股东、签发出资证明书、记载于股东名册、记载于公司章程并办理公司登记机关登记的，人民法院不予支持。

第二十五条　名义股东将登记于其名下的股权转让、质押或者以其他方式处分，实际出资人以其对于股权享有实际权利为由，请求认定处分股权行为无效的，人民法院可以参照民法典第三百一十一条的规定处理。

名义股东处分股权造成实际出资人损失，实际出资人请求名义股东承担赔偿责任的，人民法院应予支持。

第二十六条　公司债权人以登记于公司登记机关的股东未履行出资义务为由，请求其对公司债务不能清偿的部分在未出资本息范围内承担补充赔偿责任，股东以其仅为名义股东而非实际出资人为由进行抗辩的，人民法院不予支持。

名义股东根据前款规定承担赔偿责任后，向实际出资人追偿的，人民法院应予支持。

第二十七条　股权转让后尚未向公司登记机关办理变更登记，原股东将仍登记于其名下的股权转让、质押或者以其他方式处分，受让股东以其对于股权享有实际权利为由，请求认定处分股权行为无效的，人民法院可以参照《民法典》第三百一十一条的规定处理。

原股东处分股权造成受让股东损失，受让股东请求原股东承担赔偿责任、对于未及时办理变更登记有过错的董事、高级管理人员或者实际控制人承担相应责任的，人民法院应予支持；受让股东对于未及时办理变更登记也有过错的，可以适当减轻上述董事、高级管理人员或者实际控制人的责任。

第二十八条　冒用他人名义出资并将该他人作为股东在公司登记机关登记的，冒名登记行为人应当承担相应责任；公司、其他股东或者公司债权人以未履行出资义务为由，请求被冒名登记为股东的承担补足出资责任或者对公司债务不能清偿部分的赔偿责任的，人民法院不予支持。

3.《公司登记管理条例》节选

第十四条 股东的出资方式应当符合《公司法》第二十七条的规定,但股东不得以劳务、信用、自然人姓名、商誉、特许经营权或者设定担保的财产等作价出资。

第二十六条 公司变更登记事项,应当向原公司登记机关申请变更登记。

未经变更登记,公司不得擅自改变登记事项。

第三十一条 公司增加注册资本的,应当自变更决议或者决定作出之日起30日内申请变更登记。

公司减少注册资本的,应当自公告之日起45日后申请变更登记,并应当提交公司在报纸上登载公司减少注册资本公告的有关证明和公司债务清偿或者债务担保情况的说明。

第三十四条 有限责任公司变更股东的,应当自变更之日起30日内申请变更登记,并应当提交新股东的主体资格证明或者自然人身份证明。

有限责任公司的自然人股东死亡后,其合法继承人继承股东资格的,公司应当依照前款规定申请变更登记。

有限责任公司的股东或者股份有限公司的发起人改变姓名或者名称的,应当自改变姓名或者名称之日起30日内申请变更登记。

第六十五条 公司的发起人、股东虚假出资,未交付或者未按期交付作为出资的货币或者非货币财产的,由公司登记机关责令改正,处以虚假出资金额5%以上15%以下的罚款。

第六十六条 公司的发起人、股东在公司成立后,抽逃出资的,由公司登记机关责令改正,处以所抽逃出资金额5%以上15%以下的罚款。

4.《最高人民法院关于审理外商投资企业纠纷案件若干问题的规定(一)》节选

第四条第一款 外商投资企业合同约定一方当事人以需要办理权属变更登记的标的物出资或者提供合作条件,标的物已交付外商投资企业实际使用,且负有办理权属变更登记义务的一方当事人在人民法院指定的合理期限内完成了登记的,人民法院应当认定该方当事人履行了出资或者提供合作条件的义务。外商投资企业或其股东以该方当事人未履行出资义务为由主张该方当事人不享有股东权益的,人民法院不予支持。

第十四条 当事人之间约定一方实际投资、另一方作为外商投资企业名义股东,实际投资者请求确认其在外商投资企业中的股东身份或者请求变更外商投资企业股东的,人民法院不予支持。同时具备以下条件的除外:

(一)实际投资者已经实际投资;

（二）名义股东以外的其他股东认可实际投资者的股东身份；

（三）人民法院或当事人在诉讼期间就将实际投资者变更为股东征得了外商投资企业审批机关的同意。

第十五条　合同约定一方实际投资、另一方作为外商投资企业名义股东，不具有法律、行政法规规定的无效情形的，人民法院应认定该合同有效。一方当事人仅以未经外商投资企业审批机关批准为由主张该合同无效或者未生效的，人民法院不予支持。

实际投资者请求外商投资企业名义股东依据双方约定履行相应义务的，人民法院应予支持。

双方未约定利益分配，实际投资者请求外商投资企业名义股东向其交付从外商投资企业获得的收益的，人民法院应予支持。外商投资企业名义股东向实际投资者请求支付必要报酬的，人民法院应酌情予以支持。

第十六条　外商投资企业名义股东不履行与实际投资者之间的合同，致使实际投资者不能实现合同目的，实际投资者请求解除合同并由外商投资企业名义股东承担违约责任的，人民法院应予支持。

第十七条　实际投资者根据其与外商投资企业名义股东的约定，直接向外商投资企业请求分配利润或者行使其他股东权利的，人民法院不予支持。

第十八条　实际投资者与外商投资企业名义股东之间的合同被认定无效，名义股东持有的股权价值高于实际投资额，实际投资者请求名义股东向其返还投资款并根据其实际投资情况以及名义股东参与外商投资企业经营管理的情况对股权收益在双方之间进行合理分配的，人民法院应予支持。

外商投资企业名义股东明确表示放弃股权或者拒绝继续持有股权的，人民法院可以判令以拍卖、变卖名义股东持有的外商投资企业股权所得向实际投资者返还投资款，其余款项根据实际投资者的实际投资情况、名义股东参与外商投资企业经营管理的情况在双方之间进行合理分配。

第十九条　实际投资者与外商投资企业名义股东之间的合同被认定无效，名义股东持有的股权价值低于实际投资额，实际投资者请求名义股东向其返还现有股权的等值价款的，人民法院应予支持；外商投资企业名义股东明确表示放弃股权或者拒绝继续持有股权的，人民法院可以判令以拍卖、变卖名义股东持有的外商投资企业股权所得向实际投资者返还投资款。

实际投资者请求名义股东赔偿损失的，人民法院应当根据名义股东对合同无效是否存在过错及过错大小认定其是否承担赔偿责任及具体赔偿数额。

第二十条　实际投资者与外商投资企业名义股东之间的合同因恶意串通，损害国家、集体或者第三人利益，被认定无效的，人民法院应当将因此取得的财产收归国家所有或者返还集体、第三人。

5.《九民纪要》节选

8.【有限责任公司的股权变动】当事人之间转让有限责任公司股权，受让人以其姓名或者名称已记载于股东名册为由主张其已经取得股权的，人民法院依法予以支持，但法律、行政法规规定应当办理批准手续生效的股权转让除外。未向公司登记机关办理股权变更登记的，不得对抗善意相对人。

28.【实际出资人显名的条件】实际出资人能够提供证据证明有限责任公司过半数的其他股东知道其实际出资的事实，且对其实际行使股东权利未曾提出异议的，对实际出资人提出的登记为公司股东的请求，人民法院依法予以支持。公司以实际出资人的请求不符合公司法司法解释(三)第 24 条的规定为由抗辩的，人民法院不予支持。

(二)地方性

1.《北京市高级人民法院关于印发〈北京市高级人民法院关于审理公司纠纷案件若干问题的指导意见〉的通知》(京高法发〔2008〕127 号)节选

第三条　当事人在民事诉讼中直接请求确认有关行政机关关于股权登记或者审批行为无效，或者请求撤销该行政行为的，人民法院应告知其通过行政诉讼解决，裁定驳回民事起诉。

第四条　公司内部关系中股东之间、股东与公司之间的诉讼，当事人请求确认公司工商登记的股东不具有股东资格、判令公司办理变更股权工商登记的，法院应根据公司法的相关规定、公司股东应当具备的各项条件对向相关主体是否具有股东资格进行判断，并作出实体认定和判决，不能以案件属于行政诉讼受案范围、不属于民事诉讼范畴为由裁决驳回起诉。

2.《北京市高级人民法院关于印发〈北京市高级人民法院关于审理公司纠纷案件若干问题的指导意见(试行)〉的通知》(京高法发〔2004〕50 号)节选

一、诉讼主体问题

4. 涉及有限责任公司股权转让、变更登记纠纷提起的诉讼如何确定当事人？

因有限责任公司股权转让合同纠纷提起的诉讼，应当以股权转让合同的签订人，即股权的转让人与受让人作为原告或被告，如涉及办理有关股权变更登记纠纷，可以将公司列为第三人。

股权转让合同生效后，因办理有关股权变更登记而产生的纠纷，应当以依据股权转让协议取得股东资格的股权受让人为原告，有义务办理公司登记变更的公司为被告，如涉及股权转让事宜，可以将股权转让人列为第三人。

二、股东资格与股东出资问题

11. 如何确认有限责任公司股东资格？

股东资格是投资人取得和行使股东权利并承担股东义务的基础。依据《公司法》的相关规定，有限责任公司股东资格的确认，涉及实际出资数额、股权转让合同、公司章程、股东名册、出资证明书、工商登记等。确认股东资格应当综合考虑多种因素，在具体案件中对事实证据的审查认定，应当根据当事人具体实施民事行为的真实意思表示，选择确认股东资格的标准。

12. 有限责任公司自然人股东死亡，其继承人能否直接主张继承股东资格？

有限责任公司作为具有人合性质的法人团体，股东资格的取得必须得到其他股东作为一个整体即公司的承认或认可。有限责任公司的自然人股东死亡后，其继承人依法可以继承的是与该股东所拥有的股权相对应的财产权益。如果公司章程规定或股东会议决议同意该股东的继承人可以直接继受死亡股东的股东资格，在不违反相关法律规定的前提下，法院应当判决确认其股东资格，否则应当裁定驳回其起诉。

13. 国有企业划拨土地使用权能否直接作为股东出资？

依照我国有关法律规定，国有企业划拨土地使用权必须经过国家土地管理部门按照法律规定进行审查、评估，由申请人向国家土地管理部门交纳土地使用权出让金，将其出让土地使用权的价值折成股本金后方能作为股东的出资。

以国有企业划拨土地使用权作为股东出资，应当以是否办理土地使用权变更登记手续作为认定出资的标准。

14. 有限责任公司中持股职工能否退股？

依据我国现行相关政策的规定，持股职工具有实质意义上的股东地位，持股职工与职工持股会、股东代表、工会之间建立信托合同关系，通过股东代表、职工持股会、工会间接行使股东权利。持股职工向公司要求退回股金，本质上产生与股东退股同样的法律后果。按照《公司法》一般原则，股东在公司登记后，不得抽回出资，持股职工应当通过转让出资或公司回购的形式将股本金收回。

3.《上海市高级人民法院关于审理涉及公司诉讼案件若干问题的处理意见（一）》（沪高法〔2003〕216 号）节选

一、处理股东权纠纷的相关问题

1. 当事人之间约定以一方名义出资（显名投资）、另一方实际出资（隐名投资）

的，此约定对公司并不产生效力；实际出资人不得向公司主张行使股东权利，只能首先提起确权诉讼。有限责任公司半数以上其他股东明知实际出资人出资，并且公司一直认可其以实际股东的身份行使权利的，如无其他违背法律法规规定的情形，人民法院可以确认实际出资人对公司享有股权。

三、处理股权转让纠纷的相关问题

2. 有限责任公司股东向他人转让股权的，根据《公司法》第35条的规定，应当征得公司半数以上其他股东同意；未经同意转让股权且合同签订后公司其他股东也不认可的，股权转让合同对公司不产生效力，转让人应当向受让人承担违约责任。受让人明知股权交易未经公司其他股东同意而仍与转让人签订股权转让合同，公司其他股东不认可的，转让人不承担违约责任。经其他股东同意签订的股权转让合同生效后，公司应当办理有关股东登记的变更手续，受让人得以股东身份向公司行使权利；公司不办理相关手续的，受让人可以公司为被告提起确权诉讼，不得向转让人主张撤销合同。

4.《上海市高级人民法院关于印发〈关于审理与股份合作制企业相关的公司纠纷案件若干问题的解答〉的通知》（沪高法民二〔2006〕10号）节选

三、关于持股职工请求向企业以外的单位或个人出让股权应如何处理的问题。

鉴于股份合作制企业具有劳动合作与资本合作相结合的特征，股份合作制企业章程一般均对持股职工向企业以外的单位或个人出让股权予以限制。法院在审理中，应当尊重章程对股权转让事项所作的限制性约定，不能以该约定侵犯股东对股权的自由处分权为由而认定其无效。股份合作制企业持股职工要求出让其持有的股权，应当按照章程约定进行处理。持股职工的股权转让请求违反章程约定的，法院依法不予支持。

四、关于股份合作制企业在职职工要求退股应如何处理的问题。

鉴于股份合作制企业的本质特征之一是资本合作与劳动合作相结合，职工既是在企业工作的劳动者，又是企业的股东，具有双重身份，职工作为企业股东的身份与职工本人在企业劳动紧密联系在一起。为保持企业资本金充足，章程一般约定职工股东在职期间不得退股。因此，企业职工要求退股并返还股本金的，因该请求违反企业章程的约定，法院依法不予支持。

七、关于持股职工在章程约定的退股事由出现后不同意退股，提起股权确权诉讼应如何处理的问题。

鉴于股份合作制企业具有劳动合作与资本合作相结合的特征，企业职工因退休、调离、辞职或被除名等情形离开企业，参照国家体改委指导意见和市政府暂行办法的规定，其不再具有企业劳动者的身份，相应也不再享有企业股东的资格，故其原持有的股权应当按照章程约定予以退让，由企业或其他职工受让。对原持股职工在离开公司后提起诉讼，请求确认其为原企业股东并享有股权的，法院依法不予支持。

八、关于持股职工在章程约定的退股事由出现后，拒不办理相关退股手续应如何处理的问题。

依据企业章程的约定，持股职工因退休、调离、辞职或被除名等情形离开企业，不再符合持股条件，应将其所持有的股权转让给企业或企业指定的受让人，并办理相关出资证明或股权证缴销手续。企业应当依据股东变更的事实，对企业章程和股东名册进行变更登记。持股职工拒绝办理股权转让手续或交回出资证明、股权证的，企业可按照章程约定或股东大会决议，取消该持股职工的股东资格，并可请求对其持有的股权予以收购。企业章程对股权收购价格有约定的，从约定；未约定的，可按照本解答第六条规定予以处理。

十、关于持股职工死亡后，其继承人提出要求继承该持股职工股权的，应如何处理的问题。

虽然2006年1月1日起施行的《中华人民共和国公司法》第七十六条规定：自然人股东死亡后，其合法继承人可以继承股东资格。但是，股份合作制企业不同于有限责任公司和股份有限公司，企业的职工既是企业的劳动者，又是企业的股东，职工的企业股东身份与其本人的劳动关系紧密联系、不可分离，这也是股份合作制企业的本质特征之一。已故持股职工的继承人并非企业的劳动者，其不具备作为企业股东的主体资格，故不能依照上述公司法的规定继承持已故持股职工生前所持有的企业股权。已故持股职工的合法继承人请求继承股权的，法院应予以释明，要求其变更诉请为主张对该部分股权的财产权利。法院应判决企业收购该部分股权，并将股权收购价款作为已故持股职工的遗产予以处理。已故持股职工的继承人不变更诉请的，法院依法不予支持。

5.《广东省高级人民法院民二庭关于民商事审判实践中有关疑难法律问题的解答意见》节选

三、适用公司、企业法律疑难问题

（一）如何认定未经有限责任公司其他股东过半数同意、未办理股权变更登记及出资瑕疵的股权转让合同效力

未经其他股东过半数同意的股权转让合同违反《中华人民共和国公司法》第七十二条第二款"股东向股东以外的人转让股权，应当经其他股东过半数同意"规定，

但该条规定不属于法律的强制性规定，违反该规定的股权转让合同一般应认定为效力待定的合同，按照《中华人民共和国合同法》第四十八条第二款的规定处理。

未办理工商变更登记不影响股权转让合同的效力，股权合同与股权登记是不同的法律行为，根据《中华人民共和国公司法》第三十三条第三款规定，未经登记或变更登记的，不得对抗第三人。

出资瑕疵不影响股权转让的效力，当事人以股权存在瑕疵为由请求股权转让无效的，法院应不予支持。

（二）股东之间权益纠纷案件，应否追加公司为无独立请求权的第三人

股东之间的权益纠纷，公司不是必须追加的第三人。但在特定情形下，为查明案件事实等特殊原因，可根据案件审理需要追加公司为无独立请求权的第三人。

（六）股东未实际出资，其他股东可否提起否认股东身份之诉

股东未实际出资，一般不影响股东资格。但公司成立时股东未实际出资，经追讨后仍不出资，股东可以向法院提起解除出资不实股东的资格。最高法院公司法司法解释（三）对此作了规定。另外，该诉讼为形成之诉，并非确认之诉。

（七）章程或股东会决议约定的除名情形发生时，被除权股东提起除名约定无效之诉的处理

《中华人民共和国公司法》对于股东除名并无规定，可以按照公司章程或股东之间的协议处理。被除名股东提起除名决议无效之诉的，程序上按照股东会决议无效之诉处理，实体处理原则尊重当事人意思自治，审查约定事由的适法性，不宜轻易认定违反公司法强制性规定。

（八）有限责任公司股东身份是否可以继承取得

《中华人民共和国公司法》第七十六条明确规定，股东资格可以继承。除公司章程规定另有规定外，继承人有权当然继承股东资格。但在公司章程另有规定或继承人不愿继承股东资格等情形下，继承人仅享有股权中的财产权，由股权价款中得到补偿。

6.《江苏省高级人民法院关于审理适用公司法案件若干问题的意见（试行）》（苏高法审〔2003〕2 号）节选

三、关于有限责任公司股东的认定

26. 公司或其股东（包括挂名股东、隐名股东和实际股东）与公司以外的第三人就股东资格发生争议的，应根据工商登记文件的记载确定有关当事人的股东资格，但被冒名登记的除外。

27. 股东（包括挂名股东、隐名股东和实际股东）之间就股东资格发生争议时，

除存在以下两种情形外,应根据工商登记文件的记载确定有关当事人的股东资格:(1)当事人对股东资格有明确约定,且其他股东对隐名者的股东资格予以认可的;(2)根据公司章程的签署、实际出资、出资证明书的持有以及股东权利的实际行使等事实可以作出相反认定的。

实际出资并持有出资证明书,且能证明是由于办理注册登记的人的过错致使错误登记或者漏登的,应当认定该出资人有股东资格。

28. 股东(包括挂名股东、隐名股东和实际股东)与公司之间就股东资格发生争议,应根据公司章程、股东名册的记载作出认定,章程、名册未记载但已依约定实际出资并实际以股东身份行使股东权利的,应认定其具有股东资格,并责令当事人依法办理有关登记手续。

29. 认定工商登记文件记载的股东以外的人为股东的,不得违反法律和行政法规有关股东身份的禁止或限制性规定。

30. 股权转让人、受让人以及公司之间因股东资格发生争议的,应根据股东名册的变更登记认定股东资格。公司未办理股东名册变更登记前,受让人实际已参与公司经营管理,行使股东权利的,应认定受让人具有股东资格,并责令公司将受让人记载于股东名册。

股权转让合同约定办理完毕工商和(或)股东名册变更登记手续股权方发生转移的,未办理完毕工商和(或)股东名册变更登记手续之前,仍应认定转让人为公司股东。

31. 股东之间约定公司全部出资由一名股东投入,其他股东不出资,也不享有股东权利的,应认定该公司实为个人独资企业。公司内部的权利义务关系按股东之间的约定处理;公司对外债务应由出资人承担无限责任,其他挂名的股东在其认缴出资的范围内承担补充清偿责任。

7.《浙江省高级人民法院民二庭关于公司法适用若干疑难问题的理解》节选

6. 在出资证明、股东名册、公司登记文件等对股权的记载有冲突时,何者证明力更强?

一般情况下上述文件对股东身份的记载是相同的,不会发生矛盾和冲突。但由于各种原因,也会经常出现相互间的不一致。例如,股权转让后,股东名册中已作记载但尚未办理股东变更登记,或已办理股东的变更登记但在股东名册个未作相应记载。究竟应以出资证明书、股东名册的记载还是以股东的变更登记作为股权权属变更的标志?我们认为,股权的变更登记具有更强的证明力,理由是:(1)在法律上,以登记获得的权利通常都以登记形式转移;(2)出资证明书和股东名册只是公司出具和控制的股权证明形式，易出现不规范和随意行为，不具有登记所具有的公示力和公信力；(3)股权代表着十分重要的财产利益，为防止和减少可能的纷争，有必要规定与不动产转让类似的登记生效或登记对抗要件。

7. 违反出资义务股东的法律地位如何？

股东资格取决于公司章程和股东名册的记载，更重要的是工商行政管理部门注册登记的确认，这些文件不能作为直接证据证明该股东已履行出资义务，但却是证明其股东资格的直接证据。若否认违反出资义务股东的股东资格，也就否定了其与公司之间的法律联系，对其出资责任的追究也就失去了根据。因此，违反出资义务的股东仍然享有作为股东的权利，只是其只能就其出资的部分主张权利，对未出资的部分，即使补足了出资，也只能对此后的公司管理和公司盈余主张权利。

8.《江西省高级人民法院关于审理公司纠纷案件若干问题的指导意见》节选

28. 股东与第三人约定该第三人无须出资，但可享受公司利润，第三人要求确认股东资格或要求公司支付利润的，人民法院不予支持。

9.《山东省高级人民法院关于审理公司纠纷案件若干问题的意见（试行）》（鲁高法发〔2007〕3 号）节选

31. 股东与第三人约定该第三人无须出资，但可享受公司利润，第三人要求确认股东资格或要求公司支付利润的，人民法院不予支持。

10.《山东省高级人民法院民二庭关于审理公司纠纷案件若干问题的解答》节选

（二）涉及隐名出资的有关问题

4. 如何把握实际出资人与名义股东之间的股东资格确认规则？

答：实际出资人与名义股东之间股东资格的确认，应当区分公司外部和公司内部两种情形进行处理：在涉及债权人与股东、债权人与公司等外部法律关系时，应体现商法公示主义、外观主义的要求，保护善意第三人因合理信赖公司登记机关的登记事项而作出的行为的效力。坚持形式要件优于实质要件，即以工商登记材料作为确认股东资格的主要证据。在涉及股东与股东之间、股东与公司等内部法律关系时，应贯彻意思自治原则，以是否签署公司章程、是否实际出资、是否享有并行使股东权利等实质要件作为确认股东享有实际权利的主要依据。

5. 隐名出资情形下，实际出资人未履行或未完全履行出资义务时，公司债权人主张名义股东或实际出资人承担责任的，能否支持？

答：可以区分三种情形予以处理。

第一种情形：债权人不知道实际出资人的情况下，只要求名义股东承担补充赔偿责任的，应予支持。名义股东关于其仅为登记股东，并非实际出资人，不应承担责任的抗辩不能成立。名义股东向公司债权人承担补充赔偿责任后，可以根据与实际出资人之间的协议约定，要求实际出资人赔偿损失。理由：基于商事外观主义原则，名义股东应当对于公开登记的事项承担相应责任。

第二种情形：债权人知道实际出资人的情况下，债权人参照《中华人民共和国合同法》第四百零三条第二款规定选择名义股东或者实际出资人主张权利，要求名义股东或者实际出资人承担补充赔偿责任的，应予支持。理由：第一，名义股东实际上可能并无承担责任的能力，赋予债权人选择权对债权人的保护更为周全。第二，如此处理，并未实质上损害名义股东及实际出资人的利益。因为名义股东本就依法应当对外承担股东责任，而实际出资人更是出资未到位的实际责任人。即便名义股东先行对外承担了出资不足的责任，也可以再向实际出资人主张权利，实际出资人仍然是责任的最终承担者。第三，赋予债权人选择权有利于减少隐名出资行为，促进公司规范治理，维护交易安全。

第三种情形：债权人知道实际出资人的情况下，债权人将名义股东和实际出资人列为共同被告，要求名义股东和实际出资人承担连带责任的，可以根据具体案情判决双方承担连带责任。如果名义股东和实际出资人通谋不履行或不完全履行出资义务，公司债权人主张双方承担连带责任的，应予支持。理由：根据《中华人民共和国侵权责任法》（已失效）第八条规定，可以认定构成共同侵权。

6. 名义股东因借款、买卖等非股权交易纠纷而成为被执行人时，名义股东债权人依据工商登记中记载的股权归属，申请对该股权强制执行。实际出资人以其实际享有股东权利，提出执行异议被驳回后，又提起案外人执行异议之诉，请求停止对该股权强制执行的，能否予以支持？

答：实际出资人要求停止执行的诉讼请求，应予支持。理由：根据《最高人民法院关于适用〈中华人民共和国公司法〉若干问题的规定（三）》第二十五条的规定，股权善意取得制度的适用主体仅限于与名义股东存在股权交易的第三人。商事外观主义原则的适用范围不包括非股权交易第三人。在外观权利与实际权利不一致的情况下，根据权利外观理论，善意第三人基于对权利外观的信赖而与名义权利人进行民事法律行为的，该民事法律行为效力受法律的优先保护。但，如果名义股东债权人申请执行的是其与名义股东因借款关系等而形成的一般债权，债权人并没有与名义股东从事涉及股权交易的民事法律行为，从权利外观原则来看，此时的债权人不是基于信赖权利外观而需要保护的民事法律行为之善意第三人，故其债权请求不能受到优先于实际权利人的保护。但是，审理此类案件时，应当对实际出资人所提交的证明权利存在的证据进行严格审查,查明权利的真实性,既要防止虚假诉讼以逃避债务,也要防止侵权了实际出资人的实际权利。

二、公司治理相关法律适用问题

(一)股权转让有关问题

7. 如何认定公司章程中禁止或者严格限制股权(股份)转让条款的法律效力?

答:公司章程是一种具有契约属性的公司自治规则。公司章程不得与公司法的强制性规范及公司法的基本精神、原则相冲突,如有冲突,所制定的条款无效。

(1)有限责任公司的章程可以限制股权转让但不得禁止股权转让。理由:《中华人民共和国公司法》第七十一条第四款规定"公司章程对股权转让另有规定的,从其规定。"该项规定根据意思自治原则,赋予了公司股东自主决定股权转让事项的权利。公司章程可以约定,排除其他股东的优先购买权或者规定更为宽松的股权转让条件。关于公司章程对股权转让事项的限制比公司法规定更为严格是否合法的问题,基于有限责任公司的人合性,公司法认可根据公司利益对股东股权转让进行一定限制。但,任何财产权皆具有处分权能,公司章程对股权转让的限制不得违反财产权的本质,比如,约定"股权转让应经其他所有股东同意",则属于无效条款。

(2)股份有限公司章程不能限制或禁止股份转让。理由:关于股份有限公司的股份转让,《中华人民共和国公司法》第一百三十七条规定"股东持有的股份可以依法转让",没有规定公司章程可以对股份转让另行规定,因此股份有限公司章程不能限制股份转让。

11.《陕西省高级人民法院民二庭关于公司纠纷、企业改制、不良资产处置及刑民交叉等民商事疑难问题的处理意见》节选

一、股权确认和股权转让问题

关于股权确认的标准,在审判实践中争议很大,主要有以下三种观点:一是以是否实际出资作为股权确认的标准;二是以股东名册的记载作为确认股东资格的依据;三是以公司登记机关的登记内容作为股权确认的根据。对此问题,我们倾向于认为股东出资证明、股东名册、工商登记均是确认股东资格的重要依据,最终依据哪一标准确认股东资格主要取决于争议当事人的不同而有所区别:对于公司与股东之间发生的股权纠纷,一般应以股东名册作为认定股东资格的依据;对当事人均为股东的,则应侧重审查投资的事实;在第三人对公司股东的认定上,则应主要审查工商登记,因为工商登记对善意第三人具有宣示股东资格的功能,第三人基于对工商登记的依赖作出商业判断。对于实际股东的问题,我们认为虽然名义股东与实质股东之间的约定不能对抗公司，但如果公司或公司的绝大多数股东均明知名义股东与实质股东之间的关系而未表示异议，则实际股东可以直接向公司主张权利。关于瑕疵出资股东的资格问题，如果瑕疵出资并不导致公司设立无效，一般情况下不宜轻易否定瑕疵股东的资格。

关于名义股东与实际股东之间因为权属问题产生诉讼时，公司应否作为当事人参加诉讼的问题。有观点认为，公司无须参与诉讼，法院确定权属后，公司有义务执行法院的判决。另有观点认为，公司是否参加诉讼应根据当事人的诉讼请求确定。如果实际股东仅主张返还股权收益，则公司无须加入诉讼；如果实际股东诉请确认其股东身份的，则公司应参加诉讼，公司明确表示不同意实际股东加入公司的，法院不能强行判决实际股东为公司的股东。我们倾向于第二种观点。

关于未经其他股东过半数同意时，股权转让合同的效力问题。一种观点认为，该合同为效力待定合同，经过半数以上的其他股东同意才生效。另一种观点认为，该合同是附履行条件的合同，合同成立后就生效。至于其他股东过半数同意的规定，仅仅是对合同履行所附的条件。目前审判实践中较为通行的观点认为：该合同既非效力待定合同，也非附履行条件的合同，其效力始于成立之时。股东对外转让股权，签订合同就应当履行，转让人有义务向公司的其他股东征求同意，为合同的履行创造条件，如果合同不能履行，转让人应承担违约后果，除非合同约定免除其责任。

第 二 章

股东名册记载纠纷

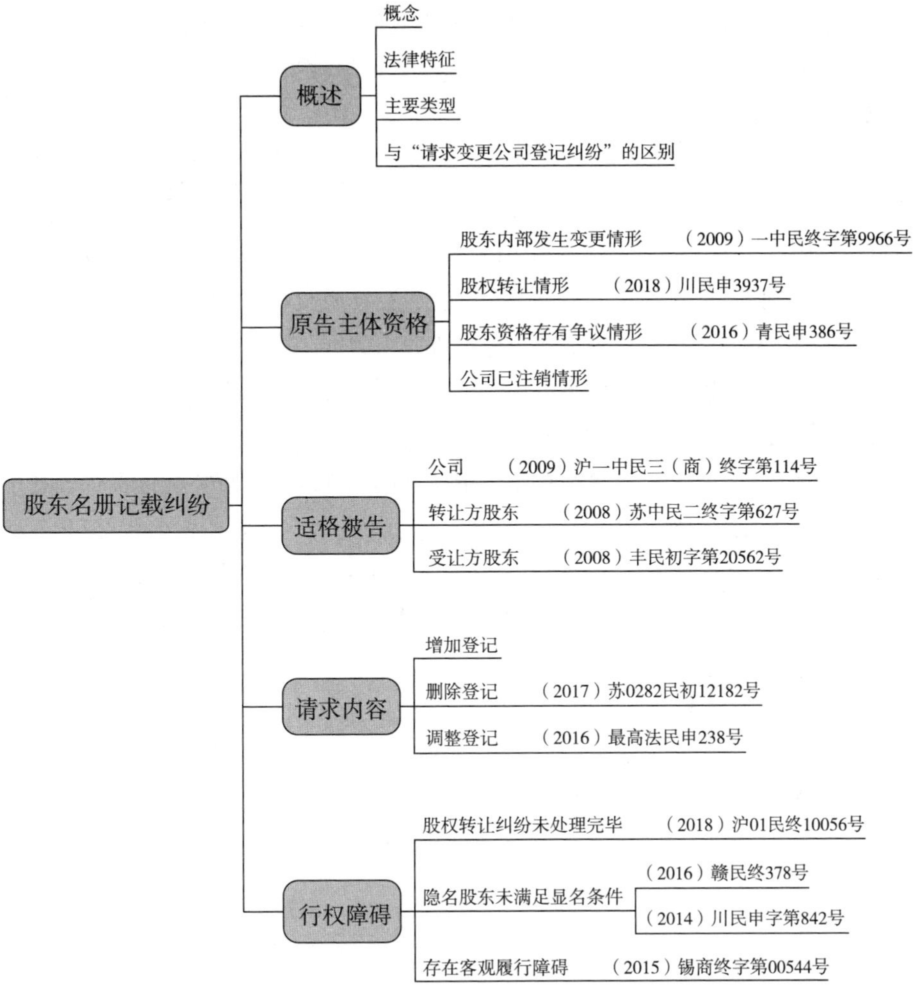

一、概述

股东名册记载纠纷，是指依照公司法规定股东名册必须记载股东的姓名或名称、持股数量等内容，在股东转让股权或者其他发生应当变更股东名册记载事项时，由于转让方股东或公司懈怠或者过失而未变更股东名册所产生的纠纷。[①] 股东名册记载纠纷系现行有效的《民事案件案由规定》（法〔2020〕347 号）第八部分“与公司、证券、保险、票据等有关的民事纠纷”中“与公司有关的纠纷”项下的第三级案由。最初涉及“股东名册”的案由是现已失效的《民事案件案由规定》（法发〔2008〕11 号）中的“股东名册变更纠纷”，其后现已失效的《民事案件案由规定》（法〔2011〕42 号）将其修改为“股东名册记载纠纷”，这一案由名称为现行有效的《民事案件案由规定》所沿用。

按照《公司法》的规定，股东名册是有限责任公司和股份有限公司必须具备的文件，是指公司依法置备的记载股东及其持股情况的簿册。[②]《公司法》第三十二条规定：“有限责任公司应当置备股东名册，记载下列事项：（一）股东的姓名或者名称及住所；（二）股东的出资额；（三）出资证明书编号。记载于股东名册的股东，可以依股东名册主张行使股东权利。公司应当将股东的姓名或者名称向公司登记机关登记；登记事项发生变更的，应当办理变更登记。未经登记或者变更登记的，不得对抗第三人。”第九十六条规定：“股份有限公司应当将公司章程、股东名册、公司债券存根、股东大会会议记录、董事会会议记录、监事会会议记录、财务会计报告置备于本公司。”第一百三十条规定：“公司发行记名股票的，应当置备股东名册，记载下列事项：（一）股东的姓名或者名称及住所；（二）各股东所持股份数；（三）各股东所持股票的编号；（四）各股东取得股份的日期。发行无记名股票的，公司应当记载其股票数量、编号及发行日期。”

由上可知，股东名册具有以下几个法律特征：第一，股东名册系记载股东与公司之间关系的法律文件。第二，股东名册对公司和股东具有约束力，股东可据此向公司主张股东权利。第三，股东名册是公司内部置备的法律文件，因此对公司以外的第三人不发生公示效力。第四，股东名册并不是凭以取得股权的法律文件或者

---

① 参见景汉朝主编：《民事案件案由新释新解与适用指南》，人民法院出版社 2013 年版，第 506 页。

② 参见奚晓明主编，最高人民法院民事案件案由规定课题组编著：《最高人民法院民事案件案由规定理解与适用》（2011 年修订版），人民法院出版社 2011 年版，第 379 ~ 380 页。

根据，而是记载取得股权情况的文件。[①]

股东名册虽系《公司法》所明确要求公司置备的文件，然而实践中由于股东名册不具有设权性登记效力及公司股东及管理层重视度不够等原因，存在很多公司未置备股东名册的情况。在应然层面，股东名册记载纠纷这一案由系主要围绕股东名册记载事项所产生的争议，当公司未置备股东名册时，似乎股东名册的记载事项便无从谈起，或者说权利人的请求不具备事实基础。但在处理相应纠纷中，公司未置备股东名册并不能成为公司在处理此类纠纷时的合理抗辩事由，否则显然将陷入逻辑上的两难境地。另鉴于股东名册在公司治理完善性及证明股权归属方面的积极意义，公司股东及管理层应引起重视。

股东名册记载纠纷根据其发生原因主要包括两种类型：(1)因转让方股东怠于履行变更登记义务产生的纠纷。一般来讲，股东名册变更登记必须由转让方股东向公司提出申请，由公司进行变更登记。如果转让方股东懈怠或者因为过失未向公司申请变更登记，此时即可能产生股东名册记载纠纷。(2)因公司不履行记载义务产生的纠纷。股东名册由公司备有和保管，并由公司负责办理登记事宜。因此，当公司因为懈怠、过失或其他原因而未变更股东名册时，就可能产生股东名册记载纠纷。[②] 在司法实践中，相关案例的说理亦多采取此种二分法。如在荀金豹、陈庭忠与成全国等股东名册记载纠纷上诉案[③]中，安徽铜陵中院即认为："实践中，股东名册记载纠纷包括两种情形：一是因转让方股东怠于履行变更登记义务产生的纠纷；二是因公司不履行记载义务产生的纠纷。"

然而，前述股东名册记载纠纷类型的二分法无法涵盖实务中各类股东名册记载纠纷的形态及争议内容。即使按照纠纷发生原因进行分类，除前述两种情形外，实践中还存在诸如因受让方股东怠于履行变更登记义务及因当事人对其股东身份的认识错误而产生的股东名册记载纠纷等情形。除此以外，实践中股东名册记载纠纷所涉争议通常还与股权转让、股东资格认定、隐名股东等问题相伴发生，而这些问题往往是处理股东名册记载纠纷的前置性问题。考虑到这些问题在本书其他章节已进行详细论述，本章在讨论股东名册记载纠纷时对此类前置性问题的处理思路及法律依据等将适当简化。

---

① 参见王东敏：《股东名册与公司登记机关的登记对股权确认的意义——对公司法第三十三条的理解与适用》，载《人民司法》2006 年第 8 期。

② 参见奚晓明主编，最高人民法院民事案件案由规定课题组编著：《最高人民法院民事案件案由规定理解与适用》（2011 年修订版），人民法院出版社 2011 年版，第 380 页。

③ 参见安徽省铜陵市中级人民法院（2018）皖 07 民辖终 44 号民事裁定书。

在适用股东名册记载纠纷这一案由时，尤其需要注意其与“请求变更公司登记纠纷”的区别。请求变更公司登记纠纷是指股东转让股权或者发生其他应当变更股东姓名或名称及其出资额时，依公司法规定，公司应当向公司登记机关申请变更登记而未予办理，进而损害相应股东利益而产生的纠纷。股东名册记载纠纷与请求变更公司登记纠纷的适用情形中，均包含《公司法》第三十二条规定的情形（有限公司应当置备股东名册，记载股东的姓名或者名称及住所等事项。公司应当将股东的姓名或者名称向公司登记机关登记；登记事项发生变更的，应当办理变更登记）。然而，两个案由的区别也比较明显。首先，在法律依据方面，请求变更公司登记纠纷仅限于《公司法》第三十二条规定的情形，而股东名册记载纠纷的则不仅限于此，还包括《公司法》第七十三条规定的情形（股东转让有限责任公司股权后，公司应当注销原股东的出资证明书，向新股东签发出资证明书，并相应修改公司章程和股东名册中有关股东及其出资额的记载）及《公司法》第一百三十条规定的情形（股份有限公司发行记名股票的，应当置备股东名册并记载股东的姓名或者名称及住所等事项）。其次，从适用情形及诉讼目的来看，股东名册记载纠纷适用于对置备于公司处的股东名册记载事项存在争议而发生的纠纷，其诉讼目的在于变更股东名册相关记载事项，而请求变更公司登记纠纷适用于对公司在登记机关登记事项存在异议而发生的纠纷，其诉讼目的在于变更公司在登记机关登记的相关事项。最后，案件的被告范围也不尽相同。股东名册记载纠纷作为被告一方的诉讼主体的可能是公司，也可能是其他股东，请求变更公司登记纠纷作为被告一方的诉讼主体则限于公司。[①] 有关请求公司变更登记纠纷这一案由项下的各个具体问题，本书后续亦有专章介绍，可供对照。

二、股东名册记载纠纷的原告主体资格

（一）股东内部发生变更情形下的原告主体资格

公司股东的内部股权结构、企业性质或名称、股东姓名发生变更，股东身份本质上未发生变更，主体资格的同一性未受影响，亦不涉及股东对其享有的公司股权的任何处分。因此，当股东信息发生变更且变更的内容属于股东名册记载事项时，股东有权请求公司相应地变更股东名册记载事项。

① 参见景汉朝主编：《民事案件案由新释新解与适用指南》，人民法院出版社2013年版，第507页。

案例·1　- 典型案例 -

改制后的企业有权要求办理股东名称变更登记

——正德堂公司与生物研究所公司股东名册变更纠纷上诉案①

上诉人(一审被告):正德堂公司。

被上诉人(一审原告):生物研究所公司。

生物研究所成立于1994年3月15日,2003年3月3日的生物研究所章程显示:京泰公司为国家授权的生物研究所唯一上级管理部门及资产所有者,京泰公司所属的生物研究所为国家事业单位编制、企业化管理的国有独资、具有独立法人地位的经济实体,注册资本500万元。2006年生物研究所改制为生物研究所公司,注册资金600万元,股东由居里公司和京泰公司组成。

正德堂公司成立于2004年3月31日,注册资本50万元,股东及出资比例为:生物研究所出资15万元,王维定出资15万元,范军出资10万元,孙玉琴出资5万元,田作安出资3万元,毛霈雯出资2万元。其后正德堂公司股权多次变更,2008年3月6日,正德堂公司股权结构为:生物研究所出资15万元、王维定出资69万元、王茜出资63万元,世贸医药公司出资153万元。

因正德堂公司明确阻止生物研究所公司行使股东权利,生物研究所公司诉至法院,请求确认生物研究所公司股东资格,判令正德堂公司为生物研究所公司办理股东名称变更登记。

北京海淀法院一审判决确认生物研究所公司为正德堂公司股东,出资额为15万元;正德堂公司为生物研究所公司办理工商变更登记。正德堂公司不服,提起上诉,北京一中院二审判决驳回上诉,维持原判。

本案一审、二审法院一致认为,生物研究所公司是生物研究所经公司制改造后的产物,尽管前者在企业性质、注册资本、股东构成、法定代表人等方面较之后者均发生了变化,但生物研究所改制为公司只是内部机制发生转换,并非外部主体的变更,也不存在生物研究所将权利让渡给生物研究所公司后其主体人格消亡的问题。既然生物研究所公司与生物研究所属于同一主体,生物研究所公司当然享有生物

① 参见北京市海淀区人民法院(2008)海民初字第28972号民事判决书;北京市第一中级人民法院(2009)一中民终字第9966号民事判决书。

研究所持有的正德堂公司的股权，无须通过股权转让的方式取得，因此不予采信正德堂公司关于生物研究所公司与生物研究所之间发生股权转让的主张，确认生物研究所公司为正德堂公司的股东，其出资额为15万元。根据《公司法》规定，公司应当将股东的姓名或者名称及其出资额向公司登记机关登记；登记事项发生变更的，应当办理变更登记。① 现正德堂公司股东生物研究所的登记事项出现变更，正德堂公司应当为其办理变更登记。

值得注意的是，该案立案案由虽为股东名册记载纠纷，但原告诉讼请求仅涉及对公司工商登记信息的变更。虽然如此，依据本案裁判逻辑，在股东内部相应事项发生变更但主体资格未变更的情况下，股东当然可以请求公司对股东名册记载的相应内容进行变更。

（二）股权转让情形下的原告主体资格

原股东将其股权全部转让后，其股东资格因股权已转让而消灭。此种情形下，受让股东取得股东资格，自然有权要求公司将其记载于股东名册。相应地，原股东因要求公司将其记载于股东名册的权利基础已丧失（但可要求公司将其自股东名册中删除，此问题将在本章第四部分展开论述），该项请求自然无法得到支持。

案例·2 –典型案例–

股权已全部转让的，原股东无权请求记载于股东名册

——万建忠与峨眉山市燃气公司等股东名册记载纠纷再审案②

再审申请人（一审原告、二审上诉人）：万建忠。

被申请人（一审被告、二审被上诉人）：峨眉山市燃气公司。

被申请人（一审第三人、二审被上诉人）：潘光汉等12人。

1997年10月8日，峨眉山市燃气公司组建成立。峨眉山市燃气公司股份由集

① 本案裁判时适用《公司法》（2005年修订），第三十三条第三款规定："公司应当将股东的姓名或者名称及其出资额向公司登记机关登记；登记事项发生变更的，应当办理变更登记。未经登记或者变更登记的，不得对抗第三人。"现行有效的《公司法》第三十二条第三款规定："公司应当将股东的姓名或者名称向公司登记机关登记；登记事项发生变更的，应当办理变更登记。未经登记或者变更登记的，不得对抗第三人。"现行有效的《公司法》已删除《公司法》（2005年修订）中的"及其出资额"的内容。

② 参见四川省峨眉山市人民法院（2016）川1181民初3824号民事判决书；四川省乐山市中级人民法院（2017）川11民终1288号民事判决书；四川省高级人民法院（2018）川民申3937号民事裁定书。

体股和职工个人股构成。万建忠持6000元职工个人股金的同时享有集体股权。2013年12月20日,万建忠个人股金增加108,331.23元。峨眉山市燃气公司成立之时,因持职工个人股的股东人数众多,超过了《公司法》规定的上限,便以本案12名第三人作为登记在案的自然人股东,由其平均代持包括万建忠在内的全部职工个人股股份。

2015年9月6日,峨眉山市燃气公司召开股东会,包括万建忠在内的132名股东参与了大会表决,通过表决形成决议中涉及修改章程,半数以上股东决定对外转让所持股权的,可以对外转让股权。会后,峨眉山市燃气公司向全体股东发放《股东股权转让决定及相关事项授权委托书》就是否同意整体转让自然人股东的个人股权和集体股等事项征求各自然人股东的意见。万建忠在该材料上签名捺印,但划掉个别内容。同日,峨眉山市燃气公司召开了由登记在册的12名股东和工会委员会参加的股东会,会议内容为:"1.全体股东一致同意本人及其他股东持有的共计99.272%的公司股权(含集体股权)对外转让;2.同意本次股权转让共同以整体转让方式进行,按评估、拍卖方式对外转让,以评估价为起拍价。"

2016年2月3日,瑞星拍卖公司接受峨眉山市燃气公司委托,拍卖峨眉山市燃气公司99.272%的股权,恒邦公司以最高应价38,100万元竞得该股权。峨眉山市燃气公司工会、本案12名第三人作为股权转让方于2016年2月6日与恒邦公司签订了《股权转让协议》,将峨眉山市燃气公司的99.272%股权转让给后者。股权转让后,峨眉山市燃气公司变更了公司章程,将恒邦公司登记为股东,持股比例99.272%。

峨眉山市燃气公司股权整体转让完成后,万建忠获得股权转让对价及退股本金、红利合计约为300万元,万建忠已领取近100万元(税后),剩余款项由方略会计师事务所保管。

万建忠认为其仅同意转让集体股不同意转让个人股,请求判令峨眉山市燃气公司向其签发出资证明书、记载于股东名册并向工商登记机关登记。

四川峨眉山法院一审判决驳回万建忠的诉讼请求。万建忠不服,提起上诉,四川乐山中院二审判决驳回上诉,维持原判。万建忠仍不服,申请再审,四川高院裁定驳回再审申请。(见图2-1)

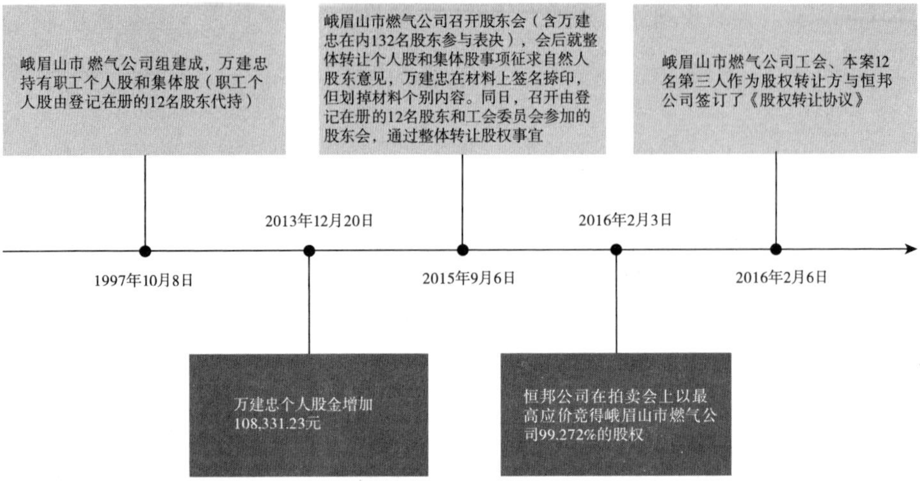

图2-1　万建忠与峨眉山市燃气公司等股东名册记载纠纷再审案

在本案中，各级法院的裁判思路是一致的，先厘清万建忠股权转让的意思表示所针对的客体既包含其持有的集体股权也包含其持有的个人股权。同时在转让授权瑕疵问题上引入第三人善意取得制度，在万建忠未提供恶意串通证据情况下认定恒邦公司构成善意取得。在此前提下，判断万建忠要求记入公司股东名册的请求的唯一标准即明确为是否还具有股东资格。因万建忠股权已全部转让，不再具有股东资格，故认定其要求记入股东名册的权利基础已不复存在。

（三）股东资格存有争议情形下的原告主体资格

股东名册是记载股东信息的名册，能够记载于公司股东名册的前提是具备股东资格，不具备股东资格的当事人无权要求公司将其记载于股东名册。在股东名册记载纠纷这一案由项下，当股东资格存有争议时，股东资格的认定或者说持股关系的认定问题是通常法院在审理此类案件时的必要前置环节，且在通常情况下（例外情形将在本章第五部分展开论述）将直接决定股东名册记载的相关请求能否获得支持。

案例·3　－典型案例－

名为股东实为挂靠经营的主体无权要求公司将其记载于股东名册

——向明与祥羚公司股东名册记载纠纷再审案①

再审申请人(一审原告、二审上诉人):向明。

被申请人(一审被告、二审被上诉人):祥羚公司。

2006年10月30日,祥羚公司成立,注册资本858万元,向明投入实物资产(车辆)55.10万元,占注册资本的6.48%。《公司章程》中记载,以车辆入股的股东,只限于入股车辆的经营,独立承担经营风险,不参与公司其他经营活动和经营成果的分配,车辆经营年限到期退出营运市场,股份也同时退出。公司除收取必要的费用外,也不参与车辆经营成果的分配。股东分为职工内部股东和以车辆入股的股东。持公司内部股的股东有权参加股东大会,以车辆入股的股东不能参加公司股东大会,也没有选举权和被选举权。向明未在公司章程上签名。2014年6月27日,祥羚公司董事会决议决定,取消向明等32辆客车车主股东身份。

向明每年与祥羚公司签订《果洛州汽车运输有限责任公司客运线路经营承运合同》,合同约定:在果洛州汽车运输有限责任公司所属客运线路上安排向明投入的车辆从事旅客道路运输业务,并且按座位向祥羚公司缴纳管理费,车辆所有权仍归向明所有,车辆在运营期间的相关税费及经营风险均由向明独立承担;向明明知祥羚公司向持有职工内部股的股东分红,亦未主张权利。

向明认为公司违法取消其股东资格,向法院诉请判决祥羚公司将其记载在祥羚公司股东名册上并签发出资证明书及在公司登记机关办理变更登记。

青海玛沁法院一审判决驳回向明的诉讼请求。向明不服,提起上诉,青海果洛中院二审判决驳回上诉,维持原判。向明仍不服,申请再审,青海高院裁定驳回再审申请。

在本案中,一审法院认为,向明在祥羚公司只对自己的车辆经营管理,独立承担经营风险,不参与公司其他经营活动和经营成果的分配,也不参加公司股东大会,且向明未在公司章程上签名、盖章。向明在祥羚公司并未享有股东权利,也未承

① 参见青海省玛沁县人民法院(2016)青2621民初35号民事判决书;青海省果洛藏族自治州中级人民法院(2016)青26民终16号民事判决书;青海省高级人民法院(2016)青民申386号民事裁定书。

担股东义务。因此,向明无祥羚公司的股东资格,故对向明主张记入股东名册等请求不予支持。二审法院及再审法院亦不认可向明的股东资格,同时进一步明确向明与祥羚公司之间实际属于挂靠关系,故对向明的主张不予支持。

从以上案例可以看出,在股东资格存在争议的情况下,原告方虽然在程序上享有发起相应诉讼的权利,但最终是否实现该项请求权与对其是否具有股东资格的判断结果直接相关。也因此,股东资格的认定往往成为此类案件的核心。

(四)公司已注销情形下的原告主体资格

公司注销后,公司法人资格终止,股东名册这一需公司置备的法律文件也因其义务主体终止已不存在。不仅如此,公司法人人格终止的情况下,此时所谓的"股东身份"亦成为伪命题,此时"原股东"亦不再享有包括请求记载于股东名册在内的股东权利,即不再具备此类纠纷的原告主体资格。如在"姜波与宜宾龙兴科技公司股东名册记载纠纷再审案"①中,四川高院认为:"现宜宾龙兴科技有限公司已经清算注销,姜波关于在该公司股东名册上记载股东身份的主张已经不能实现,可依法另案主张相关权利。"在类似的"邹兴贵与宜宾龙兴科技公司股东名册记载纠纷再审案"②中,四川高院亦认为:"现宜宾龙兴科技有限公司已经清算注销,邹兴贵关于在该公司股东名册上记载股东身份的主张已经不能实现,可依法另案主张相关权利。"公司注销后,公司的主体资格及原股东的股东身份均已丧失,与股东名册记载相关的主张亦丧失实现的可能性。

三、股东名册记载纠纷的适格被告

(一)公司

《公司法》明确规定有限责任公司及发行记名股票的股份有限公司应当置备股东名册,并记载股东的姓名或者名称及住所、出资额等内容。由此可知,股东名册的置备及记载的法定义务主体是公司,故公司是股东名册记载纠纷这一案由项下的当然适格被告。

① 参见四川省高级人民法院(2015)川民申字第900号民事裁定书。

② 参见四川省高级人民法院(2015)川民申字第901号民事裁定书。

案例·4　－典型案例－

公司应将具有股东资格的股东记载于公司股东名册

——丽妍美都公司与童华英股东名册变更纠纷上诉案①

上诉人(一审被告):丽妍美都公司。

被上诉人(一审原告):童华英。

一审第三人:张君尧、张志炎、刘桂平。

丽妍美都公司系2002年6月27日登记设立的有限责任公司,注册资金人民币10万元,登记股东为张君尧、张志炎,所持股权分别为70%及30%,张君尧任法定代表人。2007年2月18日,童华英与张君尧、张志炎签订股权转让协议,双方约定张君尧、张志炎分别将丽妍美都公司19%及26%股权转让给童华英,童华英共计受让丽妍美都公司45%股权,并担任丽妍美都公司总经理职务,负责公司日常经营管理,股权转让款计36万元。双方同时约定为保证公司经营稳定性与连续性,童华英承诺暂不对工商登记内容作出变更。合同签订后,童华英即支付了股权转让款36万元,并参与公司的经营管理。

2008年5月30日,童华英与刘桂平签订股权转让协议,双方约定童华英将所持有的丽妍美都公司45%股权以36万元的价格转让给刘桂平。协议订立前后,童华英多次将协议内容通知张君尧、张志炎。张君尧收函后,分别回函童华英及刘桂平,表示协议内容可能无效。2008年8月2日,童华英与刘桂平书面解除了股权转让协议。嗣后,童华英多次要求丽妍美都公司办理股权工商变更登记未果,遂诉至法院。

另外,2008年6月11日,张君尧、张志炎以与童华英存在承包合同纠纷为由起诉至法院,庭审中张君尧、张志炎主张,童华英将股权转让给刘桂平未经其同意,应属无效。

上海卢湾法院一审判决丽妍美都公司向童华英签发出资证明书,并将童华英记载于公司的股东名册中;丽妍美都公司在张君尧、张志炎的配合下将童华英的姓名及出资额向公司登记机关办理变更登记。丽妍美都公司不服,提起上诉,上海一中院二审判决驳回上诉,维持原判。

---

① 参见上海市卢湾区人民法院(2008)卢民二(商)初字第1221号民事判决书;上海市第一中级人民法院(2009)沪一中民三(商)终字第114号民事判决书。

在本案中，一审法院在认定公司知晓隐名股东的情况下，确认隐名股东的股东资格，该裁判思路与《公司法司法解释（三）》及《九民纪要》所规定的有关隐名股东相关争议的处理存在一定差异。目前实践中，通常认为隐名股东的股东资格及显名与否和公司无关，更重要的是其他股东的意见，如《公司法司法解释（三）》要求“其他股东半数以上同意”，《九民纪要》要求“能够提供证据证明有限责任公司过半数的其他股东知道其实际出资的事实，且对其实际行使股东权利未曾提出异议”。鉴于本案裁判时《公司法司法解释（三）》及《九民纪要》尚未发布，同时本案实质是基于股权转让行为所产生，且未明确提及相关当事人签署代持协议，故本案所涉隐名股东问题在此仅作提示以免误解，而不再继续展开，将在本章后述展开论述。核心问题是，一审法院在确认童华英股东资格基础上，支持其记入股东名册等请求。二审法院认为童华英与张君尧、张志炎签订的股权转让协议有效并已切实履行，同时童华英与刘桂平之间的股权转让合意已解除，从而判决驳回上诉，维持原判。

在本案中，受让方取得公司股权后即具备股东资格，虽未明确办理股权变更登记的具体时间，但要求记入股东名册并办理工商变更登记系受让方股东固有权利，在无相关主体明确排除受让方该项权利或存在其他阻却事由的情形下，受让方股东该项权利的行使不以他方意志为转移。类似纠纷可能因为转让方股东仍在公司任职且对公司仍具备相当程度的影响力而发生。虽记入股东名册并办理工商变更登记的法定义务主体是公司，但公司系法人，其具体行为的作出有赖于自然人的实际执行。在实践中，如公司未履行该义务系由转让方股东或公司大股东等主体不予配合所致，当法院认定受让方股东享有该项权利时，公司必须履行相应义务，同时也应关注转让方股东是否具有协助义务。

（二）转让方股东

传统的股东名册记载纠纷类型二分法除将“因公司不履行记载义务产生的纠纷”作为股东名册记载纠纷的一种类型外，另将“因转让方股东怠于履行变更登记义务产生的纠纷”单列一类，可见该情形亦具备一定的代表性。《江苏省高级人民法院关于审理适用公司法案件若干问题的意见（试行）》中亦规定：“公司不及时变更股东名册和到工商行政管理部门进行变更登记的，股权转让方和受让方均可以公司为被告提起办理转让手续请求之诉。转让合同中约定转让方有协助义务而转让方不予协助的，受让方可以将转让方和公司作为共同被告。”

案例·5　- 江苏高院公报案例 -

股权转让方负有协助办理股东名册变更登记的义务

——陶明华与陶雅股东名册变更纠纷上诉案①

上诉人(一审被告):陶明华。

被上诉人(一审原告):陶雅。

一审被告:华安公司。

华安公司于2003年4月注册成立,注册资本80万元,法定代表人为陶明华。陶明华与陶振华是公司的两个股东,陶明华出资56万元持有70%股权,陶振华出资24万元持有30%股权。2005年9月4日,陶明华与马冬珍签订离婚协议书一份,其中约定华安公司资产的60%归陶明华,40%归陶雅(系陶明华与马冬珍之女),陶雅40%的股权是马冬珍给陶明华120万元购得的20%,陶明华让出的20%,陶雅40%的股权不得随意转让。

此后,陶雅要求陶明华和华安公司将华安公司40%股权过户到其名下,经多次协商未果,遂向法院起诉要求判令将陶明华持有的华安公司40%股权过户登记至其名下。

华安公司与陶明华于2008年1月7日庭审中确认离婚协议是将陶明华持有的公司40%股权赠与陶雅(陶明华与马冬珍各20%)。此后的调解与庭审中,陶明华与华安公司称协议中提及的40%应理解为40%公司资产而不是股权。

就本案涉及的股权转让事宜,一审法院承办人于2008年1月21日、5月7日两次电话通知陶振华,要求其到庭表述意见,但陶振华未到庭,一审法院于同年4月22日以法院专递方式向陶振华邮寄送达书面通知,要求陶振华在接到通知后30日内就陶明华将持有的40%公司股权转给陶雅是否同意及不同意应购买股权事宜向法院书面答复,逾期不答复的,视为放弃权利。但邮件被拒收。

江苏苏州相城法院一审判决华安公司到工商局进行股权转让变更登记,将陶明华持有的40%股权在公司股东名册上变更登记于陶雅名下。陶明华不服,提起上诉,江苏苏州中院二审判决驳回上诉,维持原判。

① 参见江苏省苏州市相城区人民法院(2007)相民二初字第398号民事判决书;江苏省苏州市中级人民法院(2008)苏中民二终字第627号民事判决书;《江苏省高级人民法院公报》2010年第1辑(总第7辑)。

一审法院认为,(1)陶明华在华安公司持有的70%股权是陶明华与马冬珍的夫妻共有财产,双方有平等的处理权。陶明华与马冬珍签订的离婚协议书将夫妻共有财产陶明华持有的华安公司40%股权赠与陶雅,这是马冬珍与陶明华的真实意思表示,是夫妻共同处理夫妻共有财产的行为,与法不悖,应予保护。(2)虽然陶明华、马冬珍通过赠与的方式将股权转让给原告并未征得公司另一股东陶振华的同意,但在本案审理中,法院根据公司法及有关法律规定,就股权转让及购买权事宜要求陶振华在一定期限内答复,但陶振华未答复,应视为其放弃了权利。陶明华与马冬珍约定将陶明华持有的40%公司股权转让给陶雅应认定为有效。(3)虽然离婚协议书并未约定股权交付时间,但陶雅可以要求在合理期限内交付,要求华安公司作股东名册变更登记,陶明华作为华安公司的法定代表人和转让股权的股东对此负有协助义务,应向公司提出变更登记申请,由公司进行变更登记。故判决华安公司到工商局进行股权转让变更登记,将陶明华持有的40%股权在公司股东名册上变更登记于陶雅名下。

二审法院认为,协议中约定华安公司40%股份(其中,陶明华出让20%股权,马冬珍以120万元的价格购得20%的股权)一并归女儿陶雅所有,应为陶明华和马冬珍对这部分夫妻共有财产处分的真实意思表示。华安公司资产具有独立性,无论是作为股东的陶明华还是财产共有人马冬珍都无权分割公司资产,故应认定系对陶明华所持公司股权的处分。因赠与合同系诺成性而非实践性合同,当时陶雅尚未成年,陶明华与马冬珍对其具有法定的抚养义务,该赠与属于道德义务性质的赠与,不得使用任意撤销权。最终判决驳回上诉,维持原判。

在本案中,一审法院的判决虽未直接提及转让方股东予以协助的内容,但在法院认为部分明确,"陶明华作为华安公司的法定代表人和转让股权的股东对此负有协助义务,应向公司提出变更登记申请,由公司进行变更登记",即转让方股东有义务向公司提出申请。基于转让方作为原股东与公司之间存在更紧密的联系,且股权转让本身即涉及转让方应向公司或其余股东履行的相关程序,要求转让方负担申请变更记载的义务,从实务层面来看显然更具有操作便利性。

从法院的裁判思路亦可发现,股东名册记载的前置条件是确认争议股权归属,在确认股权归属过程中若涉及其他股东优先购买权事宜,法院会将其他股东的优先购买权纳入考量范畴,征求其他股东的意见,若其他股东在限期内不予答复则视为弃权处理。

(三)受让方股东

股权受让方作为股权转让法律关系的必备主体,其能否作为股东名册记载纠纷这一案由项下的适格被告问题,目前在法规层面并无明确规定。本书认为,与股权转让方类似,股东名册的变更记载需要股权受让方进行必要协助。因此,在股权受让方未履行协助义务的情况下,可与公司作为共同被告。在司法实务中,亦有案例明确采取了此种操作。

案例·6 – 典型案例 –

股权受让方负有协助办理股权变更登记的义务

——段丽勇诉杨德全股东名册变更纠纷案[1]

原告:段丽勇。

被告:杨德全。

易简设计公司于2007年9月16日成立。法定代表人王征;注册资本:50万元;企业性质:有限责任公司。杜拥军占26%、段丽勇占25%、程倩占25%,王征占24%。

2008年6月21日,易简设计公司召开股东会,形成股东会决议:经易简设计公司全体股东同意,将王征所持有的公司24%的股权,段丽勇所持有的公司25%的股权,杜拥军所持有的公司26%的股权,程倩所持有的公司25%的股权一起对外转让,转让价格定为最低人民币10万元整。

2008年6月22日,段丽勇与杨德全签订股权转让协议,约定内容为:(1)段丽勇转让给杨德全易简设计公司的25%股权,杨德全同意接受。(2)股权转让价格为人民币25,000元,协议签署之时由杨德全当面支付。(3)本协议签字生效后杨德全即可获得股东身份。(4)本协议签字生效后立即依法办理股东、股权、章程修改等相关变更登记手续,段丽勇应给予积极协助或配合,变更登记所需费用由杨德全承担。(5)受让上述股权后,由新股东会对原公司成立时订立的章程、协议等有关文件进行相应修改和完善,并办理变更登记手续。

当日,杨德全支付股权转让款10万元,王征出具收条,该款中包括段丽勇的25,000元,其余款项系股东王征代杜拥军、程倩与自己收取。2008年6月23日,双方对现金账目进行了交接。2008年6月26日,段丽勇与杨德全签订转股协议,约定:(1)段丽勇同意将其在易简设计公司占有的25%股权转让给杨德全。(2)杨德

---

① 参见北京市丰台区人民法院(2008)丰民初字第20562号民事判决书。

全同意接受段丽勇在易简设计公司占有的25%的股权转让。(3)转让前后,杨德全按其在易简设计公司所占股份比例承担债权债务。

因杨德全一直不配合办理股权变更登记手续,段丽勇诉至法院,请求判令杨德全立即与其办理股权转让登记手续。

北京丰台法院判决杨德全与段丽勇办理股权变更登记手续。

法院认为,易简设计公司股东段丽勇、王征、杜拥军、程倩于2008年6月21日召开股东会,各股东均同意将股权对外转让;其后4位股东也分别与杨德全签订了股权转让协议;杨德全未提供充分和有效的证据证明段丽勇存在欺诈行为,且其是基于欺诈行为而作出了签订股权转让协议的意思表示,对杨德全主张的其系在不了解公司资产真实状况下订立股权转让合同,诉争的股权转让合同明显非其真实意思表示不予采信。法院认定股权转让协议是双方按照合同法的规定,自愿达成的关于转让出资的协议,未违反法律、行政法规的强制性规定,该协议合法有效,对双方当事人均具有法律约束力。最终依据《公司登记管理条例》《公司法》等法规的相关规定,判决杨德全与段丽勇办理股权变更登记手续。

本案值得注意的是,股权变更登记的法定义务主体是公司,单列受让方股东为被告似乎无法充分保障股权转让方权利或将产生新的讼累。在本案中,股权变更登记是易简设计公司的法定义务,本案以杨德全为唯一被告值得商榷。有关此类情形诉讼地位问题司法实践中有不同操作方式,在类似案件中有将受让方股东与公司作为共同被告的,如在香草公司、张红菊与宋海霞股东名册记载纠纷上诉案[1]中,一审阶段当事人诉讼地位即为转让方股东宋海霞为原告,香草公司与受让方股东为共同被告。同时,亦有将公司作为被告、受让方股东列为第三人的,如在本章案例9"叶正尧与绿铭公司、赵云华股东名册记载纠纷上诉案"中,一审阶段当事人诉讼地位即以转让方股东叶正尧为原告、绿铭公司为被告、受让方股东赵云华为第三人。另外,本案中转让方出于防范风险等因素的考量,在转出股权后及时要求股权变更登记的做法值得借鉴。虽然本案法院判决中未明确提及股东名册相关内容,但转让方股东享有的该项权利亦不言自明。

① 参见山东省济宁市邹城市人民法院(2017)鲁0883民初4730号民事判决书;山东省济宁市中级人民法院(2018)鲁08民终1014号民事判决书。

四、股东名册记载纠纷的请求内容

(一)增加登记

增加登记,是指未记载于公司股东名册中的当事人请求将其增加记载于公司股东名册,主要涉及诸如未记载于股东名册的原始股东、受让方股东、因继承取得股权的股东、因增资取得股权的股东等请求增加登记的情形。实践中当事人提出与股东名册记载相关请求时,通常会涉及一并提出签发出资证明书、记载于公司章程、办理工商变更登记等其中的一个或多个请求。

例如,在"民贸公司、陈来香等9人与王秀兰等32人股东名册记载纠纷上诉案"①中,贵州威宁法院一审认为因王秀兰等32人在民贸公司设立之初交纳了入股资金且获得民贸公司签发的出资证明书,认可王秀兰等32人的股东资格,故判决支持王秀兰等32人主张由民贸公司按照出资额明确出资比例后办理工商登记并记载于公司章程的请求。贵州毕节中院二审就王秀兰等32人是否系民贸公司的合法股东这一争议焦点上裁判思路与一审法院一致,最终驳回民贸公司、陈来香等9人上诉,维持原判。

(二)删除登记

删除登记,是指原记载于公司股东名册中的当事人请求将其从公司股东名册中删除,主要涉及原记载于股东名册现已转让全部股权的转让方股东、被冒名记载的股东等请求删除登记的情形。

案例·7　　– 典型案例 –

被冒名记载的股东有权请求删除登记

——季斐诉季和能源公司等股东名册记载纠纷案②

原告:季斐。

被告:季和能源公司、梁敏达、季盘鸿。

季和能源公司于2011年3月30日设立,注册资本100万元。工商登记资料显

① 参见贵州省威宁县人民法院(2013)黔威民初字第344号民事判决书;贵州省毕节市中级人民法院(2013)黔毕中民终字第773号民事判决书。

② 参见江苏省宜兴市人民法院(2017)苏0282民初12182号民事判决书。

示季和能源公司设立时的股东为梁敏达与季盘鸿，出资分别为49万元、51万元。公司成立后，季盘鸿未经其女儿季斐与股东梁敏达本人同意，于2015年4月20日，冒用季斐和梁敏达的名义签订股权转让协议，将梁敏达所持季和能源公司49%的股权，以49万元的价格转让给了季斐，并于同年4月27日办理了股东变更登记。

2017年8月1日，江苏宜兴法院(2017)苏0282民初5561号民事判决书确认季盘鸿于2015年4月20日以季斐与梁敏达名义签订的股权转让协议无效。该判决生效后，季盘鸿、梁敏达、季和能源公司未将季斐名下的股权办理变更登记，2017年11月22日，季斐诉至法院，请求判令季盘鸿、梁敏达、季和能源公司办理股权变更登记事宜。

江苏宜兴法院判决梁敏达、季和能源公司于本判决发生法律效力之日起10日内协助季斐将登记在季斐名下的季和能源公司49%的股权返还梁敏达，并办理工商变更登记。

法院认为，另案生效判决确认季盘鸿于2015年4月20日以季斐与梁敏达名义签订的股权转让协议无效，因该无效行为登记在季斐名下的季和能源公司49%的股权应当返还股东梁敏达。季盘鸿未经季斐与梁敏达本人同意签订股权转让协议，将梁敏达持有季和能源公司的全部股权转让给季斐，损害了季斐、梁达敏的合法权益，季盘鸿应承担本案纠纷的全部责任。季斐要求返还梁敏达股权并要求梁敏达与季和能源公司协助办理工商变更登记的诉讼请求符合法律规定，法院予以支持。在本案中，虽然法院判决中未明确提及删除股东名册记载的内容，但依据该裁判思路，被冒名记载的股东显然有权提出该项请求。

(三)调整登记

广义上讲，凡是与股东名册记载相关的请求均可能导致公司股东名册记载内容发生变化，均可纳入调整登记的范畴。此处的调整登记系狭义上的调整登记，特指除前述增加登记与删除登记外，原记载于公司股东名册的当事人请求对股东名册记载内容予以调整，主要涉及股东出资额/所持股份数、姓名/名称及住所调整登记的情形。

案例·8　-最高人民法院案例-

股东出资额变化的，公司应根据股东之间的约定相应地变更记载

——尹继庆与君泰公司等股东名册记载纠纷再审案①

再审申请人（一审第三人、二审上诉人）：尹继庆。

被申请人（一审原告、二审被上诉人）：徐翠芹。

被申请人（一审原告、二审被上诉人）：王风。

被申请人（一审被告）：君泰公司。

被申请人（一审第三人）：王晓艺。

君泰公司原为日照君泰房地产开发有限公司，2003 年 1 月 20 日，君泰公司成立。君泰公司原登记股东为新疆君泰公司（出资 510 万元）、杨习庆（出资 119.65 万元）、颜承平（出资 119.65 万元）、吴有贤（出资 100 万元）、尹继庆（出资 150.7 万元）。

2003 年 10 月 23 日，君泰公司召开股东会，决议新疆君泰公司、颜承平、杨习庆、吴有贤将所持公司股权转让给王晓艺、徐翠芹，尹继庆所持 150.7 万元出资不变；股权转让后，公司注册资本仍为 1000 万元，王晓艺出资 729.65 万元，徐翠芹出资 119.65 万元，尹继庆出资 150.7 万元。

2004 年 5 月 23 日，新疆君泰公司、杨习庆、吴有贤与王晓艺签订股权转让协议，颜承平与徐翠芹签订股权转让协议，上述协议中王晓艺、徐翠芹的签名均是尹继庆所签。同日，变更后的公司股东尹继庆、王晓艺、徐翠芹、王风召开股东会，决议将注册资本由 1000 万元变更为 3190 万元，其中，尹继庆出资由 150.7 万元增至 1450.7 万元；徐翠芹出资由 119.65 万元增至 879.65 万元；新股东王风持资入股 130 万元；王晓艺出资不变。该次股东会确认尹继庆、王晓艺、徐翠芹、王风为君泰公司股东。后尹继庆、徐翠芹、王风均向公司交纳了相应增资款。

2010 年 10 月 13 日，君泰公司召开股东会，股东王风、王晓艺、徐翠芹出席，尹继庆未参加。该次股东会会议记录中有要求尹继庆在 2010 年 10 月 18 日前补足欠缴的增资款的内容。当日晚，王风、王晓艺与尹继庆在君泰公司办公室发生争执并报警，泰安路派出所出警，王风、王晓艺当场向尹继庆送达了当日的股东会决议。

① 参见山东省日照市中级人民法院（2013）日商初字第 41 号民事判决书；山东省高级人民法院（2015）鲁商终字第 210 号民事判决书；最高人民法院（2016）最高法民申 238 号民事裁定书。

2011年10月28日，君泰公司在《大众日报》上刊登于11月29日召开股东会的公告。2011年11月29日，君泰公司召开股东会，股东王风、王晓艺、徐翠芹出席，尹继庆未参加。股东会作出决议：二、关于欠缴1300万元的问题，由王风和徐翠芹分别履行650万元欠缴出资的认缴义务，并享有相应权利。三、关于限制尹继庆股东权利的问题：(1)确认尹继庆无权享有和行使与1300万元出资额对应股权相关的股东权利。(2)在王晓艺就尹继庆名下150.7万元出资额之确权事项完成前，尹继庆仍作为150.7万元出资额对应4.72%股权的持有人，行使相应的股东权利。

2013年5月20日、21日，徐翠芹、王风各向君泰公司转入650万元，共计1300万元。

2013年7月5日，君泰公司召开股东会，徐翠芹、王风、王晓艺及尹继庆的委托代理人参加会议。该次股东会决议确认公司的股东及出资情况为：王风，实缴出资780万元；王晓艺，实缴出资729.65万元；尹继庆，实缴出资150.7万元；徐翠芹，实缴出资1529.65万元。

因尹继庆抽逃出资并拒不补缴，徐翠芹、王风根据股东会决议履行补充出资义务后向法院起诉，请求判令君泰公司就徐翠芹、王风各自支付的650万元人民币出资款签发出资证明书，并将该出资额及对应股权记载于公司股东名册；判令君泰公司根据股权及股东变更情况修改公司章程，并在公司登记机关办理变更登记手续。

山东日照中院一审判决君泰公司就徐翠芹、王风各自支付的650万元人民币出资款签发出资证明书，并将该出资额及对应股权记载于公司股东名册；君泰公司根据股权及股东变更情况修改公司章程，并在公司登记机关办理变更登记手续。尹继庆不服，提起上诉，山东高院二审判决驳回上诉，维持原判。尹继庆仍不服，申请再审，最高人民法院裁定驳回尹继庆的再审申请。（见图2－2）

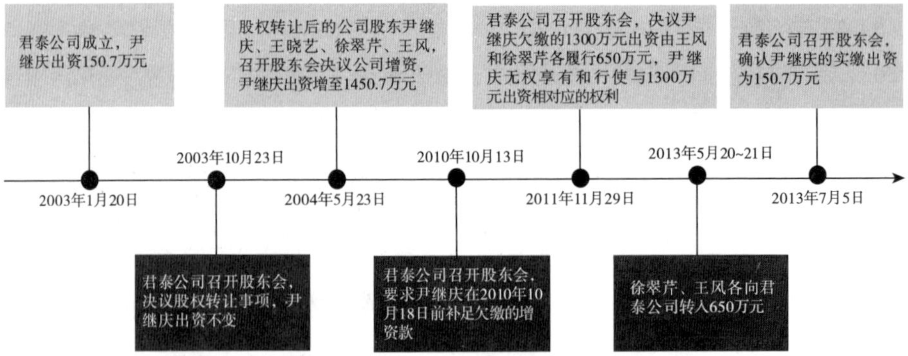

图2－2 尹继庆与君泰公司等股东名册记载纠纷再审案

在本案中，一审法院认为，本案争议焦点之一为徐翠芹、王风各补缴650万元出资款后是否取得相对应的股东资格。关于徐翠芹、王风各补缴650万元出资款后是否取得相应股权，取决于尹继庆是否已丧失相应股权。根据《公司法司法解释（三）》（2011年版，现已被修正）第十三条第一款、第十七条、第十八条，股东根据公司章程享有股权份额，出资瑕疵并不当然丧失相应股权。尹继庆的1300万元增资虽然抽逃，其并不当然丧失1300万元认购出资对应股权。根据公司自治原则，尹继庆是否丧失相应股权取决于公司相关股东会决议是否有效、是否已合法剥夺了尹继庆相应股权。公司股东会是公司意思自治机构，但公司通过股东会自治应以不侵害特定关系人的合法权益为前提；尹继庆在诉讼中对公司股东会相关决议的效力明确提出异议，法院应依据《公司法》第二十二条第一款的规定对相关决议的合法性问题进行审查。（1）虽然君泰公司2011年11月29日股东会后未将会议决议向尹继庆送达，但在2013年7月5日股东会会议记录中，尹继庆委托其代理人明确对2011年11月29日股东会所形成的相关决议及送达问题表达了反对意见，应视为已明确相关内容。（2）君泰公司于2011年11月29日和2013年7月5日以股东会决议的形式限制并剥夺了尹继庆的部分股权，虽然通过股东会决议方式强制剥夺股东部分股权无明确的法律及公司章程依据，但不违反法律禁止性规定，法无禁止即合法，应对该两次股东会决议予以确认。（3）尹继庆抽逃出资后长期拒不补缴，使君泰公司长期处于注册资本不足的状况，既不利于君泰公司的经营发展，又损害了君泰公司债权人的利益，如果公司不能通过股东会决议对尹继庆予以制裁，将纵容不诚信出资行为。君泰公司在屡次催促尹继庆补缴出资未果、已无其他有效救济渠道的情况下，通过股东会解除尹继庆1300万元股权份额合理合法。故判决支持徐翠芹、王风的诉讼请求。

二审法院认为，股东抽回出资，经催缴，股东拒不补足的情况下有权通过公司自治取消其出资。徐翠芹、王风依据公司股东会决议各自向君泰公司转入650万元，履行了出资义务，有权要求君泰公司就徐翠芹、王风各自支付的650万元出资款签发出资证明书并将该出资额及对应股权记载于公司股东名册、判令君泰公司根据股权及股东变更情况修改公司章程并在公司登记机关办理变更登记手续的诉讼请求合法，故判决驳回上诉，维持原判。

再审法院审查意见认为，本案是股东名册记载纠纷。针对尹继庆提出的一审、二审法院违规、审判组织组成不合法等问题，均不予采信或支持，最终裁定驳回尹继庆的再审申请。

本案中另值得关注的是，法院作出的认定股东出资瑕疵并不当然丧失相应股权，是否丧失相应股权取决于公司相关股东会决议是否有效、是否已合法剥夺股东相应股权的裁判思路。本案中法院在尹继庆抽回出资，经催缴，拒不补足出资且通过股东会程序明确尹继庆不享有相应股权，另由徐翠芹、王风补足出资的情况下，才最终支持了徐翠芹、王风请求公司向其签发出资证明书、记载于股东名册并办理变更登记的主张，而这种登记即属于对原股东出资额、持股比例的调整登记。

五、股东名册记载纠纷的行权障碍

（一）股权转让纠纷未处理完毕

实践中股东名册记载纠纷通常与股权转让问题相伴发生，当股权转让纠纷未处理完毕时，当事人针对公司股东名册所提请求往往暂无法获得法院支持。

案例·9 - 典型案例 -

股权转让纠纷未处理完毕的，股东名册变更请求不予支持

——叶正尧与绿铭公司、赵云华股东名册记载纠纷上诉案①

上诉人（一审原告）：叶正尧。

被上述人（一审被告）：绿铭公司。

被上诉人（一审第三人）：赵云华。

绿铭有限公司成立于2003年6月2日，叶正尧、叶某2、郑某2、郑某3为工商登记股东，叶正尧持有48%股权。2006年9月，叶正尧、叶某2、郑某2、郑某3发起设立绿铭公司，将绿铭有限公司由有限责任公司变更为股份有限公司，在工商的企业类型登记为股份有限公司（非上市）。

2012年4月，绿铭公司通过股东会决议，确认公司股东为金典公司持股51%、叶正尧持股49%。2012年11月13日，叶正尧将其持有的475万股绿铭公司股份出质给了赵云华。2013年8月1日，叶正尧与赵云华签订股份转让协议，将49%股份中的19%作价475万元转让（同日，叶正尧与郭某签订股份转让协议，将49%股份中的30%转让）。当日，绿铭公司股东名册将股东记载为金典公司51%、郭某30%、赵云华19%（分别由金典公司盖章及郭某、赵云华签名确认）。

① 参见上海市闵行区人民法院（2018）沪0112民初6011号民事判决书；上海市第一中级人民法院（2018）沪01民终10056号民事判决书。

2014年8月，绿铭公司股东名册将公司股东记载为金典公司、赵云华、郭某以及其他18位自然人。2014年12月，绿铭公司股东名册将公司股东记载为赵云华、郭某以及其他19位自然人。

绿铭公司现工商登记公司类型为股份有限公司（非上市、自然人投资或控股）；登记的发起人为金典控股股份公司、叶正尧。目前公司股东名册上记载的股东为自然人党震和布列柯金企业（有限合伙）。

叶正尧认为其所持股份所有权未转移，故诉至法院请求判令绿铭公司将公司股东名册中赵云华变更为叶正尧。

上海闵行法院一审判决驳回叶正尧的诉讼请求。叶正尧不服，提起上诉，上海一中院二审判决驳回上诉，维持原判。

在本案中，一审法院认为争议焦点为涉案股份转让协议是否成立、股份是否交付等四项争议，并针对争议焦点逐项进行了回应，最终驳回叶正尧的诉求请求。二审法院裁判思路与一审法院存在差异，二审法院认为叶正尧与赵云华之间于2013年8月1日形成股份转让协议，绿铭公司据此将受让人赵云华记载于股东名册，符合法律规定，并无懈怠或过失。叶正尧若对该协议的效力性、股份转让方式的合法性以及绿铭公司现有股东名册记载内容存有异议，可追诉相对人，与绿铭公司无关。叶正尧在取得最终效力的法律文件后，可向绿铭公司申请变更登记。

与本案类似的"叶正尧与绿铭公司、郭玉玉股东名册记载纠纷上诉案"[①]中，上海一中院二审观点与本案二审观点一致，认为叶正尧与郭王玉之间于2013年8月1日形成《股份转让协议》，绿铭公司据此将受让人郭王玉记载于股东名册，符合法律规定，并无懈怠或过失。叶正尧若对该协议的效力性、股份转让方式的合法性以及绿铭公司现有股东名册记载内容存有异议，可追诉相对人，与绿铭公司无关。叶正尧在取得最终效力的法律文件后，可向绿铭公司申请变更登记。

（二）隐名股东未满足显名条件

实践中股东名册记载纠纷亦通常与隐名股东问题相伴发生，就隐名股东主张显名事宜，《公司法司法解释（三）》第二十四条第三款规定，"实际出资人未经公司其他股东半数以上同意，请求公司变更股东、签发出资证明书、记载于股东名册、记载于公司章程并办理公司登记机关登记的，人民法院不予支持"。《九民纪要》第二

① 参见上海市闵行区人民法院（2018）沪0112民初6007号民事判决书；上海市第一中级人民法院（2018）沪01民终10057号民事判决书。

十八条规定,"实际出资人能够提供证据证明有限责任公司过半数的其他股东知道其实际出资的事实,且对其实际行使股东权利未曾提出异议的,对实际出资人提出的登记为公司股东的请求,人民法院依法予以支持。公司以实际出资人的请求不符合公司法司法解释(三)第24条的规定为由抗辩的,人民法院不予支持"。在隐名股东未满足前述显名条件的情形下,当事人针对公司股东名册所提请求较难获得法院支持。

案例·10 **-典型案例-**

未经其他股东半数以上同意公司可不予变更记载

——杨金华与长鹏房地产公司、阮勤初股东名册记载纠纷上诉案①

上诉人(一审原告):杨金华。

被上诉人(一审被告):长鹏房地产公司。

被上诉人(一审被告):阮勤初。

一审第三人:兰云、谢家柱、张方增、黄剑国、缪云明。

2010年11月3日,谢家柱、兰云将其拥有的长鹏房地产公司70%股权转让给阮勤初。2010年11月4日,长鹏房地产公司股东变更为谢家柱、兰云、阮勤初,股权比例为:20%、10%、70%。在实际履行过程中,杨金华参与受让股权,向谢家柱支付386万元。2010年11月15日,长鹏房地产公司向杨金华出具《收条》,载明收到杨金华购买长鹏房地产公司10%的股权款200万元,未付余款186万元。2011年2月24日,长鹏房地产公司法定代表人阮勤初在《收条》下方注明:余款186万元已收齐。

其后经股权转让,2011年11月8日,长鹏房地产公司股东变更为谢家柱、兰云、阮勤初、张方增、黄剑国,股权比例为:20%、10%、20%、25%、25%。

2012年12月8日,杨金华、案外人王文利、黄剑国、兰云、阮勤初、张方增、谢家柱、长鹏房地产公司共同起草《股权确认及代持协议》,明确认可杨金华在长鹏房地产公司股东地位,自2010年5月31日起,杨金华持有长鹏房地产公司10%股权,杨金华所拥有股权由阮勤初代持。杨金华、阮勤初、张方增、谢家柱分别在协议上签

---

① 参见江西省赣州市中级人民法院(2015)赣中民二初字第74号民事判决书;江西省高级人民法院(2016)赣民终378号民事判决书。

字，长鹏房地产公司在协议上盖章，黄剑国、兰云未在协议上签字。

其后因执行法院判决，公司股东变更为谢家柱、兰云、阮勤初、张方增、黄剑国、缪云明，股权比例为：20%、10%、20%、16%、25%、9%。

杨金华向法院起诉请求确认其持有长鹏房地产公司10%股权，并判令长鹏房地产公司、阮勤初到工商行政管理机关依法将上述股权变更登记至杨金华名下。

江西赣州中院一审判决确认阮勤初持有的长鹏房地产公司20%股权中的10%为杨金华所有，驳回杨金华的其他诉讼请求。杨金华不服，提起上诉。江西高院二审判决撤销原判，确认杨金华享有长鹏房地产公司10%的股权（该股权原登记在阮勤初持有的公司20%的股权中），阮勤初、长鹏房地产公司办理工商变更登记，将杨金华登记为长鹏房地产公司股东，享有公司10%股权。（见图2-3）

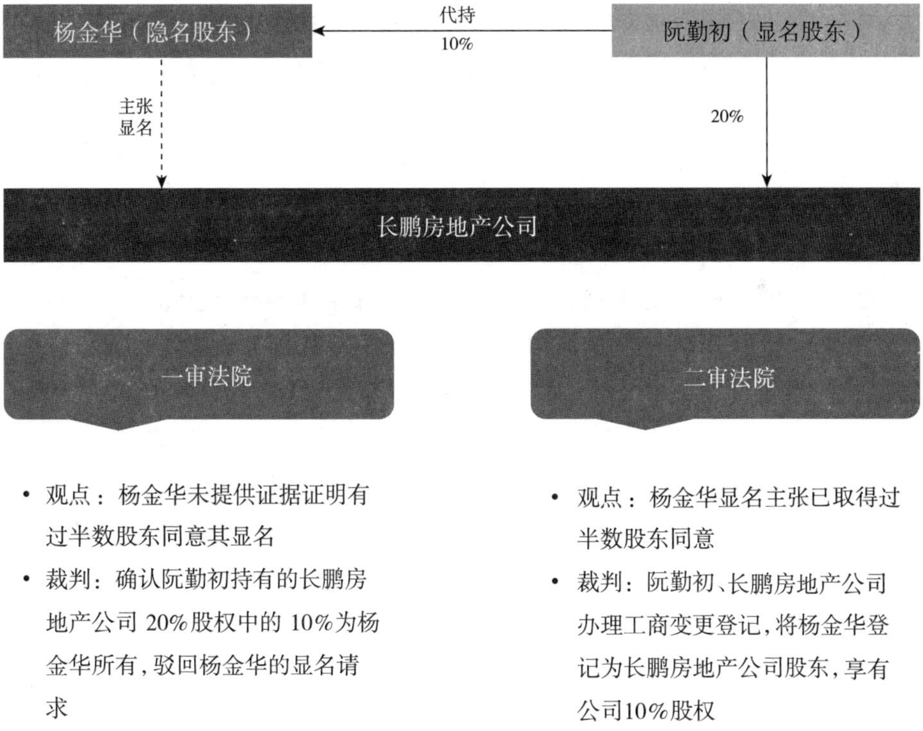

图2-3　杨金华与长鹏房地产公司、阮勤初股东名册记载纠纷上诉案

在本案中，两级法院均认可杨金华实际持有长鹏房地产公司10%股权的事实，但在是否支持其显名问题上，一审法院认为杨金华亦未提供证据证明已有过半数的股东同意其显名，从而对其显名主张不予支持；二审法院认为杨金华显名主张已取得过半数股东同意，其请求登记为显名股东符合法律规定，应予支持。

在本案中，虽一审法院与二审法院作出的判决结果截然相反，但仔细分析可以发现，两级法院的裁判思路仅是在认定是否满足显名前置条件的判断上存在不同。依据本案裁判思路，公司是否有义务变更记载股东名册应关注隐名股东是否符合显名条件。如未满足显名条件的，相应地，无权请求记载于股东名册。至于显名条件的判断，核心是"其他股东过半数同意"，但此处的"其他股东"是否包括持有争议股权的股东，实务中尚存在争议。

案例·11 **－典型案例－**

隐名股东以外的"其他股东"不包括持有争议股权的显名股东

——程定祥与荣宣公司、杨道惠股东名册记载纠纷再审案①

再审申请人（一审原告、二审被上诉人）：程定祥。

被申请人（一审被告、二审上诉人）：荣宣公司。

一审第三人、二审被上诉人：杨道惠。

2011 年原市场开发公司通过改制派生分立为新都市场公司、瑞杰公司、万联投资公司及荣宣公司。在派生过程中，杨道惠和江云洪被分到了荣宣公司成为该公司的股东，杨道惠在荣宣公司的股权是 151.25 万元，江云洪是 95.5 万元。后在 2011 年 8 月，杨道惠将所拥有的股权 151.25 万元转让给龙丽 17.2152 万元、转让给王瑛 122.558 万元，江云洪将所拥有的股权 95.5 万元转让给王瑛 87.7405 万元。自 2011 年 8 月 30 日起，荣宣公司的股东分别为杨道惠（持有的股权为 4.65%）、江云洪、龙丽、王瑛。

2012 年 3 月 12 日，荣宣公司召开了股东会，该次股东会的议案是是否同意程定祥请求荣宣公司为其变更股东、签发出资证明书、记载于股东名册、记载于公司章程并办理公司登记机关登记。股东会明确荣宣公司股东杨道惠现持有公司 4.65% 股权，其中 2.325% 股权的实际出资人为程定祥。荣宣公司共有 4 名股东：杨道惠、江云洪、龙丽、王瑛。其中，江云洪未出席股东会，在全体股东进行表决时，

① 参见四川省成都市新都区人民法院（2013）新都民初字第 1533 号民事判决书；四川省成都市中级人民法院（2013）成民终字第 5254 号民事判决书；四川省高级人民法院（2014）川民申字第 842 号民事裁定书。

王瑛、龙丽不同意，杨道惠表决同意。

2013 年 3 月 25 日，杨道惠出具《确认函》，明确说明其持有的荣宣公司 4.65% 股权，其中 2.325% 股权是代表程定祥，程定祥是实际出资人。杨道惠同意将登记在其名下的实属程定祥的 2.325% 股权变更给程定祥，同意荣宣公司向程定祥签发出资证明书、将程定祥记载于股东名册、记载于公司章程并办理公司登记机关登记。2013 年 3 月 29 日，荣宣公司的另一股东江云洪也出具了一份与杨道惠内容基本一致的《确认函》。

后程定祥又多次要求荣宣公司为其变更股东、签发出资证明书、记载于股东名册、记载于公司章程以及办理公司登记机关登记，荣宣公司未同意，故程定祥诉至法院。

四川成都新都法院一审判决荣宣公司将登记在杨道惠名下的属程定祥实际出资的2.325% 的股权变更给程定祥，并向程定祥签发出资证明书、将程定祥记载于股东名册、记载于公司章程并办理公司登记机关登记。荣宣公司不服，提起上诉，四川成都中院二审判决撤销原判，驳回程定祥的诉讼请求。程定祥不服，申请再审，四川高院裁定驳回程定祥的再审申请。（见图 2 –4）

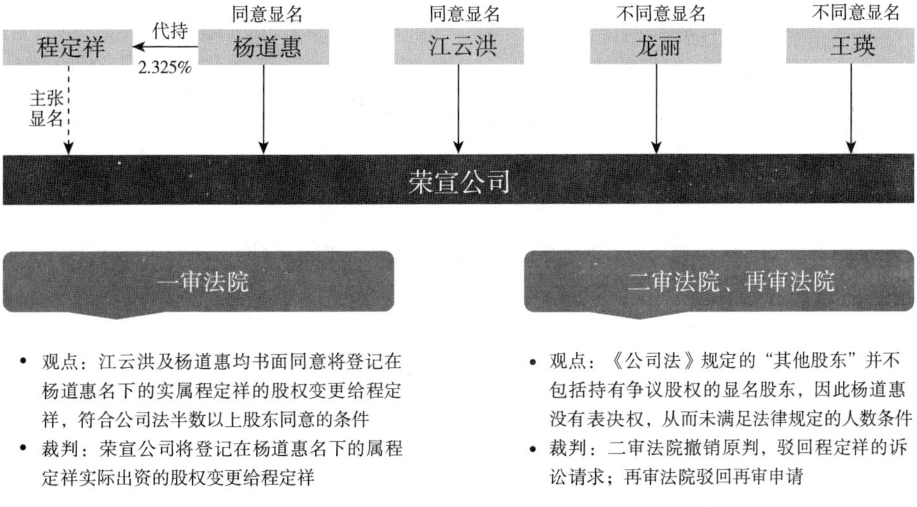

图 2 –4　程定祥与荣宣公司、杨道惠股东名册记载纠纷再审案

在本案中，二审法院及再审法院的观点是一致的，一审法院原判决被撤销的原因在于其对《公司法司法解释（三）》（2011 年版，现已被修正）第二十五条第三款“实际出资人未经公司其他股东半数以上同意，请求公司变更股东、签发出资证明书、记载于股东名册、记载于公司章程并办理公司登记机关登记的，人民法院不予支持”的理解与二审及再审法院的理解不同,从而导致裁判结果的差异。

一审法院认为,江云洪及杨道惠均是荣宣公司具有表决权的股东,两人均向一审法院作出了同意将登记在杨道惠名下的实属程定祥的2.325%股权变更给程定祥的书面意思表示。程定祥作为荣宣公司的实际出资人,请求公司变更股东,荣宣公司4名股东中有两名股东同意其进行变更,符合公司法半数以上股东同意的条件。然而,二审及再审法院认为,该条规定的“其他股东”,并不包括持有争议股权的显名股东。在本案中,尽管杨道惠除持有争议股权外,还持有无争议的股权,但在程定祥是否显名的问题上,杨道惠仍然没有表决权。在荣宣公司有表决权的3名股东中,仅江云洪同意程定祥被记载于股东名册,未满足法律规定的人数条件。

(三)存在客观履行障碍

具备股东身份并不表示其提出的股东名册记载请求必然获得支持,原因系该项请求可能因实际执行中面临的客观履行障碍而无法获得支持。结合司法实践情况,常见的客观履行障碍主要涉及有限公司股东人数达到法律规定上限、诉争股份已合法流转、政策性限制等情形。另需注意的是,在公司注销等主体资格丧失的情况下,股东资格亦随之不复存在,因而此种情况属于股东名册记载请求权的丧失,而非权利存续状态下的行权障碍。

案例·12 –典型案例–

有限公司股东人数达到法律规定上限后股东无权要求公司将其记载于股东名册

——马蕴芳与远东公司股东名册记载纠纷上诉案[①]

上诉人(一审原告):马蕴芳。

被上诉人(一审被告):远东公司。

2002年1月1日,马蕴芳向江苏远东集团有限公司(2006年6月26日该企业名称变更为远东公司)缴纳股本金5万元。同日,远东公司向马蕴芳发放了编号为100480的股权证书,载明:马蕴芳持股数5万股,每股金额1元,总持股金额5万元,购股日期2002年1月1日等。远东公司在股权证书上加盖单位公章,法定代表人

① 参见江苏省宜兴市人民法院(2014)宜商初字第1397号民事判决书;江苏省无锡市中级人民法院(2015)锡商终字第00544号民事判决书。

蒋锡培签名确认。

2002年4月25日，远东公司向宜兴市工商行政管理局申请就企业名称、企业类型、营业期限、股东、注册资本等进行变更登记，其中企业类型为有限公司，注册资本由6800万元变更为3亿元，工商部门于同年4月27日予以核准。根据工商资料记载，远东公司于2002年4月12日召开第一次股东会议，蒋锡培等人为公司股东，但马蕴芳未在股东名册及公司章程中出现。远东公司2002年章程第十二条规定，公司签发的股权证持有者是股东，股东按照持有的股权享有权利，履行义务。

2011年7月13日，马蕴芳函告远东公司，要求行使股东权利，查阅远东公司股东会决议、财务会计报表及会计账簿等资料。远东公司收函后以马蕴芳不享有股权为由，拒绝其请求。马蕴芳遂于2011年12月26日诉至江苏宜兴法院，该院判决确认马蕴芳自2002年1月1日起已经是远东公司的股东，依法享有股东知情权。远东公司应向马蕴芳提供自2002年1月1日以来的股东会会议记录、董事会决议、监事会会议决议、公司财务会计报告、利润分配表供查阅和复制，及作为公司经营活动所制作的会计账簿以供查阅。远东公司不服该判决上诉至江苏无锡中院，该院于2012年10月19日判决驳回上诉，维持原判。后远东公司向江苏高院申请再审，该院于2013年9月23日裁定驳回远东公司的再审申请。

远东公司2013年12月20日股东会决议，同意增加新股东，股东人数由8人增加至50人，公司注册资本由3亿元增加至6.66亿元，并通过修改后的公司章程等事项。同日，远东公司至工商部门办理了公司注册资本及股东等变更登记，工商部门于同日予以核准，但远东公司未将马蕴芳作为新增加股东在股东名册上记载，并办理变更登记。

法院就有限责任公司股东名册记载人数事项向公司登记机关无锡市宜兴工商行政管理局进行了咨询。该局工作人员答复称，公司法规定，有限责任公司由50个以下股东出资设立，故其对有限责任公司股东名册记载人数在50人以下记载，超出部分的股东不予记载。

由于远东公司一直未将马蕴芳在公司股东名册上记载，也未办理股东工商登记，故马蕴芳诉至法院，请求判令远东公司将其记载于股东名册并办理工商变更登记。

江苏宜兴法院一审判决驳回马蕴芳的诉讼请求。马蕴芳不服，提起上诉，江苏无锡中院二审判决驳回上诉，维持原判。

在本案中，两级法院裁判思路是一致的，认为有限责任公司应当置备股东名册,记载股东的姓名或者名称及住所、股东的出资额、出资证明书编号,并将股东的姓名或者名称向公司登记机关登记,此为有限责任公司的法定义务。但公司在履行上述法定义务时需严格遵守法律规定,包括《公司法》第二十四条规定的有限责任公司股东不得超过50个的人数限制。现因远东公司记载于股东名册中的股东人数已达到法律规定的上限,马蕴芳要求将其记载入股东名册并办理股东工商登记,需远东公司变更公司性质为股份有限公司增加股东人数或进行股权回购等其他方式实现,但该实现途径非本案理涉范畴,故不予支持马蕴芳的诉讼请求。

本案另外值得关注的是,江苏宜兴法院就有限责任公司股东名册记载人数事项向公司登记机关无锡市宜兴工商行政管理局进行了咨询。该局工作人员答复称,公司法规定,有限责任公司由50个以下股东出资设立,故其对有限责任公司股东名册记载人数在50人以下记载,超出部分的股东不予记载。由此可知,法院在审理该类纠纷时,可能会咨询工商登记机关意见,其意见对法院的裁判有一定的影响性。同时,可看出工商登记机关在处理此种达到50人上限情形下的态度亦为严格执行法律规定,对超出部分的股东不予记载。

在“王培华诉宝宜公司、王晓刚股东名册记载纠纷案”①中,江苏宜兴法院认为:“首先,由于刘松山股份之后已经流转至其他自然人名下,故王培华要求恢复其股东身份已存在客观上无法履行的障碍;其次,王培华等与王晓刚于2016年12月19日达成的《退股协议》,无论从协议名称、协议内容等看都已经完全指向对于刘松山股份的处置,王培华已经明确了其退股的意思表示,也与之达成了一致意见,故不应再要求确认其股东身份。”在本案中,王培华系刘松山股权的继承人,虽然法院认为王培华已就诉争股权进行处置,最终未支持王培华主张将其记载于公司股东名册的请求,但从法院的裁判思路可以看出,诉争股权的合法流转构成当事人主张行权的客观履行障碍,亦具备一定参考价值。

在“王平华、周宗安与镇巴食品开发公司股东名册记载纠纷上诉案”②中,陕西汉中中院认为:“被上诉人改制之前属全民所有制企业,改制是以县委、县政府下发改制指导文件为前提,在政府部门对被上诉人报送的改制方案进行审批的基础上进行,二上诉人对以上事实亦予以认可。此种改制行为属于政府主管部门对企业国有资产进行的政策性调整。《最高人民法院关于审理与企业改制相关的民事纠纷案件若干问题的规定》第三条规定,政府主管部门在对企业国有资产进行行政性

① 参见江苏省宜兴市人民法院(2017)苏0282民初2213号民事判决书。

② 参见陕西省镇巴县人民法院(2014)镇巴民初字第00297号民事裁定书;陕西省汉中市中级人民法院(2015)汉中民二终字第00002号民事裁定书。

调整、划转过程中发生的纠纷，当事人向人民法院提起民事诉讼的，人民法院不予受理。本案符合最高人民法院前述规定，王平华、周宗安的起诉属于法院不予受理的案件范围，故二人要求将姓名载入股东名册的上诉理由不能成立，对其上诉请求本院不予支持，原审法院裁定驳回起诉正确。”另在“彭柱德与现代农庄股东名册记载纠纷上诉案”①中，湖南株洲中院认为：“上诉人彭柱德诉讼主张涉及政府主管部门对企业行政性调整、划转过程中发生的纠纷，系国有企业改制的遗留问题未作处理，不属于人民法院的受理民事案件的范围。原审法院裁定不予受理并无不当。”由此可见，政策性限制亦可能构成当事人主张行权的客观履行障碍。

六、法律法规及适法意见

(一)全国性

1.《公司法》节选

第三十一条　有限责任公司成立后，应当向股东签发出资证明书。

出资证明书应当载明下列事项：

(一)公司名称；

(二)公司成立日期；

(三)公司注册资本；

(四)股东的姓名或者名称、缴纳的出资额和出资日期；

(五)出资证明书的编号和核发日期。

出资证明书由公司盖章。

第三十二条　有限责任公司应当置备股东名册，记载下列事项：

(一)股东的姓名或者名称及住所；

(二)股东的出资额；

(三)出资证明书编号。

记载于股东名册的股东，可以依股东名册主张行使股东权利。

公司应当将股东的姓名或者名称向公司登记机关登记；登记事项发生变更的，应当办理变更登记。未经登记或者变更登记的，不得对抗第三人。

第七十一条　有限责任公司的股东之间可以相互转让其全部或者部分股权。

股东向股东以外的人转让股权，应当经其他股东过半数同意。股东应就其股

① 参见湖南省株洲市荷塘区人民法院(2016)湘0202民初1757号民事裁定书；湖南省株洲市中级人民法院(2016)湘02民终1870号民事裁定书。

权转让事项书面通知其他股东征求同意,其他股东自接到书面通知之日起满三十日未答复的,视为同意转让。其他股东半数以上不同意转让的,不同意的股东应当购买该转让的股权;不购买的,视为同意转让。

经股东同意转让的股权,在同等条件下,其他股东有优先购买权。两个以上股东主张行使优先购买权的,协商确定各自的购买比例;协商不成的,按照转让时各自的出资比例行使优先购买权。

公司章程对股权转让另有规定的,从其规定。

第七十二条　人民法院依照法律规定的强制执行程序转让股东的股权时,应当通知公司及全体股东,其他股东在同等条件下有优先购买权。其他股东自人民法院通知之日起满二十日不行使优先购买权的,视为放弃优先购买权。

第七十三条　依照本法第七十一条、第七十二条转让股权后,公司应当注销原股东的出资证明书,向新股东签发出资证明书,并相应修改公司章程和股东名册中有关股东及其出资额的记载。对公司章程的该项修改不需再由股东会表决。

第九十六条　股份有限公司应当将公司章程、股东名册、公司债券存根、股东大会会议记录、董事会会议记录、监事会会议记录、财务会计报告置备于本公司。

第九十七条　股东有权查阅公司章程、股东名册、公司债券存根、股东大会会议记录、董事会会议决议、监事会会议决议、财务会计报告,对公司的经营提出建议或者质询。

第一百三十条　公司发行记名股票的,应当置备股东名册,记载下列事项:

(一)股东的姓名或者名称及住所;

(二)各股东所持股份数;

(三)各股东所持股票的编号;

(四)各股东取得股份的日期。

发行无记名股票的,公司应当记载其股票数量、编号及发行日期。

第一百三十九条　记名股票,由股东以背书方式或者法律、行政法规规定的其他方式转让;转让后由公司将受让人的姓名或者名称及住所记载于股东名册。

股东大会召开前二十日内或者公司决定分配股利的基准日前五日内,不得进行前款规定的股东名册的变更登记。但是,法律对上市公司股东名册变更登记另有规定的,从其规定。

2.《公司法司法解释(三)》节选

第二十二条　当事人之间对股权归属发生争议,一方请求人民法院确认其享有股权的,应当证明以下事实之一:

（一）已经依法向公司出资或者认缴出资，且不违反法律法规强制性规定；

（二）已经受让或者以其他形式继受公司股权，且不违反法律法规强制性规定。

第二十三条　当事人依法履行出资义务或者依法继受取得股权后，公司未根据公司法第三十一条、第三十二条的规定签发出资证明书、记载于股东名册并办理公司登记机关登记，当事人请求公司履行上述义务的，人民法院应予支持。

第二十四条　有限责任公司的实际出资人与名义出资人订立合同，约定由实际出资人出资并享有投资权益，以名义出资人为名义股东，实际出资人与名义股东对该合同效力发生争议的，如无法律规定的无效情形，人民法院应当认定该合同有效。

前款规定的实际出资人与名义股东因投资权益的归属发生争议，实际出资人以其实际履行了出资义务为由向名义股东主张权利的，人民法院应予支持。名义股东以公司股东名册记载、公司登记机关登记为由否认实际出资人权利的，人民法院不予支持。

实际出资人未经公司其他股东半数以上同意，请求公司变更股东、签发出资证明书、记载于股东名册、记载于公司章程并办理公司登记机关登记的，人民法院不予支持。

3.《民事诉讼法》节选

第二十六条　因公司设立、确认股东资格、分配利润、解散等纠纷提起的诉讼，由公司住所地人民法院管辖。

4.《民事诉讼法司法解释》节选

第二十二条　因股东名册记载、请求变更公司登记、股东知情权、公司决议、公司合并、公司分立、公司减资、公司增资等纠纷提起的诉讼，依照民事诉讼法第二十六条规定确定管辖。

5.《九民纪要》节选

8.【有限责任公司的股权变动】当事人之间转让有限责任公司股权，受让人以其姓名或者名称已记载于股东名册为由主张其已经取得股权的，人民法院依法予以支持，但法律、行政法规规定应当办理批准手续生效的股权转让除外。未向公司登记机关办理股权变更登记的，不得对抗善意相对人。

28.【实际出资人显名的条件】实际出资人能够提供证据证明有限责任公司过半数的其他股东知道其实际出资的事实，且对其实际行使股东权利未曾提出异议的，对实际出资人提出的登记为公司股东的请求，人民法院依法予以支持。公司以实际出资人的请求不符合公司法司法解释（三）第 24 条的规定为由抗辩的，人民法院不予支持。

（二）地方性

1.《上海市高级人民法院关于审理涉及公司诉讼案件若干问题的处理意见（二）》节选

二、处理股权确认纠纷的相关问题

1. 有限责任公司出资人履行出资义务或者股权转让的受让人支付受让资金后，公司未向其签发出资证明书、未将其记载于公司股东名册或者未将其作为公司股东向公司登记机关申请登记的，出资人或者受让人提起诉讼，请求判令公司履行签发、记载或申请登记义务的，人民法院应予支持。

2.《江苏省高级人民法院关于审理适用公司法案件若干问题的意见（试行）》节选

7. 办理股权转让手续请求权纠纷。

公司不及时变更股东名册和到工商行政管理部门进行变更登记的，股权转让方和受让方均可以公司为被告提起办理转让手续请求之诉。转让合同中约定转让方有协助义务而转让方不予协助的，受让方可以将转让方和公司作为共同被告。

3.《陕西省高级人民法院民二庭关于审理公司纠纷案件若干问题的意见》节选

第二条　有限责任公司应当根据公司法第三十三条的规定置备股东名册、办理公司登记机关的股东名称登记。当事人按照约定履行出资义务或者依法继受取得股权后，请求公司签发出资证明书、记载于股东名册、记载于公司章程或者办理公司登记机关登记，公司拒绝或者怠于办理，当事人起诉请求公司履行义务的，人民法院应予支持。

第七条　当事人以未办理股东名册或工商登记变更手续为由主张股权转让合同无效或不生效的，人民法院不予支持。股权转让合同对合同生效条件另有约定的除外。

第 三 章

股东知情权纠纷

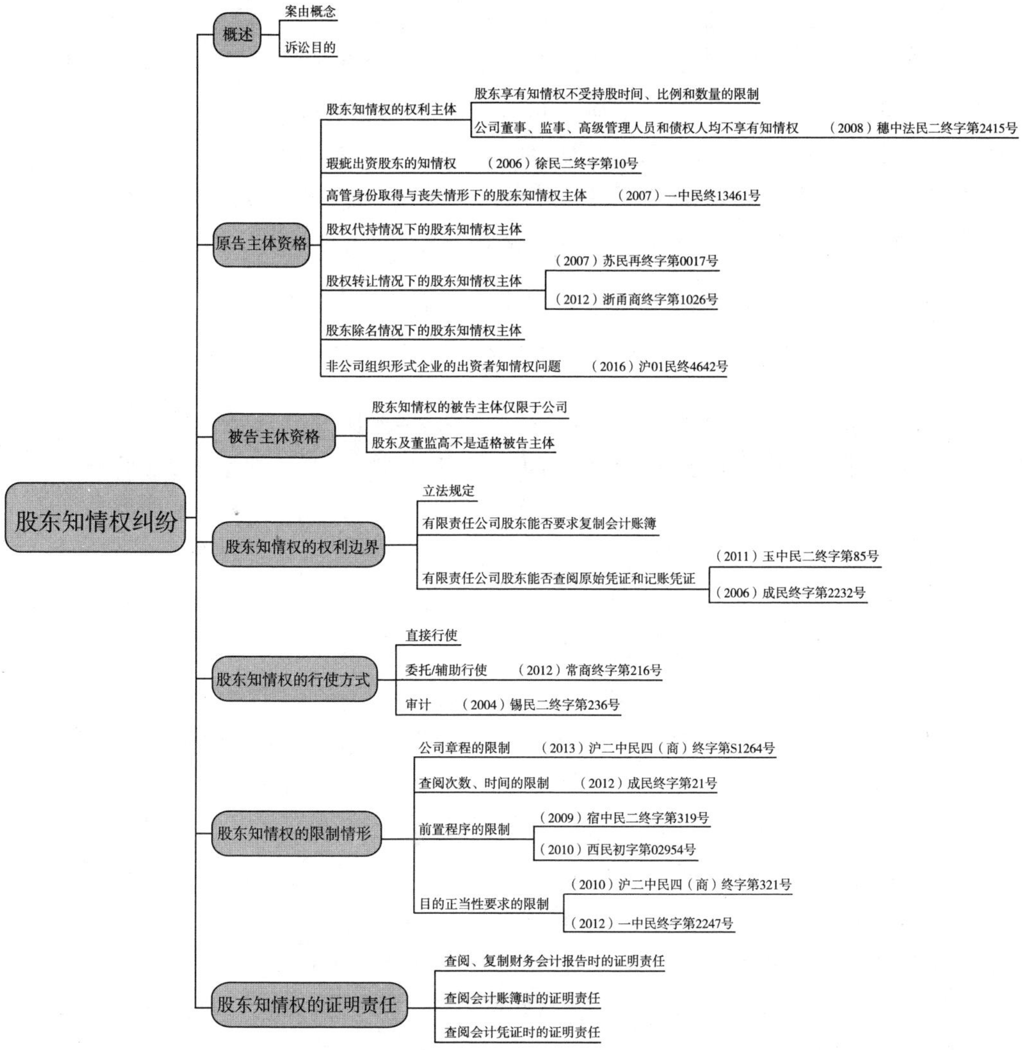
股东知情权纠纷
概述
案由概念
诉讼目的
原告主体资格
股东知情权的权利主体
股东享有知情权不受持股时间、比例和数量的限制
公司董事、监事、高级管理人员和债权人均不享有知情权
（2008）穗中法民二终字第2415号
瑕疵出资股东的知情权
（2006）徐民二终字第10号
高管身份取得与丧失情形下的股东知情权主体
（2007）一中民终13461号
股权代持情况下的股东知情权主体
股权转让情况下的股东知情权主体
（2007）苏民再终字第0017号
（2012）浙甬商终字第1026号
股东除名情况下的股东知情权主体
非公司组织形式企业的出资者知情权问题
（2016）沪01民终4642号
被告主体资格
股东知情权的被告主体仅限于公司
股东及董监高不是适格被告主体
股东知情权的权利边界
立法规定
有限责任公司股东能否要求复制会计账簿
有限责任公司股东能否查阅原始凭证和记账凭证
（2011）玉中民二终字第85号
（2006）成民终字第2232号
股东知情权的行使方式
直接行使
委托/辅助行使
（2012）常商终字第216号
审计
（2004）锡民二终字第236号
股东知情权的限制情形
公司章程的限制
（2013）沪二中民四（商）终字第S1264号
查阅次数、时间的限制
（2012）成民终字第21号
前置程序的限制
（2009）宿中民二终字第319号
（2010）西民初字第02954号
目的正当性要求的限制
（2010）沪二中民四（商）终字第321号
（2012）一中民终字第2247号
股东知情权的证明责任
查阅、复制财务会计报告时的证明责任
查阅会计账簿时的证明责任
查阅会计凭证时的证明责任

一、概述

股东知情权,是指法律赋予股东通过查阅公司财务报告资料,账簿等有关公司经营、决策、管理的相关资料以及询问与上述有关的问题,实现了解公司经营状况的重要信息的权利。知情权属于股东的固有权,在整个股东权利体系中处于基础性的地位,是股东享有资产收益、参与重大决策和选择管理者等权利的必要前提,公司不得以章程或公司决议等形式予以剥夺或限制。

现代公司中,大多数股东在出资后并不实际参与经营管理,而是委托董事会和经理具体经营,一般来说,公司规模越大,所有权和经营权分离的趋势越明显,从而产生代理成本。在大股东控制或直接担任管理层的情况下,中小股东利益往往更容易受到侵害。因此,设置股东知情权的主要目的,在于解决公司所有权和经营权分离状态下的信息不对称问题,使得股东在不参与经营管理的情况下也能了解公司经营信息,从而监督、制约管理层。实务中,知情权诉讼往往不是股东起诉的主要目的,而是作为股东掌握公司运营情况、收集相关证据和线索,进而提起其他诉讼的手段。

二、股东知情权纠纷的原告主体资格

(一)股东知情权的权利主体

股东知情权,顾名思义是股东享有的权利,无股东身份则无股东知情权。原告是否具有股东资格,是股东知情权纠纷首先需要解决的问题。单纯的股东资格确认纠纷在本书第一章已经专门探讨,这里仅就股东知情权诉讼中经常产生争议的地方进行简要分析。

1. 股东享有知情权不受持股时间、比例和数量的限制

有观点认为,为了防止股东滥用知情权损害公司利益,或者竞争对手利用知情权制度获取商业秘密,需要对股东的持股时间和持股比例、数量设置一定的门槛。我国公司法对此并没有进行限制。事实上,前述担忧在现行法律框架内也是可以解决的。一方面,查阅会计账簿需要说明“正当目的”,否则公司可以拒绝股东的查阅请求,股东滥用知情权的难度较大;另一方面,如果真的出现股东滥用知情权的情形,也可以通过损害赔偿追究其侵权责任。

2. 公司董事、监事、高级管理人员和债权人均不享有知情权

实践中,有少数观点认为公司董事、监事、高级管理人员、债权人可以享有知情权。比如,广东省汕头市中院审理的“詹德懿等诉陈蔡春咏等董事损害公司利益、

公司知情权、公司盈余分配权案”,[①]该案亦入选中国审判案例要览案例,生效判决认为可参照有关股东知情权的规定,认定董事对公司享有知情权。该观点缺乏法律和法理依据,已日渐式微。

目前公司董事、高级管理人员不享有知情权争议已经不大,因为董事、高级管理人员作为公司日常经营活动的负责人,完全了解公司的经营状况,可基于职务之便或工作之需而直接查阅相关资料;而公司债权人则更与股东知情权相去甚远,公司内部经营状况如何与其没有直接关系。实践中,最容易产生争议和误解的是监事是否享有股东知情权问题。

公司监事或监事会作为监督机关,享有广泛的检查公司财务、监督公司董事、高级管理人员等职权,很多人据此认为监事如股东一样享有知情权。但是,我国公司法并未赋予监事或监事会通过司法途径行使知情权的权利,监事履职行为性质上属于公司内部治理的范畴,当公司不配合监事或监事会履职时,监事或监事会应当通过提议召开临时股东会等方式予以解决。

案例·1　– 人民司法案例 –

公司监事无权提起知情权诉讼

——黄健诉力衡公司股东知情权纠纷上诉案[②]

上诉人(原审原告):黄健。

被上诉人(原审被告):力衡公司。

原审第三人:生物研究所。

2000年1月,力衡公司成立。后几经变更,2005年7月8日,力衡公司法定代表人为生物研究所的负责人肖更生,董事为陈卫东、池建伟、黄健、黄献军、李汉西、罗国庆、肖更生、徐志宏及张名位,股东为池建伟、黄献军、李汉西、李健雄、林化、林雄、丘银清、魏振承、徐志宏、张惠娜、张名位、朱新贤及生物研究所、生物研究所工会委员会。后黄健与罗国庆变更为公司监事。在力衡公司生产经营过程中,黄健于2007年9月28日致函力衡公司法定代表人肖更生及董事会,要求力衡公司和公司

---

① 参见广东省汕头市中级人民法院(2004)汕中法民四初字第66号民事判决书。

② 参见广州市天河区人民法院(2008)天法民二初字第193号民事判决书;广东省广州市中级人民法院(2008)穗中法民二终字第2415号民事裁定书;司伟、王灯:《公司监事无权提起知情权诉讼》,载《人民司法·案例》2010年第22期。

董事会对公司财务进行全面审计。2007 年 9 月 30 日，力衡公司法定代表人肖更生及监事罗国庆复函黄健，拒绝了黄健提出的对公司财务进行全面审计的要求。双方因此发生纠纷，黄健 2008 年 1 月 3 日提起诉讼，请求：力衡公司提供自 2005 年 1 月起至 2007 年 12 月止的财务资料进行审计，明确经营成果，生物研究所必须积极配合；力衡公司承担为审计而发生的全部费用；案件诉讼费用由力衡公司负担。

广东广州天河法院一审判决驳回黄健的诉讼请求，黄健不服提起上诉，广东广州中院二审裁定撤销一审判决，驳回黄健的起诉。（见图 3 – 1）

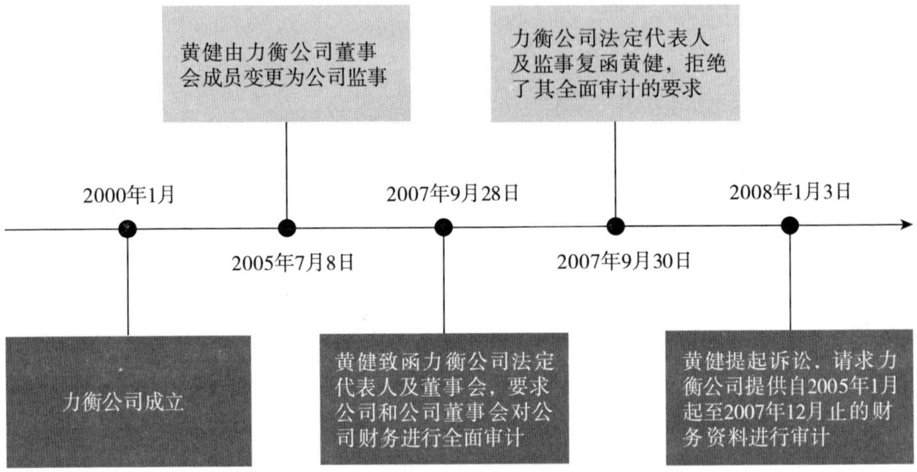

图 3 – 1　黄健诉力衡公司股东知情权纠纷上诉案

在本案审理中，一审、二审法院虽然都判黄健败诉，但驳回诉讼请求和驳回起诉背后的原理明显不同，一审判决实际混淆了股东知情权与监事调查权，没有厘清两者在救济途径上的差别。一审法院认为，根据《公司法》（2015 年修订）第五十五条第二款①规定，监事会、不设监事会的公司的监事发现公司经营情况异常，可以进行调查；必要时，可以聘请会计师事务所等协助其工作，费用由公司承担。该条款对监事会或不设监事会的公司监事所享有的调查权、聘请专业机构协助权利的前提条件和范围进行了明确的界定，即当发现公司经营情况异常时才能享有，且调查的范围应针对异常的经营情况。黄健要求行使调查权，其前提应为公司经营情况异常，而其诉请力衡公司提供 2005 年至 2007 年的财务资料进行审计、明确经营成果、生物研究所积极配合，应当针对其所发现的异常经营情况。力衡公司的经营情况

① 现行《公司法》（2018 年修正）第五十四条第二款。

不存在异常表现，故黄健以力衡公司经营情况异常作为依据于法不合。即使如黄健所言其“发现公司经营情况异常”，依法行使调查权，但调查的范围也应当限于异常经营情况，黄健现要求力衡公司提供2005年至2007年的财务资料进行审计、明确经营成果，与黄健所发现的“经营异常情况”而进行的调查之间并无直接的关联。同时，黄健所享有的聘请专业机构协助的权利并不必然是进行审计，力衡公司在诉讼中提交了2005年至2007年的相关税务查账报告、审计报告等材料，黄健重复要求进行审计缺乏事实及法律依据。因此，判决驳回黄健的诉讼请求。

二审法院认为，公司监事或监事会行使检查公司财务的职权，属于公司内部的经营管理范畴，当公司不配合监事或者监事会行使职权时，监事或者监事会应当通过提议召开股东会等方式进行解决。结合本案实际，黄健不是力衡公司的股东，是单纯的公司监事身份，却以力衡公司妨碍其知情权为由提起诉讼，请求人民法院判令力衡公司提供自2005年1月起至2007年12月止的财务资料进行审计，基于我国《公司法》未赋予公司监事通过司法途径获取知情权的权利，对黄健提起的知情权诉讼依法不应受理。黄健提起本案诉讼不符合民事诉讼受理条件，一审法院予以受理并作出判决，适用法律错误，程序不当，故裁定撤销一审判决，驳回黄健的起诉。概言之，二审的判决理由在于监事不是股东知情权的权利主体，不具备诉讼主体资格。

（二）瑕疵出资股东的知情权

瑕疵出资，主要是指股东未履行或者未全面履行出资义务或者抽逃出资等情况。我国《公司法》一定程度上允许公司对瑕疵出资股东的权利进行合理限制。如《公司法》第三十四条对瑕疵出资股东的分红权和优先认购权等自益权进行了限制，《公司法司法解释（三）》第十六条又进一步允许公司根据公司章程或者股东会决议对瑕疵出资股东的利润分配请求权、新股优先认购权、剩余财产分配请求权等自益权作出相应的合理限制。

但是，知情权作为股东的固有权利和共益权范畴，只要存在股东身份就不得随意剥夺。瑕疵出资股东在未丧失股东资格之前，仍可按照公司法或章程的规定行使相应的股东权。作出如此判断的逻辑依据在于，“股东是否出资，是股东之间的约定义务问题，并不构成股东身份的必要条件”，①具有股东资格即享有知情权，而瑕疵出资并不影响股东资格的确认，也不能因此否定其享有知情权。

---

① 宋从文：《股东知情权行使与限制之维》，载《法律适用》2009年第7期。

案例·2 －人民法院报案例－

瑕疵出资的股东享有股东知情权

——林阿勇与瑞丰公司知情权纠纷上诉案①

上诉人(一审原告):林阿勇。

被上诉人(一审被告):瑞丰公司。

瑞丰公司于2002年7月31日成立,该公司工商登记资料显示,公司股东为卢佳、林阿勇、刘文星三人,卢佳为公司法定代表人。公司注册资本300万元,其中,卢佳出资150万元,占50%;林阿勇出资120万元,占40%;刘文星出资30万元,占10%。2002年7月22日,公司验资报告中的审验记载,公司已收到股东缴纳的注册资金300万元,但公司的银行存款明细账及转账支票显示,2002年7月23日,公司支出300万元归还贷款,存款余额为10元。2003年4月8日,公司进行变更登记,变更后股东为林阿勇、卢佳,注册资本300万元,卢佳、林阿勇各占50%股份。

2004年8月26日,林阿勇向法院提起诉讼,要求行使知情权、查阅公司财务会计报告、账簿凭证等。瑞丰公司辩称,从公司创办登记注册到变更等所有文件均不是林阿勇本人签名,林阿勇也没有向公司实际投入资金,其请求不应得到支持。

江苏徐州丰县法院一审判决驳回林阿勇的诉讼请求。林阿勇不服提起上诉,江苏徐州中院二审判决撤销一审判决,改判林阿勇有权在判决生效10日后,对瑞丰公司成立以来的财务会计报告、财务账簿、各项财务凭证及资产和经营状况进行查阅。

本案两级法院均认可了林阿勇的公司股东资格,但裁判结果却大相径庭,两级法院裁判观点的争议在于:在确认原告具备股东资格的前提下,能否仅基于瑕疵出资而否认其享有股东知情权?

一审法院认为,瑞丰公司章程、股东名册均记载原告林阿勇为公司股东。股东(包括挂名股东、隐名股东和实际股东)与公司之间就股东资格发生争议,应根据公司章程、股东名册的记载作出认定。故林阿勇具有瑞丰公司股东资格,瑞丰公司以

① 参见江苏省丰县人民法院(2005)丰民二初字第147号民事判决书;江苏省徐州市中级人民法院(2006)徐民二终字第10号民事判决书;葛文:《瑕疵出资的股东是否享有知情权》,载《人民司法》2008年第2期。

林阿勇没有在公司章程上签名及没有实际出资的辩解理由，不予采信。根据《公司法》的规定，股东享有知情权，但也必须履行出资义务。因林阿勇没有提供出资证明或其他出资的凭证，根据有关法律规定，未出资的股东行使知情权的，不予支持。故判决驳回林阿勇的诉讼请求。

二审法院认为，林阿勇在公司章程、股东名册等工商登记材料上都登记为股东，一审法院确认林阿勇具有瑞丰公司股东资格是正确的。作为公司股东，理应享有股东对公司的知情权。公司成立的实施人和实际经营人陈勉对林阿勇出资的事实和其股东身份予以认可。股东知情权是股东行使其他股东权利的基础，只要具有股东资格，就应享有知情权。判决股东不能行使公司知情权必将影响股东在公司中其他权利的行使，不利于解决公司纠纷和保护股东权利，也不符合我国公司制度发展的价值取向。

本案一审法院的错误之处在于没有厘清股东知情权的固有权属性，在认定当事人具备股东资格的前提下，仅以其未出资为由剥夺其知情权显属不当；而且裁判理由较为随意，所谓“根据有关法律规定”也语焉不详，事实上也并不存在这样的规定。

（三）高管身份取得与丧失情形下的股东知情权主体

当公司股东同时担任公司董事、监事、高级管理人员时，发生股东身份与高管身份的竞合，但此时股东知情权并不应受影响，因为股东知情权是《公司法》赋予股东的固有权利，不因股东兼有或者不兼有其他身份而发生改变。不过需要注意的是，当事人只能以股东身份行使股东知情权，而不能以当事人同时担任的公司董事、监事、高级管理人员等身份行使股东知情权。实践中，有对此混为一谈的现象，实有纠正的必要。

案例·3　– 中国审判案例要览案例 –

退出经营管理及违反竞业禁止义务均不影响股东知情权的行使

——梁好臣诉全圣公司股东知情权纠纷案①

上诉人（一审被告、反诉原告）：全圣公司。

① 参见北京市海淀区人民法院（2007）海民初字第20020号民事判决书；北京市第一中级人民法院（2007）一中民终13461号民事判决书；《梁好臣诉北京全圣时代数字技术有限公司股东知情权案（股东知情权的行使范围）》，载《中国审判案例要览》（2008年商事审判案例卷），人民法院出版社、中国人民大学出版社2009年版，第186页。

法定代表人:王兴国,该公司经理。

被上诉人(一审原告、反诉被告):梁好臣。

全圣公司是于2004年3月31日经工商机关注册登记成立的有限责任公司,注册资本100万元。三个股东梁好臣、周开顽、王兴国出资分别为30万元、32万元、38万元。王兴国任执行董事,梁好臣任经理,周开顽任监事。2005年4月15日,梁好臣不再担任经理职务,并交出全圣公司印章、证照开户许可证、银行对账单、支票、发票、账簿等。2007年4月27日,梁好臣向全圣公司提出书面申请,要求查阅、复制公司的会计账簿,全圣公司未予答复。梁好臣遂起诉至法院。

北京海淀法院一审判决全圣公司于判决生效后30日内在全圣公司为梁好臣备齐2005年4月16日起至本判决生效之日止的公司财务会计报告(包括资产负债表、损益表、财务状况变动表、财务状况说明书、利润分配表),以供梁好臣查阅、复制。全圣公司不服提起上诉,北京一中院二审维持原判。

关于身份竞合的争议焦点,本案两级法院的一致观点是,梁好臣作为全圣公司股东,有权按照其出资比例享有全圣公司的资产收益、重大决策等权利。作为保障上述权利行使的基础,梁好臣享有对该公司经营状况的知情权,而其知情权体现在查阅、复制股东会会议记录、董事会会议决议、监事会会议决议和财务会计报告等方面。是不是经营者的身份完全不影响股东权利的行使,梁好臣虽然交出了全圣公司的管理权,但不意味着其即因此丧失股东资格,因此,不论梁好臣是否在公司任职,依法均享有对公司的知情权。

(四)股权代持情况下的股东知情权主体

在股权代持情况下,出现了实际出资人和显名股东两个主体,那么,享有知情权的主体到底是实际出资人还是显名股东?还是两者都享有或者都不享有知情权?从商事外观主义的角度出发,应当认定只有显名股东才能享有知情权。因为实际出资人在显名之前并不具备股东资格,不能直接享有股东权利,否认其知情权不仅不会损害实际出资人的利益,还有助于维持公司正常的经营管理秩序。但是反过来,如果允许实际出资人直接行使知情权,就会造成法理上的冲突和适用上的混乱。

司法实践中,对于实际出资人不享有股东知情权,不具备股东知情权诉讼的原告主体资格问题几无争议。但是,在一些似是而非的场合,如在公司及其他股东对于股权代持的事实知晓的情况下,实际出资人是否享有股东知情权?在“冯嘉宝诉南京顶上大酒店有限公司股东知情权纠纷案"①中，江苏高院认为："冯嘉宝作为顶上大酒店的隐名股东，虽未登记在册，但公司及其他股东均对其股东身份予以认可。依照相关法律规定，其应享有股东知情权。虽然顶上大酒店在诉讼期间已将公司部分财务资料提供给冯嘉宝查阅，但未能提供冯嘉宝要求查阅的全部财务资料，使得原告的股东知情权没有充分实现。顶上大酒店主张部分财务资料因客观原因遗失，缺乏相应证据支撑，本院不予采信。原告主张其股东知情权受到侵害，有事实和法律依据，本院予以支持。"该案中，由于各方当事人均认可实际出资人的公司股东身份，因此法院判决实际出资人享有知情权似无不妥。但是，如果仅仅是公司及其他股东知晓实际出资人股权代持的事实，本书认为不应赋予实际出资人股东知情权，理由在于，这种情况下只是实际出资人显名的程序相对更为容易（不用经其他股东过半数以上同意），在其显名之前仍不具备股东资格，不具备股东资格当然不应享有股东知情权。

事实上，实际出资人如想了解公司的经营状况，有多种路径可以选择。其一，实际出资人可以通过代持协议约定，通过显名股东名义行使知情权，一如其他股东权利的行使，表面上是名义股东为之，但其背后的利益归属却是实际出资人；其二，实际出资人也可以通过股东资格确认程序，在显名后直接以自己名义行使知情权。实践中，很多实际出资人直接提起股东知情权诉讼，法院的做法不一，有的法院合并审理股东资格问题，在确认或否认原告的股东资格之后裁判股东知情权问题；也有的法院要求原告另行提起股东资格确认之诉，以另案的裁判结果作为判定原告是否具有股东知情权的依据。

此外，公司法上还有实际控制人的概念，根据《公司法》第二百一十六条的规定，实际控制人，"是指虽不是公司的股东，但通过投资关系、协议或者其他安排，能够实际支配公司行为的人"。即我国公司法上的实际控制人指的是能够实际支配公司但不是公司股东的人。同实际出资人的理由相同，不是股东自然不能直接享有股东知情权，不具备提起股东知情权诉讼的原告主体资格。

（五）股权转让情况下的股东知情权主体

在股权转让情况下，存在股权转让方和受让方两个主体。股权转让完成后，原股东即丧失了股东资格，股权受让方取得股东资格而成为新的股东。因此，股权转让方因丧失股东资格而不再享有知情权，股权受让方因取得股东资格而享有知情权，这一点不难理解。

---

① 参见江苏省高级人民法院(2008)宁民五初字第70号民事判决书。

主要难点在于,股东丧失股东资格后,其对股东身份存续期间的公司经营状况是否享有知情权?实践中认识不一,支持和反对的判决都有不少,甚至分别都入选了最高人民法院系统的权威案例。本书认为,股东知情权是股东基于社员权而享有的基本权利,不能与股东身份相分离,一般情况下,股东丧失股东资格后对退出前的公司经营状况不再享有知情权。

案例·4 – 人民司法案例 –

公司原股东不享有任职期间的知情权

——臧丽诉天衡会计所有限公司股东知情权纠纷案①

再审申请人(一审被告、二审上诉人):天衡会计所有限公司。

被申请人(一审原告、二审被上诉人):臧丽。

天衡会计所有限公司(以下简称天衡会计所)经江苏省财政厅批准,于1999年1月6日领取企业法人营业执照,臧丽系该公司的发起人和股东之一。1999年10月,经江苏省财政厅批准,臧丽等人出资设立天健会计所有限公司(臧丽为公司法定代表人)。为此,臧丽向天衡会计所提出辞职和退股申请。1999年12月28日,臧丽从天衡会计所借股本金50,000元。2000年1月,臧丽向天衡会计所出具书面承诺,内容为:本人在天衡会计所所持5%的股权,自1999年11月30日放弃,交由天衡会计所处置,按原价转让。2000年5月7日,天衡会计所召开董事会,讨论该公司1999年度利润分配、脱离公司股东退出股权的处置等事宜,形成2000年第一次董事会决议。2000年6月16日,臧丽与天衡会计所法定代表人余瑞玉签订股权转让协议,内容为:臧丽同意将持有的天衡会计所5%的股权转让给余瑞玉;转让价格为每股面值1元,合计成交价格50,000元(该50,000元股权转让金,臧丽已于1999年12月28日向天衡会计事务所借支)。双方并以3,490,650.32元的利润总额计算,臧丽取得天衡会计所1999年度分红。2002年3月18日,臧丽致函天衡会计所,要求查阅有关财务资料。该函件的内容为:本人至今没有看到天衡会计所1999年度财务收支、盈余分配的资料,据知天衡会计所当年截留了巨额利润,转入

① 参见江苏省南京市白下区人民法院(2002)白经初字第356号民事判决书;江苏省南京市中级人民法院(2002)宁民一终字第464号;江苏省高级人民法院(2007)苏民再终字第0017号民事判决书;陆鸣苏、桂南平、王成:《原股东要求行使任股东期间知情权的认定与处理》,载《人民司法》2009年第10期。

下年分配，侵犯了本人的利益。要求查阅天衡会计所 1999 年度的全部收支账目和分红方案，以追回被非法截留的收益和本人应得的分红。遭到天衡会计所的拒绝后，臧丽于 2002 年 6 月诉至一审法院，请求查阅天衡会计所 1999 年财务账目、收费发票存根和业务报告登记簿。

江苏南京白下法院一审判决支持臧丽的诉讼请求。天衡会计所不服提起上诉，江苏南京中院二审判决驳回上诉，维持原判。天衡会计所仍不服申请再审，江苏高院再审撤销原判决，改判驳回臧丽的诉讼请求。（见图 3－2）

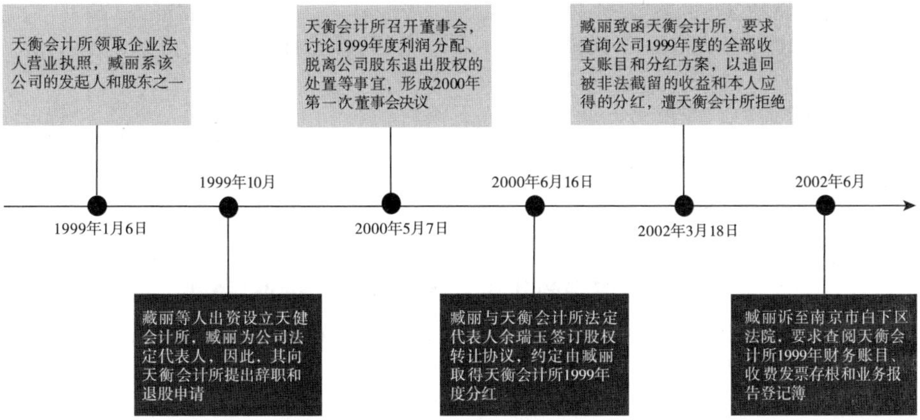

图 3－2　臧丽诉天衡会计所有限公司股东知情权纠纷案

本案一、二审判决作出时间在 2005 年《公司法》修改之前，适用的是修改之前的《公司法》，再审虽然发生在 2007 年，但适用的也是修改前的《公司法》。一、二审法院一致认为，《公司法》赋予股东对公司财务状况的知情权。臧丽要求查阅的是公司 1999 年度的财会资料，当时她还是股东，所以其请求并无不当，应予支持。仅凭股东会会议记录和公司的财会报表这些表面材料无法真正保障股东权利，应当允许原告查阅所要求的财务资料。再审法院经向最高人民法院咨询后认为，《公司法》规定的股东的查阅权的行使主体应当是现任股东而非前任股东。本案中的原告已经失去股东身份，故不再拥有该条所规定的查阅权。

这两种裁判观点实际上都值得商榷。一、二审法院的观点等于承认当事人在丧失股东资格之后的任何时间都可以就其持股期间的公司经营状况主张知情权，而一般认定当事人是否具有原告主体资格的标准，应当是起诉时原告是否具备股东资格，而不能是其曾经具备股东资格。然而，再审法院的观点又显得过于绝对和僵硬，它无法回避的问题是：假如真如原告主张的那样，被告在原告持股期间截留大量利润,或者实施其他行为,导致其利益受损,如果不赋予其诉权,那么如何保障其正当利益?

司法解释的起草者们后来也意识到了这个问题,于是《公司法司法解释(四)》进行了修正,第七条第二款规定:"公司有证据证明前款规定的原告在起诉时不具有公司股东资格的,人民法院应当驳回起诉,但原告有初步证据证明在持股期间其合法权益受到损害,请求依法查阅或者复制其持股期间的公司特定文件材料的除外。"即出于保护股东持股期间合法权益的需要,可以例外地允许已丧失股东资格的当事人对持股期间的公司经营状况享有知情权。

股权受让方因取得股东资格而享有知情权,对其受让后享有公司经营状况的知情权自不待言。问题在于,其对加入前的公司经营状况是否应享有知情权?

案例·5 -人民司法案例-

后续股东有权查阅其加入公司前的公司文件资料

——徐风与南苑公司股东知情权纠纷上诉案①

上诉人(原审被告):南苑公司。

被上诉人(原审原告):徐风。

1998年9月9日,南苑公司经宁波市工商局核准注册成立。徐风于2002年3月13日成为南苑公司股东,占股为11%。2012年7月11日,徐风向南苑公司发出要求行使股东知情权的函,要求查阅并复制公司从1998年9月9日起至2012年6月30日的股东会会议记录、董事会会议决议、监事会会议决议、财务会计报告、会记账簿等。后该函件被拒收退回。徐风于2012年7月30日以其享有股东知情权为由起诉,诉请判令:一、南苑公司立即提供其1998年9月9日至2012年6月30日的股东会会议记录、董事会会议决议、监事会会议决议和财务会计报告供徐风查阅并复制;二、南苑公司立即提供其1998年9月9日至2012年6月30日的会计账簿供徐风查阅。在一审审理过程中,徐风向一审法院申请撤回第一项诉讼请求中查阅并复制自2009年1月1日至2012年6月30日的股东会会议记录、董事会会议决

① 参见浙江省宁波市海曙区人民法院(2012)甬海商初字第964号民事判决书;浙江省宁波市中级人民法院(2012)浙甬商终字第1026号民事判决书;张丽:《后续股东有权查阅其加入公司前的公司文件资料》,载《人民司法》2014年第14期。

议、监事会会议决议和财务会计报告的诉讼请求。

浙江宁波海曙法院一审判决支持徐风的诉讼请求。南苑公司不服提起上诉，浙江宁波中院二审驳回上诉，维持原判。

本案两级法院一致认为，虽然徐风于2002年3月13日才成为南苑公司的股东，但因公司股东查阅、复制其成为公司股东前的相关文件的行为并未被法律所禁止，且有利于公司股东更全面了解公司的经营情况，以便其在参与公司经营、管理过程中作出更准确的判断，故徐风有权查阅、复制其尚未成为南苑公司股东前的公司相关文件。

上述观点是值得赞赏的，一方面，我国公司法并未对股东知情权限定时间范围，法无禁止即可为；另一方面，公司的经营活动是一个持续的过程，新股东查阅公司过去的经营状况，也能够更为全面地了解公司，进而全面、理性地行使股东权利。

（六）股东除名情况下的股东知情权主体

股东被除名，如同股权转让、股权被回购等其他股东资格丧失的情形一样，应自丧失股东资格之日起同步失去股东知情权。但股东除名的特殊之处在于，除名应通过股东会决议的形式作出，决议本身可能就存在争议，相应地，当事人是否享有股东知情权的判断也就变得复杂起来，甚至一些股东知情权纠纷案件的争议焦点变为除名决议是否有效。

这里需要考虑两个问题，一是股东除名决议的效力，二是股东除名决议的作出时间。第一个问题不难理解，即如果除名决议有效，则股东因此丧失股东资格而失去股东知情权；如果除名决议存在效力瑕疵，则股东起诉资格应不受影响。实务中存在争议的主要在于除名决议的作出时间，即在股东起诉之后，公司能否作出除名决议进而影响股东的原告主体资格？对此，上海和广东的法院给出了不同的答案。

在“张珩诉上海东银投资有限公司股东知情权纠纷案”①中，张珩起诉之后，被告召开股东大会并形成解除张珩股东资格的股东会决议，之后又通过另案诉讼的方式确认了股东会决议的效力，一、二审法院遂认为，张珩在起诉时虽然具有股东资格，但在案件的审理中丧失了股东资格，其要求行使股东知情权丧失了相应的主体资格要件，判决驳回其诉讼请求。

---

① 参见上海市浦东新区人民法院（2015）浦民二（商）初字第4371号民事判决书；上海市第一中级人民法院（2016）沪01民终9026号民事判决书。

而就相同的情形,在“中山泰铭机械有限公司、杨丽蓉股东知情权纠纷再审案”[①]中,关于泰铭公司在案件审理中解除曹艳娥股东资格决议的效力问题,再审法院认为,曹艳娥、杨丽蓉均确认未履行出资义务,且于认缴期限届满后泰铭公司亦未予以催缴。但泰铭公司及其法定代表人杨丽蓉却在收到本案起诉状副本后才向曹艳娥发出催缴函,并在一审第一次开庭后通知曹艳娥召开临时股东会且在曹艳娥缺席的情况下由杨丽蓉一人作出股东会决议解除曹艳娥的股东资格。二审判决认定杨丽蓉上述行为的目的在于通过剥夺曹艳娥的股东资格以阻止其依法主张股东知情权,违反了诚实信用原则和配合人民法院查明事实、甄别责任的诉讼义务,不应得到法院认可和支持,并无不当。

两地法院的做法都有其道理,实践中的差异也有其合理性。我国《公司法司法解释》就股东除名制度规定的情形只有一种,即有限责任公司的股东未履行出资义务或抽逃全部出资,程序上公司应尽催告义务,并通过股东会决议的方式作出除名决议。可以说,法律规定非常严格,公司想将股东除名并非易事。换言之,公司想滥用权利排除股东知情权的空间十分狭窄。因此,在确认起诉后公司作出的除名决议有效的情况下,上海法院否定原告股东诉讼主体资格的做法更具合理性。

(七)非公司组织形式企业的出资者知情权问题

这类问题本不属于《公司法》的范畴,不在本书的探讨范围,但是,考虑到实务中困惑较多,本书予以简要论述。非公司组织形式的企业,主要有合伙企业、三资企业等。这类企业的出资者知情权问题往往没有规定,实践中也莫衷一是。实务中主要有三种观点:一是认为不能参照《公司法》的规定行使股东知情权,如“王甦新与四川向阳房产向阳大厦宾馆股东知情权纠纷再审案”[②]中,四川高院认为,“本案中被申请人向阳大厦宾馆为股份合作制企业,不能简单适用《公司法》的相关规定,故二审法院结合股份合作制企业的相关规定进行认定并无不当之处”;二是认为要按照企业章程规定行使相应范围的知情权,该观点与第一种观点并无实质区别,如“龚文天与四川省成都长途汽车运输(集团)公司股东知情权纠纷上诉案”[③]中,成都中院认为,“由于股份合作制是我国特定历史条件下的一种过渡性企业形式,在设立机制、治理结构、分配方式、股东身份及人数限制等方面与有限责任公司、股份有限公司存在较大的差异,股东享有的股东权利属性及范围也有所不同……在现

① 参见广东省中山市中级人民法院(2017)粤20民终4880号民事判决书;广东省高级人民法院(2018)粤民申5288号民事裁定书。

② 参见四川省高级人民法院(2016)川民申722号民事判决书。

③ 参见四川省成都市中级人民法院(2010)成民终字第217号民事判决书。

有法律法规没有明确规定股份合作制企业股东享有知情权范围的情况下,《长途运输公司章程》第十三条第二款明确规定了股东知情权的范围仅限于股东大会会议记录以及财务会计报告,该章程作为全体发起人就企业的设立与经营管理达成的协议,对全体发起人、股东、董事会、监事会以及高级管理人员具有法律效力,龚文天本人也应受该章程的约束";三是认为应参照《公司法》的规定行使股东知情权,如本书下文列举的佳华公司诉佳华学院知情权纠纷案的二审观点。(见图 3 - 3)

本书认为,知情权是出资者享有分享收益、选择管理者等权利的前提和基础,应当赋予出资者知情权。对于法律没有规定的,权威案例一般类推适用公司法的相关规定而支持出资人的查阅主张。

不能参照《公司法》的规定行使股东知情权

王甦新与四川向阳房产向阳大厦宾馆股东知情权纠纷再审案

✓ 四川高院

本案中被申请人向阳大厦宾馆为股份合作制企业,不能简单适用《公司法》的相关规定,故二审法院结合股份合作制企业的相关规定进行认定并无不当

要按照企业章程规定行使相应范围的知情权

龚文天与四川省成都长途汽车运输(集团)公司股东知情权纠纷上诉案

✓ 成都中院

股份合作制是我国特定历史条件下的一种过渡性企业形式,与公司存在较大的差异,股东享有的股东权利属性及范围也有所不同。在现有法律没有明确规定股份合作制企业股东享有知情权范围的情况下,公司章程明确规定了股东知情权的范围仅限于股东大会会议记录以及财务会计报告,该章程作为全体发起人就企业的设立与经营管理达成的协议,对全体发起人、股东、董事会、监事会以及高级管理人员具有法律效力

参照《公司法》的规定行使股东知情权

佳华公司诉佳华学院知情权纠纷上诉案

✓ 上海一中院

民办学校的出资人,享有的合法权益应当包括了解和掌握学校办学和管理活动等重要信息的权利,该权利是其依法取得合理回报、参与重大决策和选择管理者等权利的重要基础。因此,举办者要求查阅、复制民办学校的章程、董事会会议决议、监事会会议决议和财务会计报告及查阅会计账簿的权利应当予以保护

图 3 - 3　非公司组织形式企业的出资者是否享有知情权的实务观点

案例 · 6　**- 最高人民法院公报案例 -**

营利性民办学校举办者可类推适用公司法规定行使知情权

——佳华公司诉佳华学院知情权纠纷上诉案①

上诉人(原审原告):佳华公司。

被上诉人(原审被告):佳华学院。

① 参见上海市奉贤区人民法院(2016)沪 0120 民初 511 号民事判决书;上海市第一中级人民法院(2016)沪 01 民终 4642 号民事判决书;最高人民法院办公厅:《最高人民法院公报》(2019 年第 2 期 · 总第 268 期),人民法院出版社 2019 年版,第 44 ~ 48 页。

2010年4月,佳华公司出资设立了佳华学院,占100%的出资份额。佳华学院系法人型民办非企业单位,发证机关为上海市奉贤区民政局、业务主管单位为上海市奉贤区教育局。2012年9月,佳华公司与唐秀凤、赵某某、王某某订立《资产、开办资金转让暨共同办学合同》,就设立上海佳华机动车驾驶培训基地、转让及交换出资股份等事宜达成协议。2012年10月15日,佳华学院董事会通过决议,约定唐秀凤等人持有佳华学院90%出资份额、佳华公司持有佳华学院10%出资份额。后因上海佳华机动车驾驶培训基地终止申办等,双方发生纠纷。佳华公司遂提起诉讼,2015年6月24日,上海浦东法院作出(2015)浦民二(商)初字第62号判决,确认佳华公司共持有佳华学院50%的出资份额,上述判决已生效。2015年11月中旬,佳华公司发函给佳华学院要求提供财务、董事会会议决议、监事会会议决议等材料,因佳华学院未回复,故佳华公司提起诉讼。

上海奉贤法院一审判决驳回佳华公司的诉讼请求。佳华公司不服提起上诉,上海一中院二审判决撤销一审判决,改判支持佳华公司的诉讼请求。(见图3-4)

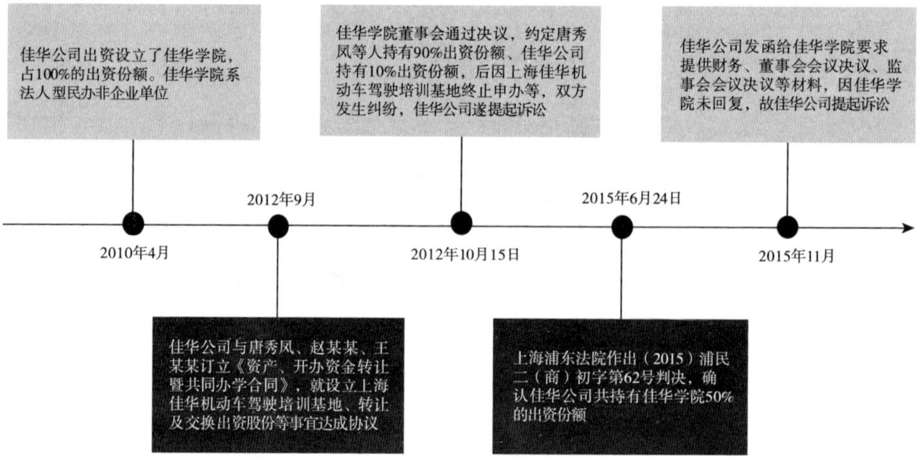

图3-4 佳华公司诉佳华学院知情权纠纷上诉案

本案中,一、二审法院的裁判观点代表了前文所述的各地法院截然相反的认识。一审法院认为,佳华学院系法人型民办非企业单位,非公司法调整的范畴,且学院章程也未约定举办者享有查阅、复制董事会决议、财务会计报告、会计账簿等权利。故佳华公司提出的诉请,没有相应的章程约定及法律依据,难以支持。

二审法院认为,国家保障民办学校举办者的合法权益,该合法权益应当包括知情权,佳华公司的诉讼请求具有相应的法律依据。其理由如下:首先,从整个法律体系加以解释，举办者作为民办学校的出资人，享有的合法权益应当包括了解和掌握学校办学和管理活动等重要信息的权利，该权利是举办者依法取得合理回报、参与重大决策和选择管理者等权利的重要基础。其次，学校章程、董事会会议决议、监事会会议决议及财务会计报告和会计账簿等资料是记录和反映学校的组织与活动、资产与财务管理等内容的重要载体。举办者只有在获取学校办学和管理活动信息的基础上，才可能参与学校的重大决策，要求合理回报及行使监督权。因此，举办者要求查阅、复制民办学校的章程、董事会会议决议、监事会会议决议和财务会计报告及查阅会计账簿的权利应当予以保护。最后，《民办教育促进法》在总则部分作了明确规定，国家保障民办学校举办者的合法权益。而总则是概括的表述，贯穿于法律始终的立法思想、价值取向、基本原则等一般性、原则性与抽象性的内容，就立法目的而言，举办者的合法权益应当包括知情权在内的各种权利和利益，举办者有权知悉学校办学和管理等活动的信息。此外，依据佳华学院章程第八条、第十七条、第二十五条的规定，佳华公司作为佳华学院的举办者，享有参与重大决策、选择管理者及取得合理回报的权利。佳华公司在学校章程中规定的合理回报具有财产性特征，直接或间接与财产相关，该合理回报属于法律所要保护的合法权益，合理回报的实现离不开知情权之保障。因此，综合考量佳华学院的业务范围、组织机构、办学层次、办学形式及内部管理体制，佳华公司作为佳华学院的举办者，要求查阅、复制佳华学院自 2010 年 4 月成立至今的章程（含章程修正案）、董事会会议决议、监事会会议决议和财务会计报告（包括但不限于资产负债表、损益表、财务状况变动表、财务状况说明表、利润分配表、纳税申报表）及查阅自 2010 年 4 月成立至今的会计账簿（含总账、各自明细账、往来账、现金日记账、银行日记账、固定资产卡片明细表、原始凭证、银行对账单交易明细等）的权利应当予以保护，佳华公司的诉讼请求具有相应法律依据。该案被最高人民法院选为公报案例，因此对全国人民法院具有重要的参考意义，一定程度上可以引导司法裁判的走向。

此外，对于股份合作集体所有制企业，虽然并不属于《公司法》所称的公司范畴，但是也同样存在如何保护出资者知情权的问题。在“王海峰诉北京四环建华标牌厂股东知情权案”①中，审理法院认为，股份合作集体所有制企业的出资人同样履行了出资义务，并以其出资对企业承担责任，故股份合作集体所有制企业的股东知情权属于出资人应有的权利，与公司法规定的股东权利具有同质性，故应参照公司

① 参见北京市通州区人民法院（2016）京 0112 民初字第 37170 号民事判决书；《股份合作企业所有制企业股东知情权可以参照适用〈公司法〉》，载《中国法院 2018 年度案例 · 公司纠纷》，中国法制出版社 2018 年版，第 48 页。

法的股东知情权相关规定处理。该案入选《中国法院2018年度案例》。

对于中外合资经营企业，也同样可以适用公司法规定赋予出资者知情权。在“詹德威诉南京南连光华液化气有限公司股东知情权案”①中，审理法院认为，当事人为有限责任公司，系在中国设立的具有法人资格的中外合资经营企业，当事人之间就知情权引起的纠纷属于股东权纠纷，不适用合资经营企业合同。股东知情权涉及公司需履行向其股东提供和披露有关经营信息的义务，与公司经营活动密切相关，故由此而发生的纠纷应适用我国公司法的相关规定。

三、股东知情权纠纷的被告主体资格

（一）股东知情权的被告主体仅限于公司

实践中，要求行使知情权的股东往往是公司小股东或者是不参与实际经营的股东，其提起诉讼很可能是认为其权利受到公司实际控制人、大股东、董事、高管等的不当侵害。但是，股东知情权行使的义务主体是公司，只能以公司作为被告，公司其他股东、董事、监事或高管均不具有被告主体资格。理由在于：第一，这是对《公司法》第三十三条、《公司法司法解释（四）》第七条等法律条文进行文义解释的必然结论；第二，公司具有独立人格，公司行为即使体现的是控股股东或者管理层的意志，然其在法律上仍然属于公司的行为；第三，从知情权行使的内容上看，公司章程、股东会会议记录、董事会会议记录、监事会会议决议、财务会计报告、公司会计账簿等都属于公司的档案资料，配合查阅的义务人也只能是公司。

这里需要讨论两类特殊情况，即公司清算过程中以及注销后的被告主体确定问题。

根据公司法规定，清算期间公司存续，但由依法成立的清算组代表公司参与民事诉讼活动。因此，股东知情权诉讼的被告主体依然是公司，承担义务的主体也是公司，只是由清算组代为履行。不过，实践中存在虽然已经成立清算组进行清算，但是掌握公司档案文件、公司会计账簿等的股东或公司管理人员不向清算组交付上述资料的情况。因为依法清算是清算组的权利和义务，同时，依法成立的清算组具有独立的诉讼主体资格，所以清算权利不能行使时，清算组有权作为原告提起诉讼；不向清算组交付上述物品的情况的股东或公司管理人员应当作为被告。在这种情况下，因为股东知情权的义务主体只能是公司，而不能是其他股东、高管等，故

① 参见江苏省南京市中级人民法院（2002）宁民五初字第18号民事判决书；江苏省高级人民法院（2003）苏民三终字第029号民事判决书；国家法官学院、中国人民大学法学院编：《中国审判案例要览》（2004年商事审判案例卷），人民法院出版社、中国人民大学出版社2005年版，第467页。

必须等清算组取得相应资料后，才能由清算组代表公司履行配合义务，即应给予清算组一定的宽限期间。若因为清算组未履行其法定责任，给股东造成损失，清算组成员应承担相应民事责任；若前述股东、高管等未制作或者保存《公司法》第三十三条、第九十七条规定的公司文件材料，给股东造成损失的，依据《公司法司法解释（四）》第十二条的规定，股东可依法请求负有相应责任的公司董事、高级管理人员承担民事赔偿责任。

公司被依法注销后，公司的法人资格即消亡，股东对公司享有的包括知情权在内的股东权利也因公司的消亡而消灭。公司其他股东或法定代表人、高级管理人员亦不能成为知情权的义务主体。因此公司被注销后，原股东既不能以公司为被告提起股东知情权之诉，也不能对公司其他股东、原法定代表人或高级管理人员为被告提起知情权纠纷之诉。

（二）股东及董监高不是适格被告主体

如前所述，实践中由于股东知情权被侵犯的具体行为者多为公司实际控制人、大股东或公司的董监高，原告股东往往想当然地会把公司实际控制人、大股东或公司的董监高列为共同被告，这是错误的。

试举一例，在浙江高院审理的“钟华诉宁波耀华暖通有限公司、陈醒民侵犯公司知情权纠纷案”①中认为，“一般情形下，公司知情权的请求对象即义务主体应为公司，从现有证据看，被告陈醒民作为被告耀华公司的法定代表人和股东之一，在本案原告提起的侵犯公司知情权纠纷案中，与原告钟华并无直接的法律关系，陈醒民并不具备本案被告的主体资格，原告将其列为被告不当”。

四、股东知情权的权利边界

（一）立法规定

关于有限责任公司的股东知情权范畴。根据《公司法》第三十三条的规定，股东有权查阅、复制公司章程、股东会会议记录、董事会会议决议、监事会会议决议和财务会计报告。股东可以要求查阅公司会计账簿。股东要求查阅公司会计账簿的，应当向公司提出书面请求，说明目的。公司有合理根据认为股东查阅会计账簿有不正当目的，可能损害公司合法利益的，可以拒绝提供查阅，并应当自股东提出书面请求之日起 15 日内书面答复股东并说明理由。公司拒绝提供查阅的，股东可以请求人民法院要求公司提供查阅。《公司法》第一百六十五条第一款规定，有限责

---

① 参见浙江省高级人民法院（2003）甬民二初字第 74 号民事判决书。

任公司应当依照公司章程规定的期限将财务会计报告送交各股东。

关于股份有限公司的股东知情权范畴。根据《公司法》第九十七条的规定,股东有权查阅公司章程、股东名册、公司债券存根、股东大会会议记录、董事会会议决议、监事会会议决议、财务会计报告,对公司的经营提出建议或者质询。《公司法》第一百六十五条第二款规定,股份有限公司的财务会计报告应当在召开股东大会年会的20日前置备于本公司,供股东查阅;公开发行股票的股份有限公司必须公告其财务会计报告。

《公司法》对于有限责任公司和股份有限公司的股东知情权内容规定相差不大,主要区别在于,有限责任公司股东不仅可以查阅,还能复制;但是股份有限公司人合性较弱,出于保护商业秘密等考虑,规定股东只能查阅。对于上市公司而言,前述文件属于公开的资料,当然可以随时复制。而对于非上市的股份有限公司而言,如果只能查阅不能复制,显然不利于行使股东知情权,应该参照《公司法》第三十三条第一款,赋予股东复制的权利。(见图3－5)

有限责任公司

✓ 《公司法》第三十三条
股东有权查阅、复制公司章程、股东会会议记录、董事会会议决议、监事会会议决议和财务会计报告。股东可以要求查阅公司会计账簿,股东要求查阅公司会计账簿的,应当向公司提出书面请求,说明目的。公司有合理根据认为股东查阅会计账簿有不正当目的,可能损害公司合法利益的,可以拒绝提供查阅,并应当自股东提出书面请求之日起15日内书面答复股东并说明理由。公司拒绝提供查阅的,股东可以请求人民法院要求公司提供查阅。

✓ 《公司法》第一百六十五条第一款
有限责任公司应当依照公司章程规定的期限将财务会计报告送交各股东

股份有限公司

✓ 《公司法》第九十七条
股东有权查阅公司章程、股东名册、公司债券存根、股东大会会议记录、董事会会议决议、监事会会议决议、财务会计报告,对公司的经营提出建议或者质询

✓ 《公司法》第一百六十五条第二款
股份有限公司的财务会计报告应当在召开股东大会年会的20日前置备于本公司,供股东查阅;公开发行股票的股份有限公司必须公告其财务会计报告

图3－5 股东知情权权利边界的立法规定

《公司法》第三十三条第二款规定,有限责任公司的股东可以要求查阅会计账簿。对于该款规定,有两个问题需要探讨:第一,有限责任公司的股东是否可以要求复制会计账簿?第二,有限责任公司的股东是否可以查阅原始凭证和记账凭证?

(二)有限责任公司股东能否要求复制会计账簿

《公司法》第三十三条第二款只明确规定了查阅,而第一款则明确规定了查阅、复制,这并不是法律漏洞,而是《公司法》平衡股东知情权和公司正常经营管理活动

的产物，因此，不能对此作出扩大解释，公司会计账簿只能查阅而不能复制。

（三）有限责任公司股东能否查阅原始凭证和记账凭证

对于该问题，理论上有狭义说和广义说两种不同的观点。狭义说认为公司会计账簿不包括原始凭证和记账凭证。其理由包括：（1）“查账”和“审计”文义不同，“查账”的范围应限于查阅公司会计账簿，而不包括采取检查原始凭证等方式对公司财务进行“审计”；①（2）从会计实务的角度和公司立法意图的角度进行分析，以字面解释为中心，会计账簿的概念无法包容会计凭证。②

广义说则认为，应当对《公司法》的相关规定作扩张性解释，股东查阅的范围应包括制作会计账簿的原始材料，如原始凭证、记账凭证、发票、传票、合同书、纳税申报书、电传、书信、电话记录、电文等。从我国公司治理的现状考虑，认为股东查阅范围有必要包括原始凭证。③

最高人民法院观点认为，由于我国市场经济处于起步阶段，虽然现代企业制度已经初步形成并得以践行，但受到文化、风俗、习惯、政治、经济制度的制约，公司治理实践中还大量存在与诚信原则相悖的情况，如公司内部一般会有数个账簿，一个真，数个假，这从近年来上市公司频繁造假即可见一斑，经过严格审核的上市公司都存在这样的情况，更何况数量众多的中小公司呢！若法律与司法实践只允许查阅会计账簿，一概不允许查阅作为会计账簿内容证据的原始凭证，对股东知情权的保护力度将会大为减弱。④

实践中，多数法院支持股东可查阅原始凭证和记账凭证，裁判理由中主要采取了两种方法：第一种方法是对公司会计账簿进行扩大解释，使其包含原始凭证和记账凭证。如北京高院、山东高院、广东高院等明确规定股东有权查阅的公司会计账簿包括记账凭证和原始凭证。

亦有法院虽然支持股东可以查阅原始凭证的观点，但是理由却不相同。如《江苏省高级人民法院关于审理适用公司法案件若干问题的意见（试行）》第六十六条第二款规定，有限责任公司股东除有权查阅前款规定所列材料外，还可以查阅董事会决议、公司账簿及相关原始凭证。依其文义，公司账簿和原始凭证应属于并列关系，而不是包含关系。《会计法》第十三条第一款规定，会计凭证、会计账簿、财务会

---

① 参见陈群峰：《股东查账权若干问题探讨》，载《法学杂志》2007 年第 6 期。

② 参见杨路：《股东知情权案件若干问题研究》，载《法律适用》2007 年第 4 期。

③ 李建伟：《公司诉讼专题制度研究》，中国政法大学出版社 2008 年版，第 305 页。

④ 杜万华主编，最高人民法院民事审判第二庭编著：《最高人民法院公司法司法解释（四）理解与适用》，人民法院出版社 2017 年版，第 190 页。

计报告和其他会计资料,必须符合国家统一的会计制度的规定;第十四条第一款规定,会计凭证包括原始凭证和记账凭证;第十五条第一款则规定,会计账簿包括总账、明细账、日记账和其他辅助性账簿。从上述《会计法》的规定看,会计凭证、会计账簿、财务会计报告属于同一位阶的概念,原始凭证属于会计凭证的下位概念,而不是会计账簿的下位概念,认定会计账簿包括原始凭证显然与《会计法》的相关规定不符。虽然在技术上,可以将《公司法》所规定的"会计账簿"解释为不同于《会计法》规定的"会计账簿",但如此必将破坏法律体系的完整性。

第二种方法则是将《公司法》第三十三条第二款关于股东查阅公司会计账簿的规定类推适用于股东查阅原始凭证和记账凭证。但是,类推适用的前提是存在法律漏洞。那么《公司法》未规定股东可查阅原始凭证和记账凭证是否属于法律漏洞呢?本书认为不属于。《公司法》未规定股东可查阅原始凭证和记账凭证本身即已表达了立法者的意图。依《公司法》第三十三条的规定,财务会计报告可以查阅、复制,公司会计账簿则只规定了可以查阅而未规定可以复制。对公司来说,财务会计报告的重要性小于公司会计账簿,而公司会计账簿的重要性又要小于原始凭证和记账凭证。依此逻辑,《公司法》不允许股东查阅原始凭证和记账凭证在逻辑上完全说得过去,至少对查阅原始凭证和记账凭证应设置更高的门槛。前述已经提到,一概不允许股东查阅原始凭证和记账凭证不仅不利于维护股东权益,也不利于公平正义的实现。那么,在现有法律体系内,如何才能解决前述矛盾呢?

本书认为,其实《公司法》第三十三条第二款已足够保护股东知情权,重点是要对该条重新进行理解。《公司法》第三十三条第二款是为保护股东利益而设立的,因此,此处的"公司会计账簿"只能是且必须是"真实的"公司会计账簿,唯有如此,股东行使其知情权才有实际意义。一般而言,股东只能请求查阅公司会计账簿,但是当股东怀疑公司会计账簿"不真实"时,其可以要求查阅原始凭证和记账凭证,不过,股东应提供证明公司会计账簿"不真实"的初步证据。此时,公司可以提出证据证明公司会计账簿"真实",其证据经法院审查确实、充分的,法院应判决驳回股东主张查阅原始凭证和记账凭证的诉讼请求;若公司不能证明其公司会计账簿"真实",法院则应支持股东主张查阅原始凭证和记账凭证的诉讼请求。若股东是在查阅公司会计账簿的过程中发现会计账簿"不真实",而要求查阅原始凭证和记账凭证,则只能重新向法院起诉。需要注意的是,股东主张查阅原始凭证和记账凭证的范围应与其初步证明的公司会计账簿"不真实"的范围相一致,即具有直接相关性,以免增大公司商业秘密泄露的风险。此外,因为公司会计账簿股东都只能查阅而不能复制,举重以明轻,原始凭证和记账凭证亦只能查阅而不能复制。

案例·7　- 中国审判案例要览案例 -

查阅公司会计账簿的原始凭证属于股东知情权的范围

——马谓健等与红岭公司股东知情权上诉案①

上诉人(一审被告):红岭公司。

被上诉人(一审原告):马谓健等9人。

红岭公司是在玉林市火柴厂的基础上进行产权改革、置换国有职工身份、国有资产全部退出后,经玉林市玉州区人民政府批准,于2004年4月12日组建的。当时马谓健等9人以现金方式各自出资20,000元成为红岭公司的股东,红岭公司于2007年12月18日向马谓健等9人核发了股权证。后马谓健等9人以了解红岭公司经营不善和亏损80多万元的情况为由,要求红岭公司提供股东会会议记录、董事会会议记录、财务会计报告给其查阅,遭到红岭公司的拒绝。2009年5月19日,马谓健等9人以书面形式正式要求被告提供上述资料给其查阅,被告以公司多数股东不同意公布和印发财务会计报告为由,再次拒绝马谓健等9人的要求。马谓健等9人遂提起诉讼,请求:(1)红岭公司提供2004年度至2009年度股东会会议记录,董事会会议记录,财务会计报告(包括资产负债表、损益表、现金流量表、财务情况说明书、利润分配表)给马谓健等9人查阅、复制;(2)查阅、复制2004年度至2009年度公司会计账簿;(3)查阅、复制2004年度至2009年度公司会计账簿等材料的原始凭证。

广西玉林玉州法院一审判决支持了马谓健等9人的诉讼请求。红岭公司不服提起上诉,广西玉林中院二审判决驳回上诉,维持原判。

在本案中,一审法院认为,《公司法》规定股东可以查阅公司财务会计报告和会计账簿,而《会计法》规定会计账簿包括总账、明细账、日记账和其他辅助性账簿,查阅原始凭证应属于股东知情权的行使范围。二审法院认为,马谓健等9人作为红岭公司股东,没有参与公司经营管理,也无法接触到公司会计账簿,在发现公司产生大额亏损及经营状况不明的情况下,为准确了解公司经营管理信息、达到对公司高

① 参见广西壮族自治区玉林市玉州区人民法院(2011)玉区法民初字第1003号判决书;广西壮族自治区玉林市中级人民法院(2011)玉中民二终字第85号判决书;国家法官学院、中国人民大学法学院:《中国审判案例要览》(2012年商事审判案例卷),中国人民大学出版社2014年版,第170~176页。

管的监督作用，最急需的查阅对象即会计账簿的原始凭证。同时，根据《会计法》第十四条的规定，会计凭证包括原始凭证和记账凭证。又根据该法第十五条之规定，会计账簿登记必须以经过审核的会计凭证为依据。如果只允许股东查阅会计账簿而不能查阅原始凭证，股东无法将会计账簿与最真实的原始凭证相比对，则很难获得充分、真实、全面的公司各项信息，查阅公司会计账簿的初衷也难以实现，因此，股东查阅公司会计账簿的范围应包括原始凭证和记账凭证。而允许股东查阅会计原始凭证，亦符合设立账簿查阅权的立法目的。

为平衡股东和公司利益，股东只有在符合一定条件时才可以查阅原始凭证。

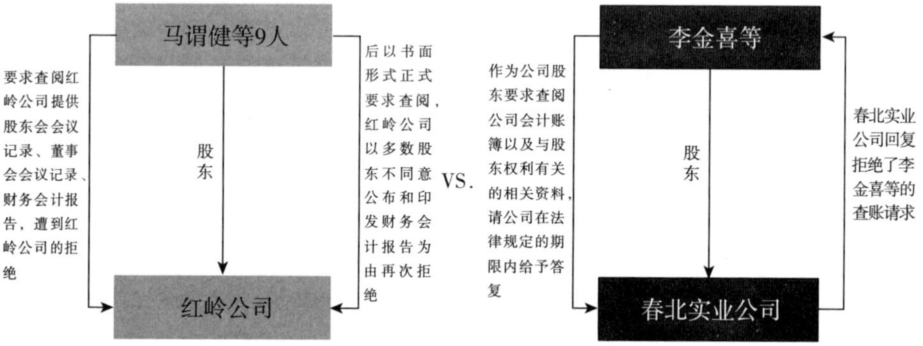

图3-6　马谓健等与红岭公司股东知情权上诉案、李金喜诉春北实业公司股东知情权纠纷上诉案

案例·8　**-中国审判案例要览案例-**

股东未证明会计账簿不实则不能要求查阅原始凭证

——李金喜诉春北实业公司股东知情权纠纷上诉案①

上诉人(一审原告):李金喜。

上诉人(一审被告):春北实业公司。

1998年7月22日，成都市锦江区体制改革委员会批准春北糖酒食品公司改制为春北实业公司。1998年12月2日，春北实业公司正式成立。李金喜为春北糖酒

① 参见成都市锦江区人民法院(2006)锦江民初字第539号民事判决书；成都市中级人民法院(2006)成民终字第2232号民事判决书；国家法官学院、中国人民大学法学院:《中国审判案例要览》(2007年商事审判案例卷)，人民法院出版社、中国人民大学出版社2008年版，第238页。

食品公司职工，向春北实业公司出资24，585元，并领取了公司签发的股权证。

2006年1月8日，李金喜等在《股东请求》中称，因春北实业公司2006年准备解除公司职工劳动关系，收购股东（职工）股权，对公司资产进行分配，作为公司股东要求查阅公司会计账簿以及与股东权利有关的相关资料，请公司在法律规定的期限内给予答复。春北实业公司回复拒绝了李金喜等的查账请求。李金喜遂提起诉讼，请求判令春北实业公司向李金喜提供公司自成立以来的会计账簿、原始凭证、发票存根以供原告查阅。

四川成都锦江法院一审判决支持李金喜查阅公司成立以来的会计账簿的诉讼请求，但驳回了李金喜主张查阅原始凭证、发票存根的诉讼请求。双方当事人都不服，提起上诉。成都中院二审判决驳回上诉，维持原判。

对于李金喜要求查阅原始凭证、发票存根的诉讼请求，一审法院认为，公司的会计账簿足以全面细致地反映公司的财务状况，且《公司法》只规定了股东可以要求查阅公司会计账簿，故要求查阅原始凭证、发票存根缺乏事实依据和法律依据。

二审法院认为，根据《会计法》第十五条第一款的规定，会计账簿登记，必须以经过审核的会计凭证为依据，并符合有关法律、行政法规和国家统一的会计制度的规定。会计账簿包括总账、明细账、日记账和其他辅助性账簿。该法条并未将原始凭证包含在会计账簿内。且该法第三条还规定，各单位必须依法设置会计账簿，并保证会计账簿真实、完整。李金喜并没有证据证明春北实业公司的会计账簿不实，其提出会计账簿内容可能是编造、虚假的，要求查阅公司原始凭证的上诉主张超出《公司法》第三十四条①规定的股东行使知情权的范围，可能损害公司合法权益，影响公司的正常经营，故其上诉主张不予支持。

五、股东知情权的行使方式

（一）直接行使

直接行使，是指由股东本人行使知情权，即直接实施查阅、复制公司章程、股东会会议记录、董事会会议决议、监事会会议决议和财务会计报告，查阅公司会计账簿等行为。

行使的方式包括查阅、复制两种。

---

① 现行《公司法》第三十三条。

（二）委托/辅助行使

委托行使，是指股东委托他人代为行使知情权。实践中，股东可能并不具备查账所需的相关专业知识，其是否可以委托专业人员协助其查阅或者直接委托专业人员代为查阅呢？

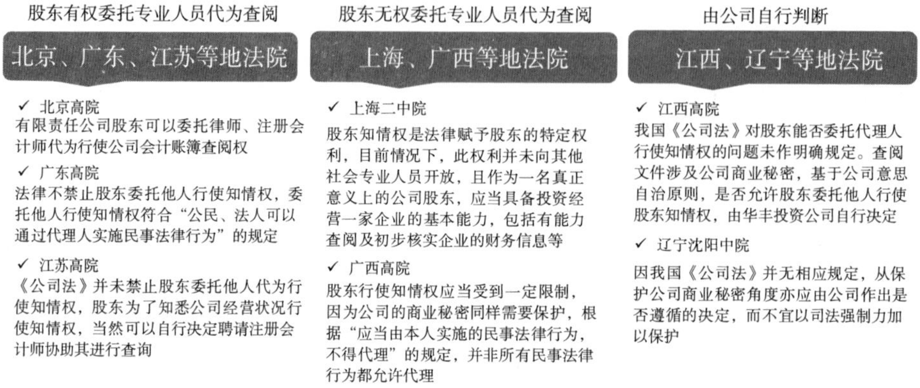

图 3－7　关于委托行使知情权的实务观点

实务中出现了三种不同的观点（见图 3－7）：第一种观点认为，股东有权委托专业人员代为查阅，持该种观点的主要是北京、广东、江苏等地法院。如《北京市高级人民法院关于审理公司纠纷案件若干问题的指导意见》第十七条明确规定，“有限责任公司股东可以委托律师、注册会计师代为行使公司会计帐簿查阅权”。在真功夫餐饮管理有限公司与蔡达标股东知情权纠纷再审案中，①广东高院认为，“股东知情权是《公司法》规定的一项重要的民事权利，法律不禁止有限公司的股东委托他人行使该项权利，故二审法院支持蔡达标委托他人行使该项权利符合《民法通则》第六十三条②‘公民、法人可以通过代理人实施民事法律行为’的规定”。在“郁继兰与南京郁氏生物科技有限公司股东知情权纠纷上诉案”③中，江苏高院认为，“公司法并未禁止股东委托他人代为行使知情权，郁继兰为了知悉郁氏公司的经营状况行使知情权，当然可以自行决定聘请注册会计师协助其进行查询，且其委托注册会计师协助查阅并未损害郁氏公司的利益”。再如下面的案例。

① 参见广东省高级人民法院（2015）粤高法民二申字第 202 号民事裁定书。
② 现行《民法典》第一百六十一条。
③ 参见江苏省高级人民法院（2016）苏民终 620 号民事判决书。

案例·9　-江苏高院公报案例-

股东委托财会专业人员协助行使知情权是符合立法目的的

——汪加兴诉暖通公司股东委托财会人员协助行使知情权纠纷案①

上诉人(一审被告):暖通公司。

被上诉人(一审原告):汪加兴。

暖通公司最初成立于1983年,经过一系列变更,2011年1月变更为现在的名称,公司形式变更为有限公司,股东为羌建仁、费忠泽、汪加兴。2007年7月,汪加兴投资了沈阳兴特龙公司,投资人原是汪加兴,后变更为鄂宏群,2010年被吊销了执照。2011年12月16日,汪加兴提交了查阅公司账册的申请,暖通公司26日回函表示目前在制订查阅账册的方案,在方案确定后再通知查账时间和地点。汪加兴起诉至法院要求判决暖通公司将账册提供给汪加兴委托的注册会计师查阅。

江苏常州武进法院一审判决支持汪加兴的诉讼请求。暖通公司不服提起上诉,江苏常州中院判决驳回上诉,维持原判。

本案中,一审法院认为,暖通公司成立多年,且公司财务资料具有较强的专业性,汪加兴委托注册会计师协助其查阅,我国相关法律、法规对此无明确限制,对此请求依法予以支持。二审法院认为,公司的财务会计报告、会计账簿具有较强的专业性,股东本人可能很难鉴别其真实可靠、完整合法,这是委托专业人员协助行使知情权的现实基础。而且,公司法没有规定知情权必须由股东本人亲自行使或不能委托协助行使,暖通公司亦没有证据证明拒绝汪加兴委托他人协助行使有正当理由,因此汪加兴可以委托注册会计师协助行使知情权。

第二种观点认为,股东无权委托专业人员代为查阅,持该种观点的主要是上海、广西等地法院。

如在"熊胜惠与上海紫辉投资管理有限公司股东知情权纠纷上诉案"②中,上海

---

① 参见江苏省常州市武进区人民法院(2012)武商初字第64号民事判决书;江苏省常州市中级人民法院(2012)常商终字第216号民事判决书;《汪加兴诉武进暖通设备公司股东委托财会人员协助行使知情权纠纷案》,载江苏省高级人民法院编:《江苏省高级人民法院公报》(2013年第2辑·总第26辑),法律出版社2013年版,第54页。类似案例还可参见《邱志平诉滁州凯凯建筑节能有限公司股东知情权纠纷案——有限责任公司股东是否有权查阅公司会计凭证》,载最高人民法院中国应用法学研究所:《人民法院案例选》(2016年第12辑·总第106辑),人民法院出版社2017年版,第147页。

② 参见上海市第二中级人民法院(2015)沪二中民四(商)终字第726号民事判决书。

二中院认为，我国《公司法》第三十三条规定的股东知情权是法律赋予股东的特定权利，目前情况下，此权利并未向其他社会专业人员放开。且本院认为，作为一名真正意义上的公司股东，应当具备投资经营一家企业的基本能力，包括有能力查阅及初步核实企业的财务信息等。当然，法院也并非强求公司股东均具备专业的财会知识、读懂专业的数据报告等，但即便股东需要委托其他专业人员代其行使知情权的，具体受托人员的身份也应当得到公司的认可，或者由法院指定专业人员为妥，而不应由股东自行随意选择。否则，确有可能会影响到公司的正常经营以及导致商业机密的泄露等。故就现行法律而言，法院尚无充分的法律依据来支持股东自行委托其他专业人员代行知情权的诉求。再如在“夏洪峰与广西桂平帝恒管道燃气投资有限公司股东知情权纠纷再审案”①中，广西高院认为，“知情权是公司法赋予股东的一种基础性权利，应依法得到保护，但股东行使知情权应当受到一定的限制，因为公司的商业秘密同样需要保护。《公司法》第三十三条规定‘股东有权查阅、复制公司章程、股东会会议记录、董事会会议决议、监事会会议决议和财务会计报告。股东可以要求查阅公司会计账簿’。但并未规定股东可以委托他人进行查阅。在没有征得帝恒公司同意的情况下，夏洪峰要求委托具有专业资质的会计机构进行查阅公司账簿没有依据。夏洪峰主张依据《民法通则》关于代理的规定，其可以委托他人查阅公司账簿，但是，根据《民法通则》第六十三条第三款②‘依照法律规定或者按照双方当事人约定，应当由本人实施的民事法律行为，不得代理’的规定，并非所有民事法律行为都允许代理。故夏洪峰以此为由主张可以委托他人查阅公司账簿依据不足”。

第三种观点认为，股东是否有权委托专业人员代为查阅由公司自行判断，持该种观点的主要是江西、辽宁等地法院。如在“洪金环与峡江县华丰投资有限公司股东知情权纠纷再审案”③中，江西高院认为，“根据股东权专属性理论，股东权是股东基于股东资格而享有的权利，股东身份是股东权存在的基础，也是作为股东权之一知情权的基础。我国《公司法》对股东能否委托代理人行使股东知情权的问题未作明确规定。洪金环要求查阅的文件尤其是财务账簿反映了华丰投资公司实际经营、财务状况，与公司的商业秘密存在关联。基于公司意思自治原则，是否允许股东委托他人行使股东知情权，由华丰投资公司自行决定”。在“孙光植与沈阳汉旦城

① 参见广西壮族自治区高级人民法院(2016)桂民申1516号民事裁定书。

② 现行《民法典》第一百六十一条。

③ 参见江西省高级人民法院(2016)赣民申208号民事裁定书。

房地产开发有限公司股东知情权纠纷上诉案”[1]中，辽宁中院认为，“孙光植上诉称应允许其委托的律师和专业会计人员代其行使股东知情权的请求，因我国公司法并无相应规定，从保护公司商业秘密角度亦应由公司作出是否准许的决定，而不宜以司法强制力加以保护”。

笔者倾向于第一种观点。首先，只有允许知情权委托行使，才能真正保障股东知情权落到实处。公司经营管理及财务数据资料本身专业性强、晦涩难懂，且十分庞杂，一般股东很难具备相应的财务、法律等专业知识，无法对公司材料和数据进行整理、分析，也就无法真正、全面地了解和掌握公司的生产经营和财务状况，这是股东借助外部专业人员对公司账簿资料进行审查权利的现实基础。

其次，否定论者所谓防止公司商业秘密泄露的考量，实际上与股东能否委托专业人士代为行使知情权关系不大。专业人士基于保守商业秘密的职业道德和法律法规的约束，受托查阅公司资料并不会比股东本人查阅的泄露风险更高。事实上，在公司运营过程中，处处需要专业人士的参与，参与过程中就不可避免地会接触到公司的商业秘密，如果因噎废食，则公司正常的经营管理、纠纷解决、并购重组、发行上市等活动根本无法展开。

最后，至于知情权行使于不能代理的观点，需要区分代理和委托的概念。根据《民法典》第一百六十一条的规定，民事主体可以通过代理人实施民事法律行为。依照法律规定、当事人约定或者民事法律行为的性质，应当由本人亲自实施的民事法律行为，不得代理。因此，代理的适用对象为民事法律行为。《民法典》第九百一十九条规定，委托合同是委托人和受托人约定，由受托人处理委托人事务的合同。因此，委托的事项是事务，包括民事法律行为、事实行为等。而查阅行为在性质上属于事实行为而不是民事法律行为，故不适用代理制度。[2] 据此，知情权的委托行使本不属于代理的范畴。并且，我国《公司法》没有明确规定知情权必须由股东本人行使，或者禁止股东委托他人代为行使。法无禁止即自由。

最高人民法院2017年通过的《公司法司法解释(四)》则另辟蹊径，可以说采取了不同于前述三种实务观点的第四种观点，即附条件地准许专业第三人辅助股东行使查阅权。根据该解释第十条第二款之规定，“股东依据人民法院生效判决查阅公司文件材料的，在该股东在场的情况下，可以由会计师、律师等依法或者依据执业行为规范负有保密义务的中介机构执业人员辅助进行”，专业第三人辅助股东行使查阅权需要满足三个条件：一是只能依据生效判决，股东自行向公司行使查阅权

① 参见辽宁省沈阳市中级人民法院(2011)沈中民四终字第3号民事判决书。

② 参见李建伟：《股东知情权研究：理论体系与裁判经验》，法律出版社2018年版，第179页。

的不行；二是限于辅助查阅，股东本人必须在场；三是专业第三人限定为会计师、律师等依法或者依据执业行为规范负有保密义务的中介机构执业人员。

《公司法司法解释（四）》虽然与前述第一种观点有相似之处，实则存在较大差距，委托行使的方式、受托人的范围均被极大限缩。按照《公司法司法解释（四）》的逻辑，股东是不能直接委托相关专业人员代为查阅公司材料的。

（三）审计

《公司法》第三十三条、第九十七条规定股东可查阅、复制相关资料，但没有规定审计，那么，股东可否请求对公司进行会计审计？从前述法律条文的文义上看，查阅不包括审计。因此，股东提起知情权诉讼要求对公司进行审计的，法院一般不予支持，除非存在公司章程或者股东协议的依据。

案例·10 －人民法院案例选案例－

除公司章程有特别规定外，股东行使知情权的方式不包括审计

——梁溪公司与太平洋公司、长江公司股东知情权纠纷再审案①

申请人（一审原告、二审上诉人）：梁溪公司。

被申请人（一审被告、二审上诉人）：太平洋公司、长江公司。

1995 年 11 月，梁溪公司与香港海山公司分别订立成立中外合资企业太平洋公司、长江公司的合同并签署了章程。章程载明：太平洋公司的投资总额为 2980 万美元，注册资本为2500万美元，其中梁溪公司出资 500 万美元，占注册资本的 20%；海山公司出资 2000 万美元，占注册资本的 80%。长江公司的投资总额为 2800 万美元，注册资本为 2300 万美元，其中梁溪公司出资 460 万美元，占注册资本的 20%；海山公司出资 1840 万美元，占注册资本的 80%。同年 12 月，太平洋公司和长江公司经工商部门核准成立并领取了企业法人营业执照副本，各股东投资实际未到位。为解决合资公司注册资本问题，1997 年 2 月，梁溪公司和韩国联合铁钢又签署了合营合同和章程，约定：太平洋公司的投资总额为 2980 万美元，注册资本为 2500 万美

① 参见江苏省无锡市惠山区人民法院（2003）惠民二初字第 1430 号民事判决书；江苏省无锡市中级人民法院（2004）锡民二终字第 236 号民事判决书；江苏省无锡市中级人民法院（2006）锡民再终字第 0028 号民事判决书；《无锡梁溪冷轧薄板有限公司诉无锡太平洋镀锌薄板有限公司等股东知情权纠纷案》，载最高人民法院中国应用法学研究所：《人民法院案例选》（2007 年第 2 辑·总第 60 辑），人民法院出版社 2007 年版，第 266～277 页。

元，梁溪公司承担25%的注册资本，计625万美元，联合铁钢承担75%的注册资本，计1875万美元；长江公司的投资总额为2800万美元，注册资本为2300万美元，梁溪公司承担25%的注册资本，计575万美元，联合铁钢承担75%的注册资本，计1725万美元，梁溪公司通过固定资产转让以实物出资，如果大于应承担的出资额，合营企业以现金返还，联合铁钢以现汇出资等，并签订了备忘录。此后，双方分别履行了出资义务。合营企业由梁溪公司法定代表人周伟金出任副董事长。1998年9月，双方在修订的合营合同中约定：合营企业的所有账簿及有关报表均应用中文和英文书写，以便一方在合理的时间进行验查或审计；一方有权在任何时候安排独立的会计师对企业的账簿进行审计，费用自付。但自1998年起，因梁溪公司和太平洋公司、长江公司的出资欠款纠纷，太平洋公司和长江公司停止向梁溪公司提供财务报告，并于2000年免去了周伟金在合营企业的职务。此后，梁溪公司多次要求查阅合营企业的财务报表等，以确定公司的财务状况和股份的价值，均未果。因梁溪公司未履行辽宁本溪中院（1997）本经初字第211号民事调解书，申请人本溪钢铁集团向本溪中院申请强制执行，该院在执行过程中委托长信公司对梁溪公司在太平洋公司、长江公司的25%的股份进行评估。梁溪公司遂于2003年10月31日诉至无锡惠山法院，请求判决：（1）被告提供自1997年2月26日至今（2003年10月31日）的全部股东会议记录、资产负债表、损益表、财务状况变动表、财务情况说明书、公司所有各方面的审验报告、评估报告；提供自1997年2月26日至2003年10月31日的全部董事会决议、公司账簿及相关原始凭证；（2）被告提供其向上海长信资产评估有限公司提供的关于被告公司整体资产的全部资料；（3）被告接受原告安排独立的会计师对被告公司进行全面审计，查实被告公司整体资产情况；（4）两被告接受原告安排评估师对企业整体资产进行评估。

江苏无锡惠山法院一审判决驳回梁溪公司主张安排独立的会计师对太平洋公司、长江公司进行全面审计的诉讼请求。梁溪公司和太平洋公司、长江公司均不服一审判决，①提起上诉。江苏无锡中院二审判决撤销一审判决，驳回梁溪公司的诉讼请求。梁溪公司不服申请再审。江苏无锡中院再审撤销了二审判决，判决支持了梁溪公司的部分诉讼请求，但驳回了梁溪公司主张安排独立的会计师对太平洋公司、长江公司进行全面审计的诉讼请求。

在本案中，一审法院认为，梁溪公司依据公司章程而要求对太平洋公司、长江

① 太平洋公司、长江公司均不服一审判决，是因为一审判决支持了梁溪公司主张查阅会计账簿等资料的诉讼请求，为突出重点，本书删减了此部分内容。

公司的整体资产进行审计、评估,不在知情权范围之列,不予支持。二审法院认为,根据本溪中院生效裁定,梁溪公司已不是太平洋公司、长江公司的股东,不再享有股东权利。梁溪公司主张太平洋公司、长江公司应接受其审计、评估并提供公司整体资产全部资料,与本溪中院民事裁定书的内容相悖,不予支持。再审法院认为,股东知情权是股东享有对公司经营管理等重要情况或信息真实了解和掌握的权利。梁溪公司在2003年10月31日起诉时,系太平洋公司、长江公司的股东。在一审审理期间,本溪中院于2003年12月9日作出(2005)执字第194号民事裁定书,强制执行了梁溪公司在太平洋公司、长江公司的全部股份。但由于梁溪公司起诉主张的是至起诉日止的知情权,故对梁溪公司的诉请主张应予支持……梁溪公司起诉要求太平洋公司、长江公司接受其安排独立会计师对太平洋公司、长江公司全面审计和安排评估师对企业整体资产进行评估的诉请,法律对此未有规定。太平洋公司、长江公司的股东在修订的合营合同中明确约定,"一方有权在任何时候安排独立的会计师对企业的账簿进行审计"。在章程中也约定:"合营企业每一方有权在任何时候自己负担费用聘用单独的会计师对合营企业的账簿和记录进行审查。"股东并未约定对太平洋公司、长江公司可全面审计和可对整体资产评估。因此梁溪公司的该项诉请既无法律上的规定,又超出了当事人的约定,不予支持。

六、股东知情权的限制情形

(一)公司章程的限制

公司章程是股东共同一致的意思表示,载明了公司组织和活动的基本准则,是公司的宪章,在不违反法律禁止性规定的情况下,章程的规定应属有效,对公司、股东、董事、监事、高级管理人员等均具有约束力。那么,公司章程能否排除股东知情权呢?根据《公司法》的规定,有限责任公司章程由股东共同制定,经全体股东一致同意,由股东在公司章程上签名盖章。但由代表三分之二以上表决权的股东通过,可修改公司章程。股份有限公司章程由发起人制定,经出席创立大会的认股人所持表决权的半数以上通过;经出席股东大会的股东所持表决权的三分之二以上通过,可修改公司章程。股东知情权是法律赋予公司股东了解公司经营状况的重要权利,若允许公司章程排除股东知情权,公司小股东的利益将无法得到维护。实践中,地方审判指导性意见对于章程限制股东知情权的效力多持否定态度。如《山东省高级人民法院关于审理公司纠纷案件若干问题的意见(试行)》第六十五条规定,公司章程关于股东不得查阅公司文件的规定无效。类似的还有《江苏省高级人民法院关于审理公司纠纷案件若干问题的意见(试行)》第六十八条,《江西省高级人民法院关于审理公司纠纷案件若干问题的意见》第五十四条等。

那么,公司章程是否可以对股东行使知情权作出部分限制呢?《公司法司法解释(四)》第九条规定:"公司章程、股东之间的协议等实质性剥夺股东依据公司法第三十三条、第九十七条规定查阅或者复制公司文件材料的权利,公司以此为由拒绝股东查阅或者复制的,人民法院不予支持。"依反面解释,该条表明,公司章程、股东之间的协议可以对股东知情权作出部分限制,比如规定股东知情权行使地点、时间和方式等,但不得"实质性"剥夺股东知情权。

案例 · 11　－人民法院案例选案例－

公司章程超越《公司法》股东知情权范围的约定具有法律效力

——科朗公司诉和丰公司股东知情权纠纷上诉案①

上诉人(一审原告):科朗公司。

被上诉人(一审被告):和丰公司。

和丰公司是中外合资股份有限公司。科朗公司系和丰公司股东之一。和丰公司章程规定:股东有权查阅公司章程、股东名册、公司债券存根、股东大会会议记录、董事会会议决议、监事会会议决议、财务会计报告……公司应向股东提供公司及其各子公司的财务报表、审计报告……股东可检查各公司及其子公司制备的单独的账簿、记录和管理账目……股东有权聘请审计师对公司(包括其子公司)全部或部分会计账簿或某个特定财务问题进行审计……

后科朗公司要求对和丰公司的部分财务问题进行审计。和丰公司未予回复。双方因此产生纠纷。科朗公司遂诉至法院,要求查阅、复制和丰公司及其所有子公司/分公司的财务报表、财务账簿、会计凭证等,并要求对部分财务问题进行审计。

上海静安法院一审判决支持科朗公司查阅和丰公司及分公司的财务会计报告、股东大会会议记录、董事会会议决议、监事会会议决议的诉讼请求;驳回科朗公司的其余诉讼请求。科朗公司不服提起上诉,上海二中院二审撤销一审判决,改判

① 参见上海市静安区人民法院(2013)静民二(商)初字第S1041号民事判决书;上海市第二中级人民法院(2013)沪二中民四(商)终字第S1264号民事判决书;《CROWN CANOPY HOLDINCS SRL诉上海和丰中林林业股份有限公司股东知情权纠纷案——公司章程超越〈公司法〉股东知情权范围的约定具有法律效力》,载最高人民法院中国应用法学研究所:《人民法院案例选》(2015年第1辑 · 总第91辑),人民法院出版社2016年版,第205页。

支持科朗公司在和丰公司公司章程范围内行使股东知情权。

与我们日常讨论的公司章程限制股东知情权的情形不同,本案中恰恰是公司章程扩张了股东的知情权范畴,方式包括审计,内容甚至及子公司。对于这种公司章程的扩张约定是否有效的问题,一、二审法院持不同观点。

一审法院认为,股东知情权是法律赋予公司股东了解公司经营状况的重要权利,但该权利的行使必须符合我国《公司法》《会计法》等法律的规定以及公司章程的规定。股份有限公司的股东行使知情权的方式表现为查阅权,查阅的范围限于《公司法》第九十七条列举的项目。法律之所以采取列举方式作出规定,其目的在于既保证股东享有基本的了解公司经营状况的方式、途径,又考虑到将知情权行使可能对公司正常经营所造成的影响控制在合理的范围之内。因此,原告有权行使股东知情权,但其范围应符合法律对于股东知情权行使方式及范围的规定。虽然被告章程中规定了原告有要求被告提供审计报告的权利、检查账簿、记录和管理账目等的权利以及就全部或部分会计账簿或其余特定财务问题进行审计的权利,但上述章程规定的相应权利不属于本案知情权处理的范畴。关于原告要求查阅被告财务报表及财务账簿、会计凭证等,根据我国《会计法》《企业财务会计报告条例》《会计基础工作规范》等财经法规的规定,财务会计报告、会计账簿与会计凭证是三个不同的概念:财务会计报告是根据经审核的会计账簿记录和有关资料编制的,反映单位财务状况和经营成果的书面文件,它由会计报表、会计报表附注和财务情况说明书组成,其中会计报表包括资产负债表、利润表、现金流量表及相关附表;会计账簿是根据经审核的空间配置序时地、分类地登记全部经济业务数据的簿籍,它包括总账、明细表、日记账和其他辅助性账簿;会计凭证是记录单位经济业务,明确经济责任书面证明,它包括原始凭证和记账凭证。显然,财务会计报告不包括会计账簿,会计账簿也不包括会计凭证。故对除财务会计报告项下相关报表外的其余原告要求被告提供查阅的项目,不予支持。关于原告主张的知情权对象为被告及被告所有子公司、分公司,一审法院认为,分公司没有独立财产,其实际占有、使用的财产是总公司财产的一部分,列入总公司的资产负债表,且不独立承担民事责任。子公司具有法人资格,可以独立承担民事责任,其与母公司之间的控制关系是基于股权的占有或控制协议。因此,原告行使股东知情权的对象及于被告及其分公司,原告要求被告子公司作为知情权义务主体,不予支持。

二审法院则认为,公司章程是股东之间通过意思自治的方式就公司设立、组织形式、经营管理、股东、董事、监事、高级管理人员的权利义务等事宜形成的准则性文件，是公司的宪章，在不违反法律禁止性规定的情况下，章程的规定应认定有效，对公司、股东、董事、监事、高级管理人员等均具有约束力，股东有权依据公司章程的规定主张相应的知情权。对于股份有限公司的股东以公司章程为据所主张的相关的知情权，应结合《公司法》的立法目的以及该股份有限公司的个体情况综合考量。

关于科朗公司主张查阅和丰公司及其分公司自2008年8月30日至判决生效之日的财务会计报告以及和丰公司的股东大会会议记录、董事会会议决议、监事会会议决议，因符合《公司法》规定以及公司章程的约定，原审法院予以支持，符合法律规定，二审法院予以维持。

关于科朗公司主张查阅和丰公司子公司的财务报表以及和丰公司及其分公司、子公司的会计账簿问题。由上述已查明的和丰公司章程第一百四十四条及第一百四十六条的规定可见，章程载明和丰公司应向股东提交子公司财务报表、股东享有检查公司及其子公司的会计账簿、记录和管理账目的权利。前述章程的规定确实超过《公司法》列举的股东知情权内容，考虑到和丰公司虽为股份有限公司，但股东仅有5名，只要股东合理地行使知情权，一般不会对公司的经营造成重大影响，故前述公司章程的相关规定不致无效。何况科朗公司系因和丰公司在申请上市过程中经审计发现财务问题后而主张行使知情权，理由正当，故二审法院认为科朗公司请求查阅和丰公司子公司的会计报表并查阅和丰公司及其分公司、子公司的会计账簿，应获支持。据此，二审法院对于原审判决未予支持科朗公司的此部分诉讼请求依法予以改判。需要指出的是，一般而言，子公司是指有一定比例以上的股份被另一家公司所拥有或通过协议方式受到另一公司实际控制的公司，鉴于和丰公司章程中未对子公司的范围作出明确界定，审理中当事人双方也未能就此达成一致意见，考虑到子公司本系依法独立享有民事权利、承担民事责任的法人，为避免可能损害子公司其他股东的权利，故二审法院对章程中所涉子公司界定为系和丰公司的全资子公司，包括上海银和林业发展有限公司等。

关于科朗公司请求查阅的资料范围问题。二审法院认为，公司章程规定明确，且该规定未违反法律法规禁止性规定，亦无违反《公司法》立法目的及价值取向的，股东有权在章程规定的范围内行使知情权，据此，科朗公司主张查阅与股东大会会议、董事会会议、委员会会议相关的材料的诉讼请求，可予支持。关于会计凭证，因章程中已规定股东有权检查会计账簿、记录和管理账目，而会计凭证系佐证会计账簿记录是否正确的重要凭证，结合和丰公司章程赋予了股东对于特定财务问题自行委托审计的权利的事实，而审计中必然需要审查会计凭证，故二审法院认为科朗公司请求查阅会计凭证的诉讼请求亦应予以支持。关于科朗公司主张的与林业证相关的资料，因证据表明在和丰公司申请上市期间，负责审计的毕马威公司认为与林业证相关的资金用度情况存在需进一步核查的必要，故现科朗公司请求查阅该部分资料具有合理的理由，且有公司章程第一百四十六条规定为依据，故亦可支持。至于科朗公司的其他诉讼请求，缺乏法律及章程依据，且有部分与其他已获支持的诉讼请求存在重合，故二审法院不予支持。

关于科朗公司请求复制材料的诉请问题。二审法院认为，《公司法》列举的股东知情权仅限于查阅，和丰公司的章程中也仅规定公司应向股东提供相关信息及材料，而未注明可复制，故科朗公司要求复制材料缺乏依据，二审法院不予支持。

关于科朗公司所提审计问题。《公司法》虽未明确股东可通过审计方式行使知情权，但本案中该方式已通过记载于和丰公司章程的形式予以确定，且审计亦系股东了解公司经营状况的方式之一，该规定对于公司及股东均具有约束力，故科朗公司请求判令和丰公司配合其审计，可予支持。

（二）查阅次数、时间的限制

在公司存续期间，只要具备正当目的和合理理由，股东查阅次数原则上不受限制。但股东反复查阅，可能会一定程度上影响公司的正常经营活动。因此，需综合考察具体案件事实，以平衡股东知情权和公司正常经营活动。

案例·12 – 中国审判案例要览案例 –

股东可以重复行使知情权

——邹元春诉金本公司股东知情权案①

上诉人（一审被告）：金本公司。

被上诉人（一审原告）：邹元春。

邹元春、邹元福和明朝勇三人共同出资设立了金本公司。邹元春分别于2011年5月6日、24日向金本公司发出《要求查阅复制公司财务账簿的函》，要求查阅公司财务账簿，金本公司于2011年5月27日对邹元春5月6日的函件进行了回复，要求邹元春按照《关于公司财务查账管理细则决议》的程序查账，否则将拒绝邹元

① 参见四川省成都市金牛区人民法院（2011）金牛民初字第4155号民事判决书；四川省成都市中级人民法院（2012）成民终字第21号民事判决书；《邹元春诉四川金本广告传媒有限公司股东知情权案（股东可否重复行使知情权）》，载国家法官学院、中国人民大学法学院：《中国审判案例要览》（2013年商事审判案例卷），中国人民大学出版社2015年版，第111～116页。

春的查账请求，对于邹元春5月24日的函件金本公司没有回复。该《关于公司财务查账管理细则决议》只有邹元富和明朝勇的签名。金本公司称其于2010年1月21日、2011年2月22日、2011年4月10日、2011年6月20日已将相关的股东会决议通过邮寄的方式送达邹元春，并提供了相关的《EMS回单》予以证明，邹元春对此予以否认。邹元春认为金本公司的行为侵犯了股东知情权，故向法院起诉，要求金本公司提供股东会会议记录、董事会决议、监事会决议、会计账簿、财务会计报告等供其查阅、复制。

四川成都金牛法院一审判决支持邹元春主张查阅、复制股东会会议记录、财务会计报告，查阅会计账簿的诉讼请求，驳回邹元春其他诉讼请求。金本公司不服提起上诉，成都中院二审判决驳回上诉，维持原判。

对于股东可否重复行使知情权，一审法院认为，邹元春作为金本公司的股东，有权通过查阅、复制股东会会议记录、董事会决议、监事会决议和财务会计报告了解公司的经营情况和财务状况，以维护自己的合法权益，邹元春的此项权利在我国《公司法》以及金本公司章程都有明确规定，金本公司虽然辩称其已将相关股东会会议记录和财务会计报告通过邮寄方式送达了邹元春，但无任何证据证明其将相关的财务会计报告已经送交邹元春审查，即使金本公司陈述属实，我国法律也没有排除股东再次请求查阅、复制股东会会议记录的权利，故对金本公司的该项抗辩不予采纳。二审法院认为，对金本公司称2008年10月至2009年1月的公司会计资料都在邹元春手中的上诉理由，因无证据证明，故该上诉理由不能成立。

需要注意的是，本案虽然说明股东可以重复行使知情权，但并未认为股东可“无条件”重复行使知情权。一、二审法院支持邹元春诉讼请求的理由有很大一部分亦在于金本公司未能证明邹元春属重复行使知情权。那么，若公司能证明，法院是否应支持股东重复行使知情权？本书认为，诚如本案一审所言，我国法律没有排除股东再次请求查阅、复制股东会会议记录的权利，因此，原则上应支持股东的诉讼请求。但是，如果股东滥用其知情权，法院可以根据《公司法》第二十条第一款“公司股东应当遵守法律、行政法规和公司章程，依法行使股东权利，不得滥用股东权利损害公司或者其他股东的利益”之规定，不予支持其相应的诉讼请求。

(三)前置程序的限制

股东行使知情权的前置程序主要针对查询会计账簿。根据《公司法》第三十三条第二款之规定：“股东可以要求查阅公司会计账簿。股东要求查阅公司会计账簿的，应当向公司提出书面请求，说明目的。公司有合理根据认为股东查阅会计账簿有不正当目的,可能损害公司合法利益的,可以拒绝提供查阅,并应当自股东提出书面请求之日起十五日内书面答复股东并说明理由。公司拒绝提供查阅的,股东可以请求人民法院要求公司提供查阅。"因此,股东提起知情权诉讼应先履行前置程序,即向公司提出书面请求,并说明目的。

对此前置程序如何理解？实践中存在不同观点。第一种观点认为,此前置程序属于起诉必须的前置程序,未经过此程序,股东不能向法院起诉,已经起诉的,法院应当裁定驳回起诉,如《北京市高级人民法院关于审理公司纠纷案件若干问题的指导意见》第十三条规定,有限责任公司股东未履行《公司法》第三十四条第二款规定的公司内部救济程序,直接向人民法院起诉要求行使会计账簿查阅权的,人民法院不予受理。类似观点还有《山东省高级人民法院关于审理公司纠纷案件若干问题的意见(试行)》第六十三条等。第二种观点认为,此前置程序,是股东知情权得到法律保护的必备条件,未经过此程序,股东知情权尚不能得到保护,已经向法院起诉的,法院应判决驳回其诉讼请求。第三种观点认为①,股东提起诉讼就视为向公司提出了申请,如果公司答辩不同意查阅又缺少合法的理由,应当判决支持原告股东的诉讼请求。

案例·13 -最高人民法院公报案例-

股东提起账簿查阅权诉讼的前提是已向公司提出了查阅的书面请求且公司拒绝提供查阅

——李淑君、吴湘、孙杰、王国兴诉佳德公司股东知情权纠纷上诉案②

上诉人(一审原告):李淑君、吴湘、孙杰、王国兴。

被上诉人(一审被告):佳德公司。

佳德公司是从事房地产开发的有限责任公司。施允生、王国兴、张育林、孙杰、吴湘为该公司股东。2007 年 9 月 7 日,张育林将其持有的全部股份转让给李淑君。2009 年 4 月 8 日,李淑君、吴湘、孙杰、王国兴向佳德公司递交《申请书》,申请于 4 月 23 日前在公司住所地查阅或复制公司会计账簿和会计凭证。吴湘、孙杰、王国兴

① 参见王林清、杨心忠:《公司纠纷裁判精要与规则适用》,北京大学出版社 2014 年版,第 78 页。

② 参见江苏省宿迁市宿城区人民法院(2009)宿城民二初字第 00448 号民事判决书;江苏省宿迁市中级人民法院(2009)宿中民二终字第 319 号民事判决书;最高人民法院办公厅编:《最高人民法院公报》(2011 年卷),人民法院出版社 2011 年版,第 506 页。

在申请书上签字，李淑君由案外人张育林代签字。4 月 20 日，佳德公司函复李淑君等 4 人，拒绝提供相关资料给四原告查阅、复制。另查明，李某君的代签人张育林现为广厦公司的项目经理，该公司与佳德公司因某楼盘工程款问题已提起仲裁。佳德公司复函之前，2009 年 4 月 14 日，李淑君等 4 人诉至法院，并提出上述诉求。

江苏宿迁宿城法院一审判决驳回李淑君等 4 人的诉讼请求，李淑君等 4 人不服提起上诉。江苏宿迁中院二审撤销一审判决，改判支持李淑君等 4 人要求查阅公司会计账簿和会计凭证的诉讼请求，驳回李淑君等 4 人要求复制公司会计账簿和会计凭证的诉讼请求。

本案除了前置程序之外，还涉及知情权范围和目的正当性问题，本书为了突出重点，删去了后两个问题。对于前置程序瑕疵，一审法院认为，《公司法》第三十四条[①]第二款还规定股东提起知情权诉讼的前置程序，即股东必须有证据证明公司在其提出书面请求并说明目的后，公司明确拒绝其查询会计账簿，或在法定的期间内（15 日）未予答复，方能提起知情权诉讼。具体到本案而言，四原告在 2009 年 4 月 8 日递交公司的《申请书》中称“四申请人准备于 2009 年 4 月 23 日前”至公司行使知情权，但 2009 年 4 月 14 日四原告即至法院起诉，期间仅 6 天，因此，四原告的起诉不符合法定的前置要件。

二审法院认为，根据《公司法》第三十四条[②]第二款的规定，股东提起账簿查阅权诉讼的前置条件是股东向公司提出了查阅的书面请求且公司拒绝提供查阅。这一前置条件设定的目的在于既保障股东在其查阅权受侵犯时有相应的救济途径，也防止股东滥用诉权，维护公司正常的经营。本案中，四上诉人于 2009 年 4 月 8 日向佳德公司提出要求查阅或复制公司的所有资料（含公司会计账簿、原始凭证、契约、通信、传票、通知等）以了解公司实际财务状况的书面请求，虽然 4 月 14 日四上诉人至一审法院起诉时佳德公司尚未作出书面回复，但佳德公司在 4 月 20 日的复函中并未对四上诉人的申请事项予以准许，且在庭审答辩中亦明确表明拒绝四上诉人查阅、复制申请书及诉状中所列明的各项资料。至此，四上诉人有理由认为其查阅权受到侵犯进而寻求相应的法律救济途径，此时不宜再以四上诉人起诉时 15 天答复期未满而裁定驳回其起诉，而应对本案作出实体处理，以免增加当事人不必要的讼累。

本案中，二审法院采取了和一审法院不同的态度，以既然被告拒绝，就应避免

① 现行《公司法》第三十三条。

② 现行《公司法》第三十三条。

增加当事人的讼累为由谅解了四原告未等足15日即提起诉讼的前置程序瑕疵，存在一定的合理性。

案例·14 —人民司法案例—

股东知情权前置程序存在瑕疵不能通过诉讼程序救济

——徐尚忠诉机电公司股东知情权纠纷案①

原告：徐尚忠、付秀兰。

被告：机电公司。

2005年6月，机电公司由北京市西直门内机电产品采购供应站改制设立。改制时，徐尚忠、付秀兰分别认缴了占公司注册资本4%的股权，成为机电公司的股东。2010年1月8日，徐尚忠、付秀兰向机电公司寄送“查阅机电公司会计账簿请求书”，请求书未说明目的，同时，付秀兰未在该请求书上签字。机电公司收到文件后，没有向徐尚忠、付秀兰提供财务会计报告和会计账簿。徐尚忠、付秀兰遂提起诉讼，要求机电公司向其提供财务会计报告供其查阅、复制，提供会计账簿及原始凭证供其查阅、复制。

北京西城法院判决支持徐尚忠、付秀兰主张查阅、复制年度财务会计报告的诉讼请求，驳回其主张查阅、复制会计账簿及原始凭证的诉讼请求。

北京西城法院审理认为，根据公司法的规定，股东有权查阅公司会计账簿，但是需要向公司提出书面请求并说明目的；如果公司在15日内拒绝提供查阅，股东才可以寻求司法救济。机电公司签收的文件不包括付秀兰签字的请求书。因此，在起诉之前，徐尚忠、付秀兰只是向机电公司提起要求查阅会计账簿的请求，但是没有说明目的，这违反了公司法的强制性规定，属于前置程序存在瑕疵。即使在开庭审理过程中徐尚忠、付秀兰向法院说明了查阅目的，该程序存在的瑕疵并不能因此得到救济。

综上，对于前述前置程序的三种观点，本书认为，第三种观点将架空前置程序，将指引股东不履行前置程序而径行提起诉讼，这显然不符合立法目的，且影响效

① 参见北京市西城区人民法院（2010）西民初字第02954号民事判决书；黄冠猛：《股东知情权前置程序存在的瑕疵不能通过诉讼程序救济》，载《人民司法》2011年第6期。

率,不可取。第一、二种观点相对而言,较为可取,但若将此绝对化,将增加诉讼成本且不方便当事人。因此,实践中可分情况处理:(1)股东未向公司提出申请,法院应在受理后,判决驳回诉讼请求。(2)股东已向公司提出申请,但未足15日即向法院提起诉讼,法院可组织双方进行调解,公司同意查阅的,法院确定查阅的时间、地点、内容、方式等即可;公司不同意查阅的,法院应给公司留足15天的时间,给其充分的时间说明理由,然后法院再审查公司拒绝的理由是否充分。[①] (3)股东已向公司提出申请,但未说明目的,法院应判决驳回诉讼请求。

(四)目的正当性要求的限制

所谓目的正当性要求,是指股东查阅公司会计账簿是为了维护其作为股东的正当利益。关于"正当目的"的证明,《公司法》要求股东说明目的,且要求公司承担"目的不正当"的证明责任。但实践中,由于"正当目的"这一说法过于抽象,不同法院对目的正当性认识不一的情况下很可能作出相互矛盾的裁判,从而影响法律适用的统一性和稳定性。[②] 因此,需要对"目的正当"从正反两个方面进行类型化规范,以维护法律适用统一。

一般而言,下列情形发生时可推定目的正当:(1)为确定公司的财务状况、经营状况而查阅会计账簿;(2)为确定公司董事、监事、经理及其他高管的薪金、履行职务的情况而查阅会计账簿;(3)为获悉其他股东姓名、名称和住址以与其他股东共商公司经营事务而查阅会计账簿。[③]

至于"不正当目的",《公司法司法解释(四)》第八条规定:"有限责任公司有证据证明股东存在下列情形之一的,人民法院应当认定股东有公司法第三十三条第二款规定的'不正当目的':(一)股东自营或者为他人经营与公司主营业务有实质性竞争关系业务的,但公司章程另有规定或者全体股东另有约定的除外;(二)股东为了向他人通报有关信息查阅公司会计账簿,可能损害公司合法利益的;(三)股东在向公司提出查阅请求之日前的三年内,曾通过查阅公司会计账簿,向他人通报有关信息损害公司合法利益的;(四)股东有不正当目的的其他情形。"有学者认为,该条第(三)项不属于对股东行使知情权目的的正当与否的认定,而是对股东品德污点的追溯,其合理与否,有待商榷。[④] 有学者进而认为,对于第(三)项的规定,可以通

---

① 参见王林清、杨心忠:《公司纠纷裁判精要与规则适用》,北京大学出版社2014年版,第78~79页。

② 参见甘培忠、刘兰芳:《新类型公司诉讼疑难问题研究》,北京大学出版社2009年版,第157页。

③ 王林清、杨心忠:《公司纠纷裁判精要与规则适用》,北京大学出版社2014年版,第79页。

④ 参见施天涛:《公司法论》,法律出版社2018年版,第270页。

过诉讼法分配证明责任来平衡双方利益，即如果在过去3年内股东存在以查阅会计账簿的方式损害公司利益的行为，公司可以拒绝其查阅请求，但股东有证据证明其查阅会计账簿有正当目的的除外。①

除上述罗列的情形外，"股东有不正当目的的其他情形"的常见情形还包括：(1)为公司的竞争对手攫取有关消息；(2)索取公司股东名单后出售；(3)为自己兼职的其他公司获取商业信息或秘密。② 总之，若股东行使知情权是为了侵害公司合法利益，即属"目的不正当"。

案例·15 －人民司法案例－

可从具体、合法、关联、安全等方面来把握对正当目的的审查

——联华新新超市与新吴淞公司股东知情权纠纷上诉案③

上诉人(原审被告)：联华新新超市。

被上诉人(原审原告)：新吴淞公司。

1997年4月，联华新新超市经工商核准设立，股东为新吴淞公司和联华超市商业公司(后更名为联华超市股份有限公司)。联华新新超市的公司章程约定：联华新新超市应当在每一年度终了时制作财务会计报告，经依法审验后，10天内送交各股东及政府有关部门，并接受其监督；股东有权自行聘请审计师、会计师查阅公司账簿，查阅时，公司应当提供方便。2005年3月23日，新吴淞公司向联华新新超市出具承诺函一份，承诺放弃在联华新新超市中对宝山世纪联华的经营管理权、利润分配权、表决权等一切股东权利，该承诺在联华新新超市存续期内持续有效。联华新新超市提供给新吴淞公司的2007年3月31日资产负债表记载，期末股东权益为12,243,880.16元，经上海汇洪会计师事务所有限公司审计调整后的期末股东权益为8,835,166元。

2008年9月至2009年8月，新吴淞公司多次向联华新新超市发函，要求联华新新超市向其提供经营和资产情况报告以及会计事务所的年度审计报告。联华新新

---

① 参见李建伟：《股东知情权研究：理论体系与裁判经验》，法律出版社2018年版，第152页。

② 参见马强：《股东知情权的民法保护》，载《判解研究》2007年第3期。

③ 参见上海市宝山区人民法院(2009)宝民二(商)初字第1318号民事判决书；上海市第二中级人民法院(2010)沪二中民四(商)终字第321号民事判决书；潘云波、俞巍：《股东查阅公司会计账簿的正当目的及实现方式》，载《人民司法》2011年第6期。

超市收函后，或以新吴淞公司要求过于广泛为由拒绝，或以有关审计报告和资产评估报告已经提供并得到确认为由拒绝。新吴淞公司遂向法院提起诉讼，请求判令联华新新超市提供2000年1月至起诉当月止的公司月度、年度会计报告、账簿及原始凭证供其查阅、复制。

上海宝山法院一审判决支持新吴淞公司要求查阅2000年1月1日起至2009年9月8日止会计账簿及原始凭证的诉讼请求。联华新新超市不服提起上诉。上海二中院二审撤销一审此项判决，改判"……三、联华新新超市应于本判决生效之日起20日内向新吴淞公司提供2002年1月至2007年3月的会计账簿及原始凭证，新吴淞公司应在对方提供查阅之日起的20日内完成查阅；四、联华新新超市应于本判决生效之日起10日内向新吴淞公司提供2007年4月至2009年9月的会计账簿，新吴淞公司应在对方提供查阅之日起的10日内完成查阅"。

本案中，一审法院认为，"……关于会计账簿。公司法规定，股东应当向公司提出书面申请说明理由。新吴淞公司确有以书面方式提出查阅的意思表示，但由于联华新新超市的原因致使上述申请未被受理。此后新吴淞公司又以诉讼方式提出，因此新吴淞公司的申请是明确的。新吴淞公司不仅在申请书中对查阅目的进行说明，在诉讼中再次明确了查阅目的，并无损害公司利益或其他不当目的的可能。联华新新超市仅以提供过审计报告和评估报告为由拒绝提供2007年3月之前的会计账簿，缺乏依据……关于原始凭证，公司章程对此并无特别约定，但原始凭证是登记会计账簿的原始依据，最能真实反映公司的资金和经营状况。联华新新超市出具的2007年3月31日资产负债表反映的净资产额与评估基准日为同一日的项目评估结果汇总表反映的净资产额有较大差距，新吴淞公司因无法知悉具体情况而对联华新新超市会计账簿的真实性存有合理怀疑，故给予新吴淞公司查阅原始凭证的权利更为合理"。

二审法院认为，关于查阅的范围，应当结合本案实际情况，充分考虑在正当目的下的针对性、适当性和可行性，以避免股东知情权行使过度所带给公司经营管理秩序的负面影响。首先，新吴淞公司对报表数据真实性的合理怀疑集中在截至2007年3月31日的股东权益上。而审计调整这一数据的原因，至少从新吴淞公司当时出具的承诺函和联华新新超市董事会决议上看已基本清楚，即所调整的是投资于宝山世纪联华的利润。故新吴淞公司有权查阅的会计账簿及原始凭证的时间范围应是2002年至2004年。另外，由于太仓联华新新2006年累计利润也有所调整，联华新新超市自称对2007年1月至3月的利润应调整而未调整，故2005年、

2006年以及2007年1月至3月的会计账簿及原始凭证也应提供查阅。其次,关于2007年3月以后的会计账簿及原始凭证能否查阅的问题,根据公司章程的规定,新吴淞公司有权查阅的是账簿。至于能否查阅凭证,因尚无证据证明该阶段的财务记录存在问题,而公司股东权的行使与日常经营管理权的行使显然有别,故新吴淞公司仅以股东身份泛泛而谈查阅目的,缺乏针对性和适当性,其要求查阅该阶段凭证的主张不应予以支持。一审判决没有根据本案的实际情况对股东知情权的行使范围作出必要的、合理的区分,应予部分改判。最后,为了平衡行使股东知情权与维护公司经营管理秩序之间的利益关系,有必要对当事人行使权利、履行义务的时间与方式作出具有可行性的安排。对联华新新超市而言,应有适当准备的时间;对新吴淞公司而言,要约束其查阅时间。关于查阅地点,根据两便原则,可由当事人自行协商确定,但应以尽量不移动会计账簿、凭证为妥,以保证公司会计资料的完整与安全。

案例·16 －人民司法案例－

当股东近亲属经营的公司与股东所在公司存在竞争关系时,可认定构成有不正当目的的情形

——张某诉工艺品公司股东知情权纠纷案①

上诉人(一审原告):张某。

被上诉人(一审被告):工艺品公司。

工艺品公司成立于2000年,注册资本为30万元,其中张某的妻子和女儿共出资20万元、李某的儿子出资10万元。张某的妻子任公司执行董事,其女儿任公司经理。工艺品公司的经营范围包括零售工艺美术品,公司简介显示该公司是设计、研制、开发、经营景泰蓝工艺品的公司。2010年4月,通过股权转让,工艺品公司的股东变更为张某和李某,张某向工艺品公司出资12万元,李某向工艺品公司出资18万元。经公司股东会选举,李某任公司执行董事和经理,张某的儿媳任公司监事。2011年7月6日,张某的妻子、儿子、儿媳和女儿作为股东,出资成立了禄展公

① 参见北京市西城区人民法院(2011)西民初字第27482号民事判决书;北京市第一中级人民法院(2012)一中民终字第2247号民事判决书;邹明宇:《股东查阅公司会计账簿权应受合理限制》,载《人民司法》2014年第24期。

司。该公司的经营范围包括销售工艺品、文化用品和首饰。该公司曾经在赶集网刊登招聘启事,欲招聘从事过景泰蓝行业的人员。2011 年 10 月 7 日,张某向工艺品公司发出申请书,要求查阅工艺品公司的会计账簿。10 月 24 日,工艺品公司书面拒绝了张某的申请。张某遂将工艺品公司起诉至法院,要求查阅工艺品公司的财务会计报告和会计账簿。

北京西城法院一审判决支持张某查阅工艺品公司财务会计报告的诉讼请求,驳回张某的其他诉讼请求。张某不服提起上诉,北京一中院二审判决驳回上诉,维持原判。

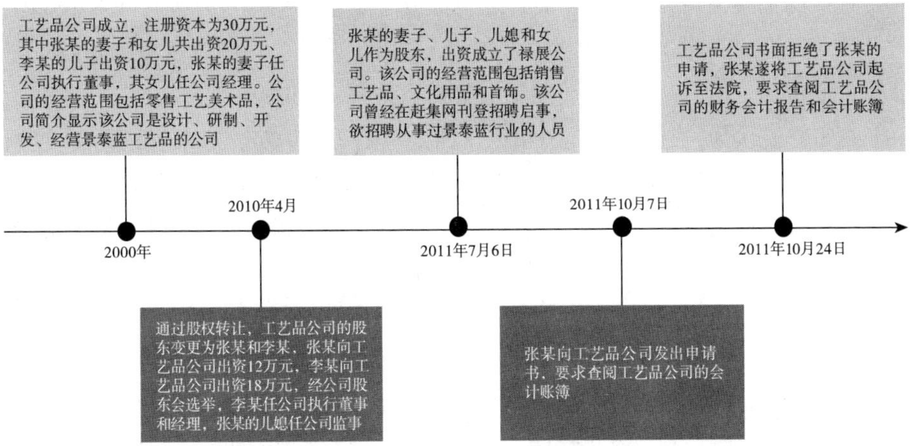

图 3－8　张某诉工艺品公司股东知情权纠纷案

本案中,一审法院认为,张某是股东知情权的权利主体,可以依法行使股东知情权。考虑到公司之财务会计报告具有相当的公开性(需要向税务机关提交、参加企业年检时也需要向工商行政管理机关提交),且该财务会计报告仅能在宏观上反映公司的总体经营状况,而不过于详细地反映公司的交易细节,张某查阅工艺品公司之财务会计报告的行为严重损害工艺品公司之经营活动、经济利益、商业秘密的可能性可以排除,故支持张某要求查阅财务会计报告的诉讼请求。但针对公司之会计账簿的股东知情权并非不受限制。《公司法》第三十四条①第二款所采用的文字表述是"可以要求查阅会计账簿";而《公司法》第三十四条②第一款所采用的文字表述是"有权查阅、复制财务会计报告",《公司法》上述两款所采用的文字表述的

① 现行《公司法》第三十三条。
② 现行《公司法》第三十三条。

差别，充分表达了法律限制股东查阅公司会计账簿的立法导向。此外，《公司法》第三十四条①第二款所规定的“公司有合理根据认为股东查阅会计账簿有不正当目的，可能损害公司合法利益的，可以拒绝提供查阅”的内容，同样表达了限制股东查阅公司会计账簿、将“有合理根据即可拒绝查阅”的权利赋予公司的法意内涵。在衡量“股东可以要求查阅”与“公司有合理根据可以拒绝查阅”之权利冲突时，核心标准在于股东一旦行使上述权利是否会（或者是否有可能）损害公司的利益。保护公司的经营活动以及与此有关的商业信息和商业秘密，相对于保护股东的知情权更为重要。张某的妻子、儿子、女儿、儿媳另行出资设立了与工艺品公司的经营项目非常近似的禄展公司，该公司与张某之间形成了利益链条。一旦允许张某查阅工艺品公司的会计账簿，将有可能（并非绝对）造成工艺品公司的竞争对手知晓工艺品公司的市场信息、客户信息、价格信息等商业秘密，进而损害工艺品公司的利益。

二审法院认为，根据《公司法》第三十四条②第一款的规定，股东有权查阅、复制公司的财务会计报告；根据该条第二款的规定，股东可以要求查阅公司会计账簿，但应当向公司提出书面请求并说明目的，公司有合理根据认为股东查阅会计账簿有不正当目的，可能损害公司合法利益的，可以拒绝查阅，并应当在15日内书面答复股东并说明理由。

关于张某要求查阅工艺品公司相关财务会计报告的请求，工艺品公司系有限公司，张某作为其股东，有权要求查阅公司的财务会计报告。需要明确的是，该项查阅权系股东的法定权利，公司不得剥夺和限制。并且，是否查阅取决于股东的意志，查阅目的适当与否、是否可能损害公司利益等理由均不能构成拒绝股东查阅公司财务会计报告的有效抗辩。一审法院在排除了张某具有严重损害工艺品公司利益的可能性的前提下，方才支持了张某要求查阅公司财务会计报告的诉讼请求，属于对股东法定权利的限缩，与公司法的规定不符，对此应当予以纠正。

关于张某要求查阅工艺品公司相关会计账簿的请求，张某以股东身份向工艺品公司发出书面的查阅请求后，工艺品公司并未在法定期限内进行书面答复，故张某有权通过法律途径要求查阅。但应否支持张某的该项诉讼请求，则需要根据法律规定并结合查明的案件事实进行具体分析：一方面，从《公司法》第三十四条③第二款的规定来看，法律赋予了股东查阅公司会计账簿的权利保障股东权利的充分行使，同时要求这一权利应当在一种权利平衡机制下行使。具体而言，法律规定股

① 现行《公司法》第三十三条。
② 现行《公司法》第三十三条。
③ 现行《公司法》第三十三条。

东基于正当目的可以要求查阅会计账簿，但也对股东的查阅权作出了必要的限制，即在公司有合理根据认为股东查阅会计账簿有不正当目的，可能损害公司合法利益时，可以拒绝股东查阅。从而在保护股东权利的同时防止股东滥用权利损害公司利益，以平衡股东和公司之间的利益关系。另一方面，从本案查明的事实来看，禄展公司的经营项目与工艺品公司相近似，两公司在客观上存在竞争的可能。张某虽然不是禄展公司的股东，但该公司系由其妻子、女儿、儿子以及儿媳共同出资设立并经营。基于张某与禄展公司股东之间的特殊身份关系，若允许其查阅工艺品公司的会计账簿，将有可能导致工艺品公司具有商业秘密性质的信息被禄展公司所知悉。虽然张某主张其在行业内具有很高的声望和影响力，不需要通过查阅会计账簿了解工艺品公司的商业信息，但根据现有证据，并不能证明其对工艺品公司会计账簿中所包含的价格信息等商业秘密均已掌握，仅凭张某的个人声望和影响力并不能合理排除其查阅会计账簿会对公司利益造成损害的可能性。因此，一审法院认定允许张某查阅会计账簿将有可能损害工艺品公司的利益，并据此驳回张某要求查阅工艺品公司相关会计账簿的诉讼请求，并无不当，应予支持。

七、股东知情权的证明责任

（一）查阅、复制财务会计报告时的证明责任

根据《公司法》第三十三条第一款和第九十七条的规定，此类案件中，原告只需证明原告系被诉公司股东即可。司法实践中，有观点认为原告必须证明公司拒绝了其查阅财务报告的请求。事实上，《公司法》第一百六十五条规定："有限责任公司应当依照公司章程规定的期限将财务会计报告送交各股东。股份有限公司的财务会计报告应当在召开股东大会年会的二十日前置备于本公司，供股东查阅；公开发行股票的股份有限公司必须公告其财务会计报告。"《民事诉讼法》第九十一条规定："主张法律关系存在的当事人，应当对产生该法律关系的基本事实承担举证证明责任。"因此，股东无须证明公司拒绝了其查阅财务会计报告的请求；公司应证明其已向股东送交财务会计报告。公司未能证明的，应承担举证不能的法律后果。

（二）查阅会计账簿时的证明责任

股东诉求查阅公司会计账簿时，证明责任的分配如下：（1）原告证明其具有公司股东身份。一般需要向法院提供公司工商登记股东信息、股东名册等资料。（2）原告证明其已在诉讼前履行前置程序，穷尽内部救济途径。这主要指期限已满15天和具有合理理由。对期限已满的证明，一般需要向法院提供书面请求公司行使股东知情权的相关文件及送达凭证；公司拒绝查阅的反馈相关文件（如有），实践

中很多情况下，公司亦会以不作为形式拒绝。对合理理由的举证并非一定要提供书证，但是起诉时必须有合理理由，以防止利用股东身份获取公司核心信息后行使侵犯公司利益的行为。一般基于股东身份获取公司经营信息是股东的合法的权益，原告的合理理由并不难成立，故此时的证明责任主要指向于被告的抗辩责任，当作为被告的公司有证据证明原告行使知情权具有不正当目的时，就可以驳回原告的诉讼请求。

前述第六部分案例13“李淑君、吴湘、孙杰、王国兴诉佳德公司股东知情权纠纷上诉案”中，江苏宿迁宿城法院一审认为，李淑君的代签人张育林现为广厦公司的项目经理，因佳德公司和广厦公司之间涉及巨额工程款的仲裁案件未决，与佳德公司之间存在重大利害关系。申请书和四原告的民事起诉状及授权委托书上均有张育林签字，四原告对此不能作出合理解释，证明张育林与本案知情权纠纷的发动具有直接的关联性，也证明四原告在诉讼前后与张育林之间一直保持密切交往，其提起知情权诉讼不能排除受人利用、为公司的重大利害关系人刺探公司秘密、进而图谋自己或第三人的不正当利益的重大嫌疑。法院据此判决驳回李淑君等四原告的诉讼请求。即一审法院认为原告应承担目的正当的证明责任。

江苏宿迁中院二审对此进行了纠正，认为佳德公司以李淑君等四上诉人具有不正当目的为由拒绝其查阅，则应对四上诉人具有不正当目的并可能损害其合法利益承担证明责任。佳德公司仅凭四上诉人提交的申请书、诉状及授权委托书中均由张育林代李淑君签名，不足以证明四上诉人具有不正当的目的且可能损害佳德公司合法利益。基于诚实信用原则，案件当事人理应对法庭或仲裁庭如实陈述，并按法庭或仲裁庭要求提供自己掌握的真实证据，以拒不出示不利于己的证据为手段而获得不当利益，为法律所禁止。如佳德公司持有在仲裁一案中应当提供而未提供的相关证据，则不能认定股东查阅公司账簿可能损害其合法利益。即二审法院认为公司应承当原告股东目的不正当的证明责任。

（三）查阅会计凭证时的证明责任

理论界和实务界都倾向于主张区分股东请求查阅会计账簿和会计凭证的证明责任分配。[①] 由于会计凭证相对应会计账簿来说，对公司更为重要，因此查阅会计凭证时，股东应承担较重的证明责任，如证明公司会计账簿不真实，或者说原告查阅会计凭证的目的正当，证明文件资料的关联性、必要性等。公司可通过证明会计

① 参见王林清、杨心忠：《公司纠纷裁判精要与规则适用》，北京大学出版社2014年版，第81页；李建伟：《股东知情权诉讼基本程序问题探析》，载《国家检察官学院院报》2010年第1期。

账簿的真实性，驳回原告的诉讼请求。

我们可以从《最高人民法院关于适用〈中华人民共和国公司法〉若干问题的规定（四）》的制定过程，考察最高人民法院对这个问题的态度。

2009年版《公司法司法解释（四）》（征求意见稿）第十一条规定："有限责任公司股东起诉请求查阅公司会计账簿及与之相关的原始凭证等会计资料，公司不能提供证据证明股东查阅目的不正当的，人民法院应裁定由公司提供给股东查阅。"该条未要求原告证明其查阅会计凭证具有目的正当性；相反，公司不能证明原告目的不正当的，应承担举证不能的责任。因此，对于正当目的的证明责任并未因原告查阅的是公司会计账簿或会计凭证而有所不同。但该条规定明确股东只能请求查阅"相关的原始凭证等会计资料"，再根据《民事诉讼法》第六十四条第一句规定的谁主张谁举证的原则，原告股东应承担相关性的证明责任，被告公司承担目的不正当的证明责任。

2015年10月版《公司法司法解释（四）》（征求意见稿）第十二条第二款规定："公司提供证据证明股东查阅前款所述原始凭证或者记账凭证等有可能损害公司合法利益的，人民法院应当判决驳回诉讼请求。"即公司应承担股东查阅会计凭证目的不正当的证明责任。

2016年4月版《公司法司法解释（四）》（征求意见稿）第十六条第二款规定："公司提供证据证明股东查阅记账凭证或者原始凭证等有不正当目的，可能损害公司合法利益的，应当驳回诉讼请求。"与上相同，公司应承担股东查阅会计凭证目的不正当的证明责任。

2017年正式颁布施行的《公司法司法解释（四）》删去了有关股东查阅会计凭证的规定。

从上述立法进程，可以看出，对目的正当的证明责任分配上，最高人民法院的态度可能更倾向于不区分股东查阅会计账簿和查阅会计凭证的轻重。

对于这个问题，本书认为应作区分，理由及如何划分，证明责任前文已作说明，此处不再赘述。

八、法律法规及适法意见

（一）全国性

1.《公司法》节选

第三十三条　股东有权查阅、复制公司章程、股东会会议记录、董事会会议决议、监事会会议决议和财务会计报告。

股东可以要求查阅公司会计账簿。股东要求查阅公司会计账簿的，应当向公司提出书面请求，说明目的。公司有合理根据认为股东查阅会计账簿有不正当目的，可能损害公司合法利益的，可以拒绝提供查阅，并应当自股东提出书面请求之日起十五日内书面答复股东并说明理由。公司拒绝提供查阅的，股东可以请求人民法院要求公司提供查阅。

第九十七条　股东有权查阅公司章程、股东名册、公司债券存根、股东大会会议记录、董事会会议决议、监事会会议决议、财务会计报告，对公司的经营提出建议或者质询。

2.《会计法》节选

第十三条　会计凭证、会计帐簿、财务会计报告和其他会计资料，必须符合国家统一的会计制度的规定。

使用电子计算机进行会计核算的，其软件及其生成的会计凭证、会计账簿、财务会计报告和其他会计资料，也必须符合国家统一的会计制度的规定。

任何单位和个人不得伪造、变造会计凭证、会计账簿及其他会计资料，不得提供虚假的财务会计报告。

第十四条　会计凭证包括原始凭证和记帐凭证。

办理本法第十条所列的经济业务事项，必须填制或者取得原始凭证并及时送交会计机构。

会计机构、会计人员必须按照国家统一的会计制度的规定对原始凭证进行审核，对不真实、不合法的原始凭证有权不予接受，并向单位负责人报告；对记载不准确、不完整的原始凭证予以退回，并要求按照国家统一的会计制度的规定更正、补充。

原始凭证记载的各项内容均不得涂改；原始凭证有错误的，应当由出具单位重开或者更正，更正处应当加盖出具单位印章。原始凭证金额有错误的，应当由出具单位重开，不得在原始凭证上更正。

记帐凭证应当根据经过审核的原始凭证及有关资料编制。

第十五条　会计账簿登记，必须以经过审核的会计凭证为依据，并符合有关法律、行政法规和国家统一的会计制度的规定。会计账簿包括总帐、明细帐、日记帐和其他辅助性账簿。

会计账簿应当按照连续编号的页码顺序登记。会计账簿记录发生错误或者隔页、缺号、跳行的，应当按照国家统一的会计制度规定的方法更正，并由会计人员和会计机构负责人（会计主管人员）在更正处盖章。

使用电子计算机进行会计核算的，其会计账簿的登记、更正，应当符合国家统一的会计制度的规定。

3.《公司法司法解释（四）》节选

第七条　股东依据公司法第三十三条、第九十七条或者公司章程的规定，起诉请求查阅或者复制公司特定文件材料的，人民法院应当依法予以受理。

公司有证据证明前款规定的原告在起诉时不具有公司股东资格的，人民法院应当驳回起诉，但原告有初步证据证明在持股期间其合法权益受到损害，请求依法查阅或者复制其持股期间的公司特定文件材料的除外。

第八条　有限责任公司有证据证明股东存在下列情形之一的，人民法院应当认定股东有公司法第三十三条第二款规定的"不正当目的"：

（一）股东自营或者为他人经营与公司主营业务有实质性竞争关系业务的，但公司章程另有规定或者全体股东另有约定的除外；

（二）股东为了向他人通报有关信息查阅公司会计账簿，可能损害公司合法利益的；

（三）股东在向公司提出查阅请求之日前的三年内，曾通过查阅公司会计账簿，向他人通报有关信息损害公司合法利益的；

（四）股东有不正当目的的其他情形。

第九条　公司章程、股东之间的协议等实质性剥夺股东依据公司法第三十三条、第九十七条规定查阅或者复制公司文件材料的权利，公司以此为由拒绝股东查阅或者复制的，人民法院不予支持。

第十条　人民法院审理股东请求查阅或者复制公司特定文件材料的案件，对原告诉讼请求予以支持的，应当在判决中明确查阅或者复制公司特定文件材料的时间、地点和特定文件材料的名录。

股东依据人民法院生效判决查阅公司文件材料的，在该股东在场的情况下，可以由会计师、律师等依法或者依据执业行为规范负有保密义务的中介机构执业人员辅助进行。

第十一条　股东行使知情权后泄露公司商业秘密导致公司合法利益受到损害，公司请求该股东赔偿相关损失的，人民法院应当予以支持。

根据本规定第十条辅助股东查阅公司文件材料的会计师、律师等泄露公司商业秘密导致公司合法利益受到损害，公司请求其赔偿相关损失的，人民法院应当予以支持。

第十二条　公司董事、高级管理人员等未依法履行职责，导致公司未依法制作或者保存公司法第三十三条、第九十七条规定的公司文件材料，给股东造成损失，股东依法请求负有相应责任的公司董事、高级管理人员承担民事赔偿责任的，人民法院应当予以支持。

(二)地方性

1.《上海市高级人民法院2005年上海法院民商事审判问答(之四)——关于审理股东请求对公司行使知情权纠纷若干问题的问答》(沪高法民二〔2005〕11号)节选

针对本市各级法院在审理股东请求对公司行使知情权纠纷案件中遇到的问题，我庭经研究，形成倾向性观点并解答如下：

一、公司股东退出公司后，又以公司在其股东资格存续期间，对其隐瞒真实经营状况为由，诉请对公司行使知情权。公司原股东是否具备提起知情权诉讼的主体资格

知情权是指公司股东享有的知道和了解公司经营状况的重要信息的权利，为股东权之一种。股东权具有社员权的性质，股东权利不能与其股东身份相分离。股东退出公司导致其丧失股东身份的，其不再对公司享有股东权，故其请求对公司行使知情权的权利也随之丧失。因此，请求对公司行使知情权的适格主体为公司股东。对于公司原股东作为原告要求对公司行使知情权提起诉讼的纠纷案件，因原告起诉不符合《中华人民共和国民事诉讼法》第一百零八条第(一)项之规定，人民法院应当不予受理。已经受理的，应当按照最高人民法院《关于适用〈中华人民共和国民事诉讼法〉若干问题的意见》第一百三十九条之规定，裁定驳回原告起诉。至于原股东认为公司隐瞒真实经营状况，导致其股权出让价格明显不公的，可依法通过行使撤销权或对公司提起侵权之诉途径解决。

二、公司被依法注销后，原公司股东对公司其他股东、原法定代表人或高级管理人员为被告主张知情权的纠纷应如何处理

公司被依法注销后，公司的法人资格即消亡，股东对公司享有的股东权也因公司的消亡而消灭，故其要求对已被注销的公司行使知情权没有法律依据。且股东知情权的义务主体是公司，公司其他股东或法定代表人、高级管理人员不能成为知情权的义务主体。因此，对于原公司股东针对公司其他股东、原法定代表人或高级管理人员为被告提起的知情权纠纷，人民法院应当不予受理。已经受理的，应当裁定驳回起诉。

三、公司股东以公司其他股东或公司董事、监事、经理为被告，提起知情权纠纷诉讼应如何处理

股东知情权属于股东为自身或股东的共同利益对公司经营中的相关信息享有

知晓和掌握的权利,公司应当按照公司法和章程的规定,向股东履行相关信息报告和披露的义务。因此,知情权的义务主体是公司。即使是公司其他股东、董事、监事或高级管理人员拒绝履行相关义务,导致股东知情权受到侵害,也应当由公司承担责任。故股东以公司其他股东、董事、监事或高级管理人员为被告提起知情权纠纷诉讼的,法院不应受理。已经受理的,应当裁定驳回起诉。

……

五、有限责任公司股东请求对公司账簿行使查阅权是否应受一定持股比例的限制

根据公司法修订案第三十四条的规定,股东可以要求查阅公司会计账簿,且对申请股东没有持股比例限制。鉴于对公司会计账簿的查阅权是股东的一项重要权利,而有限责任公司属于封闭型公司,股东人数较少,从有利于保障小股东的权益出发,不宜对行使会计账簿查阅权的股东作持股比例限制。但为了保证公司的正常经营活动,法院应当要求申请股东对查阅会计账簿的目的进行说明。如果公司有合理根据认为股东查阅会计账簿有不正当目的,可能损害公司合法利益的,人民法院可判决对股东的请求不予支持。

六、存在出资瑕疵的股东是否可对公司行使知情权

知情权是股东权的一项重要权利。股东对公司未履行出资义务,或者未足额履行出资义务,或者在公司成立后又抽逃出资的,应当按照公司法的规定履行相应的义务。股东虽然存在出资瑕疵,但在未丧失公司股东身份之前,其仍可按照公司法或章程的规定,行使相应的股东权。在股东出资存在瑕疵的情况下,除非章程或股东与公司之间另有约定,一般不能以股东存在出资瑕疵为由否定其享有知情权。

七、公司监事能否以其知情权受到侵害为由对公司提起知情权诉讼

有限责任公司的监事会或不设监事会的公司监事,是依照法律规定和章程规定,代表公司股东和职工对公司董事会、执行董事和经理依法履行职务情况进行监督的机关。监事会或监事依照公司法修正案第五十四条的规定,有权检查公司财务等情况,并在发现公司经营异常时,可依据公司法第五十五条的规定进行调查;必要时可聘请会计师事务所等协助其工作。但监事会或监事履行相关职权属于公司内部治理的范畴,该权利的行使与否并不涉及其民事权益,且公司法并未对监事会或监事行使权利受阻规定相应的司法救济程序。因此,监事会或监事以其知情权受到侵害为由提起的诉讼,不具有可诉性,人民法院不予受理。已经受理的,应当裁定驳回起诉。

如果不设监事会的公司监事,同时具备公司股东身份的,法院应当向其释明,

若其同意以股东身份提起股东知情权纠纷诉讼的,法院可准许其变更诉请。

八、股东对公司提起知情权纠纷诉讼,将会计师事务所列为第三人或申请会计师事务所作为第三人参加诉讼应如何处理

公司法修订案第一百六十五条规定,公司编制的财务会计报告应依法经会计师事务所审计。审判实践中,一些股东在提起知情权纠纷诉讼时,将会计师事务所作为第三人,请求法院判决公司向会计师事务所提供财务会计报告。我们认为,公司财务会计报告应依法经会计师事务所审计,但该审计行为系公司与相关会计师事务所之间依据委托审计合同关系而产生,与股东对公司行使知情权属不同的法律关系,法院在股东与公司之间的知情权纠纷诉讼中,只需判决公司向股东提供公司财务会计报告即可。至于该财务会计报告是否经依法审计、由哪家会计师事务所进行审计、审计结果是否依法、客观,不属于股东知情权诉讼范畴。股东对该财务会计报告有异议的,可依照公司法或章程的规定主张权利。

2.《上海市高级人民法院关于审理涉及公司诉讼案件若干问题的处理意见(二)》节选

三、处理股东权益纠纷的相关问题

1. 有限责任公司股东请求查阅公司章程、股东名册、管理人员名册、财务会计报告、股东会议和董事会会议记录的,人民法院可以判决公司限期提供。

股东请求查阅公司财务会计报告及相关账簿的,应当说明正当理由,包括查阅的原因和目的,否则人民法院不予支持。

3.《北京市高级人民法院关于审理公司纠纷案件若干问题的指导意见(试行)》节选

7. 涉及股东知情权纠纷提起的诉讼如何确定被告

股东行使知情权的义务主体是公司,涉及股东知情权纠纷提起的诉讼应当以公司为被告。

4.《北京市高级人民法院关于审理公司纠纷案件若干问题的指导意见》节选

六、关于股东知情权

第十三条 有限责任公司股东未履行《公司法》第三十四条第二款规定的公司内部救济程序,直接向人民法院起诉要求形式会计账簿查阅权的,人民法院不予受理。

第十四条 股东知情权案件中,被告公司以原告股东出资瑕疵为由抗辩的,人民法院不予支持。

第十五条 已退出公司的股东对其任股东期间的公司经营、财务情况提起知

情权诉讼的，因其已不具备股东身份，人民法院应裁定不予受理。

第十六条　公司的实际出资人在其股东身份未显名化之前，不具备股东知情权诉讼的原告主体资格，其已诉至法院的，应裁定驳回起诉。

第十七条　有限责任公司股东可以委托律师、注册会计师代为行使公司会计账簿查阅权。

第十八条　有限责任公司的股东就查阅公司会计账簿提起诉讼的，应当说明查阅会计账簿的具体目的、所查阅的内容与该目的具有何种直接关系。被告公司认为原告股东有不正当目的拒绝查阅的，应承担相应的举证责任。

第十九条　有限责任公司股东有权查阅的公司会计账簿包括记账凭证和原始凭证。

第二十条　股东在知情权诉讼中要求对公司账目进行审计的，人民法院不予支持。但公司章程规定了公司年度审计义务的除外。

5.《广东省高级人民法院民二庭关于民商事审判实践中有关疑难法律问题的解答意见》节选

三、适用公司、企业法律疑难问题

（九）股东知情权的范围和行使方式的认定

根据《中华人民共和国公司法》第三十四条和第九十八条的规定，股东可以查阅的范围包括：公司章程、股东会记录，董事会监事会记录、股东名册、财务会计报告。会计帐簿和会计凭证（原始凭证和记帐凭证）应当允许查阅，但有正当目的限制。

根据《中华人民共和国公司法》规定，股东要求查阅的，应当向公司提出书面请求并说明目的，公司拒绝查阅的，股东可以请求法院要求公司提供查阅。法院应审查股东是否已经向公司请求并遭到公司的拒绝。

6.《江苏省高级人民法院关于审理适用公司法案件若干问题的意见（试行）》节选

（二）股东知情权纠纷案件

65. 股东因知情权受到侵犯而起诉的，如股东的主张成立，可判决公司向股东提供有关报告或表格供股东查阅。

66. 股份有限公司股东有权查阅的范围包括股东大会会议记录、资产负债表、损益表、财务状况变动表、财务情况说明书、利润分配表、注册会计师对财务报告出具的审验报告及监事会的检查报告。

有限责任公司股东除有权查阅前款规定所列材料外，还可以查阅董事会决议、公司账簿及相关原始凭证。但股东出于损害公司利益的不正当目的的除外。

67. 遇有重大、紧急事由,股东向法院申请对公司的账簿采取财产保全措施的,法院应予准许。

68. 公司章程或股东之间关于股东不得查阅公司文件的约定无效。

69. 公司无上述第 10 条所列文件或文件严重短缺致使查阅已无意义的,裁定驳回起诉,将有关材料移送公安机关处理。

70. 未出资的股东行使知情权的,不予支持。

7.《江西省高级人民法院关于审理公司纠纷案件若干问题的指导意见》节选

(二)股东知情权纠纷

52. 股东要求公司提供《公司法》第三十四条第一款、第九十八条规定之文件材料供其查阅或复制,公司予以拒绝的,股东可以请求人民法院要求公司提供查询或复制,股东应当说明查询的正当理由,包括查阅的原因和目的,否则人民法院不予支持。公司仅以股东有不正当目的为由进行抗辩的,人民法院不予支持。

53. 有限责任公司股东起诉要求查询公司会计账簿的,应具备以下条件,否则人民法院不予受理:

(1)股东向公司提出书面查询要求,公司拒绝提供查询或在收到书面请求之日起十五日内未作答复;

(2)有明确具体的查询事项。

股东有权查询的会计账簿包括会计报表、记账凭证、原始凭证、审计报告、评估报告等。

54. 公司章程关于股东不得查阅公司文件的规定无效。

55. 人民法院审查认为原告诉讼请求成立的,应依法作出判决。判决主文表述为“××公司于本判决生效之日起十日内将××文件提供给××股东查阅(复制)”。

8.《山东省高级人民法院关于审理公司纠纷案件若干问题的意见(试行)》(节选)

(二)股东知情权纠纷

62. 股东要求公司提供《公司法》第三十四条第一款、第九十八条规定之文件材料供其查阅或复制,公司予以拒绝的,股东可以请求人民法院要求公司提供查阅或复制。公司以股东有不正当目的为由进行抗辩的,人民法院不予支持。

63. 有限责任公司股东起诉要求查阅公司会计帐簿的,应具备以下条件,否则人民法院不予受理:

(1)股东向公司提出书面查阅请求,公司拒绝提供查阅或在收到书面请求之日起十五日内未作答复;

(2)有明确具体的查阅事项。

股东有权查阅的会计账簿包括记帐凭证和原始凭证。

64. 股东转让股权后要求查阅任股东期间的会计帐簿的,人民法院不予受理。

65. 公司章程关于股东不得查阅公司文件的规定无效。

66. 人民法院审查认为原告诉讼请求成立的,应依法作出判决。判决主文表述为:××公司于本判决生效之日起十日内将××文件提供给××股东查阅(复制)。

第 四 章
请求公司收购股份纠纷

一、概述

请求公司收购股份纠纷，是指因异议股东行使股份收购请求权而产生的纠纷。异议股东股份收购请求权，又称异议评估权、股份评估回购请求权，是指当股东大会基于多数表决，就有关公司重大事项作出决议时，持异议的少数股东要求对其所持股份的价值进行评估并由公司以公平价格予以购买的权利。[①] 请求公司收购股份纠纷案由项下，既包括有限责任公司异议股东的股权回购请求权，也包括股份有限公司异议股东的股份回购请求权。

异议股东股权/股份回购请求权制度起源于普通法系。由于现代公司法中确立了“资本多数决”这一项基本原则，其在发挥积极作用的同时，带来了相应的弊端，即小股东利益容易受到侵害。因此，为了平衡大股东和中小股东之间的利益关系，“异议股东股权/股份回购请求权”理论逐步发展并趋于壮大。我国在2005年修订的《公司法》中正式确立了异议股东股权/股份回购请求权制度，为中小股东提供了一项新的救济权，即股权/股份回购请求权，给予了中小股东一条在特定情形下可以退出公司的途径，以有效化解公司僵局。

相比于境外相关国家公司法对异议股东回购请求权较为细致的规定[②]，我国现行《公司法》中与此相关的条款仅有第七十四条[③]和第一百四十二条：

第七十四条规定：“有下列情形之一的，对股东会该项决议投反对票的股东可以请求公司按照合理的价格收购其股权：（一）公司连续五年不向股东分配利润，而公司该五年连续盈利，并且符合本法规定的分配利润条件的；（二）公司合并、分立、转让主要财产的；（三）公司章程规定的营业期限届满或者章程规定的其他解散事由出现，股东会会议通过决议修改章程使公司存续的。自股东会会议决议通过之

① 参见最高人民法院民事案件案由规定课题组编著：《最高人民法院民事案件案由规定理解与适用》，人民法院出版社2011年版，第385页。

② 比如，美国《商业公司法》（“Model Business Corporation Act”）第13章对“估价权”（“Appraisal Rights”）规定了30个条款；日本股份回购制度则分散在《公司法》条款中，详细规定了回购请求权行使的实质要件、程序要件、回购价格等问题，例如关于回购价格的确定程序，日本《公司法》在第117条第1款、第2款，第470条第1款、第2款，第786条第1款、第2款，第798条第1款、第2款，第807条第1款、第2款，第868～876条中均有相关规定。参见黄晓林：《日本股份回购请求制度考察与借鉴》，载《山东科技大学学报》2012年第6期。

③ 关于有限责任公司异议股东回购的条款序号：在2013年《公司法》修订前，该条文规定在“第七十五条”中，2013年对《公司法》进行修订后，该条款序号变更为“第七十四条”。在2018年修订的《公司法》中，该条文仍规定在“第七十四条”中。故本章相关案例及相关地方性法规中提及《公司法》“第七十五条”均对应为现行《公司法》第七十四条有限责任公司异议股东回购条款。

日起六十日内，股东与公司不能达成股权收购协议的，股东可以自股东会会议决议通过之日起九十日内向人民法院提起诉讼。”

第一百四十二条规定：“公司不得收购本公司股份。但是，有下列情形之一的除外：（一）减少公司注册资本；（二）与持有本公司股份的其他公司合并；（三）将股份用于员工持股计划或者股权激励；（四）股东因对股东大会作出的公司合并、分立决议持异议，要求公司收购其股份；（五）将股份用于转换上市公司发行的可转换为股票的公司债券；（六）上市公司为维护公司价值及股东权益所必需。公司因前款第（一）项、第（二）项规定的情形收购本公司股份的，应当经股东大会决议；公司因前款第（三）项、第（五）项、第（六）项规定的情形收购本公司股份的，可以依照公司章程的规定或者股东大会的授权，经三分之二以上董事出席的董事会会议决议。公司依照本条第一款规定收购本公司股份后，属于第（一）项情形的，应当自收购之日起十日内注销；属于第（二）项、第（四）项情形的，应当在六个月内转让或者注销；属于第（三）项、第（五）项、第（六）项情形的，公司合计持有的本公司股份数不得超过本公司已发行股份总额的百分之十，并应当在三年内转让或者注销。上市公司收购本公司股份的，应当依照《中华人民共和国证券法》的规定履行信息披露义务。上市公司因本条第一款第（三）项、第（五）项、第（六）项规定的情形收购本公司股份的，应当通过公开的集中交易方式进行。公司不得接受本公司的股票作为质押权的标的。”

从具体条文内容来看，《公司法》第七十四条和第一百四十二条适用的情形存在较大的差别：第七十四条是关于有限责任公司中异议股东回购请求权，即在第七十四条列举的三种特定情形下，对股东会决议投反对票的股东可以要求公司回购其所持股权；而第一百四十二条规定的是股份有限公司的回购，体现了“原则禁止、例外许可”[①]的股份回购政策。并且，在第一百四十二条第一款规定的股份公司可以收购本公司股份的六种情形中，实际仅有第（四）项是有关于异议股东回购请求权的。

基于此，本章第二部分至第六部分将分别从回购请求权的权利主体、行使异议股东回购请求权的特定情形、行使异议股东回购请求权的程序性条件、回购价格的确定以及请求公司收购股份纠纷的举证责任这五个方面进行分析。

另外值得关注的是，虽然《公司法》涉及回购的条款只有两个，法律却并未排除当事人自行达成回购约定的做法，因而实践中存在大量的因约定回购而产生的各

① 参见最高人民法院民事审判第二庭编著：《全国法院民商事审判工作会议纪要理解与适用》，人民法院出版社 2019 年版，第 116 页。

类纠纷。其中备受瞩目也备受争议的是,若公司与投资人之间存在"对赌"约定,当公司未能实现利润目标、未能在约定时间前实现上市或者出现其他约定情形时,投资人能否要求公司回购其股权/股份的问题。这种情形显然不属于《公司法》第七十四条、第一百四十二条所规定的范畴。而在案例的查阅过程中,本书注意到此类因约定回购而产生的纠纷的案由既有"请求公司收购股份纠纷",也有"股权转让纠纷"或者"增资纠纷"。考虑到本章论述体系的完整,约定回购将在本章第七部分中进行专门分析。

二、请求公司回购股份纠纷的原告主体资格

(一)股东回购请求权的权利主体

股东回购请求权的权利人应当是公司股东,因此具备股东身份(或称股东资格)的主体才能成为适格原告。在回购请求权纠纷中,一旦被告抗辩原告并非公司股东从而主张其不具有回购请求权的时候,则原告需证明其具有股东身份,是提起回购请求的适格主体。

案例·1　-典型案例-

未能充分证明其股东身份的股东不具有回购请求权

——张路平与黄山聚信公司请求公司收购股份上诉案①

上诉人(一审原告):张路平。

被上诉人(一审被告):黄山聚信公司。

杭州聚益公司于2010年3月15日设立。2011年3月29日,杭州聚益公司进行增资,张路平受邀投资了88万元。2011年6月18日,杭州聚益公司向张路平出具了《出资证明书》,对上述投资行为及股东身份等进行了书面确认。

2015年7月11日,杭州聚益公司在未通知张路平的情况下与黄山聚信公司签订《合并协议》,杭州聚益公司和黄山聚信公司实行吸收合并,黄山聚信公司吸收杭州聚益公司后继续存在,而杭州聚益公司注销。2015年9月10日,杭州聚益公司因合并而注销。

---

① 参见安徽省黄山市徽州区人民法院(2017)皖1004民初357号民事判决书;安徽省黄山市中级人民法院(2017)皖10民终652号民事判决书。

张路平认为杭州聚益公司在张路平不知情亦不同意的情况下进行公司合并，严重损害了其合法权益，现杭州聚益公司已经注销，其债权、债务应当由合并后存续的公司即黄山聚信公司来承继，因此于2017年4月24日起诉请求判令黄山聚信公司回购张路平股权，回购价格为88万元及利息。

安徽黄山徽州法院一审判决驳回张路平的诉讼请求。张路平不服提起上诉，安徽黄山中院二审判决驳回上诉，维持原判。

一、二审法院均驳回了张路平的诉讼请求，但是判决的依据存在明显不同。

一审法院认为，根据《公司法》第七十四条提起股份收购请求权诉讼必须同时具备实体和程序两方面的要件：实体上必须具备股东资格且对股东会相关决议投反对票的股东，才能提起该项诉讼；程序上公司股东应在法定期限内先行与公司协商以合理价格收购其股权，协商不成后再提起诉讼。张路平无证据证实其在黄山聚信公司依法合并成立过程中对股东会相关决议投反对票，且与我国《公司法》第七十四条规定的公司股东应先行与公司协商由公司以合理价格收购股东所享有股权的规定不符，违背《公司法》设定的股份收购请求权行使的程序要件，因此驳回张路平诉讼请求。可见，一审判决并未否认张路平的股东资格。

二审法院则认为，杭州聚益公司在被合并前向张路平出具了出资证明书，但没有在公司章程中记载，也未向公司登记机关登记；杭州聚益公司在被黄山聚信公司合并后，张路平也未记载在黄山聚信公司章程中，且没有在公司登记机关登记。根据《公司法》第三十二条第二款规定，“记载于股东名册的股东，可以依股东名册主张行使股东权利”，张路平是公司实际出资人，无证据证明其在股东名册中，也无其他证据证明张路平享有股东权利，不符合请求公司收购股份的条件，张路平对于自己的主张应承担举证不能的法律后果。二审判决驳回上诉，维持原判。

本案中，二审法院在认定张路平是否具备被告公司股东资格时运用的法律依据为《公司法》第三十二条，有限责任公司应当置备股东名册，记载下列事项：(1)股东的姓名或者名称及住所；(2)股东的出资额；(3)出资证明书编号。记载于股东名册的股东，可以依股东名册主张行使股东权利。公司应当将股东的姓名或者名称向公司登记机关登记；登记事项发生变更的，应当办理变更登记。未经登记或者变更登记的，不得对抗第三人。

从这一条款以及司法实践来看，一般认为，股东名册是确认有限责任公司股东身份的重要凭据。有限责任公司的工商登记则具有对外的宣示功能和证权性效力。此外，公司章程是经股东一致同意而形成的规定公司基本问题的基础性文件，具有“法定性、真实性、自治性和公开性”等基本特征，实践中普遍认可将公司章程所记载的有关股东身份的内容作为确定股权的依据。股东资格的认定系提起回购请求权的前提，有关股东资格的认定问题可进一步参考本书第一章，此处不再赘述。

（二）瑕疵出资股东的回购请求权

瑕疵出资股东，即存在未履行或未全面履行出资义务或者抽逃出资等情形的股东。按照《公司法》的相关规定，股东出资存在瑕疵的，将承担一定的民事或刑事责任，如《公司法》第三十五条明确规定“公司成立后，股东不得抽逃出资”，《公司法司法解释（三）》第十六条进一步规定了股东抽逃出资的相关责任，其中明确对于瑕疵出资股东，“公司根据公司章程或者股东会决议对其利润分配请求权、新股优先认购权、剩余财产分配请求权等股东权利作出相应的合理限制”。但是，相关规定并未明确瑕疵出资股东是否有权行使法定的股份回购请求权。

案例·2　– 典型案例 –

瑕疵出资股东的回购请求权受到限制

——仇定福、许宁芳与危积陋房屋改造公司请求公司收购股份纠纷案①

原告：仇定福、许宁芳。

被告：危积陋房屋改造公司。

2002年仇定福认购被告危积陋房屋改造公司6%的股权，对应出资额应为人民币61.2万元，许宁芳认购该公司2%的股权，对应出资额应为人民币19.4万元。仇定福、许宁芳认可出资时的实际出资均为1万元。

被告危积陋房屋改造公司分别于2002年、2010年、2011年多次召开股东会并修改公司章程，仇定福、许宁芳均对股东会决议持反对意见。2011年8月23日仇定福、许宁芳以被告连续多年未分红，决议分立、转移公司主要资产以及延长公司经营期限等为由向被告发函，要求查阅被告会计账簿及以合理价格收购其股权，危积陋房屋改造公司拒绝仇定福、许宁芳要求。故仇定福、许宁芳起诉至常州中院，请求判令危积陋房屋改造公司以人民币1200万元的价格收购仇定福、许宁芳持有的危积陋房屋改造公司8%的股权。

① 参见江苏省常州市中级人民法院（2011）常商初字第59号民事判决书。

江苏常州中院一审驳回仇定福、许宁芳诉讼请求。(见图4－1)

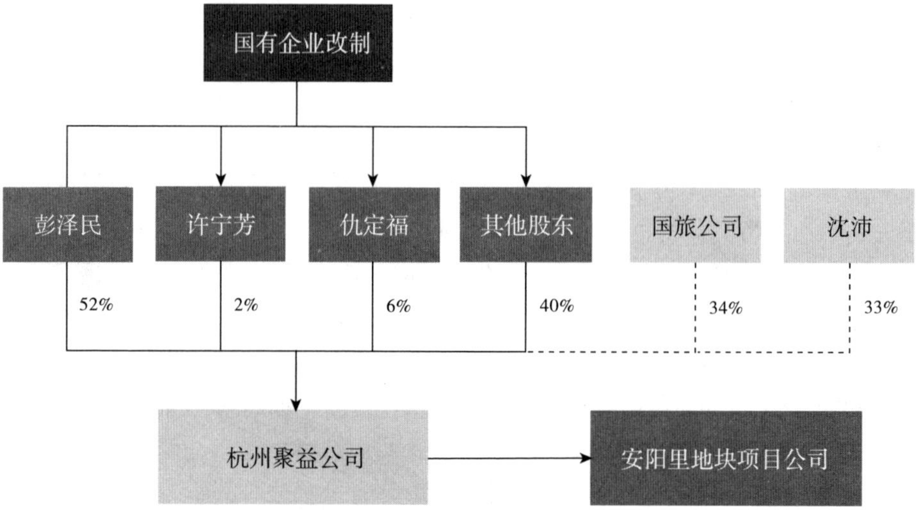

图4－1 仇定福、许宁芳诉危积陋房屋改造公司请求公司收购股份纠纷案

一审法院驳回仇定福、许宁芳诉讼请求的理由之一为根据常州恒信会计师事务所对危积陋房屋改造公司资产审计结果,仇定福、许宁芳实际出资仅每人1万元,仇定福尚有60.2万元、许宁芳尚有19.4万元出资未补足。股东未补足出资之前,根据权利义务相统一的原则,对其股东权益的主张应受到限制,不宜行使股份回购请求权。

在类似的其他案件中,法院亦持同样观点。如在"青岛厚德房地产开发有限公司与杨毅请求公司收购股份纠纷二审民事裁定书"中,最高人民法院认为:"对于增资取得的31.39%股份,山东青岛中院于2018年11月22日作出(2016)鲁02民终8569号民事判决,认定杨毅虚假出资2349万元,判决杨毅向厚德公司支付。对于该部分股份,厚德公司股东会可以限制杨毅在补足出资之前行使回购权。"①

本书认为,股东的回购请求权是基于其股东身份产生的,如果股东能证明其具有股东身份(如已进行工商登记、记载于公司股东名册等),应当首先确认其具有相应的回购请求权。但是,如果公司能够证明该股东出资存在瑕疵的,则该股东行使回购请求权的行为应当受到一定的限制,即其应先行纠正瑕疵出资行为,否则对已经正常出资的股东明显不公,且如允许其在此种情况下行使回购请求权亦有可能

① 参见最高人民法院(2016)最高法民终699－4号民事裁定书。

损害到债权人利益。

实践中，部分公司在发生股东回购请求权纠纷时，常常以股东瑕疵出资为由将股东予以除名，以此抗辩该股东不具有请求公司回购其股份/股权所必须的股东资格。在实践中，这类操作可能无法取得公司预期的效果，常见原因是股东除名的程序或实体条件并不符合相关规定，除名决议因此无法得到法院支持，从而也就无法剥夺该股东的回购请求权。[①]

三、行使异议股东回购请求权的特定情形

《公司法》第七十四条第一款规定异议股东可在三类特定的情形发生时行使回购请求权，即(1)公司连续5年不向股东分配利润，而公司该5年连续盈利，并且符合本法规定的分配利润条件的；(2)公司合并、分立、转让主要财产的；(3)公司章程规定的营业期限届满或者章程规定的其他解散事由出现，股东会会议通过决议修改章程使公司存续的。

而《公司法》第一百四十二条中只有第一款第(四)项规定了异议股东行使回购请求权的情形，即股东"因对股东大会作出的公司合并、分立决议持异议，要求公司收购其股份"的，股份有限公司可以收购其股份。

出现前述区别主要是基于对两种不同组织形式的公司所具有的不同特性的考虑，股份有限公司相较有限责任公司更偏重资合性，其股东所持股票流通性也更强，所以相比之下，异议股东回购请求权对于有限责任公司的小股东而言显得更加迫切些。[②]

从前述条文来看，目前《公司法》对异议股东行使回购请求权的情形规定得比较简单，存在一定的模糊地带，相关争议问题本节将通过案例来探究相应的司法实务意见。

---

① 参见福建省高级人民法院(2016)闽民终1243号民事判决书；最高人民法院(2018)最高法民申793号民事裁定书。

② "本法第七十五条规定了有限责任公司股东的回购请求权，即在公司出现法定情形时，股东可以请求公司以合理价格回购其所拥有的股权，从而达到离开公司的目的。这是针对有限责任公司股权流动性差而作出的规定，以防止出现在公司损害股东利益时，股东没有救济措施又不能通过向他人转让股权而离开公司的情况。股份有限公司的股份是可以自由转让的，股东对公司经营情况不满，可以直接转让其股权而离开公司。因此，本条对股份有限公司股东的股份回购请求权，只做了有限度的规定，即股东在对股东大会作出的公司合并、分立决议持异议时，可以要求公司收购其股份。当股东行使这项权利时，公司就会拥有本公司的股份。"参见全国人大常委会法制工作委员会编：《中华人民共和国公司法释义》，法律出版社2013年版，第224页。

(一)公司连续5年盈利且不向股东分配利润

《公司法》第七十四条规定的第一种回购情形,“公司连续五年不向股东分配利润,而公司该五年连续盈利,并且符合本法规定的分配利润条件的”,事实上是由三个条件组成的,即一是公司连续五年盈利;二是公司符合向股东分配利润的条件;三是公司连续五年未向股东分配利润。这三个条件缺一不可。从实践中的案例来看,如果欠缺其中任一条件,均可能导致股东败诉。

案例·3 – 最高人民法院案例 –

5年内领取过分红的股东不符合回购条件

——孙允道与信诚公司请求公司收购股权纠纷再审案①

再审申请人(一审原告、二审上诉人):孙允道。

再审被申请人(一审被告、二审被上诉人):信诚公司。

2006年7月4日,信诚公司正式注册成立,孙允道为股东之一,占公司股份的5%。2010年4月30日,信诚公司召开第三次股东会决议,会议内容包括2009年度以及以前年度财务工作报告,与会全体股东通过了上述报告且均无异议,孙允道在该股东会决议上签字确认。2011年1月28日,孙允道领取2010年度兑现奖(15万元)及分红(10万元)共计25万元并签字确认。2012年1月17日,孙允道领取2011年度兑现奖(1.5万元)及分红(15万元)共计16.5万元并签字确认。

孙允道认为信诚公司作为主要从事建筑工程设计咨询业务的技术型公司,成立近7年,经营状况良好,但从未召开股东会对利润分配进行决议,更未向孙允道分配过任何利润。因此请求判令信诚公司以560万元的价格收购孙允道5%的股份并承担本案的全部诉讼费用及评估费用。

山东东营中院一审判决驳回孙允道起诉。孙允道不服提起上诉,山东高院二审驳回上诉,维持原判。孙允道仍不服,申请再审,最高人民法院驳回孙允道的再审申请。

一审、二审、再审法院均认为,因孙允道认可其分别于2011年1月28日、2012

① 参见山东省东营市中级人民法院(2013)东商初字第88号民事判决书;山东省高级人民法院(2014)鲁商终字第52号民事判决书;最高人民法院(2014)民申字第2155号申请再审民事裁定书。

年1月17日领取了25万元、16.5万元,并且领款收据上注明款项用途为:“2010年度兑现奖(15万元)及分红(10万元)”“2011年度兑现奖(1.5万元)及分红(15万元)”。孙允道虽然上诉主张领取的款项名为“分红”实为“奖金”,但并未提交证据予以证实,不能推翻领款收据的记载,可以认定信诚公司已经向股东分配了利润。因此孙允道要求信诚公司回购其股权的条件不具备。

(二)公司合并、分立

案例·4 –典型案例–

政策主导下的兼并属于“合并”

——彭海岷与四龙矿业请求公司收购股权纠纷上诉案①

上诉人(一审原告):彭海岷。

上诉人(一审被告):四龙矿业。

彭海岷是四龙矿业股东,持有0.26%的股权。四龙矿业公司是改制企业,成立于2000年10月20日,是一家以煤炭生产、销售为主营业务的有限责任公司。2011年8月13日和2012年9月5日,内蒙古自治区煤炭企业兼并重组工作领导小组根据区政府文件精神而下发两次批复,批准以四龙矿业作为兼并主体,兼并重组煤建综合公司、第二煤矿、第三煤矿和北山煤矿。

2012年11月15日,四龙矿业公司在征得股东意见的基础上,以传签的形式对“公司(被告)为母公司,下设三个分公司”的合并方案进行表决,该决议案获得三分之二有表决权的股东同意获得通过,彭海岷不同意该决议案,投反了对票。2012年12月7日,四龙矿业召开股东会,对四龙矿业增加注册资本方案进行表决,该决议案获得三分之二有表决权的股东同意,获得通过。但是彭海岷不同意该决议案,投了反对票。

2012年12月22日,彭海岷在四龙矿业股东会通过上述的各项决议案后,与其他对各项决议案投反对票的股东联名,向四龙矿业提交书面《股权回购申请书》,请求其按评估的企业净资产值回购股东持有的股份,结清分红款项。四龙矿业于2012年12月31日以书面形式答复,不同意21名股东提出的股权回购。2013年3

① 参见内蒙古自治区宁城县人民法院(2013)宁商初字第21号民事判决书;内蒙古自治区赤峰市中级人民法院(2013)赤商终字第62号民事判决书。

月 6 日，彭海岷提起诉讼，请求依法判令四龙矿业公司按评估的企业净资产值回购彭海岷持有公司股份 28.4732 万元。

内蒙古赤峰宁城法院判决四龙矿业于本判决生效后以合理价格收购彭海岷的股份。彭海岷和四龙矿业不服，均提出上诉，内蒙古赤峰中院判决驳回上诉，维持原判。

一审、二审法院认为，四龙矿业与其他三家煤矿企业签订兼并重组协议，约定兼并重组后保留四龙矿业公司，被并入的三家煤矿均予以注销，分别成立四龙矿业的分公司。彭海岷请求四龙矿业公司按照合理的价格收购其股权符合《公司法》第七十五条的规定，应允许其退出公司。四龙矿业公司主张其与其他三家非公司制煤炭企业基于国家政策所进行的兼并重组并非公司合并，股东会决议只是四龙矿业的增资扩股的决议，并没有实际落实，这一理由不能成立，不予支持。

（三）公司转让主要财产

我国《公司法》第七十四条、第一百零四条和第一百二十一条涉及对公司“转让主要财产”的规定，分别针对有限责任公司、非上市股份公司和上市公司。

但由于法律对于“主要财产”的范围和认定标准并未释明，而是由法院在实践中进行自由裁量，因此不同的法院在对公司转让财产行为的认定上存在较大的偏差。“我国公司法对何为‘主要财产’没有明确衡量标准。对于什么样的财产是公司的主要财产在实践中难以判断和操作。由于股东对转让何种财产才拥有投票权和退股权处于不确定的状态，股东的投票权和退股权的可操作性也就无法得到保障。”①

从以下两个《中国审判案例要览》中的案例中看出，不同法院在认定“主要财产”时的标准存在较大的差别。

案例·5 – 中国审判案例要览案例 –

转让财产是否为主要财产取决于是否导致公司发生根本性变化

——薛峰与京卫公司请求公司收购股份纠纷上诉案②

上诉人（一审原告）：薛峰。

① 参见李丹：《有限责任公司异议股东股份回购请求权研究》，载《黑龙江省政法管理干部学院学报》2014 年第 5 期。

② 参见北京市丰台区人民法院（2011）丰民初字第 10986 号民事判决书；北京市第二中级人民法院（2012）二中民终字第 02333 号民事判决书。

被上诉人(一审被告):京卫公司。

2010年12月13日京卫公司章程约定,薛峰、周仁富、扈本山等11人共同出资设立京卫公司,公司经营范围为销售医用高分子材料及制品、卫生材料及敷料、医用电子仪器设备、包装食品;自营和代理各类商品及技术的进出口业务等。公司注册资本7128万元,其中薛峰等10人分别出资641.52万元,分别占出资的9%,扈本山出资712.8万元,占出资的10%;而国康公司注册资本8000万元,其中京卫公司出资4800万元,占出资的60%。2010年12月13日,京卫公司召开股东会会议,会议讨论通过变更二级公司股权投资的决议,即转让京卫公司持有国康公司51%的股权。薛峰代理人齐亮在股东会决议上签字表示不同意该项决议,其余股东均表示同意该项决议。会后薛峰发出回购请求函。因未得到京卫公司回复,遂起诉。

北京丰台法院一审驳回原告薛峰诉讼请求。薛峰不服提起上诉,北京二中院二审驳回上诉,维持原判。

一审、二审法院均认为,公司转让的财产是否为主要财产,取决于公司转让该财产是否影响公司的正常经营和盈利,导致公司发生了根本性变化。虽然国康公司51%的股份相对应的资产总额、营业收入、归属于母公司所有者权益、归属于母公司所有者的净利润分别占京卫公司(不含少数股东权益)资产总额、营业收入、归属于母公司所有者权益、归属于母公司所有者的净利润的51%、75%、27%和127%,但上述比例仅是衡量国康公司股权价值的标准之一,并不能表明京卫公司转让其所持有的国康公司的51%的股权导致京卫公司发生了根本性变化,亦不能证明转让的该部分财产系京卫公司的主要财产。

案例·6　- 中国审判案例要览案例 -

转让后使公司失去经营基础的财产为主要财产

——郭新华与华商公司股权回购请求权纠纷案①

原告:郭新华。

被告:华商公司。

开发区公司、埝坛中心、郭新华、京辰公司四方共同出资设立华商公司,其中郭

① 参见北京市第一中级人民法院(2008)一中民初字第02959号民事判决书。

新华以货币出资420万元,持有华商公司12%的股权。华商公司的经营范围为房地产开发、房屋租售,注册资本3500万元。

2007年11月21日,大股东开发区公司和基地中心召开了股东会,并盖章签署了(2007)字第03号《华商公司股东会议决议》,决议"出售部分厂房偿还贷款以缓解资金压力;出售厂房的价格应为:TOWNFACTORY厂房3200元/平方米,标准厂房2800元/平方米,销售价格在上述价格标准以上即可出售"。2007年11月22日,华商公司即与金海虹公司签订了厂房租售合同,约定金海虹公司购买华商公司开发的标准厂房北楼,房屋建筑面积5248.11平方米,单价为3300元/平方米。在该次股东会召开之前,郭新华未有效地收到华商公司于2007年11月19日向其全体股东发出的关于召开股东大会研究出售房产偿还贷款等问题的通知。2008年1月9日,郭新华根据《公司法》第七十五条①的规定向华商公司提出按合理的价格回购其持有的股权的要求,华商公司拒绝了该回购申请。郭新华起诉要求华商公司回购其股权。

北京一中院一审判决支持郭新华诉讼请求。

一审法院认为,华商公司固定资产包括建筑面积为10,496.22平方米标准厂房两栋、T/F房屋8229.45平方米、四辆汽车、地下配电设备等。根据公司章程的约定和华商公司资产的现状,标准厂房两栋、T/F房屋是华商公司进行日常经营活动所必需的物质基础,应属于华商公司的主要财产。2007年11月22日,华商公司依据2007年11月21日作出的华商公司股东会决议,将华商公司标准厂房北楼(房屋建筑面积为5248.11平方米)出售给金海虹公司,表明华商公司依据郭新华投反对票的股东会决议将其公司主要财产中的一部分进行了转让,异议股东郭新华丧失了继续留在公司的理由。

在案例5中,国康公司51%的股份相对应的资产总额、营业收入、归属于母公司所有者权益、归属于母公司所有者的净利润分别占京卫公司(不含少数股东权益)资产总额、营业收入、归属于母公司所有者权益、归属于母公司所有者的净利润的51%、75%、27%和127%,但法院却认为这并不能证明国康公司51%股权构成京卫公司的"主要财产";而在案例6中,华商公司出售厂房面积占华商公司所有厂房面积的三分之一,法院却认为这构成"主要财产"。究其根源,在于《公司法》第七十四条含糊的规定,使得实践中对"转让主要财产"的认定没有统一明确的标准。

① 现行《公司法》第七十四条。

如何认定公司是否转让主要财产

北京二中院
（2012）二中民终字第02333号

基本案情

- 京卫公司转让持有国康公司51%的股权，该股份对应地占京卫公司（不含少数股东权益）资产总额、营业收入、归属于母公司所有者权益、归属于母公司所有者的净利润的51%、75%、27%和127%

裁判要点

- 公司转让的财产是否为主要财产，取决于公司转让该财产是否影响公司的正常经营和盈利，导致公司发生了根本性变化
- 上述比例仅是衡量国康公司股权价值的标准之一，并不能表明京卫公司因转让发生了根本性变化，亦不能证明转让的该部分财产系京卫公司的主要财产

北京一中院
（2008）一中民初字第02959号

基本案情

- 华商公司出售其开发的标准厂房北楼（房屋建筑面积5248.11平方米）

裁判要点

- 根据公司章程的约定和华商公司资产的现状，标准厂房两栋（10,496.22平方米）、T/F房屋（8229.45平方米）是华商公司进行日常经营活动所需的物质基础，应属于华商公司的主要财产
- 华商公司股东会决议将厂房北楼（5248.11平方米）出售表明其将公司主要财产中的一部分进行了转让

图4－2　转让主要财产的认定

在“金信诺公司与三元达海天公司请求公司收购股份纠纷一审民事判决书”中，法院裁判理由中说明了“转让主要财产”的考量因素：“《中华人民共和国公司法》第七十四条将转让主要财产列为异议股东提起股权回购之诉的事由，其目的在于防止不慎重地转让公司财产足以威胁公司的存在基础，对公司运营前景产生重大不利影响，并从根本上动摇股东对公司的投资预期。转让财产是不是公司常规经营核心资产，该财产占公司资产的比例，转让财产的行为是否实质影响了公司设立目的及公司存续，是否影响了公司的正常经营等是考量转让财产是否属于公司主要财产的因素。”①相较于案例5和案例6中法院在认定“主要财产”时未能开示且相对主观的判断，本书认为这一考量因素更符合通常的认知，也更有利于为同类情形提供指引。

（四）公司章程规定的经营期限届满

经营期限届满，文义上并无歧义，但是在实践中会出现一种常见的情形，即在经营期限届满前公司股东会作出了延期的决定，此时异议股东是立即有权要求公司回购其股权，抑或等待公司原约定经营期限届满后方能提起回购请求？对此，法律并未予以明确规定。

① 参见陕西省西安市中级人民法院（2014）西中民四初字第00350号民事判决书。

案例·7　　– 典型案例 –

公司经营期限尚未届满时股东提起回购的条件未成就

——李伟与天宁城建公司请求公司收购股份纠纷再审案①

再审申请人(一审原告、二审上诉人):李伟。

再审被申请人(一审被告、二审被上诉人):天宁城建公司。

天宁城建公司系由国企改制后成立的有限责任公司。李伟为天宁城建公司股东,出资额为8万元,占注册资本总额的1%,公司营业期限为20年,从公司登记机关核准设立登记之日起计算。但天宁城建公司2004年3月24日股东会议纪要载明公司经营期限为10年。2008年4月8日,天宁城建公司全体股东通过修正后的公司章程,将章程第三十一条修改为:公司的营业期限自《企业法人营业执照》签发之日起至2024年3月30日止。

2013年4月18日,天宁城建公司召开股东大会,决议原公司营业期限1990年7月28日至2024年3月30日变更为营业期限为50年。李伟不同意公司延长营业期限。2013年6月8日,李伟向天宁城建公司发函表明其态度,并要求公司收购其股份。双方未协商,随后李伟起诉要求天宁城建公司回购。

江苏常州天宁法院驳回李伟的诉讼请求。李伟不服,提起上诉,江苏常州中院判决驳回上诉,维持原判。李伟仍不服,申请再审,江苏高院裁定驳回李伟的再审申请。

一审、二审法院均确认天宁城建公司营业期限至2024年3月30日止。本案中,天宁城建公司营业期限并未到即将届满的时间,公司仍将继续存续至10年后的2024年3月30日止;因此认为目前尚不能确定李伟的股权在营业期限即将届满时的合理价格,李伟诉讼主张的条件并未全部成就。同时,李伟在天宁城建公司股东会会议通过决议修改章程使公司存续后的法定期间提出了诉讼,符合公司法规定的程序要求,满足了股东起诉主张股权回购请求权的条件之一,并未丧失诉权,只是由于确定其股权合理价格的时间条件尚未成就。因此,李伟可以在天宁城建公

① 参见江苏省常州市天宁区人民法院(2013)天商初字第1204号民事判决书;江苏省常州市中级人民法院(2014)常商终字第129号民事判决书;江苏省高级人民法院(2015)苏审二商申字第0440号民事裁定书。

司经营期限届满前就其股权的回购与天宁城建公司进行协商，如协商不成，则可依法主张权利，在依法确定当时合理价格的情况下由天宁城建公司支付股权回购款。

由于前述问题并非再审中的争议焦点，再审法院未对此进行论述，因此不再赘述。

广西高院在类似案件[①]中也表达了与本案一致的裁判观点，即营业期限尚未到期且未出现其他解散事由的，即使公司股东会作出延长营业期限的决定，因异议股东尚不具备提起回购请求的条件因此驳回其回购请求。但是，异议股东及时表明其对延期的意见，并提出回购请求，可以使其保留在营业期限届满时的回购请求权。从这一点来看，若公司在营业期限届满前决议延期的，如果股东对延期有意见的，仍应积极向公司表明其态度，以免丧失诉权。

四、行使异议股东回购请求权时需满足的程序性条件

除了规定回购的三种情形外，《公司法》第七十四条对股东行使异议股东回购请求权还有一些要求，如“对股东会该项决议投反对票”的股东，方可有权要求公司回购；如要求“自股东会会议决议通过之日起六十日内，股东与公司不能达成股权收购协议的，股东可以自股东会会议决议通过之日起九十日内向人民法院提起诉讼”。仅从条文表面看，对其理解可能会存在一定的困惑甚至出现偏差，以下拟通过相关案例探求其真意。

（一）未召开股东会情形下股东的回购请求权

《公司法》第七十四条规定，有限责任公司异议股东股权回购请求权的行使需具备两个程序上的前提要件：(1)公司就该事项召开股东会；(2)股东出席且对该决议事项表示异议。但事实上，这一宽泛的设计导致该条款在适用中存在不少阻碍。一方面，股东可能因不满足前置程序而无法行使权利，比如公司未就该事项召开股东会或者公司虽然召开股东会但未通知该股东参加决议。另一方面，即使进入权利的行使阶段，该制度也存在很多弊端，如缺乏对于股东与公司股权回购的协商、诉讼以及回购后股权的处置程序等问题的相应规定。

① 参见广西壮族自治区高级人民法院(2013)桂民申字第929号民事裁定书。

案例·8 －人民法院案例选案例－

虽未实际召开股东会但已满足回购条件的，可以请求认定公司回购股权的条件成就

——建维工贸与尊蓝山餐饮股份回购请求权纠纷上诉案①

原告（被上诉人）：建维工贸。

被告（上诉人）：尊蓝山餐饮。

尊蓝山餐饮于2001年11月23日设立，注册资本为50万元，工商登记股东为上海邹嘉工贸有限公司、建维工贸，持股比例分别为60%及40%。后经数次股权转让后，尊蓝山餐饮的工商登记材料证明尊蓝山餐饮的股权比例为建维工贸40%、第三人60%。

2003年12月31日，尊蓝山餐饮的未分配利润3789.60元，负债及所有者权益总计1,258,295.85元；2004年12月31日，尊蓝山餐饮的未分配利润114,974.27元，负债及所有者权益总计885,708.02元；2005年12月31日，尊蓝山餐饮的未分配利润128,106.52元，负债及所有者权益总计1,039,011.28元；2006年12月31日，尊蓝山餐饮的未分配利润167,625.23元，负债及所有者权益总计908,435.47元；2007年12月31日，尊蓝山餐饮的未分配利润241,257.95元，负债及所有者权益总计1,552,625.56元；2008年12月31日，尊蓝山餐饮的未分配利润299,701.30元，负债及所有者权益总计4,864,053.21元；2009年12月31日，尊蓝山餐饮的未分配利润352,902.43元，负债及所有者权益总计1,205,097.85元。2009年8月6日，建维工贸就公司利润分配等其他重大事项，函请尊蓝山餐饮、第三人召开股东会，尊蓝山餐饮、第三人未召开股东会。建维工贸提出要求尊蓝山餐饮回购股权，尊蓝山餐饮不同意，因此发生纠纷，建维工贸请求尊蓝山餐饮收购其股权。

上海静安法院一审支持建维工贸诉讼请求。尊蓝山餐饮不服提起上诉，后撤回上诉，各方当事人按一审判决执行。

一审法院认为，2003年12月至2009年12月，尊蓝山餐饮每年均有未分配利润，具备分配利润的条件；此间，尊蓝山餐饮未召开股东会，也未分配利润。2009年

---

① 参见上海市静安区人民法院（2010）静民二（商）初字第728号民事判决书；上海市第二中级人民法院（2010）沪二中民四（商）终字第1406号民事裁定书。

8月6日，建维工贸要求召开股东会，讨论公司利润分配等重大事项，尊蓝山餐饮也未予召开。本案被告尊蓝山餐饮只有两名股东，其中第三人作为公司控股股东，在本案审理中明确表示不同意召开股东会，不同意与建维工贸协商利润分配和公司股权回购问题，使得股东会是否召开已无实际意义，故一审法院认为建维工贸已经具备要求尊蓝山餐饮收购建维工贸股权的条件，最终一审法院支持了建维工贸要求公司回购的诉讼请求。

本书认为一审法院的观点更加符合立法意旨也更具可操作性。公司回购股权是在“资本多数决”的背景下产生的，目的是保护小股东利益。但实践中大股东不合作的现象非常普遍，“比如公司其他股东通过不通知可能对股东会决议提出异议的股东参加股东会、不召开股东会等方式，阻碍股份回购请求权条件的成就”。[①] 因此，对《公司法》第七十四条第一款异议股东股权回购请求权行使条件的理解和适用，不能仅仅局限在机械的文义解释的层面，把公司就相关事项召开股东会且股东出席并表示异议作为回购必经的前置程序，否则“将使得异议股东无法通过请求公司回购自己股份的方式退出公司，侵害股东的表决权以及与之相关联的股份回购请求权”[②]，明显违背保护小股东利益的立法初衷。

（二）未能参加股东会的股东的回购请求权

正如前文所述，《公司法》第七十四条规定了“股东会的召开”这一程序性前提条件，并要求异议股东在股东会上提出异议，该规定是否意味着未能参加股东会的股东即被剥夺了要求回购的权利？在理论界，有学者认为：“可将法条中‘对股东会该项决议投反对票’的要求替换为‘对股东会该项决议投反对票，或在股东会决议作出前以书面形式明确表示反对’，方才妥适。”[③]也有学者建议，在股东未被通知或者股东虽接到通知但被无故拒绝参加股东会的情况下，“缺席股东对基于自己存在的程序瑕疵享有股份回购请求权，应不存任何疑问”。[④] 在相关的案例中，也能看到法院事实上对《公司法》第七十四条的规定作了适当的扩大理解，并非严格按其字面意思进行适用。

---

① 参见董宇：《论有限责任公司股东股份回购请求权——以〈公司法〉第七十四条的适用为视角》，载《小品文选刊（下）·政法论坛》2017年第6期。

② 参见董宇：《论有限责任公司股东股份回购请求权——以〈公司法〉第七十四条的适用为视角》，载《小品文选刊（下）·政法论坛》2017年第6期。

③ 参见葛伟军、白帆：《论异议股东股权回购请求权之行使障碍及对策——对我国〈公司法〉第75条的评析》，载《证券法苑》2012年第6卷第1期。

④ 参见张爱菊：《论有限责任公司异议股东股份回购请求权》，载《河南省政法管理干部学院学报》2011年第1期。

然而,《公司法》第一百四十二条中并无类似程序上的规定。有学者认为,"公司法142条规定了股份公司回购的情形,其中一项为股东异议导致的回购。而74条专条是对异议股东回购制度进行的规定,根据体系解释的规则,有限责任公司和股份有限公司不存在回购制度上功能性的区别,我们当然地可以在142条这一款的具体规则之上,适用74条确定的规则"。①

案例·9 -最高人民法院公报案例-

非因自身过错未能参加股东会且明确提出反对意见的股东有权请求公司收购其股权

——袁朝晖与长江置业公司请求公司收购股份纠纷再审案②

再审申请人(一审被告、二审上诉人):长江置业公司。

再审被申请人(一审原告、二审上诉人):袁朝晖。

2010年3月5日,长江置业公司形成股东会决议,明确由沈良、钟继光、袁朝晖三位股东共同主持工作,对重大资产转让要求以股东会决议批准方式执行。但是,根据长江置业公司与袁朝晖的往来函件,长江置业公司对案涉二期资产进行了销售,该资产转让从定价到转让,均未取得股东袁朝晖的同意,也未通知其参加股东会。袁朝晖故而诉至法院请求长江置业公司回购其所有股权。

湖南高院二审支持袁朝晖的诉请,长江置业公司不服提起再审申请,最高人民法院驳回了长江置业公司的再审申请。

再审法院认为,《公司法》第七十四条的立法精神在于保护异议股东的合法权益,之所以对投反对票作出规定,意在要求异议股东将反对意见向其他股东明示。本案中袁朝晖未被通知参加股东会,无从了解股东会决议,并针对股东会决议投反对票,且袁朝晖在2010年8月19日申请召开临时股东会时,明确表示反对二期资产转让,要求立即停止转让上述资产,长江置业公司驳回了袁朝晖的申请,并继续对二期资产进行转让,已经侵犯了袁朝晖的股东权益。因此,二审法院依照《公司

---

① 参见王肃仪:《股份公司回购异议股东股份定价机制研究》,载《经济研究导刊》2018年第17期。

② 参见湖南省高级人民法院(2013)湘高法民二终字第91号民事判决书;最高人民法院(2014)民申字第2154号民事裁定书,载《最高人民法院公报》2016年第1期。

法》第七十四条之规定，认定袁朝晖有权请求长江置业公司以公平价格收购其股权，并无不当。

需要指出的是，再审法院裁定书中将长江置业公司章程中的约定“股东权利受到公司侵犯，股东可书面请求公司限期停止侵权活动，并补偿因被侵权导致的经济损失。如公司经法院或公司登记机关证实：公司未在所要求的期限内终止侵权活动，被侵权的股东可根据自己的意愿退股，其所拥有的股份由其他股东协议摊派或按持股比例由其他股东认购”这一内容作为依据之一，认为袁朝晖被取消一切经费开支且被剥夺股东应有的决策权和知情权，使其股东权益受到了侵害，因此其可以请求公司回购股权。但是，本书认为，“其所拥有的股份由其他股东协议摊派或按持股比例由其他股东认购”这一约定比较含糊，从其字面理解，这句话含义更接近于是由公司其他股东购买袁朝晖所持股权，并未体现由公司进行回购的意思。因此，是否可以据此作为回购的解释，仍值得进一步讨论。

（三）未积极作出意思表示的股东的回购请求权

西方有一句著名的谚语：“法律不保护权利上的睡眠者”，即享有权利的人应当积极行使其权利，法律并不保护怠于行使其自身权利的人。

同理，当小股东的权利受到侵害时，其需要积极对外表明其反对态度，否则其要求公司回购股权的请求可能无法得到法院支持。小股东表明其反对态度的方式，不仅仅局限于在股东会上投反对票，其也可以通过其他形式，明确表示反对该决议。

案例·10　– 人民法院案例选案例 –

未投反对票的股东无权请求回购

——赵春利与洪桥机械公司请求公司收购股份纠纷上诉案①

上诉人（一审原告）：赵春利。

被上诉人（一审被告）：洪桥机械公司。

洪桥机械公司成立于2002年2月28日，现登记股东为赵义龙（股份占8%）、赵春利（股份占8%）、张玉明（股份占8%）、杨庆顺（股份占8%）、王隶（股份占

① 参见辽宁省营口市西市区人民法院（2016）辽0803民初157号民事判决书；辽宁省营口市中级人民法院（2017）辽08民终1010号民事判决书。

8%)、宋聚斌(股份占8%)、杨秀华(股份占24%)、董文杰(股份占24%)。

2014年5月30日,营口西市法院作出(2011)营西民二初字第103号民事判决书(以下简称103号判决),基于"洪桥机械公司连续五年盈利一直没有向股东分配利润,符合公司法规定的股东请求公司收购其股权的条件"而判决对由洪桥机械公司对案外人赵义龙、案外人宋聚斌持有的股份予以收购,且103号判决确认:2010年9月6日,洪桥机械公司以处理公司善后为由到工商部门注册成立了洪桥设备公司,新公司与洪桥机械公司经营范围基本相同,无厂房和生产设备,以"租用"洪桥机械公司厂房的形式利用其厂地、设备、人员进行生产经营,除赵义龙和宋聚斌外,洪桥机械公司当时工商注册的股东(包括赵春利)均是新公司的股东。相应的合同、债权、债务均自洪桥机械公司转至洪桥设备公司。

2015年9月26日,赵春利向洪桥机械公司提出股权转让及回购股份申请,要求洪桥机械公司进行股份回购。2016年1月13日,赵春利诉至法院请求洪桥机械公司回购其股权。

辽宁营口西市法院一审驳回赵春利诉讼请求。赵春利不服提起上诉,辽宁营口中院二审判决驳回上诉,维持原判。

一审法院认为,赵春利没有证据证明曾经在股东会对公司不向股东分配利润一事投反对票,故不符合《公司法》第七十四条请求公司回购股权的条件。同时,本案与103号判决中的案件有本质区别:被告洪桥机械公司利用其厂房设备人员成立名称、经营范围与其基本一致的新公司(洪桥设备公司),通过这种方式将原公司的债权转至新公司,而洪桥机械公司股东中除了赵义龙、宋聚斌均系新公司股东。本案中,赵春利系新公司股东,新公司的成立没有损害其股东利益。

二审法院的认定基本与一审法院一致,且增加了一点,即上诉人不仅未在相关股东会投反对票,且在(2011)营西民二初字第103号案件中,代理被上诉人出庭应诉,未对公司不分配利润提出任何异议,故不符合《公司法》第七十四条请求公司回购股权的条件。

(四)请求回购前的协商过程

《公司法》第七十四条规定:"自股东会会议决议通过之日起六十日内,股东与公司不能达成股权收购协议的,股东可以自股东会会议决议通过之日起九十日内向人民法院提起诉讼。"按照这一条文字面意思,股东向公司起诉回购前,存在一个与公司协商的程序;但是并未明确这一协商程序是不是必需的。

部分地区法院就此出台了明确意见,如《上海市高级人民法院关于审理涉及公司诉讼案件若干问题的处理意见(二)》第三部分第三条第三款明确规定:“在上述纠纷中,异议股东应自股东会决议之日起 60 日内,与公司就收购股份进行协商;逾期协商不成的,异议股东才可向人民法院提起诉讼。”

案例·11　　- 典型案例 -

协商过程是起诉的前置程序

——闫辉与辽源市政公司知情权、请求公司收购股份纠纷上诉案①

上诉人(一审原告):闫辉。

被上诉人(一审被告):辽源市政公司。

一审原告:刁爱华。

辽源市政公司于 2006 年改制而来。注册资本 1 亿元,其法定代表人崔岩出资 9821 万元,占公司股份的 98.21%。闫辉出资 61.5 万元,占公司股份总额的 0.615%。闫辉认为辽源市政公司多年来未向其提供财务报告等资料,且未分红。因此起诉,其诉请之一为依法判令辽源市政公司依据《公司法》第七十四条之规定收购原告在公司实缴的出资股金,原告退出股东身份。

吉林辽源龙山法院驳回刁爱华诉讼请求,刁爱华不服提起上诉,吉林辽源中院判决驳回上诉,维持原判。

一审、二审法院的裁判理由基本相同,但二审法院更具体地分析了《公司法》第七十四条所规定的“六十日”的协商这一程序。在股东会决议通过后 60 日内异议股东与公司协议回购股权,协议回购是当事人意思自治的表现。如果股东与有限公司就回购问题达不成协议的,异议股东可以在股东会决议通过之日起 90 日内向人民法院提起诉讼。这说明诉讼回购是在协议回购失败的前提下才可以提起,协议回购是诉讼回购的前置程序。闫辉没有与辽源市政公司协商,也没有因回购问题达不成回购请求的前提,因此驳回其上诉。

本书注意到,也有观点对这一协商程序是不是必需的前置程序持不同意见;“如果对这一条文仅从字面意思去理解并适用,恐怕并不符合立法本意,且并不有

① 参见吉林省辽源市龙山区人民法院(2015)龙民重初字 40 号民事判决书;吉林省辽源市中级人民法院(2016)吉 04 民终 273 号民事判决书。

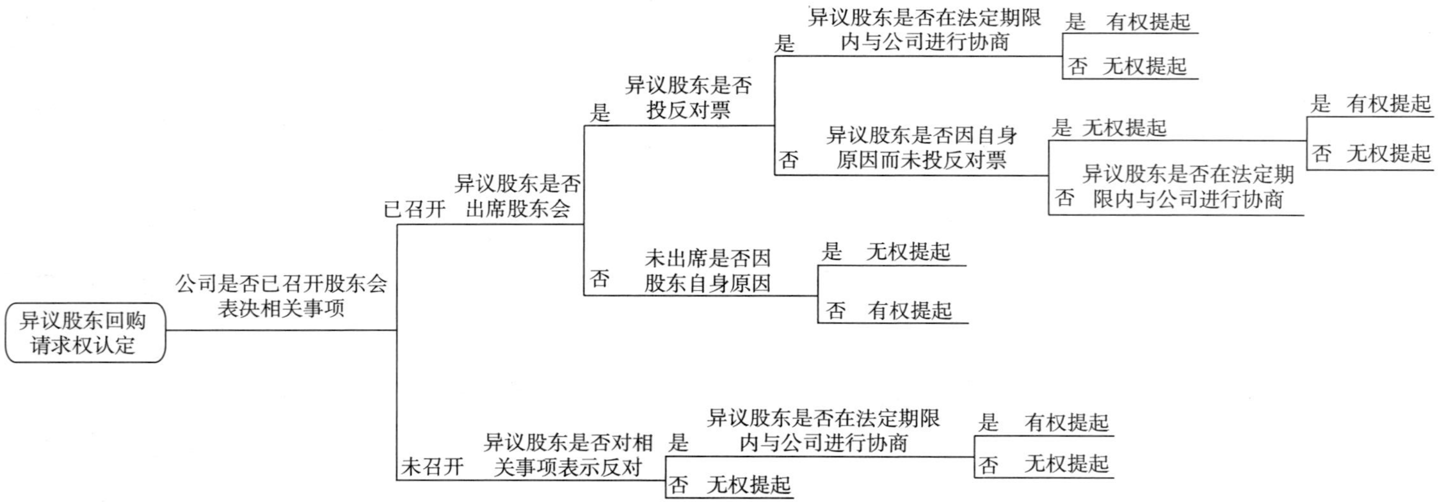

图4-3　行使异议股东回购请求权的程序性条件

利于保护小股东利益，实践中对该条文更为合理的理解是仅将其作为‘立法者对于股东退出的一个倡导性规定’”。[①] 但是从实践中大量的案例来看，大部分法院更倾向于认为协商过程是一个必要的前置程序。

（五）行使异议股东回购请求权的法定期限

根据《公司法司法解释（一）》第三条的规定，“原告以公司法第二十二条第二款、第七十四条第二款规定事由，向人民法院提起诉讼时，超过公司法规定期限的，人民法院不予受理”。由此可见，《公司法》第七十四条要求异议股东在决议通过之日起 90 日内向法院提起诉讼的这一期限是除斥期间，即股东超过这一期限提起诉讼，法院将不予受理。

案例·12 — 典型案例 —

异议股东超过法定期限起诉的，法院予以驳回

——李鸿骏与创联公司的纠纷再审案[②]

再审申请人（一审被告、二审被上诉人）：创联公司。

再审被申请人（一审原告、二审上诉人）：李鸿骏。

创联公司于 2001 年 11 月 30 日经常州工商行政管理局钟楼分局登记设立，经营期限为 10 年，注册资本为 110 万元，有 3 个股东，即李鸿骏（占注册资本的 30%），凌梅（占注册资本的 25%），蒋新雄（占注册资本的 45%）。

2011 年 5 月 28 日，创联公司形成股东会决议：(1) 公司的经营期限延长为 21 年（2022 年 11 月 29 日止）；(2) 制定并通过公司章程修正案。李鸿骏对两项内容均表示不同意。2011 年 8 月 2 日，李鸿骏将创联公司诉至常州钟楼法院，要求创联公司以合理价格收购李鸿骏所持有的创联公司 30% 的股权，同年 9 月 15 日，李鸿骏申请撤回起诉，该院于同日裁定予以准许。李鸿骏于 2012 年 7 月 6 日又具状至该院，要求判如所请。该院于同年 11 月 14 日预立案，并于 2013 年 1 月 21 日正式立案受理。

江苏常州钟楼法院裁定驳回李鸿骏的诉讼请求。李鸿骏不服，提起上诉，江苏

① 参见陈立斌主编：《股权转让纠纷》，法律出版社 2015 年版，第 60 页。

② 参见江苏省常州市钟楼区人民法院（2013）钟商初字第 0251 号民事裁定书；江苏省常州市中级人民法院（2014）常商终字第 133 号民事裁定书；江苏省高级人民法院（2015）苏商再提字第 00096 号民事裁定书。

常州中院裁定撤销常州钟楼法院裁定，并指令江苏常州钟楼法院对本案进行审理。创联公司不服，申请再审，江苏高院裁定撤销常州中院、江苏常州钟楼法院民事裁定，并驳回李鸿骏的起诉。

一审法院认为，根据《公司法》第七十五[①]条第二款的规定："自股东会会议决议通过之日起六十日内，股东与公司不能达成股权收购协议的，股东可以自股东会会议决议通过之日起九十日内向人民法院提起诉讼。"李鸿骏在2011年5月28日形成的股东会决议上明确表示不同意延长经营期限，因此，李鸿骏可以自2011年5月28日起的60日内与创联公司协商股权收购事宜，协商不成的，李鸿骏应当自2011年5月28日起的90日内向人民法院起诉。该90日的期限为除斥期间，不适用中止、中断等情形。李鸿骏在2011年8月2日就股权收购向该院起诉后又撤诉，并不影响李鸿骏的起诉超过法定期限的事实。

二审法院则认为，李鸿骏撤回2011年7月[②]提起的公司股权回购之诉，完全是因为创联公司及其他股东违反诚信原则，恶意否认开过第十三次股东会并形成延长公司经营期限的决议，导致了诉讼程序进程的变化。现李鸿骏依据创联公司提供的第十三次股东会决议提起公司股权回购之诉，本案应视为2011年7月李鸿骏提起创联公司回购股权之诉一案的延续，故李鸿骏的起诉没有违反法律关于提起公司回购股权之诉的除斥期间的规定。综上，李鸿骏是依法主张创联公司回购股权。

再审法院认为，李鸿骏的撤诉系李鸿骏自由处分其诉权的行为，该行为导致其丧失诉权的法律后果应由李鸿骏承担。《公司法》第七十四条规定的股东提起股权回购之诉的90日期间不因任何事由而中止、中断或者延长，该期间届满，股东享有的股权回购之诉的诉讼权利即消灭。李鸿骏的自愿撤诉行为不能导致法律规定的90日起诉期限的延续。二审裁定对该90日期间系前次诉讼延续的认定不当，应予纠正。

五、回购价格的确定

关于如何确定回购价格的问题，《公司法》第七十四条仅笼统地规定了异议股东可以请求公司按照"合理的价格"收购其股权，而第一百四十二条完全没涉及价格问题，至于法院应该依据什么标准作出判决、定价（评估）机制以及评估中费用如

---

① 现行《公司法》第七十四条。

② 此处疑为笔误，应是8月。

何承担等问题，相关法律均未涉及。

各地的法律法规或法院文件中对回购价格问题规定较少。在《江西省高级人民法院关于审理公司纠纷案件若干问题的指导意见》第六十八条规定“……但就股权收购价格不能协商一致的，股东主张以评估方式确定股权收购价格的，人民法院予以支持”；山东高院也有类似规定，但是均未就评估的标准予以明确。而实践中存在一些法院基于审计机构向公司出具的审计报告确定公司净资产值的，有学者认为“将公司审计报告作为固定净资产值的标准，是存在问题的……无法反映公司资产的价值”，并提出“法院可以制订股权价格的诉讼估价指引或政策”①。关于评估的具体方法和细则，有学者建议“可授权公司在章程中事先确定以哪种方法进行价值评估，以及确定基准日。当章程中没有规定，且双方不能协商一致的情况下，可引入第三方评估模式，由双方共同指定一个评估机构对股份价值进行评估”。②

正是因为法律对回购价格的规定过于笼统，在司法实践中存在大量案例，法院虽然认定异议股东有回购权，但因双方无法就回购价格达成一致意见，最终法院仅对回购价格作出原则性的表述，如“公司应以合理的价格回购股东股份”。例如，在本章案例6“郭新华诉华商公司股权回购请求权纠纷案”中，法院虽判决上诉人郭新华和公司之间的回购条款有效，但是并未支持其提出的回购价格，理由是郭新华短短一年要求80万元的股权增值，对于一个拖欠银行贷款且以出租厂房赚取收益的公司来说并不现实，最后法院判令“华商公司应按照合理价格收购郭新华的股权”。因此，“合理价格”标准的缺失，给回购的实际履行带来了不确定性。

此外，在本章案例9“袁朝晖与长江置业公司请求公司收购股份纠纷再审案”中，最高人民法院则认为可以依据审计报告判断净资产从而确定回购价格，除非有证据证明审计报告需要调整。对此，最高人民法院的表述为：“长江置业公司在二审中提交了九组证据，拟证明《审计报告》中长江置业公司净资产的结论可据此调整，二审法院组织双方当事人对该九组证据进行了质证。经审查，上述证据所证明的款项均已纳入审计范围，不能达到长江置业公司所要证明的目的，不属于《审计报告》第五项‘如出现新的证据或资料，由法院经过司法程序查证属实后，可据实调整审计结果’的情形。”

---

① 参见叶林：《反对股东股权收购请求权的行使与保障——〈公司法〉第75条评述》，载《社会科学》2012年第9期。

② 参见王梓：《论异议股东股份回购请求权制度》，载《北方金融》2019年第3期。

案例·13 **-最高人民法院案例-**

协议约定的回购价格应予以支持

——信达公司与太西集团股权回购请求权纠纷上诉案①

上诉人(一审原告):信达公司。

上诉人(一审被告):太西集团。

2000年5月29日,信达公司与华融公司、石炭井矿务局签订《石炭井矿务局债权转股权协议》,三方就石炭井矿务局实施债转股的有关事宜达成如下协议:债权方信达公司、华融公司以按照一定比例折合的债转股资产作为出资,与石炭井矿务局共同设立太西集团,公司初始注册资本为133,976万元,其中信达公司出资6193万元,占注册资本的4.62%。协议还约定,华融公司、信达公司所持有新公司的股权可采取新公司(太西集团)回购、债权方转让和丙方(石炭井矿务局)收购三种退出方式,退出的时间为7年,从2000年开始退出,在2007年前全部退出。2000年6月9日,信达公司与华融公司、石炭井矿务局签订《债权转股权补充协议》,约定债权方的股权通过太西集团回购方式退出时,股权退出价格为债权方转股债权原值,不采取溢价方式计算。2001年12月28日,工商行政部门核发了太西集团《企业法人营业执照》,营业期限自2000年6月28日至2010年6月28日。

2002年,根据宁夏政府文件,决定成立宁夏煤业集团,以太西集团等公司的全部国有资产授权宁夏煤业集团经营;2006年,宁夏煤业集团与神华集团组建神华宁煤。

2011年8月28日,太西集团形成决议,将营业期限延长至2016年6月28日,太西集团和华融公司在决议上盖章,信达公司未盖章。信达公司于2011年9月13日向太西集团发函表示不同意延长太西集团经营期限。2011年9月20日经工商登记部门核准,太西集团营业期限延长至2014年6月28日。信达公司起诉请求判决太西集团以合理价格(按清算、审计及评估后确定的股权价值与信达公司出资额6158万元两者孰高原则确定)回购信达公司持有太西集团的4.65%的股份。案件审理中,信达公司明确其第一项诉讼请求为:判决太西集团以信达公司持有太西集

① 参见宁夏回族自治区高级人民法院(2013)宁民商初字第16号民事判决书;最高人民法院(2016)最高法民终34号民事判决书。

团4.65%股份的合理价格即28,245.23万元[①]+神华宁煤集团2012年净资产增加额×0.97%[②]+2007年至2012年应该通过太西集团从神华宁煤集团分配的股利,以及上述款项2012年之后至实际偿还之日的利息,利息按照中国人民银行逾期利息计算。

宁夏高院判决太西集团支付信达公司股份回购款6158万元及该款项自2007年1月1日至判决生效之日的利息。太西集团和信达公司均不服,提起上诉。最高人民法院判决驳回上诉,维持原判。

一审、二审法院均认可信达公司符合《公司法》第七十四条规定的"公司章程规定的营业期限届满或者章程规定的其他解散事由出现"这一法定收购股权条件,因此享有异议股东回购请求权。

关于回购价格的计算,股东之间对股权回购有明确约定;异议股东行使回购请求权时的合理价格,不能脱离原协议。即使成立的公司后续资产发生变化,并非必然导致股权价值变化。各方约定的股权价格对当事人具有约束力。

六、请求公司收购股份纠纷的举证责任

经过梳理本案由下的大量案例可见,股东若要主张异议股东回购请求权的,其需要承担举证责任,证明已经满足《公司法》第七十四条或第一百四十二条的相关条件;否则可能承担败诉的后果。

① 计算方式为:28,245.23万元=4.65%×42.42%×49%×2,911,879.75万元,其中4.65%是信达公司持有太西集团的股份,42.42%是2002年成立宁夏煤业集团时太西集团占宁夏煤业集团的比例,49%是2006年成立神华宁煤时原宁夏煤业集团的持股比例,2,911,879.75万元是神华宁煤集团2011年年底的净资产。

② 0.97%是信达公司通过太西集团间接持有神华宁煤的股权比例。

案例·14 – 最高人民法院案例 –

异议股东需证明已满足法定回购条件

——周治涛、辛乐荣等诉鸿源公司请求公司收购股份纠纷再审案①

再审申请人(一审原告、二审上诉人):周冶涛等11人。

再审被申请人(一审被告、二审被上诉人):鸿源公司。

鸿源公司系由山东承天海洋水产集团公司于2004年改制而来,注册资本800万元。其中,周冶涛、辛乐荣等11人分别出资2000~15,000元不等,由鸿源公司工会委员会代持。周冶涛等人主张鸿源公司自2009年起至2014年连续5年盈利却拒不分配利润,故请求判令鸿源公司以合理价格(320万元)收购各周治涛等11人持有的鸿源公司的股权。

山东威海中院一审驳回周治涛等11人的诉讼请求。周治涛等11人不服,提起上诉。山东高院二审驳回其上诉。周冶涛等11人仍不服,申请再审。最高人民法院裁定驳回其再审申请。

一审法院认为,周治涛等11人虽然向公司出资,但其股权由公司工会委员会代持,其股东权利应当通过公司工会委员会行使。并且,本案中,税务机关出具的纳税证明、完税证明及纳税申报材料均证实鸿源公司在2012年、2013年没有产生企业所得税,鸿源公司不可能产生税后利润,不具备公司法规定的向股东分配利润的条件。故周治涛等11人的诉讼请求缺乏事实依据,不予支持。

二审法院认为,根据《公司法》第七十四条,公司股东请求公司收购股权必须符合下列条件:(1)公司连续5年不向股东分配利润;(2)公司连续五年盈利;(3)符合《公司法》规定的分配利润条件:公司盈利扣除企业所得税,之后仍有盈余的弥补公司亏损和提取公积金,尚有盈余的才能向股东分配。本案中,根据税务机关出具的纳税证明、完税证明和纳税申报材料可以证明鸿源公司在2012年、2013年没有产生企业所得税,鸿源公司不可能产生税后利润。因此,虽然鸿源公司在2009年至2013年连续5年没有向股东分配利润,但鸿源公司在该5年内并没有连续盈利。

---

① 参见山东省威海市中级人民法院(2014)威商初字第11号民事判决;山东省高级人民法院(2016)鲁民终791号二审民事判决书;最高人民法院(2017)最高法民申2154号再审审查与审判监督民事裁定书。

周治涛等11人虽主张鸿源公司2012年、2013年存在税后利润，但其提供的关于鸿源公司对外投资、经营规模的证据并不足以证明鸿源公司在2013年存在税后利润。故驳回其上诉。再审法院也以同样理由驳回其再审申请。

七、公司与股东之间股权/股份回购约定的效力及履行

如前文所述，《公司法》第七十四条和第一百四十二条规定了特定情形下的异议股东回购请求权。然而，实践中大量的案例却是因公司和股东在投资协议、增资协议、章程等文件中约定回购而产生，其中最引人关注的则是部分私募股权基金与目标公司之间所签署的对赌协议的有效性及履行问题。

在私募股权投资实务中，比较常见的做法是投资者与目标公司股东进行协商，以一定的估值模型对目标公司进行估值，以溢价认购目标公司增资的方式成为目标公司的新股东。为控制投资风险、实现投资目的，投资者与目标公司股东通常在增资协议中约定以业绩补偿、股权回购等方式进行对赌，以尽量避免投资损失。对于投资人与目标公司股东之间所达成的回购约定，即约定由公司其他股东收购投资人股东所持有的股权/股份，并无太大争论，相关司法实践早就对此给予了认可；而且，最高人民法院相关判决也在此基础上进一步认可了目标公司经公司内部决策程序为股东的回购/补偿义务提供担保的做法①。当然，由公司为股东与投资人之间的对赌提供担保本身仍然存在较大的争议，《九民纪要（征求意见稿）》第十条②一度对此作了明确，但是在正式稿中又将此删除，无疑给未来的司法实践带来疑问，法院的态度只能留待实践检验。

但是，由于公司创业风险较大且不确定因素较多，很多时候目标公司股东并不愿意承担回购这一义务，因而希望由公司向投资人股东作出回购承诺。此时，目标公司所提供的回购承诺的效力往往成为相关案件中的争议焦点。

大陆法系确立了资本三原则，即资本确定、资本维持和资本不变原则，我国公司法贯彻了这三项原则。最高人民法院曾在其公报案例中指出："注册资本是公司最基本的资产，确定和维持公司一定数额的资本，对于奠定公司基本的债务清偿能

① 参见"强静延诉曹务波、山东瀚霖生物技术有限公司股权转让纠纷案"：最高人民法院（2016）最高法民再128号民事判决书。

② 参见《九民纪要〈征求意见稿〉》第十条："有限责任公司的股东之间相互转让股权，公司与转让股东签订协议，承诺对股权转让款支付承担担保责任，公司根据《公司法》第十六条的有关规定履行了决议程序，如无其他影响合同效力的事由的，应当认定担保合同有效。"

力，保障债权人利益和交易安全具有重要价值。”①而股权/股份回购制度与这三项原则存在一定程度的冲突，这也使得法院在对待股东回购一事上态度较为谨慎。

最高人民法院在2012年11月7日作出的“海富案”民事判决书中表述：“目标公司与投资者关于业绩对赌补偿的约定无效，目标公司原股东与投资者关于业绩对赌补偿的约定有效；投资者与目标公司业绩对赌亦不属于‘名为联营实为借贷’而无效的情形，故目标公司向投资者返还投资款没有法律依据。”②罗东川、杨兴业法官在解读海富案时特别强调：“作为司法机关，在纠纷发生时，应当引导谨慎投资。要抑制过分投资，防止金融风险……引导投资者，使PE（私募资本）回归VAM（价值调整机制）的本原谨慎投资、使融资者诚实守信，是法官在判决类似案件时的基本考量点。”③自此以后，“海富案”确立的原则在实务界几乎被封为金科玉律，直到下文“华工案”④出现。

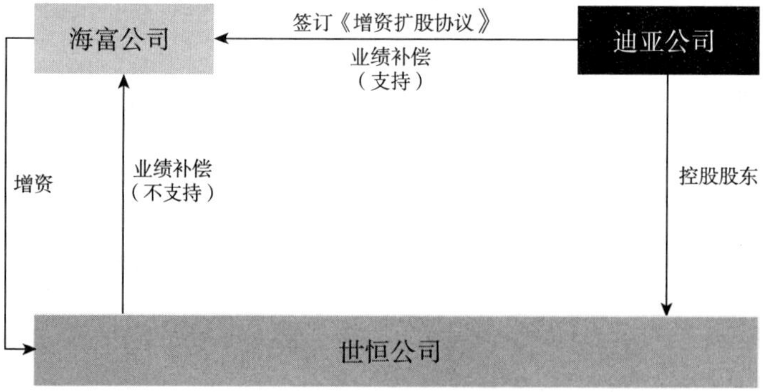

图4-4 世恒公司、迪亚公司与海富公司增资纠纷再审案

与“海富案”二审判决引起理论界和实务界一致批判的情况不同，“海富案”再审判决书“区分投资者与股东对赌以及与公司对赌并确认前者有效而后者无效的裁判思路，在学界与实务界都造成了明显的分裂：支持者肯认再审判决中体现的‘资本维持’理念，而批评者则主张对赌协议应归属于合同自治的范畴”。⑤ 但值得

---

① 参见最高人民法院（2008）民二终字第79号民事判决书，载《最高人民法院公报》2009年第2期。

② 参见最高人民法院（2012）民提字第11号民事判决书，载《最高人民法院公报》2014年第8期。

③ 参见罗东川、杨兴业：《“对赌协议”纠纷的法律规制及裁判规则》，载《人民司法》2014年第10期。

④ 参见江苏省高级人民法院（2019）苏民再62号再审民事判决书。

⑤ 参见刘燕：《对赌协议与公司法资本管制：美国实践及其启示》，载《环球法律评论》2016年第3期。

关注的是,同时期几乎所有仲裁裁决都认为投资人与目标公司此类对赌协议有效;本书注意到早在2017年由中国国际经济贸易仲裁委员会所裁决的某仲裁案中,目标公司甚至以公司未完成减资为由抗辩回购无法履行,可惜未得到仲裁庭对此问题的正面回应;最终仲裁庭认为有关股权回购的约定有效,且回购条件已经成就,支持了投资人提出的股权回购请求。

在《九民纪要》中,终于对公司与投资人股东之间约定的特定情形下的回购条款是否有效这一问题下了定论。《九民纪要》对于投资人和目标公司之间的"对赌"条款和协议的效力予以了肯定,认为在不存在法定无效事由的情形下,公司与投资人之间的对赌协议有效;但是投资方主张实际履行的,法院将审查"是否符合公司法关于'股东不得抽逃出资'及股份回购的强制性规定",以此将"合同行为(缔约)"和"合同履行行为(履约)"相区分,将"合同行为本身违反禁止性规范与履行合同义务的行为违反禁止性规范严格区分开来"①。

进一步地,《九民纪要》还强调公司回购前,应当完成减资程序。"公司法经验相对成熟的地区,普遍认为,相对于异议股东资金赎回的急迫性而言,公司股东和债权人的利益具有更高的法律价值位阶,是应该优先照顾的。"②换句话说,只有在不侵害其他公司股东和债权人的利益的前提下,公司方能支付回购款,这也正是《九民纪要》中规定投资人如果要求公司回购,公司需要先行完成减资程序的原因。

虽然《九民纪要》并非司法解释,无法作为法院的裁判依据进行援引,但是《九民纪要》相关内容可作为法院法律适用的理由,从而影响案件整体的审判思路和结果。毫无疑问,《九民纪要》中有关"对赌"条款的规定,对今后相关案件的审理具有很强的指导作用。

(一)约定由公司按照公司章程等文件主动提起回购

《公司法》第七十四条规定的是当出现三种侵害有限责任公司小股东利益的情形时,对此提出异议的小股东有权向公司提出回购请求,对应的是公司的回购义务。而如果公司是基于公司章程中约定的情形主动向股东提出回购的,显然并不适用《公司法》第七十四条有关"异议股东回购请求权"的规定。此类回购的发起人是有限责任公司,而并非其股东,通过对案件的检索可以发现,在对这类案件的判决中,法院多支持公司主动回购股东股权/股份。③

① 参见王轶:《合同效力认定的若干问题》,载《国家检察官学院学报》2010年第5期。
② 参见王肃仪:《股份公司回购异议股东股份定价机制研究》,载《经济研究导刊》2018年第17期。
③ 参见湖南省高级人民法院(2016)湘民再1号民事判决书。

案例·15 -最高人民法院公报案例-

有限责任公司可根据章程约定回购股东股权

——宋文军与大华公司股东资格确认纠纷再审案①

再审申请人(一审原告、二审上诉人):宋文军。

再审被申请人(一审被告、二审被上诉人):大华公司。

大华公司最早成立于1990年4月5日,并于2004年5月由国有企业改制为有限责任公司,宋文军系大华公司员工,出资2万元成为大华公司的自然人股东。大华公司章程第三章“注册资本和股份”第十四条规定:“公司股权不向公司以外的任何团体和个人出售、转让。公司改制一年后,经董事会批准后可在公司内部赠予、转让和继承。持股人死亡或退休经董事会批准后方可继承、转让或由企业收购,持股人若辞职、调离或被辞退、解除劳动合同的,人走股留,所持股份由企业收购……”

2006年6月3日,宋文军向公司提出解除劳动合同,并申请退出其所持有的公司的2万元股份。2006年8月28日,经大华公司法定代表人赵来锁同意,宋文军领到退出股金款2万元整。2007年1月8日,大华公司召开2006年度股东大会,会议审议通过了宋文军等三位股东退股的申请并决议“其股金暂由公司收购保管,不得参与红利分配”。后宋文军以大华公司的回购行为违反法律规定,未履行法定程序且公司法规定股东不得抽逃出资等,请求依法确认其具有大华公司的股东资格。

陕西西安碑林法院一审判决驳回原告宋文军诉讼请求。宋文军不服,提起上诉。陕西西安中院二审驳回上诉,维持原判。二审宣判后,宋文军仍不服,申请再审。陕西高院驳回宋文军的再审申请。

再审法院认为,基于有限责任公司封闭性和人合性的特点,由公司章程对公司股东转让股权作出某些限制性规定,系公司自治的体现。大华公司章程将是否与公司具有劳动合同关系作为取得股东身份的依据继而作出“人走股留”的规定,符合有限责任公司封闭性和人合性的特点,亦系公司自治原则的体现,不违反公司法的禁止性规定。《公司法》第七十四条所规定的异议股东回购请求权具有法定的行使条件,对应的是公司是否应当履行回购异议股东股权的法定义务。而本案属于大华公司是否有权基于公司章程的约定及与宋文军的合意而回购宋文军股权,对

① 参见陕西省高级人民法院(2014)陕民二申字第00215号民事裁定书。

应的是大华公司是否具有回购宋文军股权的权利，二者性质不同，《公司法》第七十四条不能适用于本案。宋文军的《退股申请》是其真实意思表示，公司依照章程约定回购其股权，并无不当。

在另一个类似的案件“杨玉泉、山东鸿源水产有限公司请求公司收购股份纠纷再审案”①中，最高人民法院亦持同样观点，认为“有限责任公司可以与股东约定《公司法》第七十四条规定之外的其他回购情形。《公司法》第七十四条并未禁止有限责任公司与股东达成股权回购的约定”，并据此认为公司根据《改制征求意见书》的约定回购员工股权并无不当。

由此可见，在不违反效力性强制性规定的前提下，法院一般认为有限责任公司在章程中的回购约定是有效的，公司有权基于公司章程回购股东股权。此外，现实中回购条款还常见于投资协议、股东协议等文件中，由于该类约定的载体并不会对其性质造成实质性的变化，在章程外的其他公司文件中的回购约定也应当是有效的。

（二）约定特定条件下由公司回购投资人股权/股份的效力

如前文所述，“海富案”中确立了股东与公司对赌无效这一规则，并给实务界带来深远影响。最典型的是，现实中大量的对赌协议被设计成投资人与创始股东的对赌，而非与公司的对赌。但事实上很多创始股东并不愿意承担这一较大的责任或作出如此承诺，这就难免会导致有些企业因此而面临融资方面的障碍。

本节将要讲述的“华工案”可以说是石破天惊，其成为公司与股东对赌领域一个里程碑式的案件。虽然该判决不是由最高人民法院作出的，但江苏高院已属于地方性法院的最高级别，且在此之前地方法院挑战“海富案”的做法极为少见。因此，该判决公布后，坊间多认为其反映了未来的审判动向。经此判决后，江苏苏州中院在“江苏捷通网络集团股份有限公司与于玲股权转让纠纷二审民事判决书”中也作了类似的认定，其认为虽然有《公司法》第一百四十二条规定对公司回购股份作出原则性限制，但该条亦规定公司可回购本公司股份的事由包括“减少公司注册资本”，与《回购协议书》并不冲突，公司可以通过履行法定手续和法定程序的方式合法回购股份，故《回购协议书》有效。②

但是，在“华工案”判决后以及《九民纪要》颁布前这一期间，受“海富案”的影响，仍有很多法院继续沿袭“海富案”的思路进行判决。

---

① 参见最高人民法院（2015）民申字第2819号民事裁定书。

② 参见江苏省苏州市中级人民法院（2019）苏05民终5074号民事判决书。

案例·16　－典型案例－

股东与公司之间的回购条款在不存在法定无效事由的情况下应认定有效

——华工公司与扬锻公司、潘云虎等请求公司收购股份纠纷再审案①

再审申请人(一审原告、二审上诉人):华工公司。

再审被申请人(一审被告、二审被上诉人):扬锻公司。

再审被申请人(一审被告、二审被上诉人):潘云虎等7名自然人。

2011年7月6日,华工公司与扬锻集团公司以及潘云虎等其他多个公司和自然人共同签订《增资扩股协议》一份,约定以公司2011年预测净利润9350万元为基础,按10.12倍PE估值,以增资后注册资本8600万元计算,确定本次增资的价格为人民币11元/元注册资本,华工公司以现金2200万元人民币对公司增资,其中200万元作为注册资本,2000万元列为公司资本公积金。同日,潘云虎等人作为甲方,扬锻集团公司作为乙方,华工公司作为丙方共同签署《补充协议》,约定:若乙方在2014年12月31日前未能在境内资本市场上市或乙方主营业务、实际控制人、董事会成员发生重大变化,丙方有权要求乙方回购丙方所持有的全部乙方的股份,乙方应以现金形式收购,同时约定了收购价格以及违约责任等。2011年12月29日,扬锻集团公司经扬州工商行政管理局核准变更为扬锻公司。

2012年11月至2014年4月,因证监会暂停18个月IPO申报,扬锻公司于2014年10月16日召开临时股东大会通过申报新三板的议案,并于2014年10月22日致函华工公司要求其明确是否支持公司申报新三板。2014年11月25日,华工公司致函扬锻公司,述称华工公司除口头提出请求外,亦以书面提出回购请求如下:根据《补充协议》,鉴于扬锻公司在2014年12月31日前不能在境内资本市场上市,现要求扬锻公司以现金形式回购华工公司持有的全部公司股份,回购股权价格同《补充协议》的约定。

江苏扬州邗江法院一审判决驳回华工公司的诉讼请求。华工公司不服,提起上诉。江苏扬州中院二审判决驳回华工公司上诉,维持原判决。华工公司仍不服,申请再审。江苏高院再审支持华工公司的回购请求。(见图4－5)

① 参见江苏省扬州市邗江区人民法院(2016)苏1003民初9455号民事判决书;江苏省扬州市中级人民法院(2017)苏10民终2380号民事判决书;江苏省高级人民法院(2019)苏民再62号民事判决书。

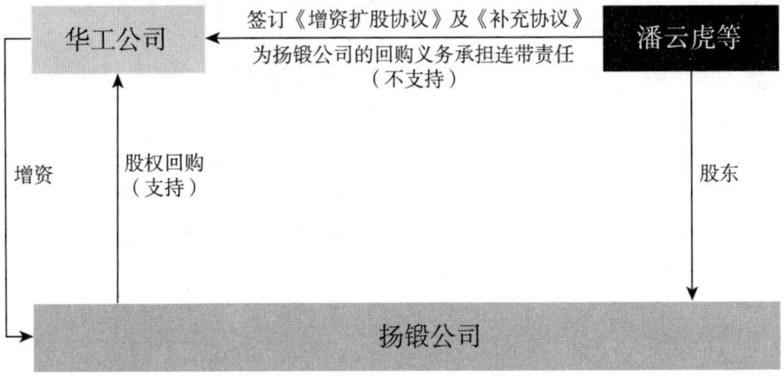

图4－5　华工公司诉扬锻公司、潘云虎等请求公司收购股份纠纷再审案

一审、二审法院认为，案涉股权回购约定因违反《公司法》禁止性规定且违背公司资本维持和法人独立财产原则而无效。首先，《公司法》第一百四十二条对于四种法定情形外公司不得收购本公司股份作出了明确规定。其次，该约定实际是让华工公司作为股东在不具备法定回购股权的情形以及不需要经过法定程序的情况下，直接由公司支付对价而抛出股权，使股东可以脱离公司经营业绩、不承担公司经营风险而即当然获得约定收益，损害了公司、公司其他股东和公司债权人的权益，因此回购约定无效。

江苏高院再审中首先认定了《补充协议》有效。其理由主要有：(1)我国《公司法》并不禁止有限责任公司（注：签署协议时扬锻公司尚为有限责任公司）回购本公司股份，有限责任公司回购本公司股份不当然违反我国《公司法》的强制性规定。(2)扬锻公司在持续正常经营，参考华工公司在扬锻公司所占股权比例及扬锻公司历年分红情况，案涉对赌协议约定的股份回购款项的支付不会导致扬锻公司资产的减损，亦不会损害扬锻公司对其他债务人的清偿能力，不会因该义务的履行构成对其他债权人债权实现的障碍。不履行回购义务有违诚实信用和公平原则。(3)案涉对赌协议中关于股份回购的条款内容，是当事人特别设立的保护投资人利益的条款，属于缔约过程中当事人对投资合作商业风险的安排，系各方当事人的真实意思表示。因此前述约定，不违反国家法律、行政法规的禁止性规定，不存在《合同法》第五十二条①规定的合同无效的情形，亦不属于《合同法》所规定的格式合同或者格式条款，不存在显失公平的问题。

① 在《民法典》发布后，有关合同无效的条款主要在《民法典》第一百四十四条、第一百四十六条、第一百五十三条和第一百五十四条。

海富案（2012） （2012）民提字第11号	华工案（2019） （2019）苏民再62号
对赌约定 • 补偿金额＝（1－2008年实际净利润/3000万元）×本次投资金额	**对赌约定** • 回购股权价款=投资额＋（投资额×8%×投资实际月份数/12）－公司累计对华工公司的分红
是否脱离经营的固定投资收益 • 这一约定使得海富公司的投资可以取得相对固定的收益，该收益脱离了世恒公司的经营业绩	**是否脱离经营的固定投资收益** • 该约定虽为相对固定收益，但约定的年回报率为8%，与同期企业融资成本相比并不明显过高，不存在脱离目标公司正常经营下所应负担的经营成本及所能获得的经营业绩的企业正常经营规律
是否损害公司和债权人利益 • 损害了公司利益和公司债权人利益	**是否损害公司和债权人利益** • 我国《公司法》并不禁止有限责任公司回购本公司股份，有限责任公司回购本公司股份不当然违反我国《公司法》的强制性规定。有限责任公司在履行法定程序后回购公司股份，不会损害公司股东及债权人利益，亦不会构成对公司资本维持原则的违反

图4－6　海富案与华工案判决内容对比

在论述对赌协议可履行性的问题上，江苏高院从法律上的履行可能和事实上的履行可能两方面予以论述。《公司法》第一百四十二条虽然原则上禁止股份公司回购本公司股份，但是也规定了例外情形，如减资；且《公司法》多个条款规定了减资的程序。因此扬锻公司履行法定程序支付股份回购款项，不违反公司法强制性规定也不损害公司及债权人利益。同时，对赌协议投资方在投入资金后成为公司股东，但在对赌协议中也是目标公司的债权人。投资方基于公司股东的身份，应当遵守公司法的强制性规定，非依法定程序履行减资手续后退出，不能违法抽逃出资；而其基于公司债权人的身份，当然有权依据对赌协议的约定主张权利。再者，扬锻公司在投资人注资后，资产有明显增长，历年亦有分红。支付股份回购款项不会导致其资产减损，也不影响其他债权人债权的实现。

江苏高院关于投资人既是公司股东又是债权人的理由似乎是为了解决该回购没有履行减资程序这一问题而创设的，但引发了极大争议。本书倾向于认为，投资方请求目标公司进行回购的基础应当是其股东身份，投资人不可能既基于股东身份，又以债权人身份提出回购。刘燕教授认为，“从公司法的角度看，不论是对初始出资的现金补偿，还是退出时的股份回购，它都意味着公司向股东无对价地支付了财产。鉴于股东出资通常计入股本或注册资本，后者作为公示信息可能影响公司债权人的决策，因此，当公司向股东无对价支付财产时，就需要接受资本维持原则的检验。在英美法国家，对股东做现金补偿或回购、赎回股份都属于公司法中‘分配'规则的适用范围;在我国,上述行为可体现为利润分配或减资两种不同路径"。①《九民纪要》的规定恰恰体现了这一精神,即如果投资人要求履行对赌协议的,目标公司需要先行完成减资程序;而公司如果要向投资人进行现金补偿的,前提是公司有利润。

(三)后《九民纪要》时代回购的实际履行

《九民纪要》一方面认可了投资人与目标公司所签订的对赌协议的效力,另一方面要求法院根据《公司法》第三十五条或第一百四十二条对回购行为进行审查,即"如果目标公司未能完成减资程序的,人民法院应驳回投资人回购请求"。这事实上正是进一步修正了"华工案"中的审判逻辑。

案例·17　– 典型案例 –

股东与公司之间的对赌协议有效,但因公司未能完成减资其回购请求被驳回

——新疆西龙公司与北京银海通投资中心、奎屯西龙公司股权转让纠纷上诉案②

上诉人(一审被告):新疆西龙公司。

被上诉人(一审原告):银海通投资中心。

2011年8月11日,银海通投资中心与新疆西龙公司签订《增资扩股协议》,银海通投资中心认购300万股,投资款总额为900万元,占增资后总股本的3.05%。同日,银海通投资中心与新疆西龙公司及奎屯西龙公司签订《补充协议》,该协议约定:(1)各方同意,如果截至2012年9月30日新疆西龙公司仍未实现上市的,则银海通投资中心有权要求新疆西龙公司回购其持有的股份。新疆西龙公司应在银海通投资中心提出回购要求后3个月内完成回购。(2)奎屯西龙公司同意,如新疆西龙公司不能履行上述回购义务,则奎屯西龙公司同意按照上述条款的约定收购银海通投资中心持有的股份。后新疆西龙公司未能实现上市,银海通投资中心提起回购请求。

① 参见刘燕:《对赌协议与公司法资本管制:美国实践及其启示》,载《环球法律评论》2016年第3期。

② 参见新疆维吾尔自治区高级人民法院伊犁哈萨克自治州分院(2014)伊州民二初字第53号民事判决书;新疆维吾尔自治区高级人民法院(2015)新民二终字第280号二审民事判决书。

新疆高院伊犁哈萨克自治州分院判决支持了银海通投资中心的诉讼请求。新疆西龙公司不服，提起上诉。新疆高院判决撤销一审判决，驳回银海通投资中心的诉讼请求。

二审法院的判决是在2019年12月21日出具的，具有明显的《九民纪要》的痕迹。首先，其认可了对赌协议的效力。这一点与一审法院一致。但是随后，二审法院依据《公司法》第三十五条规定，"公司成立后，股东不得抽逃出资"、第一百四十二条规定对股份回购进行审查，结果认为新疆西龙公司应按照《公司法》第一百七十七条的规定履行法定减资程序后，方可履行回购约定。银海通投资中心并无证据证明新疆西龙公司相应减资程序已经完成，新疆西龙公司亦确认其减资程序尚未启动，故对银海通投资中心要求新疆西龙公司履行股权回购义务的诉讼请求不予支持。

类似的因为目标公司尚未启动减资程序而被法院驳回的案例在《九民纪要》颁布前即存在，如"梁秋屏、深圳力合光电传感股份有限公司、深圳力合高科技有限公司与深圳市中创富创业投资合伙企业（有限合伙）、公司增资纠纷一案"中，深圳中院认为"公司法对公司资本维持有明确的要求，公司在其存续过程中应维持与其资本额相当的实有资产，切实维护交易安全和保护债权人的利益。本案诉讼前及诉讼中，力合光电股份公司并没有履行减少公司注册资本的法定义务，而梁秋屏要求返还投入公司公积金部分的款项也将导致公司资本规模的减少……存在事实上履行不能"。①

新疆西龙公司案件中另外值得关注的一点是，法院也未支持由新疆西龙公司的全资子公司奎屯西龙公司履行回购义务的请求，理由是"奎屯西龙公司系新疆西龙公司的全资子公司，其对母公司股份的持有，在实质效果上与母公司持有自己的股份相同。因此，银海通投资中心在新疆西龙公司未完成减资程序的情况下，要求奎屯西龙公司在新疆西龙公司不能履行上述回购义务的情况下承担支付股权回购款的责任于法无据"。这对相关法律工作者在准备投资文件时也是个警示。

从《九民纪要》的规定并结合这一案例看，投资人要求目标公司回购，应当首先完成减资程序。这意味着，即使对赌协议被认定有效，其仍会面临着无法实际履行的困境。在实务中，考虑到公司减资所面临的复杂冗长的程序，如果公司的其他股东（尤其是之后新加入的股东）不予配合或者债权人不同意，投资人的相关权利可

① 参见广东省深圳市中级人民法院（2019）粤03民终3651号二审民事判决书。

能进一步落空。

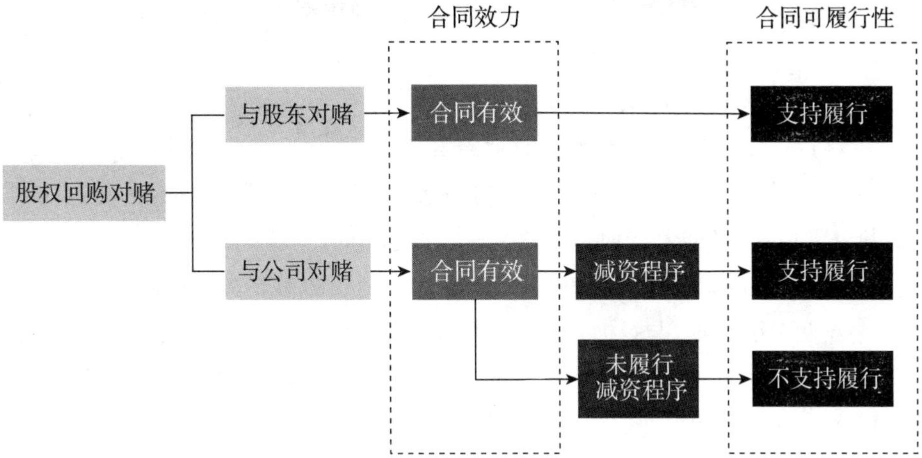

图 4-7 后《九民纪要》时代股权回购对赌的效力及履行

更进一步看,公司通常将投资人投资款中的一小部分计入注册资本,剩下的大部分则计入资本公积。如果出现回购,公司是以什么资金去支付回购的对价呢?在"华工案"中,江苏高院认为对赌协议投资方在对赌协议中同时也是目标公司的债权人,其有权要求公司承担相应的合同责任。而公司对外承担债务的责任财产为其全部财产,包括股东以股份形式的投资以及其他由公司合法控制的能带来经济利益的资源,如借款等。可以看出,这一范围相当宽泛,甚至包括对外借款。但是,如果以公司借款作为回购款支付,也许会损害其他债权人的利益。

此前实务界对资本公积金是否可以用于支付投资人的回购对价争论不休。《公司法》第一百六十八条规定:"公司的公积金用于弥补公司的亏损、扩大公司生产经营或者转为增加公司资本。但是,资本公积金不得用于弥补公司的亏损。"从条款文意看,似乎除了不得弥补公司亏损外,其他均未禁止,但为何在司法实践中基本很难看到法院支持以资本公积用于支付投资人回购对价呢?刘燕教授认为:"公司资本公积主要由股东溢价构成,性质上属于出资而非利润。在资本维持原则所依据的资本与利润两分法下,它也应该属于资本维持的范畴。"①"因此,在投资方作为目标公司股东的情况下,无论基于什么原因,都不能从公司资本公积金中拿

① 参见刘燕:《"对赌协议"的裁判路径及政策选择——基于 PE/VC 与公司对赌场景的分析》,载《法学研究》2020 年第 2 期。

走钱。”①

从上述分析来看,虽然投资人与目标公司的回购约定在不存在合同无效情形的情况下能够得到法院的支持,但该约定的实际履行仍需要跨越两道障碍:目标公司的减资程序的完成;目标公司有资金支付回购价款。

(四)关于对赌协议设计与签订的启发与建议

鉴于目前投资者与目标公司的回购协议仍存在难以实际履行的困境,本书建议,投资者在签署对赌协议时首选还是与目标公司的控股股东和/或实际控制人进行对赌,且要求目标公司为其股东和/或实际控制人的对赌义务提供连带责任担保②。若投资方必须要与目标公司签订对赌协议,协议中可以对未能实现业绩而需要公司回购时的具体减资流程、其他股东不配合减资时的违约赔偿机制等进行设置,对此,本书具体建议如下:

首先,约定股权/股份回购时,应增加类似“对赌失败后目标公司需要对股权/股份进行回购的,则全体股东同意并配合完成减资的一切必要程序,且在减资程序启动后,创始人股东对债权人提出的清偿主张承担连带责任”的条款;并且约定“若有部分股东表决不同意或拒绝表决并因此导致减资程序未通过的,目标公司和创始人股东应承担包括但不限于金钱赔偿的违约责任”③。此外,考虑到目标公司在回购发生时可能出现经营恶化的情况,对赌条款中可以添加“如目标公司或创始人股东不履行或无法履行投资协议时,投资方有权启动目标公司清算程序”的内容,但需注意该条款须与公司章程一致且符合《公司法》中关于公司解散的规定。

其次,在《投资协议书》等文件中,如果涉及回购,各方可以明确约定回购价格的计算方式,以便法院可以据此作出判决。从“华工案”④及“海富案”⑤判决结果来看,法院对回购价格的设定是否脱离目标公司的实际经营状况,回购价格与投资市场一般回报率是否存在重大偏离均会予以关注。因此,回购价款或现金补偿金额需设置合理,才可能会得到法院的支持。

---

① 参见最高人民法院民事审判第二庭编著:《全国法院民商事审判工作会议纪要理解与适用》,人民法院出版社2019年版,第119页。

② 此种情形下亦需注意公司提供关联担保的程序问题。

③ 至于让目标公司承担违约金的金额能否与回购的价格相当,目前仍不明确。

④ 在“华工案”中,最后法院支持了江苏华工创业投资有限公司提出的按照投资额加一定年化回报计算的回购价格。

⑤ 在“海富案”中,目标公司及大股东承诺的业绩远远高于公司的实际经营业绩,最高人民法院认为约定的补偿条款“使得海富公司的投资可以取得相对固定的收益,该收益脱离了世恒公司的经营业绩,损害了公司利益和公司债权人利益”。

再次，关于回购资金，在对赌协议设计阶段，双方可以先就回购时公司可以使用的资金范围进行约定，并确保不违反法律强制性规定。同时，投资方可以借鉴美国《公司章程》范本[①]关于"回赎"(Redemption)的规定[②]，在对赌协议中与目标公司约定"对赌失败后，公司应以上述约定资金进行股权/股份回购，若当前公司没有足够的资金，可以按比例先部分回购，待公司日后取得足够资金时再立即回购剩余部分股权/股份"。

复次，建议在对赌协议中约定发生纠纷时通过仲裁机构仲裁解决。虽《九民纪要》认可了与目标公司对赌协议的有效性，但如上文所分析，法院对投资者实际履行回购条款的请求很难予以支持；而按照《九民纪要》发布前仲裁机构的态度来看，似乎仲裁机构更容易倾向于赞同投资方与目标公司之间对赌的效力及履行，[③]因此，在对赌协议中增加仲裁条款可以一定程度帮助化解协议无法履行的风险。

最后，除了设计更具可履行性的对赌协议，本书还建议投资方通过事前尽职调查、灵活分期投资(Staged Finance)[④]的方式，尽量减少双方未来在估值问题上可能产生的调整、分歧及投资方投资损失风险。除此之外，为了防止其他股东对目标公司股东会作出的减资决议或修改公司章程决议提起无效或者撤销之诉，建议投资方与目标公司签订对赌协议时，要求目标公司全体股东签字；为了避免新加入的股东不配合履行公司减资的义务，在新股东加入公司时，如果可能，也要要求新股东以书面形式承认该对赌条款的效力，以保障配合减资义务的法律效力及于新加入的股东。

当然，以上仅是基于目前的状况对投资方与目标公司对赌提出的一些想法；还

① 《美国风险投资示范合同》(NVCA Model Legal Documents for Venture Capital Investment)包括八项法律文件，其中之一为《公司章程》范本(Certificate of Incorporation)。参见美国风险投资协会：《美国风险投资示范合同》(中英文对照本)，北京市大成律师事务所、北京市律师协会风险投资委员会组织编译，法律出版社2006年版，第318～323页。

② "《公司章程》范本关于'回赎'的规定中也要求公司以其'合法可用之资金'进行回赎：如果公司在任一回赎日没有足够合法可用资金回赎所有在该回赎日应被回赎的A系列优先股，公司应以合法可用之资金，按照与若资金足以回赎全部优先股时相对应的比例赎回各股东持有的可赎回股份，并应在公司日后取得合法可用之资金时立即赎回剩余的股份。"参见刘燕：《对赌协议与公司法资本管制：美国实践及其启示》，载《环球法律评论》2016年第3期。

③ 参见湖北省武汉市中级人民法院(2016)鄂01执异390号执行裁定书。

④ "2005年凯雷基金(美资)与徐工集团及其子公司徐工机械对赌协议约定：凯雷以相当于20.69亿元人民币的等额美元购买徐工集团所持有的82%的徐工机械股份，同时徐工机械在现有12.53亿元人民币注册资本的基础上，增资2.42亿元人民币并全部由凯雷认购。凯雷须在交易完成的当期支付6000万美元；如果徐工机械2006年的经常性EBITDA达到约定目标，凯雷还将为此股权再支付6000万美元。"参见杨克明：《对赌协议：外资投行投资中国企业的新证券工具》，载《长江论坛》2007年第6期。

需要在实务中进一步地深化和探索，以期更好地实现投资者和目标公司签署对赌协议的初衷。

八、法律法规及适法意见

(一)全国性

1.《公司法》(节选)

第七十四条　有下列情形之一的，对股东会该项决议投反对票的股东可以请求公司按照合理的价格收购其股权：

(一)公司连续五年不向股东分配利润，而公司该五年连续盈利，并且符合本法规定的分配利润条件的；

(二)公司合并、分立、转让主要财产的；

(三)公司章程规定的营业期限届满或者章程规定的其他解散事由出现，股东会会议通过决议修改章程使公司存续的。

自股东会会议决议通过之日起六十日内，股东与公司不能达成股权收购协议的，股东可以自股东会会议决议通过之日起九十日内向人民法院提起诉讼。

第一百四十二条　公司不得收购本公司股份。但是，有下列情形之一的除外：

(一)减少公司注册资本；

(二)与持有本公司股份的其他公司合并；

(三)将股份用于员工持股计划或者股权激励；

(四)股东因对股东大会作出的公司合并、分立决议持异议，要求公司收购其股份；

(五)将股份用于转换上市公司发行的可转换为股票的公司债券；

(六)上市公司为维护公司价值及股东权益所必需。

公司因前款第(一)项、第(二)项规定的情形收购本公司股份的，应当经股东大会决议；公司因前款第(三)项、第(五)项、第(六)项规定的情形收购本公司股份的，可以依照公司章程的规定或者股东大会的授权，经三分之二以上董事出席的董事会会议决议。

公司依照本条第一款规定收购本公司股份后，属于第(一)项情形的，应当自收购之日起十日内注销；属于第(二)项、第(四)项情形的，应当在六个月内转让或者注销；属于第(三)项、第(五)项、第(六)项情形的，公司合计持有的本公司股份数不得超过本公司已发行股份总额的百分之十，并应当在三年内转让或者注销。

上市公司收购本公司股份的，应当依照《中华人民共和国证券法》的规定履行信息披露义务。上市公司因本条第一款第(三)项、第(五)项、第(六)项规定的情形收购本公司股份的,应当通过公开的集中交易方式进行。

公司不得接受本公司的股票作为质押权的标的。

2.《公司注册资本登记管理规定》

第十二条　有限责任公司依据《公司法》第七十四条的规定收购其股东的股权的,应当依法申请减少注册资本的变更登记。

3.《公司法司法解释(二)》

第五条　人民法院审理解散公司诉讼案件,应当注重调解。当事人协商同意由公司或者股东收购股份,或者以减资等方式使公司存续,且不违反法律、行政法规强制性规定的,人民法院应予支持。当事人不能协商一致使公司存续的,人民法院应当及时判决。

经人民法院调解公司收购原告股份的,公司应当自调解书生效之日起六个月内将股份转让或者注销。股份转让或者注销之前,原告不得以公司收购其股份为由对抗公司债权人。

4.《公司法司法解释(五)》

第五条　人民法院审理涉及有限责任公司股东重大分歧案件时,应当注重调解。当事人协商一致以下列方式解决分歧,且不违反法律、行政法规的强制性规定的,人民法院应予支持:

(一)公司回购部分股东股份;

(二)其他股东受让部分股东股份;

(三)他人受让部分股东股份;

(四)公司减资;

(五)公司分立;

(六)其他能够解决分歧,恢复公司正常经营,避免公司解散的方式。

5.《九民纪要》

二、关于公司纠纷案件的审理

(一)关于"对赌协议"的效力及履行

实践中俗称的"对赌协议",又称估值调整协议,是指投资方与融资方在达成股权性融资协议时,为解决交易双方对目标公司未来发展的不确定性、信息不对称以及代理成本而设计的包含了股权回购、金钱补偿等对未来目标公司的估值进行调整的协议。从订立"对赌协议"的主体来看,有投资方与目标公司的股东或者实际控制人"对赌"、投资方与目标公司"对赌"、投资方与目标公司的股东、目标公司"对赌”等形式。人民法院在审理“对赌协议”纠纷案件时,不仅应当适用合同法的相关规定,还应当适用公司法的相关规定;既要坚持鼓励投资方对实体企业特别是科技创新企业投资原则,从而在一定程度上缓解企业融资难问题,又要贯彻资本维持原则和保护债权人合法权益原则,依法平衡投资方、公司债权人、公司之间的利益。对于投资方与目标公司的股东或者实际控制人订立的“对赌协议”,如无其他无效事由,认定有效并支持实际履行,实践中并无争议。但投资方与目标公司订立的“对赌协议”是否有效以及能否实际履行,存在争议。对此,应当把握如下处理规则:

5.【与目标公司“对赌”】投资方与目标公司订立的“对赌协议”在不存在法定无效事由的情况下,目标公司仅以存在股权回购或者金钱补偿约定为由,主张“对赌协议”无效的,人民法院不予支持,但投资方主张实际履行的,人民法院应当审查是否符合公司法关于“股东不得抽逃出资”及股份回购的强制性规定,判决是否支持其诉讼请求。

投资方请求目标公司回购股权的,人民法院应当依据《公司法》第35条关于“股东不得抽逃出资”或者第142条关于股份回购的强制性规定进行审查。经审查,目标公司未完成减资程序的,人民法院应当驳回其诉讼请求。

投资方请求目标公司承担金钱补偿义务的,人民法院应当依据《公司法》第35条关于“股东不得抽逃出资”和第166条关于利润分配的强制性规定进行审查。经审查,目标公司没有利润或者虽有利润但不足以补偿投资方的,人民法院应当驳回或者部分支持其诉讼请求。今后目标公司有利润时,投资方还可以依据该事实另行提起诉讼。

(二)地方性

1.《上海市高级人民法院关于审理涉及公司诉讼案件若干问题的处理意见(二)》(沪高法民二〔2003〕15号)

三、处理股东权益纠纷的相关问题

3.有限责任公司股东会就公司合并、分立或者修改公司章程等事项形成决议,并且在决议后股东所持股份难以转让的,在股东会决议表决时投反对票的股东有权请求公司收购其股份。

公司连续多年赢利,且符合公司法规定的股东盈余分配条件,而公司不予分配利润的,符合公司法规定的持股份额的股东有权请求公司召开股东会作出决议;在股东会决议表决时投反对票的股东有权请求公司收购其股份。

在上述纠纷中,异议股东应自股东会决议之日起60日内,与公司就收购股份进行协商;逾期协商不成的,异议股东才可向人民法院提起诉讼。

2.《上海市高级人民法院关于印发〈关于审理公司纠纷案件若干问题的解答〉的通知》(沪高法民二〔2006〕8号)

三、股东依据新修订的公司法第七十五条规定,请求公司收购其股权的起诉期限应如何把握的问题

根据新修订的公司法第七十五条第二款规定,对符合该条第一款所列情形的,股东应自公司股东会决议通过之日起60日内,可就股权收购事宜与公司进行协商;协商不成的,股东可以自股东会决议通过之日起90日内向法院提起诉讼。因此,股东依据该条规定提起的诉讼,其起诉期限应自股东会决议通过之日起算,至90日届满。股东逾期提起诉讼的,法院不予受理。

3.《江西省高级人民法院关于审理公司纠纷案件若干问题的指导意见》(赣高法〔2008〕4号)

66. 具有《公司法》第七十五条第一款第(一)项之情形,如果公司连续五年未召开股东会对分配利润进行决议的,持有公司不足十分之一表决权的股东可以请求公司按照合理的价格收购其股权。

67. 股东超过《公司法》第七十五条第二款规定期限提起诉讼的,人民法院不予受理。

68. 股东依照《公司法》第七十五条之规定要求公司收购股权,但就股权收购价格不能协商一致的,股东主张以评估方式确定股权收购价格的,人民法院应予支持。

4.《山东省高级人民法院关于审理公司纠纷案件若干问题的意见(试行)》(鲁高法发〔2007〕3号)

(五)有限责任公司股权回购纠纷

81. 具有《公司法》第七十五条第一款(一)项之情形,如果公司连续五年未召开股东会对分配利润进行决议的,持有公司不足十分之一表决权的股东可以请求公司按照合理的价格收购其股权。

82. 股东超过《公司法》第七十五条第二款规定期限提起诉讼的,人民法院不予受理。

83. 股东依照《公司法》第七十五条之规定要求公司收购股权,但就股权收购价格不能协商一致的,股东主张以评估方式确定股权收购价格的,人民法院应予支持。

第五章
公司盈余分配纠纷

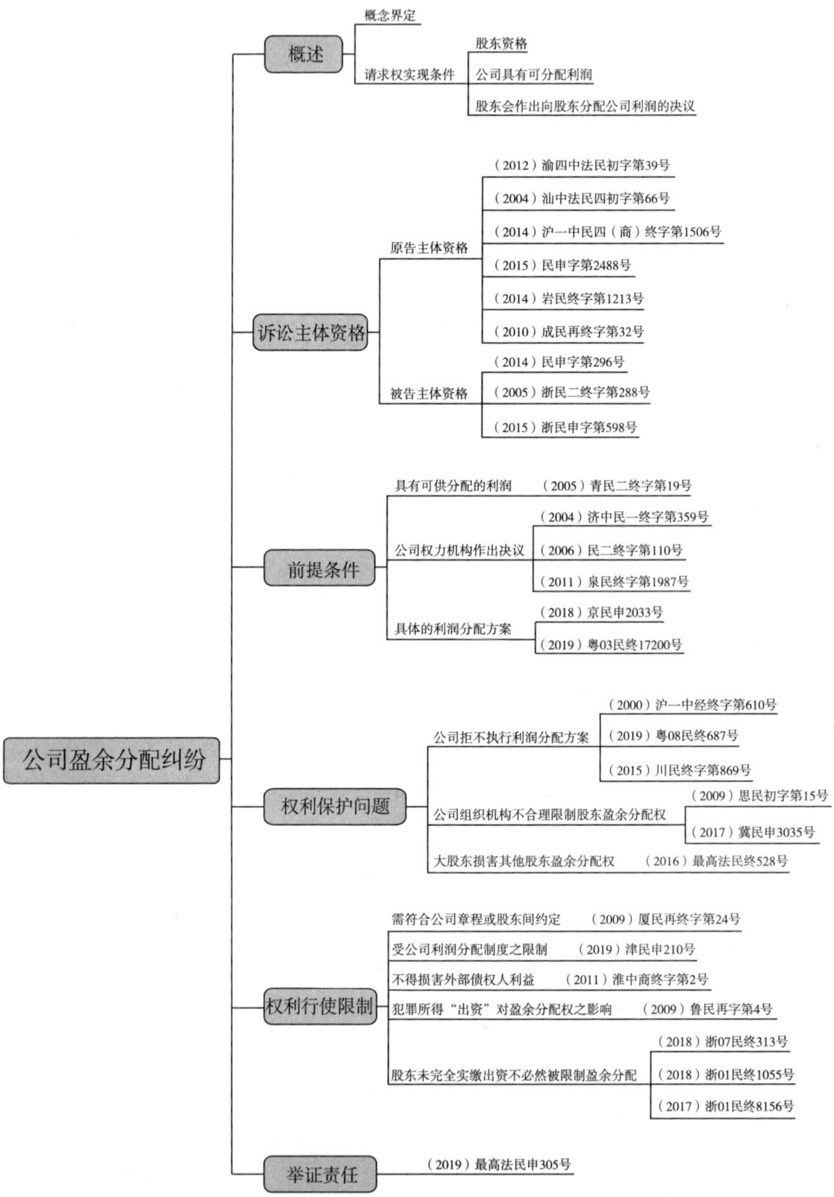

一、概述

追逐盈利是公司作为商事主体最原始的需求。公司在经营中存在盈利时，部分股东可能希望将盈余留在公司用于公司进一步发展，而也有股东可能更希望及时进行利润分配获取投资收益。可以说，公司盈利后是否分配、如何分配，何时分配应是公司股东关心的问题之一。

盈余分配请求权，亦可称股利分配权、分红权，①相关司法解释还规定为利润分配请求权，本章节中提及盈余分配请求权与利润分配请求权概念并无二致。我国公司法中涉及"分取红利""资产收益""利润分配""分配股利"等多个概念，有学者在其著作中对前述部分概念进行了辨析。② 而司法实践中，对前述概念未进行明确厘清和界定，法院审理的盈余分配纠纷案中，当事人的诉讼请求主要是指向"利润分配"的问题，但"分红""分配股利""利润分配"等用词均有使用，法院在判决时也会根据当事人的请求进行处理。

学理层面，利润分配请求权通常进一步划分为确定的利润分配请求权和不确定的利润分配请求权。确定的利润分配请求权亦可称为利润分配给付请求权或具体利润分配请求权，其根据一定过程形成，且一经形成便成为股东享有的实际债权。而不确定的利润分配请求权亦可称为抽象利润分配请求权，是基于成员身份产生的一种抽象期待权利。③ 这样的进一步分类，对司法实践的意义在于，可合理考察盈余分配纠纷案中何种情形下有司法介入的空间。

现行《公司法》第一百六十六条系关于利润分配的原则性规定，明确"公司弥补亏损和提取公积金后所余税后利润，有限责任公司依照本法第三十四条的规定分配；股份有限公司按照股东持有的股份比例分配，但股份有限公司章程规定不按持股比例分配的除外"。即有限责任公司允许"全体股东进行约定"，这种约定既可以包括股东通过公司章程进行约定，也可以是不通过章程的股东会决议、股东协议等内部文件进行约定，体现了较为宽松的自治空间，与有限责任公司"人合性"这一特性匹配；而股份有限公司则明确除"公司章程"这一对外公示性文件有另行规定外，应按照"持有股份比例"进行利润分配。上市公司、新三板挂牌公司属于股份有限公司中更为特殊的公众公司，除受《公司法》基本规定的约束外，还受国家证券监督管理机构、各上市交易场所相关规定的规制，通常均制定了明确的利润分配制度，

① 刘俊海：《现代公司法》，法律出版社2011年版，第263页。

② 程显波：《股东分红权研究》，吉林大学2015年博士学位论文。

③ 刘俊海：《股份有限公司股东权的保护》（修订版），法律出版社2004年版，第195页。

以保障公众股东的分红权。① 如存在违规分红,不执行分红议案等问题将由相关监管部门进行干预。

公司盈余分配纠纷是指公司或公司大股东利用股利政策损害中小股东盈余分配请求权而产生的纠纷。② 司法实践中,涉及盈余分配纠纷问题和类型最多的为有限责任公司这一类主体③,本章也主要是围绕有限责任公司搜集案例对所涉相关问题进行整理分析。经对司法案例的梳理,笔者发现主要有以下类型:(1)股东请求执行股东会关于利润分配决议的纠纷;(2)在无股东会决议或股东会作出不分配决议的情况下,股东请求公司分配利润的纠纷;(3)其他股东损害股东盈余分配权,股东请求强制进行盈余分配的纠纷。除前述几种类型外,股东请求重新核实公司可分配利润的纠纷;股东请求分配公司剩余财产的纠纷也属于较常见的盈余分配纠纷类型。④

根据大量案件裁判结果,可以总结出司法实践普遍认为盈余分配问题原则上属于公司自治范畴,是否进行分配以及如何分配应当由股东会作出关于盈余分配的具体方案。即通常情况下,股东盈余分配请求权的实现至少应同时满足三个条件:一为具有股东资格;二为公司具有可分配利润;三为权力机构作出向股东分配公司利润的决议。当然,前述条件中"股东资格"可以延伸理解包括曾经具有股东资格且依据该资格享有了利润分配之给付请求权的情形;而"股东会决议"也不应仅限缩理解为形式上的股东会决议,在全体股东形成的书面一致文件如约定了明确的利润分配方案,也可以被理解为实质上符合存在"股东会决议"这一要求。此

① 如《上市公司监管指引第 3 号——上市公司现金分红》:"第二条上市公司应当牢固树立回报股东的意识,严格依照《公司法》、《证券法》和公司章程的规定,健全现金分红制度,保持现金分红政策的一致性、合理性和稳定性,保证现金分红信息披露的真实性。"第十三条第一款:"上市公司有下列情形的,证券监管机构应采取相应的监管措施:(一)未按规定制定明确的股东回报规划;(二)未针对现金分红等利润分配政策制定并履行必要的决策程序;(三)未在定期报告或其他报告中详细披露现金分红政策的制定及执行情况;(四)章程有明确规定但未按照规定分红;(五)现金分红监管中发现的其他违法违规情形。"《全国中小企业股份转让系统挂牌公司治理规则》第六十九条第一款:"挂牌公司应当制定利润分配制度,并可以对现金分红的具体条件和比例、未分配利润的使用原则等作出具体规定,保障股东的分红权。"

② 参见景汉朝主编:《民事案件案由新释新解与适用指南——根据新民事诉讼法展开》,人民法院出版社 2013 年版,第 521 页。

③ 参见龚博:《有限公司股东股利分配权的司法救济》,载《法学》2016 年第 12 期。文章指出经过对样本的统计,被告公司类型中,有限公司所占比例为 73.3%。另外,截至 2020 年 3 月 20 日,在"中国裁判文书网"中检索到盈余分配纠纷案判决书 1648 篇,其中涉及股份公司的不到 70 篇,裁定书 2437 篇,涉及股份公司的约为 240 篇;在"威科法律数据库"进行检索,该数据库收录了关于盈余分配的判决书共计 2352 份,涉及股份公司的为 242 份,占比约 10%。

④ 参见张辉:《公司盈余分配纠纷的司法裁判规则》,载《社会科学》2014 年第 11 期。

外，本章根据《公司法》及相关司法解释关于公司盈余分配纠纷的基本原则和规定，还讨论公司盈余分配纠纷的诉讼主体资格，如股权转让后当事人是否享有盈余分配权，隐名投资人、股权激励计划被激励对象盈余分配权问题；股东盈余分配权遭受侵害救济问题；在保护股东盈余分配权时如何平衡保护债权人的利益以防止权利滥用问题等。

二、公司盈余分配纠纷的诉讼主体资格

（一）公司盈余分配纠纷的原告主体资格

《公司法》第四条规定："公司股东依法享有资产收益、参与重大决策和选择管理者等权利。"该规定明确了公司股东基于其身份从公司获取经济利益以及参与公司管理的权利。因此，同知情权一样，当事人具备股东身份系获得利润分配的前提条件。实践中，亦有不少案例支持退出公司后的当事人请求分配利润的诉请，从具体案情看，当事人在股权转让前公司已经形成了具体的利润分配方案，虽在提起诉讼时，其已经不具有股东身份，但提起诉讼的前提也是基于其在相应的利润分配方案形成时具有股东身份，而后行使的是债权请求权。

1. 股东身份系提起盈余分配纠纷之诉的资格条件

如前文所述，公司盈余分配请求权是股东基于其股东资格和地位而固有的一项权利，该项权利与股东身份密切相连，股东一旦丧失了股东身份，就会丧失利润分配请求权。因此，股东在转让股权丧失股东身份后，无论是对转让前的公司盈利（除非在转让时已经对转让前的利润分配形成了有效决议且在转让时未进行处理，下文将结合案例具体论述）还是转让后的公司盈利，均无权要求分配。

（1）股权转让丧失股东身份后对转让之前的利润不享有分配权

案例·1　– 人民司法案例 –

股东转让股权丧失股东身份之后不能要求分配转让之前的利润

——沈海球诉重庆同力公司股权转让利润分配纠纷案[①]

原告：沈海球。

被告：重庆同力公司。

① 参见重庆市第四中级人民法院（2012）渝四中法民初字第39号民事裁定书。

2009年4月,重庆同力公司成立,注册资本为1000万元,由沈海球和韩国良共同出资。沈海球出资100万元,持股10%,韩国良出资900万元,持股90%。2011年1月,重庆同力公司吸收吴伯让为新股东,吴伯让与沈海球、韩国良三人签订协议,约定由吴伯让出资998.05万元购买公司20%的股份。此次转让后,沈海球、韩国良、吴伯让三人在重庆同力公司的持股比例分别为8%、72%、20%。

2011年10月23日,沈海球与韩国良签订了一份转股协议书,协议约定:韩国良同意沈海球于2011年9月30日退出重庆同力公司,并一次性向沈海球结算股份价款为150万元。后沈海球认为其任公司股东期间,公司从未分配过红利,经协商无果,沈海球遂向法院起诉,要求重庆同力公司支付其担任股东期间的未分配利润241.75万元。

本案审理中,经法院释明后,沈海球自愿撤回起诉。

承办法官认为,股权转让是包括股东在公司应有权利义务的概括转让,股权一经转让,则所属股东权利义务概由受让人继受。由于股利分配请求权是股东基于其股东资格和地位而固有的一项权利,是与股东身份密切相连的,股东转让股权后,其股东资格也随之丧失,附着于股东身份的股利分配请求权也随之丧失。基于此,股东在转让股权后不再享有股利分配请求权,不论是对转让前的公司盈利还是转让后的公司盈利其均无权要求分配。

本书认为,根据《公司法》关于股权转让的立法本意,股权转让后,受让人取得股东资格,依法应当享有股东权利,同时承担股东义务,股权转让方获取股权转让价款,同时丧失股东身份资格,除非转让方与受让方有明确约定"受让方无权获取转让前公司的利润""转让方需承担转让前对公司的出资义务"等内容,否则应理解股权转让是包括股东对公司应有权利义务的概括转让。

抛开理论分析,仅就本案实际情况而言,重庆同力公司的注册资本为1000万元,对应20%注册资本为200万元,吴伯让在2011年1月出资了998.05万元购买公司20%的股份,在2011年9月时韩国良又以150万元的价格受让了沈海球8%的股权。对转让方沈海球而言,受让人吴伯让以及韩国良本就以较高的溢价受让了沈海球的股权,也由此可以理解两次股权转让过程中考虑了重庆同力公司的盈利状况,转让价格实质是转让方与受让方对股份在受让时价值的共同确定,该股份价值包含了之前所产生的权益。因此,事后沈海球再主张股权转让前的公司利润分配,也有违公平。

(2)董事不享有盈余分配请求权

在广东汕头中院审理的“詹德懿等诉陈蔡春咏等董事损害公司利益、公司知情权、公司盈余分配权案”中①,原告詹德懿、方文雄原系嘉隆公司的董事,二人起诉嘉隆公司及其法定代表人陈蔡春咏,主张被告嘉隆公司应清结自公司成立后至今的红利并依约定给付两原告,法院经审理后驳回了原告该项诉请。

根据该案的裁判理由,依据《公司法》(2004 年修正)第四条的规定,公司股东作为投资者享有所有者的资产受益权。本案嘉隆公司是隆国公司独资经营的有限责任公司,隆国公司作为嘉隆公司的股东,享有对嘉隆公司的资产受益权,在嘉隆公司的经营有盈余的情况下,其利益应归属于隆国公司,詹德懿、方文雄作为嘉隆公司的离任董事不享有对嘉隆公司的盈余分配请求权。至于隆国公司是否将其从嘉隆公司取得的盈利在其股东中进行分配则属于另一法律关系,詹德懿、方文雄在本案中并没有起诉隆国公司,故不属本案审理范围。

(3)尚未取得股东资格的股权激励计划被激励对象不享有盈余分配请求权

通常认为,股权激励系指公司为对核心员工进行激励,赋予核心员工依据一定条件(如完成相应的业务考核指标等)取得公司一定比例股权或分红等权利。实践中,不同的公司因其所处的行业、人员构成、发展阶段等不同会实施不同方式的股权激励政策。股权激励的方式包括远期期权类(股权期权、股票期权、股票期股),虚拟股票类(虚拟股权、虚拟股票、股票增值权),股权奖励类(业绩股票、限制性股票)等。不同的激励方式决定了被激励对象所取得的权益的性质,如采取股权期权方式,则在满足行权条件时,被激励对象以事先确定的行权价格即可获得一定的股权或股份,该情形下,被激励对象可实际取得股东资格(当然股权激励计划中也可能对所取得的股权或股票进行限制转让,但通常情况下不会影响被激励对象以其持有的股权或股票享有的分红);如采取虚拟股权或虚拟股票方式,则被激励对象实际取得的是一种“虚拟”的权利,该情形下,被激励对象所取得的权益并非完整意义上的股权,而可能被认定系公司给予员工的劳动报酬。

① 参见广东省汕头市中级人民法院(2004)汕中法民四初字第66号民事判决书,载《中国审判案例要览》2006 年商事审判案例卷。

案例·2 – 典型案例 –

未取得股东资格的被激励对象无权主张盈余分配

——肖思宇诉相互广告公司盈余分配纠纷上诉案①

上诉人(一审原告):肖思宇。

被上诉人(一审被告):相互广告公司。

2011年3月3日,在广东某律所指派的律师见证下,肖思宇与相互广告公司股东李A及案外人周E、白F签订了《上海市相互广告有限公司股权激励方案》(以下简称股权激励方案)。

股权激励方案载明:……3.本激励方案自2011年1月1日开始实施。4.本股权激励方案相关人员包括创始人李A,首批激励人员:肖思宇及周E、白F。5.每个激励人员可享有2011年至2012年两个会计年度内5%公司股权对应的分红权。6.经协商一致,公司股权总价人民币(以下币种均为人民币)100万元,激励人员的出资额按其个人所能认购的股权比例计算。7.激励人员可自主决定是否将个人每个会计年度结束后所获得的股权红利用于认购公司股权,如决定不认购公司股权的,则将股权红利退还给激励人员。8.激励人员发生下列情况之一的,丧失当年分红权资格及后续认购公司股权的权利:……(4)未经公司批准,利用职务的便利,自己经营或为他人经营与本公司同类的业务。……13.本激励方案实施之日起,李A、贾B、肖思宇、周E、白F等人员为首届董事会成员,其中李A任董事长。

2013年3月14日,经黄浦区劳动仲裁委员会调解,肖思宇与相互广告公司达成协议:相互广告公司支付肖思宇30,926元(税后),双方间劳动关系解除。

2014年3月12日,肖思宇向上海松江法院起诉主张2011年至2014年分红款。上海松江法院经审理后驳回了肖思宇全部诉请,肖思宇不服上诉至上海一中院,二审法院受理后判决驳回上诉,维持原判。(见图5-1)

① 参见上海市松江区人民法院(2014)松民二(商)初字第783号民事判决书;上海市第一中级人民法院(2014)沪一中民四(商)终字第1506号民事判决书。

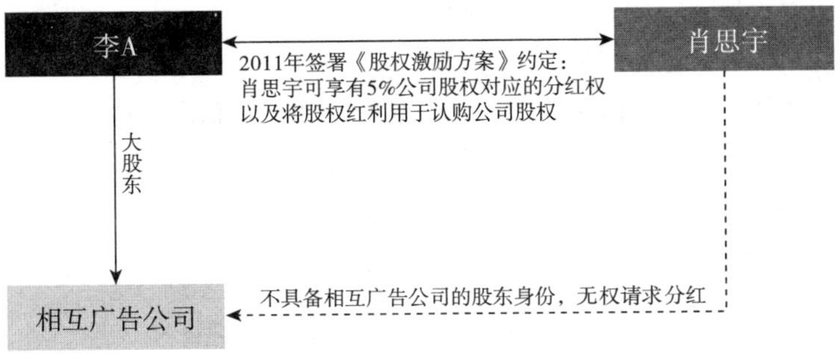

图5-1　肖思宇诉相互广告公司盈余分配纠纷上诉案

一审法院认为，因股权激励方案并无相互广告公司签章，虽有相互广告公司股东李某签字，但未有证据证明李某得到相互广告公司的授权，在相互广告公司另一股东贾某未追认的情况下，股权激励方案对相互广告公司不具有约束力。即便股权激励方案对相互广告公司具有约束力，按方案的约定，肖思宇所享有的也是向相互广告公司主张虚拟股权对应公司利润的现金奖励，双方间应属劳动关系争议，但双方间劳动争议已经黄浦区劳动人事争议仲裁委员会调处，无其他争议，肖思宇也丧失主张的权利；此外，分红权系股东的专属权利，即便股权激励方案合法有效，也不能证明肖思宇已取得相互广告公司的股东资格。

二审法院认为，股权激励方案对于肖思宇如何才具备股东身份是有明确约定的，结合案涉证据及二审庭审情况可以认定肖思宇自始就不具备相互广告公司的股东身份，因此本案也并非公司法意义上的公司盈余分配纠纷，最终驳回上诉，维持原判。

从该案认定的事实来看，案涉股权激励方案并非相互广告公司作出，对于公司而言并不具有约束力，即便是适用股权激励方案，肖思宇也未取得股东资格，法院据此判决驳回肖思宇的诉请。该案判决后，引起了关注股权激励的实务界广泛注意，引发了关于股权激励计划何种情况下才生效，所赋予被激励对象的“股权”的性质讨论。

本案中，因签署股权激励方案的系相互广告公司的大股东（不是法定代表人），而非公司本身，且不论案涉股权激励计划是否发生效力，仅就从股权激励方案所约定的被激励对象取得股权的条件分析，也可以认定肖思宇并未取得相互广告公司的股东资格。因此，肖思宇自始就未取得相互广告公司的股权，当然无权主张相应的盈余分配。

2. 隐名股东盈余分配请求权相关问题

隐名股东因其"隐蔽"特征与商事法律的外观主义原则要求存在直接冲突，且在股权代持法律关系中，除隐名股东外，涉及的主体还包括名义股东、公司、以及公司的其他股东。隐名股东的"显名化"以及其他权利要求，极容易引发纠纷。现行《公司法司法解释（三）》第二十四条第二款规定，"前款规定的实际出资人与名义股东因投资权益的归属发生争议，实际出资人以其实际履行了出资义务为由向名义股东主张权利的，人民法院应予支持"，由此可以得出隐名股东应向名义股东主张权利。

案例·3　－最高人民法院案例－

隐名投资人享有与投资份额相对应的利润分配

——郑康贤、郑宇宏、郑文泉、肖康华损害股东利益责任纠纷再审案①

再审申请人（一审被告、二审上诉人）：郑康贤。

被申请人（一审原告、二审被上诉人）：郑宇宏。

一审被告：郑文泉。

一审第三人：肖康华。

根据另案②查明的事实，金良公司成立于2004年，工商登记的公司章程载明肖康华占公司55%的股份，郑康贤占公司45%的股份，但实际上金良公司的股东为肖康华占公司50%股份，郑宇宏与郑文泉各占公司25%股份，郑康贤只是代表郑文泉、郑宇宏行使签约权等事项，郑康贤不是公司股东。生效判决确认郑宇宏是金良公司的隐名股东。

2009年6月16日，肖康华、郑康贤成立金良公司清算组，对金良公司进行清算。同年8月11日，肖康华、郑康贤召开股东会议，确认清算组所作清算报告，并同意注销金良公司。同年8月20日，工商登记核准金良公司的注销登记申请。

① 参见广东省湛江市中级人民法院（2012）湛中法民四初字第7号民事判决书；广东省高级人民法院（2014）粤高法民四终字第31号民事判决书；最高人民法院（2015）民申字第2488号民事裁定书。

② 参见广东省湛江市吴川市人民法院（2008）吴民初字第852号民事判决书；广东省湛江市中级人民法院（2009）湛中法民三终字第57号民事判决书、（2013）湛中法民再字第6号民事判决书；广东省佛山市南海区人民法院（2015）佛南法民二初字第97号民事判决书、广东省佛山市（2017）粤06民终2948号民事判决书。

金良公司注销后,郑宇宏向湛江中院提起损害股东权益责任纠纷之诉,向郑文泉、郑康贤主张金良公司注销前的土地及其上附着物的总收益的25%。2012年12月19日,湛江中院作出一审判决,认定郑宇宏作为金良公司的股东,应分得公司收益及设备变卖款等共计2,126,510.27元(其中包括金良公司在2005年11~12月至2009年经营期间可分配的利润)。郑康贤不服提出上诉至广东高院,该院判决也维持了一审民事判决中确认的郑宇宏对土地及地上附着物在承租期内的投资权益享有25%的份额。

郑康贤不服,向最高人民法院申请再审。最高人民法院认为金良公司解散后,租赁涉案场地的租金应作为金良公司的收益,由各股东进行分配,最终裁定驳回郑康贤的再审申请。

总结本案一审、二审以及最高人民法院的裁判观点,因其他关联案件已经确认郑宇宏为金良公司隐名投资人,再结合本案的结算、收支明细表等证据,郑宇宏作为金良公司的隐名投资人,享有与投资份额相对应的投资权益及利润分配。

案例·4　– 典型案例 –

隐名投资人无权直接向公司主张盈余分配

——廖建华与上杭公司盈余分配纠纷上诉案①

上诉人(一审原告):廖建华。

被上诉人(二审被告):上杭公司。

2007年10月5日,吕新国、王得芳、彭模生三人签订《福建能群水泥有限公司合资协议书》,约定共同投资设立上杭公司。2007年10月22日上杭公司登记成立,法定代表人为吕新国,登记股东为吕新国、周亚碧。之后,上杭公司实收资本由1200万元变更为3500万元,公司股东未变更。

2007年12月1日,廖建华汇款100万元至上杭公司原法定代表人吕新国个人账户上,廖建华收到一张《收款收据》,收据载明"今收到廖建华能群水泥厂投资长期一股,具体收益按水泥厂合资协议分配执行,人民币100万元,按水泥厂投资协议

① 参见福建省龙岩市上杭县人民法院(2014)杭民初字第925号民事判决书;福建省龙岩市中级人民法院(2014)岩民终字第1213号民事判决书。

执行，第一年30%，第二年以后每年按40%固定回报”，该《收款收据》加盖“上杭能群建材有限公司财務章”。但该章并不是上杭公司经过上杭县公安局审批的、经指定机关制作的公司财务章。

2010年11月，吕新国、周亚碧与谢国政签订股份转让协议，吕新国、周亚碧将所持上杭公司股份转让给谢国政。后上杭公司的法定代表人变更为谢国政，股东变更为谢国政、陈萍英，股东各出资1750万元。此后，公司股东、法定代表人还发生了变更。

2012年1月，廖建华以100万元是借款，另案起诉要求上杭公司返还并支付利息，其诉请被一审法院判决驳回。

本案一审法院审理后驳回了廖建华的诉讼请求，廖建华不服上诉至福建龙岩中院，龙岩中院最后判决维持原判。

一审法院认为，廖建华2007年12月1日所谓的“投资”系与吕新国之间发生关系，在未有证据证实其已依法进行股权转让并依法登记的情况下，其不是上杭公司的股东。2010年11月1日和16日吕新国、周亚碧签订了转让协议将其所持上杭公司全部股份转让给谢国政，并依法进行变更登记公示，吕新国不再是上杭公司股东，故廖建华与上杭公司没有关系，其应向吕新国主张权利。

二审法院认为，廖建华向上杭公司主张投资回报和盈余分配的前提是其必须是上杭公司的股东或与上杭公司存在其他投资关系。但自上杭公司成立至今，廖建华均未记载于股东名册并依法办理登记，廖建华显然不是上杭公司的显名股东。即使廖建华通过银行转账汇款至吕新国个人账户的100万元能认定为廖建华向上杭公司缴纳的投资款，廖建华也仅为隐名股东，吕新国为廖建华的名义股东。依《公司法司法解释(三)》(2014年修正)第二十四条第二款的规定，廖建华只能向其名义股东吕新国要求投资回报款，直接向上杭公司主张投资回报款没有法律依据。

同本案类似，由广东佛山南海法院审理的“杜锦仪、佛山市嘉珏贸易有限公司(以下简称嘉钰公司)公司盈余分配纠纷案”①，原告杜锦仪起诉嘉钰公司以及嘉钰公司工商登记股东张有、吴玮鸿要求支付租金收益分红款，其提交了的主要证据为与张有、吴玮鸿签署的《分红协议》，被告嘉钰公司、张有、吴玮鸿辩称，原告不是嘉珏公司的股东，在本案没有诉讼主体资格，且不认可《分红协议》属于嘉钰公司的利润分配方案。法院经审查认为，杜锦仪坚持以公司盈余分配纠纷的案由提起诉讼，

① 参见广东省佛山市南海区人民法院(2018)粤0605民初7442号民事裁定书；佛山市中级人民法院(2018)粤06民终6992号民事裁定书。

故该院基于该案由对本案进行分析。杜锦仪认为其是嘉钰公司的股东，但根据工商登记及嘉钰公司的章程的记载，未显示杜锦仪为嘉钰公司的股东；杜锦仪也无足够的证据证明工商登记或章程记载的股东资格事项与事实不符；另外，嘉钰公司、张有、吴玮鸿均不确认杜锦仪的股东资格。故对于杜锦仪认为其是嘉钰公司的股东，因杜锦仪举证不足，法院不予采纳。另外，法院认定本案中的《分红协议》仅是当事人之间就相关内容达成的一致意思的表示，并非一份具体的利润分配方案。基于以上分析，法院驳回了杜锦仪的起诉。后杜锦仪上诉，最终佛山中院裁定维持原裁定。

在"郑康贤、郑宇宏、郑文泉、肖康华损害股东利益责任纠纷再审案"中，再审裁定书中直接明确"郑宇宏为金良公司隐名投资人，享有与投资份额相对应的投资权益及利润分配"，如仅从文义上理解，可以解读为隐名股东对公司享有盈余分配请求权，最高人民法院作出该案裁定书时间晚于《公司法司法解释(三)》(2014 年修正)实施时间，从处理结果上看似乎存在不符的情况。但从案情看，郑宇宏能得到支持的很大原因是有证据证明其他股东对郑宇宏的隐名股东身份进行了确认，最高人民法院应当是结合了《公司法司法解释(三)》第二十四条第二款、第三款的规定对本案进行处理，而非仅僵化适用第二十四条第二款之规定。因此，从结果意义上看，该案的处理与现行法律规定精神不构成冲突。

从廖建华与上杭公司盈余分配纠纷上诉案的裁判观点可以总结出"隐名股东只能向其名义股东要求支付投资回报款，直接向公司主张投资回报款没有法律依据"。实践中，隐名股东与名义股东签署代持文件通常仅能约束两方，并不能涉及第三方。本书亦倾向于认为，根据现行《公司法司法解释(三)》第二十四条第二款的规定，在一般情况下，如隐名股东未经"显名"程序确认，仅能向名义股东主张权利。如在名义股东领取了公司的利润分配款后拒不向其合同相对方的隐名股东交付时，隐名股东有权依据股权代持文件的约定主张权利，而不能径行向公司主张利润分配款。(见图 5 - 2)

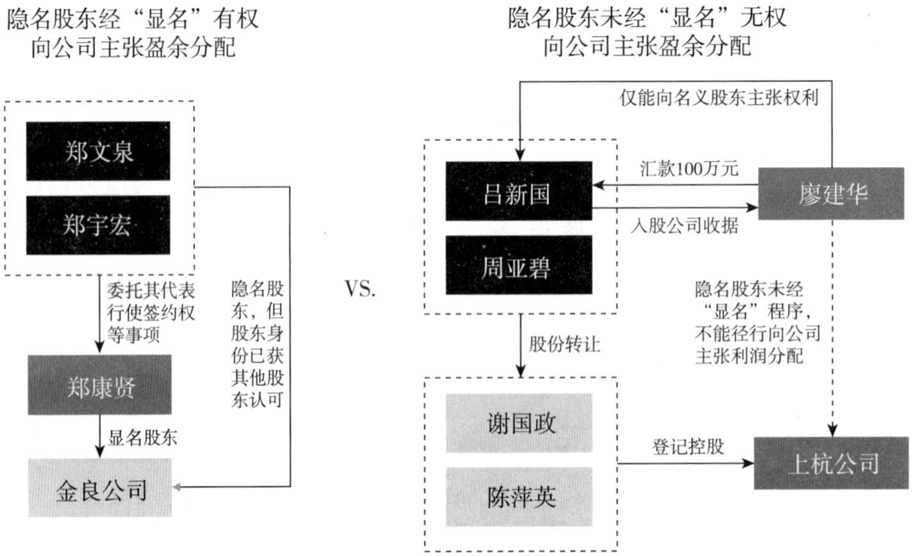

图5-2 郑康贤与金良公司案 VS. 廖建华与上杭公司案

3. 股东身份丧失后对股权转让前明确的盈余分配方案享有给付请求权

如前文所述，因股权转让丧失股东身份后，当事人对股权转让之前的公司利润不享有分配权，此系从股权转让是包括股东对公司应有权利义务的概括转让的角度理解。但如当事人在股权转让前公司已经形成了具体的利润分配方案，则此时当事人可能因已经对公司形成了具体的债权，在股权转让后不必然无权主张之前的利润分配。

案例·5 | －人民司法案例－

股利给付请求权是原股东对公司的债权，不随股东的身份转移而转移

——戴海林诉三益公司、双远商贸等债权纠纷再审案①

再审申请人：戴海林。

被申请人：三益公司、何强、双远商贸、王照。

① 参见四川省双流县人民法院（2006）双流民初字第2144号一审民事判决书；四川省成都市中级人民法院（2008）成民终字第3037号二审民事判决书；四川省成都市中级人民法院（2010）成民再终字第32号再审民事判决书。

2002年7月，戴海林、谢华栋、何强、王照四人协商签订协议。约定：四人共同出资600万元，以高迅公司的名义，与威远县政府签订垫资修建县城中原街的协议，从而拟取得位于威远县商业广场41.4亩土地使用权，进行房地产开发经营。同时，四人又与高迅公司签订协议，就借名经营事宜进行了全面约定。据此，四人以高迅公司的名义与威远县政府签订了《协议书》，四人亦依约将投资转入高迅公司。并用此款投资设立了三益公司，来具体运作商业广场的房地产开发经营。三益公司表面上各股东的出资记载为：高迅公司出资200万元；四人各出资20万元。而实际各股东的出资为：戴海林和谢华栋各出资30%；何强和王照各出资20%。

2004年8月，四人又签署了股东会补充决议，明确："1.同意高迅公司、戴海林、谢华栋三股东在三益公司中的股份转让给何强、王照及何强所代表的双远商贸。2.代表四股东的高迅公司的股份转让及权益仍按四位股东同高迅公司原签订的协议执行。3.股份总价款参照41.4亩土地竞得价计算（每亩12.4万元）为513.36万元。……8.三益公司在商业广场一期开发形成的全部成果，归原四位股东所有。一期资产确定出售，所得收入按股东实际投入比例进行分配。未出售期间的租赁收入归四股东按比例享有。一期资产的处置，由四股东共同研究决定，一期资产的处置涉及公司盖章及履行相关手续公司应无条件办理。9.商业广场一期形成的债权、债务在股份变动后，仍由原四股东享有和承担。"

当戴海林得悉一期资产中的2号楼等资产已由三益公司销售后，找到三益公司要求实现权益时，三益公司以戴海林的股份已经转让，公司没有权益为由予以否认。另外，2005年6月7日，何强、双远商贸、王照以股东会决议方式否决原四股东签订的补充协议，明确表示不履行补充协议。

一审法院审理支持了戴海林要求被告三益公司给付戴海林位于威远县严陵镇商业广场一期项目利润款819,389.22元的诉请。[①] 宣判后，双远商贸部、三益公司向成都中院提起上诉，四川成都中院二审撤销一审判决，驳回戴海林的诉讼请求。后经成都中院审判委员会讨论决定再审本案，再审判决维持了原一审判决第一项即"三益公司应于判决生效之日起十日内给付戴海林位于威远县严陵镇商业广场一期项目利润款819,389.22元"的诉请。[②]

---

① 除利润款外，还判决三益公司的财产不足以履行上述义务时，被告何强、双远商贸、王照应对不足部分共同承担赔偿责任。

② 再审还判决：三、变更四川省双流县人民法院（2006）双流民初字第2144号民事判决第二项即"三益公司的财产不足以履行上述义务时，何强、双远商贸部、王照应对不足部分共同承担赔偿责任"为"三益公司的财产不足以履行上述义务时，何强、双远商贸部、王照应对不足部分承担连带清偿责任"。

该案历经一审、二审及再审，其中一审、二审判决结果完全相左，再审系成都中院主动启动，虽判决结果较一审有所变化，但还是支持了一审原告戴海林利润分配的请求，与一审结果实质无差异。本案中，经2004年8月股东会补充协议确认，原告戴海林退出三益公司，提起本案之诉时其已经不具有三益公司股东之身份，但最终再审法院还是支持了戴海林要求支付利润款的诉请。

根据生效判决，法院首先对戴海林诉请权利基础进行了厘清，即戴海林的诉请是股利分配请求权还是股利给付请求权的问题。根据法院的理解，股利分配请求权是股东具有按其出资或者所持股份取得股利，向公司要求分配公司盈余的权利。股利分配请求权是股东的自益权，股东能否实际分配到利润则要看公司是否盈利以及股东会是否作出分配决议。股利分配请求权是股东基于其股东资格和地位而固有的一项权利，是与股东身份不可分，即前文所称的基于股东身份而当然享有的一项股东权利，系不确定的利润分配请求权。进一步分析，如股东会通过了利润分配方案，股东的股利分配请求权就具体化为股利给付请求权，该股利给付请求权性质为股东对公司享有的债权。而该债权可以与股东身份分离而独立存在，不因股东身份的丧失而灭失。因此，如果股权转让前股东会已经决定分配的利润，转让股东虽然丧失股东资格，但仍然可以要求公司给付。本案中，戴海林原为三益公司股东，且在其为股东时，三益公司的四股东就形成决议，明确了三益公司一期开发形成的全部成果，归原四位股东所有，并按股东实际投入比例进行分配。在股东会形成分配决议后，戴海林的股利分配请求权就为股利给付请求权，如果三益公司一期项目存在利润，即转为戴海林对三益公司的债权，该债权不随股权转移而转移，仍由戴海林享有。

从案情本身查看，本案与“沈海球诉重庆同力公司股权转让利润分配纠纷案”的最大区别是本案在股权转让发生前公司已经形成了具体的利润分配方案，本案中的戴海林基于利润分配方案已经对三益公司享有了相应的债权。（见图5－3）

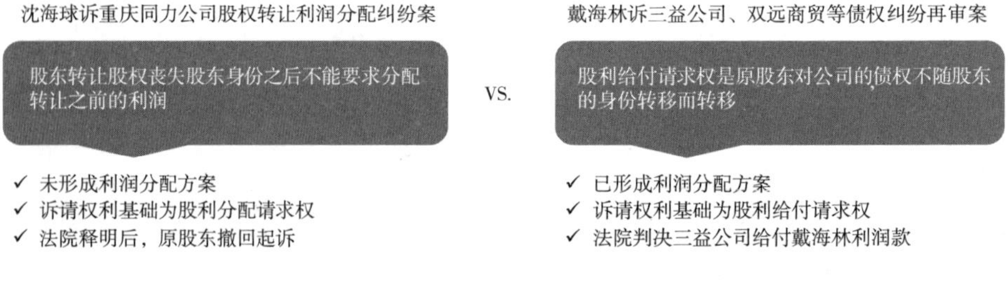

图5－3　沈海球诉重庆同力公司案 VS. 戴海林诉三益公司案

同本案相似，在湖南高院审理的“上诉人湖南中强公司与被上诉人严传针、杨龙辉公司盈余分配纠纷上诉案”中①，一审湖南怀化中院认定中强公司的原股东严传针、杨龙辉在转让公司股权时系以股本金额等值转让，实质上未包含二人的其他股东权益，一审法院遂以中强公司原形成的利润分配方案为准支持了严传针、杨龙辉请求中强公司支付盈余分配款的诉请。一审判决后，中强公司不服向湖南高院提起上诉，二审法院进一步说理，从中强公司形成的股东会决议内容看，严传针、杨龙辉作为中强公司的原股东，其享有的股东权利及对项目的前期投资回报，在其股权转让前经股东会决议已经进行了界定和明确。虽在提起本案时，二人已不再是中强公司的股东，但其所主张的权利属于在股权转让时保留在公司的股东权利，故严传针、杨龙辉在本案中主体适格，根据《公司法司法解释（四）》第十四条的规定，亦最终支持了严传针、杨龙辉二人关于投资回报款的主张。

在现有司法解释规定及案件确定的裁判规则基础上，还引申出一个新问题：如股东基于盈余分配决议对公司享有了特定的债权，股东是否可以将该债权转让给其他第三方，再由第三方向公司主张支付利润分配款？本书认为，既然股东身份丧失后亦可基于对公司利润分配享有的特定债权主张支付盈余分配款，当然亦不限制第三方受让该特定债权后向公司主张。股东可以在不转让股权的情况下，将公司盈余分配决议已经确定分配的利润转让他人。当然，第三方提起诉讼时除了要提交载明具体分配方案的股东会决议，亦需要提交其从有权分配利润股东处受让利润分配请求的证据材料。②

（二）公司盈余分配纠纷的被告主体资格

《公司法司法解释（四）》第十三条规定：“股东请求公司分配利润案件，应当列公司为被告。一审法庭辩论终结前，其他股东基于同一分配方案请求分配利润并申请参加诉讼的，应当列为共同原告。”司法实践中，不少原告起诉时会将公司的其他股东甚至高管列为共同被告，如前文提及的“戴海林诉四川威远三益商业广场开发有限公司、成都市双流县双远商贸部等债权纠纷案”“杜锦仪与佛山市嘉珏贸易有限公司、张有、吴玮鸿公司盈余分配纠纷案”均属于该情况。而法院在处理当事人地位方面，也存在将不同意分配利润的股东列为第三人，或与公司列为共同被告的情况。③

---

① 参见湖南省怀化市中级人民法院（2017）湘12民初27号民事判决书；湖南省高级人民法院（2018）湘民终203号民事判决书。

② 参见最高人民法院民事审判第二庭编著：《最高人民法院公司法司法解释（四）理解与适用》，人民法院出版社2017年版，第284页。

③ 参见江苏省高级人民法院（2013）苏商终字第118号民事判决书；最高人民法院（2014）民申字第296号民事裁定书。

案例·6　- 人民法院案例选案例 -

盈余分配权纠纷的被告仅限于公司

——周慧君与置业公司、嘉兴大都市公司盈余分配权纠纷上诉案①

上诉人(一审原告):周慧君。

被上诉人(一审被告):置业公司、嘉兴大都市公司。

置业公司系李峰、陈元琴、范晓秋三人于2001年共同投资设立的有限责任公司。2003年2月,置业公司吸收周慧君为公司新股东,周慧君出资比例10%,同时修改公司章程,设立董事会:董事长李峰、董事周慧君、范晓秋。2003年3月,嘉兴大都市公司受让李峰、陈元琴在置业公司的出资成为置业公司第一大股东,出资占注册资本的80%,周慧君和范晓秋出资比例不变,仍各为10%。

置业公司2004年度工商年检时,向工商部门提供的2004年12月31日资产负债表中载明置业公司2004年度亏损。2005年6月,新联所审计了置业公司2004年12月31日资产负债表和损益表后,出具了审计报告,结论为置业公司2004年度经营净利润逾3000多万元。2005年9月16日,置业公司致函新联所,要求撤销审计报告。遂新联所撤回了该审计报告。

一审原告周慧君诉称:根据新联所审计报告,置业公司2004年度未分配利润为36,638,742.23元,周慧君可按其股权10%的份额分得公司盈利。请求判令置业公司应立即支付其应分配红利3,663,874.22元,嘉兴大都市公司对此承担连带责任。

一审被告置业公司辩称:置业公司董事会未就2004年度"可分配利润"制订利润分配方案,更未报经股东大会批准,故周慧君要求分配利润缺少公司法及置业公司章程规定利润分配的"前置程序"。置业公司在2004年度的经营状况是亏损的,并无可供分配的利润。

一审被告嘉兴大都市公司辩称:周慧君主张盈余分配权,应向置业公司主张,而不能向与周慧君同为置业公司股东的嘉兴大都市公司主张。置业公司在2004年度并无利润可供分配,周慧君称嘉兴大都市公司单方取得置业公司2004年度全部利润没有依据。请求驳回周慧君对嘉兴大都市公司的诉讼请求。

最终嘉兴中院判决驳回了周慧君的诉讼请求。周慧君不服提起上诉,后浙江

① 参见嘉兴市中级人民法院(2005)嘉民二初字第151号民事判决书;浙江省高级人民法院(2005)浙民二终字第288号民事判决书,载《人民法院案例选》2007年第3辑(总第61辑)。

高院作出终审判决，驳回上诉，维持原判。

嘉兴中院一审认为，股东按照出资比例分取红利，系《公司法》规定的股东应享有的所有者资产受益权利，但该权利的行使，须以公司确有利润可供分配为前提，并需按一定的规则进行。公司盈余分配权纠纷发生在权利人股东（或权利承受人）和义务人公司之间，股东与其他人之间不存在盈余分配关系，故也不存在盈余分配权纠纷。嘉兴大都市公司和周慧君同为置业公司股东，两者之间不存在利润分配关系，故其要求嘉兴大都市公司连带支付利润的请求无法律依据，不予支持。浙江省高院认为，如果周慧君认为置业公司可能存在损害股东利益的情形时，可另行通过诉讼解决。嘉兴大都市公司与周慧君同为置业公司股东，周慧君要求嘉兴大都市公司对置业公司的利润分配承担连带责任，无法律依据。

同样由浙江高院处理的案件，在"高期与温积斌、郑裕赞等公司盈余分配纠纷案"中，①裁判理由明确，"因利润分配属于公司经营事项，作出利润分配的主体属于公司，而非股东"，以股东为被告请求分配利润，法院不予支持。

综上，本书认为，盈余分配权纠纷诉讼中仅应以公司为被告。通常情况下，无须将其他股东、董事或高级管理人员列为共同被告或第三人参加诉讼。如在盈余分配纠纷案中，原告仅将公司的其他股东、董事或高级管理人员列为被告，原告诉请将被法院驳回。

当然，《公司法》第二十条第一款、第二款规定："公司股东应当遵守法律、行政法规和公司章程，依法行使股东权利，不得滥用股东权利损害公司或者其他股东的利益；不得滥用公司法人独立地位和股东有限责任损害公司债权人的利益。公司股东滥用股东权利给公司或者其他股东造成损失的，应当依法承担赔偿责任。"第二十一条规定："公司的控股股东、实际控制人、董事、监事、高级管理人员不得利用其关联关系损害公司利益。违反前款规定，给公司造成损失的，应当承担赔偿责任。"第一百五十二条规定："董事、高级管理人员违反法律、行政法规或者公司章程的规定，损害股东利益的，股东可以向人民法院提起诉讼。"根据以上规定，原告股东在提起盈余分配之诉时如认为公司的其他股东、董事或高级管理人员存在损害公司利益的行为导致盈余分配受影响，可以在起诉时将其他人员列为共同被告。

① 参见浙江省苍南县人民法院（2013）温苍商初字第1535号民事判决书；浙江省温州市中级人民法院（2014）浙温商终字第691号民事判决书；浙江省高级人民法院（2015）浙民申字第598号民事裁定书。

司法实践中确实也出现了这样的案例。①

此外,《公司法司法解释(四)》第十三条明确了其他股东基于同一分配方案请求分配利润可以加入诉讼中,诉讼地位为共同原告,但没有明确规定不同意分配利润股东是否可以加入诉讼以及其如何可以加入诉讼其诉讼地位如何。权威观点认为,公司向股东分配利润,显然会对其他股东利益产生影响,故为保护其他股东的合法权益,应允许其他股东参加诉讼。至于不同意分配利润股东的诉讼地位,将其作为第三人更为妥当。②

三、盈余分配权行使的前提条件

(一)公司具有可供分配的利润

"非有盈利不得分配"原则是现代公司制度长期坚持的一项原则,英美国家早在 19 世纪的司法判例中就已确立该原则。而大陆法系国家如法国、德国也规定了公司具有"利润"才可进行分配,强调在公司股东分配前要扣减公司的各项税费、提取法定储备金等,可分配的利润属于"资产负债表中表明的利润"③。前述原则、规定均体现了保护债权人的利益,维持公司资本的要求。

根据《公司法》第一百六十六条之规定,公司可分配的是"税后利润",公司应当先用当年利润弥补亏损,然后在分配当年税后利润时,应当提取利润的 10% 列入公司法定公积金,法定公积金累计额为公司注册资本的 50% 以上的,可以不再提取。例如公司股东会、股东大会或者董事会违反公司法规定的利润分配规则,即在公司弥补亏损和提取法定公积金之前向股东分配利润的,股东必须将违反规定分配的利润退还公司。

---

① 参见甘肃居立门业有限责任公司与庆阳市太一热力有限公司、李昕军公司盈余分配纠纷案,本章节案例 16。

② 参见最高人民法院民事审判第二庭编著:《最高人民法院公司法司法解释(四)理解与适用》,人民法院出版社 2017 年版,第 282 页。

③ 参见程显波:《股东分红权研究》,吉林大学 2015 年博士学位论文。

案例·7　－中国审判案例要览案例－

盈余分配权的行使需提供证据确定公司有可供分配的利润

——西海化工公司等与昆仑公司股东知情权、盈余分配权纠纷上诉案①

上诉人(一审被告):昆仑公司。

被上诉人(一审原告):西海化工公司等。

2000年3月新成立的昆仑公司依法经核准登记成立,并制定了《青海昆仑矿业有限责任公司章程》。

该公司于2000年10月12日召开股东会,其公司的7家股东代表参加了此次会议。该公司于2001年12月30日出具会计报表,证实公司本年度生产经营未产生利润。公司于2001年11月16日、2004年3月15日召开董事会并产生相应的会议纪要,各位董事及监事参加了会议。

2003年3月19日、2004年2月9日,青海大正会计师事务所接受昆仑公司的委托,向该公司出具了审计报告,证实2002年度利润总额为－1,519,362.78元,2003年度纳税调整前的利润总额为－519,495.72元。

一审庭审中,由于原告对被告提供的会计报表的亏损事项提出质疑,经双方同意委托青海省五联司法会计鉴定事务所对昆仑公司1999年至2004年10月31日的财务状况进行司法会计鉴定。

一审法院根据原告的申请,前往青海省国土资源厅盐湖管理局调取了《昆仑矿业公司近两年供矿情况统计表》《2004年1～9月份供矿情况》《原铁路东十三家企业生产情况统计表》《2003年7月份后各股东股份重新核定情况》《青海昆仑矿业公司各股东出资及股份比例表》等证据,青海省五联司法会计鉴定事务所向一审法院提交了《司法会计鉴定书》(征求意见稿),并于2005年1月31日召集双方当事人,对《司法会计鉴定书》进行听证,西海化工公司等五原告认为:该证据充分证明了被告实际上是有利润可供分配的。

一审法院判决,昆仑公司应当向西海化工公司等提交自公司成立以来的历年财务会计报告;被告昆仑公司对500万元的税后利润进行分配。昆仑公司不服提起

---

① 参见青海省海西蒙古族藏族自治州中级人民法院(2004)西民二初字第15号民事判决书;青海省高级人民法院(2005)青民二终字第19号民事判决书,载《中国审判案例要览》2006年商事审判案例卷。

上诉，二审法院经审理后判决驳回了一审原告关于盈余分配的诉讼请求。

一审法院认为，从昆仑公司给其上级主管部门青海省国土资源厅盐湖管理局上报的2004年度的昆仑公司近2年供矿统计表中可以看出，昆仑公司的生产经营形势良好，该公司的财务账目和实际生产情况不符，该公司的财务收入反映不完整、不真实。本案证据证明，被告昆仑公司在经营期间应产生相应的利润，被告关于其公司没有税后利润的辩解理由，没有足够的证据予以证明，原告可以产生合理怀疑，被告应承担相应的法律后果，原告要求其依法分配税后利润的诉讼请求该院予以支持。

二审法院则认为，根据一审程序中委托的青海省五联司法会计鉴定事务所的鉴定意见，"由于昆仑矿业有限责任公司在经营期间(2000年3月17日至2004年12月31日)无经营盐田生产销售会计记录，无费用摊派记录，资产、负债、收入费用记录不完整……会计核算不规范以及鉴定范围受限的影响，我们无法对昆仑矿业有限责任公司1999年至2004年10月31日的财务状况和经营成果发表鉴定意见"。该司法鉴定没有反映昆仑公司有实际可供分配的利润。原审法院以公司未按照《公司法》运行，分析未产生利润的原因，且以公司向有关部门上报的报表数据来说明上诉人的经营状况，进而判定分配盈余已超出本案审理范围，直接判决分配利润实属不当。

从本案二审法院的意见可以明确，盈余分配权的行使是需提供证据(或经法定程序获取证据)证明公司有可供分配的利润。因本案中司法鉴定机构并未出具关于被告昆仑公司产生盈利的明确意见，也无其他证据证明昆仑公司有盈利，且即便具有盈利也要考察是否弥补了亏损，提取了各项公积金等问题。因此，在无证据证明公司存在利润这一实质要件前提下，法院不能直接推论昆仑公司存在利润并径行判决进行分配。

(二)公司权力机构作出决议

在股东请求强制进行盈余分配纠纷中，《公司法司法解释(四)》(2017年9月1日施行)出台前，司法实践中主要有两种观点：一种观点即认为从维护股东尤其是中小股东的合法权益角度，即便在是公司股东会未作出利润分配的决议前，也应当赋予股东诉权；而另一种观点认为，在公司未作出利润分配决议的情况下，是否进行利润分配属于公司自治的范畴，司法没有介入的必要。①

本书倾向于认为，公司利润的分配是公司自治的范围，在公司有权机构未通过决议对公司盈余分配方案进行确定前，直接强制判决进行盈余分配系对公司自治的过度干预，也可能违反维持公司资本充实、保护债权人利益等原则精神。《公司法司法解释（四）》第十五条进一步明确，除非有股东违反法律规定滥用股东权利导致公司不分配利润给其他股东造成损失，否则，股东未提交载明具体分配方案的股东会（股东大会）决议，请求公司分配利润的，人民法院将驳回其诉讼请求。

案例·8　－人民法院案例选案例－

股东未经股东会决议而要求进行盈余分配不属于人民法院受理范围

——金福平诉济源裕恒公司盈余分配纠纷案②

原告：金福平。

被告：济源裕恒公司。

2002 年 8 月 1 日，金福平及牛西岳、李仁儒、牛丽华、姚蓉、刘恩本出资成立济源裕恒公司。该公司章程规定：公司分配当年税后利润时，应当提取利润的 10% 列入公司的法定公积金，并提取利润的 5% ～10% 列入公司的法定公益金，公司法定公积金累计额为公司注册资本的 50% 以上可不再提取。公司从税后利润中提取法定公积金后，经股东会决议可以提取任意公积金。公司弥补亏损和提取法定公积金、法定公益金后所余利润，公司按照股东的出资比例分配。金福平的实际出资为 100,000 元。2003 年 5 月 26 日金福平提出退股。2003 年 7 月 22 日，该公司召开会议，除金福平外的其他 5 位股东参加了会议，会议决定：鉴于金福平申请退出公司股份，关于公司利润分配事宜，待年终财务决算之后，根据其股份在公司的运营时间和财务决算结果再决定利润分配。并就金福平的退股变更了工商登记。

2003 年 7 月 23 日该公司召开股东会议，除金福平外的其他 5 位股东参加了会议，会议决定：在 2003 年度公司申请免税的基础上，每股分红金额为 60,000 元。分红金额不发，作为公司再投资。鉴于金福平已于 2003 年 7 月 25 日退出股东股份和

① 参见石少侠：《对〈公司法〉司法解释（四）若干规定的理解与评析》，载《当代法学》2017 年第 6 期。

② 参见河南省济源市人民法院（2004）济民二初字第 40 号民事裁定书；河南省济源市中级人民法院（2004）济中民一终字第 359 号民事裁定书，载《人民法院案例选案例》2005 年第 2 辑。

2003 年上半年比下半年效益稍好,分红可按 7 个满月计算,实发金额为 35,000 元。该公司 2003 年利润表显示,2003 年度利润为 399,448.96 元。

金福平于 2004 年 2 月 26 日向济源法院提起诉讼,请求法院判令济源裕恒公司支付分红款 100,000 元。经金福平申请,济源法院委托会计师事务所进行审计,结论为:该公司 2002 年利润为 32,854.26 元,2003 年全年利润为 628,615.63 元,截至 2003 年 7 月,该公司累计未分配利润为 376,379.63 元,截至 2003 年年底该公司未分配利润为 662,976.09 元。

济源法院审理后裁定驳回了起诉。金福平不服,提起上诉,河南济源中院经二审审理,驳回上诉,维持原裁定。

一审法院认为,2003 年 7 月除金福平外的其他 5 位股东根据股东决议认购了金福平的出资,并就以上股东及股东出资变更情况,变更了工商登记。金福平虽然对其出资的转让不知情,但其未提出异议,视为对股东会作出的关于其出资转让决定的认可,金福平收回出资的性质为出资转让。金福平于 2003 年 7 月 25 日将其全部出资转让以后,已不是该公司的股东,不应享有股东权。因公司盈余分配权系股东权的一种,股东权是股东就其出资对公司享有的特定权利,金福平在该公司 2003 年年底分红时已不具备股东资格,无权要求分配公司盈余,因此其不具备原告主体资格。

二审法院认为,根据《公司法》(2004 年修正)第三十八条、第一百七十七条的规定,公司在分配当年税后利润时,应当依法提取法定公积金、法定公益金;经股东会决议,可以提取任意公积金;在弥补公司亏损和提取法定公积金、法定公益金之前,公司无权向股东分配利润。公司利润分配方案是公司股东会审议批准的事项,是否提取任意公积金,公司利润如何分配、何时分配,均应由公司股东会审议批准。股东请求分配公司盈余,应当依据股东会决议进行。金福平不依据股东会决议请求分配利润,而是请求法院直接清算公司收益并分配利润,该起诉没有法律依据,不属于法院受理民事诉讼的范围,应予驳回。

本案中,一审法院驳回金福平起诉的理由系因金福平提起诉讼时已经不具有股东资格。二审法院虽然也维持了原裁定,但是理由却不一样。二审法院认为盈余分配系公司自治范围内的事项,金福平需依据股东会决议请求分配利润,直接请求法院清算公司收益并分配利润没有法律依据,不属于法院受理民事诉讼的范围,原审裁定认定金福平已从济源裕恒公司取走出资、对股东变更情况已进行工商变更登记以及其他相关事实,并以金福平已经不是济源裕恒公司的股东为由驳回金福平的起诉,均属不当。本书认为,一审法院驳回金福平的理由显然不正确,即便其起诉时已经不具备股东资格,但其曾经具有股东资格,一审法院应当审查金福平是否对公司享有了盈余分配给付之债权,而不能以股东资格问题直接驳回起诉。对此,二审法院进行了纠正。本案发生在《公司法司法解释(四)》出台之前,值得注意的是,两审法院均是裁定驳回了原告的起诉,而非判决驳回诉讼请求。

案例·9　－最高人民法院案例－

未经公司权力机构决议,股东直接起诉分配利润缺乏法律依据

——思维公司与胡克公司盈余分配纠纷上诉案①

上诉人(一审被告):思维公司。

被上诉人(一审原告):胡克。

1998年4月29日,胡克等4人作为发起人,成立了思维公司,注册资本金为300万元,胡克等4人股东出资额均为75万元,胡克为董事长。

2000年6月16日,思维公司股东召开股东会,一致同意由李欣出任该公司董事长,免去胡克的董事长职务,并报工商机关核准办理了变更登记。

思维公司章程载明:第八条,股东享有的权利是股东按照出资比例分取红利;第二十八条,公司分配当年税后利润时,应当提取利润的10%列入公司法定公积金,并提取利润的5%至10%列入公司法定公益金,公司法定公积金累计额为公司注册资本金的15%以上的,可不再提取,公司提取公积金、法定公益金后所余利润,公司按照股东的出资比例分配。思维公司2004年度企业财务会计报表载明,截至2004年12月底思维公司未分配利润(历年)期末数为103,812,679.64元,资本公积金期末数为34,803,668.26元,盈余公积金期末数为65,351,871.29元。本案在审理中,思维公司申请对2000年7月20日董事会决议上胡克的签名进行鉴定,鉴定结论为,该董事会决议上的签名系胡克所写。胡克对鉴定结论未再提出异议。

2005年3月3日,胡克以思维公司自成立以来长期拒不向股东分红、损害股东利益为由,向原审法院提起诉讼,请求判令思维公司向其分红4000万元。

一审法院审理后判决,思维公司于本判决生效后10日内支付胡克盈余分红款

① 参见河南省高级人民法院(2005)豫法民二初字第15号民事判决书;最高人民法院(2006)民二终字第110号民事判决书。

25,953,169.91 元。后思维公司提起上诉,最高人民法院经审理判决撤销一审判决,驳回胡克的诉讼请求。

一审法院认为,胡克作为思维公司的股东之一,对思维公司拥有 75 万元的出资,占思维公司股本总额的 25%。思维公司成立以来,盈利丰厚,截至 2004 年年底,思维公司未分配利润已有 1 亿元以上,但公司成立以来至今没有向股东分红。思维公司有巨额利润而长期拒不向股东分配,违反了公司法规定,特别是在股东之间发生纠纷时,长期不分配利润损害了占股比例小的股东的利益。故胡克可以通过诉讼要求公司分配利润。思维公司依法应向胡克分红。遂按照《公司法》第三十三条和思维公司的章程规定,胡克按照其出资比例对思维公司的盈余享有 25% 的分配权。

最高人民法院二审审理认为,根据《公司法司法解释(一)》(2006 年 5 月 9 日施行)第一条的规定,本案应适用 2005 年 10 月 27 日修订前《公司法》(以下简称修订前公司法)的规定。根据修订前公司法第三十八条和第四十六条的规定,有限责任公司利润分配方案应由公司董事会制订并由公司股东会审议批准。2005 年 10 月 27 日修订后的公司法亦保留了上述内容。据此,在公司董事会、股东会未就公司利润分配方案进行决议之前,公司股东直接向人民法院起诉请求判令公司向股东分配利润缺乏法律依据。因此,本案中在思维公司董事会、股东会未就公司利润分配作出决议之前,胡克以股东身份直接向人民法院起诉请求分配公司利润,其诉讼请求不应得到支持。

从最高人民法院的裁判理由可以明确,公司是否分配利润以及分配多少利润属公司权力机构决策权范畴,即便公司有巨额利润而长期不进行分配,也不宜径行判决公司向股东分配利润。(见图 5-4)

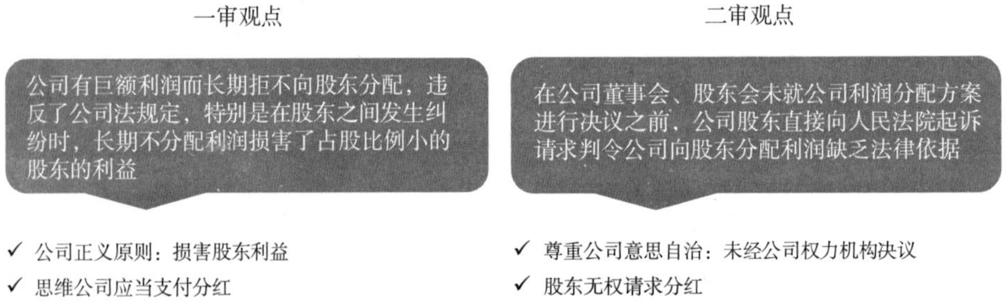

图 5-4　公司有利润而长期拒不向股东分配的处理

案例·10　－人民司法案例－

司法不应干涉公司的股利分配自治权

——白金章等与兴泰公司股利分配纠纷案①

原告：白金章、李文通。

被告：兴泰公司。

兴泰公司成立于2004年2月18日，注册资本为685万元。白金章持股30%、李文通持股20%，谢木荣持股40%，谢文坤持股10%。《兴泰公司章程》第十七条约定："公司不设董事会，只设一名执行董事，执行董事谢木荣为公司的法定代表人。"第十七条约定："执行董事对股东会负责，行使以下职权：……5.制订公司的利润分配方案和弥补亏损方案的权利。"

原告白金章、李文通诉称：根据《兴泰公司章程》第十条约定，股东有"按照出资比例分取红利"的权利。兴泰公司自开办以来，发展良好，赢利总计在600万元以上，但公司执行董事谢木荣不依法履行职责，几年来既不通报公司账务，也不按照公司章程约定，制订公司的利润分配方案，合理分配股东应得红利，经两原告多次交涉未果。只好诉诸法律，请求法院判决被告兴泰公司支付给原告白金章、李文通应分配红利（现暂定200万元，具体以委托会计师事务所对公司至2011年5月31日的股东分配利润进行审计鉴定的鉴定结论按50%股份计算）。两原告并在起诉的同时，申请人民法院委托会计师事务所，对兴泰公司从成立至2011年5月31日的股东分配利润进行审计鉴定，以便确定两原告按股份可分配利润数额。被告兴泰公司一审未作答辩。

福建省安溪县法院经审理后裁定驳回了原告白金章、李文通的起诉，宣判后，白金章、李文通不服一审裁定，提起上诉。经泉州中院二审，最终裁定驳回上诉，维持原裁定。

一审法院认为，根据《公司法》（2005年修订）第三十八条的规定，公司股利是否分配以及分配的数额，属于公司自治和股东自治的范围。本案兴泰公司的公司章程第十七条、第十八条约定，"公司不设董事会，只设一名执行董事"，"执行董事

① 参见福建省安溪县人民法院（2011）安民初字第2510号民事裁定书；福建省泉州市中级人民法院（2011）泉民终字第1987号民事裁定书。

有制订公司的利润分配方案和弥补亏损方案的权利”。虽然在该章程第十条约定，“股东有按照出资比例分取红利的权利”，但这只能证明公司有约定股东有按照出资比例分取红利的权利，而没有由公司执行董事制订、再由股东会审议批准的分配方案。故原告现直接请求法院判决被告支付应分配红利，不符合《公司法》第三十八条的规定，违反了上述规定的程序，应予驳回。

泉州中院二审认为，白金章、李文通作为兴泰公司工商登记的股东，提起公司盈余诉讼的主体是适格的。根据《公司法》的规定和兴泰公司章程的规定，只有兴泰公司的执行董事制订公司的利润分配方案和弥补亏损方案，且由股东会审议批准利润分配方案的情况下，股东才具有实际参与股利分配的权利。因白金章、李文通无证据证明兴泰公司股东会已决定进行公司利润分配而不予分配，因此，法院对此不予干预较妥。

以上案例8、案例9发生距目前已经很久远，两案件裁判适用的还是2004年《公司法》，案例10适用的则为2005年《公司法》，但关于股东会职权以及利润分配的规定一致延续至今，与现行《公司法》并无二致。从前述案例可以看出，在《公司法司法解释(四)》出台前，虽然无具体明确规定对“股东未提交载明具体分配方案的股东会或者股东大会决议，请求公司分配利润的”的处理方式，但法院在处理该类案件时已经关注尊重公司的自治权。

当然，实践中还可能存在有些公司虽长期没有召开股东会，但其公司章程中对利润分配的各项具体内容进行了约定且按照约定即可具体实施利润方案的情况。本书亦认为在该情况下不能直接以股东未提交股东会决议为由驳回其诉讼请求，应当进行具体问题具体分析，法院可通知征求其他股东的意见作为共同原告参加诉讼，根据多数意见确定是否根据公司章程进行分红。①

程序方面，在公司股东会(股东大会)未作出决议前，公司股东是否享有诉权，存在不一样的处理结果。案例8及案例10以股东直接请求法院判决公司支付应分配红利，不符合《公司法》第三十八条的规定，裁定驳回了原告的起诉。案例9中，虽两审法院未支持原告的诉请，但对案件进行了实体审理。本书认为，现有法律法规并未将公司权力机构作出有效决议作为股东提起盈余分配之诉的前置程序，因此，直接以无公司内部决议为由裁定驳回原告的起诉系剥夺当事人的诉权。(见图5-5)

① 参见《加强调查研究　探索解决之道——最高人民法院民二庭庭长宋晓明就在全国民商事审判工作会议中提出的若干疑难问题答记者问》。

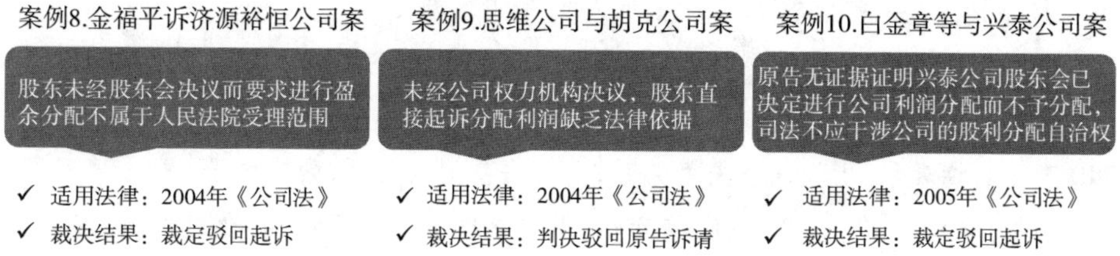

图5-5　未经公司权力机构决议案件处理结果

随着《公司法司法解释(四)》的实施,该问题在司法实践中的处理变得更加清晰无争议,法院在审理案件后如发现无股东会决议且也不存在司法应当介入之法定情形的,可判决驳回原告的诉讼请求。当然,司法实务中在认定"未提交载明具体分配方案的股东会或者股东大会决议"时应准确把握各种情形。①

(三)具体的利润分配方案

公司权力机构形成决议是行使盈余分配权的形式要件,具体的利润分配方案则是这一形式要件的必要内容,无具体利润分配方案或方案不明的股东会决议难以作为股东主张盈余分配的依据。根据《公司法司法解释(四)》第十四条、第十五条的规定,如无具体分配方案的股东会决议,股东主张利润分配的诉请将无法得到支持。具体的利润分配方案在实践中常常产生争议,不少案件中,原告提交了股东会决议或相关文件,但因股东会决议或相关文件并未载明具体的利润分配方案而导致其诉请无法得到支持。

案例·11　　－典型案例－

股东请求公司分配利润,应提交载明具体分配方案的股东会决议

——梅素华等与燕文物流公司盈余分配纠纷案②

申请人(一审原告、二审上诉人):梅素华、周大任。

---

① 以下三种情形均属于未提交载明具体分配方案的股东会或者股东大会决议,原则上应当驳回诉讼请求:(1)股东没有提交任何股东会或者股东大会决议;(2)提交了仅决议分配利润但未制作具体分配方案的股东会或者股东大会决议;(3)提交了股东会或者股东大会关于不分配利润的决议。参见最高人民法院民事审判第二庭编著:《最高人民法院公司法司法解释(四)理解与适用》,人民法院出版社2017年版,第328页。

② 参见北京市朝阳区人民法院(2017)京0105民初43281号民事判决书;北京市第三中级人民法院(2018)京03民终6673号民事判决书;北京市高级人民法院(2018)京民申2033号民事裁定书。

被申请人（一审被告、二审被上诉人）：燕文物流公司。

燕文物流公司系成立于1998年4月16日，法定代表人周文兴。截至2015年8月，燕文物流公司注册资本600万元，周大任、梅素华各出资180万元，周文兴出资240万元。梅素华、周大任系夫妻关系，周文兴系周大任、梅素华之子。

2015年8月19日，周大任、梅素华、周文兴作出股东会决议，通过决议：股东梅素华、周大任分别将自己股权30%（对应注册资金180万元），无偿转赠给周文兴。周文兴获有股权100%，注册资金600万元。为了安排好公司创建人周大任、梅素华的退休生活，公司提供以下待遇：为两人购买一套价值1000万元的退休住房；或提供一套长期使用的租用住房等。

2015年9月18日，周文兴、梅素华、周大任又作出股东会决议。通过以下决议：一、股东会同意股东梅素华将自己股权30%（9000万元）无偿转赠给周文兴。股东会同意股东周大任将自己股权30%（9000万元）无偿转赠给周文兴。……股东会同意为了安排好公司创建人梅素华、周大任的退休生活，从10多年未分配的红利中，拨付1000万元，为二人购买一套退休住房。

2015年9月18日，周大任、梅素华与周文兴分别签订《转让协议》，周大任、梅素华分别将持有的燕文物流公司的30%股权以1元的转让价格转让给周文兴。

一审庭审中，周大任、梅素华、周文兴一致认可2015年9月18日作出第二届第七次股东会决议时未就燕文物流公司税后利润进行审计。

一审法院经审理后驳回了周大任、梅素华请求公司支付购买住房款1000万元的诉请。周大任、梅素华不服上诉至北京三中院，三中院判决驳回上诉，维持原判。后周大任、梅素华向北京高院申请再审，最终裁定驳回周大任、梅素华的再审申请。

经对本案全部法律文书的梳理，一审、二审、再审法院均认为，本案争议焦点为燕文物流公司2015年9月18日股东会决议是否载明具体利润分配方案。原则上，分配政策应当包括待分配利润数额、分配政策、分配范围以及分配时间等具体分配事项内容。本案中，燕文物流公司第二届第七次股东会虽载明“股东会同意为了安排好公司创建人梅素华、周大任的退休生活，从十多年未分配的红利中，拨付一千万元，为二人购买一套退休住房”。但从股东会议题来看，其议题为“有关本公司股权变更事宜”，即股东会解决的是股权变更事宜。同时，燕文物流公司股东周大任、梅素华、周文兴均认可决议作出时并未就公司税后利润进行审计，亦未考虑公司亏损、公积金等事宜。换言之，燕文物流公司第二届第七次股东会决议对决议作出时公司税后可分配利润、损失、公积金等均未明确，考虑到周大任、梅素华与周文兴之间的关系，结合决议作出后燕文物流公司、周文兴向周大任、梅素华支付生活费、房租、医疗费等事实，各级法院均认定决议所谓拨付1000万元购房款，应系周文兴对周大任、梅素华退休后生活所作安排，实难认定为燕文物流公司股东会形成的具体利润分配方案。

同本案一样，“杜锦仪、佛山市嘉珏贸易有限公司公司盈余分配纠纷案”中，杜锦仪主张依据的《分红协议》也被法院认定为“仅是当事人之间就相关内容达成的一致意思的表示，并非一份具体的利润分配方案”。深圳中院审理的“王广来、深圳市昱盛灯饰有限公司公司盈余分配纠纷案”①中，王广来主张盈余分配依据的系公司法定代表人出具的《建议书》，法院认为，该《建议书》既不符合“股东会决议”这一形式要件，内容上也不具体明确。

根据《公司法》及司法解释的规定并结合司法实践，本书认为，具体的利润分配方案应当包括：分配政策、待分配利润数额、分配范围、根据分配政策各股东可分得的具体数额以及分配时间等具体分配事项内容。关于分配时间问题，《公司法司法解释（五）》进一步规定，分配利润的股东会或者股东大会决议作出后，公司应当在决议载明的时间内完成利润分配。决议没有载明时间的，以公司章程规定的为准。决议、章程中均未规定时间或者时间超过1年的，公司应当自决议作出之日起1年内完成利润分配。决议中载明的利润分配完成时间超过公司章程规定时间的，股东可以依据《民法典》第八十五条、《公司法》第二十二条第二款的规定请求人民法院撤销决议中关于该时间的规定。当然，在利润分配方案中还应当按照《公司法》的相关规定对公司的税后可分配利润、弥补亏损、公积金提取等事项进行明确。（见图5－6）

① 参见深圳市宝安区人民法院（2018）粤0306民初20203号民事判决书；深圳市中级人民法院（2019）粤03民终17200号民事判决书。王广来依据的公司股东出具的《建议书》，法院认为《建议书》中“最好自2016年10月份起，每6个月进行一次分红！以上自2015年11月7日起”的内容并非明确的承诺，因其中有“最好”的字眼，该内容所表达的意思表示作附有条件或是表达期望的理解更符合常理，故对王广来的该项主张不予确认，且该《建议书》亦非昱盛公司股东形成的股东会决议。

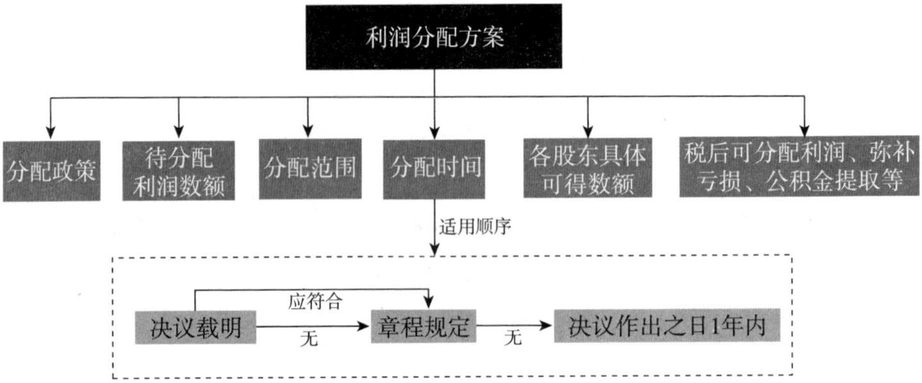

图5-6　具体利润分配方案

四、股东盈余分配权遭受侵害之权利保护问题

盈余分配请求权是股东的法定固有权利,是股东基于股东身份当然享有的抽象权利,是股东权利的核心重要内容。因是否进行盈余分配是公司内部权力机构股东会(股东大会)的职权范围,根据《公司法》尊重公司自主决策的精神,法官不能基于自己的职业能力对公司的商业决定作出判断和干预进而影响公司自治,需要坚持"司法谨慎干预商业决定原则"。另外,大股东、董事、高级管理人员等基于自身对公司的控制力度损害小股东利益的情形时有发生,司法实践中关于保护股东(尤其是小股东)知情权、盈余分配权的纠纷案件亦大量存在,这其中既包括损害股东确定的利润分配请求权的案件,也存在损害股东不确定利润分配权导致司法强行干预的情况。

在公司存在利润的情况下,如股东的投资回报不能得到满足,极容易造成股东间的情绪对立,导致陷入公司僵局。有权利便有救济,法律虽强调司法应谨慎干预公司自治,但如出现损害股东盈余分配权的情形发生时,需要有相应的依据和救济途径进行保护。

《公司法》规定如公司连续五年具备公司分配利润条件而不给股东进行分配的,对股东会该项决议投反对票的股东可以请求公司按照合理的价格收购其股权。在《公司法司法解释(四)》未出台之前,已有不少学者对司法实践中出现的法院过度尊重公司自治而导致股东盈余分配权利受损进行了批判,如法院对没有股东会决议的盈余分配纠纷请求一概不予支持可能导致与公司正义原则相冲突,尊重公司自治不能违背公司正义。① 我国现行公司法为在股利分配上受到损害的股东提供的救济存在不足，遭受欺压的有限公司少数股东可援用的救济措施包括股权回购之诉、司法解散公司之诉，这些救济的共同点是受到侵害的少数股东只能被动接受退出机制——或转让股权、或请求股权回购、或请求司法解散等，存在针对性不足、实效性不强、成本过高等问题，尤其是没有为那些无辜受害的少数股东提供既能救济其权利又不至于被迫退出公司的两全之策。②

对于股东确定的盈余分配请求权遭到侵害，则股东可以依据具体有效的盈余分配方案直接起诉进行维权。而在没有具体的利润分配方案或股东会、董事会设定条件限制股东盈余分配权的情况下，股东提起盈余分配之诉，此时则需考察公司、公司大股东的行为是否损害了股东的不确定利润分配请求权，进而确认是否需要司法进行强制干预。

根据《公司法司法解释（四）》第十四条的规定，如股东提交载明具体分配方案的有效决议，请求公司分配利润的，如公司拒绝分配利润且其关于无法执行决议的抗辩理由不成立的，法院应当判决公司按照决议载明的具体分配方案向股东分配利润。对《公司法司法解释（四）》第十四条，结合本章前文的案例分析以及该条文的文义可以很好理解。实践中，比较难以处理的是《公司法司法解释（四）》第十五条“但书”条款之规定，即在没有有效决议的情况下，法院依据“但违反法律规定滥用股东权利导致公司不分配利润，给其他股东造成损失的除外”判决公司强制进行盈余分配。

（一）公司拒不执行利润分配方案

根据《公司法司法解释（四）》第十四条之规定，除非公司关于无法执行决议的抗辩理由成立，否则公司不执行利润分配方案，股东有权诉请要求强制进行分配，该情形下，法院应当判决公司按照决议载明的具体分配方案向股东分配利润。在该问题上，虽《公司法司法解释（四）》出台前没有明确的规定，但从之前案件的审理情况可以看出司法实践已经关注尊重公司自治权与保护股东盈余分配权的平衡问题。

---

① 梁上上：《论股东强制盈余分配请求权——兼评“河南思维自动化设备有限公司与胡克盈余分配纠纷案”》，载《现代法学》2015 年第 2 期。

② 李建伟、茅院生：《有限公司强制分配股利之诉的法律基础》，国家社科基金青年项目：政府规制公司法律问题研究（08CFX027），收稿日期 2010 年 2 月 10 日。

1. 公司拒不执行利润分配方案，股东有权起诉主张履行

案例·12 －中国审判案例要览案例－

公司不执行利润分配方案，股东有权作为债权人提起诉讼

——上海粮食公司与南方啤酒公司公司盈余分配权上诉案①

上诉人（一审被告）：南方啤酒公司。

被上诉人（一审原告）：上海粮食公司。

1995年8月9日，南方啤酒公司成立。公司章程约定：由股东上海粮食公司、粮油公司、新良公司、轻工公司共同投资设立南方啤酒公司，上述股东认缴出资总额为6600万元人民币，其中600万元作为被告注册资本，6000万元作为南方啤酒公司的流动资本。上海粮食公司认缴注册资本150万元、认缴流动资本1500万元，占出资总额25%，南方啤酒公司税后利润依照国家的规定留存法定公积金10%、法定公益金5%，其余的按股东实际出资比例分配。

1997年3月18日，南方啤酒公司向上海粮食公司出具一张盖有公章，并由四股东认可的南方啤酒公司1996年利润分配方案，该方案确认南方啤酒可分利润719,373.69元。1997年7月4日，上海市地方税务局浦东新区外高桥税务局向上海市财政四分局出具一张境内企业利润分配通知单，该通知单载明："你处上海市粮食储运公司与我局管辖的上海南方啤酒原料有限公司企业参加投资，该企业自1996年11月1日至1996年12月31日实现的利润中，已分配给你处上海市粮食储运公司利润719,373.69元，免征所得税107,906.05元……"1997年7月28日，南方啤酒公司向各股东单位出具了关于上海南方啤酒原料有限公司1996年利润暂缓兑现的情况说明，写明：因各个啤酒厂拖欠资金，使被告无法及时回笼货款，对1996年各股东利润等无法及时兑现，一旦拖欠资金到位后，立即付清各股东单位的红利。

一审法院判决支持了上海粮食公司要求分取利润的诉请。南方啤酒公司不服提起上诉，二审最终亦判决驳回上诉，维持原判。

---

① 参见上海市南市区人民法院（1999）南经初字第545号民事判决书；上海市第一中级人民法院（2000）沪一中经终字第610号民事判决书，载《中国审判案例要览》2001年商事审判案例卷。

一审法院认为，原告与其他股东共同出资成立了被告南方啤酒公司，原告作为公司的股东依法享有资产受益权，原告上述权利符合公司法的规定，也与被告章程相符。被告出具1996年利润分配方案，确认原告应分得的利润，由于被告拖延利润分配，致原告未能及时获得利润。

二审法院认为，我国《公司法》规定股东按照出资比例分取红利，被上诉人作为公司股东已经足额缴纳公司章程中规定的出资额，依法有权按照出资比例分取红利；我国《公司法》另规定有限责任公司股东会由全体股东组成，股东会是公司的权力机构，有权审议批准公司的利润分配方案，被上诉人依法与其他股东共同审议批准的1996年度分配方案，上诉人应予执行。我国《民法通则》规定债是按照合同的约定或者依照法律的规定，在当事人之间产生的特定的权利义务关系，公司分配方案一旦成立，即在上诉人与被上诉人之间产生债权债务关系，被上诉人是债权人，有权要求上诉人支付利润款。（现《民法典》第一百一十八条）①

如前文所述，确定的利润分配请求权有一定形成过程，需要公司满足可进行利润分配的前提条件，这样明确具体的权利一经形成便成为股东享有的实际债权，即便当事人在提起诉讼时已经没有公司的股东身份，但依然有权要求特定义务人履行相应的义务。该案虽距今时间较为久远，但二审法院关于“公司分配方案一旦成立，即在上诉人与被上诉人之间产生债权债务关系”的裁判思路亦符合现行《公司法》及《公司法司法解释（四）》的相关规定。

2. 公司关于不支付利润的抗辩不成立，股东有权起诉主张履行

案例·13　－典型案例－

公司关于不支付利润的抗辩理由不成立，应向股东支付股权分配款

——梁水、何美清等与龙潮瑞达公司公司盈余分配纠纷案②

上诉人（一审被告）：龙潮瑞达公司。

被上诉人（一审原告）：梁水、何美清等5人。

梁水、何美清等5人均是龙潮村村民，属于原龙潮村七队第五小组。2008年1

① 《民法典》第一百一十八条：民事主体依法享有债权。债权是因合同、侵权行为、无因管理、不当得利以及法律的其他规定，权利人请求特定义务人为或者不为一定行为的权利。

② 参见广东省湛江经济技术开发区人民法院（2018）粤0891民初1033号民事判决书；广东省湛江市中级人民法院（2019）粤08民终687号民事判决书。

月15日，龙潮村委会制订一份《龙潮村股份制配股分红方案》，该方案第四条：完善后的股份制经济，仍属集体所有制性质。龙潮村所有资产属股权持有者共同所有。……第五条：股权持有者享受股份分红的权利和承担相应的义务。第六条：龙潮村的集体资产总折股值为村固定资产加流动资金加债权减债务，再剔除村民购买社保、医保所需资金后的余额，其中公共设施、社会福利设施暂不列入资产折股值。第四章股权的配置与管理股权的配置办法：集体资产折股设人口股(20股)、福利股(5股)二种，村民满股为25股。2008年5月16日，龙潮瑞达公司依法登记成立，公司类型为股份有限公司。

2017年5月30日，龙潮瑞达公司召开的第四届第三次股东(股东代表)大会决议，股东必须自觉遵守公司的各项规章制度以及龙潮村村规民约的规定，私自占有公司财产或村集体财产的，经股东代表大会以及村集体经济组织机构警告、处罚决定后，仍拒不退出占有、不归还公司财产或村集体财产的，董事会即可停发侵占人的股东分红，并可将其分红充抵公司或村集体因侵占所造成的损失。

梁水、何美清等5人共拥有龙潮瑞达公司人口股20股，福利股5股，梁水、何美清等与龙潮瑞达公司因涉及宅基地分配问题产生矛盾，龙潮瑞达公司在2013年3月21日第二十三次股东代表会议决议，停止对梁水等发放本村享受的福利。从2013年4月起，龙潮瑞达公司停止向梁水、何美清等发放分配款，其中仅发放2014年4月的分配款，截至2018年5月，龙潮瑞达公司未给梁水、何美清等5人发放分配款共计119,000元。

一审法院审理后判决，支持了梁水、何美清等诉请。龙潮瑞达公司不服提起上诉，二审法院经审理后驳回上诉，维持原判。

一审法院认为，本案属于侵害集体经济组织成员权益纠纷。龙潮瑞达公司是由龙潮村委会的集体资产进行股份制改革并由村民代表发起成立的股份有限公司，梁水等人具有龙潮村集体经济组织成员资格，按照《龙潮村股份制分配股份分红方案》的规定，依法享有龙潮瑞达公司股权分配款。《村民委员会组织法》第二十七条第二款规定："村民自治章程、村规民约以及村民会议或者村民代表会议的决定不得与宪法、法律、法规和国家的政策相抵触，不得有侵犯村民的人身权利、民主权利和合法财产权利的内容。"龙潮瑞达公司以梁水等人私自占有宅基地为由停发梁水等人的股权分配款违反了该规定。龙潮瑞达公司认为梁水等私自占有宅基地，与本案属两个不同的法律关系，龙潮瑞达公司可另寻法律途径解决。

二审法院认为，梁水等人以其是龙潮瑞达公司的股东为由，请求龙潮瑞达公司按其持有的股份份额支付股权分配款,故本案案由应为公司盈余分配纠纷。虽然龙潮瑞达公司是由龙潮村集体经济组织改制而成,但其是依照《公司法》的规定依法成立的股份有限公司,而梁水等人则是持有龙潮瑞达公司股份的股东。龙潮瑞达公司与梁水等之间并不是农村集体经济组织与成员之间的关系,而是股份有限公司与股东的关系。龙潮瑞达公司对于其未向梁水等发放从 2013 年 4 月至 2018 年 5 月的股权分配款 119,000 元这一事实并无异议,只是认为梁水等非法侵占了集体土地,其依据股东代表大会作出的决议有权停止向梁水等发放股权分配款。二审法院认为因梁水等是否非法侵占集体土地与龙潮瑞达公司应否向梁水等发放股权分配款并没有关联性,故龙潮瑞达公司以此为由不向梁水等发放股权分配款的抗辩理由不成立。

根据本案两审的裁判理由,一审系以龙潮瑞达公司认为梁水等私自占有宅基地与梁水等主张给付股权分配款属两个不同的法律关系为由,未采信龙潮瑞达公司的理由,即因《龙潮村股份制分配股份分红方案》已经使梁水等获得了债权,龙潮瑞达公司当然具有给付义务。二审虽认定一审法院适用法律不当,但是最终也维持了龙潮瑞达公司应当向梁水等发放股权分配款的诉请,但二审支持梁水等的理由为龙潮瑞达公司拒绝向梁水等支付股权分配款的抗辩理由不成立。

《公司法司法解释(四)》并没有进一步明确规定哪些抗辩可以成为作为公司拒绝分配利润的理由。实践中,公司可能以股东会或者股东大会决议存在无效、可撤销的情形,在公司进行利润分配前公司的经营状况发生重大不利变化而不宜进行分配等理由进行抗辩。对于公司的决议被认定无效或撤销的情况,则股东缺失了最基础的依据,相应的盈余分配诉请应当被驳回。对于公司经营状况发生变化的抗辩,本书认为,法院应当要求公司举证证明不利变化确实存在,且如果仍然执行利润分配方案将给公司甚至外部债权人造成重大不利影响。因确定的利润分配请求权已经转化为股东对公司的一项特定债权,因此,对于已经权力机构决议的具体利润分配方案,原则上公司不能随意变更甚至撤销,包括类似案例 12 中上诉人南方啤酒公司一样的以公司应收账款未及时收回,现金不足的理由进行抗辩,均不能获得支持。①

① 参见四川省成都市中级人民法院(2013)成民初字第 1197 号民事判决书;四川省高级人民法院(2015)川民终字第 869 号民事判决书。

(二)公司组织机构不合理限制股东盈余分配权

1.公司股东会限制股东盈余分配权

股东会作为权力机构,可以合理合法地作出决议对盈余分配事项进行明确,如决议公司在一定时期内的盈余分配均用于扩大规模,不进行分配或一致决议对某股东多进行分配均属合理且有法律依据的情形,司法不应干涉这种自治。如持不同意见的股东认为侵犯了其权利,其可以通过其他救济途径予以维权。但如公司对个别股东设定不合理的利润分配条件,或作出的关于分配利润的相关内容已客观不能约束公司股东,则公司的行为可以认定损害了其盈余分配权,受侵害的原股东有权向法院起诉要求支付可分得的利润。

案例·14 -中国审判案例要览案例-

公司侵害股东公司盈余分配权时股东可向法院请求强制公司向其分配盈余

——王子峥诉市政公司盈余分配纠纷案①

原告(反诉被告):王子峥。

被告(反诉原告):市政公司。

2004年1月16日,市政公司成立。同年6月2日,市政公司出具一份股东出资证明书,确认王子峥于2003年11月27日第一期注资0.85万元,于2004年3月25日第二期注资1.7万元,占公司注册资本的0.85%。此外,市政公司工会分别于2003年11月26日和2004年3月25日出具两份收(领)款收据,确认收到王子峥股金合计9000元。2006年12月31日,市政公司编制一份资产负债表,体现的是2006年年度所有者权益合计为23,894,661.52元。

2008年3月15日,王子峥签到参加市政公司的股东会会议,会议通过如下决议:(1)公司注册资本由600万元增加到900万元。公司增资后,股东王子峥出资7.65万元,占公司注册资本的0.85%,股东市政公司工会出资85.5万元,占公司注册资本的9.5%。(2)修改公司章程相关条款(2003年12月25日公司组织章程及2008年3月15日修订的公司章程第七十条规定:股东应在公司工作自公司成立起满3年。无故不参加工作或达不到年限者,由公司强制回购其配售股份并计入公司

① 参见福建省厦门市思明区人民法院(2009)思民初字第15号民事判决书,载《中国审判案例要览》2010年商事审判案例卷。

工会委员会出资，并从股东名册中除名。不参加工作指一年内每周参加全日工作时间低于20小时（法定节假日另计）的周数高于25周或达不到合同用工聘任标准被解聘合同的。达不到年限者指3年内每周工作大于30小时的周数低于120周。

2008年7月30日，王子峥向市政公司董事会及全体股东出具了一份退股申请，请求退出其在市政公司的股份，并要求在退出前能补还公司此前已分全部红利及归还本金、结清其本人所占资产份额。2008年8月30日，王子峥在市政公司的股东身份正式终止。

2008年12月28日，市政公司召开股东会会议并对王子峥不履行股东会决议作出处理意见。

王子峥一审起诉要求市政公司支付盈余分配款、股份回购款；市政公司认为，其自2004年9月至2007年7月，在未办理任何手续情况下，旷工达34个月，且未完成该期间应完成的工作量，另根据市政公司2008年制定的《产值计算暂抵扣办法》规定，王子峥原股东权益仍应按《产值计算暂抵扣办法》的规定进行抵扣，其利润分配额不足抵扣未完成累计工作量应支付的款项，并提起反诉要求终止王子峥的股东资格。

厦门思明区法院一审判决，支持了王子峥盈余分配款及股份回购款的诉请。

厦门思明区法院经审理认为，王子峥以其个人名义持有市政公司0.85%的股份及由其实际出资、公司工会代持有0.3%股份的事实清楚，双方当事人对此均无异议。根据公司法的规定，王子峥作为市政公司股东，其依法享有资产收益权，有权按照实缴的出资比例分取红利。

不同于案例12与案例13，前述两案例中，公司已经形成了关于具体利润分配方案的决议，股东已经对公司享有了明确具体特定的债权。本案中王子峥并未提供股东会利润分配决议，其特殊在于案件当事人均认可王子峥的股东身份在2008年8月30日已经终止，但在王子峥股东身份终止前公司产生的利润并未向其进行分配，而公司又以股东身份终止后于2008年12月28日形成的股东会决议内容拒绝向其进行盈余分配。法院认定市政公司侵害了王子峥作为股东期间的盈余分配权，进而直接判决支持了王子峥关于盈余分配款的诉请。本案中，法院并未直接回应市政公司提出的产值抵扣问题，但裁判理由中明确因双方在2008年即发生了争议，发生争议后通过的针对王子峥的处理意见当然不能再约束王子峥。

2. 公司董事会限制股东盈余分配权

《公司法》规定的董事会职权中包括"制订公司的利润分配方案和弥补亏损方

案;”但非常明确的是董事会仅是“制订”,而审议和批准是股东会的职权。从公司治理架构角度,董事会对股东会负责,向股东会报告工作,执行股东会的决议。股东会有权选举和更换非职工代表担任的董事、有权审议批准董事会的报告。《公司法》明确规定,董事对公司负有忠实义务和勤勉义务,禁止作出损害公司利益的行为。盈余分配权是股东的一项基本权利,股东会如拟合理限制股东的盈余分配权尚需注意程序及内容的合法性,而作为执行股东会决议的董事会当然无权限制股东的盈余分配权。

案例·15 –典型案例–

董事会无权限制股东盈余分配权

——忠意公司与赵德壮等盈余分配纠纷再审案[①]

再审申请人(一审被告、二审被上诉人):忠意公司。

被申请人(一审原告、二审上诉人):赵德壮。

一审被告、二审被上诉人:中意玻璃公司。

赵德壮系忠意公司实际出资人之一,出资金额20万元。2007年3月30日忠意公司召开董事会并形成董事会纪要,董事会纪要其中一项内容为确认赵德壮在忠意公司享有股份20万元;另一项纪要确认赵德壮不计以前分红,赵德壮列席了该会议,但未在纪要上签字。

2013年,忠意公司股东(包括赵德壮等实际出资人)同意转让各自的股权,股权按股东出资额的3倍转让,股东未支取分红款按1.5倍支付。2014年赵德壮支取股权转让款60万元,将股权证交回。

一审法院受理后驳回了赵德壮要求忠意公司支付1998年、1999年分红款及利息。赵德壮不服提起上诉,二审法院撤销了一审判决,改判支持了赵德壮的诉讼请求,忠意公司不服二审判决申请再审,再审法院裁定驳回再审申请。

一审法院认为,赵德壮称其1998年、1999年有分红款22万元未支取证据不足,此外,赵德壮应在2007年忠意公司召开董事会确认其股份后,应及时向忠意公司主

① 参见石家庄市桥西区人民法院(2015)西民商初字第00957号民事判决书;石家庄市中级人民法院(2015)石民四终字第01598号民事判决书;河北省高级人民法院(2017)冀民申3035号民事裁定书。

张要求给付分红款,但赵德壮直至2014年才提起诉讼,以诉讼时效已过为由驳回了赵德壮的诉请。

二审法院认为,股东的分红权系股东的基本权利,无约定和法律规定的事由,股东会无权剥夺。本案在股东未签字形成合意亦无法定事由的情况下,忠意公司董事会于2007年3月10日作出赵德壮不计以前分红的决议对赵德壮无效。关于赵德壮的债权(分红权)是否已超过诉讼时效期间的问题。董事会决议是否有效应当经司法或者仲裁程序予以认定。董事会决议被确认无效后,基于无效形成的请求权自确认无效之日开始计算诉讼时效期间,故忠意公司主张超过诉讼时效期间的理由不能成立。

再审法院亦认可二审法院观点。

本案中,一审法院以赵德壮未及时主张权利导致超过诉讼期间驳回了赵德壮的诉请,因诉讼时效问题不在本书的讨论范围内,在此不赘述。本案的主要意义在于根据二审、再审法院的裁判观点,可以明确公司董事会无权剥夺股东的盈余分配权。

由此引申一个问题,根据《公司法》以及大多数公司的章程规定,制订利润分配方案是董事会或执行董事的职权,利润分配是否必须先经董事会或执行董事制订方案才可启动?在案例10中,两审法院的裁判理由明确提及兴泰公司的章程规定制订利润分配方案系执行董事职权,因此,"只有在兴泰公司的执行董事制订公司的利润分配方案和弥补亏损方案,且由股东会审议批准利润分配方案的情况下,股东才具有实际参与股利分配的权利","公司利润分配方案的制定权在公司董事会或不设董事会的执行董事"。从裁判理由看似乎董事会或执行董事制订利润分配方案是必需的前置程序。如此理解,董事会或执行董事不启动制订利润分配方案,股东便无法分配利润,则董事会或执行董事的行为将直接限制股东的利润分配权,显属不符合公司治理架构内在要求。案例10中兴泰公司的章程规定了执行董事有权制订利润分配方案,可以理解全体股东通过章程赋予了执行董事这一必经程序。但即便如此,股东会当然也可以直接作出有效的利润分配方案,而无须必经董事会或执行董事制订利润分配方案,或股东会通过修订章程将该职权内容规定为股东会行使。

(三)大股东损害其他股东盈余分配权

实践中,大股东利用关联关系损害公司的利益导致其他股东盈余分配权受到影响的案例并不少见,如大股东长期不召开股东会,或即便召开会议但不作出分配的决议,另外,又利用关联关系将公司的资金、资产转入其控制的其他公司名下,长期占用。针对该情况,依据《公司法司法解释(四)》第十五条但书条款,股东可直接主张公司强制进行利润分配。

案例·16 - 最高人民法院公报案例 -

公司有盈余且部分股东存在滥用股东权利情形的,诉讼中可强制盈余分配

——居立门业公司与太一热力公司、李昕军公司盈余分配纠纷上诉案①

上诉人(一审被告):太一热力公司。

上诉人(一审被告):李昕军。

被上诉人(一审原告):居立门业公司。

太一热力公司由李昕军和张海龙二人于2006年3月设立,公司注册资本1000万元,李昕军以货币212万元、实物438万元总计出资650万元,占注册资本65%;张海龙出资350万元,占注册资本35%。

2007年4月,张海龙与居立门业公司签订股权转让协议,将其在太一热力公司的350万元股权转让给居立门业公司。2007年5月,李昕军与甘肃太一工贸有限公司(以下简称太一工贸公司)、居立门业公司签订股权转让协议,将其在太一热力公司的股权600万元转让给太一工贸公司,50万元转让给居立门业公司。同年5月,太一热力公司修改公司章程,将公司股东变更为太一工贸公司和居立门业公司,太一工贸公司持股比例60%,居立门业公司持股比例40%。

2009年9月29日,庆阳市人民政府召开市长办公会决定对太一热力公司进行整体收购,并形成第23期会议纪要。2010年7月10日,庆阳投资公司向太一热力公司支付资产转让余款57,616,003.25元。

案件审理期间,经居立门业公司申请,一审法院于2013年5月委托会计师事务所对太一热力公司的盈余状况进行了审计。2015年2月9日,会计师事务所出具《审计报告》,结论为:截至2014年10月31日,太一热力公司资产总额93,635,362.38元,其中货币资金2,984,981.97元、应收账款33,900,000元、其他应收款21,657,860.38元……未分配利润75,973,413.08元。该《审计报告》同时载明,太一热力公司应收账款33,900,000元,系2010年9月8日转入兴盛建安公司;其他应收款21,694,383.08

① 参见甘肃省高级人民法院(2013)甘民二初字第8号民事判决书;最高人民法院(2016)最高法民终528号民事判决书,载《最高人民法院公报》2018年第8期(总第262期)。

元中，兴盛建安公司12,988,795.65元。

兴盛建安公司系李昕军开办的关联公司，李昕军为该公司的法定代表人。另外，李昕军同为太一热力公司及其控股股东太一工贸公司法定代表人。

一审法院经审理后支持了居立门业公司关于盈余分配款及相关利息的诉请，太一热力公司不服一审判决提起上诉。最高人民法院二审判决撤销一审民事判决，支持了居立门业公司盈余分配款的诉请（调整了具体金额）。（见图5－7）

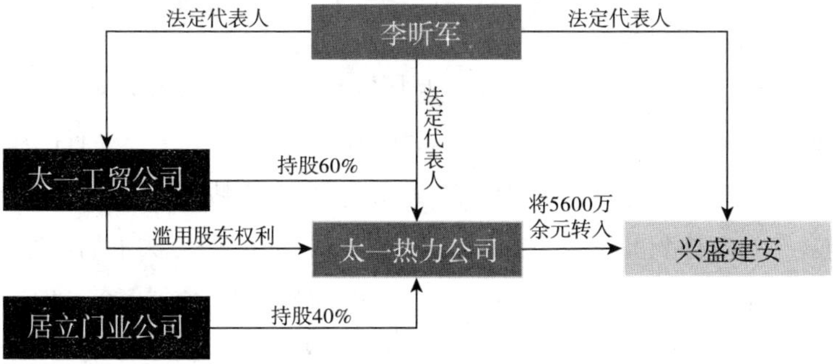

图5－7　居立门业公司与太一热力公司、李昕军盈余分配纠纷案

一审法院认为，《公司法》第四条规定，公司股东依法享有资产收益、参与重大决策和选择管理者等权利。第三十四条规定，股东按照实缴的出资比例分取红利；公司新增资本时，股东有权优先按照实缴的出资比例认缴出资。但是，全体股东约定不按照出资比例分取红利或者不按照出资比例优先认缴出资的除外。第一百六十六条第四款规定，公司弥补亏损和提取公积金后所余税后利润，有限责任公司依照本法第三十四条的规定分配；股份有限公司按照股东持有的股份比例分配，但股份有限公司章程规定不按持股比例分配的除外。至本案诉讼前，太一热力公司两股东未形成任何公司股利分配方案或者作出决定。太一热力公司存在可供分配的利润，但长期不向股东分配，严重损害了股东合法权益。关于太一热力公司应当分配的利润数额及比例。一审法院根据案涉证据及会计师事务所出具的《审计报告》及工商登记的股权比例，法院认定太一热力公司应向居立门业公司分配的盈余数额为20,466,276.4元（51,165,691.87元×40%）。

太一热力公司长期占用居立门业公司应分配利润，应当按中国人民银行同期贷款利率支付资金占用期间的利息。根据查明的事实，2010年7月10日，太一热力公司收到庆阳投资公司支付的资产转让余款57,616,003.25元，故太一热力公司应从2010年7月11日起对应分配居立门业公司的利润支付利息。

关于居立门业公司要求李昕军承担连带责任的诉讼请求。一审法院认为李昕军利用其太一热力公司法定代表人身份和控制地位，滥用职权，不但拒绝利润分配，而且将资产转让所得款项中5600万余元转入其关联公司兴盛建安公司，由该公司长期占用，在项目管理运营中，将政府给予的部分补贴资金和部分入网"接口费"收入挪为己用、对自己房地产项目应交的近1000万元"接口费"拖欠不交、将政府支付的收购现金转为己用、背着居立门业公司将太一热力公司盈余的32.7亩土地变更登记在自己的房地产公司名下，不断严重损害公司和股东利益，应当对太一热力公司向居立门业公司分配的利润承担连带清偿责任。

最高人民法院二审认为，关于太一热力公司是否应向居立门业公司进行盈余分配的问题。首先，公司在经营中存在可分配的税后利润时是否进行分配原则上属于公司自治范畴。但是，当部分股东变相分配利润、隐瞒或转移公司利润时，则会损害其他股东的实体利益，已非公司自治所能解决，此时若司法不加以适度干预则不能制止权利滥用，亦有违司法正义。虽目前有股权回购、公司解散、代位诉讼等法定救济路径，但不同的救济路径对股东的权利保护有实质区别，故需司法解释对股东的盈余分配请求权进一步予以明确。一审法院委托司法审计的结论显示，太一热力公司也有巨额的可分配利润，具备公司进行盈余分配的前提条件。其次，李昕军同为太一热力公司及其控股股东太一工贸公司法定代表人，未经公司另一股东居立门业公司同意，没有合理事由将5600万余元公司资产转让款转入兴盛建安公司账户，转移公司利润，给居立门业公司造成损失，属于太一工贸公司滥用股东权利《公司法司法解释（四）》第十五条但书条款规定应进行强制盈余分配的实质要件。最后，前述司法解释规定的股东盈余分配的救济权利，并未规定需以采取股权回购、公司解散、代位诉讼等其他救济措施为前置程序，居立门业公司对不同的救济路径有自由选择的权利。因此，一审判决关于太一热力公司应当进行盈余分配的认定有事实和法律依据。

关于太一热力公司是否应向居立门业公司支付盈余分配款利息的问题。公司经营利润款产生的利息属于公司收入的一部分，在未进行盈余分配前相关款项均归属于公司；在公司盈余分配前产生的利息应当计入本次盈余分配款项范围，如本次盈余分配存在遗漏，仍属公司盈余分配后的资产。公司股东会或股东大会作出盈余分配决议时，在公司与股东之间即形成债权债务关系，若未按照决议及时给付则应计付利息，而司法干预的强制盈余分配则不然，在盈余分配判决未生效之前，公司不负有法定给付义务，故不应计付利息。

关于李昕军是否应对太一热力公司的盈余分配给付不能承担赔偿责任的问

题。盈余分配是用公司的利润进行给付，公司本身是给付义务的主体，若公司的应分配资金因被部分股东变相分配利润、隐瞒或转移公司利润而不足以现实支付时，不仅直接损害了公司的利益，也损害到其他股东的利益，利益受损的股东可直接依据《公司法》第二十条第二款的规定向滥用股东权利的公司股东主张赔偿责任，或依据第二十一条的规定向利用其关联关系损害公司利益的控股股东、实际控制人、董事、监事、高级管理人员主张赔偿责任，或依据第一百四十九条的规定向违反法律、行政法规或者公司章程的规定给公司造成损失的董事、监事、高级管理人员主张赔偿责任。本案中，首先，李昕军既是太一热力公司法定代表人，又是兴盛建安公司法定代表人，其利用关联关系将太一热力公司5600万余元资产转让款转入关联公司，若李昕军不能将相关资金及利息及时返还太一热力公司，则李昕军应当按照《公司法》第二十一条、第一百四十九的规定对该损失向公司承担赔偿责任。其次，居立门业公司应得的盈余分配先是用太一热力公司的盈余资金进行给付，在给付不能时，则李昕军转移太一热力公司财产的行为损及该公司股东居立门业公司利益，居立门业公司可要求李昕军在太一热力公司给付不能的范围内承担赔偿责任。最后，《公司法》第一百五十二条规定的股东诉讼系指其直接利益受到损害的情形，本案中李昕军利用关联关系转移公司资金直接损害的是公司利益，应对公司就不能收回的资金承担赔偿责任，并非因直接损害居立门业公司的股东利益而对其承担赔偿责任，一审判决对该条规定法律适用不当。

本案自一审到最高人民法院判决历经数年，一审法院审理及作出判决时《公司法司法解释（四）》尚未出台。一审法院根据《公司法》（2013年修正）第三十四条以及第一百六十六条并结合案件事实“存在可供分配的利润，但长期不向股东分配”进而属于“严重损害股东合法权益”认定太一热力公司应当向居立门业公司进行利润分配。仅看前述裁判理由，一审法院径行判决本案应当强制公司进行利润分配似乎并未就公司利润分配属于公司自治权范围内的问题厘清。当然，结合本案的实际案情，一审法院关于太一热力公司应当向居立门业公司进行利润分配的判决结果并无不当。

最高人民法院二审过程中，《公司法司法解释（四）》出台并实施。《公司法司法解释（四）》第十五条规定：“股东未提交载明具体分配方案的股东会或者股东大会决议，请求公司分配利润的，人民法院应当驳回其诉讼请求，但违反法律规定滥用股东权利导致公司不分配利润，给其他股东造成损失的除外。”该条但书部分赋予了盈余分配权受侵害股东请求法院强制进行利润分配的权利，但适用前述但书条款需要证明其他股东存在“违反法律规定滥用股东权利”。就本案而言，李昕军并非太一热力公司的股东,而是控股股东太一工贸的法定代表人,表明李昕军并不符合滥用股东权利的条件。最高人民法院认为,李昕军同为太一热力公司及其控股股东太一工贸公司法定代表人,未经公司另一股东同意,没有合理事由将巨额资金转入兴盛建安公司账户,可以认定为"太一工贸公司滥用股东权利",转移公司利润的行为符合《公司法司法解释(四)》第十五条但书条款的规定。

本书认为,根据最高人民法院二审详细的说理及分析,可以总结如下具有参照意义的裁判观点:

第一,虽然公司未作出关于利润分配的有效决议,但在公司存在可分配利润这一前提条件的情况下,如其他股东存在变相分配利润,隐瞒或转移公司利润时,则权利受侵害的股东可提请法院强制干预公司盈余分配,不必一定采取如股权回购、公司解散、代位诉讼等其他救济措施。

上述所述变相分配利润,可以包括给在公司任职的股东或者其指派的人发放与公司规模、营业业绩、同行业薪酬水平明显不符的过高薪酬;购买与经营不相关的服务或者财产供股东消费或者使用。隐瞒或转移利润的行为主要包括:虚增成本、关联交易、推迟确认收入、过度计提资产减值、过度预计负债、虚增库存等。①

第二,应注意区分其他股东违反法律规定实施行为所直接损害的利益主体。确定直接的被侵害利益主体,决定了可采取的权利实现方式以及可主张的责任承担方式。本案中,李昕军利用关联交易直接损害的是太一热力公司的利益,而非股东居立门业公司的利益。一审法院根据《公司法》第二十一条、第一百五十二条规定判决李昕军应当对太一热力公司向居立门业公司分配的利润承担连带清偿责任。二审最高人民法院则认为,李昕军的行为直接损害的是太一热力公司利益,在盈余分配范围内,居立门业公司应得的盈余分配先是从太一热力公司的盈余资金进行给付,在给付不能时,则产生李昕军的行为损害了股东居立门业公司的效果,因此居立门业公司有权在太一热力公司给付不能范围内要求李昕军承担责任。

第三,关于盈余分配款是否应计利息问题。如具体的利润分配方案载明了利润分配的具体时间,如公司出现迟延分配,则可依据已确定的分配日期起算主张迟延分配期间的逾期利息损失。如法院适用《公司法司法解释(四)》第十五条但书条款,直接判决公司进行利润分配,则在判决未生效前不应计付利息。

① 最高人民法院民事审判第二庭编著:《最高人民法院公司法司法解释(四)理解与适用》,人民法院出版社 2017 年版,第 328 ~ 330 页。

五、盈余分配权行使之限制

(一)需符合公司章程或股东间约定

公司章程是公司全体股东约定的纲领性基本文件,除非内容存在违法,否则公司、全体股东、董事、监事、高级管理人员均受其约束。公司绝大部分的股东可能根据公司的章程或者股东会的议事规则合法地通过了关于限制进行利润分配的规定,而相应的内容只要不被认定为无效或可撤销则应当适用于全体股东。实践中许多公司的章程中通常会规定清楚或者直接引用《公司法》中关于股东会职权以及利润分配的规定。除公司章程外,公司股东之间也可能通过签署股东协议或关于公司针对某一项目盈利的分配协议对利润分配进行约定,签署的相关文件也可能对盈余分配产生影响。

案例 · 17　－中国审判案例要览案例－

公司对股东分配利润应当依据符合公司章程的股东会决议

——叶思源诉华龙公司盈余分配权纠纷上诉案①

上诉人(一审被告):华龙公司。

被上诉人(一审原告):叶思源。

第三人:陈雅辉。

1999 年 9 月 9 日,原告与厦门上豪公司(该公司法定代表人为第三人)签订了一份关于明月花园商品房项目开发的《股东合作协议》,双方约定被上诉人负责重新申请成立厦门华龙兴业房地产公司,被上诉人和厦门上豪公司的注册资金比例为 52∶48,在工程开工手续办成后,注册资金比例改为 48∶52;项目建成后,按被上诉人 48%、厦门上豪公司 52% 的比例分取实物。1999 年 9 月 30 日,被上诉人与第三人确认了被告章程。

2006 年至 2006 年 2 月 14 日,被上诉人与第三人陆续签订了《补充协议之一》至《补充协议之五》。在《补充协议之三》中约定,如果被上诉人未在该协议签订之日起 9 个月内偿还第三人一半的履约保证金 165 万元,项目的分成条件应变更为被

---

① 参见厦门市湖里区人民法院(2007)湖民初字第 736 号民事判决书;厦门市中级人民法院(2007)厦民终字第 2330 号民事判决书,载《中国审判案例要览》2008 年商事审判案例卷。

上诉人为43.5%,第三人为56.5%。如果被上诉人未在该协议签订之日起1年4个月内偿还第三人全部履约保证金(含借款),项目的分成条件应变更为被上诉人为42%,第三人为58%。《补充协议之五》约定,对双方合作的明月花园项目原告所应得部分进行大概决算,如下:(1)住宅已全部完成销售,销售总收入资金双方可以核对,原告按比例所得份额(暂定37.5%),作为支付原告(被上诉人)在该合作项目的债务。(2)沿街店面及地上、地下车位进行实物分配,被上诉人可得店面6个,地上车位4个,地下车位7个。(3)第三人认定明月花园项目总资产的分配比例问题:按照《补充协议之三》,被上诉人以所持有的明月花园项目总资产比例暂按37.5%进行决算。(4)被上诉人针对第三条款对双方所持比例认定6%有异议,可以围绕该内容进行诉讼。

上诉人2003年度工商年检情况为:原告持有52%的股份,第三人持有48%的股份,上诉人亏损额为1,246,696元。被告2004年度工商年检情况为:被上诉人占52%的股份,第三人持有48%的股份,上诉人税后利润为873万元。

2006年12月5日,被上诉人邮寄一份关于召开股东会临时会议的通知给第三人,第三人于次日收件。通知的主要内容为:"于2006年12月22日上午9时在厦门市鹭江公证处会议室召开股东会临时会议,主要议程为审议批准2004年度的利润分配方案和弥补亏损方案。"2006年12月22日,被上诉人召集并主持召开了股东会,第三人未到场开会,被上诉人作出了一份题为《关于厦门华龙兴业房地产开发有限公司2004年度的利润分配方案和弥补亏损方案》的股东会决议。股东会决议的内容包括:2004年度的利润分配方案为:被上诉人可得利润为可分配利润的52%,即3,307,600元,第三人可得利润为可分配利润的48%,即3,053,200元。

一审判决华龙公司应于判决生效之日起10日内支付叶思源可得利润2,646,080元,华龙公司不服提起上诉,二审判决驳回华龙公司的上诉,维持原判。(见图5-8)

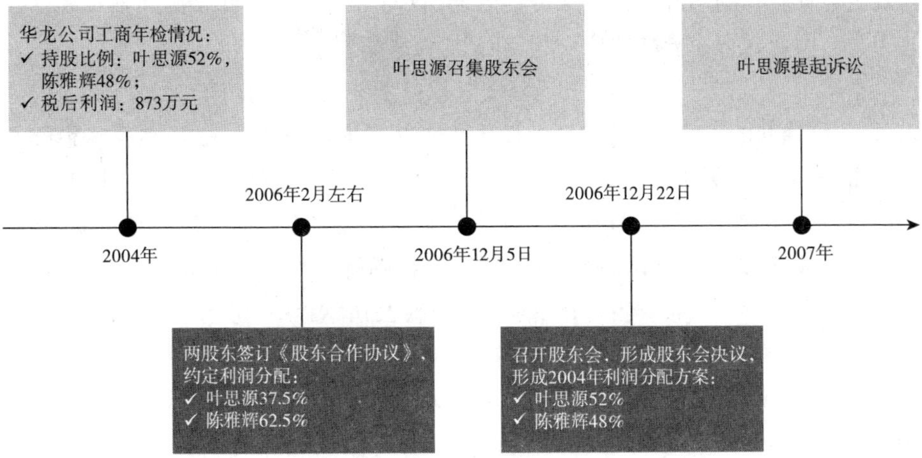

图5-8　叶思源诉华龙公司盈余分配权纠纷案

一审法院认为，原告、第三人均为被告的股东，享有股东的权利。虽然原告与厦门上豪公司签订的股东合作协议的一方当事人为厦门上豪公司，但是，根据该份股东合作协议设立的公司，即被告在工商登记中登记的股东是原告与第三人，且原告与第三人也均未提出该份协议不是原告与第三人的真实意思表示的异议，故认定该份协议是原告与第三人的真实意思表示，合法有效。被告章程的内容系原告与第三人真实意思表示，章程内容没有违反法律、行政法规的强制性规定，应认定有效。根据《公司法》及被告章程的规定，公司弥补亏损和提取公积金后所余税后利润，有限责任公司的股东可以按照实缴的出资比例分取红利。原告的主张符合被告章程的内容。

二审法院认为，叶思源于2006年12月22日召集并主持召开的股东会会议的召开程序及会议内容均与法不悖，所作出的《〈关于厦门华龙兴业房地产开发有限公司2004年度的利润分配方案和弥补亏损方案〉的股东会决议》有效。华龙公司执行董事应当执行股东会决议。《公司法》规定，执行股东会决议是公司董事会的职权之一，公司未设董事会而只设立执行董事的，执行董事的职权由公司章程规定。华龙公司的公司章程规定，华龙公司只设执行董事，执行董事为公司的法定代表人，执行董事的职权包括执行股东会的决议。因此，《股东会决议》作出后，华龙公司应当执行。根据《公司法》的规定，制定和修改公司章程都必须依照法律规定，生效的公司章程对公司、股东、董事、监事、高级管理人员具有约束力。《股东会决议》是华龙公司的股东依照《公司法》和公司章程的规定召开股东会议形成的决议，华龙公司必须依照公司章程的规定予以执行。而《股东合作协议》系华龙公司两股东规定彼此合作期间各自权利义务的合同,仅对合同相对人叶思源和陈雅辉存在拘束力。因此,《股东合作协议》及其补充协议对华龙公司不具有约束力。

本案中,叶思源作为工商登记52%股权的股东,充分利用华龙公司章程的规定,以公证通知的方式召集股东会,且开会地点安排在公证处,已经预料陈雅辉不会出席,根据章程所作出的股东会决议被两审法院认定合法有效。公司以两股东之间的《股东合作协议》另行约定了收益分配方式抗辩不应向叶思源支付利润,对此,二审法院认为华龙公司的股东叶思源、陈雅辉就明月花园项目达成《股东合作协议》及其补充协议后,应当召开股东会会议对公司章程中有关股东利润分成的规定进行修改。在未对公司章程作出修改之前,如果上诉人华龙公司两股东达成的《股东合作协议》及其补充协议中对公司利润分成存在与《股东会决议》内容不一致的约定,华龙公司应该执行《股东会决议》。也即从裁判理由可以明确,基于公司章程所作出的关于利润分配的股东会决议效力优于股东之间关于利润分配的约定。

由此案件,需要进一步探讨:股东之间关于利润分配的另行约定在后且不存在无效的情形,与在先制定的公司章程不一致,法院按照章程的约定进行处理是否存有不妥?就本案而言,华龙公司只有叶思源和陈雅辉两名股东,双方之间签署了《股东合作协议》,对利润分配比例进行了约定,所约定比例与工商登记的持股比例并不一致,虽然这份协议不能约束公司,但公司利润始终在该二人股东之间进行。叶思源在二审答辩中提出"华龙公司两股东对明月花园项目总资产暂按叶思源37.5%、陈雅辉62.5%的比例分配,属于股东之间的约定,应当由两股东通过不同的法律关系另案处理"。对此,法院在裁判结果中并没有直接回应,如按照二审的判决结果,华龙公司将利润在两股东之间分配后,陈雅辉可依有效的《股东合作协议》再去起诉进行利润结算,但这样势必会导致诉累。

本书认为,实践中确实存在公司在章程中约定股东按照出资比例分取利润,但在之后股东可能因其他原因(如有股东能给公司提供较大数额的借款,有股东能以自身的销售渠道使公司生产的产品销售提升)对分配比例进行另行约定的情形,这样的约定通常并不存在损害其他股东、公司外部债权人的情况。因此,全体股东或部分股东之间关于利润分配的约定应当被认可,而不能仅以与章程的约定不一致而进行否定。实践中,很多投资机构对目标公司投资时都会与全体股东约定一定期限内不得进行分红或约定投资机构的优先分红权,大量的生效判决也认可了这样的约定。

本案二审判决后，厦门中院对该案进行了再审，①遗憾的是再审改判系基于事实问题，而非对前文讨论的股东之间关于利润分配的在后约定与公司章程不一致孰优先的问题。再审系对两审认定的事实进行了纠正，认定叶思源在华龙公司实际持股比例为48%，陈雅辉实际持股比例为52%，叶思源的持股比例不足二分之一，且因出资未到位而使表决权受到限制，其于2006年12月22日所形成的股东会决议既不符合章程的约定也不符合法律规定，应为无效。

（二）受公司利润分配制度之限制

除公司章程外以及股东之间关于内部的具体约定外，也有公司股东会通过内部的管理办法明确股东在一定期限内的分红规则。本书认为，只要相应的利润分配规则不存在被认定无效、可撤销的情形，相关之内容可对公司以及股东产生约束力。

案例·18　－典型案例－

公司内部管理办法明确的股利支付条件未成就情况下，股东无权主张分配

——季春和与五矿公司公司盈余分配纠纷再审案②

再审申请人（一审原告、二审上诉人）：季春和。

被申请人（一审被告、二审被上诉人）：五矿公司。

2003年5月29日，五矿公司获准设立。2004年7月，季春和持有五矿公司1.8%的股份。2004年12月，季春和持有股份增加至2%，持有至今。五矿公司公司章程规定，股东大会应对所议事项作出决议，决议应由代表二分之一以上表决权的股东表决通过。

2016年11月16日，五矿公司召开股东会，作出《2016年第二次股东会议决议（二）》，审议通过《自然人出资转让管理办法》。该管理办法规定：公司经营期间每年产生的未分配利润，由董事会提出分配方案，提交至股东会审议，经分配后，产生的应付股利将实名记载在出资人名下，应付股利不计息。出资人在股份未转出之前，不得要求公司支付应付股利，股份转出后，应付股利将分期支付给出资人，公司

① 参见福建省厦门市中级人民法院（2009）厦民再终字第24号民事判决书；福建省厦门市中级人民法院（2018）闽02民终166号民事判决书。

② 参见天津市河西区人民法院（2017）津0103民初12191号民事判决书；天津市第二中级人民法院（2018）津02民终3832号民事判决书；天津市高级人民法院（2019）津民申210号民事裁定书。

视具体经营情况，由董事会提出具体分期支付方案，经股东大会审议通过后实施。

2017年1月12日，五矿公司召开股东大会，作出2017年第一次股东会会议决议，通过了《2016年度利润分配建议方案》。季春和在表决时持反对意见。依据该股东会决议，季春和按股权比例获得现金分红为36,000元，在五矿公司代缴个人所得税7200元后，五矿公司向季春和发放现金28,800元。五矿公司按季春和所持有的股权比例计算季春和应付股利为300,000元，在五矿公司代缴个人所得税60,000元后，五矿公司在季春和持有的应付股利管理手册中计入应付股利240,000元。

2017年12月15日，五矿公司召开股东会，作出《2017年第三次股东会会议决议（一）》，对《自然人出资转让管理办法》的修订，占股份2%的股东反对。该管理办法中仍存在上述关于应付股利的规定，另增加：自然人股东的股份转出之后，自股份转出的下一年度开始，平均分3年支取完毕其全部应付股利。

一审法院审理后判决驳回了季春和的诉讼请求，季春和不服提出上诉，二审法院判决驳回上诉，维持原判，后季春和申请再审，天津高院最终裁定驳回再审申请。

一审、二审法院均认为，根据《公司法》的相关规定，公司股东依法享有资产收益、参与重大决策和选择管理者、按照实缴出资比例分取红利等权利。分配利润是公司的商业行为，属于公司自治的范畴。本案中，五矿公司章程规定，公司股东大会由全体股东组成，是公司的最高权力机构，依据《公司法》第三十八条行使职权。股东大会会议由股东按照出资比例行使表决权。根据五矿公司的章程以及相关法律规定，公司是否分配利润以及分配多少利润，均应由股东大会作出相应决议。五矿公司于2017年1月12日作出的股东大会决议的内容并未违反法律、行政法规的规定，且季春和未举证证实该决议作出之日起60日内，五矿公司的股东请求人民法院予以撤销，故该决议合法有效。根据该决议，季春和应得的利润分配现金28,800元五矿公司已支付给季春和。其余利润加上往年未分配利润共计15,000,000元利润计入应付股利不做现金分配。在五矿公司股东大会就该15,000,000元利润资金支出未作出新的决定前，季春和起诉要求分配利润240,000元诉讼请求缺乏法律和事实依据，一审法院不予支持。

再审法院认为，根据《公司法司法解释（四）》第十四条、第十五条规定，股东只有在股东会通过具体利润分配方案时，才可请求公司分配利润。根据两审查明的事实，在应付股利支付条件未成就的情况下，季春和诉请五矿公司支付股利，缺乏事实和法律依据。

本案中，各审法院的观点明确了公司权力机构制订的关于盈余分配的制度或规则亦对股东具有约束力。五矿公司的《自然人出资转让管理办法》规定：自然人股东的股份转出之后，自股份转出的下一年度开始，平均分3年支取完毕其全部应付股利，一定程度上限制了股东的股权转让和利润分配。关于股权转让限制的合理边界问题不属于本章节的讨论范围，在此不赘述。从涉案《自然人出资转让管理办法》的规则可得出已经确认的利润分配数额也可约定分期支付，在约定的期限和条件未满足的情况下股东关于支付利润的请求不会得到支持。这同样反映了司法尊重公司盈余分配自治权，认为经公司股东会制定的利润分配规则应当对股东产生约束力。当然，公司应当根据自身所处的发展阶段合理制定盈余分配规则，同时应注意制定程序的合法，内容亦应注意避免出现完全剥夺股东盈余分配权的情况。在与本案不同情况的本章节案例14中，如市政公司关于产值抵扣影响利润分配的规则在王子峥身份终止前经过了股东会通过，且王子峥也同意的情况下，则王子峥在嗣后应当受相应规则的约束，争议发生后，王子峥的诉请就存在被驳回的可能。

（三）不得损害外部债权人利益

保护股东基本权益毋庸置疑，但股东的盈余分配权不能滥用，公司外部债权人的利益同样应获保护，在很多情况下，更要优先保护外部债权人的利益。资本维持便是保障外部债权人的一项重要基本原则。因此，《公司法》在关于利润分配的规定中也设置在分配利润前应先弥补公司亏损。公司可否进行股利分配，除了审查是否有利润外，还应审查是否有可供分配的利润。判断是否具备可分配利润，仅具有股东会决议分配年度利润的形式要件不足以认定，还必须有符合公司法规定的依法经过审查验证的财务报表和利润分配计划的实质要件。

案例·19 －人民法院报案例－

违反资本维持原则，以借据形式分配利润的行为无效

——郑国凤诉第一钢结构有限公司盈余分配纠纷上诉案①

上诉人（一审原告）：郑国凤。

被上诉人（一审被告）：第一钢结构公司。

第一钢结构公司于2002年3月成立，原告郑国凤为该公司股东，出资额为10

① 参见江苏省淮安市清河区人民法院（2010）河商初字第73号民事判决书；江苏省淮安市中级人民法院（2011）淮中商终字第2号民事判决书，载《人民法院报》2011年6月23日，第6版。

万元,出资比例为16.67%。

第一钢结构公司章程第二十六条规定:公司分配当年税后利润时,应当提取利润的10%列入公司法定公积金,并提取利润的5%至10%列入法定公益金。公司在从税后利润中提取法定公积金后、经股东会决议,可提取任意公积金。公司弥补亏损和提取公积金、法定公益金后所余利润,公司按照股东的出资比例分配。

2003年2月21日,第一钢结构公司出具给郑国凤借据一份,载明第一钢结构公司欠郑国凤2002年分红款166,700元。

2003年5月16日,第一钢结构公司又召开股东会议,会议纪要记载:关于2002年利润分配,因公司业务扩展、流动资金规模不断上升,导致公司资金十分紧张,运转不灵,考虑到公司经营需要和股东的长远利益,兼顾眼前利益,同时鉴于股东对企业的信心,决定股东利益按照投资额60万元进行分配。

第一钢结构公司在工商部门的年检报告书反映,2002年公司暂时性亏损,2003年税后利润为2.86万元,2004年、2005年亏损。2002年度终了时第一钢结构公司及股东没有按照公司法规定由会计事务所对2002年度财务状况进行审计。案件审理过程中第一钢结构公司申请对其2002年度是否有可供分配的利润进行司法审计。司法审计报告意见为:淮安第一钢结构公司2002年度可供分配的利润无法认定。

一审法院经审理判决驳回原告郑国凤的诉请,后郑国凤上诉,二审法院判决驳回上诉,维持原判。

一审法院认为,公司分配股利必须符合公司法规定的实质要件和形式要件。实质要件:为了贯彻资本维持原则,不仅公司资本的减少要遵循严格的法定程序,而且不能用公司资本向股东分配股利,否则就意味着向股东返还出资,从而也就损害了资本维持原则。因此,股利分配的资金来源不能是公司的资本,而只能是公司的利润。形式要件:公司实际分配股利与否,除取决于是否有可供分配的利润外,还取决于公司的意思,通过公司意思表示机构(通常为股东会)作出是否分配的决议。而关于公司是否有利润,即判断是否具备利润分配实质要件,在证据审查上,必须有符合公司法规定的依法经过审查验证的财务报表和利润分配计划。

二审法院认为,(1)关于本案是欠款纠纷还是公司盈余分配纠纷的问题。上诉人以2003年2月21日被上诉人出具给其的欠款收据向被上诉人主张权利,而收据上载明是2002年分红款166,700元,该收据的产生依据是股东会决议,其中的分红款是依据上诉人出资比例按100万元利润分配所形成。故原审将本案案由定为公司盈余分配纠纷并无不当。(2)关于股东会决议是否有约束力的问题。法院认为，虽然被上诉人的两次股东会关于利润分配的决议，是股东意思自治的表现，但是股东利润的分配，必须基于具有可供分配利润的基础，同时必须是按照当时《公司法》第一百六十七条的规定以及公司章程的相关规定，扣除税款，提取法定公积金、提取任意公积金(按公司章程规定由股东会决议)等之后产生的。本案中，被上诉人没有对2002年度财务状况进行审计，而在案件审理过程中向法院申请进行了司法审计，司法审计报告意见表明第一钢结构公司2002年度可供分配利润无法认定。所以，在没有按照当时《公司法》第一百六十七条规定扣除税款，提取法定公积金等，且在没有可供利润分配的情形下，公司对股东按股东会决议分配利润无事实和法律依据。

如前文所述，公司进行盈余分配的实质条件是公司必须具备可分配利润，本案中第一钢结构公司不但形成了股东会决议，还向郑国凤出具了欠付利润的借据。从形式上看，似乎郑国凤已经基于股东会决议以及欠付利润的借据对第一钢结构公司享有了特定的债权，但实质上可能属于虚增利润抽逃出资的行为。如果法院认可股东会决议及借据的效力，势必影响公司外部债权人的利益。

本书始终强调，在处理盈余分配纠纷时应将尊重公司自治权贯穿始终，但尊重公司自治不得以损害外部债权人或其他利害关系人的利益为代价。二审法院依据当时《公司法》(2005年修订)第一百六十七条的规定认为公司的利润分配应当按照规定扣除税款，提取法定公积金、提取任意公积金等后进行，驳回了原告的诉请。本书认为，二审法院尽可进一步的说明，对于公司的股东会决议，可以依据《公司法》第二十二条的规定，公司股东会或者股东大会、董事会的决议内容违反法律、行政法规的无效认定股东会决议无效。

值得注意的是，一审法院在证据审查上，认为必须有符合公司法规定的依法经过审查验证的财务报表和利润分配计划。股东会审议批准公司的利润分配方案时，应当以经审查验证的财务会计报告作为依据。本书认为，该裁判观点对实务具有指导意义，股东在监督管理公司运营过程中，应促使公司注意按照法律规定建立财务及会计制度，在进行利润分配前，应当安排会计师事务所对公司盈利状况进行审计，在此基础上作出股东会决议，通过具体的利润分配方案。

(四)犯罪所得"出资"对盈余分配权之影响

《公司法》第二十七条第一款规定，"股东可以用货币出资，也可以用实物、知识产权、土地使用权等可以用货币估价并可以依法转让的非货币财产作价出资；但是，法律、行政法规规定不得作为出资的财产除外"，该条款确立了"非法财产不得出资”的精神。实践中,不乏被刑事处罚的主体以犯罪所得资金投资设立或入股公司的情况。一般情况下,对于没有再次流转的犯罪所得通常由公安机关在处理案件过程中进行追缴后退还给被害人或收归国库;而对于犯罪所得用于设立、投资入股公司的,因还涉及与该公司发生经济关系的其他善意第三方(如公司、其他股东、债权人等)权利保护问题,此时便不能仅考虑刑事追赃效果。

案例·20 – 最高人民检察院公报案例 –

以犯罪所得出资,无权请求分取红利

——华星公司诉姜光先股东资格确认和公司盈余分配权纠纷抗诉案①

一审原告(二审上诉人):姜光先。

一审被告(二审被上诉人):华星公司。

抗诉机关:最高人民检察院。

2001年11月,山东省昌邑市铁矿改制为华星公司。华星公司的公司章程载明,公司由姜光先等49名股东共同出资成立,注册资金为50万元,其中姜光先出资14万元,占注册资本的28%。后因姜光先挪用昌邑市铁矿的财产33.1万元,于2003年6月2日被昌邑法院判决犯挪用资金罪,赃款由昌邑检察院发还给华星公司。姜光先挪用昌邑铁矿的33.1万元,其中14万元作为自己向华星公司的出资,其中19.1万元借给了部分职工入股(该部分款项已由检察院向各借款人追还)。

2003年9月,昌邑市体改委和经贸局组织有关部门召开会议决定取消姜光先股东资格,由其他人购入其14万元出资。2003年10月4日,华星公司召开第二次股东大会,39名股东(无姜光先)出席会议,以举手表决方式一致通过了股东大会决议,取消姜光先股东资格。之后,华星公司进行了三次公司赢余分配。

姜光先向潍坊中院提起诉讼请求华星公司支付分红和股权利息,潍坊中院审理后驳回了判决后姜光先要求支付分红的诉请,姜光先不服上诉至山东高院,高院认为姜光先出资到位,但无权主张分红,遂判决驳回上诉,维持原判。

华星公司不服二审判决,向检察机关申诉,山东省检察院经审查后,提请最高

① 参见潍坊市中级人民法院(2005)潍民二初字第241号民事判决书;山东省高级人民法院(2007)鲁民二终字第63号民事判决书;山东省高级人民法院(2009)鲁民再字第4号民事判决书,载《最高人民检察院公报》2010年第3期(总期116号)。

人民检察院抗诉。本案最终经山东高院再审并于2009年11月17日作出判决，认定姜光先股东资格无效，请求按照出资比例分取红利的诉讼请求，也不予支持。

一审法院认为，因华星公司设立时的公司章程中载明姜光先是股东之一，因此，应认定姜光先具有股东资格。关于姜光先主张的分红和股权利息应否支持问题，因姜光先投入华星公司的14万元注册资金是挪用的公司资金，已构成刑事犯罪，因此，姜光先应承担公法责任，即姜光先的这种货币投资非法，不能合法地构成公司法人财产权。基于此，应认定姜光先的投资没有到位。遂根据修订前《公司法》(1994年7月1日施行)第三十三条"股东按照出资比例分取红利"的规定，参照2006年1月1日生效的《公司法》第三十三条、第三十五条之规定认定姜光先没有向华星公司实际出资，也就无权分红。

二审法院认为，在华星公司成立时，姜光先已经按照章程规定缴纳了所认缴的14万元出资。虽然该14万元资金系姜光先挪用企业资金，但姜光先为此仅应承担相应的刑事责任或民事侵权责任，并不能由此否认姜光先出资的真实性。原审法院认定姜光先出资没有到位不当，应予纠正。关于姜光先是否有权主张分红，根据《公司法》(1994年7月1日施行)第三十条、第四十六条、第一百七十七条等规定认为股东要求公司支付利润的，应符合两个条件：一是公司应当有可供分配的利润；二是必须有股东会的分配利润决议。本案中，姜光先并未提供华星公司有可分配利润以及华星公司股东会决议向其分配利润的证据。因此，姜光先要求华星公司支付分红，不符合法律规定。

再审法院认为，姜光先出借给职工的19.1万元，借款关系是合法的，职工以个人借款作为投资，是允许的。但姜光先投入的14万元并非其个人财产，以其个人财产的名义投入，作为华星公司的注册资金，只是将改制前铁矿的自有资产又作为改制后华星公司的注册资金，终审判决认为姜光先投资到位是错误的。姜在主观上明知自己是挪用国有企业的财产作为个人的出资，并没有实际出资，而虚构以自己个人资产出资的事实，构成欺诈的故意。同时该虚假出资行为损害的是国家利益，因此也不具有股东资格，更无从谈起分红。

山东高院在再审中，合议庭形成两种意见，多数人认为，本案应维持原一、二审判决，理由同原审判决。但说理方面要改一下：姜光先投资形式上到位但实质上没有到位，出资违法不影响取得股权，姜光先要求分红，须先补齐出资款后才可以申请；另有少数人认为本案应撤销原判决，发回重审。审判委员会研究就公司股东损害国家利益挪用资金用于公司出资，是否可以认定其股东资格无效的适用法律问题,形成两种意见。第一种意见:按照《公司法》规定,应认定姜光先的股东资格有效。第二种意见:姜光先挪用资金进行出资的行为损害国家利益,应认定其股东资格无效。对此,山东高院就以上问题请示最高人民法院。最高人民法院答复称,鉴于本案情况以及参照2006年施行的《公司法》第二十七条关于非法财产不得作为出资的规定精神,同意法院第二种处理意见,即认定姜光先股东资格无效。

本书倾向于认为,抛开本案案情的特殊之处,仅就一般情况下以犯罪所得进行出资的股东,二审法院的处理结果更为妥当。原因在于,对于被刑事处罚的主体,其获取货币资金投入公司所产生的法律关系关系到多个第三方,如直接否定姜光先的出资及股东身份,不利于维护民商事活动的交易安全。二审在确定姜光先具有股东身份的前提下,以未满足《公司法》中关于利润分配的条件为由驳回姜光先要求利润分配的诉请系严格适用《公司法》关于盈余分配的规定,厘清了"出资来源"不合法并不必然无"股东身份"的问题。

(五)股东未完全实缴出资不必然被限制盈余分配

2013年《公司法》进行了重大修改,将注册资本实缴登记制改为认缴登记制,取消了绝大部分公司注册资本的最低限额要求。《公司法》第二十八条要求股东应当按期足额缴纳公司章程中规定的各自所认缴的出资额,一般情况下,有限责任公司的注册资本为在公司登记机关登记的全体股东认缴的出资额。即一旦股东认缴了公司出资并被记载于股东名册,即可主张行使股东权利。公司资本制度改革除需研究外部债权人利益保护的机制外(反映为如何规制股东义务履行和责任承担),也需关注股东权利行使的保护与限制。"通常认为,公司资本制度的目的在于保护债权人利益。其实,资本制度也保护股东利益,特别是防范公司大股东与小股东之间、内部人股东与外部股东之间潜在的利益冲突。"①

根据《公司法》第三十四条规定,通常情况下股东对其认缴的出资实际缴纳到位是股东参与股权分红的前置条件。另外,根据《公司法司法解释(三)》第十六条的规定,公司可以根据公司章程或者股东会决议对未履行或者未全面履行出资义务或者抽逃出资股东的利润分配请求权作出相应的合理限制。但《公司法》第三十四条但书条款又规定了:"全体股东约定不按照出资比例分取红利或者不按照出资比例优先认缴出资的除外。"即允许全体股东豁免未实缴出资但同样参与分红这一事项。实践中亦确有不少注册资本尚未实际缴纳到位但盈利迅速的公司向股东分

① 刘燕:《公司法资本制度改革的逻辑与路径——基于商业实践视角的观察》,载《法学研究》2014年第5期。

红的情况。

公司注册资本未缴纳到位既包括全体股东一致约定的缴纳期限尚未届满，也包括部分股东未在约定期限内缴纳注册资本这一未履行或未完全履行出资义务之情况；在前一情况下，未实缴注册资本的股东并未违反与股东之间的约定，只是实缴时间未到，属于正常的股东，不属于后者违约未履行或未完全履行的情况。有观点认为按照《公司法司法解释（三）》第十六条的规定，公司亦可以通过章程和股东会决议对因"未至约定的实缴期限"而未实际出资到位的股东的盈余分配权进行限制。① 为进行区分，本章节还是倾向于仅将股东违约未实缴出资到位归为股东未履行或未完全履行出资义务。在股东不存在主观恶意不履行或不完全履行或因其他正当理由无法履行的情况下，因其"认缴"行为已经具有公司股东资格，此时只需查看公司章程或者全体股东关于出资及分红的约定，以及了解在股东有途径履行出资义务时是否及时履行，不能简单一概否定未实缴出资股东的盈余分配权。

案例·21　– 人民法院报案例 –

未实缴出资并不必然影响股东的盈余分配权

——徐月红与佳盈公司等盈余分配纠纷上诉案②

上诉人（一审被告）：佳盈公司。

被上诉人（一审原告）：徐月红。

佳盈公司由原浙江义乌针织器材厂改制而成，徐月红系原针织器材厂职工，改制时以 1 元每股的价格出资 2000 元认购了公司股份，成为公司股东。公司于 1999 年 10 月经部分股东推选设立了股东代表会，并于 2000 年 1 月 13 日作出《关于收回部分股权的决议》，徐月红的股权被列入决议收回范围，同年公司将原告的 2000 元

① 陈彦晶：《认缴还是实缴：股东权利行使基准的追问》，载《法学》2018 年第 12 期。文章认为：《公司公司法司法解释（三）》颁布于 2011 年，而认缴制改革发生于 2013 年，虽然 2014 年司法解释进行了修改，但并未改动第十六条，第十六条是以实缴制为背景制定的，现将第十六条放到认缴制的背景下加以线索解释是否符合司法解释制定者的愿意存疑。严格地解释第十六条的适用范围，将"未履行或未全面履行出资义务"理解为民法上的到期债务未履行，不包括未到期债务，等于将民法上债务履行期限理论完全运用于股东出资义务，不尽合理，如今建立公司法上股东出资义务的加速到期制度已成通说，可见民法债务履行理论不能照搬至股东出资义务。

② 参见浙江省金华市中级人民法院（2018）浙 07 民终 313 号民事判决书；浙江省义乌市（2017）0782 民初 10657 号民事判决书；载《人民法院报案例》2018 年 10 月 18 日，第 6 版。

出资额退还。徐月红为此提起诉讼,浙江金华中院终审判决认定上述决议无效,并确认徐月红系公司股东,享有2000股的股权。事后因公司并未按生效判决通知徐月红补缴出资,且徐月红不知向公司缴纳出资的途径,徐月红一直未重新缴纳出资。2008年至2016年,公司以现行政班子研究决定的方式提出发放春节过节费的决议,并通过由公司制作的股东名单中所列的170名股东签字确认的形式向股东人均发放了32,000元过节费,但徐月红不在该股东名单之中,公司也未向徐月红发放上述过节费。徐月红为此起诉要求公司支付徐月红享有的股权分红,公司以徐月红并未实际缴纳出资为由进行抗辩,并辩称其所发放的"过节费"并非对公司盈余的分配。

浙江省义乌法院一审判决佳盈公司应支付徐月红2008年至2016年的公司利润32,000元。一审宣判后,佳盈公司提出上诉。浙江金华中院二审判决驳回上诉,维持原判。

一审法院认为,佳盈公司每年均将公司经营收入用于向股东人均发放过节费,其实质即为对公司的经营利润进行分配,而该分配所依据的决议已为被告公司临时股东大会通过,且绝大部分股东均已按照决议领取了相应款项,遂认定上述决议为有效决议。原告经司法程序确认仍系佳盈公司股东,故有权要求佳盈公司依照决议向其分配利润。

二审法院认为,徐月红系佳盈公司的股东,其有权取得公司的利润分配。佳盈公司将公司经营收入用于向170名股东人均发放过节费共计32,000元的事实清楚,该发放行为可以认定为对公司经营利润的分配,且相关分配决议已由佳盈公司临时股东会会议通过。

本案中,两审法院均认为,在有生效判决确认的徐月红股东资格的情况下,其有权主张盈余分配。虽然徐月红未补缴出资,但该情况系佳盈公司所导致,故徐月红不应承担由此带来的不利后果。

值得注意的是,本案中两审法院均认定佳盈公司所发放的"过节费"其实系对其股东进行盈余分配,未僵化认定因没有股东会决议的具体利润分配方案而驳回徐月红的诉请。本书前文提及,在理解"股东会决议"这一前提条件时不能僵化地限缩理解为形式上的股东会决议,在全体股东形成的书面一致文件如约定了明确的利润分配方案,且相关约定不违反公司章程的情况下,亦可认定符合条件。具体到本案中,法院进一步的理解,佳盈公司因发放的"过节费"而由股东名单上的全体股东一致签领的行为,达成了"全体股东一致同意"的前提,可被认定为系对公司利润分配方案的通过,即可理解为即使无明确书面的约定,公司及公司股东的行为亦可作为判断是否符合利润分配的前提条件。

此外,通过本案的判决,可以更好地理解《公司法》第三十四条但书部分的规定。本案中,佳盈公司股东出资额不同,即各股东持股比例并不相同,但以“过节费”名义发放的“红利”系按人分配,数额无区别。即佳盈公司的盈余分配并非以各股东的实缴比例为依据,而是股东人数平均分配,各股东签领同意的行为可以被理解为“全体股东约定”。因此,这样的认定并不违反《公司法》第三十四条但书部分关于全体股东约定不按照出资比例分配红利的规定。

不同于本案之案情,司法实践中已有案例明确如章程约定的缴纳期限未到,即便股东未实缴全部出资,也享有盈余分配权。由浙江杭州江干法院审理的深圳鹏爱医院投资管理有限公司(以下简称深圳鹏爱)与杭州鹏爱医疗美容门诊部有限公司(以下简称杭州鹏爱)公司盈余分配纠纷案,①原告深圳鹏爱公司于 2017 年 3 月 27 日向法院提起诉讼,向杭州鹏爱公司主张 2015 年、2016 年盈余分配款,被告杭州鹏爱公司辩称深圳鹏爱公司的并未实缴出资到位,不应当分配利润,法院以“原告深圳鹏爱公司诉请被告杭州鹏爱公司依据 2017 年 2 月 8 日的股东会决议分配利润,符合公司法、被告公司章程的约定,关于被告辩称应按照公司法规定如未实缴出资不应分配利润,法院认为被告已经于 2014 年两次作出股东会决议分配利润,并已两次实际履行了利润分配,故对该辩称不予支持”未采纳杭州鹏爱的意见,支持了深圳鹏爱的要求支付盈余分配的诉请。杭州鹏爱不服一审判决提起上诉,因未在法定期限内缴纳上诉费被认定为自动撤回上诉。

同一时期,杭州鹏爱起诉深圳鹏爱公司,请求确认深圳鹏爱公司未全面履行出资义务,不享有自杭州鹏爱成立之日起至深圳鹏爱缴足全部出资前的红利分配权。② 法院认为深圳鹏爱系杭州鹏爱的股东之一,公司章程规定,股东以货币方式认缴出资,将于 2034 年 6 月 1 日前到位。此章程对公司及其股东均具有约束力,故应该严格遵守,因深圳鹏爱公司以货币方式认缴出资期限未到,杭州鹏爱公司关于深圳鹏爱未全面履行出资义务,不享有自成立之日起至深圳鹏爱缴足全部出资前对杭州鹏爱公司 51% 股权的红利分配权的主张,缺乏事实与法律依据。杭州鹏爱不服该案一审判决提起上诉,杭州中院认为,我国公司法进行注册资本认缴制改革

---

① 参见杭州市江干区人民法院(2017)浙 0104 民初 2051 号民事判决书;杭州市中级人民法院(2018)浙 01 民终 1055 号民事裁定书。

② 参见杭州市江干区人民法院(2017)浙 0104 民初 2033 号民事判决书;杭州市中级人民法院(2017)浙 01 民终 8156 号民事判决书。

后，实行认缴制的公司股东依法享有相应的出资期限利益，股东在认缴期限届满前未实际缴纳出资，不应认定为公司法或相应司法解释规定的未履行或未全面履行出资义务的情形，本案并不适用《公司法司法解释（三）》第十六条有关限制股东权利的规定。同时，杭州鹏爱公司章程或股东会决议亦未规定必须实际缴纳出资才能参与公司分红，故杭州鹏爱公司要求限制深圳鹏爱公司行使分红权缺乏事实和法律依据。

六、盈余分配请求权的举证责任

"谁主张，谁举证"系基本证据规则，目前并无关于盈余分配纠纷的特殊举证规则，因此在盈余分配纠纷案中亦应当严格适用举证规则。在公司已经形成了关于利润分配的股东会决议的情况下，主张盈余分配的当事人相对容易提供证据支持自己的主张，如前述案例中，法院可能会根据公司一方的答辩审查原告是否具有股东身份，公司是否存在可分配的利润，或原告是否享有利润分配给付请求权等。如股东提起强制盈余分配之诉，则对股东需提供其他主体损害其权利而需法院强制干预的证据，此时对当事人举证能力要求较高。

案例·22 －最高人民法院案例－

股东未提供有效证据证明公司符合强制分配的实质条件，应承担举证不能的后果

——张曼丽与金蝶苑公司、王远贵、观山湖公司盈利分配纠纷再审案①

再审申请人（一审原告、二审上诉人）：张曼丽。

被申请人（一审被告、二审被上诉人）：金蝶苑公司。

第三人：王远贵、观山湖农贸中心。

2007年4月23日，金蝶苑公司注册成立，注册资本为3万元。张曼丽出资1万元（出资比例为33.33%），王远贵出资2万元（出资比例为66.66%）。

2009年8月8日，张曼丽与第三人王远贵签署《金蝶苑公司合伙人协议合同》约定张曼丽担任金蝶苑公司出纳及管理工作，每月工资暂定1500元，随办公室工作

① 参见贵州省贵阳市中级人民法院（2016）黔01民初613号民事判决书；贵州省高级人民法院（2017）黔民终1027号民事判决书；最高人民法院（2019）最高法民申305号民事裁定书。

人员目前标准上调、下浮。王远贵每月支付张曼丽监事责任风险费1500元，双方不得以任何借口提出任何无理要求。如果公司有什么责任承担时，张曼丽自愿承担1500元的责任，另外责任由王远贵承担。此外，金蝶苑公司并未向张曼丽、王远贵分红。

一审过程中，张曼丽申请委托专业机构对金蝶苑公司成立之日至起诉之日的盈余情况进行审计，一审法院依法予以准许，并委托贵州正方司法鉴定所对上述事项进行审计。2017年7月19日，司法鉴定所作出《关于对“张曼丽与被告盈利分配纠纷案”司法鉴定的意见回复》以本司法鉴定项目送审资料无完整会计凭证、会计账簿、会计报表及合同收据发票等，并且原被告双方对鉴定材料争议较大，送审鉴定材料不完整、不充分，不能为发表审计鉴定意见提供合理的基础为由，决定终止该司法鉴定项目。

第三人观山湖农贸中心于2015年11月2日注册成立，系个体工商户，经营者为王大红（系第三人王远贵之子）。

一审法院经审理后判决驳回了张曼丽的诉请。二审法院受理张曼丽的上诉后判决驳回上诉，维持原判。张曼丽不服二审判决，向最高人民法院申请再审，最高人民法院最终裁定驳回再审申请。

一审法院认为，当事人应当提交证据佐证其主张。依照《公司法司法解释（四）》第二十二条、第二十四条，本案系张曼丽主张金蝶苑公司分配公司盈余纠纷，其未提交载明具体分配方案的股东会或者股东大会决议，也没有提交证据证明金蝶苑公司有盈利但长期不分配，且大股东利用其控制地位滥用多数表决权，压榨小股东利益的情形存在。另外，经张曼丽申请本院委托贵州正方司法鉴定所对金蝶苑公司成立之日至张曼丽提起诉讼之日止的利润进行审理，因审计资料不完整贵州正方司法鉴定所无法审计，故张曼丽起诉要求金蝶苑公司进行利润分配不符合法律规定的条件，其诉讼请求不予支持。

二审法院认为，根据双方当事人的诉辩情况，案件查明事实及法律适用，本案的焦点问题为张曼丽要求金蝶苑公司支付公司盈余100万元的诉讼请求是否应当支持。根据《公司法司法解释（四）》第十五条之规定，张曼丽要求分配公司利润，但并未提供载明具体分配方案的股东会决议；另外，张曼丽虽然在上诉中主张王远贵滥用股东权利，但其对此并未提供有效证据予以证明，根据《民事诉讼法司法解释》第九十条“当事人对自己提出的诉讼请求所依据的事实或者反驳对方诉讼请求所依据的事实，应当提供证据加以证明，但法律另有规定的除外。在作出判决前，当事人未能提供证据或者证据不足以证明其事实主张的,由负有举证证明责任的当事人承担不利的后果。”之规定,本院对张曼丽要求金蝶苑公司支付公司盈余100万元的诉讼请求依法不予支持。一审判决适用《公司法司法解释(四)》第二十二条、第二十四条确属适用法律错误,应适用该解释第十五条。

从本案一审、二审以及最高法院的裁判观点可以明确,如股东主张盈余分配,应当证明公司存在利润,且公司股东会已经作出决议通过了具体的利润分配方案。在周慧君诉嘉兴市大都市置业有限公司、嘉兴大都市实业集团有限公司盈余分配权纠纷案中,原被告双方均提交了相反的证据,但都没有足够依据否定对方的证据,法院对双方证据的真实性及一方证据证明力是否明显大于另一方的证据,均无法作出判断,故依举证责任分配原则,对周慧君主张的置业公司2004年度未分配利润为36,638,742.23元之事实不予认定。

基于本案裁判观点进一步分析得出,如股东以《公司法司法解释(四)》第十五条但书条款的规定主张法院强制进行盈余分配的,除应当证明公司存在利润外,还应当提供证据证明其他股东存在损害滥用股东权利导致公司不分配利润造成了损失。如本章节案例16中,居立门业公司就提供证据证明了另一股东存在损害其利润分配权的行为。根据本案的审理结果,即便公司其他股东在实际控制公司过程中确实存在不注意财务规范,公司无法提供会计凭证、会计账簿、会计报表及合同收据发票等,除非能证明其他股东或其指派的人员存在隐匿、毁灭财会计凭证、会计账簿、会计报表的行为,否则亦将承担举证不利的后果。

七、法律法规及适法意见

(一)全国性

1.《公司法》节选

第四条　公司股东依法享有资产收益、参与重大决策和选择管理者等权利。

第三十四条　股东按照实缴的出资比例分取红利;公司新增资本时,股东有权优先按照实缴的出资比例认缴出资。但是,全体股东约定不按照出资比例分取红利或者不按照出资比例优先认缴出资的除外。

第三十七条　股东会行使下列职权:

(一)决定公司的经营方针和投资计划;

(二)选举和更换非由职工代表担任的董事、监事,决定有关董事、监事的报酬事项;

(三)审议批准董事会的报告;

（四）审议批准监事会或者监事的报告；

（五）审议批准公司的年度财务预算方案、决算方案；

（六）审议批准公司的利润分配方案和弥补亏损方案；

（七）对公司增加或者减少注册资本作出决议；

（八）对发行公司债券作出决议；

（九）对公司合并、分立、解散、清算或者变更公司形式作出决议；

（十）修改公司章程；

（十一）公司章程规定的其他职权。

对前款所列事项股东以书面形式一致表示同意的，可以不召开股东会会议，直接作出决定，并由全体股东在决定文件上签名、盖章。

第一百六十六条 公司分配当年税后利润时，应当提取利润的百分之十列入公司法定公积金。公司法定公积金累计额为公司注册资本的百分之五十以上的，可以不再提取。

公司的法定公积金不足以弥补以前年度亏损的，在依照前款规定提取法定公积金之前，应当先用当年利润弥补亏损。

公司从税后利润中提取法定公积金后，经股东会或者股东大会决议，还可以从税后利润中提取任意公积金。

公司弥补亏损和提取公积金后所余税后利润，有限责任公司依照本法第三十四条的规定分配；股份有限公司按照股东持有的股份比例分配，但股份有限公司章程规定不按持股比例分配的除外。

股东会、股东大会或者董事会违反前款规定，在公司弥补亏损和提取法定公积金之前向股东分配利润的，股东必须将违反规定分配的利润退还公司。

公司持有的本公司股份不得分配利润。

2.《证券法》节选

第九十一条 上市公司应当在章程中明确分配现金股利的具体安排和决策程序，依法保障股东的资产收益权。

上市公司当年税后利润，在弥补亏损及提取法定公积金后有盈余的，应当按照公司章程的规定分配现金股利。

3.《上市公司监管指引第3号——上市公司现金分红》

第二条 上市公司应当牢固树立回报股东的意识，严格依照《公司法》、《证券法》和公司章程的规定，健全现金分红制度，保持现金分红政策的一致性、合理性和稳定性，保证现金分红信息披露的真实性。

第三条　上市公司制定利润分配政策时,应当履行公司章程规定的决策程序。董事会应当就股东回报事宜进行专项研究论证,制定明确、清晰的股东回报规划,并详细说明规划安排的理由等情况。上市公司应当在公司章程中载明以下内容:

(一)公司董事会、股东大会对利润分配尤其是现金分红事项的决策程序和机制,对既定利润分配政策尤其是现金分红政策作出调整的具体条件、决策程序和机制,以及为充分听取独立董事和中小股东意见所采取的措施。

(二)公司的利润分配政策尤其是现金分红政策的具体内容,利润分配的形式,利润分配尤其是现金分红的期间间隔,现金分红的具体条件,发放股票股利的条件,各期现金分红最低金额或比例(如有)等。

第四条　上市公司应当在章程中明确现金分红相对于股票股利在利润分配方式中的优先顺序。

具备现金分红条件的,应当采用现金分红进行利润分配。

采用股票股利进行利润分配的,应当具有公司成长性、每股净资产的摊薄等真实合理因素。

第五条　上市公司董事会应当综合考虑所处行业特点、发展阶段、自身经营模式、盈利水平以及是否有重大资金支出安排等因素,区分下列情形,并按照公司章程规定的程序,提出差异化的现金分红政策:

(一)公司发展阶段属成熟期且无重大资金支出安排的,进行利润分配时,现金分红在本次利润分配中所占比例最低应达到80%;

(二)公司发展阶段属成熟期且有重大资金支出安排的,进行利润分配时,现金分红在本次利润分配中所占比例最低应达到40%;

(三)公司发展阶段属成长期且有重大资金支出安排的,进行利润分配时,现金分红在本次利润分配中所占比例最低应达到20%。

公司发展阶段不易区分但有重大资金支出安排的,可以按照前项规定处理。

第六条　上市公司在制定现金分红具体方案时,董事会应当认真研究和论证公司现金分红的时机、条件和最低比例、调整的条件及其决策程序要求等事宜,独立董事应当发表明确意见。

独立董事可以征集中小股东的意见,提出分红提案,并直接提交董事会审议。

股东大会对现金分红具体方案进行审议前,上市公司应当通过多种渠道主动与股东特别是中小股东进行沟通和交流,充分听取中小股东的意见和诉求,及时答复中小股东关心的问题。

第七条　上市公司应当严格执行公司章程确定的现金分红政策以及股东大会

审议批准的现金分红具体方案。确有必要对公司章程确定的现金分红政策进行调整或者变更的，应当满足公司章程规定的条件，经过详细论证后，履行相应的决策程序，并经出席股东大会的股东所持表决权的2/3以上通过。

第十二条 证券监管机构在日常监管工作中，应当对下列情形予以重点关注：

（一）公司章程中没有明确、清晰的股东回报规划或者具体的现金分红政策的，重点关注其中的具体原因，相关决策程序是否合法合规，董事、监事、高级管理人员是否勤勉尽责，独立董事是否出具了明确意见等；

（二）公司章程规定不进行现金分红的，重点关注该等规定是否符合公司的实际情况，是否进行了充分的自我评价，独立董事是否出具了明确意见等；

（三）公司章程规定了现金分红政策，但无法按照既定现金分红政策确定当年利润分配方案的，重点关注公司是否按照要求在年度报告中披露了具体原因，相关原因与实际情况是否相符合，独立董事是否出具了明确意见等；

（四）上市公司在年度报告期内有能力分红但不分红尤其是连续多年不分红或者分红水平较低的，重点关注其有关审议通过年度报告的董事会公告中是否详细披露了未进行现金分红或现金分红水平较低的原因，相关原因与实际情况是否相符合，持续关注留存未分配利润的确切用途以及收益情况，独立董事是否对未进行现金分红或现金分红水平较低的合理性发表独立意见，是否按照规定为中小股东参与决策提供了便利等；

（五）上市公司存在大比例现金分红等情形的，重点关注相关决策程序是否合法合规，董事、监事及高级管理人员是否勤勉尽责，独立董事是否出具了明确意见，是否按照规定为中小股东参与决策提供了便利，是否存在明显不合理或相关股东滥用股东权利不当干预公司决策等情形。

第十三条 上市公司有下列情形的，证券监管机构应采取相应的监管措施：

（一）未按规定制定明确的股东回报规划；

（二）未针对现金分红等利润分配政策制定并履行必要的决策程序；

（三）未在定期报告或其他报告中详细披露现金分红政策的制定及执行情况；

（四）章程有明确规定但未按照规定分红；

（五）现金分红监管中发现的其他违法违规情形。

上市公司在有关利润分配政策的陈述或者说明中有虚假或重大遗漏的，证券监管机构应当采取相应的监管措施；依法应当行政处罚的，依照《证券法》第一百九十三条予以处罚。

4.《全国中小企业股份转让系统挂牌公司治理规则》(2020年1月3日发布)节选

第六十九条　挂牌公司应当制定利润分配制度,并可以对现金分红的具体条件和比例、未分配利润的使用原则等作出具体规定,保障股东的分红权。

精选层挂牌公司应当根据实际情况在公司章程中明确一定比例的现金分红相对于股票股利在利润分配方式中的优先顺序。

第一百零二条　挂牌公司应当采取有效措施防止关联方以垄断采购或者销售渠道等方式干预公司的经营,损害公司利益。关联交易应当具有商业实质,价格应当公允,原则上不偏离市场独立第三方的价格或者收费标准等交易条件。

挂牌公司及其关联方不得利用关联交易输送利益或者调节利润,不得以任何方式隐瞒关联关系。

5.《公司法司法解释(二)》节选

第一条　单独或者合计持有公司全部股东表决权百分之十以上的股东,以下列事由之一提起解散公司诉讼,并符合公司法第一百八十二条规定的,人民法院应予受理:

(一)公司持续两年以上无法召开股东会或者股东大会,公司经营管理发生严重困难的;

(二)股东表决时无法达到法定或者公司章程规定的比例,持续两年以上不能做出有效的股东会或者股东大会决议,公司经营管理发生严重困难的;

(三)公司董事长期冲突,且无法通过股东会或者股东大会解决,公司经营管理发生严重困难的;

(四)经营管理发生其他严重困难,公司继续存续会使股东利益受到重大损失的情形。

股东以知情权、利润分配请求权等权益受到损害,或者公司亏损、财产不足以偿还全部债务,以及公司被吊销企业法人营业执照未进行清算等为由,提起解散公司诉讼的,人民法院不予受理。

6.《公司法司法解释(三)》节选

第十六条　股东未履行或者未全面履行出资义务或者抽逃出资,公司根据公司章程或者股东会决议对其利润分配请求权、新股优先认购权、剩余财产分配请求权等股东权利作出相应的合理限制,该股东请求认定该限制无效的,人民法院不予支持。

7.《公司法司法解释(四)》节选

第十三条　股东请求公司分配利润案件,应当列公司为被告。

一审法庭辩论终结前，其他股东基于同一分配方案请求分配利润并申请参加诉讼的，应当列为共同原告。

第十四条　股东提交载明具体分配方案的股东会或者股东大会的有效决议，请求公司分配利润，公司拒绝分配利润且其关于无法执行决议的抗辩理由不成立的，人民法院应当判决公司按照决议载明的具体分配方案向股东分配利润。

第十五条　股东未提交载明具体分配方案的股东会或者股东大会决议，请求公司分配利润的，人民法院应当驳回其诉讼请求，但违反法律规定滥用股东权利导致公司不分配利润，给其他股东造成损失的除外。

8.《公司法司法解释（五）》节选

第四条　分配利润的股东会或者股东大会决议作出后，公司应当在决议载明的时间内完成利润分配。决议没有载明时间的，以公司章程规定的为准。决议、章程中均未规定时间或者时间超过一年的，公司应当自决议作出之日起一年内完成利润分配。

决议中载明的利润分配完成时间超过公司章程规定时间的，股东可以依据民法典第八十五条公司法第二十二条第二款规定请求人民法院撤销决议中关于该时间的规定。

9.《九民纪要》节选

二、关于公司纠纷案件的审理

会议认为，审理好公司纠纷案件，对于保护交易安全和投资安全，激发经济活力，增强投资创业信心，具有重要意义。要依法协调好公司债权人、股东、公司等各种利益主体之间的关系，处理好公司外部与内部的关系，解决好公司自治与司法介入的关系。

（一）关于“对赌协议”的效力及履行

实践中俗称的“对赌协议”，又称估值调整协议，是指投资方与融资方在达成股权性融资协议时，为解决交易双方对目标公司未来发展的不确定性、信息不对称以及代理成本而设计的包含了股权回购、金钱补偿等对未来目标公司的估值进行调整的协议。从订立“对赌协议”的主体来看，有投资方与目标公司的股东或者实际控制人“对赌”、投资方与目标公司“对赌”、投资方与目标公司的股东、目标公司“对赌”等形式。人民法院在审理“对赌协议”纠纷案件时，不仅应当适用合同法的相关规定，还应当适用公司法的相关规定；既要坚持鼓励投资方对实体企业特别是科技创新企业投资原则，从而在一定程度上缓解企业融资难问题，又要贯彻资本维持原则和保护债权人合法权益原则，依法平衡投资方、公司债权人、公司之间的利益。对于投资方与目标公司的股东或者实际控制人订立的"对赌协议",如无其他无效事由,认定有效并支持实际履行,实践中并无争议。但投资方与目标公司订立的"对赌协议"是否有效以及能否实际履行,存在争议。对此,应当把握如下处理规则:

5.【与目标公司"对赌"】投资方与目标公司订立的"对赌协议"在不存在法定无效事由的情况下,目标公司仅以存在股权回购或者金钱补偿约定为由,主张"对赌协议"无效的,人民法院不予支持,但投资方主张实际履行的,人民法院应当审查是否符合公司法关于"股东不得抽逃出资"及股份回购的强制性规定,判决是否支持其诉讼请求。

投资方请求目标公司回购股权的,人民法院应当依据《公司法》第 35 条关于"股东不得抽逃出资"或者第 142 条关于股份回购的强制性规定进行审查。经审查,目标公司未完成减资程序的,人民法院应当驳回其诉讼请求。

投资方请求目标公司承担金钱补偿义务的,人民法院应当依据《公司法》第 35 条关于"股东不得抽逃出资"和第 166 条关于利润分配的强制性规定进行审查。经审查,目标公司没有利润或者虽有利润但不足以补偿投资方的,人民法院应当驳回或者部分支持其诉讼请求。今后目标公司有利润时,投资方还可以依据该事实另行提起诉讼。

(二)地方性

《上海市高级人民法院关于审理涉及公司诉讼案件若干问题的处理意见(二)》节选

三、处理股东权益纠纷的相关问题

3.有限责任公司股东会就公司合并、分立或者修改公司章程等

事项形成决议,并且在决议后股东所持股份难以转让的,在股东会决议表决时投反对票的股东有权请求公司收购其股份。

公司连续多年赢利,且符合公司法规定的股东盈余分配条件,而公司不予分配利润的,符合公司法规定的持股份额的股东有权请求公司召开股东会作出决议;在股东会决议表决时投反对票的股东有权请求公司收购其股份。

在上述纠纷中,异议股东应自股东会决议之日起60 日内,与公司就收购股份进行协商;逾期协商不成的,异议股东才可向人民法院提起诉讼。

第六章

新增资本认购纠纷

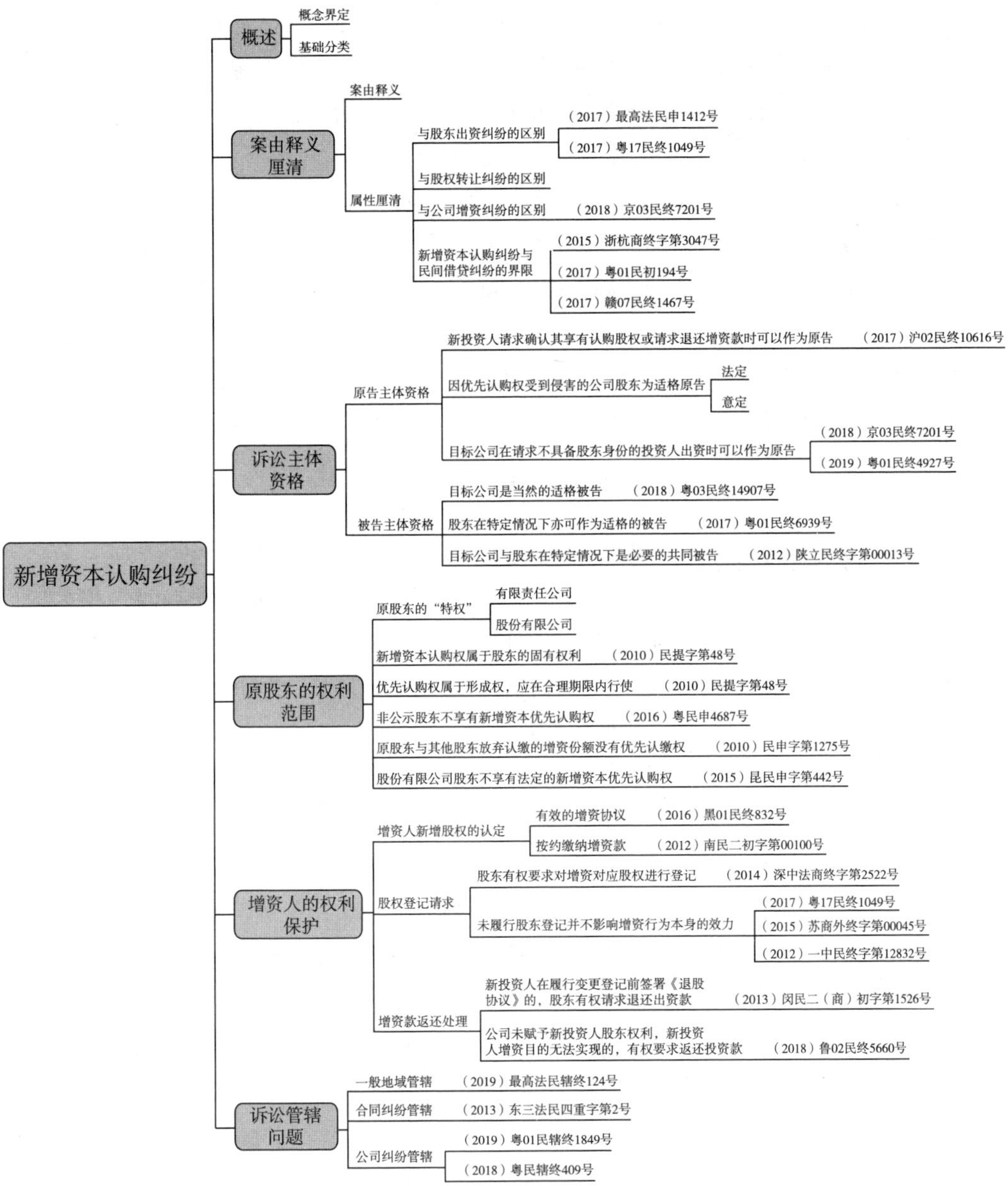

一、概述

基于筹集资金、扩大经营、提升资本信誉需求以及为了与公司的实际资产相符等目的，公司需要在经营过程中适时增资①。公司增资扩股是指公司通过向社会募集股份、发行股票、新股东投资入股或原股东增加投资扩大股本，其法律效果表现为公司的注册资本在原有注册资本的基础上予以扩大，扩大部分即为新增资本。对公司新增资本进行认购的权利主体既包括公司原有股东，也包括新投资人，是民事主体依据《民法典》第一百二十五条享有投资性权利的体现。

新增资本认购纠纷是指有限责任公司新增资本认购、股份有限公司发行新股认购而产生的纠纷②。在实践中，围绕新增资本认购发生的纠纷主要包括以下两种类型：一是股东或公司股东之外的其他人起诉要求确认享有公司新增资本对应的股权；二是侵害新增资本优先认购权而引发的诉讼。司法机关在处理该类纠纷时，往往缺乏明确、具体的标准，在一定程度上导致了新增资本认购纠纷与其他公司法纠纷案件的混淆。本章拟对新增资本认购纠纷在司法实践中的具体法律问题开展系统的分析和探讨。

二、新增资本认购纠纷的属性厘清

作为一种与公司有关的纠纷，新增资本认购纠纷与其他类型的纠纷存在一定的相似性，导致在案由认定时频繁发生争议。本书在研究新增资本认购纠纷相关问题及案例过程中，发现其易与股东出资纠纷、公司增资纠纷等发生混淆。由于不同的案由在程序法上存在诉讼主体资格、管辖等问题的区别，在实体权利方面则又涉及不同案由下请求权内容、构成要件的区别。因此，有必要在此将新增资本认购纠纷与其他类型纠纷进行区分，从而真正了解该类纠纷的内涵和外延。

（一）与股东出资纠纷的区别

《最高人民法院民事案例案由规定理解与适用》一书将新增资本认购纠纷与股东出资纠纷进行了区分：股东出资纠纷适用于股东违反出资义务的各种情形，常见的股东出资纠纷包括虚假出资纠纷、出资不足纠纷、逾期出资纠纷和抽逃出资纠纷；而新增资本认购纠纷规范的是公司新增注册资本时，除股东出资纠纷之外的相

① 参见中国法制出版社编：《公司股权诉讼关键法条与典型实例诉讼》，中国法制出版社2011年版，第25页、第62页。

② 参见最高人民法院民事案件案由规定课题组编著：《最高人民法院民事案件案由规定理解与适用》，人民法院出版社2011年版，第382页。

关纠纷①。两者的差异在于,前者是公司因股东违反足额缴纳认缴出资额而提起的诉讼,权利主体是公司,责任主体是公司股东;后者是股东或者投资人提起的维护新增资本认购权的诉讼,权利主体是股东或者新投资人,而责任主体往往是公司。在增资情形下,前者涉及股东增资义务的履行,表现为未缴、未按时缴、已缴抽逃,重点在于违反出资义务,而后者涉及的"股东出资"问题,往往发生在投资人已经缴纳投资款即已经履行出资义务的情况下,基于履行出资义务以外的其他请求权,如返还出资款等引发的纠纷。

1. 公司增资时增资义务履行相关纠纷不属于新增资本认购纠纷

案例·1 -最高人民法院案例-

增资义务履行相关纠纷不是新增资本认购纠纷

——胡建新、王康华新增资本认购纠纷、买卖合同纠纷申请再审案②

再审申请人(一审被告、反诉原告、二审上诉人):胡建新。

被申请人(一审原告、反诉被告、二审上诉人):符致炎、黄爱清。

被申请人(一审原告、二审上诉人):海南健臣公司。

二审上诉人(一审被告、反诉原告):王康华。

二审上诉人(一审被告):海南翡翠城公司。

一审第三人:黄咏梅。

2011年5月2日,符致炎、黄爱清与胡建新、王康华签订《协议书》,约定海南翡翠城公司现股东符致炎、黄爱清同意胡建新、王康华作为新的出资人,对海南翡翠城公司进行投资,胡建新出资额5200万元,王康华出资额800万元。但《协议书》签订后,胡建新、王康华并没有履行协议义务。2011年6月26日,符致炎、黄爱清、胡建新、王康华签订《补充协议》,约定暂缓《协议书》的执行,而约定首期资金300万元,由胡建新出资260万元、王康华出资40万元。《补充协议》还约定,在首期资金

① 参见最高人民法院民事案件案由规定课题组编著:《最高人民法院民事案件案由规定理解与适用》,人民法院出版社2011年版,第381~382页。

② 参见海南省第一中级人民法院(2015)海南一中民二初字第3号民事判决书;海南省高级人民法院(2015)琼民二终字第21号裁定书;海南省第一中级人民法院(2015)海南一中民二初字第15号民事判决书;海南省高级人民法院(2016)琼民终234号民事判决书;最高人民法院(2017)最高法民申1412号民事裁定书。

到位两年内，胡建新须投入3380万元，王康华须投入520万元，若在2013年5月2日前，胡建新、王康华仍无力完成上述投资，则立即办理变更注册登记，本次合作终止，《协议书》及《补充协议》作废。2011年6月28日，上述四名主体作为海南翡翠城公司股东召开会议并形成股东会决议，同时修订了章程。该章程约定，公司的注册资本为400万元，胡建新出资260万元，占65%，黄爱清出资60万元，占15%，符致炎出资40万元，占10%，王康华出资40万元，占10%。2011年7月7日，胡建新、王康华完成300万元出资。2011年7月12日，完成相关工商登记。

由于胡建新、王康华于2013年5月2日前未完成上述约定的投资义务。2013年5月3日，符致炎、黄爱清向胡建新、王康华函告：双方合作的前述两份协议已于2013年5月2日自动终止。并于2015年诉至海南一中院，请求判令解除《协议书》《补充协议》，判令胡建新、王康华配合其二人到工商机关办理胡建新、王康华退出翡翠城公司恢复原股权登记原状的变更登记等。

本案案由的确定几经变更。海南一中院一审判决确定本案案由为股东增资纠纷。海南高院二审裁定认为本案系新增资本认购纠纷。该案因程序违法等问题发回重审，发回重审后的一审、二审法院均认为本案为新增资本认购纠纷。最高人民法院在审查再审申请时，认为本案应属于股东出资纠纷。（见图6-1）

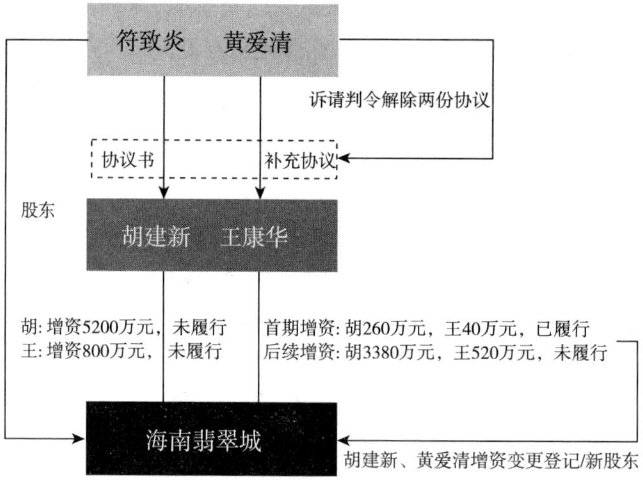

图6-1 胡建新、王康华新增资本认购纠纷、买卖合同纠纷申请再审案

本案系司法实践中界定股东增资纠纷与新增资本认购纠纷的典型案例，因该问题引发的案件程序之曲折充分反映了实务中对两类案由的认识及界定分歧之大。在案件发回重审前的二审裁定书中，海南高院认为，本案的主要法律关系是公司股东之外的其他人认购公司新增资本而非原有股东认购公司新增资本引发的纠纷，本案案由应按最高人民法院《民事案件案由规定》(2011年修订)确定为新增资本认购纠纷。在案件发回重审后的二审判决书中，海南高院认为《协议书》《补充协议》实质上是增资扩股性质的合同，坚持本案为新增资本认购纠纷，审理的是符致炎、黄爱清与胡建新、王康华签订的《协议书》《补充协议》是否应予解除、谁构成违约以及如何承担违约责任等问题。

最高人民法院则认为，新增资本认购纠纷规范的是公司新增资本时，除股东出资纠纷之外的相关纠纷。由于本案仅涉及各方增资义务的履行，原判决认定的案由确有不妥。从最高人民法院的表述可以推断，最高人民法院认为本案案由为股东出资纠纷，而不是海南高院认定的新增资本认购纠纷。

若依据《最高人民法院民事案例案由规定理解与适用》的相关释义，本案案由应当可以很清晰地被判定为股东出资纠纷，而不是新增资本认购纠纷。但是本案历经四次审判，在发回重审后的终审判决中的案由仍是新增资本认购纠纷，直到最高人民法院再审裁定中才纠正为“股东出资纠纷”。可见司法实践中对于增资扩股中的“股东出资纠纷”“新增资本认购纠纷”的区分也存在较大的困惑。

从本案可以看出，符致炎、黄爱清的诉讼请求为解除增资扩股协议及请求判决相关违约责任承担的问题，表面上是关于增资扩股协议解除的问题，似乎可归属于新增资本认购纠纷，但实质上导致协议被请求解除的原因是股东未履行出资义务，属于违反出资义务情形，其请求权基础是股东对其认缴增资的出资义务，因此应当归属于股东出资纠纷。最高人民法院的裁判思路事实上是通过对股东出资纠纷范围的界定，以及对原告权利请求基础的实质认定，从而排除了新增资本认购纠纷这一案由在此类案件中的适用。

此外，胡建新和王康华于2011年7月履行300万元的出资义务，办理工商变更登记手续，截至诉讼当时为公司合法有效的股东。各股东对公司增资行为和胡建新与王康华的认购行为均无异议。符致炎、黄爱清诉请也并非基于其认为新增资本认购行为无效。本案中，违约行为发生在增资、胡建新与王康华认购股权并享有股东权利之后。争议当时各股东均认可胡建新与王康华已取得股东身份，享有股东权利，但是因为新股东未履行股东出资义务，导致增资扩股协议的解除条件成就。因此本案绝不是因新增资本认购而引起的纠纷，而是认购目的达成之后出资义务未履行导致的纠纷。

综上，本书认为，新增资本认购纠纷和股东出资纠纷应当是两个层次，新增资本认购纠纷还停留在认购权利是否享有或认购后是否能确权的问题上，但股东出资纠纷已经是各方确认了新股东的身份,并以股东才有的义务要求其履行出资义务,或因其不履行而请求剥夺其股东身份或承担违约责任。

2. 已履行出资义务后主张返还出资款的纠纷为新增资本认购纠纷

如在"索文公司、卢扬锐新增资本认购纠纷、买卖合同纠纷上诉案"[①]中,立案案由为股东出资纠纷,但广东阳江江城法院一审认为,本案实际上是有限责任公司(索文公司)与新出资人(谭俭荣)之间因新增出资后出资人主张返还出资款引发的纠纷,应定性为新增资本认购纠纷。广东阳江中院二审亦认为,本案是索文公司与谭俭荣之间在新增出资过程中出资人谭俭荣主张返还出资款引发的纠纷,应为新增资本认购纠纷。结合本书前述对新增资本认购纠纷和股东出资纠纷是两个层次的判断,本书认为,该案投资人虽然已经履行出资义务,但此时的"出资义务"并非其作为股东的义务,而是其履行增资扩股协议的义务。该案公司还没有落实投资人的股东身份,争议当时的时间节点还是"新增出资中",争议内容还停留在"认购后是否能确权"的层次上,应当属于新增资本认购纠纷。

该案中,虽然对于"新增出资后"还是"新增出资过程中"的时间节点判断尚存疑问(如新增出资后,可能已经成为股东,没有权利要求返还),但可以确定的是,新增资本认购纠纷的时间点应在出资义务人履行出资义务之后。增资人履行出资义务后,公司就此丧失要求其进行出资的请求权,此时增资人基于合法事由请求返还出资款的,不再属于股东出资纠纷。

(二)与股权转让纠纷的区别

股权转让是指公司股东依法将自己的股权/股份让渡给他人的行为,是他人成为公司股东或使现有股东增加持股份额的民事法律行为。股权转让纠纷是股东之间、股东与非股东之间进行股权转让而发生的纠纷,新增资本认购纠纷与股权转让纠纷的主要区别在于公司增资扩股行为与股权转让行为的差异。前者交易双方为投资者(原股东或新投资人)与目标公司;后者交易双方为转让股权的股东与股权受让方。前者会导致公司注册资本的增加,而后者本身并不会导致公司注册资本变化。

(三)与公司增资纠纷的区别

公司增资,是指公司基于筹集资金,扩大经营等目的,依照法定的条件和程序增加公司资本的行为。公司增资纠纷与新增资本认购纠纷一样,均属于《民事案件

---

① 参见广东省阳江市江城区人民法院(2016)粤1702民初3921号民事判决书;广东省阳江市中级人民法院(2017)粤17民终1049号民事判决书。

案由规定》第二级案由“与公司有关的纠纷”项下并列的第三级案由，其与新增资本认购纠纷虽属于不同的民事案由，但仅从释义看难作区分。《最高人民法院民事案例案由规定理解与适用》一书对二者的区分描述为：新增资本认购纠纷主要是发生在新出资人与公司之间以及原股东与公司之间的纠纷，而公司增资纠纷主要是公司在增加资本过程中因增资行为而引起的民事纠纷。[①] 显然，该区分描述并未能为实务界在两类案由之间划出界限，令人困惑难解。

实践中，新增资本认购纠纷与公司增资纠纷极易混淆，目前的《公司法》与相关司法解释并未能提供厘清两者界限的解释。本书结合相关实务情况及司法案例，认为新增资本认购纠纷是股东或者新投资人提起的要求认购公司新增资本、确认其为公司股东的诉讼，是股东或者新投资人为维护其新增资本认购的权利而提起的诉讼，属于股东权纠纷。而公司增资纠纷系围绕公司增资行为提起的诉讼，属于针对公司行为提起的诉讼，是与公司增资相关的人对公司增资存在异议提起的诉讼。

依据上述区分方式，新投资人与公司之间因新增资本认购产生的纠纷应为新增资本认购纠纷，其原因在于新投资人在完成增资之前尚不具有股东身份，不具有决定公司经营方针并对公司增加或减少注册资本等事宜作出决定或施加影响等权利，故无法提起公司增资纠纷诉讼。

案例·2　－典型案例－

新出资人与公司之间的纠纷为新增资本认购纠纷

——长富公司与运动帮公司增资纠纷上诉案[②]

上诉人（一审被告）：长富公司。

被上诉人（一审原告）：运动帮公司。

2015 年 3 月 20 日和 2016 年 3 月 30 日，韩乔生先后与相关方签署协议，确定其持有的运动帮公司 30% 股份由张丹、赵刚代持。

2016 年 4 月 19 日，运动帮公司股东赵刚、张丹、潘驭骐、慧致天诚公司与投资

① 参见最高人民法院民事案件案由规定课题组编著：《最高人民法院民事案件案由规定理解与适用》，人民法院出版社 2011 年版，第 400 页。

② 参见北京市朝阳区人民法院（2017）京 0105 民初 2568 号民事判决书；北京市第三中级人民法院（2018）京 03 民终 7201 号民事判决书。

方长富公司、运动帮公司签订《增资协议》，约定长富公司对运动帮公司增资，增资款600万元在2016年5月1日前付至运动帮公司账户，投资方支付全部增资价款后，各方应积极配合目标公司向公司登记机关申请办理本次增资涉及的工商变更登记手续。但长富公司未能按照约定履行增资义务，运动帮公司故向北京朝阳法院提起诉讼，请求判令长富公司继续履行《增资协议》，支付600万元出资款并支付违约金。

北京朝阳法院一审判决长富公司继续履行《增资协议》，向运动帮公司支付增资款及违约金。长富公司不服提起上诉。北京三中院二审判决驳回上诉，维持原判。（见图6－2）

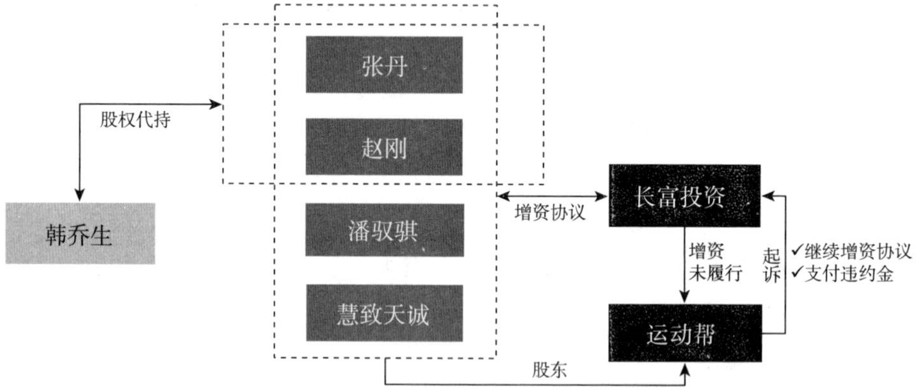

图6－2　长富公司与运动帮公司增资纠纷上诉案

本案中，北京三中院认可了北京朝阳法院的一审判决结果，但其同时在二审民事判决书中明确响应了长富公司主张的“本案案由应当为新增资本认购纠纷而非公司增资纠纷”。二审法院认为，新增资本认购纠纷是主要发生在新出资人与公司之间以及原股东与公司之间的纠纷，公司增资纠纷是公司在增加注册资本过程中因增资行为而引起的民事纠纷。本案中，长富公司并非运动帮公司原有股东，系基于《增资协议》而向运动帮公司进行增资，属于新出资人与公司之间的纠纷，故本案案由应当为新增资本认购纠纷，一审法院列明案由有误，予以纠正。

本书认为，二审法院对本案案由的纠正正确，新出资人与公司之间的纠纷应当为新增资本认购纠纷。首先，新出资人不是新股东，本案增资协议约定投资人支付增资价款后，目标公司才有义务办理增资变更登记手续，争议当时投资人仍不具备股东身份。结合前述对新增资本认购纠纷和股东出资纠纷区分判断，本案虽然涉及“出资义务”，但并非基于股东身份的出资义务，而是基于增资协议的合同义务，

前 言

起意撰写一部公司法实务书籍已经有几年了，主要是我们在学习和工作中想找一些公司诉讼参考书，但无奈地发现，市面上书籍虽多，但系统而深入地研究实务问题的乏善可陈。概言之，要么严重脱离实务，只对概念、理论和法条做简要梳理，没有真正立足司法实践；要么反其道而行之，只谈操作实务的“术”而不管法律原理的“道”，面对繁杂法律问题时往往避重就轻，浅尝辄止；要么沦为简单的案例汇编，且案例未作权威性、代表性筛选，内容上也照搬判决书原文，冗长繁杂，难以下咽；要么为赋新词强说愁，对于即便没有任何争议的问题，也一定要列举个一二三四种观点进行形式化解读，如此等等。

因此，我们尝试提供给读者一本不一样的实务书籍。我们希望它既是我们自身执业经验的总结，也是写作过程中再次系统学习研究的感悟；它应该是干货多，废话少，有体系，讲逻辑，能够真正帮助读者有效学习、理解和掌握公司诉讼的大部分热点难点问题，形成系统完整的知识结构，回应实践工作中的困惑和难题。

考虑到书稿字数问题，遂将书籍拆分成上下两册。但又不想像很多书籍那样简单地上册前一半内容、下册后一半内容，于是我们就努力思考如何找寻26个案由（包含二级案由）之间的内在逻辑关系，进而尽可能合理地划分上下册。最后，我们把26个案由按照权益保护篇和生命周期篇划分成了两册，具体结构如下表：

公司诉讼法律实务全解	上册·权益保护篇	第一编　股东权益保护	第一章　股东资格确认纠纷
			第二章　股东名册记载纠纷
			第三章　股东知情权纠纷
			第四章　请求公司收购股份纠纷
			第五章　公司盈余分配纠纷
			第六章　新增资本认购纠纷
			第七章　损害股东利益责任纠纷
		第二编　公司权益保护	第八章　公司证照返还纠纷
			第九章　损害公司利益责任纠纷
			第十章　公司关联交易损害责任纠纷
		第三编　债权人权益保护	第十一章　损害债权人利益责任纠纷
	下册·生命周期篇	第一编　公司设立	第一章　公司设立纠纷
			第二章　发起人责任纠纷
			第三章　股东出资纠纷
		第二编　公司治理	第四章　公司决议效力确认纠纷
			第五章　公司决议撤销纠纷
			第六章　请求变更公司登记纠纷
		第三编　公司变更	第七章　股权转让纠纷
			第八章　上市公司收购纠纷
			第九章　公司合并纠纷
			第十章　公司分立纠纷
			第十一章　公司减资纠纷
			第十二章　公司增资纠纷
		第四编　公司终止	第十三章　公司解散纠纷
			第十四章　清算责任纠纷

这种分类方法难言有多科学和完美，但有助于读者理解和掌握公司诉讼的知识体系。本书即上册权益保护篇，围绕公司相关主体，即公司、股东、债权人的权益保护展开，与下册以公司自身的设立、治理、变更、终止等生命周期为主线而阐述的内容，既内在联系，又相互独立。这样划分，也有助于读者简单、直观而又清晰地对

公司诉讼的案由和主要内容形成整体性认识。结合上表,我们可以用一句简单直白的语言对公司诉讼进行定义,即以公司为主线,围绕公司的生老病死,以及股东、公司、债权人等相关主体的利益保护而产生的诉讼的总和。

但是,囿于作者的专业水平和执行力所限,写作过程一波三折,写作计划一度搁浅。

2019 年年底,本书的 8 位作者初步达成了共同撰写的一致意见,然后便开始紧锣密鼓的分工、撰写。后来遇到了新冠疫情,2020 年 2 月至 4 月,全国各行各业基本处于停滞状态,律师执业工作难以开展,这反而给了我们埋头研究写作的契机。于是,周一至周五各自在家学习、研究、写作,周末相聚研讨,如此周而复始。到了 2020 年下半年,本书初稿基本定型。后来几经易稿,形成了呈现在读者面前的这般模样。

本书具有如下特点:

第一,知识要点的体系化建构。围绕公司纠纷的 26 个案由展开,每一章讲解一个案由项下的相关法律问题,注重体系,讲究逻辑,力图帮助读者搭建和形成系统而深入的知识图谱。

第二,司法实践的真实化表达。紧扣司法实践,秉承"从实务中来,到实务中去"的原则,问题不是生搬硬造,答案亦非闭门造车,力争回应和解答实务中的大部分重大疑难复杂法律问题。

第三,权威案例的精细化解读。一方面,筛选案例注重权威性、典型性,部分案例甚至反映和引领了公司法相关制度的变迁;另一方面,撰写案例讲究完整性、简洁性,在保留核心信息的基础上,将案例浓缩至数百字,力求让读者在有限的时间内流畅而轻松地阅读权威案例。

第四,繁杂内容的可视化呈现。在每一章开头,均绘制了思维导图,帮助读者了解该章的整体框架;在正文中,对于复杂的案例、繁杂的论断等内容,也设计了大量的图表,力促优化阅读体验,降低阅读难度,增进阅读兴趣。

本书写作是我们再次学习的过程,多元转化亦使我们受益匪浅。以本书书稿为基础,我们在复旦大学法学院开设了法律硕士研究生选修课程《公司诉讼实务》,系统剖析公司诉讼权益保护篇的 11 个案由,受到了同学们的广泛好评;我们与智拾网合作录制的《公司诉讼实务 11 讲》,虽然大家备课较为仓促,录课经验也普遍缺乏,但该课程还是有幸获得了"智拾网 2020 年度十佳课程"。可以说,书稿内容本身的丰富与扎实,在一定程度上弥补了我们授课经验的不足。

本书是集体智慧的结晶,我们 8 位律师也在写作过程中进一步凝聚共识,加强信任,并逐步融合成一个大的商讼团队。这是我们比书稿出版更大的收获。

本书写作分工如下:

李洪灯:第一章　股东资格确认纠纷、第三章　股东知情权纠纷、第七章　损害股东利益责任纠纷

罗亚中:第二章　股东名册记载纠纷

姜莉丽:第四章　请求公司收购股份纠纷

许中华:第五章　公司盈余分配纠纷

彭　凯:第六章　新增资本认购纠纷、第十章　公司关联交易损害责任纠纷

周晨黠:第八章　公司证照返还纠纷

李　晨:第九章　损害公司利益责任纠纷

陈婷婷:第十一章　损害债权人利益责任纠纷

书稿部分的统稿由李洪灯、陈婷婷共同完成。可视化部分的内容由彭凯、周晨黠策划、组织实施、统稿修改完成。

最后,借此机会,我们要特别感谢上海交通大学凯原法学院孔祥俊院长的作序推荐,感谢中国人民大学法学院姚辉教授、上海交通大学凯原法学院韩长印教授、复旦大学法学院段厚省教授、上海财经大学法学院葛伟军副院长、携程集团杨钦副总裁的倾情推荐。各位老师虽然工作繁忙,但为了撰写寥寥数语的推荐语,仍花费大量时间阅读书稿,其认真、严谨的态度让我们这些晚辈感动、钦佩不已。我们要特别感谢法律出版社法商分社的薛晗社长、章雯编辑,由于两位老师的帮助、策划和付出,本书才得以顺利出版。最后,我们还要特别感谢在写作过程中给予支持和协助的朋友和团队部分律师、实习生,尤其是陈玉卿、钟敏、施瑞燕、路越、谢孝婕、王俊杰、徐芳琴等。其他提供帮助的朋友和团队律师太多,这里不再一一致谢。

囿于作者能力所限,书中错谬之处在所难免,恳请大家批评指正。

本书作者团队

2021 年 4 月

凡　例

一、法律

全　称	简　称
《中华人民共和国公司法》	《公司法》
《中华人民共和国民法典》	《民法典》
《中华人民共和国民事诉讼法》	《民事诉讼法》
《中华人民共和国会计法》	《会计法》
《中华人民共和国证券法》	《证券法》
《中华人民共和国民法通则》（已失效）	《民法通则》
《中华人民共和国民法总则》（已失效）	《民法总则》
《中华人民共和国物权法》（已失效）	《物权法》
《中华人民共和国合同法》（已失效）	《合同法》
《中华人民共和国企业破产法》	《企业破产法》
《中华人民共和国企业国有资产法》	《企业国有资产法》
《中华人民共和国注册会计师法》	《注册会计师法》
《中华人民共和国公务员法》	《公务员法》
《中华人民共和国法官法》	《法官法》
《中华人民共和国合伙企业法》	《合伙企业法》
《中华人民共和国个人独资企业法》	《个人独资企业法》
《中华人民共和国律师法》	《律师法》

二、法规规章

全　　称	简　　称
《中华人民共和国公司登记管理条例》(2016 修订)	《公司登记管理条例》
《中华人民共和国企业所得税法实施条例》(2019 修订)	《企业所得税法实施条例》
《中华人民共和国企业法人登记管理条例施行细则》(2020 修订)	《企业法人登记管理条例实施细则》
《公司注册资本登记管理规定》	/
《企业会计准则第 36 号——关联方披露》	/
《上市公司监管指引第 3 号——上市公司现金分红》	/
《上海证券交易所股票上市规则》(2019 修订)	/
《深圳证券交易所股票上市规则》(2019 修订)	/
《全国中小企业股份转让系统挂牌公司治理规则》(2020 年 1 月 3 日发布)	《中小企业股份转让系统挂牌公司治理规则》
《中国基金业协会关于进一步规范私募基金管理人登记若干事项的公告》	《规范私募基金管理人登记若干事项的公告》
《证券公司董事、监事和高级管理人员任职资格监管办法》(2012 修订)	/
《保险公司董事、监事和高级管理人员任职资格管理规定》(2018 修订)	/
《市场准入负面清单》	/

三、司法解释

全　　称	简　　称
《最高人民法院关于适用〈中华人民共和国公司法〉若干问题的规定(一)》(2014 修正)	《公司法司法解释(一)》
《最高人民法院关于适用〈中华人民共和国公司法〉若干问题的规定(二)》(2020 修正)	《公司法司法解释(二)》
《最高人民法院关于适用〈中华人民共和国公司法〉若干问题的规定(三)》(2020 修正)	《公司法司法解释(三)》
《最高人民法院关于适用〈中华人民共和国公司法〉若干问题的规定(四)》(2020 修正)	《公司法司法解释(四)》

续表

全　称	简　称
《最高人民法院关于适用〈中华人民共和国公司法〉若干问题的规定(五)》(2020 修正)	《公司法司法解释(五)》
《最高人民法院关于适用〈中华人民共和国民事诉讼法〉的解释》(2020 修正)	《民事诉讼法司法解释》
《最高人民法院关于民事诉讼证据的若干规定》(2019 修正)	《民事证据规定》
《全国法院民商事审判工作会议纪要》	《九民纪要》
《最高人民法院关于印发修改后的〈民事案件案由规定〉的通知》(法〔2020〕347 号)	《民事案由规定》
《最高人民法院关于审理外商投资企业纠纷案件若干问题的规定(一)》(法释〔2010〕9 号)	/
《最高人民法院关于股东因公司设立后的增资瑕疵应否对公司债权人承担责任问题的复函》(〔2003〕执他字第 33 号)	/
《最高人民法院关于民事执行中变更、追加当事人若干问题的规定》(法释〔2016〕21 号)	/
《最高人民法院关于审理军队、武警部队、政法机关移交、撤销企业和与党政机关脱钩企业相关纠纷案件若干问题的规定》(法释〔2001〕8 号)	/
《最高人民法院关于修改关于适用〈中华人民共和国公司法〉若干问题的规定的决定》(法释〔2014〕2 号)	/
《最高人民法院关于依法制裁规避执行行为的若干意见》(法〔2011〕195 号)	/

四、地方法院适法意见

《北京市高级人民法院关于民事诉讼管辖若干问题的规定(试行)》
《北京市高级人民法院关于审理公司纠纷案件若干问题的指导意见(试行)》
《北京市高级人民法院关于审理公司纠纷案件若干问题的指导意见》
《北京市高级人民法院关于印发〈北京市高级人民法院关于审理公司纠纷案件若干问题的指导意见〉的通知》(京高法发〔2008〕127 号)
《北京市高级人民法院关于印发〈北京市高级人民法院关于审理公司纠纷案件若干问题的指导意见(试行)〉的通知》(京高法发〔2004〕50 号)

续表

《广东省高级人民法院关于民商事审判实践中有关疑难法律问题的解答意见》
《广东省高级人民法院民二庭关于民商事审判实践中有关疑难法律问题的解答意见》(2012年3月7日)
《江苏省高级人民法院关于审理适用公司法案件若干问题的意见(试行)》(苏高法审〔2003〕2号)
《江西省高级人民法院关于审理公司纠纷案件若干问题的指导意见》(赣高法〔2008〕4号)
《山东省高级人民法院关于审理公司纠纷案件若干问题的意见(试行)》(鲁高法发〔2007〕3号)
《山东省高级人民法院民二庭关于审理公司纠纷案件若干问题的解答》
《陕西省高级人民法院民二庭关于公司纠纷、企业改制、不良资产处置及刑民交叉等民商事疑难问题的处理意见》
《上海市高级人民法院2005年上海法院民商事审判问答(之四)——关于审理股东请求对公司行使知情权纠纷若干问题的问答》
《上海市高级人民法院关于审理涉及公司诉讼案件若干问题的处理意见(二)》(沪高法民二〔2003〕15号)
《上海市高级人民法院关于印发〈关于审理公司纠纷案件若干问题的解答〉的通知》(沪高法民二〔2006〕8号)
《上海市高级人民法院关于印发〈关于审理与股份合作制企业相关的公司纠纷案件若干问题的解答〉的通知》(沪高法民二〔2006〕10号)
《上海市高级人民法院民事审判第二庭关于审理公司法人人格否认案件的若干意见》
《深圳市中级人民法院关于妥善审理涉关联交易纠纷案件的通知》
《浙江省高级人民法院民二庭关于公司法适用若干疑难问题的理解》

法院简称索引

全　　称	简　　称
一、高级人民法院	
安徽省高级人民法院	安徽高院
北京市高级人民法院	北京高院
重庆市高级人民法院	重庆高院
福建省高级人民法院	福建高院
甘肃省高级人民法院	甘肃高院
广东省高级人民法院	广东高院
广西省高级人民法院	广西高院
贵州省高级人民法院	贵州高院
海南省高级人民法院	海南高院
河北省高级人民法院	河北高院
河南省高级人民法院	河南高院
黑龙江省高级人民法院	黑龙江高院
湖北省高级人民法院	湖北高院
湖南省高级人民法院	湖南高院
吉林省高级人民法院	吉林高院
江苏省高级人民法院	江苏高院
江西省高级人民法院	江西高院
辽宁省高级人民法院	辽宁高院
内蒙古自治区高级人民法院	内蒙高院

续表

全　　称	简　　称
宁夏回族自治区高级人民法院	宁夏高院
青海省高级人民法院	青海高院
山东省高级人民法院	山东高院
山西省高级人民法院	山西高院
陕西省高级人民法院	陕西高院
上海市高级人民法院	上海高院
四川省高级人民法院	四川高院
天津市高级人民法院	天津高院
新疆维吾尔自治区高级人民法院	新疆高院
云南省高级人民法院	云南高院
浙江省高级人民法院	浙江高院
二、中级人民法院	
安徽省滁州市中级人民法院	安徽滁州中院
安徽省黄山市中级人民法院	安徽黄山中院
安徽省铜陵市中级人民法院	安徽铜陵中院
安徽省芜湖市中级人民法院	安徽芜湖中院
北京市第一中级人民法院	北京一中院
北京市第二中级人民法院	北京二中院
北京市第三中级人民法院	北京三中院
重庆市第五中级人民法院	重庆五中院
福建省泉州市中级人民法院	福建泉州中院
福建省厦门市中级人民法院	福建厦门中院
甘肃省白银市中级人民法院	甘肃白银中院
广东省东莞市中级人民法院	广东东莞中院
广东省佛山市中级人民法院	广东佛山中院
广东省广州市中级人民法院	广东广州中院
广东省汕头市中级人民法院	广东汕头中院
广东省深圳市中级人民法院	广东深圳中院

续表

全　　称	简　　称
广东省阳江市中级人民法院	广东阳江中院
广东省湛江市中级人民法院	广东湛江中院
广东省中山市中级人民法院	广东中山中院
广东省珠海市中级人民法院	广东珠海中院
广西省玉林市中级人民法院	广西玉林中院
贵州省安顺市中级人民法院	贵州安顺中院
贵州省贵阳市中级人民法院	贵州贵阳中院
海南省第一中级人民法院	海南一中院
河北省石家庄市中级人民法院	河北石家庄中院
河南省安阳市中级人民法院	河南安阳中院
河南省济源市中级人民法院	河南济源中院
河南省洛阳市中级人民法院	河南洛阳中院
黑龙江省哈尔滨市中级人民法院	黑龙江哈尔滨中院
黑龙江省佳木斯市中级人民法院	黑龙江佳木斯中院
黑龙江省伊春市中级人民法院	黑龙江伊春中院
湖北省黄冈市中级人民法院	湖北黄冈中院
湖北省十堰市中级人民法院	湖北十堰中院
湖北省武汉市中级人民法院	湖北武汉中院
湖北省宜昌市中级人民法院	湖北宜昌中院
湖南省郴州市中级人民法院	湖南郴州中院
湖南省怀化市中级人民法院	湖南怀化中院
吉林省辽源市中级人民法院	吉林辽源中院
江苏省常州市中级人民法院	江苏常州中院
江苏省淮安市中级人民法院	江苏淮安中院
江苏省南京市中级人民法院	江苏南京中院
江苏省南通市中级人民法院	江苏南通中院
江苏省苏州市中级人民法院	江苏苏州中院
江苏省泰州市中级人民法院	江苏泰州中院

续表

全　　称	简　　称
江苏省无锡市中级人民法院	江苏无锡中院
江苏省宿迁市中级人民法院	江苏宿迁中院
江苏省徐州市中级人民法院	江苏徐州中院
江苏省扬州市中级人民法院	江苏扬州中院
江苏省镇江市中级人民法院	江苏镇江中院
江西省赣州市中级人民法院	江西赣州中院
辽宁省大连市中级人民法院	辽宁大连中院
辽宁省沈阳市中级人民法院	辽宁沈阳中院
辽宁省营口市中级人民法院	辽宁营口中院
内蒙古自治区赤峰市中级人民法院	内蒙古赤峰中院
青海省果洛藏族自治州中级人民法院	青海果洛中院
山东省东营市中级人民法院	山东东营中院
山东省菏泽市中级人民法院	山东菏泽中院
山东省青岛市中级人民法院	山东青岛中院
山东省日照市中级人民法院	山东日照中院
山东省威海市中级人民法院	山东威海中院
山东省潍坊市中级人民法院	山东潍坊中院
山东省烟台市中级人民法院	山东烟台中院
陕西省汉中市中级人民法院	陕西汉中中院
陕西省商洛市中级人民法院	陕西商洛中院
陕西省西安市中级人民法院	陕西西安中院
陕西省榆林市中级人民法院	陕西榆林中院
上海市第一中级人民法院	上海一中院
上海市第二中级人民法院	上海二中院
上海市第三中级人民法院	上海三中院
四川省成都市中级人民法院	四川成都中院
四川省乐山市中级人民法院	四川乐山中院
四川省绵阳市中级人民法院	四川绵阳中院

续表

全　　称	简　　称
天津市第一中级人民法院	天津一中院
新疆维吾尔自治区高级人民法院伊犁哈萨克自治州分院	新疆高院伊犁哈萨克自治州分院
云南省迪庆藏族自治州中级人民法院	云南迪庆中院
云南省昆明市中级人民法院	云南昆明中院
云南省文山壮族苗族自治州中级人民法院	云南文山中院
浙江省杭州市中级人民法院	浙江杭州中院
浙江省湖州市中级人民法院	浙江湖州中院
浙江省嘉兴市中级人民法院	浙江嘉兴中院
浙江省金华市中级人民法院	浙江金华中院
浙江省宁波市中级人民法院	浙江宁波中院
三、基层人民法院	
安徽省黄山市徽州区人民法院	安徽黄山徽州法院
安徽省南陵县人民法院	安徽南陵法院
安徽省全椒县人民法院	安徽全椒法院
安徽省芜湖市经济技术开发区人民法院	安徽芜湖经济技术开发区法院
北京市朝阳区人民法院	北京朝阳法院
北京市大兴区人民法院	北京大兴法院
北京市东城区人民法院	北京东城法院
北京市丰台区人民法院	北京丰台法院
北京市海淀区人民法院	北京海淀法院
北京市通州区人民法院	北京通州法院
北京市西城区人民法院	北京西城法院
福建省安溪县人民法院	福建安溪法院
福建省厦门市集美区人民法院	福建厦门集美法院
福建省厦门市思明区人民法院	福建厦门思明法院
广东省东莞市第一人民法院	广东东莞第一法院
广东省东莞市第二人民法院	广东东莞第二法院

续表

全　称	简　称
广东省佛山市南海区人民法院	广东佛山南海法院
广东省佛山市三水区人民法院	广东佛山三水法院
广东省广州市番禺区人民法院	广东广州番禺法院
广东省广州市荔湾区人民法院	广东广州荔湾法院
广东省广州市天河区人民法院	广东广州天河法院
广东省汕头市潮阳区人民法院	广东汕头潮阳法院
广东省深圳市宝安区人民法院	广东深圳宝安法院
广东省深圳市福田区人民法院	广东深圳福田法院
广东省深圳市前海合作区人民法院	广东深圳前海合作区法院
广东省阳江市江城区人民法院	广东阳江江城法院
广东省中山市第一人民法院	广东中山第一法院
广东省珠海市香洲区人民法院	广东珠海香洲法院
广西省玉林市玉州区人民法院	广西玉林玉州法院
河南省安阳市北关区人民法院	河南安阳北关法院
黑龙江省哈尔滨市巴彦县人民法院	黑龙江巴彦法院
湖北省武汉市洪山区人民法院	湖北武汉洪山法院
湖南省资兴市人民法院	湖南资兴法院
吉林省辽源市龙山区人民法院	吉林辽源龙山法院
江苏省常州市鼓楼区人民法院	江苏常州鼓楼法院
江苏省常州市天宁区人民法院	江苏常州天宁法院
江苏省常州市武进区人民法院	江苏常州武进法院
江苏省南京市白下区人民法院	江苏南京白下法院
江苏省南京市建邺区人民法院	江苏南京建邺法院
江苏省南京市江宁区人民法院	江苏南京江宁法院
江苏省南京市溧水区人民法院	江苏南京溧水法院
江苏省南京市栖霞区人民法院	江苏南京栖霞法院
江苏省南京市秦淮区人民法院	江苏南京秦淮法院
江苏省南京市玄武区人民法院	江苏南京玄武法院

续表

全　　称	简　　称
江苏省邳州市人民法院	江苏邳州法院
江苏省苏州市工业园区法院	江苏苏州工业园区法院
江苏省苏州市相城区人民法院	江苏苏州相城法院
江苏省苏州市虎丘区人民法院	江苏苏州虎丘法院
江苏省泰州医药高新技术产业开发区人民法院	江苏泰州高新区法院
江苏省无锡市惠山区人民法院	江苏无锡惠山法院
江苏省宿迁市宿城区人民法院	江苏宿迁宿城法院
江苏省徐州市丰县人民法院	江苏徐州丰县法院
江苏省扬州市邗江区人民法院	江苏扬州邗江法院
江苏省宜兴市人民法院	江苏宜兴法院
江苏省镇江市经济开发区人民法院	江苏镇江经开区法院
江西省赣州市赣县区人民法院	江西赣州赣县法院
辽宁省大连市沙河口区人民法院	辽宁大连沙河口法院
辽宁省营口市西市区人民法院	辽宁营口西市法院
内蒙古自治区赤峰市宁城县人民法院	内蒙古赤峰宁城法院
青海省玛沁县人民法院	青海玛沁法院
山东省莱阳市人民法院	山东莱阳法院
山东省莱州市人民法院	山东莱州法院
陕西省西安市碑林区人民法院	陕西西安碑林法院
陕西省榆林市横山区人民法院	陕西横山法院
上海市宝山区人民法院	上海宝山法院
上海市奉贤区人民法院	上海奉贤法院
上海市虹口区人民法院	上海虹口法院
上海市黄浦区人民法院	上海黄浦法院
上海市嘉定区人民法院	上海嘉定法院
上海市静安区人民法院	上海静安法院
上海市卢湾区人民法院	上海卢湾法院
上海市闵行区人民法院	上海闵行法院

续表

全　　称	简　　称
上海市浦东新区人民法院	上海浦东法院
上海市普陀区人民法院	上海普陀法院
上海市青浦区人民法院	上海青浦法院
上海市松江区人民法院	上海松江法院
上海市长宁区人民法院	上海长宁法院
四川省成都市金牛区人民法院	四川成都金牛法院
四川省成都市锦江区人民法院	四川成都锦江法院
四川省成都市新都区人民法院	四川成都新都法院
四川省峨眉山市人民法院	四川峨眉山法院
天津市滨海新区人民法院	天津滨海法院
云南省昆明市西山区人民法院	云南昆明西山法院
浙江省慈溪市人民法院	浙江慈溪法院
浙江省海宁市人民法院	浙江海宁法院
浙江省杭州市江干区人民法院	浙江杭州江干法院
浙江省湖州市长兴县人民法院	浙江长兴法院
浙江省嘉善县人民法院	浙江嘉善法院
浙江省嘉兴市南湖区人民法院	浙江嘉兴南湖法院
浙江省宁波市海曙区人民法院	浙江宁波海曙法院
浙江省宁波市江北区人民法院	浙江宁波江北法院
浙江省义乌市人民法院	浙江义乌法院
浙江省永嘉县人民法院	浙江永嘉法院

目　录

股东权益保护

第一编

第三编 债权人权益保护

案例索引

股东权益保护

第一编

公司权益保护

第二编

第三编 债权人权益保护

第一编

股东权益保护

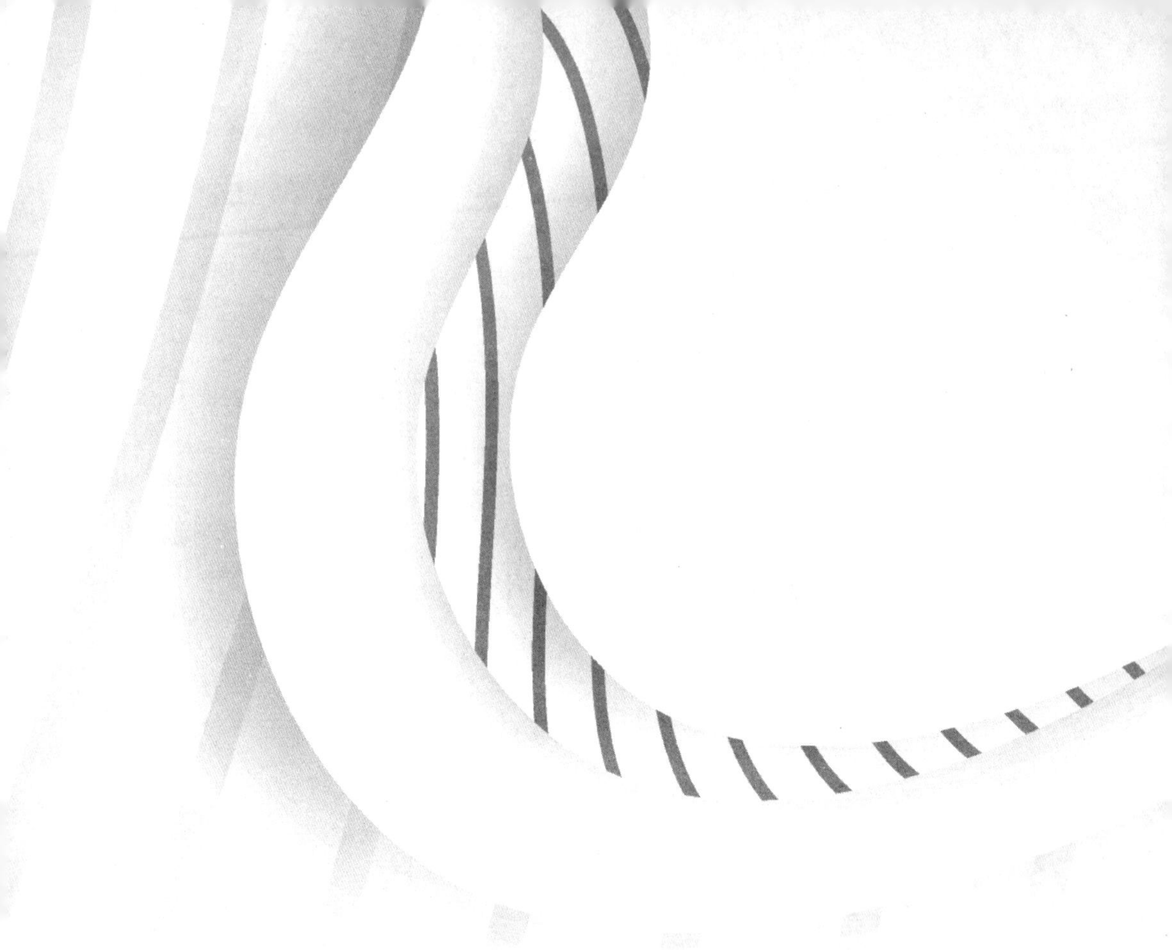

第一章
股东资格确认纠纷

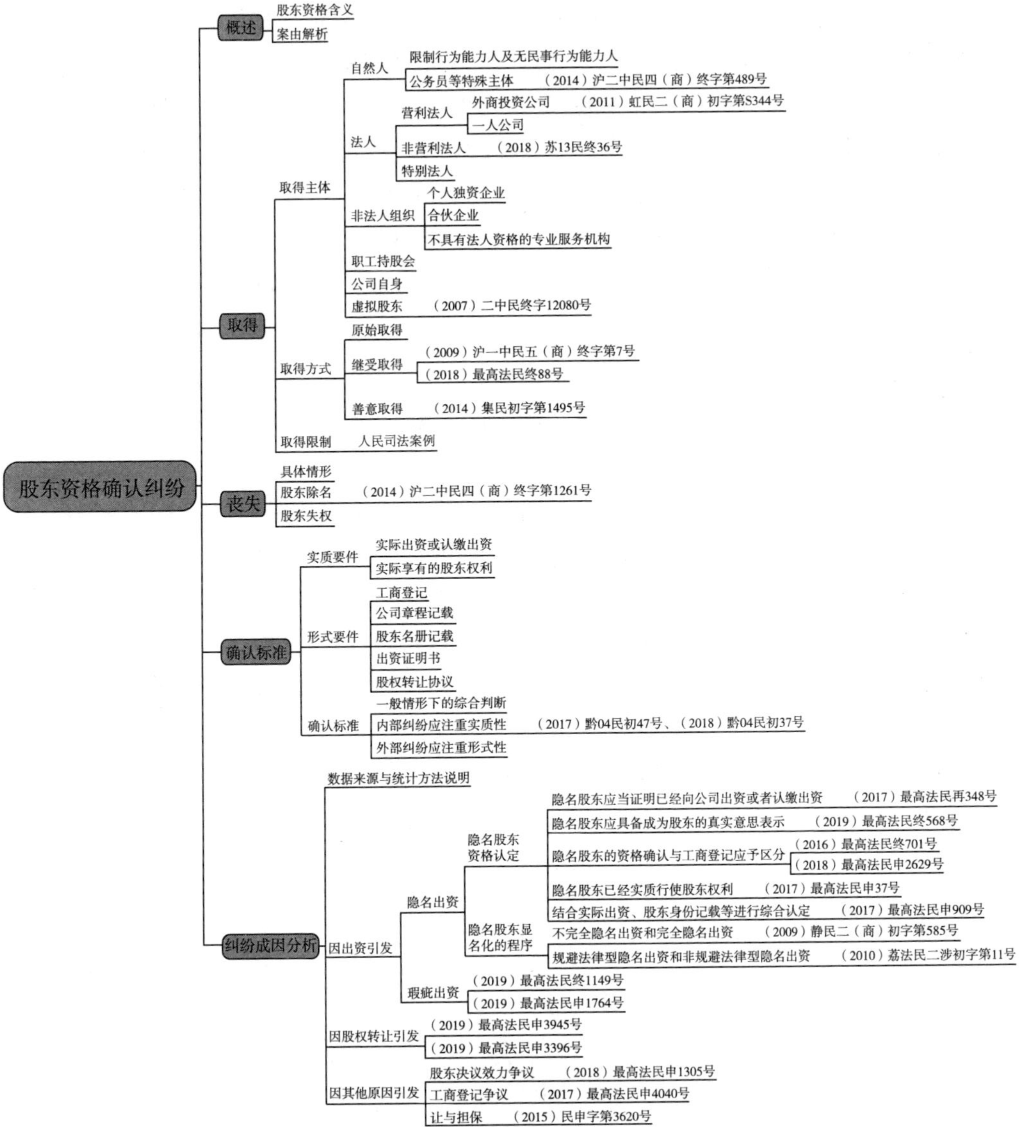

一、概述

要明晰股东资格确认纠纷,首先应了解股东资格的含义。我国《公司法》2005年修订时首次出现股东资格这一术语,即第七十五条规定的股东资格可以继承。但《公司法》并没有对"股东资格"一词给出明确的定义。有学者将股东资格表述成股东身份的象征,为投资人行使股东权利、承担股东义务的基础。① 也有学者通过分析股东、股权以及股东资格之间的相互关系,表示"股东即股权所有人,凡取得股权者即为拥有股东资格,凡失去股权者即为失去股东资格"。②

一般认为,股东资格即股东地位,是指民事主体作为公司股东的一种身份和地位。具有股东资格,就意味着享有包括自益权和共益权在内的各项权利;同时,意味着要承担股东应承担的相应义务,主要是在出资范围内对公司债务承担责任。③

股东资格确认纠纷,是指股东与股东之间或者股东与公司之间就股东资格是否存在,或者具体的持股数额、比例等争议产生的纠纷。股东资格的确认是股东行使权利、承担义务的前提和基础。本书第一编为股东权益保护编,股东在要求名册记载、主张知情权、请求回购股份、提出盈余分配、享受优先认购权、追究损害股东利益责任时,都不可避免地涉及股东资格的确认问题。因此,本章在整个公司诉讼中占有举足轻重的地位。

事实上,根据中国裁判文书网的数据显示,股东资格确认纠纷案件数量多年来仅次于股权转让纠纷,在所有公司诉讼案由的纠纷数量排名中位列第二。在司法实践中,涉及股东资格确认的纠纷主要以两种方式呈现:一是单独提起股东资格确认纠纷,有些当事人虽直接提起了以具备股东资格为基础的其他纠纷案件,但法院也会要求当事人先行提起股东资格确认纠纷的诉讼,并中止其他纠纷案件的审理;二是在其他纠纷案件中一并审理股东资格确认问题。因此,本章主要是就股东资格确认纠纷进行系统化和全面性的论述,力争涵盖实务中的大多数热点难点问题,而本书其他章节亦会不同程度地涉及股东资格确认问题。

① 参见周友苏:《试析股东资格认定中的若干法律问题》,载《法学》2006年第12期。

② 虞政平:《股东资格的法律确认》,载《法律适用》2003年第8期。

③ 景汉朝主编:《民事案件案由新释新解与适用指南——根据新民事诉讼法展开》,人民法院出版社2013年版,第504页。

二、股东资格的取得

（一）股东资格的取得主体

1. 自然人

自然人为商事活动的重要主体之一，也是公司最常见的股东类型之一。自然人具有平等的民事权利能力，这是自然人成为股东资格主体的前提。[①] 虽然我国《公司法》对取得股东资格的主体没有作出具体的要求，但是并不能据此得出自然人具备股东资格没有任何限制的结论。而且，其他法律规定中也存在间接地将某些主体排除在股东资格范围之外的情况。自然人取得股东资格的主要影响因素有二，一是自然人的民事行为能力，二是自然人的特定身份。下文主要从上述两个方面分析股东资格问题。

（1）限制民事行为能力人及无民事行为能力人

根据我国《民法典》的规定，按照民事行为能力的标准，自然人可以分为无民事行为能力人、限制民事行为能力人以及完全民事行为能力人。完全民事行为能力人是自然人股东中最为普遍的股东资格取得主体。因为在行为能力上不存在限制因素，完全民事行为能力人在取得股东资格方面一般不存在争议。实务中对于股东资格取得主体的争议主要在于限制民事行为能力人以及无民事行为能力人，具言之，主要是未成年人和精神病人。无民事行为能力人或限制民事行为能力人股东现象初现时，曾经引起社会的广泛关注（如2007年的“北京银行娃娃股东事件”[②]），社会各界对于该类群体是否具备股东资格也曾提出质疑。但随着实务的发展，目前对于未成年人等行为能力欠缺者能否取得股东资格的问题基本持肯定态度。

① 参见沈贵明：《股东资格研究》，北京大学出版社2011年版，第80页。

② 参见应尤佳：《北京银行现“上千”娃娃股东》，载《上海证券报》2007年10月9日，第2版。

案例·1 - 典型案例 -

无民事行为能力人能够成为公司股东

——苏某等诉某投资公司股权转让纠纷案①

原告:苏某、李甲、李乙。

被告:温州某投资公司。

2003年1月28日,苏某、案外人李某某及温州某投资公司共同投资成立上海某投资公司,公司注册资本人民币3000万元,苏某、李某某和温州某投资公司分别持有股份45%、30%和25%。

苏某与李某某原系夫妻关系,李甲、李乙系其二人婚生子女。2006年9月22日,苏某与李某某协议离婚,协议约定:双方婚生二女由苏某抚养;李某某同意将其持有的某投资公司30%股权无偿赠与两个女儿李甲、李乙各15%;同意登记在温州某投资公司名下的上海某投资公司25%股权无偿无条件转予苏某11%、李甲7%、李乙7%,上海某投资公司股权为苏某56%、李甲22%、李乙22%;两个女儿满24周岁前,两个女儿股权中的30%由李某某托管,其余15%由苏某托管;协议书还对两人其他财产进行了分割。

2006年10月17日,温州某投资公司出具同意书,称已知晓李某某与苏某所签署之自愿离婚协议书,并同意按他们的要求将其所占上海某投资公司25%股权无偿无条件转让给李甲7%、李乙7%、苏某11%,转让完成后,温州某投资公司不再是某投资公司股东;因本转让引发的纠纷或诉讼,均在上海某投资公司所在地进行。

2006年10月18日,苏某、李甲、李乙与温州某投资公司达成股权转让协议书(李甲、李乙由苏某作为监护人代签),由温州某投资公司将其持有的上海某投资公司股权无偿转让给苏某、李甲、李乙。上述协议签订后,因温州某投资公司主要负责人经常不在公司,故至今未办理股权变更手续,以致涉讼。

上海闵行法院一审判决认定温州某投资公司出让股权的行为合法有效,应按约履行其义务,协助苏某、李甲、李乙办理股权变更的手续。法院一审判决后,原被

① 参见《沪首起"娃娃股东"纠纷案,法院:"娃娃持股"合法有效》,载《上海法治报》2007年10月16日,第2版。另见东方律师网:http://www.lawyers.org.cn/info/8d6cf61796574880b9912b015992d93a,最后访问日期:2020年1月6日。由于无法从公开渠道获得该案件的裁判文书,只能借助媒体及检索工具对案件情节进行大致描述。

告双方均未提起上诉。

在本案中,双方当事人对于未成年人是否具备股东资格实际并无异议,成讼的主要原因在于被告法定代表人不能配合股权变更手续。但是,该案例侧面回答了实务中对未成年人是否可以取得股东资格的争议,确立了司法上对于未成年人股东资格认可的态度。本案是在"娃娃股东"现象初现时全国第一个对未成年人股东享有股东资格进行合法性确认的判决。①

其后有关行政机关也注意到了这个问题。2007 年,原国家工商行政管理总局作出《关于未成年人能否成为公司股东问题的答复》,②明确表示,"《公司法》对未成年人能否成为公司股东没有作出限制性规定。因此,未成年人可以成为公司股东,其股东权利可以由其法定代理人代为行使"。这一答复从法律性质来看属于行政规范性文件,但反映了工商行政管理部门对于未成年人成为股东的认可态度。由此开始,实务中对股东资格获取的必要条件是民事权利能力而非民事行为能力的认识趋于一致。

但是对于未成年人能否通过充任公司发起人取得股东资格,学界观点并不一致。持有肯定观点的学者认为,"未成年人设立公司与交易风险并无必然的联系;未成年人是否参与设立公司的交易,应当按市场规则由当事人自己决定"。③ 也有学者从否定未成年人作为发起人股东的弊端角度认为,"禁止未成年人设立公司,会阻碍更多的社会生活资料转化为扩大社会再生产所需的生产资料,不利于促进社会经济的发展;禁止未成年人获得股份这一经营性财产,不符合民事权利主体平等原则"。④ 持有否定观点的学者则认为,"未成年人缺乏行为能力和责任能力,不宜充任发起人"。⑤ 针对否定观点,有学者反驳认为从法律地位角度来看,未成年人与成年人的法律地位平等,应当有资格成为设立公司的发起人,且未成年人缺乏民事行为能力的问题可以通过代理制度解决。⑥

本书更倾向于认为未成年人不宜充任公司发起人股东。理由在于,未成年人

---

①　参见金莉娜:《上海法院首次判"娃娃"股东持股合法》,载《上海商报》2007 年 10 月 23 日,第 3 版。

②　参见工商企字〔2007〕131 号。

③　参见茅院生:《设立中公司本体论》,人民出版社 2007 年版,第 117 页。

④　参见蒋大兴:《公司法的展开与评判——方法·判例·制度》,法律出版社 2001 年版,第 4 ~ 14 页。

⑤　参见施天涛:《公司法论》,法律出版社 2006 年版,第 99 ~ 101 页。

⑥　参见蒋大兴:《公司法的展开与评判——方法·判例·制度》,法律出版社 2001 年版,第 5 页。

充任发起人参与设立公司的行为实际上涉及两个方面——投资行为及公司事务执行行为，而这两个方面的行为并不能或不适合完全通过法定代理予以解决。

对于投资行为，主要体现为公司发起人的投资入股行为，涉及的是未成年人的财产处分。根据《民法典》第三十五条的规定，监护人可以基于维护被监护人的利益情况处分被监护人的财产。基于未成年人的意思代理其投资入股的行为看似可行，但是如何去判定法律所规定的“基于维护被监护人的利益”这一标准仍待商榷。单方面依据未成年人的主张代理其设立公司的行为不宜直接被认定为“基于维护被监护人的利益”。从投资行为性质来看，该行为并不是纯获益行为，还有可能让未成年人遭受财产损失风险。在设立失败时、发生亏损时，设立公司行为显然并非“基于维护被监护人的利益”。

对于公司事务执行行为，根据《公司法》第二十三条的规定，发起设立时股东应当共同制定公司章程，并履行设立职责。以制定公司章程为例，包含了经营范围选定、出资方式设定、治理结构设计、法定代表人选任等复杂内容。上述行为均不在无民事行为能力人或者限制民事行为能力人的行为能力范围内，需要法定代理人代理。但是上述行为却又具备一定的人身性质，并不宜由监护人全权代理。否则站在未成年人身后以代理名义实施经营决策的代理人在某种程度上说实际取代了未成年人，该种类似“垂帘听政”的代理对于未成年股东来说是一种权利的侵蚀。此外，也有观点认为发起人创建公司，既要代表设立中的公司意志——这涉及设立中公司的集体利益，又要与他人进行交易活动——这涉及他人权利的实现。代表设立中公司进行的公司创建行为，不能只是某一未成年发起人的意志体现，应当是全体发起人共同意志的体现，是设立中公司的意思表示。可见，未成年人的法定代理人没有当然代理全体发起人进行设立公司行为的法理根据，其法定代理原理不适用于设立中公司事务执行的情形。①

(2)公务员等特殊主体

本部分主要讨论实践中出现争议较多的公务员持股问题。

根据《公务员法》第五十九条第(十六)项之规定，公务员应当遵纪守法不得违反有关规定从事或者参与营利性活动，在企业或者其他营利性组织中兼任职务。而一般意义下的公司设立与存续均是以营利目的为前提。由此可知，我国法律明令禁止公务员参与公司的设立与运营。对于该条文的解读，学界和实务界目前对公务员投资入股行为的效力持有三种观点：完全无效、部分无效、有效。

① 参见王林清、杨心忠：《公司纠纷裁判精要与规则适用》，北京大学出版社2014年版，第12页。

持有无效观点的学者认为，基于上述规定的立法目的和相关利益权衡，该规定是为了防止公务员陷入不当的权钱交易，以此避免公务员职务的廉洁性被玷污。该规定最终是为了维护国家利益和公共利益。因此，依据法律规定，公务员不能成为公司股东，无法获得股东资格。①

但是在实践生活中不乏公务员持股的现象，有观点倾向于认定公务员的营利性投资入股行为的私法效力。该观点认为，《公务员法》第五十九条第（十六）项规定具备公法性质，应当不属于效力性强制规定，因此可以从公法层面对公务员的营利性投资入股行为进行内部行政责任追究，但是私法效力上的股东资格不受影响。② 该论点的理论基础为公务员的投资入股行为实际上是一种合同行为，公司与股东基于真实的意思表示达成的合同关系。虽然该种合同关系为法律所禁止，但是基于意思自治这一私法领域的基本原理，应当抑制公法行为对经济活动的介入，因此该类禁止特定人员从事某类交易的强制性规定应当被认定为管理性强制性规定。可以对公务员投资入股行为给予相应的行政处分甚至要求承担刑事责任，但是交易行为本身不应受影响。③

部分无效的折中说认为，投资入股的公务员可以取回投资本金和利息，但是不能取得股东资格，不得获得红利分配以及其他营收利益。公务员的投资入股行为不具备溯及力。如果在认定公务员的股东资格纠纷中对其股东资格溯及既往地进行无效认定，将对此前以股东身份参与公司管理、决策的效力产生影响，因此为了各方利益平衡，出于维护交易秩序稳定的目的，对公务员投资入股行为不应溯及既往。④

本书认为，在讨论公务员能否取得股东资格问题时，需要考虑两个问题：一是《公务员法》第五十九条第（十六）项的规定在性质上是管理性强制性规定还是效力性强制性规定？二是公务员是能够具备股东资格，还是仅能够享有股权对应的财产性权益？

关于第一个问题，我们先从下面这个典型案例谈起。

① 参见孙良国：《公务员订立营利性投资经营协议的效力及其法律后果——从张继峰入股煤矿案谈起》，载《法学》2010年第5期。

② 参见谭清值：《论公务员股东资格问题——以"私法反腐"为视阈》，载《北京政法职业学院学报》2013年第3期。

③ 参见王轶：《合同效力认定的若干问题》，载《国家检察官学院学报》2010年第5期。

④ 参见谭清值：《论公务员股东资格问题——以"私法反腐"为视阈》，载《北京政法职业学院学报》2013年第3期。

案例·2 - 典型案例 -

公务员禁止投资入股的规定是管理性强制性规定而非效力性强制性规定

——张继峰与陈旺荣股权分红纠纷上诉案①

上诉人(一审被告):陈旺荣。

被上诉人(一审原告):张继峰。

张继峰与陈旺荣是同学关系,2005年年初,陈旺荣因资金短缺让张继峰在其经营的宋家沟煤矿投资入股。2005年2月23日,张继峰入股180万元,陈旺荣出具了入股款收据,双方再未办理其他任何手续。2005年7月,陈旺荣以干部不能入股为由提出让张继峰退股,经协商双方达成口头退股协议,约定陈旺荣给付张继峰退股款及利润共计360万元,因陈旺荣不能当即给付,双方约定在2006年、2007年分两次付清。2006年3月2日,张继峰收到陈旺荣的退股款180万元,张继峰出具了收据。2007年2月11日,张继峰第二次收到陈旺荣的退股款180万元,张继峰出具了收据。因当时入股收据张继峰未找到,陈旺荣未能收回该条据。2007年7月25日,陈旺荣将煤矿出卖给冯增鹏。陈旺荣以张继峰在其困难时给予过帮助为由,又于2008年3月1日给张继峰300万元,张继峰出具了"今收到宋家沟煤矿分红款人民币叁佰万元"的收据。后张继峰在电话中要求陈旺荣在宋家沟煤矿给其留股二三十万元,陈旺荣称其股份全部转让,张继峰也不能再入股。为此,张继峰认为其继续持有股份提起诉讼,请求陈旺荣给付2007年后的分红款并确认其在宋家沟煤矿享有10%的股份。

陕西横山法院一审判决张继峰及其妻持有股份有效以及要求陈旺荣向张继峰支付2007年、2008年分红款共1100万元。陈旺荣不服提起上诉。陕西榆林中院二审判决撤销原判,驳回张继峰的诉讼请求。

在本案中,一审法院认为,我国《公务员法》《法官法》禁止公务员或法官入股的规定是管理性强制性规定,而非效力性强制性规定,张继峰的入股合同有效,依法取得了股东资格。二审法院则认为,张继峰身为一名法官,违反《公务员法》《法官

① 参见台建林:《神木法官入股煤矿讨要红利案终审败诉》,载《法制日报》2010年5月29日,第1版;张玲玲、元莉华:《法官被判败诉:荒诞故事有了严肃结局》,载《陕西日报》2010年5月31日,第9版。此案具有典型意义,曾经引起社会各界的广泛关注以及反响。但本书未能从公开渠道获得该案一、二审判决书,故案情部分主要根据权威媒体报道作简要概括。

法》关于禁止公务员、法官从事营利性经营活动的明确规定，投资入股煤矿系违法行为，[①]最终撤销了一审判决，驳回张继峰的诉讼请求。虽然榆林中院依据公务员管理性质的法律评价张继峰的入股行为性质系“违法”，但是并没有对该行为是否有效作出判断。且其改判公务员张继峰败诉的主要理由是“张继峰与陈旺荣达成口头退股协议并全额领取了退股款及利润”。由此，张继峰虽然败诉，但并不能依据该裁判结果作出公务员身份就必然导致投资入股行为无效的结论。根据本案一审法院的观点可知，公务员虽然受到《公务员法》第五十九条第（十六）项的限制，但该规定属于管理性强制性规定，立法目的是禁止公务员从事或者参与营利性活动，公务员如有违反会受到相应的处罚，但不必然会影响公务员取得股东资格。

在北京一中院审理的北京问日科技有限公司与高兴股东资格确认纠纷上诉案中，[②]北京一中院也持相同观点，认为《公务员法》中的相关规定属管理性规范，并非效力性规范，若高兴违反上述法律规定，可按《公务员法》的相关规定承担相应的法律责任，但并不导致本案的持股协议书无效。因本案系公司内部股东之间的股权转让及股权代持争议，此时不应以工商登记作为确权的标准，葛楠通过签署持股协议书，已经承诺将股权转让给高兴，目前工商登记的葛楠的股份中，实际存在葛楠替高兴代持的部分，问日公司之前的其他股东亦未对此提出过异议，此时，就葛楠与高兴之间而言，股权转让已然完成，高兴起诉要求确认其股东资格的诉讼请求，应予支持。据此，北京一中院不仅认定《公务员法》第五十九条第（十六）项的规定属于效力性强制性规定，而且认可了公务员的股东资格。

关于第二个问题，本书认为，既然《公务员法》第五十九条第（十六）项的规定属于管理性强制性规定，那么在多数情况下，如出资、继承、受让股权的，应当具备股东资格，享有股东的各项权利。但是，对于公务员隐名出资要求显名的，如果径由法院判决将公务员直接登记为具有公示效力的公司股东，亦会导致立法目的的落空。因此，实务中法院对公务员诉请登记成为显名股东多持否定态度。

① 贺宝利：《神木法官讨要分红二审败诉》，载新浪新闻中心：http://news.sina.com.cn/c/2010-05-29/063117579544s.shtml。

② 参见北京市第一中级人民法院（2015）一中民（商）终字第5296号民事判决书。

案例·3 - 典型案例 -

公务员隐名出资不能请求成为具有公示效力的工商登记股东

——陈孝斌等与弓展公司股东资格确认纠纷上诉案①

上诉人(一审原告):陈孝斌。

上诉人(一审原告):张彩霞。

上诉人(一审被告):弓展公司。

一审第三人:陈美兰、刘云强。

弓展公司工商内档资料记载:2005年7月22日,弓展公司经工商部门核准登记设立,注册资本人民币50万元。陈美兰、刘云强分别占股。2007年6月28日,弓展公司形成一份股东会决议,决议内容载明:应到会股东两人,实到两人,占总股数100%,同意将公司住所变更,决议落款处签有"陈孝斌""陈美兰"名字;同日还形成一份公司章程修改条款,内容为将公司住所变更,落款处签有两股东签字。

2009年3月26日,陈孝斌、张彩霞(两人均为公务员)与陈美兰共同签订"股东协议"一份,协议主要内容为:公司投资资本金为30万元;股东股份比例为陈孝斌占43.33%、陈美兰占30%、张彩霞占26.67%。协议落款股东签字处由陈孝斌、张彩霞及陈美兰签名,另盖有弓展公司公章。

2013年年初,陈美兰与陈孝斌、张彩霞就被告公司的经营问题产生矛盾,拒绝履行门市经理职责,导致公司经营陷入停滞,并拒绝承认陈孝斌、张彩霞的股东身份。陈孝斌、张彩霞诉至法院要求确认其股权所有权,请求判令弓展公司办理工商变更登记。

上海宝山法院一审判决确认陈美兰、刘云强所持股权分别属于陈孝斌、张海霞所有,其他诉讼请求不予支持。陈孝斌、张彩霞、弓展公司不服,提起上诉。上海二中院二审驳回上诉,维持原判。

在本案中,一审法院根据相关证据认可了两原告对被告公司所持有的股权所有权,但是对于要求办理公司变更登记的诉讼请求未予支持。理由是《公司法司法

① 参见上海市宝山区人民法院(2013)宝民二(商)初字第2003号民事判决书;上海市第二中级人民法院(2014)沪二中民四(商)终字第489号民事判决书。

解释(三)》第二十七条[①]规定,实际出资人未经公司其他股东半数以上同意,请求公司变更股东、签发出资证明书、记载于股东名册、记载于公司章程并办理公司登记机关登记的,人民法院不予支持,而陈美兰作为工商登记持有70%股权的被告股东,明确表示不同意办理股东变更登记手续驳回了相关请求。该判决回避了确认公务员股东资格的尴尬处境,但难经推敲。虽然认定了第三人陈美兰部分股权实际归属于原告,却又赋予其工商登记的全部股东权利。依据该逻辑,只要是具备工商登记的显名股东工商登记占股50%以上且其不愿意隐名股东显名,那么隐名股东永远也无法显名化。

二审法院未采纳一审法院观点,而是直面了公务员股东显名的工商登记问题,指出《公务员法》的管理性禁止性规范,是与当事人的"市场准入"资格有关,该类规范目的之一在于由特定管理机关依法履行其管理职能,以维护社会秩序。陈孝斌、张彩霞上诉中提出成为具有公示效力的工商登记股东的主张,与该规定相悖,不予支持。二审的判决具有其合理性。如果法院对公务员隐名股东显名的请求予以支持,则相当于认可了这种破坏社会管理秩序的行为,法院裁判显然不能鼓励这种违反法律规定、损害职务廉洁性的行为。尽管具备公务员身份的陈孝斌、张彩霞不能成为工商登记股东,但是并不妨碍其获得股权,享有其在涉案股东协议项下相应股权所对应的财产权益。在此情况下,公务员出资但只具备财产性权益,难以享有完整意义上的股东权利。

2. 法人

根据我国《民法典》的分类方式,法人共分为营利法人、非营利法人和特别法人。上述三种法人分类几乎涵盖了我国所有常见的法人类型。下文将以该分类为基础来探究法人在股东资格取得上的问题。

(1)营利法人

根据我国《民法典》第七十六条的规定,以取得利润并分配给股东等出资人为目的成立的法人,为营利法人。生活中常见的营利法人为公司。我国《公司法》第十五条规定,公司可以向其他企业投资。基于该规定,公司具备了获得股东资格的法律基础。公司形式的营利法人获得股东资格的现象十分普遍,一般鲜少存在股东资格争议。股东资格取得问题主要发生于具备特殊背景而处于多种管制规定下的营利法人,外商投资企业就是其中的典型。外商投资企业作为境外投资者开展投资行为的重要载体,相对于境内营利法人的重要区别之一在于其在股东资格获

① 现行《公司法司法解释(三)》第二十四条。

得上受到特别限制,如国家发改委、商务部每年发布《市场准入负面清单》列出了禁止外商准入的领域,外商的股东资格获取应当受其限制。

①外商投资公司

案例·4 - 中国审判案例要览案例 -

实际投资且不属于禁入产业的,可以确认外商股东资格
——津田商会诉王国正等股东资格确认纠纷案①

原告:津田商会。

被告:王国正。

被告:王美兰。

第三人:须磨浦公司。

2004年9月8日,须磨浦公司注册成立,注册资金为人民币100万元,原告系实际投资者,王国正、王美兰系名义股东,工商登记记载两人分别持股90%、10%。同年9月23日,原告与王国正签订"契约"一份,约定,须磨浦公司虽以王国正名义设立,但实际的资金提供、资金管理及公司运营均由原告负责;基于上述事实,该公司的所有决议、决定以及公章的保管均由原告负责;原告在每月月底向王国正支付工资人民币8000元,并在年度决算时将利润的3%作为特别奖金支付给王国正;王国正应切实承担起责任,履行原告交办的工作,并报告结果、适时进行商议等。2010年8月28日,须磨浦公司被吊销。

原告诉至法院,请求确认其为须磨浦公司股东,判令将公司股东由两被告变更至其名下;如无法变更,则请求判令两被告返还投资款和收益金人民币433万元。审理中,原告变更诉讼请求为请求确认其为须磨浦公司股东,撤回其他诉讼请求。

上海虹口法院判决确认津田商会为须磨浦公司股东,持股比例为100%。原被告双方均未上诉。

上海虹口法院经审理认为"王国正、王美兰确认须磨浦公司系原告全额出资设

① 参见上海市虹口区人民法院(2011)虹民二(商)初字第S344号民事判决书;参见国家法官学院、中国人民大学法学院编:《中国审判案例要览》(2013年商事审判案例卷),中国人民大学出版社2015年版,第103页。

立并同意将股东变更为原告，且根据《外商投资企业产业指导目录（2011 年修订）》的规定，须磨浦公司的经营范围不属于禁止外国投资者经营的产业，故原告要求确认其为须磨浦公司股东的诉讼请求应予支持”。

《最高人民法院关于审理外商投资企业纠纷案件若干问题的规定（一）》第十四条规定，实际投资者确认股东身份的必备条件之一是“人民法院或当事人在诉讼期间就将实际投资者变更为股东征得了外商投资企业审批机关的同意”。第一条同时规定：“外商投资企业在设立、变更等过程中订立的相关合同，依法律、行政法规的规定经外商投资企业审批机关批准后生效；未经批准的，人民法院应当认定该合同未生效。”因此，获得审批机关的批准是外商投资企业设立、变更的前提条件。

根据上述法律规定，当事人之间约定一方实际投资、另一方作为外商投资企业名义股东，实际投资者请求确认其在外商投资企业中的股东身份或者请求变更外商投资企业股东的，需要具备条件有：第一，实际投资者已经实际投资；第二，名义股东以外的其他股东认可实际投资者的股东身份；第三，人民法院或当事人在诉讼期间就将实际投资者变更为股东征得了外商投资企业审批机关的同意。

该案中，王国正、王美兰确认须磨浦公司系原告全额出资设立并同意将股东变更为原告，条件一、二已经满足，须磨浦公司的经营范围不属于禁止外国投资者经营的产业，则可以视为审批机关已经明示同意，故法院支持了原告要求确认其为须磨浦公司股东的诉讼请求。

②一人公司

营利法人中的一人公司也是股东资格限制的常见对象。根据一人公司股东的性质可以将一人公司分为自然人充任唯一股东的一人公司和法人充任唯一股东的一人公司。

对于自然人充任唯一股东的一人公司，防止一人公司制度中的“有限责任”机制被滥用作为逃避债务的工具，《公司法》第五十八条明确规定一个自然人只能设立一个一人有限责任公司，且该一人有限责任公司不能投资设立新的一人有限责任公司。但是相关限制并不适用于由法人所充任唯一股东的一人公司。

对于法人所充任唯一股东的一人公司，我国《公司法》并没有明确限制，即从法条理解营利法人、非营利法人、特别法人都能够成为一人公司的股东。要注意的是，对于个人独资企业、合伙企业、中外合资企业等非法人，是不能成为一人公司的设立主体的。《公司法》之所以把非法人企业排除在外，主要是出于维护交易安全、保护第三人利益的考虑。非法人企业一般没有注册资本最低限额的要求，法律通过追究其投资者的无限责任来保护第三人的利益，如果允许非法人企业投资设立“一人公司”,一旦出现股东财产与公司财产混同以及其他需要否认法人人格的情形,“一人公司”交易相对人的利益将得不到切实保护。

(2)非营利法人

非营利性组织,是指包括党政机关、事业单位、社会团体等依法履行国家管理职能、从事社会公共事务的主体。各国对非营利性组织是否可以获取公司股东资格态度各异,有绝对禁止主义、原则禁止主义、附条件许可主义。我国原则上公法人不得从事商业投资活动,禁止党政机关、军队经商办企业,但是,国家授权的国有资产监督管理机构可以作为发起人设立国有独资公司。在非营利组织取得股东资格上,可以说我国采纳的是原则禁止主义。

案例·5 **- 典型案例 -**

民营非营利性公益事业医院不存在股东资格问题

——东方医院与中扬医院股东资格确认纠纷上诉案①

上诉人(一审原告):东方医院。

被上诉人(一审被告):中扬医院。

第三人:陈如意。

2009 年 7 月 18 日,东方医院与陈如意签订《股权转让协议书》,约定陈如意将其持有的中扬医院 60% 的股权转让给东方医院,转让价款为 132 万元。同日,东方医院与陈如意制定了中扬医院章程,章程确认了东方医院出资比例为 60%,陈如意为 40%。2009 年 7 月 27 日,东方医院向陈如意支付了 132 万元股权转让款。后双方发生纠纷,东方医院诉请确认其为中扬医院的股东、持股比例为 60%。

江苏宿城法院一审裁定认为本案不属于民事诉讼受理范围,裁定驳回起诉。江苏宿迁中院二审裁定驳回上诉,维持原裁定。

在本案中,一审法院认为“中扬医院章程第二条规定医院是在宿迁市民政局登记注册,在宿迁市卫生行政部门领取执业许可证的民营非营利性公益事业医院”,可见中扬医院属于民办非企业单位。而《民办非企业单位登记管理暂行条例》第十

① 参见江苏省宿迁市宿城区人民法院(2017)苏 1302 民初 6261 号民事裁定书;江苏省宿迁市中级人民法院(2018)苏 13 民终 36 号民事裁定书。

五条规定，民办非企业单位的登记事项需要变更的，应当自业务主管单位审查同意之日起 30 日内，向登记管理机关申请变更登记。依照该规定，确认或否定、变更民办非企业单位举办者身份，是我国法律赋予有关行政主管部门的特有权力，属行政许可范畴，不能通过民事诉讼程序予以解决。“东方医院诉请确认自己系中扬医院的股东，属对医疗机构举办者身份确认之情形，不属于民事诉讼的受理范围。”由此一审法院裁定驳回东方医院的起诉。

二审法院补充论证认为民办医院作为社会服务机构为非营利法人，其诉讼请求本身就不符合《民办非企业单位登记管理暂行条例》和《民法总则》的规定，民办医院并不存在股东资格问题，仅仅涉及举办者身份或者出资人身份的确认，由于举办者或者出资人身份为民办医院的登记事项，上诉人未经业务主管机关审查同意而提起民事诉讼，依法不应当受理。

《民法典》第八十七条规定，为公益目的或者其他非营利目的成立，不向出资人、设立人或者会员分配所取得利润的法人，为非营利法人。依据东方医院的设立目的，应当将其定义为非营利法人。由该法条定义可知，非营利法人重要的特征之一即“为公益或者其他非营利目的成立”，而投资入股行为本身就具备营利性质，因此一般情况下非营利法人不能取得股东资格。在上述案例中，东方医院虽然与陈如意签订了《股权转让协议书》，且在中扬医院的章程中确定了东方医院持有中扬医院出资比例 60%，但两级法院均引用了《民办非企业单位登记管理暂行条例》中的规定，协议书中东方医院确认自己为中扬医院的股东，实际上是对医疗机构举办者身份的确认，而非股东身份的确认。因此，东方医院的诉讼请求属于行政许可范畴而非民事诉讼审理范围。此案例也反映出，对于非营利法人的出资人/举办人资格确认纠纷，一般由相关的行政部门按照相关行政法规进行管理，而不能类推适用《公司法》等相关规定提起股东资格确认之诉。

（3）特别法人

根据《民法典》第九十六条之规定，机关法人、农村集体经济组织法人、城镇农村的合作经济组织法人、基层群众性自治组织法人，为特别法人。从逻辑上分析，实际上特别法人并不能与营利法人或者非营利法人作为并列分类项目。因为特别法人并非具备与营利法人或者非营利法人不同的特征。有部分学者也曾经就此提出质疑认为三者并非出于同一位阶的概念。① 但部分学者也表示，民法中对法人按照该种模式分类明晰了商法中的基石概念，延续了我国关于法人分类的传统，关照了

① 参见张闱祺：《我国民法总则中的法人分类方式探析》，载《中州学刊》2017 年第 2 期。

现行法人登记管理体制,是一种非常实务的分类方式。①

《民法典》采用了列举的方式对特别法人进行了明确。其中,农村集体经济组织、城镇农村的合作经济组织是对内追求成员互助公益、对外从事经营活动的组织,机关法人是依法行使国家权力并具备相应民事权利能力和行为能力的国家机关,基层群众自治组织是城市居民或者农村村民自我管理、自我教育、自我服务的组织。根据不同情况上述种类主体均可能具备营利目的或者不具备营利目的,因此,特别法人能否享有股东资格应当根据具体情况个案判断,实务中关于特别法人的股东资格确认纠纷较少。

3. 非法人组织

非法人组织,根据《民法典》第一百零二条的规定,是指不具有法人资格,但是能够依法以自己的名义从事民事活动的组织。非法人组织包括个人独资企业、合伙企业、不具有法人资格的专业服务机构等。

(1)个人独资企业

个人独资企业,是指由一个自然人投资,财产为投资人个人所有,投资人以其个人财产对企业债务承担无限责任的经营实体。个人独资企业只有一个投资人,许多人容易混淆个人独资企业与一人公司的概念。一人公司,是指只有一个自然人股东或者一个法人股东的有限责任公司。两者差异可谓十分明显,本书简要梳理如表1-1所示。

表1-1 个人独资企业与一人公司的区别

序号	区别	个人独资企业	一人公司
1	企业名称不同	不得使用"有限""有限责任""公司"等字样,可以使用工作室、事务所、中心、商行、经营部等	字号后加"有限公司"或者"有限责任公司"字样
2	法律依据不同	依据《个人独资企业法》成立并受《个人独资企业法》规制	依据《公司法》成立并受《公司法》规制
3	法律资格不同	不具有法人资格	具有法人资格
4	法律责任不同	投资人以其个人或家庭财产对企业债务承担无限责任	公司对外独立承担责任,股东原则上以出资额为限承担有限责任,只有财产混同等特殊情况时才对公司债务承担连带责任

① 参见蒋大兴:《民法总则的商法意义——以法人类型区分及规范构造为中心》,载《比较法研究》2017年第4期。

续表

序号	区别	个人独资企业	一人公司
5	出资人范围不同	投资人只能是自然人	股东可以是自然人，也可以是法人，还可以是非法人组织
6	缴纳税种不同	不适用《企业所得税法》，直接穿透缴纳投资人的个人所得税	公司缴纳增值税、企业所得税，股东因分红（利息、股息、红利所得）缴纳个人所得税
7	转投资限制不同	一个自然人设立多少个个人独资企业并没有限制	一个自然人只能投资设立一个一人公司，并且该一人公司不能再投资设立新的一人公司

关于个人独资企业的股东资格问题，除了一人有限责任公司和国有独资公司外，《公司法》并没有对个人独资企业成为公司股东进行限制，《个人独资企业法》也未禁止个人独资企业对外进行股权投资。因此，个人独资企业可以成为公司股东。

在实践中，各地市场监督管理部门在公司登记系统中也把个人独资企业作为股东的类型之一，甚至一些地方还出台文件明确允许个人独资企业、合伙企业作为股东或者发起人投资设立公司。如2006年《重庆市工商行政管理局关于进一步放宽市场主体准入促进地方经济发展的意见》（渝工商发〔2006〕37号）第三条第（十三）项规定：除设立一人有限责任公司外，允许个人独资企业、合伙企业、有投资能力的城市居民委员会、农村村民委员会作为股东或者发起人投资设立公司。村民委员会投资设立公司，应当由村民委员会作出决议。其他如《广西壮族自治区人民政府关于进一步全面推动全民创业加快推进城镇化跨越发展的意见》（桂政发〔2010〕86号，已失效）、《湖北省工商局关于进一步做好服务市场主体发展工作的意见》（鄂工商文〔2010〕146号）等，也有类似规定。

（2）合伙企业

合伙企业，根据《合伙企业法》第二条的规定，是指自然人、法人和其他组织依照该法在中国境内设立的普通合伙企业和有限合伙企业。普通合伙企业由普通合伙人组成，合伙人对合伙企业债务承担无限连带责任。有限合伙企业由普通合伙人和有限合伙人组成，普通合伙人对合伙企业债务承担无限连带责任，有限合伙人以其认缴的出资额为限对合伙企业债务承担责任。

合伙企业作为公司股东是没有争议的，除与前述个人独资企业相同的理由外，合伙企业作为股东，尤其是投融资、员工激励等情况下设立有限合伙企业作为持股平台的现象非常普遍。有限合伙企业的普通合伙人和有限合伙人各取所需，其中，普通合伙人以自己个人的财产对合伙组织的债务承担无限连带责任，执行合伙事务；有限合伙人以其对合伙组织认缴的出资额为限承担有限责任，不执行合伙事务，对外不代表合伙企业。设立合伙企业作为持股平台，在简化设立程序、破解股东人数限制、保障创始人控制权、进行税务筹划、优化公司治理、确保股权健康、保障投资人利益等方面，与直接持股、隐名持股或者设立其他持股平台相比，具有明显的优势。

图1-1是蚂蚁金服的股权结构图，读者可以感受一下互联网巨头对合伙企业持股平台的重视。

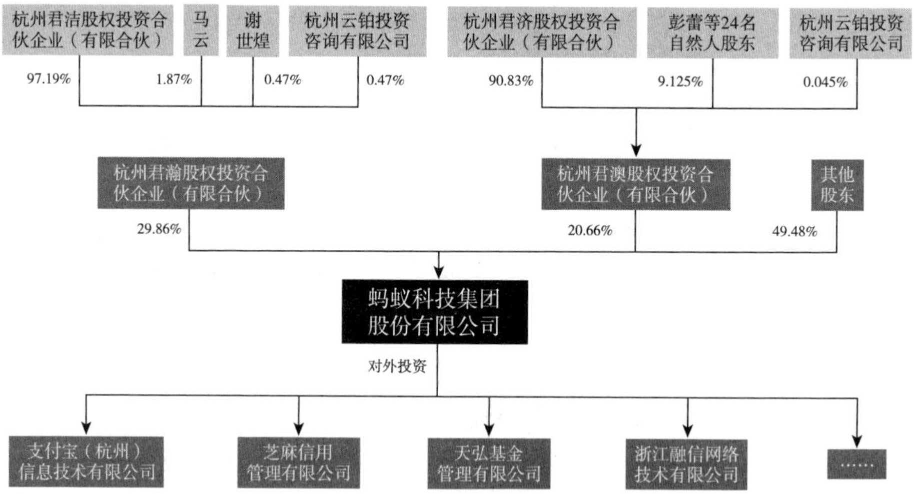

图1-1　蚂蚁金服股权结构图

(3)不具有法人资格的专业服务机构

专业服务机构，是指以专业知识和专门技能为客户提供服务的机构，既可以有偿提供服务，也可以无偿提供服务；可能具有法人资格，也可能不具有法人资格。不具有法人资格的专业服务机构，采取的具体组织形态可能是普通合伙、特殊的普通合伙或者是由个人承担无限责任的专业服务机构等。主要包括合伙制和个人制律师事务所、合伙形式的会计师事务所、合伙形式的税务师事务所、不具有法人资格的注册建筑师聘用单位以及合伙形式的评估机构。非企业专业服务机构即使采取合伙形式，可以适用《合伙企业法》的相关规范，其法律性质也不属于"合伙企业"。①

① 参见张新宝、汪榆淼：《〈民法总则〉中"非法人组织"基本问题研讨》，载《比较法研究》2018年第3期。

关于律师事务所，根据《律师法》第二十七条的规定，律师事务所不得从事法律服务以外的经营活动。因此，律师事务所不能进行股权投资成为公司股东。

会计师事务所、审计事务所和资产评估机构，国家工商行政管理局曾于1998年发布的《公司登记管理若干问题的规定》（已失效）第二十一条规定，会计师事务所、审计事务所、律师事务所和资产评估机构不得作为投资主体向其他行业投资设立公司。该规定已于2006年6月23日被《国家工商行政管理总局关于废止有关工商行政管理规章、规范性文件的决定》（工商法字〔2006〕119号）废止。此后，包括《公司法》《公司登记管理条例》《注册会计师法》在内的法律法规规章中均未涉及禁止会计师事务所、审计事务所和资产评估机构对外投资的内容。因此，按照"法不禁止即可为"的原则，三类主体似乎可以对外投资成为公司股东，但在实践中，市场监督管理部门对此多持否定态度。

4. 职工持股会

职工持股会，按照民政部、原外经贸部、原国家体改委和国家工商总局1997年颁布的《关于外经贸试点企业内部职工持股会登记管理问题的暂行规定》（已失效）的定义，是指专门从事企业内部职工持股资金管理，认购公司股份，行使股东权力，履行股东义务，维护出资职工合法权益的组织。职工持股会会员以出资额为限，对持股会承担责任，职工持股会以其全部出资额为限，对企业承担责任。职工持股会的资金不能进行本企业以外的其他投资活动。

职工持股会是顺应我国国企改制需要而产生的。1994年原外经贸委和原国家体改委等颁布《外经贸股份有限公司内部职工持股企业试点暂行办法》，确立了职工持股会的组织形式。1997年《关于外经贸试点企业内部职工持股会登记管理问题的暂行规定》，明确了职工持股会依法登记后可取得社会团体法人资格。

随着国企改制的完成，职工持股会的历史任务和作用也已经完成，同时，其在法律依据缺失、纠纷纷繁复杂、企业治理低效等方面的问题也日益突出，且多是未经登记的公司内部非组织主体，其持股资格也不断受到否定。因此，应采用合适的方式和渠道让其退出现代公司管理制度，公司在上市之前，也必须依法清理职工持股会。2000年7月6日，民政部在《关于暂停对企业内部职工持股会进行社会团体法人登记的函》（民办函〔2000〕110号）中规定："由于职工持股会属于单位内部团体，不应再由民政部门登记管理……各地民政部门暂不对企业内部职工持股会进行社团法人登记；此前已登记的职工持股会在这次社团清理中整顿暂不换发社团法人证书。"2000年12月11日，中国证监会在《关于职工持股会及工会能否作为上市公司股东的复函》（中国证监会法律部〔2000〕24号）中也表示："工会作为上市公司的股东,其身份与工会的设立和活动宗旨不一致,可能会对工会正常活动产生不利影响。因此,我会也暂不受理工会作为股东或发起人的公司公开发行股票的申请。"2002 年 11 月 5 日,中国证券监督管理委员会在《关于职工持股会及工会持股有关问题的法律意见》(法协字〔2002〕第 115 号)规定:"对已上市公司而言,在受理其再融资申请时,应要求发行人的股东不存在职工持股会及工会,如存在的,应要求其按照法律部〔2000〕24 号文要求规范;对拟上市公司而言,受理其发行申请时,应要求发行人的股东不属于职工持股会及工会持股,同时,应要求发行人的实际控制人不属于职工持股会工会持股。"

职工持股会的清理方式多种多样,既可以显名登记在职工股东名下,也可以进行股权转让,还可以设立合伙企业或有限公司作为持股平台等。完成职工持股会持股的清理工作后,职工持股会一般会被注销。

5. 公司自身

公司不能持有本公司的股权,不能出资或购买股票而成为自己的股东。因为公司持有本公司股权,不仅混淆了公司与股东的关系,而且违反了资本充实原则,实际造成公司资本的减少,进而损害公司其他股东和债权人的利益。因此,各国公司法普遍禁止公司持有本公司的股份,只有特殊情况下才可能例外。

法律允许在特殊情况下公司可以回购股权,但是最终目的并不是让公司持有自己的股权,成为自己的股东,而是作为临时性的过渡手段,以达到减资以注销股份,或者与其他公司合并,或者根据股东的要求回购,或者对员工进行股权激励等目的。《公司法》第七十四条规定:"有下列情形之一的,对股东会该项决议投反对票的股东可以请求公司按照合理的价格收购其股权:(一)公司连续五年不向股东分配利润,而公司该五年连续盈利,并且符合本法规定的分配利润条件;(二)公司合并、分立、转让主要财产的;(三)公司章程规定的营业期限届满或者章程规定的其他解散事由出现,股东会会议通过决议修改章程使公司存续的。"第一百四十二条第一款规定:"公司不得收购本公司股份。但是,有下列情形之一的除外:(一)减少公司注册资本;(二)与持有本公司股份的其他公司合并;(三)将股份用于员工持股计划或者股权激励;(四)股东因对股东大会作出的公司合并、分立决议持异议,要求公司收购其股份;(五)将股份用于转换上市公司发行的可转换为股票的公司债券;(六)上市公司为维护公司价值及股东权益所必需。"根据上述规定也可以看出,公司回购本公司的股份必须严格满足特定的条件,且该种回购只是为了满足某种目的作出的过渡性措施,公司回购后应采取减资、转让等处理方式,公司最终还是不能成为自己的股东。

6. 虚拟股东

所谓虚拟股东，是指以现实社会中根本不存在的人的名义（如已死亡的人或虚构的人）在工商局出资登记为公司股东。[①] 对于虚拟股东是否具备股东资格，我国法律并没有明确规定，但是学界对于虚拟股东股东资格认定存在不同观点。部分学者认为，工商登记是国家对外的一种公示行为，具备一定的公信力，外界就是依据该公示行为来判断公司股东的。因此，工商登记应当作为判断股东资格的主要标准。而依据《公司登记管理条例》的规定，工商登记信息应当真实，因此对于现实生活中并不存在的虚拟股东，其登记信息违背了工商登记真实性的基本要求，不应当确认其股东资格。而另一种观点则认为对于股东资格应当结合股东实际出资、公司章程及在公司经营中股东权利的实际行使情况等因素来综合判断。虽然虚拟股东现实中不存在，但在公司的实际经营活动中，虚拟股东的权利义务是有实际指向的，在公司股东一致认可虚拟股东的实际权利义务承担者时，应当依据公司的实际情况来确定公司的股东，而不应简单以工商登记否定实际股东的存在。两种观点在司法实践中均有体现。

案例·6　－人民法院报案例－

对虚拟股东不应确认其股东资格

——中复电讯公司与郎武淳等股东资格确认纠纷上诉案[②]

上诉人（一审原告）：中复电讯公司。

被上诉人（一审原告）：郎武淳。

被上诉人（一审第三人）：芦朝谊。

1996年7月，中复电讯公司由前身私营企业北京中复机电设备公司变更为有限责任公司。在办理工商变更登记过程中，为了保证中复电讯公司的股东仅是郎武淳与芦朝谊夫妻两人，防止夫妻以外的第三人介入公司经营管理，郎武淳与芦朝谊虚构了两位自然人王嶙和臧绍伍作为公司股东。就此，中复电讯公司的股东在公司设立时登记为4人，即除了郎武淳和芦朝谊外，还包括两位虚构的自然人。

① 参见王林清、杨心忠：《公司纠纷裁判精要与规则适用》，北京大学出版社2014年版，第10页。

② 参见北京市朝阳区人民法院（2007）朝民初字第00020号民事判决书；北京市第二中级人民法院（2007）二中民终字12080号民事判决书；宋毅：《对虚拟股东不应确认其合法的股东资格》，载《人民日报》2008年4月6日，第2版。

对外，郎武淳与芦朝谊称，王嶙是芦朝谊的母亲，臧绍伍是郎武淳的外祖母。2006年郎武淳、芦朝谊二人离婚，为争夺中复电讯公司的控制权，2006年芦朝谊与其母亲王嶙二人召开中复电讯公司董事会并作出决议，决定罢免郎武淳的董事长职务，选举芦朝谊为董事长。郎武淳没有出席该次董事会，为保护其董事长职务，郎武淳遂将芦朝谊与中复电讯公司诉至法院，称王嶙是中复电讯公司注册时虚构的人物，世界上根本不存在此人，更不是芦朝谊的母亲王嶙，中复电讯公司不存在合法的董事会，因此，要求确认芦朝谊母亲王嶙不具有合法的股东资格，同时请求确认中复电讯公司工商档案中体现的王嶙、臧绍伍分别持有中复电讯公司0.5%的股权归郎武淳所有。

法院在审理此案期间，经向北京市公安局人口管理处查询，中复电讯公司工商档案中记载的王嶙、臧绍伍是虚假的不存在的。

北京朝阳法院一审判决确认中复电讯公司工商档案中的王嶙、臧绍伍是虚拟的自然人并不享有股东身份，驳回郎武淳的其他诉讼请求。芦朝谊不服提起上诉。北京二中院二审判决驳回上诉，维持原判。（见图1－2）

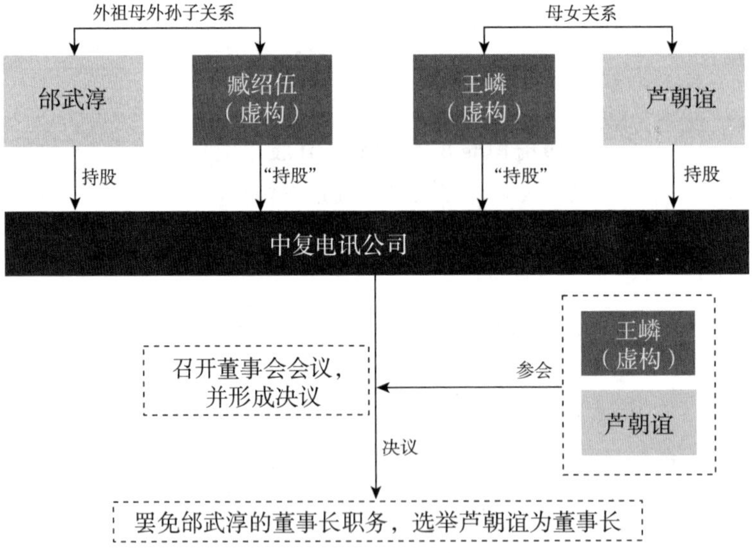

图1－2　中复电讯公司与郎武淳等股东资格确认纠纷上诉案

一审法院与二审法院均确认争议焦点为工商登记档案中的"王嶙"与"臧绍伍"是否为中复电讯公司的股东。对于此焦点，一审法院认定："公司作为一种特殊的组织形式，其基本情况在无相反证据证明的情况下，是通过公示材料即工商档案予以表明。现工商档案中记载的中复电讯公司股东王嶙及臧绍伍在现实生活中并不存在,也没有证据证明芦朝谊的母亲王嶙、郃武淳的外祖母臧绍伍履行了中复电讯公司股东的出资义务并取得了中复电讯公司股东身份。故芦朝谊的母亲王嶙、郃武淳的外祖母臧绍伍为中复电讯公司股东的意见,缺乏事实依据。”二审法院补充认为:“工商登记对外具有公示的效力,在无相反证据证明的情况下,公司股东的资格是通过公示材料即工商登记予以表明。现工商档案中记载的中复电讯公司股东‘王嶙’与‘臧绍伍’是虚拟的人物,是世界上根本不存在的人,因此,其股东身份不能认定。”在本案中,一、二审法院对于工商档案登记中的“王嶙”与“臧绍伍”不享有股东资格这一结论均持肯定态度,但是两级法院在观点论证上有所不同,分别反映了上述学界对于虚拟股东资格认定的判定观点。

一审法院就主要着重从工商登记的真实性角度判断是否具备股东资格,体现出第一种观点。而二审法院不仅分析了工商登记的真实性,还考察了虚拟股东是否存在实际出资、是否履行股东权利等多种要件,并最终综合判定虚拟股东不具备股东资格,体现出第二种观点。

通过上述法院裁判文书论证内容也可以发现,司法实践中似乎更倾向结合股东资格获取的法定条件对股东资格进行综合判断,一般情况下工商登记具备公示效力,登记内容推定为真实有效,但是当出现其他证据能够推翻工商登记内容时,应当不予认可工商登记的有效性。此时,虚拟股东不具备股东资格,也不属于工商登记的股东。

(二)股东资格的取得方式(见图1-3)

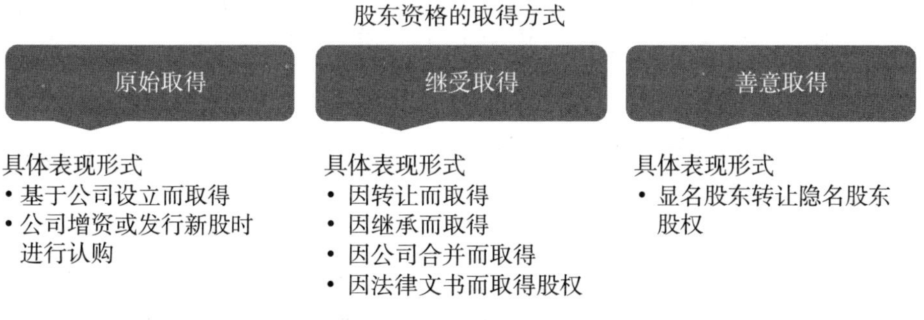

图1-3　股东资格的取得方式

1. 原始取得

股东资格的原始取得,是指股东基于其股权投资而取得股东资格。原始取得的基础是投资人与公司之间的认购出资或者股份协议。但是,并非任何向公司投入资金的人都是公司股东,如购买公司债券的人以及向公司贷款的银行就不是股

东,这种债权人虽然也是投资人,但他们只能是债权人,而不能成为股东。原始取得又可以分为设立时取得和设立后取得两种情形:

一是基于公司的设立而取得股东资格,有限责任公司和发起设立的股份有限公司的发起人实际履行了出资义务并在公司章程上签字以后,募集设立的股份有限公司的发起人和认股人缴纳出资并召开创立大会确认了公司章程后,即取得股东资格。

二是运营中的公司在增资或者发行新股时,出资人或者新股认购人因履行出资义务或者缴纳股款并同意接受公司章程约束而取得股东地位。公司设立后发行新股的,公司具有独立的民事主体资格,其在发行股份的过程中具有和认股人签订认购出资或者股份协议的能力和资格。

在实践中,可能出现发起人或者投资人不按约定认购出资或者股份,或者缴清首次出资并取得股东地位后,分期缴纳后续资金不能按时到位的情况。我国公司法规定了发起人的补足出资责任、承担违约责任和损害赔偿责任,一般不影响股东资格的取得与存续。

2. 继受取得

继受取得,又称传来取得、派生取得,是指通过转让、继承、公司合并等方式取得公司股权。这种情形下,股东并未直接向公司投入资金而基于其他合法原因取得股东地位,实质要件体现为原股东先前注入的资金资本因继受行为而转换为继受人投入。主要有下列四种情形:

一是因转让而取得,即通过买卖、互易、赠与、遗赠等从原股东手中受让股权而取得股东资格。不得抽回出资是公司法的基本原则,当股东意欲退出公司时,只能通过转让其股权来达到退出公司的目的。因此,在股权转让中,股东通过转让其投资或者股份使其股权变现,受让人因受让其出资或者股份而获得股权。证券交易所的股票交易,实际上就是股份的转让,转让人因转让股份而丧失股东资格,受让人因受让股份而取得股东资格。

股东可以将其出资或者股份赠与他人,赠与是对股权的权能之一即处分权的行使。赠与人就其所赠与的投资或者股份而丧失股权,受赠人因接受了原股东的投资或者股份而取得了股权。

二是因继承而取得股东资格,即公司股东死亡而其继承人继承股权取得公司股东资格。股东资格的继承是一种当然继承,一般而言,在发生股权继承的情形下,继承人只需要证明其为被继承人的合法继承人,而被继承人是公司股东即可。在实践中,自然人继承股权发生争议,通常在于继承主体在年龄、身份、国籍等方面相对于普通的自然人继承人存在特殊之处。例如,有案例显示,对于外国国籍自然人在继承内资公司股权时也曾存在是否需要外商投资管理部门审批同意的困扰。

案例·7 – 人民司法案例 –

外国自然人无须审批即可继承内资公司股东资格

——金军等与维克德公司法定继承纠纷上诉案①

上诉人(一审原告):金军(德国国籍)、金杰妮(德国国籍)。

被上诉人(一审被告):维克德公司。

第三人:薛小钧。

维克德公司系案外人金雷和薛小钧于2002年成立的内资有限责任公司。2005年7月,维克德公司修改章程,股东变更为金非和薛小钧。金军系金非的妻子,金杰妮系金非的女儿。金非一家原为中国国籍,2006年2月加入德国国籍(公司性质未发生变化)。2007年7月30日,金非在德国死亡。2008年5月12日,上海市浦东公证处出具继承权公证书,内容为:金军、金杰妮为金非的继承人;金非死亡后遗有维克德公司注册资金中的出资额人民币90万元,未发现金非生前留有遗嘱;金非的父母对金非的上述遗产自愿表示放弃继承权。因此,上述遗产依法由其妻子金军和女儿金杰妮二人共同继承。金军、金杰妮要求维克德公司承认其股东身份、配合办理有关的股权变更登记手续时遭到拒绝,故而向法院提起了确认其股东身份的诉讼,并要求法院判令维克德公司以及第三人薛小钧为其办理相应的股权变更登记手续。

上海浦东法院一审判决金非在维克德公司90%的股权由金军和金杰妮各继承45%,驳回金军和金杰妮其他诉讼请求。上海一中院二审改判撤销一审判决,并确认金军、金杰妮分别持有维克德公司45%的股权;维克德公司应当协助办理股权变更登记手续;驳回其他诉讼请求。

本案二审法院认为,在公司章程未对股权继承另作约定的情况下,上诉人金

---

① 参见上海市浦东新区人民法院(2008)浦民二(商)初字第2541号民事判决书;上海市第一中级人民法院(2009)沪一中民五(商)终字第7号民事判决书;王敬、任明艳:《外国自然人继承内资公司股权无须审批即可取得股东资格》,载《人民司法·案例》2010年第2期。

军、金杰妮作为维克德公司股东金非的合法继承人无须公司过半数股东的同意,就可依据法律规定继承该公司的股东身份。判断公司是内资公司还是外资公司,是根据出资来源地原则,与股东的国籍无关。已入外国国籍的华人继承内资公司股权,在不改变该公司出资来源地的情况下,该内资公司不应变更为外商投资企业。在本案中,上诉人作为德国籍华人继承维克德公司股权,并不改变该公司注册资金来源地,因此,公司的性质仍为内资公司。另外,在公司性质仍为内资公司的情况下,公司股东的变更无须外商投资管理部门的行政审批手续。在公司股东发生变更的情况下,公司有义务协助新股东办理一切股权变更登记手续,包括修改公司章程和股东名册中有关股东的记载以及向相应的工商行政机关办理变更登记手续等。二审遂判决撤销一审判决,确认金军、金杰妮为维克德公司股东,责令维克德公司在判决生效之日起30日内为金军、金杰妮办理股权变更登记手续。

股份有限公司的资合性更强,许多股东将股权视作一种财产权,股东死亡后,其股权当然可以继承,继承人通过继承而成为公司股东。有限责任公司人合性较强,股权的管理属性并不弱于财产属性,管理属性增强时,股权具有一定的人身性质,具有人身性质的权利的继承就会受到一定的约束。因此,应当允许有限责任公司对股权的继承进行自主安排。事实上,《公司法》第七十五条也采纳了这一观点,规定"自然人股东死亡后,其合法继承人可以继承股东资格;但是,公司章程另有规定的除外"。

案例·8 -最高人民法院案例-

公司章程可以排除股东资格继承

——建都公司与周艳股东资格确认纠纷上诉案①

上诉人(一审被告):建都公司。

被上诉人(一审原告):周艳。

建都公司经多次股权转让,至2014年12月20日,公司股东演变为31人,其中,周渭新占注册资本42%。建都公司工商登记上记载1997年10月至2016年3月法定代表人为周渭新。2016年3月变更法定代表人为陈建飞。建都公司自2009

① 参见江苏省高级人民法院(2016)苏民初10号民事判决书;最高人民法院(2018)最高法民终88号民事判决书。

年改制以来至诉讼前先后四次修改章程。其中,2009 年 2 月 11 日、2009 年 4 月 29 日、2012 年 3 月 29 日的章程在第四章第七条规定:"……股东不得向股东以外的人转让股权……对免职、调离、终止合同、退休等人员及时办理股权转让手续,由公司其他股东按原出资额受让……"2015 年 1 月,建都公司经股东会决议修改公司章程,在原章程第四章第七条中增加规定,"对正常到龄退休(返聘除外)、长病、长休、死亡的股东,应及时办理股权转让手续……"

后周渭新患病去世,周艳继承其所有财产。2017 年 10 月 3 日建都公司 28 名股东作出临时股东会决议:周渭新因患病去世退股。周艳起诉要求确认其股东资格。

江苏高院一审判决周艳继承取得股东资格。最高人民法院二审判决撤销一审判决,驳回周艳诉讼请求。

一审法院总结争议焦点为周艳要求确认其股东资格并要求建都公司办理股权变更手续是否有事实和法律依据。对于这一焦点问题,《公司法》第七十五条已经提供法律依据,建都公司的章程是否支持股东资格继承对该问题起到决定性作用。一审法院认为,虽然章程第四章第七条第三款明确,"对正常到龄退休(返聘除外)、长病、长休、死亡的股东,应及时办理股权手续,股东退股时,公司累计有盈余的(经会计师事务所审计确认),持股期间按本人持股额每年享受 20% 以内回报"。该条款充分体现了建都公司的人合性特点,对离开公司的股东的股权由其他股东受让。但是周渭新患病去世后,后续其他股东无人认购受让周渭新的 42% 的股权,而该种情形如何处理在建都公司的章程中并未作出明确规定。在该种未明确约定后续处理标的股权的情况下,仍旧适用法律规定,即由其继承人继承。因此一审法院确认了周艳的股东资格。但最高人民法院二审认为,上述条款反映的建都公司高度人合性和封闭性的特征,以及死亡股东应及时办理股权转让手续的表述,可以认定排除股东资格继承是章程的真实意思表示,后续标的股权如何处理属于公司的治理事项,不影响股东资格的判定,因此撤销了一审判决,驳回了周艳要求确认股东资格的诉讼请求。此案体现了公司章程对于股东资格取得的限制,同时指明了排除股权继承后如何处理标的股权可以通过公司自治实现,处理规定不完整并不影响相关排除规定的适用效力。

《公司法》明确规定了公司履行办理工商变更登记的义务。根据《公司登记管理条例》第三十五条的规定,有限责任公司的自然人股东死亡后,其合法继承人继承股东资格的,公司应当依照前款规定申请变更登记。因此,在公司拒绝为新股东办理股权变更登记手续时,法院可以判令公司履行这种义务。

三是因合并而取得股东资格，即公司合并时，因合并而丧失法人资格的公司的原股东，依法取得合并后存续公司或者新设公司的股东资格。股权的继受取得存在于公司合并时，合并公司以自己公司的出资或者股份交换目标公司的出资或者股份，目标公司由此成为合并公司的股东。

四是因法律文书而取得股权，即债权人依据有效的判决书、裁定书、仲裁裁决书、支付令等法律文书，申请人民法院对被执行人在公司的股权采取的强制转让而取得股权。《公司法》第七十二条规定，人民法院依照法律规定的强制执行程序转让股东的股权时，应当通知公司及全体股东，其他股东在同等条件下有优先购买权。其他股东自人民法院通知之日起满20日不行使优先购买权的，视为放弃优先购买权。

3. 善意取得

善意取得，是指无权处分人将动产或者不动产处分给他人，受让人在满足善意等条件下依法可以取得该动产或者不动产的所有权或者其他物权的制度。该制度被规定于我国《民法典》的第三百一十一条之中。在股东资格的取得上，善意取得制度同样适用。

案例·9 - 人民法院案例选案例 -

办理变更登记是善意取得股权的必要条件

——黄卫荣诉达然强公司股东资格确认纠纷案①

原告：黄卫荣。

被告：达然强公司。

第三人：刘闹花、黄茹菲。

2011年8月16日，刘闹花、黄茹菲作为投资人，申请登记设立了达然强公司，注册资本为50万元。《达然强公司章程》第二条载明：刘闹花占注册资本的10%，黄茹菲占注册资本90%，均以货币出资，于2011年9月22日缴足。厦门工商行政管理局出具的达然强公司投资人及出资信息载明，截至2014年5月28日，达然强

① 参见福建省厦门市集美区人民法院（2014）集民初字第1495号民事判决书；福建省厦门市中级人民法院（2014）夏民终字2882号民事裁定书；参见最高人民法院中国应用法学研究所编：《人民法院案例选》（2015年第4期），人民法院出版社2015年版，第226页。

公司的投资人为黄茹菲、刘闹花。2013年8月28日，达然强公司召开股东会会议，并通过决议如下：由于刘闹花未能在公司要求的期限内补足股金，决议解除刘闹花的公司股东资格。黄茹菲作为股东在股东会决议底部签名。2013年9月23日，第三人刘闹花向达然强公司出具收据一张，收据载明：兹受到达然强公司下列材料……(6)2013年8月28日股东会决议一份。刘闹花在收据底部收件人处签名，并加盖手印。

2014年2月18日，刘闹花作为转让方、黄卫荣作为受让方就刘闹花持有的达然强公司10%股份的转让签订了《股权转让协议书》。该协议书约定：刘闹花将其占达然强公司10%的股权以人民币5万元转让给黄卫荣。2014年2月28日，刘闹花向黄卫荣开具了收条，收条载明："今收到黄卫荣支付的达然强公司10%股权转让款人民币伍万元整。"原告已经依约支付全部股权转让款，被告公司及黄茹菲并未为黄卫荣办理股权变更登记手续，故黄卫荣起诉请求确认其为达然强公司持有10%的股权的股东，达然强公司及刘闹花、黄茹菲为其办理股权工商变更登记。

福建厦门集美法院一审判决驳回黄卫荣的诉讼请求。黄卫荣不服提起上诉，后又申请撤回上诉，福建厦门中院准予撤回上诉。

一审法院虽然驳回了黄卫荣的诉讼请求，但在裁判说理中确认了股权的善意取得制度，判决黄卫荣败诉的主要原因是案件不能满足善意取得制度适用的条件。一审法院认为，善意取得制度的要件有三：一是受让人受让该不动产或者动产时是善意的；二是以合理的价格转让；三是转让的不动产或者动产依照法律规定应当登记的已经登记，不需要登记的已经交付给受让人。对于前两项条件，黄卫荣提供的证据均已经充分证实符合，但是第三项条件未能满足。根据《公司法》第三十二条第三款"公司应当将股东的姓名或者名称向公司登记机关登记；登记事项发生变更的，应当办理变更登记，未经登记或者变更登记的，不得对抗第三人"的规定，确定股权属于"依照法律规定应当登记"的事项。而本案中涉案公司的登记股东仍然为刘闹花和黄茹菲，因此黄卫荣不能适用善意取得制度获得股权。

（三）股东资格的取得限制

公司作为社团法人，与财团法人的根本区别在于，公司是以股东的结合作为其成立基础，天然具备了人合性的特征，尤其是在有限责任公司中表现得更为明显。我国《公司法》及其司法解释中规定了许多保护人合性的条文（股份有限公司发起人和董监高转让股份限制的规定考虑因素不只是人合性），其中多有涉及股东资格取得的内容，本书简要梳理如表1－2所示：

表1－2 公司法和公司章程对股东资格取得的限制

限定类型	内容	法条
法定限制	股权转让	《公司法》第七十一条第一、二款 有限责任公司的股东之间可以相互转让其全部或者部分股权。 股东向股东以外的人转让股权,应当经其他股东过半数同意。股东应就其股权转让事项书面通知其他股东征求同意,其他股东自接到书面通知之日起满三十日未答复的,视为同意转让。其他股东半数以上不同意转让的,不同意的股东应当购买该转让的股权;不购买的,视为同意转让。 经股东同意转让的股权,在同等条件下,其他股东有优先购买权。两个以上股东主张行使优先购买权的,协商确定各自的购买比例;协商不成的,按照转让时各自的出资比例行使优先购买权。
	发起人和董监高转让股份	《公司法》第一百四十一条 发起人持有的本公司股份,自公司成立之日起一年内不得转让。公司公开发行股份前已发行的股份,自公司股票在证券交易所上市交易之日起一年内不得转让。 公司董事、监事、高级管理人员应当向公司申报所持有的本公司的股份及其变动情况,在任职期间每年转让的股份不得超过其所持有本公司股份总数的百分之二十五;所持本公司股份自公司股票上市交易之日起一年内不得转让。上述人员离职后半年内,不得转让其所持有的本公司股份……
	瑕疵出资的股东除名	《公司法司法解释(三)》第十七条第一款 有限责任公司的股东未履行出资义务或者抽逃全部出资,经公司催告缴纳或者返还,其在合理期间内仍未缴纳或者返还出资,公司以股东会决议解除该股东的股东资格,该股东请求确认该解除行为无效的,人民法院不予支持。
	实际出资人显名	《公司法司法解释(三)》第二十四条第三款 ……实际出资人未经公司其他股东半数以上同意,请求公司变更股东、签发出资证明书、记载于股东名册、记载于公司章程并办理公司登记机关登记的,人民法院不予支持。
章定限制	增资扩股时优先认购权	《公司法》第三十四条 股东按照实缴的出资比例分取红利;公司新增资本时,股东有权优先按照实缴的出资比例认缴出资。但是,全体股东约定不按照出资比例分取红利或者不按照出资比例优先认缴出资的除外。
	股权转让	《公司法》第七十一条 ……公司章程对股权转让另有规定的,从其规定。

续表

限定类型	内容	法条
章定限制	股权继承	《公司法》第七十五条 自然人股东死亡后，其合法继承人可以继承股东资格；但是，公司章程另有规定的除外。 《公司法司法解释（四）》第十六条 有限责任公司的自然人股东因继承发生变化时，其他股东主张依据公司法第七十一条第三款规定行使优先购买权的，人民法院不予支持，但公司章程另有规定或者全体股东另有约定的除外。
	董监高转让股份	《公司法》第一百四十一条第二款 ……公司章程可以对公司董事、监事、高级管理人员转让其所持有的本公司股份作出其他限制性规定。
	股权强制转让	《公司法司法解释（四）》第二十条 有限责任公司的转让股东，在其他股东主张优先购买后又不同意转让股权的，对其他股东优先购买的主张，人民法院不予支持，但公司章程另有规定或者全体股东另有约定的除外。其他股东主张转让股东赔偿其损失合理的，人民法院应当予以支持。

公司法之所以作出上述直接规定或允许公司章程进行约定，主要就是对股东资格取得上设立一定的门槛，从而防止外部人员轻易成为公司股东，破坏公司人合性。司法实践应当尊重公司法和公司章程的相应限制性规定。

案例 · 10 – 人民司法案例 –

在股份合作制企业中劳动关系的丧失可能导致股东资格的丧失

——宋聚国与莱州化工机械厂股权确认纠纷上诉案①

上诉人（一审原告）：宋聚国。

被上诉人（一审被告）：化工机械厂。

宋聚国自1985年开始到化工机械厂工作。1998年4月18日，化工机械厂申请

① 参见吴庆宝：《权威点评最高人民法院公司法指导案例》，中国法制出版社2010年版，第286页。丁俊峰、闫志昱：《股东请求法院审查公司章程的效力》，载《人民司法·案例》2010年第6期。未能从公开渠道获取相关裁判文书。

进行股份合作制改造，实施方案中明确，凡是原企业的职工，原则上都要出资购买企业资产作为自己的股本，成为新公司的股东。4月21日，当地政府体改委同意将化工机械厂改造成集体法人、企业内部职工持股的有限责任公司。6月30日，宋聚国等职工分别交款购买了股份，同年8月12日，宋聚国等股东分别在股东签字表上签字，全体股东制定了合作制章程。合作制章程第五十四条约定，不经董事会批准而自由离厂……其股本金和所欠发及应发的股息、红利全部作废，并自离厂之日起不再参与本厂的利润分配，同时应赔偿因此而造成的损失。8月13日，化工机械厂为宋聚国发放了股权证。此后，化工机械厂安排专人到工商行政管理局办理企业工商登记手续，除董事长本人外，其他登记材料中的股东签名均由单位安排专人代签，工商登记材料中登记的股东实际上是多个股东的代表，其中，登记在宋聚国名下的股金为255,232.62元。1999年4月1日，宋聚国向化工机械厂申请辞职，称本人从今后不再从事化工机械厂的劳务，保留所有合法权益。此后，宋聚国再未回化工机械厂工作，也未行使股东及监事会监事的权利。

2000年4月17日，莱州化工机械厂董事会、监事会决议如下：宋聚国违反企业的规章制度和合作制章程的有关规定，不经批准自由离厂违反合作制章程第五十三条、第五十四条的规定，决定将宋聚国在厂的股金全部作废，同时包补并赔偿给公司造成的经济损失84,000元，保留追诉其他经济赔偿的权利。2001年12月12日，化工机械厂对宋聚国的股金在账目上作了作废转为机动股的处理。2004年，宋聚国向法院提起诉讼要求法确认其对化工机械厂的股东资格。

山东莱州法院一审判决驳回诉讼请求，宋聚国不服提起上诉。山东烟台中院二审判决驳回上诉，维持原判。

本案的争议焦点之一在于合作制章程第五十四条是否有效，即劳动关系丧失时股东资格以及相应的股本金和红利能否被剥夺。

一审法院认为，企业股份合作制改造时全体职工共同制定章程，因此该章程体现了全体职工股东的共同意愿，合法有效应当共同遵守。二审法院对于该章程规定的合法性进行了补充论证，表示公司章程作出该项规定存在一定的合理背景原因（化工机械厂是股份合作制企业，股份合作制企业是以持股人特定的身份属性为前提的资本集合体），宋聚国在股东签字表上签字，参与共同制定了该企业合作制章程，反映了其愿意受到章程条款约束。该章程是全体股东为保障公司利益作出的预设性私力救济手段，并没有违反法律强制性规定，因此该章程规定合法有效。由此案件可知，公司章程亦可以对股东资格的获得作出限制，该种限制是对公司人合性的保障，并不必然归于无效。

三、股东资格的丧失

股东资格的丧失，是指股东因法定原因或依法定程序丧失股东身份。股东资格丧失并不是一个专属的法律概念，它只是对众多失去股东资格的情况的一个概述。

（一）股东资格丧失的具体情形

根据我国《公司法》的相关规定以及司法实践，股东资格丧失主要有以下情形：

1. 公司终止，即公司解散或被宣告破产的情形，公司人格已经消灭，投资者的股东资格当然也不复存在。

2. 公司注销股份，即公司因减少资本、公司合并等原因回购并注销股份，导致该股份持有人丧失股东地位。

3. 股东要求公司回购股权，如《公司法》第七十四条规定在满足三种情形下，股东因不满股东会的决议请求公司按照合理的价格收购其股权的，导致其股东资格丧失。

4. 股权转让，即股东将其股权转让给受让人以致其股东资格丧失。

5. 股东除名与股东失权，即股东因违反法律或章程而被除名或者剥夺股权。

6. 股票的丧失，即股东的股票被盗、遗失或丧失。根据《公司法》第一百四十三条的规定，记名股票的股东如果发生股票被盗、遗失或丧失的情形还可以通过公示催告、申请公司补发的程序得以救济。而如果是无记名股票的股东，则可能导致股东地位的彻底丧失。

上述情形中，既有基于原股东自主放弃意思下的股东资格丧失，也有基于法定程序下的股东资格被动丧失。在司法实践中，由股东除名引起的股东资格确认法律争议值得研究，学界对股东除名、股东失权这两种股东资格丧失情形也存在一定的争议和关注。因此，此部分仅以股东除名制度、股东失权为主要研究对象来探讨股东资格丧失的相关问题。

（二）股东除名

股东除名制度，可以被理解为公司解除个别股东的股东资格，使其丧失股东资格的制度。就目前我国是否已经确立股东除名制度，仍然存在争议。《公司法司法解释（三）》第十七条规定："有限责任公司的股东未履行出资义务或者抽逃全部出资，经公司催告缴纳或者返还，其在合理期间内仍未缴纳或者返还出资，公司以股东会决议解除该股东的股东资格，该股东请求确认该解除行为无效的，人民法院不予支持。在前款规定的情形下，人民法院在判决时应当释明，公司应当及时办理法定减资程序或者由其他股东或者第三人缴纳相应的出资。在办理法定减资程序或者其他股东或者第三人缴纳相应的出资之前，公司债权人依照本规定第十三条或者第十四条请求相关当事人承担相应责任的，人民法院应予支持。”最高人民法院民二庭负责人对该条文的解读是，“总体上确定了股东资格解除规则，并设定了相应的程序规范”。[①] 该负责人的解读代表了实务中的观点，有部分法官认为，前述规定即体现了我国的股东除名制度。[②]

但也有学者主张该规定并未正面建立股东除名制度，而仅仅为股东除名的公司决议的正当性提供了司法裁判准则。[③] 不可否认的是，该规定是目前司法实践中对股东除名的重要法律依据。依据该规定，当股东存在未履行出资义务或者抽逃全部出资且经公司催缴后在合理期间仍未补缴出资的行为时，其他股东可以通过公司决议的形式对违约股东进行除名使之丧失股东资格。但是对于相关公司决议如何产生，法律没有明确规定，司法实践中也存在较多争议。较为突出的争议之一即为除名股东对除名事项能否行使表决权。

案例·11 – 人民法院案例选案例 –

1%股权的小股东可以将抽逃出资的99%股权大股东解除股东资格

——宋余祥与万禹公司等公司决议效力确认纠纷上诉案[④]

上诉人（一审原告）：宋余祥。

上诉人（一审被告）：万禹公司。

被上诉人（一审第三人）：豪旭公司。

---

① 参见佚名：《规范审理公司设立、出资、股权确认等案件——最高人民法院民二庭负责人答本报记者问》，载《人民法院报》2011年2月15日，第3版。

② 参见陈克：《再论股东除名制度中的表决权限制——从填补法律漏洞视角下开展》，载《法律适用》2015年第12期。

③ 参见林承铎：《有限责任公司股东退出机制研究》，中国政法大学出版社2009年版，第25～26页。

④ 参见上海市黄浦区人民法院（2014）黄浦民二（商）初字第589号民事判决书；上海市第二中级人民法院（2014）沪二中民四（商）终字第1261号民事判决书；参见最高人民法院中国应用法学研究所编：《人民法院案例选》（2015年第2辑·总第92辑），人民法院出版社2015年版，第241页；徐子良、赵炜、熊燕：《对未出资股东除名决议的表决权排除规则适用》，载《人民司法·案例》2015年第12期。

万禹公司设立于2009年3月11日,设立时注册资本人民币100万元。2012年8月28日,万禹公司召开股东会会议,作出决议:(1)增加公司注册资本由100万元增至1亿元;(2)吸收新股东豪旭公司;(3)增资后的股东出资情况、股权比例为,宋余祥60万元(0.6%)、高标40万元(0.4%)、豪旭公司9900万元(99%)。2012年9月14日,豪旭公司将该9900万元汇入万禹公司的银行账户内。上海大诚会计师事务所出具验资报告。2012年9月17日,豪旭公司即将增资验资款9900万元从万禹公司账户中转出。2013年12月27日,万禹公司向豪旭公司邮寄"催告返还抽逃出资函",望其尽快返还全部抽逃出资,否则,万禹公司召开股东会会议解除豪旭公司股东资格。但豪旭公司未返还抽逃的出资。

2014年3月6日,万禹公司通知豪旭公司于同年3月25日召开股东会,审议关于解除其股东资格的事项。2014年3月25日,万禹公司召开2014年度临时股东会,全体股东均出席股东会。股东会会议记录载明:"……5. 到会股东就解除豪旭公司作为万禹公司股东资格事项进行表决。6. 表决情况:同意2票,占总股数1%,占出席会议有效表决权100%;反对1票,占总股数99%,占出席会议有效表决权的0%。表决结果:提案通过。"各股东在表决上签字,但豪旭公司代理人在签字时注明不认可上述表决结果。同日,万禹公司出具股东会决议,载明:"因股东豪旭公司抽逃全部出资,且经催告后仍未及时归还,故经其他所有股东协商一致,决议解除其作为万禹公司股东的资格。万禹公司于本决议作出后30日内向公司登记机关申请办理股东变更登记及减资手续。"由于豪旭公司对上述股东会决议不认可,宋余祥作为万禹公司股东,向法院提起诉讼要求确认决议有效。(见图1-4)

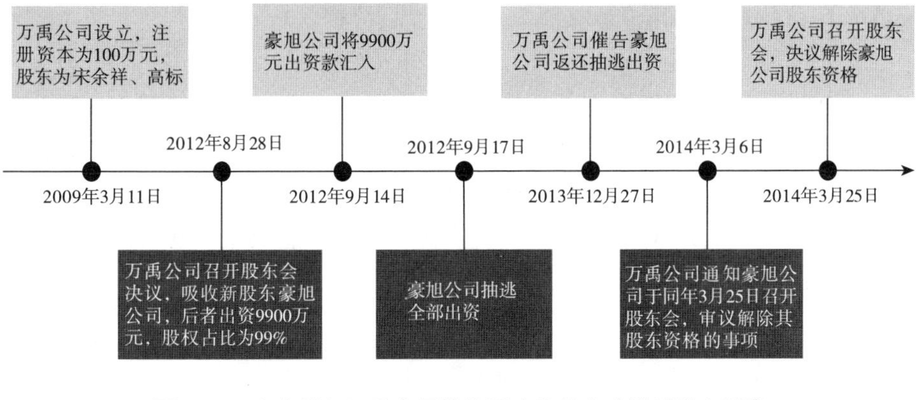

图1-4 宋余祥与万禹公司等公司决议效力确认纠纷上诉案

上海黄浦法院一审判决驳回宋余祥的诉讼请求,宋余祥、万禹公司不服提起上诉。上海二中院二审判决撤销一审判决,改判确认万禹公司于2014年3月25日作出的股东会决议有效。

本案作为股权占比1%的小股东解除股权占比99%的大股东的股东资格典型案例,具有较大的社会影响。先后在2015年最高人民法院中国应用法学研究所等组办的第二届全国青年法官案例评选、2015年《人民司法》杂志社主办的“彭城杯”《人民司法·案例》有奖征文中屡获一等奖。

而回答股权占比1%的小股东能否解除股权占比99%的大股东的股东资格问题,就必然要先解决豪旭公司在系争股东会决议审议中的表决权应否排除的问题。

一审法院认为,股东基于其股东资格行使股东权利。豪旭公司系经过万禹公司股东会决议,以认缴增资形式进入万禹公司,万禹公司在公司章程中确认其股东身份,并完成了相应的工商登记,故豪旭公司享有万禹公司的股东资格,有权依照法律规定、公司章程约定行使股东权利。股东表决权是股东的一项重要权利,是股东参与公司重大决策和选择管理者的权利。《公司法》第四十二条规定,股东会会议由股东按照出资比例行使表决权;但是,公司章程另有规定的除外。万禹公司章程第十二条第二款亦约定,股东会会议由股东按照出资比例行使表决权。上述规定及约定中“出资”一词的含义,直接关系到上海豪旭公司各股东表决权的行使。对此,《公司法》第三十四条明确规定股东按实缴出资分取红利,第四十二条则仅表述为股东按出资比例行使表决权。同样,万禹公司章程第二十八条约定股东按实缴出资比例分取红利,第五条关于股东情况部分则表述为豪旭公司出资额为9900万元,第十二条亦约定股东按出资比例行使表决权。从文义上判断,在无特别说明的情况下,无论是《公司法》第四十二条中的“出资”抑或是万禹公司章程第十二条第二款中的“出资”均应理解为认缴出资。此外,《公司法》及相关司法解释、万禹公司章程均未对抽逃出资股东表决权的限制作出规定或约定,万禹公司亦未就此形成股东会决议。因此,对于除名豪旭公司的股东会审议事项,在无《公司法》规定或公司章程约定的其他限制股东表决权的情形下,即便豪旭公司作为股东违反出资义务,抽逃出资,其表决权并不因此受到限制,豪旭公司应根据其认缴出资的比例行使表决权,宋余祥及万禹公司认为豪旭公司在系争股东会中的不享有有效表决权或应当回避的观点缺乏依据,一审法院未予采纳。就此而言,豪旭公司是否抽逃出资一节事实并不影响本案审理,故对宋余祥提供的相关证据及相关主张,一审法院未予审查。若宋余祥或万禹公司认为豪旭公司抽逃出资,可根据《公司法司法解释(三)》的相关规定,依法要求其返还出资本息。据此,在万禹公司召开的审议事项为解除豪旭公司股东资格的股东会上,投赞成票的股东宋余祥、高标认缴出资比例共为1%，享有1%的表决权，投反对票的股东豪旭公司认缴出资比例为99%，享有99%的表决权，依据万禹公司章程约定，该审议事项应不通过。本案系争股东会决议关于解除豪旭公司股东资格的内容，未如实反映根据资本多数决原则形成的万禹公司股东会意思表示，对其效力一审法院不予认定。故对于宋余祥要求确认万禹公司股东会决议有效的诉请，一审法院未予支持。

二审法院推翻了一审法院判决，在查明豪旭公司存在抽逃出资行为的基础上，改判股东会决议有效。二审法院认为，《公司法司法解释(三)》第十七条中规定的股东除名权是公司为消除不履行义务的股东对公司和其他股东所产生不利影响而享有的一种法定权能，是不以征求被除名股东的意思为前提和基础的。在特定情形下，股东除名决议作出时，会涉及被除名股东可能操纵表决权的情形。故当某一股东与股东会讨论的决议事项有特别利害关系时，该股东不得就其持有的股权行使表决权。在本案中，豪旭公司是持有万禹公司99%股权的大股东，万禹公司召开系争股东会会议前通知了豪旭公司参加会议，并由其委托的代理人在会议上进行了申辩和提出反对意见，已尽到了对拟被除名股东权利的保护。但豪旭公司在系争决议表决时，其所持股权对应的表决权应被排除在外。本院认为，本案系争除名决议已获除豪旭公司以外的其他股东一致表决同意系争决议内容，即以100%表决权同意并通过，故万禹公司的股东会决议应属有效。概言之，当股东与股东会讨论决议事项有利害关系时，该股东不得就其持有的股权行使表决权，否则《公司法司法解释(三)》第十七条赋予履行义务股东的除名权将受到被除名股东的影响，该条款的规范目的也无法实现。

由上述两级法院判决可以看出，对于股东除名决议中拟被除名股东是否具备决议表决权事项，主要有两种观点。一种观点认为，拟被除名股东对于相关事项仍享有表决权；另一种观点认为，拟被除名股东对于相关事项没有表决。第一种观点，也正如上述案件中一审法院所论证，主要是根据《公司法》第四十二条的规定，将该规定中的“出资比例”解释为“认缴出资比例”；第二种观点的法理依据源于合同法根本违约理论。履行出资义务是股东获得股东资格最为重要且基础的义务，如果股东完全未履行出资或者是抽逃出资，则构成了根本违约。在该种情况下，只有履行出资义务的股东为守约方，作为违约方的股东没有相应解除权，因此无法对股东除名事项进行表决。目前第二种观点在学界尤其是实务界渐成主流。本书赞同第二种观点。从实务操作上看，如果未履行出资义务股东同样具备表决权，在其所认缴出资占比较大的情况下，股东会根本无法作出有效除名决议，由于拟被除名股东作出支持除名决议几乎不存在期待可能性，股东除名制度也将名存实亡。此外，从理论上看,《公司法司法解释(三)》第十七条中也规定了当股东未履行或者未全面履行出资义务的情况下,公司可以根据章程规定或者股东会决议对股东的利润分配请求权、新股优先认购权、剩余分配请求权等股东权利作出相应合理限制。由此规定可推知,股东的瑕疵出资行为与股东资格、股东权利行使存在消极关联关系。①

前述司法解释规定的股东除名情形较为单一,本书认为,在不违反法律法规的强制性规定等无效的情形下,公司章程可以对股东除名进行扩充规定,而司法应当尊重私法领域的意思自治。事实上,前述案例10“在股份合作制企业中劳动关系的丧失可能导致股东资格的丧失”,就是公司章程就“在职持股、离职退股”的股东除名情形的约定。

(三)股东失权

有学者主张股东除名就是股东失权,均指“股东未按照章程缴纳出资或者未按时缴纳出资情节严重时,公司通知其缴纳出资并给予一定的宽限期,如果股东拒绝缴纳出资或者宽限期届满后仍未缴纳出资的,公司将直接剥夺其股东资格的制度”。② 也有学者主张股东除名制度与股东失权制度存在差异,虽然两制度存在重合部分,但是辨析两制度的规范目的、适用前提、法律效果产生逻辑、适用强制性、丧失股东资格者所享有的权利等角度均存在不同,《公司法司法解释(三)》第十七条从目的、功能以及适用条件等角度而言,应属失权规则而非除名规则。③

我国公司法并未区分股东除名和股东失权,《公司法司法解释(三)》第十七条实际上兼具股东除名和股东失权的特征。两项制度虽然最终效果都是股东丧失股东资格,但实际上区别也比较明显,至少在丧失股东资格之后,除名股东仅丧失了股东资格,其所持股权对应的财产价值应予保留和归还,但失权股东丧失的股东权利包括已经缴纳部分出资对应的股权。从法律效果上看,因为《公司法司法解释(三)》第十七条规定的情形是“未履行出资义务”或“完全抽逃出资”,在该种情况下一般不存在公司占有股东部分出资的情况,股东失权制度与股东除名制度的差异很小。因此,从司法实践的角度,不必要对股东除名与股东失权制度作出特别区分。

① 参见陈克:《再论股东除名制度中的表决权限制——从填补法律漏洞视角下展开》,载《法律适用》2015年第12期。

② 参见李建红、赵栋等:《股东失权的制度价值及其对中国的借鉴意义》,载《政治与法律》2011年第12期。

③ 参见凤建军:《公司股东的除名与失权——从概念到规范》,载《法律科学》2013年第2期。

四、股东资格确认的标准

(一)股东资格确认的实质要件

公司的资本是公司成立和存续的基础,出资是投资者进行股权投资应当履行的最主要的法定义务,是取得股权的实质条件。换言之,股权取得的实质要件,即向公司实际出资、认缴出资或认购股份。

1. 实际出资或认缴出资

投资人取得股东资格的法律基础是其与公司之间形成了投资关系,基于此,出资为投资人的主要义务以及获取股东资格的必要条件。投资人取得股权的出资行为,并不限于实际出资,还包括认缴出资,即在认股协议或公司章程中承诺出资的行为。直接出资是针对股权的原始取得的情形。在股权继受取得的情况下,虽然继受人看似并未直接向公司投入资金,但原股东先前投入的资金因继受行为而转换为继受人投入,此时的实质要件就表现为"已经受让或者以其他形式继受公司股权"。

在《公司法》框架下,股东不仅应当按期足额缴纳自己认缴的出资金额,还应当向其他股东承担因自己出资不实带来的违约责任;当出资评估不实时,虚假出资的股东还应当承担补足差额的责任,公司设立时的其他股东承担连带责任,并可能导致其利润分配请求权、新股优先认购权、剩余财产分配请求权等股东权利受到一定限制。因此,出资虽然是股东的一项重要义务,当股东存在出资不实、未履行出资义务等行为时,其应当承担相应的法律责任,但是一般情况下其股东资格并不会立即因此消灭。换言之,出资并非决定出资人是否取得股东资格的唯一决定因素。这种安排更有利于维护公司股权结构稳定以及促进公司资本的流动。

2. 实际享有的股东权利

从逻辑顺序上看,享有股权是取得股东资格的结果,而并非取得股东资格的条件和原因,如果反推认为,以投资者享有股东权利为由主张投资者具备股东资格,显然不能成立。反过来,不能因为当事人未能实际享有股权,未参与公司经营管理,便轻易否认当事人的股东资格,因为现实中大股东不当控制公司,导致小股东被剥夺权利、未能参加会议、未能享受分红的情况屡见不鲜。

但是,从维持公司交易稳定的原则出发,司法实践中一般不会轻易否认许多已经实际享有股权的投资者的股东资格。因为从设立到发展壮大,公司对外势必会发生众多复杂的法律关系,如果轻易否定已实际享有股东权利的当事人的股东资格,必然会使许多已经确定的公司法律关系发生改变,影响交易的安全和稳定。而且，实践中一般公司内部只有在认可股东资格的前提下才会赋予其股东权利，享有股权一定程度上代表了股东身份的被认可。因此，实际享有股东权利可以作为确认股东资格的辅助标准。

（二）股东资格确认的形式要件

确认股东资格的形式要件，是指通过公司章程、股东名册、出资证明书及工商登记、股权转让协议、股权凭证等书面形式文件的记载、登记，以外化的形式证明出资人取得了股东资格。从理论上讲，形式要件一般具有三个方面的法律效力：一是权利推定效力，在工商登记等上记载为股东的，一般就推定为公司股东；二是对抗效力，它是权利推定效力的自然延伸，即在股权转让未办理变更登记或者隐名出资等情形下，登记的名义股东仍应视为股东；三是免责效力，即公司没有查证股权实际出资人的义务，即便登记的股东不是真正的股东，也可免除公司的责任。

1. 工商登记

工商登记，是指政府工商行政部门为减小市场交易的风险，对入市交易公司的市场主体资格进行审查的过程。根据公司法的规定，公司设立、变更、终止，应当向公司登记机关办理登记。在向工商行政部门提交的公司章程、验资证明、股东出资证明书、股东资格证明等文件均记载有公司股东的身份。工商登记属于商业登记，商业登记分为设权性登记和证权性登记。工商登记对于公司设立，属于设权性登记；对于股东资格，并无创设股东资格的效力，其本质上属于证权性登记。

工商登记具有宣示股东资格的证权功效。因此，有限责任公司在工商部门登记备案的文件也是证明股东资格的重要证据。但公司的工商登记仅是公司设立或变更程序中的一个环节，现实中大量存在当事人虚假登记的情况，因此工商行政部门对公司股东身份的登记本身并无创设股东资格的效力，其仅具有证权性效果，即投资者可依公司工商登记文件中的记载，主张自己的股东权利。但如果其他当事人提出证据，证明公司工商登记不实，登记的股东并未出资或者并未实际参与公司经营管理，分担公司经营风险时，则可以推翻工商登记文件的效力。

需要注意的是，由于公司登记是法律对公司施加的义务，且部分登记信息是可以对外公开的，第三人可以通过公开途径或持相关证件前往公司登记机关调阅公司的工商登记情况，所以公司的工商登记内容实际具有对外的公示与公信力。因此，工商登记相对于股东名册、出资证明书、公司章程等公司内部文件具有更强的权威性和公示性，法律也特别规定赋予了工商登记具有对抗第三人的效力。一方面，投资人凭工商登记对外宣示自己的股东身份；另一方面，按照商法公示主义与外观主义原则，第三人也可以信赖公司的工商登记内容，要求工商登记中记载的股东承担与其股权相关的责任。

2. 公司章程记载

根据《公司法》第二十五条的规定，有限责任公司章程应当载明股东的姓名或者名称、股东的出资方式、出资额和出资时间等信息。在完成章程制定程序后，股东需在公司章程上签名、盖章。公司章程记载的股东，对内是确定股东及其权利义务的主要根据，对外由于公司章程需要提交工商登记机关备案，因此又具有公示和公信力，是第三人据以判断公司股东的依据。公司章程的规定还具有对抗其他约定或者决议的效力。公司章程不仅能够反映股东的真实意思还因为登记、备案行为取得了公信力，由此公司章程记载对于股东资格确认具有重要的作用。

3. 股东名册记载

股东名册，是指公司根据法律规定记载股东的姓名或者名称及住所、出资等有关法定事项的簿册。根据《公司法》第三十二条的规定，有限责任公司应当置备股东名册，记载下列事项：(1)股东的姓名或者名称及住所；(2)股东的出资额；(3)出资证明书编号。记载于股东名册的股东，可以依股东名册主张股东权利。

股东名册的记载内容，对于股东身份的确定也具有推定效力，股东可以依股东名册的记载主张股东资格。将股东身份登记于股东名册之上是公司的义务，如公司因懈怠而未将股东的身份如实地记载于股东名册之上，导致相关股东的利益受损时，股东可以提起专门的股东名册记载纠纷的诉讼，要求公司将其记载于股东名册或变更股东名册登记。

4. 出资证明书

出资证明书，是有限责任公司向股东签发的股东资格证明。根据《公司法》第三十一条的规定，有限责任公司成立后，应当向股东签发出资证明书。出资证明书应当载明下列事项：(1)公司名称；(2)公司成立日；(3)公司注册资本；(4)股东的姓名或者名称、缴纳的出资额和出资日期；(5)出资证明书的编号和核发日期。出资证明书由公司盖章。据此，出资证明书是推定投资者已向公司实际出资并具备股东资格的初级凭证。但由于现实中公司经营不规范，未对公司股东签发出资证明书的情况大量存在，因此不能仅以当事人持有出资证明书就断然认定其为公司股东，同样也不能因为当事人没有出资证明书就轻易否定其股东资格，而应当结合其他证据，综合考虑。[①]

① 参见赵万一主编：《商法学》，中国法制出版社 2006 年版，第 49 页。

5. 股权转让协议

如前所述，投资人通过股权转让可以继受股东资格。在此情形下，股权转让法律关系的成立与生效是股权受让人获取股东资格的法律基础，而股权转让关系成立的重要表现形式之一即为签订股权转让协议。由于股权是一种财产权益而非实物，股权转让人与受让人之间达成股权转让合意通常会签署股权转让协议，对交易合意以及内容予以确认，因此，股权转让协议也成为判断当事人之间是否达成股权转让合意形成股权转让法律关系的重要证据，进而影响到股东资格的认定。在本章第五部分的最高人民法院2015～2019年股东资格确认纠纷案例中，也有案例涉及了股权转让协议效力与股东资格认定的法律问题。本章第五部分已经列出并对相关裁判规则进行具体分析，在此不再赘述。相关案例也能看出最高人民法院对于股权转让协议效力对股东资格认定的影响相关的裁判观点，即应当结合多种因素对协议效力进行判定，最终目的是能够保障交易安全性以及法律关系的稳定性。①

（三）股东资格确认的标准

1. 一般情形下的综合判断

实质要件是以出资为取得股东资格的必要条件，形式要件是对股东出资的记载和证明，是实质要件的外在表现。正常情况下，股东资格确认的形式要件和实质要件应当一致，即完成出资的投资人应当在工商登记、公司章程等处被登记为股东，并应实际享有股东权利。在当事人主张股东资格时，也必须同时满足实质要件和形式要件。

2. 内部纠纷应注重实质性

在处理公司内部法律关系不涉及第三人的股东资格确认时，应当遵循契约自由、意思自治的原则，重点审查当事人之间是否达成设立公司的合意，出资人是否以取得并享有股东权利为目的进行股权性出资，从而探究各方当事人的真实意思表示，以保护实际出资人的利益。

《公司法司法解释（三）》第二十二条确立了股权归属有争议的当事人之间的实质审查标准，“当事人之间对股权归属发生争议，一方请求人民法院确认其享有股权的，应当证明以下事实之一：（一）已经依法向公司出资或者认缴出资，且不违反法律法规强制性规定；（二）已经受让或者以其他形式继受公司股权，且不违反法律法规强制性规定”。

① 参见北京市高级人民法院（2017）京民初117号民事判决书；最高人民法院（2019）最高法民申3945号民事裁定书。

案例·12　- 人民司法案例 -

股东资格应依法律关系不同区别确认

——詹昌江等诉联发爆竹公司股东资格确认纠纷案①

原告:詹昌江、詹昌浩。

被告:联发爆竹公司。

第三人:徐燕祥、徐达。

2006年,詹昌江、詹昌浩(系兄弟关系)与徐燕祥(与詹昌江的妻子系兄妹关系)经商议,共同出资设立公司从事烟花爆竹生产经营,并为此做了相关准备工作。2008年3月14日,徐燕祥向工商部门申请公司登记,但提交的材料未将詹昌江、詹昌浩列为公司股东。同年3月18日,联发爆竹公司登记成立,公司性质为有限责任公司,股东为徐燕祥一人。2008年4月20日,詹昌江、詹昌浩与徐燕祥签订了联发爆竹公司建设投资情况表及合资股份协议,对各方投入公司的资金进行了汇总,确认公司总投资为68.5万元。其中,徐燕祥实际出资24.209万元,应出资27.4万元,占公司40%的股份;詹昌江、詹昌浩实际出资44.291万元,应出资41.1万元,各占公司30%的股份。徐燕祥应补詹昌江、詹昌浩现金3.191万元。同时,双方还对股东的权利义务、分红比例、股权转让等事项进行了约定。联发爆竹公司成立后,实际由詹昌江、詹昌浩负责经营管理。其间,詹昌江、詹昌浩向徐燕祥支付了部分分红款。2012年12月21日,联发爆竹公司法定代表人变更登记为徐达(徐燕祥的儿子),登记股东未变。2014年,因政策原因,联发爆竹公司被关停。在涉及公司关停补偿款分配时,因徐燕祥不认可詹昌江、詹昌浩联发爆竹公司股东的身份,产生争议。詹昌江、詹昌浩诉至法院,要求确认其联发爆竹公司股东身份,分别享有联发爆竹公司30%的股权。

贵州安顺中院一审判决驳回两原告的诉讼请求,詹昌江、詹昌浩不服提起上诉。贵州高院二审裁定撤销判决、发回重审。贵州安顺中院重审判决确认詹昌江、詹昌浩具有股东资格,并各占联发爆竹公司30%的股权。

① 参见贵州省安顺市中级人民法院(2017)黔04民初47号、(2018)黔04民初37号民事判决书;贵州省高级人民法院(2017)黔民终926号民事裁定书;陈优海:《股东资格应依法律关系不同区别确认》,载《人民司法·案例》2019年第11期。

本案一审法院引用《公司法》第三十一条、第三十二条，并进而认为原告诉请确认其股东身份的，应予证明其系公司发起人或成立时的股东之一，记载于公司章程或股东名册等条件，方能予以支持。该观点实际上是没有区分公司内外部法律关系不同对股东资格确认的不同要求。

而在重审中，法院开始注重内部关系的实质性和外部关系的形式性，认为股东与公司之间或发起人股东之间就股东资格发生的争议，本质上属于公司制度范畴，有别于债权人与公司之间的交易制度范畴。对于公司内部股东资格的认定，应重点审查投资者之间是否达成设立公司的合意、是否实际出资、对股份构成是否有明确约定等实质性因素，予以综合判定。而对于投资者是否在公司章程中签字、是否有公司签发的出资证明书、是否被记载于股东名册、是否经工商登记公示等股东身份的形式要件，不能完全作为否定投资者股东身份的理由。因为投资者正是在欠缺股东身份形式要件的情况下，才通过主张其具备股东实质性条件，提起股东资格确认之诉。将完整意义上的原始股东产生方式作为确认股东身份的实质性要件，忽视了股权性出资的合意及具有实际出资行为才是股东身份及股权产生的根本条件，以投资者不具备股东的形式要件而反推其不具备股东的实质性要件，从诉讼逻辑的角度而言是不当的。在本案中，二原告与徐燕祥在联发爆竹公司设立前，分别为设立公司而做了相应的准备工作。在公司成立后，又以投资情况表及合资股份协议的方式，对前期筹建公司过程中各方资金投入情况进行了汇总，对公司成立后股份构成占比、股东权利义务等进行了约定。据此，可以认定二原告与徐燕祥存在共同设立公司的合意，并为此进行了股权性出资，满足了股东身份的实质性要件要求。而未记载于公司章程及股东名册、无股权证、无工商登记信息等主张，不是认定股东资格的实质性条件，不影响对二原告股东身份的认定。

3. 外部纠纷应注重形式性

形式要件存在的意义主要在于涉及交易外部主体时对善意第三人的保护。在处理公司外部法律关系牵涉第三人利益时，为保障交易安全，维护第三人合法利益，则应坚持商法的公示主义与外观主义原则，以工商登记、公司章程记载、股东名册记载、出资证明书、股权凭证、股权转让协议等公司对外公示的内容为主要判断标准进行认定，从而维护商事交易安全和经济秩序稳定。

4.《九民纪要》的观点

《九民纪要》第八条规定，当事人之间转让有限责任公司股权，受让人以其姓名或者名称已记载于股东名册为由主张其已经取得股权的，人民法院依法予以支持，但法律、行政法规规定应当办理批准手续生效的股权转让除外。未向公司登记机关办理股权变更登记的，不得对抗善意相对人。

该规定实际上确立了以股东名册变更作为股权转移的标志，换言之，以股东名册的记载及变更作为认定股东资格的依据。《九民纪要》的起草者认为，这种观点区分了股权转让合同生效与股权权属变更的关系，区分了股东名册记载与公司登记机关记载的效力，兼顾了转让股东、受让股东的利益以及对公司债权人和不特定相对人的保护。[①] 此观点的上位法依据是《公司法》第三十二条，该条规定“记载于股东名册的股东，可以依股东名册主张行使股东权利”，故有限责任公司股东名册记载在效力上属于设权登记，即有关事项登记后产生创设权利或法律关系的效力。[②]

对于此观点，本书认为值得商榷。虽然公司置备的股东名册是认定股东资格的重要依据，但《公司法》第三十二条规定的股东名册记载究竟是属于设权登记还是证权登记尚存争议。更为重要的是，从转让股东、受让股东、公司及债权人的利益平衡角度看，绝对化股东名册的作用也不利于受让股东、中小股东的利益保护。一方面，在司法实践中，大量的中小公司并不会置备股东名册，仅以股东名册作为认定股东资格的依据，就会导致股东身份处于不确定的状态，影响交易的安全和稳定；另一方面，与出资的确定性、工商登记的公示性、出资证明书的股东控制性相比，由公司单方置备的股东名册并无特别优势。由于公司股权价值处于不断变化之中，发生争议时，大股东或出让股东可以根据自身利益需要决定是否制作或提供股东名册。在股权价值下降时，可以在没有股东名册的情况下临时炮制出股东名册；在股权价值上涨时，又可以在已经置备股东名册的情况下拒不提供股东名册，进而侵蚀小股东或受让股东利益。

需要说明的是，鉴于《九民纪要》对司法实践的巨大影响力，法律工作者在诉讼或非诉工作中，应当特别注意股东名册的置备、记载和变更状况。

五、股东资格确认纠纷的成因分析

（一）数据来源与统计方法说明

本节数据来源于最高人民法院近 5 年审理的案件，本书力求通过权威的案例作为数据样本来梳理股东资格确认纠纷在我国的司法实践近况，从而探究最高人民法院对于股东资格确认纠纷的裁判标准，为司法实践提供指引。为了保障统计样

① 参见最高人民法院民事审判第二庭编著：《〈全国法院民商事审判工作会议纪要〉理解与适用》，人民法院出版社 2019 年版，第 134 页。

② 参见最高人民法院民事审判第二庭编著：《〈全国法院民商事审判工作会议纪要〉理解与适用》，人民法院出版社 2019 年版，第 135 页。

本的新颖性、全面性,本节样本时间范围限定在2015年1月1日至2019年12月31日最高人民法院审理的股东资格确认纠纷案由下的案例,数据来源为中国裁判文书网、无讼等法律检索数据库,最后检索时间为2020年1月8日。

需要注意的是,实践中股东资格确认纠纷并不全然选择诉讼方式解决,以仲裁、调解、和解等方式处理的文书基于保密性等原因无法查询,囿于此,统计样本只能反映国家最高司法机关的实践状况,而无法探知股东资格确认纠纷在我国的争议解决全貌;此外,由于部分样本案例中存在驳回再审申请、无法查询部分判决(如一审判决无法查询)等无效样本,因此样本数据无法全面、精确地反映司法实践现状。根据样本案例所梳理的数据、裁判规则仅供参考。本书后续也将不断完善相关梳理成果,以期保障相关分析的与时俱进。

通过在中国裁判文书网以"股东资格确认纠纷"以及"最高人民法院"两个关键词进行检索,可检索到2015~2019年5年间最高人民法院针对股东资格确认纠纷作出裁判一共97例。其中,民事案由项下共有88例案件,分别为物权纠纷1例,合同、无因管理、不当得利纠纷4例,与公司、证券、保险、票据等有关的民事纠纷80例,适用特殊程序案件案由3例;国家赔偿案由下非刑事赔偿案由2例;行政案由下行政行为案由1例。在无讼法律检索引擎上以"股东资格确认纠纷"以及"最高人民法院"两个关键字进行检索,共检索到2015~2019年判例共78个。由于本节主要目的是总结股东资格确认纠纷司法实务中的权威裁判规则,因此对于与股东资格确认纠纷实质关联性并不大的案例,将两个数据库检索到的相关区间案例进行重合,并通过筛选,将管辖案件、行政案件、国家赔偿案件等与本节主题无关的案例均予以排除,最终筛选有效案例54个。(具体见图1-5、图1-6、表1-3)

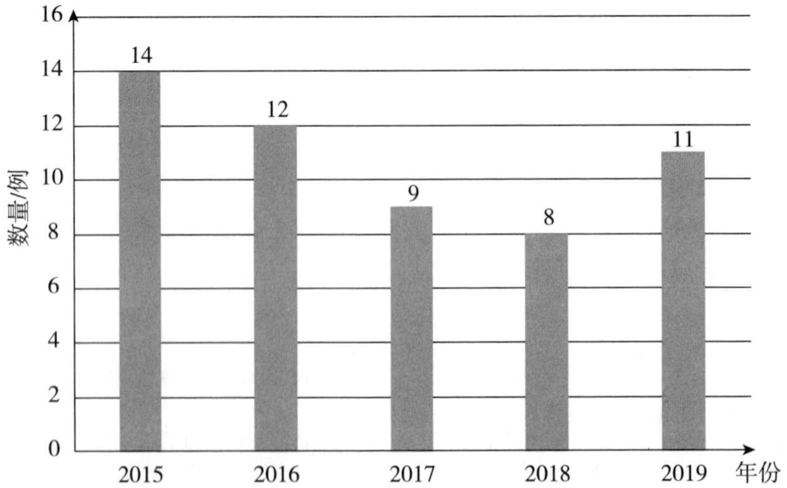

图1-5 最高人民法院筛选案例年度数量统计情况(2015~2019年)

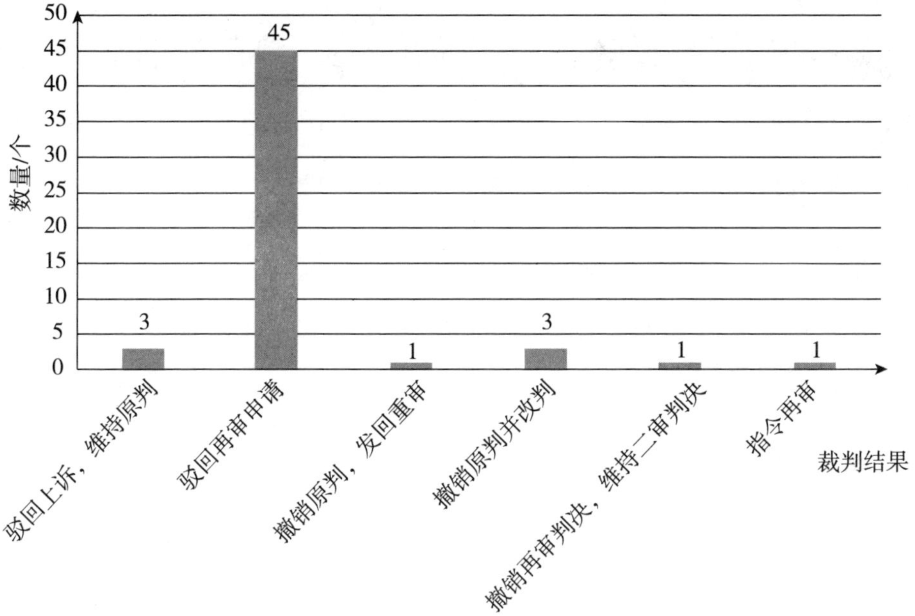

图 1-6 最高人民法院筛选案例裁判结果统计情况(2015~2019 年)

表 1-3 最高人民法院筛选案例纠纷类型分布情况(2015~2019 年)

案件类型	案件数量(个)
出资引起的股东资格确认纠纷(2015~2019 年)	35
瑕疵出资	4
隐名出资	29
职工股东	2
股权转让引起的股东资格确认纠纷(2015~2019 年)	13
股东继承	2
善意取得	2
职工股东	2
股权转让	6
先予执行	1
其他原因引起的股东资格确认纠纷(2015~2019 年)	6
出资与股权转让因素并存	1

续表

案件类型	案件数量(个)
获取股东资格方式争议	1
股东决议效力争议	1
工商登记争议	2
让与担保	1

由表1-3可知,在54个样本案例中,涉及出资的股东资格确认纠纷案例共计35个,涉及股权转让的股东资格确认纠纷案例共计13个,其他股东资格确认纠纷案例6个。① 从上述案例样本中,本书认为挑选出了部分具有代表性的案例来总结最高人民法院在相关问题上的实务裁判规则。

(二)因出资引发的股东资格确认纠纷

从最高人民法院的案例可以发现因出资引发的股东资格确认纠纷主要分为三类,即因隐名出资发生的股东资格确认纠纷、瑕疵出资引发的股东资格确认纠纷以及职工股东引发的股东资格确认纠纷。

1. 隐名出资引发股东确认纠纷

隐名出资,顾名思义,是指投资者以隐名的方式向公司实际出资,公司的章程、工商登记文件、股东名册等形式要件中对其股东身份均不予披露或列示,而是记载他人为公司股东。② 在隐名出资中,公司章程、股东名册、工商登记文件等形式要件中不予列示但已实际向公司出资的人为隐名股东(实际出资人),与此相应地,显示在诸多形式要件中的出资人称为显名股东(名义股东)。在现实中,依据隐名股东与显名股东之间的协议,隐名股东不仅向公司实际出资,而且享有与公司其他股东相同的权利,承担与其他股东相同的风险,理应是公司的真正股东,享有真正的股权。③ 我国《公司法》未涉及隐名股东的内容,以致现实中大量隐名股东与显名股东发生正名纠纷时,显得依据不足。《公司法司法解释(三)》第二十五条至第二十七条的规定,在一定程度上弥补了这一缺憾。

依据隐名股东的身份是否为公司和公司其他股东所知晓,可以将隐名出资分

① 由于案例可能基于多种原因引发,但案例分类时无法多重选择,因此所作分类仅为了便于理解和分析,尚不够科学和精细。

② 参见刘敏:《股东资格认定中的三个问题》,载《人民法院报》2003年8月27日,第3版。

③ 参见周友苏:《股东资格认定的若干问题研究》,载《21世纪商法论坛——第六届国际学术会议文集》(上册),第115页。

为不完全隐名出资和完全隐名出资。不完全隐名出资，是指隐名股东以显名股东的名义进行出资，但公司和公司的其他股东均认可隐名股东的股东身份，即公司日常的经营管理和重大决策都由隐名股东来参与，相比之下显名股东此时更像是隐名投资者的一个外壳。而完全隐名投资则是一种外观上更加隐蔽，更不容易为公司、股东和公司外人所察觉的出资形式。由于公司、其他股东不清楚股权代持的事实，隐名股东的权利存在被显名股东侵蚀的更大可能性。

依据隐名出资的成因，可以将隐名出资划分为规避法律型隐名出资和非规避法律型隐名出资。后者出于隐私考虑、商业便利、商业秘密保护、借用显名股东的优势或者其他个人偏好原因与他人达成合意，出资后由他人代为持股。前者是为了规避法律对于投资主体的限制（如公务员）、法律对于有限责任公司的人数限制（如有限责任公司实际股东超过 50 人）、法律对投资领域的限制（如投资领域为《外商投资产业指导目录》中的外商限制投资领域）等原因而采用隐名出资的形式。

根据对样本案例的研究，近 5 年来最高人民法院裁判的有关隐名出资引发的股东资格确认纠纷案例共计 29 个。隐名出资引发的股东确认纠纷中，主张隐名股东身份的诉讼当事人的诉讼请求主要有两个方面：请求法院确认其股东资格以及请求法院判令其他当事人协助其办理股权工商变更登记。而上述两个请求所实际对应的是隐名股东资格认定和隐名股东显名化的程序。因此下文主要从这两个方面展开分析。

（1）隐名股东资格认定

对于隐名股东的股东资格认定问题，理论界存在不同的学说分类。主要有实质说、形式说、区分说三种。

实质说主要以是否履行出资义务作为认定股东资格的标准。该学说的理论基础是意思主义原则，即应当遵循公司构建股东关系的意思表示，而不仅仅是以外在形式判断股东资格。[①] 在该原则指导下，对于隐名出资人与名义股东之间的代持协议，只要不违反法律的强制性规定，协议内容应当得到遵循。但是该学说的缺陷在于其削弱了工商登记行为的公示效力，加重了公司和第三人的注意义务和风险责任，放大了交易风险。

形式说与实质说相对应，该学说认为只有符合工商登记等形式要件的出资人才是公司股东。该学说源于商事外观主义，强调了登记要件的重要性，相对于实质说更有利于保障第三人基于公示信赖而开展交易的安全，但是其缺陷也在于该学

---

① 参见曾祥生、苏沂琦：《论隐名股东资格认定法律制度之重构》，载《江西社会科学》2019 年第 1 期。

说刻板地适用登记难以保障真正出资人的权益。并且,工商部门在办理登记时采取的是形式审查,对于登记内容是否正确实际上难以判断。而依据形式说的规定,将使得伪造材料办理工商登记获得股东资格的犯罪分子有利可图,带来一定的法律风险。

区分说综和了实质说与形式说的特质,主张通过“对内对外”两种情形来判断。对于公司内部纠纷较少涉及工商登记公示信赖问题,因而采用实质说的判断标准。对于公司外部纠纷(与第三人、债权人)重点保护第三人交易安全以及信赖利益,因而采用形式说的判断标准。该种学说方式看似兼顾了实际出资人和第三人的利益,圆满了实质说与形式说的缺陷,但是在“内”“外”区分上暂无成熟标准,因而对实践的指导有限。①

《公司法司法解释(三)》第二十四条第一款认可了代持协议效力,符合实质说的理论观点,而第二款规定“实际出资人以其实际履行了出资义务为由向名义股东主张权利的,人民法院应予支持”,即在满足实质说条件“实际履行出资义务”前提下,可以向名义股东主张权利,即权利主张对象仅限于“名义股东”(对内关系)。据此,可以说主流采纳的也是区分说。

不仅学术界有多种理论,司法实践中各法院所采纳的理论、适用的裁判规则也各不一致,以最高人民法院判例为样本总结的裁判规则更具备代表和权威性。最高人民法院对隐名股东资格认定问题所适用的主要裁判规则如下:

a. 隐名股东应当证明已经向公司出资或者认缴出资

案例·13 —最高人民法院案例—

隐名股东应当证明已经依法向公司出资或者认缴出资

——樊建华与袁利群等股东资格确认纠纷再审案②

再审申请人(一审第三人、二审上诉人):樊建华。

被申请人(一审原告、二审被上诉人):袁利群。

被申请人(一审第三人、二审被上诉人):汪广俊。

① 参见韩煦:《论细分代持股下的股权归属——以区分说为基点》,载《郑州航空工业管理学院学报》2017年第5期。

② 参见四川省成都市中级人民法院(2013)成民初字第875号民事判决书;四川省高级人民法院(2014)川民终字第727号民事判决书;最高人民法院(2017)最高法民再348号民事判决书。

被申请人(一审被告、二审被上诉人):龙海房地产公司。

龙海房地产公司章程载明:龙海房地产公司注册资本为1000万元人民币;由2名股东出资设立,股东为汪广俊和樊建华。

2007年11月14日,龙海油脂公司以支付货款方式通过银行向嘉鑫油脂公司转款1000万元。随后,袁利群安排嘉鑫油脂公司工作人员叶建新分别向汪广俊和樊建华个人账户转款650万元和350万元后,再安排叶建新从汪广俊和樊建华个人账户取款650万元、350万元后存入龙海房地产公司验资账户。同日,会计师事务所有限责任公司出具《验资报告》,龙海房地产公司已收到全体股东缴纳的注册资本。龙海房地产公司设立登记的相关材料中樊建华的签名均是由龙海油脂公司工作人员刘桂英代签。

2009年4月16日,龙海房地产公司召开股东会,达成股东会决议,同意樊建华辞去公司总经理及法定代表人职务,同意聘任袁利群为公司总经理及法定代表人,任期3年。同年5月4日,龙海房地产公司向工商部门申请公司变更登记,法定代表人由樊建华变更为袁利群。

2009年11月20日,袁利群委派刘桂英代樊建华与其签订《股权转让协议书》,载明:第一,樊建华自愿将其所持有的龙海房地产公司35%的股权,即350万元出资转让给袁利群。袁利群自愿购买此出资,并按照公司法公司章程的规定承担相应的法律责任;第二,此协议经双方签字、股东会同意后生效。同日,龙海房地产公司召开股东会,根据股东会决议载明:参加人为汪广俊、袁利群、樊建华,会议内容……同意股东樊建华将其所持有的龙海房地产公司350万元的股权全部转让给袁利群……股东会决议上樊建华的签名亦系袁利群委派刘桂英代签。同日,龙海房地产公司的章程将股东由樊建华变更为袁利群。

2011年7月12日,樊建华提起民事诉讼请求确认樊建华与袁利群之间的案涉《股权转让协议书》无效,袁利群返还樊建华享有的35%的股权。

四川成都中院一审判决支持樊建华全部诉讼请求,二审法院驳回上诉维持原判。①

2013年5月9日,袁利群向原审法院提起诉讼,请求判令:第一,确认袁利群享有龙海房地产公司的股东资格,享有龙海房地产公司35%的股权,樊建华不享有龙海房地产公司的股东资格;第二,龙海房地产公司和樊建华协助办理工商变更登记,将袁利群登记为龙海房地产公司股东;第三,龙海房地产公司和樊建华承担本

① 参见四川省成都市中级人民法院(2011)成民初字第774号民事判决书;四川省高级人民法院(2012)川民终字第441号民事判决书。

案诉讼费用。

四川成都中院一审判决支持袁利群诉讼请求。樊建华提起上诉，四川高院二审驳回上诉，维持原判。最高人民法院再审以一审、二审法院认定事实不清，适用法律不当为由撤销一审、二审民事判决，并驳回袁利群全部诉讼请求。

案件焦点之一即为“袁利群是否龙海房地产公司35%股权的实际出资人，享有龙海房地产公司的股东资格”。对于该问题，一审法院认为：“在审判实践中确认有限责任公司内部股东资格依据的实质特征主要有：第一，在目标公司章程上签名盖章，表明受目标公司章程的约束；第二，依据章程向目标公司投入资本，实际履行出资义务，并在目标公司成立后取得目标公司签发的出资证明书或股权证明书；第三，在目标公司中享有股东权利。根据已经查明事实可确定：第一，袁利群对借樊建华之名成立龙海房地产公司具备合理性；第二，袁利群已向龙海房地产公司履行出资义务的证据；第三，樊建华未在公司章程和通过公司章程的股东会决议上签名，也不能证明股东汪广俊有与其组建龙海房地产公司的合意。因此可以确认袁利群为龙海房地产公司35%股权的实际出资人。”就实际出资人的判断标准二审法院认为：“本案当事人争议的主要问题和法律关系，是袁利群是否为龙海房地产公司的实际出资人，不涉及名义股东与实际出资人以外的其他法律关系。本案审理的范围仅限于公司内部法律关系问题，应根据双方当事人之间事实上的法律关系确定双方的权利义务关系，不存在保护善意第三人的利益、遵循公示主义原则和外观主义原则的问题。在公司内部法律关系中，成为股东的核心要件是出资和具有成为股东的意思表示两方面。”依据此标准以及查明事实，二审法院作出维持原判的判决。而最高人民法院再审时，针对该问题提出“《公司法司法解释（三）》第二十三条①规定：当事人之间对股权归属发生争议，一方请求人民法院确认其享有股权的，应当证明以下事实之一：（一）已经依法向公司出资或者认缴出资，且不违反法律法规强制性规定；（二）已经受让或者以其他形式继受公司股权，且不违反法律法规强制性规定。由于本案不存在继受公司股权的情形，袁利群应证明自己已经依法向公司出资或认缴出资”。而从案件事实来看，最高人民法院分析：第一，袁利群举示的证据未能证明其已向龙海房地产公司履行出资义务；第二，没有证据证实袁利群在行使樊建华所持有的35%股权的股东权利；第三，袁利群主张其与樊建华之间存在隐名持股关系，但仅有口头协议，不能提供书面证据，樊建华对口头协议不予认

① 现行《公司法司法解释（三）》第二十二条。

可。综合分析认为不能确认袁利群与樊建华之间存在隐名投资关系。因此判决撤销一审、二审判决，驳回了袁利群的诉讼请求。

虽然最高人民法院撤销了一审、二审判决，但是比较一审、二审、再审法院对该问题的判断标准并没有冲突，判决结果不同的原因在于一审、二审法院未能查明案件事实，而不是判断标准有异。从隐名股东资格认定角度，是否履行出资义务是三级法院均适用的裁判规则。略有不同的是，一审、二审法院是通过分析案件事实判断袁利群是否履行该行为，而最高人民法院则是侧重于从袁利群作为隐名股东应当承担已经履行出资行为的证明责任角度进行分析。

b. 隐名股东应具备成为股东的真实意思表示

案例·14　**–最高人民法院案例–**

隐名股东应与名义股东达成享有投资权益的明确合意才能主张投资权益

——哈尔滨规划局等与吴振庆确认合同无效纠纷上诉案①

上诉人（一审被告）：哈尔滨规划局。

上诉人（一审第三人）：规划设计院。

被上诉人（一审原告）：吴振庆。

一审被告：现代公司。

一审被告：张凯。

现代公司的前身兴市公司系由吴振庆与规划设计院于1988年5月分别出资25万元设立的集体企业。兴市公司成立后，吴振庆于1988年6月28日与规划设计院签订了《承包经营合同》，并办理了公证。承包期3年，独立核算、自负盈亏。承包期间吴振庆向规划设计院支付了撤资款，兴市公司实际为吴振庆个人出资的公司，并由吴振庆自行经营，兴市公司投资及投资收益全部为吴振庆所有。1993年10月，吴振庆因另案被采取强制措施，兴市公司被规划局接管及控制。2002年，在未对吴振庆投资及投资收益进行确认及返还的情况下，兴市公司作为国有企业进行改制，以零价转让给张凯，张凯利用吴振庆在兴市公司的全部财产与兴市公司职工

---

① 参见黑龙江省高级人民法院（2017）黑民初30号民事判决书；最高人民法院（2019）最高法民终568号民事判决书。本案案由标注为“案外人执行异议之诉”，但确为“股东资格确认纠纷”“2015～2019”“最高人民法院”三个关键词在裁判文书网搜寻得出的案例。诉讼的焦点确实也涉及股东资格确认，由于案例适用裁判规则具备代表性，因此将该案例置于此节。

重新设立了现代公司。现代公司资产中除少部分为兴市公司职工出资外，绝大部分为吴振庆在兴市公司的投资及投资收益。

2014年，张凯因利用改制贪污兴市公司财产被判处有期徒刑7年6个月。经哈尔滨市国资委和哈尔滨市工商局认定张凯在现代公司中虚假出资，黑龙江高院在吴振庆刑事判决中确认，兴市公司开办资金中"国家未投钱"。最高人民法院于2007年12月20日作出(2007)民一终字第80号民事调解书确认了吴振庆对兴市公司出资，规划设计院撤资的事实。

市国资委于2005年9月30日出具《关于兴市公司产权界定的意见》，确认吴振庆与规划设计院各持有兴市公司50%的股权。兴市公司改制为现代公司，吴振庆起诉要求法院确认其对应享有现代公司50%的股权。

黑龙江高院一审判决吴振庆享有原兴市公司50%的股权并驳回其他诉讼请求。最高法院二审判决撤销一审民事判决，驳回吴振庆的诉讼请求。

吴振庆是否拥有兴市公司50%的股权是黑龙江高院和最高人民法院共同关注的问题。一审法院根据哈尔滨市国资委2005年9月30日出具的《关于兴市公司产权界定的意见》、2006年12月13日向哈尔滨市委出具的《关于兴市公司改制及产权界定情况的报告》、最高人民法院于2007年12月20日作出(2007)民一终字第80号民事调解书中所确认的内容"规划设计院、规划局认可吴振庆在原兴市公司注册成立时出资25万元，是实际出资人"等证据以及法律文书内容确认吴振庆是实际出资人之一。上述文书内容均是对吴振庆的实际出资行为进行的认证。

一审法院还指出"虽然兴市公司为特殊的企业形式(先为集体所有制，后为全民所有制)，但是规划设计院和作为全民所有制上级主管部门的规划局均认可了吴振庆享有经营期间利益，因此确认了吴振庆对兴市公司享有相应比例的财产权益，享有原兴市公司50%的股份"。上述目的是论证虽然由于时代等原因企业形式与公司不同，但是该出资行为所产生的效果应当等同于现在的《公司法》所规定的效果。

据此，虽然一审法院没有明确阐述吴振庆是否具备股东资格的裁判标准，但根据其论证逻辑以及结论可知，一审法院以是否实际出资作为判定股东资格的标准。

而二审法院在判定是否具备股东资格问题上，主要从两个角度进行分析——是否出资以及出资性质。

对于是否出资问题，最高人民法院根据相关法律文书认定吴振庆出资25万元。对于出资性质问题，最高人民法院解读了《公司法司法解释(三)》第二十四条的规定，并主张"隐名股东若想主张投资权益，除已实际出资外，还应与名义股东达成了享有投资权益的明确合意"，"首先，吴振庆与规划设计院签订的《承包经营合同》等表述中均未作出'股东权益'等类似表述，双方私下也从未签署过任何隐名股东协议，注册资金来源为吴振庆，不能认定规划设计院、规划局与之达成明确的投资合意。其次，企业性质上看在募集25万元款项时，兴市公司的性质为集体所有制企业，后来转为全民所有制企业。根据当时法律、政策规定，不存在吴振庆作为自然人成为公司股东的可能性”。基于上述理由，否定了吴振庆出资时具备成为股东的真实意思。最终撤销了一审判决，并驳回了吴振庆要求确认股东资格的诉讼请求。

根据最高人民法院的上述论述，可知最高人民法院对于是否具备股东资格问题的裁判标准为：第一，证明已经实际出资；第二，实际出资人应与名义股东达成享有投资权益的明确合意；第三，隐名股东制度的适用不得违反法律规定，出资性质属于股权投资。

c. 隐名股东的资格确认与工商登记应予区分

案例·15　－最高人民法院案例－

隐名股东应当具备成为股东的真实意思表示才能被认定为股权的真实权利人

——谢优春与卢新生等案外人执行异议之诉上诉案①

上诉人（一审原告）：谢优春。

被上诉人（一审被告）：卢新生等3人。

被上诉人（一审第三人）：建生公司、中盛公司、刘营兰等5人。

2010年11月9日，郭建生、徐名忠、谢优春及黄承永四方签订《协议书》。因已取得相应的地块，公司名称为中盛公司，郭建生、徐名忠邀请谢优春、黄承永投资入股，就前述协议补充修改如下：……根据郭建生与颜明才签订的协议，郭建生占项目49%股权，郭建生、徐名忠、谢优春、黄承永持股比例分别为23.5%、22.5%、2%、1%。2011年1月2日郭建生、徐名忠、谢优春签订《补充协议书》约定：四人股份调整为，郭建生从其23.5%股权中拿出4.5%给谢优春，徐名忠从其22.5%股权中拿出3.5%给谢优春，黄承永持有股权1%不变。郭建生、徐名忠、谢优春持股比例分列为19%、19%、10%；该协议作为谢优春取得公司股权的合法依据，不管公司或法

① 参见江西省高级人民法院（2015）赣民二初字第35号民事判决书；最高人民法院（2016）最高法民终701号民事判决书。本案案由标注为“案外人执行异议之诉”，但确为“股东资格确认纠纷”“2015～2019”“最高人民法院”三个关键词在裁判文书网搜寻得出的案例。诉讼的焦点确实也涉及股东资格确认，由于案例适用裁判规则具备代表性，因此将该案例置于此节。

律规定是否承认谢优春的股东身份，郭建生、徐名忠均承诺按谢优春持股比例将公司应分配的红利支付给谢优春；郭建生、徐名忠代表谢优春参加公司董事会，应将会议内容告知谢优春，也可邀请其参加；如因该协议的履行产生纠纷，造成谢优春退股，郭建生、徐名忠应分别将投入其名下的出资额返还给谢优春，公司资产增值部分变现支付，如公司资产贬值，谢优春按股权比例承担亏损。2011 年谢优春按照上述协议约定分 15 笔将 1198 万元投资股金款付给郭建生并收到《出资证明书》。2013 年卢新生等与郭建生、刘营兰、鑫诚公司发生纠纷。结案后卢新生等向法院申请执行，2014 年郭建生持有的中盛公司 24.5% 的股权被查封、评估、拍卖。谢优春于 2015 年 5 月向江西高院提出执行异议申请书，要求中止对郭建生持有的中盛公司 24.5% 股权的拍卖或保留属于谢优春的 4.5% 股权份额。法院最终裁定驳回谢优春的异议。谢优春遂提起执行异议之诉。

江西高院一审判决驳回谢优春诉讼请求。最高人民法院二审判决驳回上诉维持原判。（见图 1－7）

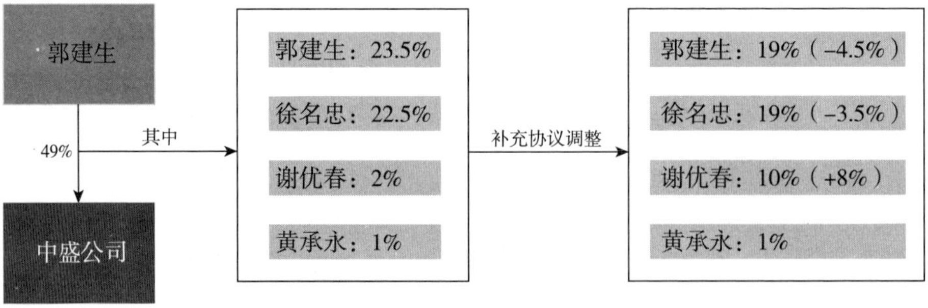

图 1－7　谢优春与卢新生等案外人执行异议之诉上诉案

一审法院认为谢优春关于停止执行中盛公司股权的诉讼请求及理由能否成立是案件的焦点之一。而停止执行的理由即为谢优春是被执行股权的隐名股东。对于该问题，一审法院主张“依法进行登记的股东具有对外公示效力，隐名股东在公司对外关系上不具有公示股东的法律地位，其不能以其与显名股东之间的约定为由对抗外部债权人对显名股东主张的正当权利”。根据该规定即使谢优春确实为被执行股权的真实出资人，也不能对抗债权人申请执行的主张。基于该理由，一审法院没有对谢优春是否具备股东资格进行判断。

二审法院确定焦点之一为“谢优春主张确认其股东资格的诉讼请求是否成立”。对此，最高人民法院认为“谢优春提交的证据不足以确认其享有中盛公司的股东资格”。

从出资角度看，现有证据不足以认定谢优春系中盛公司的实际出资人；从股东资格的法定条件上看，根据《公司法司法解释（三）》第二十四条第三款的规定，即使谢优春通过郭建生完成了对中盛公司的实际出资，也要满足公司其他股东半数以上同意这一要件。而谢优春没有举证证明其满足公司其他股东半数以上同意这一要件。此外，最高人民法院对代持协议效力以及主观意思表示进行了分析，以补充论证谢优春不具备股东资格。对于代持约定的对外效力，最高人民法院认为："谢优春所提交的《协议书》《补充协议书》能够证实郭建生与谢优春之间存在代持约定，但是由于未能证实谢优春通过郭建生对中盛公司实际缴纳了出资，也无法确认谢优春取得股东资格。"对于主观意思，最高人民法院认为："实际股东在出资时应当具备成为出资公司股东的意思表示，该种意思表示基础内容之一即为愿意接受相关公司的章程约束。当相关出资人只希望取得投资分红，而不愿意依据法律规定承担相应的股东义务时，不能认定出资人具备成为股东的意思表示。"综上，谢优春未被认定股东资格。

在本案中，最高人民法院判定股东资格问题关注四点：第一，是否实际出资；第二，是否符合隐名股东显名化的要求；第三，代持协议是否有效；第四，主观上是否有成为公司股东的意思表示。

对于第二项，《公司法司法解释（三）》第二十四条第三款所规定的实际为隐名股东的显名化程序，这一程序是将隐名股东进行工商登记的法定条件。虽然这一程序决定了隐名股东能否显名化，从实质到形式上均成为公司股东，但是未能满足这一程序并不妨碍股东资格的认定。从逻辑上看，进行工商登记是确认隐名股东的股东资格的结果，而不应是否定其股东资格的条件。隐名股东的资格确认与工商登记不能混为一谈。

案例·16　－最高人民法院案例－

不得以未经工商登记为由否认达成出资合意且实际履行出资行为的隐名股东的股东资格

——德联公司等与吕振进股东资格确认纠纷再审案①

再审申请人（一审被告、二审上诉人）：德联公司。

① 参见福建省泉州市中级人民法院（2014）泉民初字第76号民事判决书；福建省高级人民法院（2014）闽民终字第1406号民事判决书；最高人民法院（2018）最高法民申2629号民事裁定书。

再审申请人(一审第三人、二审上诉人):吕爱华。

被申请人(一审原告、二审被上诉人):吕振进。

一审第三人:吕振辉。

吕振进、吕爱华、吕振辉系兄妹关系。因宏益公司有意转让德联公司的股权,吕振进、吕爱华、吕振辉三兄妹拟通过受让德联公司股权的形式来取得德联公司房地产,三兄妹约定将购买德联公司股权的款项交给吕爱华,由吕爱华办理相关手续。2006年1月27日,吕振进出资人民币110万元并委托吕爱华将该款交给德联公司原股东用于购买德联公司股权。三方达成购买德联公司股权的口头约定并陆续支付了相关款项后,虽尚未与原股东宏益公司办理股权转让手续,但在宏益公司许可下先掌握了德联公司的公章。2006年3月8日,吕振进、吕爱华、吕振辉三兄妹共同代表德联公司与南安建行签订一份《租房协议书》,将该公司店面出租给南安建行。2011年7月27日,宏益公司与吕爱华签订一份《股权转让协议书》,约定宏益公司将其德联公司股权转让给吕爱华等。2011年12月29日,南安市工商行政管理局依此办理了相应的变更登记手续,股东由宏益公司变更为吕爱华。此后,吕振进起诉请求法院判令确认其系德联公司的股东之一,并持有德联公司50%的股权。

福建泉州中院一审判决确认吕振进系德联公司股东,持有该公司43.73%的股权份额。福建高院二审撤销一审判决,确认吕振进系福德联公司股东,持有该公司35.48%的股权份额。最高人民法院裁定驳回德联公司等再审申请。

二审法院认为,虽然《股权转让协议》约定德联公司股权转让给吕爱华个人,工商部门也仅登记吕爱华为股东,证人证明其一家人认定德联公司的土地是卖给吕爱华一个人,但这些事实均不能直接推断吕振进不是德联公司的股东。通过吕爱华于2006年1月27日向吕振进出具的《收条》,2006年3月8日吕振进、吕爱华和吕振辉三人代表德联公司与南安建行签订的《租房协议书》,2007年8月21日的《初步约定》,以及部分宗亲和当地老人协会的证人,基本可以认定德联公司的资产系兄妹三方共同购买,吕爱华在登记受让股权之前就与其兄吕振进、吕振辉达成了共同购买德联公司的合意。因此认定了吕振进持有德联公司35.48%的股权份额。最高人民法院在再审民事裁定书中也支持该观点。根据该案可知,当投资人达成出资合意并实际履行了出资行为的,不得以工商登记为由否认其股东资格。

d. 隐名股东已经实质行使股东权利

案例·17　– 最高人民法院案例 –

已经实质享有股东权利的可以确认其股东资格

——殷林与张秀兰等股东资格确认纠纷再审案①

再审申请人(一审第三人、二审上诉人):殷林。

被申请人(一审原告、二审被上诉人):张秀兰。

被申请人(一审被告、二审被上诉人):淮信公司。

1997 年 6 月,淮信公司与张秀兰签订协议书,约定张秀兰以增资方式获得股权。1998 年淮信公司股东及注册资本发生变更。淮信公司股东之一将其股权全部转让给金信公司,殷林也作为“股东”加入淮信公司。同年 3 月 22 日,淮信公司通过公司章程修正案,确认修改公司股东为信托公司、金信公司、殷林。股东出资额及方式中明确载明修改后信托公司出资 580 万元,金信公司出资 20 万元,殷林出资 400 万元。同年 4 月,淮信公司办理工商变更登记。1998 年 3 月 25 日,淮信公司股东信托公司、金信公司与张秀兰签订补充合同书,就和张秀兰的出资分配等事宜再次作出约定,该补充协议第五条明确约定:张秀兰以殷林的名义进行的投资,不仅享有管理权、监督权,而且最终支配投资及受益分配。张秀兰在殷林成为淮信公司股东后,其参与股东会增资及资本确认会议并在会议纪要上签字;同时,其还参与公司就股东及资本额相关章程的修改会议并在公司章程修正案上签字,并参加公司董事会及股东会,通过决议成为淮信公司股东会成员、公司董事及公司清算组成员并在相关会议纪要上签名。后淮信公司进入强制清算程序,而受理案件的法院通知殷林作为股东参与清算,张秀兰提起诉讼要求确认其为淮信公司股东并占有公司 40% 股权。

江苏淮安中院一审判决确认张秀兰为淮信公司股东并享有该公司 40% 的股权份额。江苏高院二审判决驳回上诉,维持原判决,最高人民法院裁定驳回再审申请。

张秀兰要求确认其为淮信公司股东的诉讼请求,实际上是对隐名股东张秀兰股东资格的认定。对此,一审法院认为,“当公司所有股东对实际出资人与名义出

① 参见江苏省淮安市中级人民法院(2014)淮中商外初字第 0013 号民事判决书;江苏省高级人民法院(2015)苏商外终字第 00054 号民事判决书;最高人民法院(2017)最高法民申 37 号民事裁定书。

资人之间的委托事实明知，且实际出资人以股东身份实际参与公司管理等情形存在，并能够说明公司其他股东对于实际出资人的股东身份是认可的情况下，应该确认实际出资人的公司股东身份并按照其实际出资确认其所享有的股权份额"，并由此认可了张秀兰的股东资格。

二审法院总结本案的争议焦点在于，"第一，张秀兰是否向淮信公司实际出资；第二，如果张秀兰实际缴纳了出资，张秀兰能否被确认为淮信公司的股东"。实际上是以是否实际出资以及是否满足确认为股东的法定条件两个角度判定隐名股东的股东身份。二审法院关注三点：第一，是否实际出资；第二，其他股东是否认可其股东身份；第三，张秀兰为股东不为法律所禁止。

最高人民法院再审裁定中则表示："《协议书》和《补充合同书》均可证明，淮信公司及其股东均同意张秀兰向淮信公司缴纳出资成为股东且淮信公司的其他股东对张秀兰以殷林的名义进行投资均是明知的。张秀兰多次以淮信公司股东的身份参加股东会议，实际行使股东权利。根据《外商投资产业指导目录（2015 年修订）》（已失效）的内容，房地产开发并未列入上述目录限制类或禁止类产业，故不涉及国家规定实施准入特别管理（负面清单）的外商投资企业的设立和变更，不再需要审批。因此，原审判决依据当事人之间的约定以及出资事实确认张秀兰为淮信公司的股东，适用法律并无不当。"据此，本案中最高人民法院对隐名股东身份的认定要件为：第一，其他股东同意隐名股东成为股东或者对隐名股东明知；第二，隐名股东已经实质行使股东权利；第三，隐名股东制度不违反法律规定。

e. 结合实际出资、股东身份记载等多方面对股东资格进行综合认定

案例·18 **－最高人民法院案例－**

可以结合实际出资、股东身份记载等多方面认定股东资格

——朱绍义与红峰公司股东资格确认纠纷再审案①

再审申请人（一审原告、二审被上诉人）：朱绍义。

被申请人（一审被告、二审上诉人）：红峰公司。

被申请人（一审第三人、二审上诉人）：王颖、赵彧。

① 参见黑龙江省伊春市中级人民法院（2012）伊中商初字第 7 号民事判决书；黑龙江省高级人民法院（2014）黑高商终字第 58 号民事判决书；最高人民法院（2017）最高法民申 909 号民事裁定书。

红峰公司向朱绍义、李某和赵东亮出具《股份证明书》，载明：三人为公司股东，各持股33.333%。朱绍义称其于2008年累计向红峰公司汇款130万元，其中，20万元为公司注册资本金，其余110万元系为公司生产经营融资。红峰公司、王颖、赵彧认可收到上述款项，但认为上述130万元系红峰公司向朱绍义借款。2010年红峰公司累计向朱绍义汇款160万元，称上述160万元系归还投资款本金130万元及利息30万元，30万元的利息计算方式不明。朱绍义主张上述160万元系其为红峰公司所融资金110万元本金及50万元利息，该50万元利息系按《股份证明书》中关于融资利息的约定而计算得出。据证人李某证实，公司注册登记事宜由李某某、赵东亮、周某三人共同办理，因朱绍义当时在外地，故未将其登记为公司股东，朱绍义并不知晓。工商登记中注册股东为赵东亮持股50%、李某某持股45%、周某持股5%。2010年2月4日，红峰公司办理了股东变更登记，将李某某所持有的股权全部转让至李某名下。2010年10月18日，红峰公司办理股东变更登记，将李某所持有的股权全部转让至王颖名下。2011年10月17日，朱绍义发现红峰公司在公司注册登记时未将其记载于股东名册中，也没有确认其股东身份。2012年3月6日，红峰公司办理了股东变更登记，将赵东亮持有的股权全部转让至赵彧名下，将周某持有的股权全部转让至王颖名下，并将公司法定代表人由赵东亮变更为王颖。红峰公司现有股东为王颖和赵彧，各持股50%。红峰公司办理上述股东变更及法定代表人变更事宜均未告知朱绍义。2012年9月19日，朱绍义向法院提起诉讼，要求确认其为红峰公司股东，占有公司33.3%的股权。

黑龙江伊春中院一审判决确认朱绍义股东资格。黑龙江高院二审判决撤销一审判决，驳回朱绍义诉讼请求。最高人民法院驳回再审申请。

二审法院与一审法院在认定朱绍义是否存在股东资格这一问题上的区别主要是，朱绍义是否实际履行了股东出资义务。结合多项证据分析，二审法院认定朱绍义履行出资义务缺乏事实和法律依据，因而撤销一审判决并驳回了朱绍义的诉讼请求。最高人民法院再审审查重点系“二审法院认定朱绍义不具有红峰公司股东资格是否正确”。对于该问题的审查，最高法院除了从实质出资角度进行分析，还增加了从形式登记这一角度。

首先从出资角度来看，最高人民法院认为，“依据《公司法司法解释（三）》第二十四条规定，朱绍义请求确认股东资格，应证明其已经依法向红峰公司出资或者认缴出资，且不存在违反法律法规强制性规定的情形”。而从案件事实情况看，朱绍义提供的证据不足以证明其履行了出资义务。其次从股东身份记载来看，“《公司法》第三十一条的规定，股东出资证明书应当载明公司名称、公司成立日期、公司注册资本、股东姓名或者名称、缴纳的出资额和出资日期、出资证明书的编号和核发日期。出资证明书由公司盖章。根据上述规定，出资证明书具有要式性，案涉《股份证明书》不符合股东出资证明书的要式性要求。此外，朱绍义亦未提供其在红峰公司股东名册上记载的相关证据”。最高人民法院据此驳回了朱绍义的再审申请。在本案中，最高人民法院对于隐名股东的判断结合了实际出资、股东身份记载等综合情况进行裁判。

(2)隐名股东显名化的程序

隐名股东显名化，是指实际出资人通过法定程序变更为工商登记股东的过程。隐名股东资格认定中所确立的裁判规则都是隐名股东身份认定应当满足的基础条件。因此，无论什么类别的隐名股东想要确认股东资格均应当满足上述条件。而隐名股东显名化是将隐名股东载入工商登记的法定程序，因此不同类别的隐名股东所适用的显名化程序有所不同。本节根据上文对隐名股东的分类，结合案例，论述不同类型隐名股东的显名化程序。

a. 不完全隐名出资股东和完全隐名出资股东显名化程序

实际上，完全隐名股东与不完全隐名股东在司法实践中均十分常见。由于此处两者的主要标准在于公司内部对于隐名股东现象存在是否知情，因此两者的显名化程序的差异也在于公司内部。

《公司法司法解释(三)》第二十四条第三款规定：“实际出资人未经公司其他股东半数以上同意，请求公司变更股东、签发出资证明书、记载于股东名册、记载于公司章程并办理公司登记机关登记的，人民法院不予支持。”对于完全隐名出资股东来说，其显名化程序中包含获得公司内部同意的要求。实际上，在《公司法司法解释(三)》尚未出台明确规定时，司法实践中已经确立了相应的裁判规则。

案例·19 | －最高人民法院公报案例－

实际出资人要求变更股东名册应当经过其他股东过半数同意

——张建中诉杨照春股权确认纠纷案①

原告：张建中。

---

① 参见上海市静安区人民法院(2009)静民二(商)初字第585号民事判决书。

故本案不是股东出资纠纷。其次,公司增资纠纷是"因增资行为而引起的纠纷",但本案是围绕增资协议中新投资人的先履行义务未实际履行而展开的纠纷,公司进行变更工商变更为后履行义务,争议并非以公司内部的增资行为为基础。最后,假使本案为公司增资纠纷,投资人不具备股东身份,无权对公司的增资行为提出异议,那么投资人的原告身份不适格。因此,新出资人未享有股东权利,不具备股东身份,那么其与目标公司之间的纠纷应当为新增资本认购纠纷。

(四)新增资本认购纠纷与民间借贷纠纷的界限

新增资本认购纠纷与民间借贷纠纷虽然在一级案由层面即已分道扬镳,分属"与公司有关的纠纷"与"合同纠纷"。但实践中,在涉及名股实债的纠纷或者当事方对于投入公司的款项性质约定不明时,案件当事人就所诉法律关系应为新增资本认购纠纷抑或是民间借贷纠纷仍然常常会产生争议。两者之间的界限在于投资人与公司之间是否存在入股的真实合意,以及是否符合增资的构成要件。

案例·3　–典型案例–

未有明确的证据证明投资人有成为股东的意愿的,应认定为民间借贷纠纷

——施年华与合创公司民间借贷纠纷上诉案①

上诉人(一审原告):施年华。

被上诉人(一审被告):合创公司。

2007年7月,施年华向合创公司交付现金人民币30万元,并由合创公司于2007年10月22日出具收据一份,载明收到施年华投资款人民币30万元。

2011年10月5日、2011年11月28日、2012年1月4日、2012年1月11日、2012年4月24日,合创公司通过银行汇款向施年华各转账1.5万元;2012年3月14日,合创公司通过银行汇款向施年华转账3万元。合创公司合计向施年华转账支付10.5万元。

2014年12月19日,施年华通过手机短信方式向合创公司法定代表人杨祁平催讨30万元"投资款",并表示希望今年(2014年)解决。2015年2月4日,施年华

---

①　参见浙江省杭州市江干区人民法院(2015)杭江九商初字第255号民事判决书;浙江省杭州市中级人民法院(2015)浙杭商终字第3047号民事判决书。

再次通过手机短信方式向杨祁平催讨。

施年华于 2015 年 6 月 4 日向浙江杭州江干法院起诉，请求合创公司返还借款人民币 30 万元并支付逾期违约金。

浙江杭州江干法院一审判决驳回施年华的诉讼请求。施年华不服判决提起上诉。浙江杭州中院判决撤销一审判决，判决合创公司向施年华返还借款 19.5 万元并支付相应的逾期付款损失。（见图 6－3）

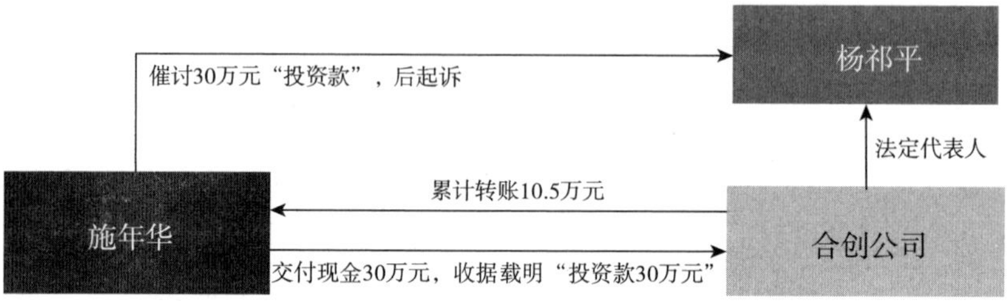

图 6－3　施年华与合创公司民间借贷纠纷上诉案

一审法院认为，施年华以民间借贷纠纷为案由向法院起诉，负有证明双方之间存在借贷关系的证明责任。本案中，合创公司出具的收据上写明所收款项为“投资款”而非借款，施年华也未能提供其他证据证明其给付的 30 万元系借款，故施年华要求合创公司返还借款缺乏事实依据。

二审法院认为，就争议的 30 万元款项，合创公司出具的收款收据上记载为“投资款”。“投资关系”是一种比较宽泛的表述，不同类型当事人之间基于投资关系，根据不同的权利义务约定可能产生不同的法律关系。施年华作为非股东的个人，向已经设立的合创公司投资，双方据此设立的法律关系应结合当事人具体的权利义务进行明确。结合双方相关陈述，双方就施年华通过投资成为股东并无合意，施年华也未实际成为公司股东或通过他人代持股份，故本案中施年华向合创公司投资并未建立新增资本认购关系，而是欲通过投资获得相应的财产性收益，这种通过向公司进行货币投资，在不取得股东资格或权利的情况下享有财产性收益的权利义务安排，本质上仍属民间借贷关系。故本院确认双方之间就争议款项建立的是民间借贷关系。一审法院对法律关系定性错误，予以纠正。

本书认为，本案双方并未就增资扩股进行书面约定，也没有其他证据证明施年华享有或主张享有股东身份和股东权利，因此应认定投资人并无认购新增资本的合意。相对地，本书认为，新增资本认购法律关系的建立，不仅仅是协议双方义务履行的必要，而且将对公司的注册资本、股权结构有所影响，应当是一种要式行为，新投资人应当与公司及股东签署书面的增资扩股协议，或者至少有其他成文的证据固定双方建立新增资本认购关系的合意。譬如本案中，公司提供收据并记载为“投资款”，这只是公司单方的意愿，无法证明双方的合意，因此本书支持二审法院对该案法律关系的判断和分析。

案例·4　　－典型案例－

投资人与公司对投资人成为公司股东达成合意的，应认定为新增资本认购纠纷

——广发信德公司、珠海广发信德基金等与李慰等新增资本认购纠纷、买卖合同纠纷案[①]

原告：广发信德公司、珠海广发信德基金、新余众优投资中心。

被告：李慰、梁昕、王玉玲、点乐公司。

2015年，珠海广发信德基金与点乐公司、李慰、梁昕签订《借款合同》，约定珠海广发信德基金向点乐公司出借3000万元，由李慰、梁昕提供担保，借款期限自实际发放日至2016年3月31日止等。2015年9月24日，珠海广发信德基金与点乐公司、李慰签订《投资意向协议书》，约定珠海广发信德基金及其关联方拟认购点乐公司新增注册资本；在投资前，点乐公司希望珠海广发信德基金向其提供一笔贷款；最终正式协议以珠海广发信德基金及其关联方与点乐公司签署的正式投资协议为准等。

2016年6月，广发信德公司、珠海广发信德基金、新余众优投资中心（统称三原告）共同与点乐公司签订了《投资协议》，约定三原告以5000万元认购点乐公司新增注册资本19.9219万元。《投资协议》还约定，任何一方违约的或其在协议中的任何声明、保证和承诺在实质上是不真实的或有重大遗漏并造成重大不利影响的，即构成违约。随后，三原告与李慰、梁昕、王玉玲、点乐公司签署了《投资协议之补充协议》（以下简称《补充协议》），约定了回购条款。

上述协议签署后，三原告向点乐三公司缴纳了全部增资款共计5000万元，履行了合同义务。点乐公司按约定完成股权变更并办理了工商登记等手续。

其后，三原告发现点乐公司提供的报表存在较大问题，提议对点乐公司的财务进行核查。经核查，发现点乐公司存在重大财务问题，李慰、梁昕、王玉玲承担回购

---

① 参见广东省广州市中级人民法院(2017)粤01民初194号民事判决书。

义务的条件已成就。为此,三原告要求被告李慰、梁昕、王玉玲按照《补充协议》回购原告所持点乐公司的全部股权。但李慰、梁昕、王玉玲均未按约履行回购义务。三原告故向法院提起诉讼,要求李慰、梁昕、王玉玲履行回购义务。

在本案审理中,李慰辩称本案《投资协议》与《补充协议》属于"名为股权投资、实为借贷"的合同,在法律关系上应作为借贷关系处理,由点乐公司承担上述资金偿还义务。

广东广州中院认定本案的案由为新增资本认购纠纷,并判决李慰、梁昕、王玉玲共同支付三原告股权转让款及利息、迟延履行回购义务之违约金,点乐公司对上述股权转让款、违约金不能清偿部分二分之一的金额承担补充责任。(见图6-4)

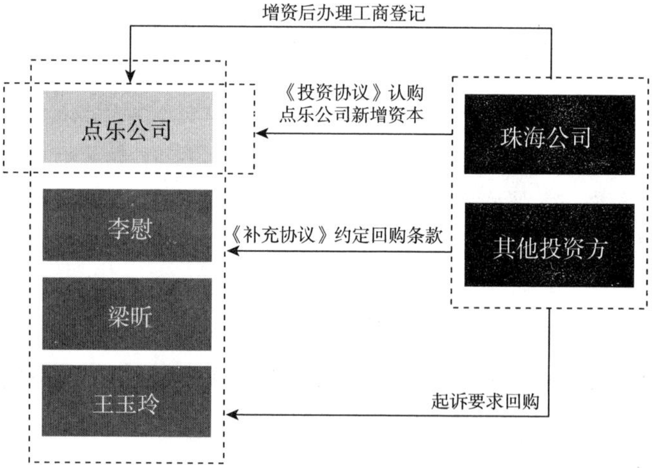

图6-4 广发信德公司、珠海广发信德基金等与李慰等新增资本认购纠纷、买卖合同纠纷案

本案被告李慰辩称,《投资协议》与《补充协议》名为股权投资关系,但实质为借贷合同关系,三原告签订《投资合作意向书》、《投资协议》与《补充协议》的真实意思仍为通过向点乐公司借出本金从而获取固定收益。但广东广州中院认为,根据李慰提交的《借款合同》《投资意向协议书》可知,珠海广发信德基金向点乐公司出借款项,系因上述《投资意向协议书》约定"在甲方向乙方投资前,乙方希望甲方向其提供一笔贷款",各方的真实目的,在于"甲方及其关联方拟向乙方投资以认购乙方新增注册资本"。而且,经审查,案涉《投资协议》《补充协议》约定的内容,亦符合新增资本认购纠纷的特征,故广东广州中院认定本案的案由为新增资本认购纠纷。

本书认为,该案中的新投资人、公司及其原股东签署的书面《投资协议》和《补充协议》,以成文的方式固定了各方建立新增资本认购关系的合意。至于回购条款的设置只是新投资人要求在条件成就时退出股东身份,并不是在协议签订当时即拒绝成为公司股东。因此从投资协议约定的内容本身,可以确定新投资人有成为公司股东的意愿,本案的法律关系为新增资本认购关系。

案例·5　– 典型案例 –

增资入股协议相关约定不符合投资法律关系构成要件的,认定为民间借贷纠纷

——陈风雷、沈晓蔚民间借贷纠纷上诉案①

上诉人(一审被告):陈风雷。

被上诉人(一审原告):沈晓蔚。

被上诉人(一审被告):朱世瑞、世瑞钨业公司。

2011年4月7日,沈晓蔚(乙方)与朱世瑞、陈风雷(甲方)签订《协议书》一份,约定:乙方将180万元作为投资款项转入甲方指定的郑卓坡账户,甲方对投资款项自主安排使用,用于世瑞钨业公司IPO上市项目;如未能在甲方收到投资款项之日起算5年之内IPO上市成功或乙方要求甲方归还投资款时,则甲方承诺乙方要求退款即日起60个工作日内按每年度10%的回报率连同投资款项本金一次性归还给乙方。同日,郑卓坡以"经手人"身份出具了一张收据。2014年下半年,沈晓蔚要求三被告返还借款,三被告均以经济困难为由搪塞。

2015年5月30日,沈晓蔚(甲方)与朱世瑞、陈风雷(乙方)、世瑞钨业公司(丙方)签订《债务清偿协议》,协议确认乙、丙方收到甲方支付借款本金180万元,截至2015年6月6日乙方欠甲方本金180万元、利息75万元,共计255万元;丙方就上述本息的偿还承担连带清偿责任。之后,朱世瑞、陈风雷和世瑞钨业公司仅归还了本金80万元。沈晓蔚向江西赣州赣县法院提起诉讼,请求判令朱世瑞、陈风雷和世瑞钨业公司归还借款本金并支付利息和违约金。

江西赣州赣县法院判决支持沈晓蔚的诉讼请求。陈风雷不服判决向江西赣州中院提起上诉,并提出该案是新增资本认购纠纷。江西赣州中院认定案涉法律关

---

① 参见江西省赣州市赣县区人民法院(2016)赣0721民初1634号民事判决书;江西省赣州市中级人民法院(2017)赣07民终1467号民事判决书。

系为民间借贷法律关系，并判决驳回上诉，维持原判。（见图6－5）

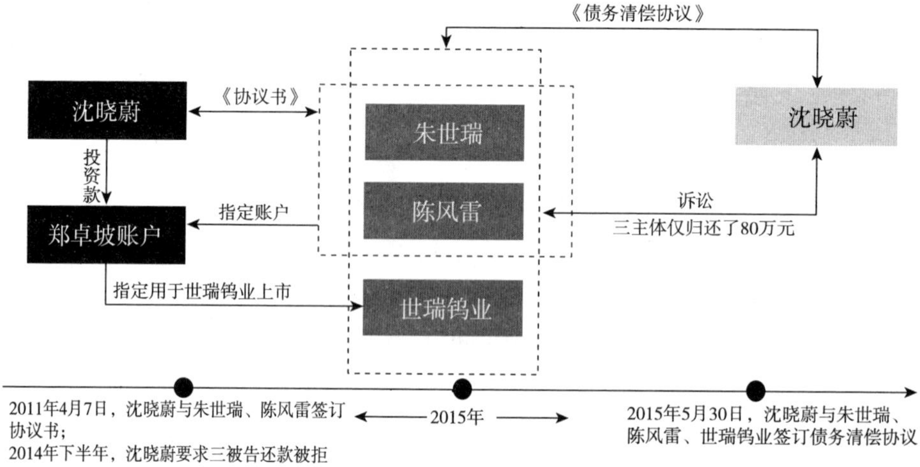

图6－5　陈风雷、沈晓蔚民间借贷纠纷上诉案

本案中，陈风雷在上诉理由中提出本案应为新增资金认购纠纷，而非民间借贷纠纷。因为其认为《协议书》对该公司资本及IPO上市工作安排进行了约定，并将未成功IPO上市与返还投资款的进行关联。但江西赣州中院认为，《协议书》未对沈晓蔚向陈风雷、朱世瑞所任职的世瑞钨业公司汇入资金后的股权分配、经营管理、利润分配以及亏损分担等问题作出约定，不符合投资法律关系的构成要件。故沈晓蔚与陈风雷、朱世瑞实际系以投资为名，行借贷之实，双方应为民间借贷法律关系。

结合上述三案，本书认为，新投资人应与公司或原股东就增资行为有明确的约定，包括对投资比例、股权分配、经营管理、利润分配、亏损承担等重要问题的约定。如果仅有付款投资事实但并未有明确的证据可以证明投资人有成为股东的合意的，或者增资入股协议缺失重要问题相关约定不符合投资法律关系的构成要件的，宜认定为民间借贷纠纷。而如果能证明签署协议的目的是认购新增资本的且符合增资协议基本要件的，则可认定为新增资本认购纠纷。

三、新增资本认购纠纷的主体资格

（一）新增资本认购纠纷的原告主体资格

在实践中，只要是新增资本认购权受到侵害的股东或者新投资人，均可以提起新增资本认购之诉。

1. 新投资人请求确认其享有认购股权或请求退还增资款时可以作为原告

主体适格的新投资人既包括进行投资后成功入股成为公司股东的新投资人，也包括参与新增资本认购但是因双方最终未对增资扩股达成合意而要求目标公司退还前期支付的投资款的新投资人。例如，在“贝勇公司等与王春燕等新增资本认购纠纷申请再审案”中[①]，王春燕于2016年10月13日向贝勇公司支付款项10万元，汇款附言备注为股份资金。2016年11月7日，贝勇公司向王春燕提供《股东出资协议》一份，要求王春燕在上述协议上签字。根据该协议约定，贝勇公司股东有七名，分别为徐勇志、李世发、孙康、王春燕、阮关尧、金伟才、袁霞。公司总投资为310万元，其中王春燕出资20万元，占总投资的6.45%。但王春燕最终未在上述协议上签字。嗣后，王春燕诉至法院请求判令贝勇公司返还其已支付的10万元款项及利息。上海二中院在二审判决书中指出，本案王春燕未在《股东出资协议》上签字，不是协议当事人，同时也不是实际股东。但该纠纷发生于公司新增注册资本认购过程中，王春燕有认购意愿并提前支付认购款项，只是双方未达成合意致使认购失败，因此其可基于出资及认购失败而提起诉讼，为适格原告。

2. 因优先认购权受到侵害的公司股东为适格原告

有限责任公司股东还可就公司新增注册资本侵害其优先认购权提起诉讼。股份有限公司的股东由于法律上并未赋予公司新增资本的优先认购权，因此没有权利就公司新增注册资本主张优先认购权或者以其优先认购权受到侵害为由提起诉讼，但若股份有限公司内部对此有所约定的，以其约定为准。

3. 目标公司在请求不具备股东身份的投资人出资时可以作为原告

对于目标公司能否具有新增资本认购纠纷的原告主体资格问题，实践中存在极少数目标公司作为原告提起的新增资本认购纠纷案件，但是多属于因出资问题而提起的诉讼。

如在前述“长富公司与运动帮公司增资纠纷上诉案”[②]中，目标公司以新投资人未履行支付投资款义务提起诉讼。二审法院纠正该案案由为“新增注册资本认购纠纷”。本书认为该案公司是新增注册资本认购纠纷的适格原告，在于该案投资人的支付义务是先履行义务，争议当时投资人仍不具备股东身份。

---

① 参见上海市嘉定区人民法院(2017)沪0114民初10166号民事判决书；上海市第二中级人民法院(2017)沪02民终10616号民事判决书。

② 参见北京市朝阳区人民法院(2017)京0105民初2568号民事判决书；北京市第三中级人民法院(2018)京03民终7201号民事判决书。

又如在"科化公司、叶林宏新增资本认购纠纷、买卖合同纠纷上诉案"[①]中，就上诉人(一审原告)目标公司科化公司的诉讼主体资格问题，广东广州中院在二审中进行了论述，二审法院认为，在科化公司起诉时，叶林宏等七人(一审被告)已将其持有科化公司的全部股权转让出去，虽叶林宏、杨宏达、胡昭文、李民、骆志高仍是工商登记股东，尚未办理变更登记，但在公司内部而言，叶林宏、杨宏达、胡昭文、李民、骆志高实际上已不是科化公司股东，因此本案应为新增资本认购纠纷，故科化公司提起本案诉讼其主体资格并无不当。本书理解，广东广州中院将本案的案由认定为新增资本认购纠纷的理由在于，在本案起诉时，叶林宏等七人已经将全部股权转让出去，不再是目标公司的股东，目标公司起诉要求叶林宏等七人缴纳出资，无法按照股东出资纠纷立案，故将本案定为新增资本认购纠纷。

结合上述两个案例，本书认为，公司在新增资本认购过程中，要么是作为增资扩股协议的一方请求新投资人履行协议约定义务，要么是基于作为新增注册资本对价受领人请求保证增资行为完成及公司资本完整。前者新投资人的义务往往也是"出资义务"，请求出发的角度不同，但殊途同归，最终体现为公司请求有认购行为的、尚不是股东的新投资人或已不是股东的历史股东(必须不具备股东身份，否则属于股东出资纠纷)履行出资义务。本书进一步认为，新增资本认购纠纷是围绕新增资本认购权发生的纠纷，主要旨在对公司增资扩股过程中对原股东或者投资人的新增资本认购权发生的侵权行为进行救济。因此，新增资本认购纠纷的原告应仅限于在公司增资扩股过程中权利受到侵害的新投资人或者公司原有股东。目标公司仅在请求确有认购行为而不具备股东身份的新投资人或历史股东履行出资义务时，才有权提起新增资本认购纠纷，否则其提起的纠纷可能为股东出资纠纷或公司增资纠纷。

(二)新增资本认购纠纷的被告主体资格

1. 目标公司是当然的适格被告

对于新增资本认购纠纷的被告应如何确定的问题，在实践中存在分歧。2009年《公司法司法解释(四)(2009年十月专家论证会征求意见稿)》第十七条曾规定：股东或者公司以外的他人起诉请求认购公司新增资本，确认其为公司股东的，人民法院应当受理。请求认购公司新增资本纠纷的案件，应当列公司为被告。但该条在后续2017年8月25日正式颁布的《公司法司法解释(四)》中被删除。实务中，部

① 参见广东省广州市越秀区人民法院(2018)粤0104民初19632号民事判决书；广东省广州市中级人民法院(2019)粤01民终4927号民事判决书。

分地方法院出台规定认可部分情况下公司作为新增资本被告，如《江苏省高级人民法院关于审理适用公司案件若干问题的意见（试行）》中规定了股份有限公司以当年利润分派新股，以及股东大会对向原有股东发行新股的种类及数额作出决议，侵犯股东优先认购权的，股东可以公司为被告提起诉讼。

本书认为，一般情况下目标公司是当然的适格被告。新增资本认购纠纷是股东或者公司以外的他人提起的要求认购公司新增资本，或认购后要求确认其为公司股东的诉讼。认购行为系针对公司展开，体现于以下三个方面：其一，目标公司是认购协议的相对方，最终的认购合同往往是在公司与认购的股东或新投资者之间签订。其二，目标公司是新增股权公示的义务主体，在股东或新投资者认购后要求确定其股权的情况下，公司需形成股东同意增资扩股的合意，并办理工商公示登记等手续。其三，目标公司是认购行为的结果承载主体，公司本身的注册资本和股权结构等重大事宜也将因增资认购行为而发生变更。以上任一方面都使得公司成为新增资本认购纠纷的适格被告。实践中，如投资人与股东签署增资扩股协议，即使目标公司不是协议当事人，因其是义务主体和认购结果承载主体，也会被列为新增资本认购纠纷的被告。

案例·6　　– 典型案例 –

目标公司虽不是增资协议当事人，但也是适格被告

——武深公司、罗东梅新增资本认购纠纷、买卖合同纠纷上诉案[①]

上诉人（一审被告）：武深公司。

被上诉人（一审原告）：罗东梅。

2015 年 9 月 20 日，武深公司与案外人雅娜购公司签订《合作意向协议》拟成立跨境电商公司，决定增资扩股。2015 年 11 月 27 日，罗东梅通过中国农业银行向武深公司转账 40 万元，摘要为“武深投资款”。

2016 年 5 月 20 日，据武深公司法定代表人徐猛在名为“奶粉战役司令部［母婴仗］”的微信群所发的公司章程征求稿显示，武深公司股份总数 991 万股，每股金额 1 元，公司注册资本 991 万元，罗东梅投资额为 50 万元（10 万元 +40 万元）。2016

① 参见广东省深圳前海合作区人民法院（2017）粤 0391 民初 2200 号民事判决书；广东省深圳市中级人民法院（2018）粤 03 民终 14907 号民事判决书。

年5月21日，罗东梅等人在“奶粉战役司令部[母婴仗]”微信群中表示收到该章程。国家企业信用信息公示系统2018年5月4日公示的信息显示：武深公司股东共有49名，罗东梅是其中之一，罗东梅出资额10万元。

2017年，罗东梅以武深公司未完成法定的增资扩股行为，向一审法院起诉请求：武深公司向罗东梅返还款项40万元及相关利息。武深公司辩称罗东梅是与武深公司的其他股东成立增资扩股合同关系，武深公司并非增资扩股合同的一方，武深公司作为本案当事人主体不适格。

一审法院认为本案案由为新增资本认购纠纷，判决武深公司在判决生效之日起3日内返还罗东梅40万元。武深公司不服一审判决提起上诉，二审法院驳回上诉，维持原判。（见图6－6）

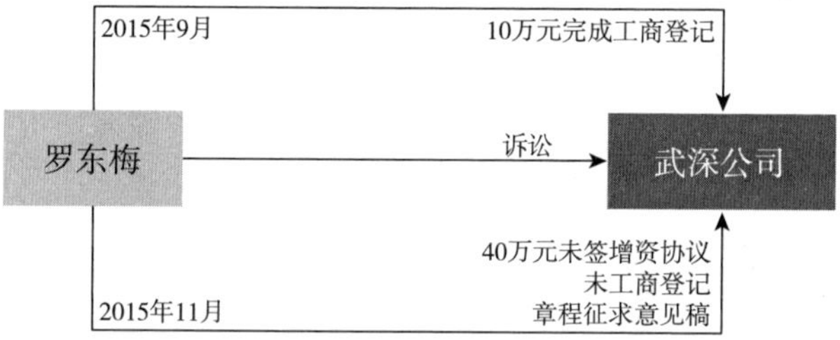

图6－6 武深公司、罗东梅新增资本认购纠纷、买卖合同纠纷上诉案

本案中，关于目标公司武深公司是否为适格被告，法院并没有单独作为一个争议焦点，但双方当事人对此表达了相反的观点。

武深公司认为，罗东梅已实际成为武深公司的股东，经过与武深公司其他股东协商达成一致，共同决定对武深公司进行增资扩股，武深公司仅是作为增资扩股的标的公司，而非增资扩股合同的一方。罗东梅与武深公司的其他股东（共55人）共同向武深公司汇入投资款（共991万元），即明确罗东梅与武深公司的其他股东已成立增资扩股合同关系，且该增资扩股合同已生效。罗东梅拟就增资扩股合同主张权利，应当向增资扩股合同的其他合同相对方，即武深公司的其他股东主张权利，而非仅向武深公司主张权利，因为武深公司并非增资扩股合同的一方当事人，武深公司作为本案当事人主体不适格。

罗东梅辩称，武深公司是增资扩股的对象，武深公司是本案适格诉讼主体，罗东梅与公司的其他股东没有任何法律关系或者就本案该笔转账没有法律关系或者未形成任何法律关系。

一审法院未对武深公司是否为适格被告作出明确的分析。但一审法院在确定案由的分析中认可了武深公司作为适格被告的观点。一审法院认为，该案的案由应首先确定，该案纠纷的由来是武深公司作为有限责任公司，拟通过增资扩股的方式转化为股份有限公司，争议即在这过程中发生，故案由应定为新增资本认购纠纷。二审法院亦沿用了新增资本认购纠纷这一案由。因此可以得出，即使目标公司不是增资扩股协议的签署方，但是案涉纠纷源自目标公司的增资扩股，那么目标公司也是适格的当事人。

本书认为，从该案中公司签署的《合作意向协议》、法定代表人在微信群中的聊天记录和其发布的公司章程征求意见稿，均可认定公司有增资扩股的需求和意愿。而罗东梅亦有增持目标公司股权的目的并因此提前支付了投资款。因此本案案由确定为新增资本认购纠纷是恰当的。虽然公司与投资人并未签订增资扩股协议，但公司确有增资扩股的意图，且已经受领了投资款，公司是适格被告。

2. 股东在特定情况下亦可作为适格的被告

如果新增资本认购权受到侵害是由于其他股东非法行使其对公司的控制权（如侵害其他股东优先认购权、不配合履行工商变更登记义务等）产生，则该掌握控制权的股东也可成为适格被告，受侵害的股东或新投资人可直接起诉该股东或者起诉公司的同时将实施控制权的股东列为共同被告。除此以外，如公司股东为《增资扩股协议》的合同当事方或承担合同项下义务，则股东亦会被列为共同被告。

案例·7　－典型案例－

作为增资扩股协议当事人的股东是适格被告

——金网达公司、罗晶晶新增资本认购纠纷、买卖合同纠纷上诉案①

上诉人（一审被告）：金网达公司。

上诉人（一审被告）：罗晶晶、李勇。

被上诉人（一审原告）：高聚浩公司。

2015 年 12 月 29 日，金网达公司（甲方）与高聚浩公司（乙方）签订《增资扩股协议》，主要约定：(1)罗晶晶、李勇系夫妻关系，罗晶晶、李勇夫妇是甲方共同的实际控制人。(2)甲方股东大会已作出增资扩股决议，决定同意由乙方对甲方进行增

---

① 参见广东省广州市天河区人民法院(2016)粤 0106 民初 15253 号民事判决书；广东省广州市中级人民法院(2017)粤 01 民终 6939 号民事判决书。

资，新增资金拟为不低于500万元……(7)若发生以下特殊事项，乙方有权要求甲方股东罗晶晶、李勇回购乙方所持有的甲方部分或全部股权。实际控制人罗晶晶负有连带清偿责任。①标的公司不能在2016年12月31日前实现在新三板挂牌(不可抗拒因素除外)……③控股股东或标的公司实质性违反本协议及附件的相关条款。金网达公司在该协议甲方处盖章，并由其法定代表人罗晶晶签名确认。同时，罗晶晶在该协议最后一页"罗晶晶:"处另行署名确认。

2015年12月30日，高聚浩公司支付出资款500万元。备注为高聚浩增资扩股款。

2016年高聚浩公司以金网达公司未按约定变更工商登记及变更股东名册，且按照金网达公司现行的进度，不可能于2016年12月31日前成功挂牌上市，故金网达公司、罗晶晶已属违约，因此诉至一审法院起诉请求：(1)金网达公司、罗晶晶、李勇共同向高聚浩公司支付回购款500万元及利息；(2)解除案涉《增资扩股协议》。

广东广州天河法院一审判决罗晶晶、李勇在判决发生法律效力之日起10日内，向高聚浩公司支付回购款500万元。金网达公司、罗晶晶、李勇不服一审判决提起上诉。广东广州中院二审判决驳回上诉，维持原判。(见图6－7)

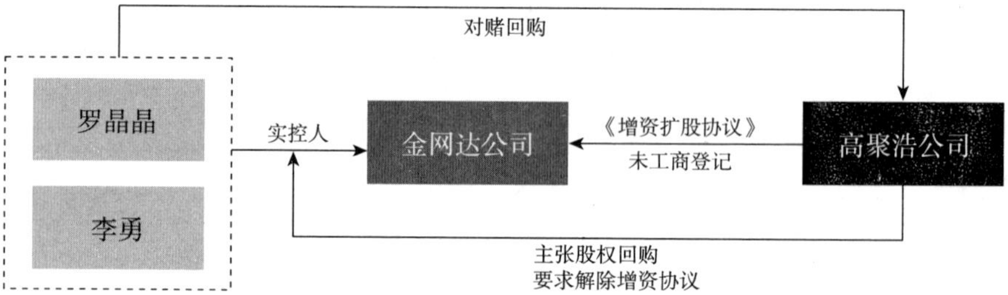

图6－7 金网达公司、罗晶晶新增资本认购纠纷、买卖合同纠纷上诉案

本案争议焦点之一为罗晶晶是否为本案适格当事人。

一审法院认为，罗晶晶在案涉《增资扩股协议》金网达公司的法定代表人以及"罗晶晶:"处分别签名确认，且该协议明确约定："若发生以下特殊事项，乙方有权要求甲方股东罗晶晶、李勇回购乙方所持有的甲方部分或全部股权……实际控制人罗晶晶负有连带清偿责任……"根据上述事实，足以认定罗晶晶为案涉《增资扩股协议》的当事人。据此，一审法院认为罗晶晶为本案适格当事人。二审法院对一审判决关于"罗晶晶的主体资格问题"的分析认定予以确认。

该案中，罗晶晶在上诉时提出其被告主体不适格。该上诉理由源自其有两个身份，一个是公司的法定代表人，另一个是公司股东。罗晶晶认为其在《增资扩股协议》的签名是其作为公司法定代表人的签名，并不是作为缔约方签署，因此其本人不受《增资扩股协议》的约束，无须承担回购义务。但本书认为这种说辞显然不能成立。罗晶晶同时为公司法定代表人和股东，担任角色有差异，但对其需要承担回购义务的认知理解一致。并且其在法定代表人以及“罗晶晶：”处分别签名，足以认定其以股东身份签订该协议。罗晶晶在本案中是协议约定的回购义务主体，也是被请求解除的协议的相对人，因此是适格被告。本书进一步认为，一般控股股东、实际控制人对落实新投资人身份具有决定性的作用，上述人员即便未签订协议，但若其行为实质阻碍落实新投资人的股东身份，则上述人员亦为适格被告。

3. 目标公司与股东在特定情况下是必要的共同被告

当目标公司和股东同时为增资扩股协议的签订方，或者目标公司和股东在本次增资扩股中需要对新投资人履行相关义务的，则两者应作为共同被告。

案例·8 –典型案例–

应当起诉增资协议的全部相对方

——陕药集团公司与陕欧药业公司新增资本认购纠纷上诉案①

上诉人(一审原告)：陕药集团公司。

被上诉人(一审被告)：陕欧药业公司。

2011年12月5日，陕药集团公司向一审法院提起诉讼称，2008年8月12日，陕药集团公司依照陕欧药业公司股东会议决议，以及原告与被告七名自然人股东2008年5月29日签订的《增资扩股协议书》(以下简称增资扩股协议)约定，将100万元增资款打入被告账户，但时至今日被告既未完成工商登记变更手续，确认原告的股东身份，也拒绝归还原告投资款，因此，原告起诉，请求：依法判令被告立即返还原告投资款人民币100万元。

2012年2月10日，陕欧药业公司提交《驳回起诉申请书》，以其并非增资扩股协议的签约主体，原告起诉对象错误，且增资扩股协议约定仲裁，请求驳回原告的起诉。

陕西商洛中院以已约定仲裁为由驳回起诉。陕药集团公司不服提起上诉。陕

① 参见陕西省商洛市中级人民法院(2012)商中民三初字第00003号民事裁定书；陕西省高级人民法院(2012)陕立民终字第00013号民事裁定书。

西高院驳回上诉,维持原裁定。(见图6-8)

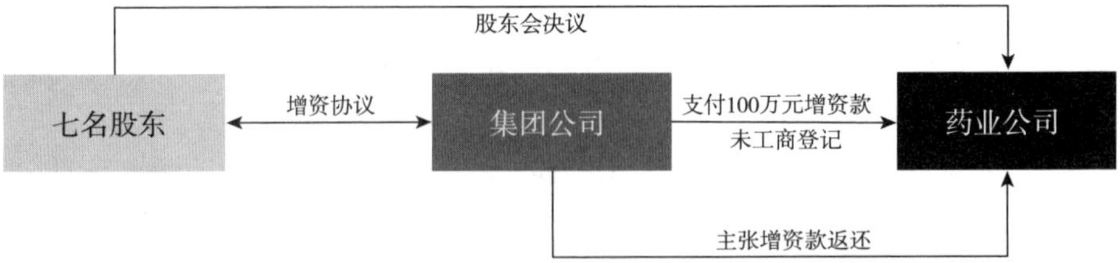

图6-8 陕药集团公司与陕欧药业公司新增资本认购纠纷上诉案

本案中,虽然两级法院最终都以仲裁约定有效为由驳回,但二审法院认为,被告主体是否错误是一个争议焦点,陕药集团公司起诉的依据是增资扩股协议,是诉讼的基础。根据合同相对性原理,陕欧药业公司收取的投资款是否返还,脱离不了对增资扩股协议的审查认定,故协议的相对方也应是本案纠纷主体。陕药集团公司脱离诉讼基础,只起诉陕欧药业公司不符合法律规定。

本书认为,其一,公司、公司股东若都签订了增资扩股协议,则均应受协议约束,公司和公司股东都应当致力于完成增资扩股这一合同目的。因此若增资扩股未完成引发新增资本认购纠纷,则公司及其他相对方均是适格被告。其二,公司是增资扩股的对象,追求存续和扩大经营,又是投资款受领主体,因此新增资本认购纠纷中认购人应当起诉公司;股东往往是增资扩股的促成方,追求公司增资扩股以维持或增加其持有股权的价值,相对地,有促成增资扩股的完成的义务,因此新增资本认购纠纷中认购人应当起诉签约的公司股东。综上,公司和股东在特定情境下应是共同被告。

四、新增资本认购中原股东的权利范围

根据《最高人民法院民事案件案由规定理解与适用》一书,新增资本认购纠纷大致有两种类型:一是股东或者公司之外的其他人起诉要求确认享有公司股权;二是因为行使优先认购权产生的纠纷。为全面展示纠纷类型,本书从主体进行划分,在第四、五部分分别从股东维度和新投资人维度进行探讨。本节将对股东维度下股东权利引起的新增资本认购纠纷的类型进行探讨。

基于保护公司原有股东对于公司的支配权和管理利益,以及维护公司控制权稳定的考虑,公司法规定的优先认股权使得股东享有一定程度上的"特权"。但《公司法》对于有限责任公司和股份有限公司享有的新增资本认购权的行使范围存在差异。

在有限责任公司中，为了维护有限责任公司“人合性”的特征，《公司法》第三十四条赋予了有限责任公司股东优先于其他投资人认购的权利，同时规定了股东之间按照实缴的出资比例享有优先认购权，但原则上也尊重公司内部意思自治，即全体股东可以事先约定不按照出资比例优先认缴。而对于其他股东放弃的份额是否有优先认购权的问题，目前法院通过案例行使确认的裁判规则是：在公司章程没有事先规定的情况下，公司原有股东对于其他股东放弃的认缴出资比例增资份额无优先认购权。《公司法》第三十四条是为了保护公司原有股东的股权不因新增资本而被稀释，有效地处理了公司资本多数决原则和少数股东权利保护之间的关系，平衡了个别股东的利益和公司的整体利益。为了筹措资金，公司有必要寻找更有力的出资者，有时也有必要在立法政策上或公司经营政策上限制股东认购新增资本的权利。

而在股份有限公司中，《公司法》并没有赋予股份有限公司股东优先认缴新增注册资本的权利，而是将是否向原有股东发行、发行的种类以及数额等问题完全交给股东大会进行决定。《公司法》第一百三十三条规定：股份有限公司发行新股，股东大会应当对下列事项作出决议：向原有股东发行新股的种类及数额。股份有限公司股东大会出席会议的股东所持表决权半数以上同意即可通过该项决议。

（一）新增资本认购权属于股东的固有权利

案例·9　－最高人民法院公报案例－

有限责任公司股东按照出资比例享有对公司新增资本的优先认购权

——科创公司、固生公司、陈木高与红日公司、蒋洋股东会决议效力及公司增资纠纷再审案①

申请再审人（一审被告、二审被上诉人）：科创公司。

申请再审人（一审第三人、二审被上诉人）：固生公司、陈木高。

被申请人（一审原告、二审上诉人）：红日公司、蒋洋。

2003年12月科创公司增资扩股前，蒋洋出资比例14.22%，为公司最大股东；

① 参见四川省绵阳市中级人民法院（2006）绵民初字第2号民事判决书；四川省高级人民法院（2006）川民终字第515号民事判决书；最高人民法院（2008）民申字第1457号民事裁定书；最高人民法院（2010）民提字第48号民事判决书。

红日公司出资比例5.81%。2003年12月16日股东会经表决通过同意吸纳陈木高为新股东的决议。蒋洋、红日公司的委托代表常毅出席了股东会，并对其投了反对票，并在意见栏中注明："应当按照公司法第39条第二款规定先就增加资本拿出具体框架方案，按公司原股东所占比重、所增资本所占增资扩股后所占比重先进行讨论通过，再决定将来出资，要考虑原股东享有公司法规定的投资(出资)权利。"

2003年12月18日，科创公司为甲方，陈木高为乙方签订了《入股协议书》，该协议主要记载：乙方同意甲方股东大会讨论通过的增资扩股方案，即同意甲方在原股本475.37万股的基础上，将总股本扩大至1090.75万股，由此，甲方原股东所持股本475.37万股占总股本1090.75万股的43.6%；乙方出资800万元人民币以每股1.3元认购615.38万股，占总股本1090.75万股的56.4%；科创公司的注册资金相应变更为1090.75万元。

2003年12月22日，红日公司向科创公司递交了《关于要求作为科创公司增资扩股增资认缴人的报告》，该报告的主要内容为：主张蒋洋和红日公司享有优先认缴出资的权利，愿意在增资扩股方案的同等条件下，由红日公司与蒋洋共同或由其中一家向科创公司认缴新增资本800万元人民币的出资。

2003年12月25日，工商部门签发的科创公司的企业法人营业执照上记载：法定代表人陈木高、注册资本壹仟零玖拾万柒仟伍佰元。2003年12月25日科创公司变更后的章程记载：陈木高出资比例56.42%，蒋洋出资比例6.20%，红日公司出资比例2.53%。2003年12月26日，红日公司向绵阳高新区工商局递交了《请就绵阳高新区科创实业有限公司新增资本、增加新股东作不予变更登记的报告》。

2005年3月30日，科创公司变更登记，章程修正案中记载的股东名称、出资比例是：固生公司出资比例56.42%；陈木高出资比例10.66%；蒋洋出资比例6.20%；红日公司出资比例2.53%。

2005年12月12日，蒋洋和红日公司向四川绵阳中院提起诉讼，请求确认其对800万元新增资本优先认购，科创公司承担其相应损失。

四川绵阳中院一审驳回红日公司、蒋洋的诉讼请求。四川高院二审认为蒋洋和红日公司享有优先认缴科创公司800万元新增资本的权利，判决撤销一审判决，支持蒋洋和红日公司的上述请求。最高人民法院再审认为科创公司2003年12月16日股东会决议因侵犯了红日公司和蒋洋按照各自的出资比例优先认缴新增资本的权利而部分无效，判决撤销二审判决，判决科创公司2003年12月16日作出的股东会决议中由陈木高出资800万元认购公司新增615.38万股股份的决议内容中，涉及新增股份20.03%的部分无效。(见图6-9)

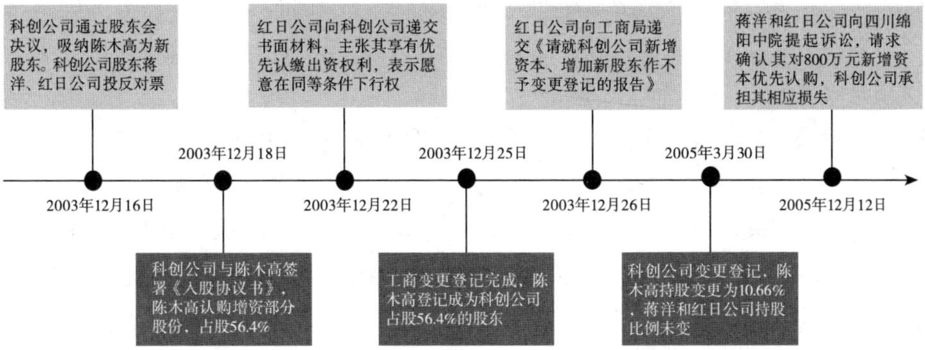

图6－9　科创公司、固生公司、陈木高与红日公司、蒋洋股东会决议效力及公司增资纠纷再审案

本案争议焦点之一为红日公司和蒋洋是否能够行使对科创公司2003年新增的615.38万股股份的优先认缴权。

一审法院认为，蒋洋、红日公司作为科创公司的股东，对公司新增资本享有优先认缴权利，但优先认缴权利应当有合理的行使期间，以保障交易的安全和公平，本案红日公司和蒋洋主张优先认缴权的合理期间已过，一审法院对其主张不予支持。

二审法院认为，在股东会议上，蒋洋和红日公司对由陈木高认缴800万元增资股份并成为新股东的议题投反对票并签注“要考虑原股东享有公司法规定的投资（出资）权利”的意见，是其反对陈木高认缴新增资本成为股东，并认为公司应当考虑其作为原股东所享有的优先认缴出资权，明确其不放弃优先认缴出资权的意思表示。紧接着在同月22日和26日，蒋洋和红日公司又分别向科创公司递交了《关于要求作为科创公司增资扩股增资认缴人的报告》，向绵阳市高新区工商局递交了《请就绵阳高新区科创实业有限公司新增资本、增加新股东作不予变更登记的报告》，进一步明确主张优先认缴出资权。上述事实均表明红日公司和蒋洋从未放弃优先认缴出资权。但是，科创公司在没有以恰当的方式征询蒋洋和红日公司的意见以明确其是否放弃优先认缴出资权，也没有给予蒋洋和红日公司合理期限以行使优先认缴出资权的情况下，即于同月18日与陈木高签订《入股协议书》，并于同月25日变更工商登记，将法定代表人变更成陈木高，将公司注册资本变更为1090.75万元，其中新增资本615.38万元登记于陈木高名下。该系列行为侵犯了法律规定的蒋洋和红日公司在科创公司所享有的公司新增资本时的优先认缴出资权。虽然本案所涉股东会决议经代表三分之二以上表决权的股东投票通过，但公司原股东优先认缴新增出资的权利是原股东个体的法定权利,不能以股东会多数决的方式予以剥夺。故蒋洋和红日公司享有优先认缴科创公司800万元新增资本的上诉理由依法成立,二审法院予以支持。

再审法院最高人民法院认为,科创公司2003年12月16日股东会决议因侵犯了红日公司和蒋洋按照各自的出资比例优先认缴新增资本的权利而部分无效。根据再审法院判决,“科创公司2003年12月16日作出的股东会决议中由陈木高出资800万元认购科创公司新增615.38万股股份的决议内容中,涉及新增股份20.03%的部分无效,涉及新增股份79.97%的部分及决议的其他内容有效”,此处20.03%为增资扩股前红日公司和蒋洋合计的持股比例。虽然以红日公司和蒋洋主张优先认缴权的合理期间已过,对其行使对科创公司新增资本优先认缴权的请求不予支持,但是在判决中仍然按照出资比例确认了其原先“应有的”优先认购权,只是该份额因经过了合理期间而不能再主张。

本书认为,对于本案新增800万元的股份的认购权,若无特别约定,原股东可以认购的份额为其持股比例对应的份额。本案一审仅认可原股东对新增资本的认购权,但未提及其本应得到的金额。本案二审明确认为原股东对于其他股东放弃的全部新增资本都有优先认购权。再审中最高人民法院认为原股东应当按照持股比例受领优先认购权,亦为侧面支持股东对其他股东放弃的注册资本没有优先认购权。

(二)优先认购权属于形成权,应在合理期限内行使

在前述“科创公司、固生公司、陈木高与红日公司、蒋洋股东会决议效力及公司增资纠纷再审案”①中,一审和再审法院均认为,股东应在合理期间行使新增资本优先认购权,二审法院则认为该权利应适用两年普通诉讼时效。

再审法院认为,股东优先认缴公司新增资本的权利属形成权,虽然现行法律没有明确规定该项权利的行使期限,但为维护交易安全和稳定经济秩序,该权利应当在一定合理期间内行使,并且由于这一权利的行使属于典型的商事行为,对于合理期间的认定应当比通常的民事行为更加严格。本案红日公司和蒋洋在科创公司2003年12月16日召开股东会时已经知道其优先认购权受到侵害,且作出了要求行使优先认购权的意思表示,但并未及时采取诉讼等方式积极主张权利。在此后科创公司召开股东会,决议通过陈木高将部分股权赠与固生公司提案时,红日公司和蒋洋参加了会议,且未表示反对。红日公司和蒋洋在股权变动近两年后又提起

① 案情参见本章案例·9相关部分的内容。

诉讼,争议的股权价值已经发生了较大变化,此时允许其行使优先认缴出资的权利将导致已趋稳定的法律关系遭到破坏,并极易产生显失公平的后果。故对红日公司和蒋洋行使对科创公司新增资本优先认购权的请求不予支持。

虽然现行法律没有明确规定该项权利的行使期限,但为维护交易安全和稳定经济秩序,该权利应当在一定合理期间内行使,实践中若有限责任公司认为自己的优先认购权受到了侵犯,应及时向法院主张其优先认购权。如超出一定的合理期限仍不主张其优先认购权,便丧失了进行请求的权利。此种权利的安排有利于交易的稳定,同时与商法促进交易效率的精神相契合。

(三)非公示股东不享有新增资本优先认购权

案例·10　– 典型案例 –

非公示股东不享有新增资本优先认购权

——叶瑞明与莲花山公司新增资本认购纠纷、买卖合同纠纷再审案①

再审申请人(一审原告、二审上诉人):叶瑞明。

被申请人(一审被告、二审被上诉人):莲花山公司。

莲花山公司原系国企,在转制过程中,政府安排由员工认购出资、但集合在工会名下并以工会名义购买产权,取得的改制后企业的股权也登记在工会名下。2000年6月18日,以工会及何某等七个自然人为发起人,申请设立登记。公司章程记载的股东为工会及何某等七个自然人,股东会由全体股东组成,并由载明的股东签章。工商登记部门根据申请办理设立登记,将工会及何某等七个自然人登记为莲花山公司股东。

莲花山公司登记成立后,向包括本案叶瑞明在内的认购出资登记在工会名下的员工(以下简称出资员工)颁发了股权证。股权证的封面载明为广州市番禺区经济体制改革领导办公室监制,内页的出资证明将出资员工记载为股东,并列明了出资金额及出资日期。

2007年5月15日至10月26日莲花山公司合计增资扩股800万元,由3名外

① 参见广东省广州市番禺区人民法院(2014)穗番法民二初字第559号民事裁定书;广东省广州市中级人民法院(2015)穗中法民二终字第379号民事裁定书;广东省高级人民法院(2016)粤民申4687号再审复查与审判监督民事裁定书。

来投资者认购。随后,叶瑞明诉至法院,请求:确认叶瑞明对800万股新增资本中的0.306%(2.448万股)享有优先认购权。

广东广州番禺法院驳回叶瑞明的起诉。叶瑞明不服提起上诉。广东广州中院裁定驳回上诉,维持原裁定。叶瑞明不服申请再审。广东高院裁定驳回叶瑞明的再审申请。(见图6-10)

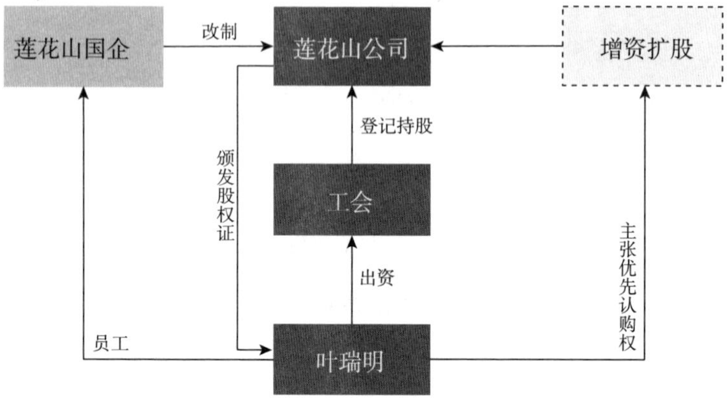

图6-10 叶瑞明与莲花山公司新增资本认购纠纷、买卖合同纠纷再审案

一审法院认为,出资员工系工会持有股权的实际出资人,但不具备股东资格。首先,有限责任公司的股东人数有限制。莲花山公司无权超越法律规定,登记、确认超出法律规定的股东人数。其次,从出资员工实际行使出资人权利的方式分析,莲花山公司也并不认可出资员工的股东资格。公司章程是由工会及何某等自然人股东签署。参加股东会并签署决议的是工商登记、公司章程载明的股东。而出资员工也对此参与表决的方式未有异议。工会代持员工认购的出资,而股东权的实际行使也是由工会代表。叶瑞明认购的出资登记在工会名下,其股权应由工会代表行使。叶瑞明无权以股东身份向原审法院提起诉讼,要求确认其对新增资本的优先认购权。

二审法院认为,本案中,包括叶瑞明在内的出资员工是工会持有股权的实际出资人并无异议,但从股东资格的形式条件、股东权利实际行使主体、股东人数限制等考虑,叶瑞明股东资格未经公司办理登记确认,并非莲花山公司股东,无权以股东身份提起本案诉讼。

再审法院认为,叶瑞明是实际出资人没有争议,但叶瑞明不是莲花山公司对外公示的股东,亦未作为股东参加莲花山公司的股东会议。由于叶瑞明不是工商部门登记公示的股东,故叶瑞明以其是莲花山公司的股东为由起诉要求确认其对新增资本的优先认购权缺乏法律依据。一、二审裁定驳回其起诉、上诉符合法律规定。

本书认为，该案背景特殊，公司由国企改制而来，工会作为持股股东。员工认购工会所有的份额但不能直接登记为股东。此种情况下，虽然员工是真正的出资人，但是在对外公示时，工会才是股东和真正行使股东权利的主体，员工的股东身份不被认可。而且工会代持情况下往往人数众多，一旦认定员工是实际股东，可能面临着有限责任公司人数超过法定上限的情况。因此在工会代持的情况下，员工系不能穿透认可的非显名股东，不具有优先认购权。

（四）原股东对其他股东放弃认缴的增资份额没有优先认缴权

案例·11　　－最高人民法院案例－

有限公司增资扩股时，原股东对其他股东放弃认缴的增资份额没有优先认缴权

——捷安公司与黔峰公司等新增资本认购纠纷再审案①

申请再审人（一审原告、二审上诉人）：捷安公司。

被申请人（一审被告、二审被上诉人）：黔峰公司、大林公司、益康公司、亿工盛达公司。

原审第三人：友谊集团。

案涉增资扩股事宜发生前，黔峰公司的股东及持股为大林公司54%、益康公司19%、亿工盛达公司18%、捷安公司9%。

2007年5月28日，黔峰公司召开临时股东会，对拟引入战略投资者，按每股2.8元溢价私募资金2000万股，各股东按各自的股权比例减持股权，以确保公司顺利完成改制及上市的方案再次进行讨论。会议表决：(1)股东大林公司、益康公司从有利于公司发展的大局出发，同意按股比减持股权，引进战略投资者。同时承诺采取私募增资扩股方案完全是从有利于公司改制和上市的目的出发，绝不从中谋取私利。赞成91%（大林公司、益康公司、亿工盛达公司赞成），反对9%（捷安公司反对）。(2)亿工盛达公司同意引进战略投资者、按股比减持股权的方案。赞成91%，反对9%。(3)同意捷安公司按9%股比及本次私募方案的溢价股价增持180

① 参见贵州省高级人民法院(2007)黔高民二初字第28号民事判决书；最高人民法院(2009)民二终字第3号民事判决书；最高人民法院(2010)民申字第1275号民事裁定书。

万股。赞成100%。5月29日,大林公司、益康公司、亿工盛达公司、捷安公司股东代表均在决议上签字,其中,捷安公司代表在签字时特别注明“同意增资扩股,但不同意引入战略投资者”。同日,捷安公司向黔峰公司提交了《关于我公司在近三次股东会议上的意见备忘录》,表明其除应按出资比例优先认缴出资外,还要求对其他股东放弃的认缴份额行使优先认购权。5月31日,捷安公司将其180万股的认缴资金缴纳到黔峰公司账上,并再次致函黔峰公司及各股东,要求对其他股东放弃的出资份额行使优先认购权,未获其他股东及黔峰公司同意。为此,捷安公司以大林公司、益康公司、亿工盛达公司均放弃新股认购权总计1820万股后,在其已明确表示行使优先认购权的情况下,仍决定将该部分认购权让与公司股东以外的其他人,违反公司法的有关规定,侵犯其优先认购权为由诉至一审法院,请求:确认其对黔峰公司增资扩股部分的1820万新股享有优先认购权。

贵州高院一审认为捷安公司对其他股东放弃的份额没有优先认购权,判决驳回上述诉讼请求。捷安公司不服判决提起上诉。最高人民法院二审认可一审法院观点,判决驳回上诉,维持原判。捷安公司不服二审判决,向最高人民法院申请再审。最高人民法院经审查后驳回捷安公司的再审申请。(见图6-11)

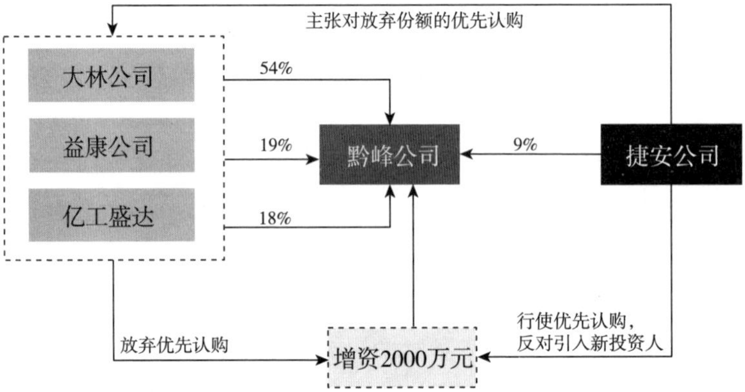

图6-11 捷安公司与黔峰公司等新增资本认购纠纷再审案

本案的争议焦点之一为捷安公司是否对其他股东承诺放弃的认缴新增出资份额享有优先认购权。

一审法院认为,捷安公司对其他股东放弃的份额没有优先认购权。首先,现行公司法对股东行使增资优先认购权范围进行了压缩,并未明确规定股东对其他股东放弃的认缴出资比例有优先认缴的权利。其次,公司股权转让与增资扩股不同,股权转让往往是被动的股东更替,与公司的战略性发展无实质联系,故要更加突出保护有限责任公司的人合性；而增资扩股，引入新的投资者，往往是为了公司的发展，当公司发展与公司人合性发生冲突时，则应当突出保护公司的发展机会，此时若基于保护公司的人合性而赋予某一股东的优先认购权，该优先权行使的结果可能会削弱其他股东特别是控股股东对公司的控制力，导致其他股东因担心控制力减弱而不再谋求增资扩股，从而阻碍公司的发展壮大。

二审法院认为，捷安公司对其他股东放弃认缴的增资份额没有优先认购权，并认可一审法院的论述。同时二审法院提出，虽然公司法并没有直接规定股东对其他股东放弃的认缴出资有无优先认购权问题，但有限责任公司完全可以在章程中对该等事宜进行规定。若进行章程约定，则当股东个体更大利益与公司整体利益或者有限责任公司人合性与公司发展相冲突时，全体股东可按照公司章程规定方式进行决议，从而产生最终结论以便各股东遵循。

再审法院认为，捷安公司对其他股东放弃认缴的增资份额没有优先认购权。优先购买权作为一种排斥第三人竞争效力的权利，对其相对人权利影响重大，必须基于法律明确规定才能享有。增资扩股中的优先认购权和股权转让的优先认购权不同，股东不能依据股权转让的相关规定，主张对增资扩股中其他股东放弃的资本份额享有优先认购权。同时再审法院认可，有限责任公司可以在章程中对优先认购权进行规定。

本案中，最高人民法院认为，优先认购权应基于法律明确规定才能享有，因此股东对其他股东放弃的份额没有优先认购权。并且最高人民法院认为股东若是对优先认购权有特别需求的，可以通过公司章程进行自主规定。对此，本书认为实务中不妨同时考虑其他解决方案。公司增资扩股的目的是提高存续能力、扩大经营规模。在公司内部原有股东无力或无意愿按原持股比例认缴增资款时，应允许外部投资者进入保持公司活力。但是如果原来的个别股东愿意且有能力提供资金或技术支持的，那么基于维持“人合性”原则，认可股东对其他股东放弃的份额有优先认购权不失为一种两全的办法。除非外部投资者确实能够带来技术、管理等方面的革新发展，或者对公司业务转型等有重要意义的，那么可据此拒绝原股东对其他股东放弃份额的优先认购权。总而言之，本书认为，是否要积极引入外来投资者还是要看公司真实的发展需求，如果能内部满足和解决的，应当维持“人合性”原则；内部无法满足的再寻找新投资者。

(五)股份有限公司股东不享有法定的新增资本优先认购权

案例·12 -典型案例-

公司法并未对股份有限公司增资扩股行为设定优先认购权的强制性规范

——贾建芬、云纺集团公司新增资本认购纠纷、买卖合同纠纷申请再审案①

再审申请人(一审原告、二审上诉人):贾建芬。

被申请人(一审被告、二审被上诉人):云纺集团公司。

云纺集团公司系原云南纺织厂于1996年国企改制后,以发起方式设立的股份有限公司。云纺职工持股会是云纺集团公司的发起人之一。至2001年4月,贾建芬共计持有职工股4320股。2003年7月16日,贾建芬与云纺集团公司解除了劳动合同关系。

2008年1月8日,云纺集团公司作出股东会决议文件,其中确定了云纺集团公司的增资方案,该决议第二项第一条载明“2004年以前的职工持股会会员此次以持有数增扩10%的股份,按1.43元/股认购”;第五条载明“辞职自谋职业的原持股会会员不得参加本次增资认购,具体股权事宜由职工持股会自行处理”。

2008年1月10日,云纺职工持股会发布《云南纺织厂职工持股会关于内部职工股增资扩股的公告》,该公告确定的增资扩股范围包括在职在岗的持股会员、离退休的持股会员、办理了已故继承手续的持股会员;每位持股会员的增资扩股比例按本人持股总数的10%进行认购,每股价格按1.43元计收。同年3月26日,云纺集团公司股东会作出《关于增加注册资本金的决议》,明确经云纺集团公司股东会讨论决定上述增资扩股的股本溢价全部直接转增注册资本,由全体股东按股权比例共享。

贾建芬向云南昆明西山法院提起诉讼,请求确认其享有股东优先认股权(按照《云南纺织厂职工持股会关于内部职工股增资扩股的公告》进行增资扩股),即确认其有权按照其持股总数4320股的10%以每股1.43元向云纺集团公司优先认缴出资。

云南昆明西山法院判决驳回贾建芬的全部诉讼请求。贾建芬不服判决向云南

① 参见云南省昆明市西山区人民法院(2015)西法民初字第584号民事判决书;云南省昆明市中级人民法院(2015)昆民五终字第42号民事判决书;云南省昆明市中级人民法院(2015)昆民申字第442号民事裁定书。

昆明中院提起上诉。云南昆明中院判决驳回上诉，维持原判。贾建芬不服判决，向云南昆明中院申请再审。云南昆明中院裁定驳回贾建芬的再审申请。（见图6-12）

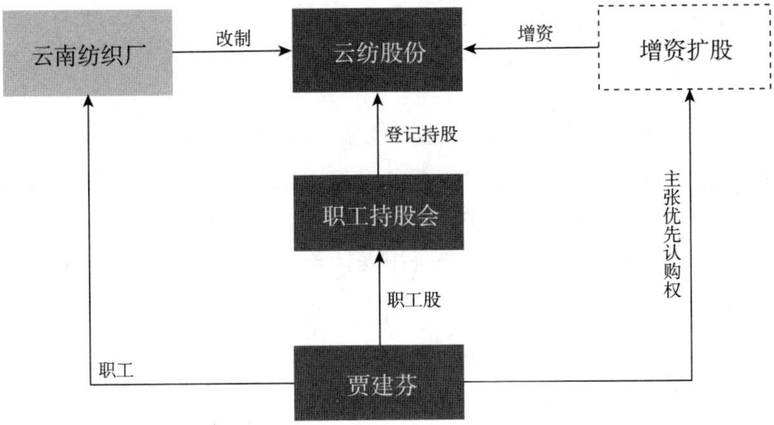

图6-12　贾建芬、云纺集团公司新增资本认购纠纷、买卖合同纠纷申请再审案

二审、再审法院均认为，《公司法》第三十四条规定的股东增资优先认购权，是公司法基于保护有限责任公司人合性的经营特征，对有限责任公司增资扩股行为发生时所作的强制性规范，目的在于保护有限责任公司基于人合基础搭建起来的经营运行稳定性，该规定仅适用于有限责任公司。对于股份有限公司，基于其资合性的组织形式与管理运行模式，公司法并未对其增资扩股行为设定优先认购权的强制性规范，股份有限公司的增资扩股行为系其内部经营决策合意的结果，在不违反相关强制性法律法规的前提下，公司具体的增资方式、增资对象、增资数额、增资价款等均由其股东会决议并遵照执行。云纺集团公司2008年增资扩股系公司法人治理框架内的经营决策自治行为，其新股发行的种类、数额、价格、起止日期、范围等均应当由公司的股东会决议并执行。本案中，云纺集团公司于2008年1月8日作出《云南纺织（集团）股份有限公司2007年第二次临时股东大会决议》，其中决议第二项对公司本次增资的种类、对象、数额、时间等均作出了明确，其中第二项第五条规定了本公司辞职自谋职业的原持股会员不得参加本次增资扩股认购，而该决议也没有证据证实被撤销或无效，反而是云纺集团股份公司按照股东会决议完成了增资扩股行为。贾建芬之前已经与云纺集团公司解除了劳动合同关系，根据云纺集团公司作出的上述股东会决议，贾建芬的身份属于第二项第五条规定的辞职自谋职业人员，故贾建芬不在云纺集团公司2008年的增资扩股范围之内，无权要求行使增资扩股认购权。

本书认为，股份公司没有“人合性”的限制，公司有权进行自主经营安排和增资扩股。在无特别约定的情形下，股东并无法律依据享有优先认购权。

五、新增资本认购后增资人的权利保护

（一）增资人新增股权的认定

根据《最高人民法院民事案件案由适用要点与请求权规范指引》一书，股东或者公司股东之外的其他人在认购增资后可以起诉要求确认享有公司股权。新增资本认购纠纷这一案由赋予新投资者在公司增资后却怠于履行变更手续的情况下请求法院判令公司向公司登记机关办理相应变更登记手续的请求权。同时也设置了这一权利行使所应满足的前提条件。

公司原有股东或者新投资人认购新增股本后，其股权要得到确认，必须满足相应的条件，具体为股东会或股东大会关于增资的决议合法有效，增资总额已经全部安排认缴，认缴金额已经缴纳等。缺少了任何一个条件，股东或者新投资人认购新增股本后，都无法请求公司确权，但可以请求解除增资扩股协议，返还增资款。

1. 有效的增资协议

根据《公司法》的规定，公司增资的决议机关是股东会。股东会作出增加注册资本的决议，是公司增资的前提和基础。公司未作出合法有效的增资决议，即便股东或者他人向公司投入资金，其所投入的资金也不能转化为公司注册资金。而由此形成的相关争议应另寻法律途径解决。

案例·13 – 典型案例 –

公司未形成有效的增资决议，不能产生增资的效果

——蒙影、孙尚林、孟凡英、李玉清与巴彦客运公司新增资本认购纠纷上诉案①

上诉人（一审原告）：孙尚林、李玉清、孟凡英、蒙影。

被上诉人（一审被告）：巴彦客运公司。

2013 年 12 月 10 日，巴彦客运公司召开全体股东会议，会议由公司董事长陈学贵主持召开，董事长陈学贵在会议上宣布，公司因资金短缺，要求全体股东按原始股增资扩股，以原始股 3000 增资扩股为 30,000 的比例出资。2014 年 1 月 6 日至 8

① 参见黑龙江省哈尔滨市中级人民法院（2016）黑 01 民终 832 号民事判决书。

日，公司股东孙尚林、李玉清、蒙影、孟凡英按公司的要求，向公司财务部门缴纳了各自认缴的出资 3 万元，公司财务部门为上述四人出具出资收据，收据注明上述出资为原始股；同时，公司财务部门将四人出资分别记入各自股东证书，并加盖了公司公章。一年后，公司分红时四人发现公司并未将此次增资扩股 3 万元股本按原始股分取红利。因此孙尚林等四人向法院提起诉讼，请求法院依法确认四人所持有的新增股权合法有效，并要求巴彦客运公司按原始股对新增股本分配红利。

黑龙江巴彦法院一审认为增资扩股无效，对孙尚林等四人主张确认其所持新增股权合法有效，并按实缴的出资比例分取红利的诉讼请求，不予支持，判决驳回诉讼请求。孙尚林等四人不服一审判决，提起上诉。黑龙江哈尔滨中院驳回上诉，维持原判。

本案一审争议焦点为公司董事长陈学贵在股东会议上作出的增资扩股决定未经表决程序是否有效；孙尚林、李玉清、蒙影、孟凡英对新增资本的认购行为是否符合法律规定。依据《公司法》第四十一条第二款的规定，巴彦客运公司股东会作出的增资扩股决定必须经代表三分之二以上表决权的股东表决通过，并经出席股东会议的股东在股东会议决议的记录上签名方为有效；依据证人张某某、刘某某证言及巴彦客运公司提供的会议视频资料证实，公司董事长陈学贵虽代表公司宣布关于公司增资扩股的决定，但大会并未通过表决程序对该决定作出公开表决，会后亦未形成书面的由到会股东签名的股东会议决议，故该增资扩股程序违反了《公司法》及公司章程的有关规定，不具有法律效力。孙尚林、李玉清、蒙影、孟凡英虽将认缴的出资足额交到公司财务部门，公司财务部门亦在四人所持有的股权证书股值增减记录中记载了出资金额，加盖了公司公章，但因公司认缴股东出资的程序违反了法律强制性规定，故应认定孙尚林、李玉清、蒙影、孟凡英的新增资本的认购行为及所持有的新增股权无效。

本案二审争议焦点为孙尚林等四人增持的股权是否有效。二审法院认为，公司增资须经股东会决议，且必须经代表三分之二以上表决权的股东通过，巴彦客运公司的《章程》也在第四章组织机构中第十三条第八款中作出此类规定。本案中，孙尚林等四人主张增资的依据是 2013 年 12 月 10 日的股东会决议，但根据证据显示此次股东会并未形成书面决议也没有表决程序，即孙尚林等四人并无证据证明 2013 年 12 月 10 日的股东会形成了有效的股东会决议。孙尚林等四人虽持有股权证，但并无证明增持股权有效的依据，故一审法院以其增持行为违反法律强制性规定，确认无效并无不当。

本书认为,法律承认公司具有一定的自主经营权,但是这种自由往往是给予公司内部在法律允许范围内自行设置条款或简化程序。对于增资扩股等影响公司本身性质(类似于"公法"上的效果,影响监管机构对其的管理和限制)或公司外部第三方利益(如债权人利益)的内容,若法律有明确约定的,应当严格遵照法律规定。本案因公司增资行为未达到法律要件,公司增资扩股的意愿未转化为公司的意志,增资行为本身无效。因此即便是四名原股东有认购的意愿且支付了增资款,股东的认购行为依旧毫无基础,无法产生增资效果。

2. 按约缴纳增资款

案例·14 – 经典案例 –

新投资人在缴纳增资款的情况下,有权要求公司确认其股东地位

——李来生与芜湖运泰集团公司等新增资本认购纠纷案①

原告:李来生。

被告:芜湖南陵公司、芜湖运泰集团公司。

芜湖运泰集团公司是国企改制后的股份公司,芜湖南陵公司是芜湖运泰集团公司的全资子公司。李来生原系芜湖南陵公司职工,于2010年3月退休。

2008年8月,芜湖运泰集团公司通过股东会决议,增资扩股。对集团已退休人员拟定了《退休后是否享受统筹外待遇和是否继续持有划转股份的报告》,如选择持有股份,应缴纳4000元,可享受集团公司8000元的股份权利。李来生据此选择了继续持有股份,于2009年12月15日向时任芜湖南陵公司办公室主任的史先举交纳了4000元,史先举向李来生出具了加盖芜湖南陵公司公章的收款收据。2010年,史先举向李来生支付了分红款。2011年年底,李来生要求二被告支付分红款时,发现在芜湖运泰集团公司股权登记中没有李来生的增股记录,经调查,发现史先举利用工作之便侵占了李来生等人的配股款。另查明,史先举于2011年年底自杀身亡。

李来生认为,芜湖南陵公司收取其认购款事实存在,诉至安徽南陵法院,请求法院确认其持有芜湖运泰集团公司8000元股份的权利。芜湖运泰集团公司辩称,其未收到原告交纳的4000元配股款,请求法院驳回原告诉讼请求。

安徽南陵法院支持李来生诉讼请求,判决李来生享有芜湖运泰集团公司8000

① 参见安徽省南陵县人民法院(2012)南民二初字第00100号民事判决书。

元的股份权利。且被告芜湖运泰集团公司需于本判决生效后10日内向原告李来生发放出资证明书。

安徽南陵法院认为,芜湖运泰集团公司根据股东大会作出的增资决议符合法律规定。李来生根据芜湖运泰集团公司的增资决议及《退休后是否享受统筹外待遇和是否继续持有划转股份的报告》,向其子公司(芜湖南陵公司)缴纳了配股款,芜湖南陵公司也出具了收款收据,应视为向芜湖运泰集团公司认缴配股款,理应享有芜湖运泰集团公司股东应有的权利。现芜湖运泰集团公司以未收到李来生缴纳的配股款,芜湖南陵公司原办公室主任侵占李来生配股款为由拒绝原告行使股东权利,于法无据,本院不予支持。

本书认为,李来生被判令享有这8000元的股份权利,首先在于公司已经作出了有效的增资扩股的股东会决议,宣告公司增资行为成立且有效。其次李来生选择了继续持有股份并实际支付增资款,完成了认购行为,因此李来生认购注册资本的行为合法且有效。产生本案争议的原因是公司职工侵占该笔款项,而致使公司未实际收到增资款,据此公司主张李来生的认购行为无效,但是本书认为,公司员工侵占增资款是公司内部治理的问题,不影响认定新投资人已完成增资认购的义务。李来生支付增资款时,没有义务保证接受款项的公司员工履行忠实义务,且有足够的内心确信已向公司支付完成投资款。至此,其在新增资本认购中的义务已经完成,法院应当判令其享有相应的股东权利。

(二)增资人有关股权登记的请求

1. 股东有权要求对增资对应股权进行登记

案例·15　－经典案例－

持有股份有限公司授予的认购权证行权的,公司应当增发股份并为其办理股东登记

——深旅集团与钟焕桥股权转让纠纷上诉案[①]

上诉人(一审被告):深旅集团。

---

① 参见广东省深圳市福田区人民法院(2014)深福法民二初字第3165号民事判决书;广东省深圳市中级人民法院(2014)深中法商终字第2522号民事判决书。

被上诉人(一审原告):钟焕桥。

2008 年 10 月 22 日,深旅集团董事会作出《深圳市旅游(集团)股份有限公司定向增发(股份认购权)方案》,主要内容是:第二条本次定向增发(股份认购权),是根据集团公司的资金情况,在一定期限内定向增发给集团高中层管理人员和有突出贡献员工的股份认购权。持有这种股份认购权的人员可以在规定的时期内以约定的价格购买本集团股份。本认购权必须经过授予和行权两个阶段,才能转变为个人的集团股份。第七条股份认购权方案的股票来源于集团增发新股;第十八条股份认购权的授予,集团应发给被授予人《股份认购权证》。第十九条股份认购权证持有人在行权期间可以选择逐次行权,也可以选择最终一次行权或放弃行权。股份认购权行权截止时间为 2011 年 6 月 30 日,逾期不行权的即时作废。同日,深旅集团作出《2008 年第三次临时股东大会决议》通过了《深圳市旅游(集团)股份有限公司定向增发(股份认购权)方案》。

2009 年 2 月 23 日,深旅集团考核领导小组作出《深旅集团 2008 年度股份认购权实施方案》,载明:集团 2008 年度经营目标完成情况符合股份认购权的实施条件,钟焕桥作为集团中层管理人员,授予数额为 50 万股。

深旅集团向钟焕桥核发了加盖了深旅集团公章的《股份认购权证副券》,载明:行权人:钟焕桥,股数:50 万股,价格:1.2 元/股,行权方式:现金行权,第一行权窗口期:2009 年 5 月 1 日至 2009 年 5 月 30 日,行权有效性:依据《深圳市旅游(集团)股份有限公司定向增发(股权认购)方案》有关规定。

2009 年 6 月 8 日,深旅集团作出《2009 年第一次临时股东大会决议》,决议公司的注册资本由 10,000 万元增加至 11,786 万元,增加股份 1786 万股。

2009 年 6 月 26 日,深圳国邦会计师事务所出具深国邦验字〔2009〕266 号《验资报告》,载明:截至 2009 年 6 月 5 日,深旅集团已收到袁雪萍等 32 人缴纳的定向发行股票款 21,432,000 元,其中新增注册资本(实收资本)合计 1786 万元,资本公积 3,572,000 元,各投资者全部以货币出资。公司登记管理机关核准了上述股权变更登记。

2011 年 6 月 1 日,钟焕桥向深旅集团邮寄了《行权申请》和《股份认购权证行权申请表》请求行权。次日,深旅集团收到了钟焕桥邮寄的申请。2011 年 8 月 20 日,深旅集团回复已终止了《深圳市旅游(集团)股份有限公司定向增发(股份认购权)方案》,不予以支持钟焕桥的行权申请。因此,钟焕桥诉至法院请求:判令深旅集团同意钟焕桥以每股 1.2 元的价格向深旅集团行使 50 万股股份的认购权,并以每股 1.2 元的价格向钟焕桥增发 50 万股股份。

广东深圳福田法院一审判决深旅集团应向钟焕桥增发50万股股份。深旅集团不服判决提起上诉,广东深圳中院二审变更判决:深旅集团应向钟焕桥增发50万股股份(深旅集团应在判决生效之日起90日内完成设立验资账户并告知钟焕桥、在钟焕桥向验资账户缴纳股款后为钟焕桥办理验资手续并将钟焕桥记载于股东名册,并办理相应的工商变更登记手续等)。

二审法院认为,新增资本认购权必须经过授予和行权两个阶段,才能转变为个人的集团股份。该方案表明,深旅集团一旦向符合资格条件的人员授予股份认购权证,即受股份认购权证的约束,在股份认购权证持有人按照约定的时期、价格行权时,深旅集团应予以接受。深旅集团向钟焕桥授予股份认购权证属于要约,钟焕桥予以接受则构成承诺。一审判决认为深旅集团与钟焕桥之间成立关于新增资本认购的合同关系,是恰当的。《深圳市旅游(集团)股份有限公司定向增发(股份认购权)方案》及深旅集团授予钟焕桥的股份认购权证对于增发股份的数量、价格、期间等权利义务内容等约定明确,深旅集团及钟焕桥应按照约定履行各自的义务。钟焕桥要求行权,符合约定。深旅集团拒绝钟焕桥行权,构成违约,一审判决认为深旅集团应继续履行合同向钟焕桥增发股是恰当的。

本案一审法院认为钟焕桥行权后公司要重新召开股东大会作出决议,但本书支持二审法院的观点,认为钟焕桥行权后公司应直接派发股份。根据法院查明的事实,本案《深圳市旅游(集团)股份有限公司定向增发(股份认购权)方案》已经对授予钟焕桥认购权证的股份数量、价格、行权期限及实施定向增发的条件等作出具体规定,并经过代表三分之二以上表决权的股东通过,本书认为可视为钟焕桥可行权部分的增资扩股的股东大会决议已生效。随后,公司颁发认购权证时即向员工表达了建立增资扩股合同的要约,钟焕桥要求行权即构成承诺,双方建立新增资本认购关系。因此,公司要依据已生效的股东大会决议向钟焕桥派发股份,钟焕桥要支付增资款。并且钟焕桥支付增资款后,才能进一步请求确认股东身份和股东权利。

2. 未履行股东登记并不影响增资行为本身的效力

公司法裁判中关于增资协议效力的认定,一般可以根据协议签订主体是否适格,签订协议的意思表示是否真实,有无对协议达成一致的合意,以及协议内容是否合法认定协议效力。并且有些案例认为一经签字,即发生法律效力①。工商登记

① 参见江苏省高级人民法院(2015)苏商外终字第00045号民事判决书;北京市第一中级人民法院(2012)一中民终字第12832号民事判决书。

仅具有证权效力,并无设权效力,公司未出具出资证明书、变更股东名册及工商登记的,不影响出资协议的效力认定。

案例·16 - 经典案例 -

增资协议的效力不等于公司增资扩股行为的效力

——索文公司与谭俭荣等新增资本认购纠纷、买卖合同纠纷上诉案①

上诉人(原审被告):索文公司、卢扬锐。

被上诉人(原审原告):谭俭荣。

原审被告:苏树强。

原审第三人:孙宗权。

索文公司是于2013年8月14日登记成立的有限责任公司,法定代表人是卢扬锐。索文公司的公司章程第三十条约定,公司不设股东会。股东行使下列职权:(一)……(七)对公司增加或者减少注册资本作出决定;……(十)修改公司章程。股东作出上述决定时,应采用书面形式,并由股东签名后置备于公司。

索文公司拟投资1700万元筹备经营索吻酒吧阳江西平路店,2014年1月9日,索文公司作为甲方与谭俭荣作为乙方签订《股份认购协议书》(协议编号:005),就乙方认购甲方所筹备经营的项目"阳江市索文餐饮策划管理有限公司"(索吻酒吧阳江西平路店)股权事宜约定如下:乙方通过向甲方出资人民币170万元,认购甲方10%股份,在本协议约定的期限内,乙方享有获得的甲方总盈利利润(税后)10%的分成。谭俭荣在协议乙方一栏签名确认,索文公司在协议甲方一栏加盖公章,苏树强在甲方授权代表一栏签名。协议签订后,谭俭荣于2014年1月9日、2014年1月10日分两次向索文公司指定的账户汇款,苏树强收款后签写《收据》一份予谭俭荣收执。索文公司在与谭俭荣签订协议时,并未经股东会作出同意增加注册资本的特别决议;签订协议后,索文公司没有向谭俭荣签发出资证明书、记载入股东名册、办理增资和新增股东的工商登记备案等。

谭俭荣向一审法院起诉请求:(1)判决确认谭俭荣与索文公司签订的编号005《股权认购协议书》无效(一审庭审中主张如果协议有效,也应当依法解除)。(2)判

① 参见广东省阳江市江城区人民法院(2016)粤1702民初3921号民事判决书;广东省阳江市中级人民法院(2017)粤17民终1049号民事判决书。

令索文公司、苏树强共同返还170万元出资款及利息。

一审法院认为涉案《股份认购协议书》协议合法有效，但支持协议解除，判令公司返还投资款。二审法院认可一审法院的认定，予以维持。

本案争议焦点之一为涉案的《股份认购协议书》是否有效。投资人谭俭荣称公司新增资本应当由股东会作出决议，必须经代表三分之二以上表决权的股东通过，但案涉协议未经任何决议程序，显然违反法定程序而无效。

一审法院认为，本案是有限责任公司（索文公司）与新出资人（谭俭荣）之间因新增出资后出资人主张返还出资款引发的纠纷，应定性为新增资本认购纠纷。关于涉案的《股份认购协议书》是否有效，索文公司与谭俭荣签订《股权认购协议书》，实际上是索文公司通过增资扩股实现增资目的，而谭俭荣通过认缴新增资本实现投资目的的行为。谭俭荣与索文公司拟确立的是新增资本认购的法律关系。并且，阳江市索文餐饮策划管理有限公司是一人公司，公司的法定代表人是唯一股东。签订协议后谭俭荣亦已履行足额缴纳出资款170万元的义务，涉案的《股份认购协议书》主体适格，亦无违反法律、行政法规的强制性规定，该协议是合法有效的。

二审法院认为，索文公司作为甲方与谭俭荣作为乙方，就认购股权事宜签订本案《股份认购协议书》，上述协议的当事人是索文公司和谭俭荣，协议约定谭俭荣认购索文公司筹备经营的索吻酒吧项目，项目总投资金额为1700万元，谭俭荣通过向索文公司出资人民币170万元认购索文公司10%股份，享有获得索文公司总盈利利润（税后）10%的分成，谭俭荣担任索文公司的监事。从上述协议的内容来看，目的是索文公司通过增资扩股方式吸纳投资资金，协议主体适格，内容没有违反法律强制性规定，因此该《股份认购协议书》合法有效。虽然索文公司没有向谭俭荣出具出资证明书，没有履行变更股东名册、变更工商登记等义务，但不影响案涉《股份认购协议书》的效力，该协议对双方具有约束力。

本书认为，新投资人起诉时的诉讼请求不当，其混淆了增资扩股有效性和增资扩股协议有效性。对于增资扩股协议，一般从签订主体及其意思表示、签订内容等是否合法而进行认定。本案双方均是合法的主体，签订增资扩股协议的意思表示真实、协议内容合法，亦不存在合同无效的情况，因此增资扩股协议合法有效。但是增资扩股协议有效并不等于增资扩股有效。增资扩股完成要求公司作出有效的增资扩股决议、投资人支付增资款等，缺少任一要件，增资扩股的目的都不能实现。本案公司未作出有效的股东会决议，从而导致增资扩股的目的无法实现，投资人可以据此请求解除协议，返还投资款。

（三）增资人要求返还增资款的处理

1. 新投资人在履行变更登记前签署《退股协议》的，股东有权请求退还出资款

案例·17 －经典案例－

新投资人在履行变更登记前签署《退股协议》，股东有权请求退还出资款

——刘辉杰与远卓能源公司、周文阁等新增资本认购纠纷案①

原告：刘辉杰。

被告：远卓能源公司、周文阁、张俊顺、邹国栋、朱锦胜、周克冬。

2012年7月9日，刘辉杰以入股投资人的身份与投资企业法定代表人周文阁、股东代表顾某签订《入股投资协议》一份，协议约定"投资人刘辉杰以资金方式出资260,000元。入股投资人刘辉杰的股东资格，将于本协议签订之日正式生效。在本协议有效期间，在公司股权下一次变更前，合股投资人刘辉杰享有远卓能源公司股东权益"。2012年8月13日，刘辉杰向远卓能源公司转入1,000,000元，之后，刘辉杰未再进一步向远卓能源公司出资。2012年9月10日，远卓能源公司向刘辉杰出具收据一份，载明收到投资款1,000,000元。

2012年9月14日，以刘辉杰为甲方，远卓能源公司为乙方，周文阁等为丙方的三方签订《退还投资款协议》一份。协议约定，于本协议生效日解除《入股投资协议》，乙方承诺无条件返还甲方1,000,000元投资款及相应的利息。2013年4月22日，付款人远卓能源公司向收款人刘辉杰支付款项20,000元，用途记载为资金利息费。

2013年5月14日，以刘辉杰为甲方，远卓能源公司为乙方，周文阁等为丙方的三方签订《〈退还投资款协议〉补充协议》一份。协议载明，截止到2013年5月10日，由于乙方未按期还清甲方投资款及利息，已经构成违约，为此在原有2012年9月14日所签署的《退还投资款协议》基础上经三方协商一致，签署以下补充协议乙方承诺在2013年8月30日前还清甲方投资款1,000,000元的本金和利息。2013年6月17日，付款人远卓能源公司向收款人刘辉杰支付款项100,000元，用途记载为归还款。

刘辉杰诉称远卓能源公司在返还第一笔投资款100,000元后，拒绝支付其余投

① 参见上海市闵行区人民法院（2013）闵民二（商）初字第1526号民事判决书。

资款及利息。因此诉至上海闵行法院请求:判令被告远卓能源公司向原告返还借款及利息。

上海闵行法院认为本案是新增资本认购纠纷,判决远卓能源公司返还投资款90万元及相关利息。

本案的争议焦点之一为本案所涉纠纷的性质,上海闵行法院认为由于原告未按约向远卓能源公司提供全部投资款,导致出资程序中断,之后双方签订的《退还投资款协议》和《补充协议》,实际是对解除《入股投资协议》后就原告已经交付的投资款的返还达成的约定。因此,本案并非民间借贷纠纷,而是新增资本认购纠纷。此外,《退还投资款协议》系当事人真实意思表示,内容不违背国家法律、行政法规的强制性规定,也不具有法定的无效合同的其他要件,该协议当属有效,合同的条款对协议当事人具有拘束力。被告远卓能源公司理应按照协议的约定分期返还原告相应投资款并支付相应的利息。

本书认为,《入股投资协议》签订当时以及刘辉杰支付100万元时,双方确实存在增资扩股的合意,但公司股东会未就增资扩股达成有效决议,且未办理工商变更登记,因此《入股投资协议》解除前仍未产生增资效果。解除《入股投资协议》时双方已经不再具有增资扩股的合意,公司增资扩股失败,投资人有权据此请求返还增资款。

2. 公司未赋予新投资人股东权利,新投资人增资目的无法实现的,有权要求返还投资款

案例·18 – 经典案例 –

公司未赋予新投资人股东权利,新投资人有权要求解除增资协议并返还增资款

——欣吉韩物流公司、王琳琳新增资本认购纠纷、买卖合同纠纷上诉案①

上诉人(一审被告):欣吉韩物流公司。

被上诉人(一审被告):王琳琳。

① 参见山东省青岛市黄岛区人民法院(2017)鲁0211民初918号民事判决书;山东省青岛市中级人民法院(2018)鲁02民终5660号民事判决书。

一审被告:韩宝海、季海岚、季学梅。

欣吉韩物流公司于2009年6月5日在工商部门登记成立,注册资本500万元,公司股东为韩宝海和季学梅,分别出资货币200万元和300万元,持股比例分别为40%和60%。公司章程载明:公司增加或减少注册资本,必须召开股东会并由全体股东通过作出决议。公司变更注册资本应依法向登记机关办理办更登记手续。股东依法转让出资后,由公司将受让人的名称、住所以及受让方的出资额记载于股东名册。公司工商登记中的验资报告载明二股东已于2009年6月5日实际出资到位。

2013年12月18日,王琳琳(甲方)与欣吉韩物流公司、韩宝海、季学梅(乙方)签订《入股协议书》,约定双方同意以资金和实物折合入股的方式加入成立公司,成为公司股东之一。公司为有限责任公司,甲方对公司责任以出资额为限,双方出资额为500万元。公司资本为500万元。乙方股东资产270万元、无形资产230万元,公司总资产合计500万元。董事会由3名董事组成,董事有季学梅、韩宝海、王琳琳。

2014年9月28日,经股东韩宝海与季学梅同意,季学梅将其持有的200万元股权全部转让给季海岚,公司股东变更为韩宝海和季海岚,出资额分别为300万元和200万元,占公司注册资本的比例分别为60%和40%。

王琳琳向一审法院起诉请求:请求判令解除其与欣吉韩物流公司签订的《入股协议书》,并由欣吉韩物流公司、韩宝海、季海岚、季学梅连带返还王琳琳200万元出资款,并赔偿损失100万元。

一审法院认为王琳琳不具有股东资格,并判决解除涉案入股协议书,欣吉韩物流公司向王琳琳返还投资入股款2,000,000元并支付损失60,958元。

一审法院认为,本案系有限责任公司与新出资人之间因新增出资后未按照公司法相关规定确认出资人股东身份、出资人主张返还投资款而引起的诉讼纠纷。股东权利是一项独立的民事权利,对外具有公示性,是股东对公司财产或事务的控制权或者支配权,是股东基于出资而享有的法律地位和权利。本案涉案入股协议书系双方当事人真实意思表示,未违反法律和行政法规的规定,一审法院予以确认,双方各应按约履行。从入股协议书看,王琳琳2013年12月18日投资入股欣吉韩物流公司,应取得股东资格享有股东权利,欣吉韩物流公司应按照公司章程规定对王琳琳股东身份及股权情况向工商部门审批并进行变更登记,并保证王琳琳享有股东权利,但从工商部门登记的情况看,自王琳琳签订入股协议书至起诉时已近

5年，既未有王琳琳的股东资格及持股比例记载，亦未有王琳琳股权受让情况的说明，公司的注册资本仍为成立时章程规定的500万元，持股股东仅在韩宝海和季学梅、季海岚之间进行过变更，王琳琳出资认购欣吉韩物流公司的新增资本后，也并未实际享有该公司的股东权利，欣吉韩物流公司亦未提交证据证明。因此，王琳琳投资入股后不能实现其成为欣吉韩物流公司股东的目的，该入股协议书约定的合同目的未实现，且持续了较长时间，应予以解除，王琳琳投资入股的款项应予以返还。

二审法院认为，从章程、工商登记、股东是否实际享受股东权利和履行股东义务等方面均不能确认王琳琳系欣吉韩物流公司的股东，本院认为新增资本系股东通过向公司出资成为公司股东的行为，王琳琳并未成为股东，在解除入股协议后，欣吉韩物流公司应退还王琳琳的增资款。

本书认为，根据法院查明事实，本案已形成有效的增资入股决议，双方签订的《入股协议书》亦合法有效，则双方已经建立新增资本认购关系。现投资方已经支付增资款，则公司应当办理工商变更手续，增加公司注册资本并落实投资方的股东身份。但截至起诉时公司尚未履行上述义务，因此双方签订的《入股协议书》的合同目的已经不能实现，投资方可以请求解除协议，主张退还增资款。

六、新增资本认购纠纷的管辖

关于管辖权的审查，法院应紧紧围绕当事人的诉讼请求展开。对于一些法律关系复杂，而案由上有争议的案件，即便在实体审理中案由可能被纠正为新增资本认购纠纷，但法院在进行管辖权审查时，仍将根据起诉的案由确定管辖，例如，“盈腾公司与青企壹公司等民间借贷纠纷案”①中，北京高院经审理认为，青企壹公司以民间借贷纠纷提起本案诉讼，并主张其与五被告之间实质上系民间借贷关系，法院应依据原告所主张的法律关系确定案件管辖。至于青企壹公司所诉的法律关系是否正确以及主张的依据是否充分，诉讼请求能否得到支持，需待实体审理。故盈腾公司主张本案系新增资本认购纠纷，应以此确定管辖的意见，法院不予采纳。因此即便是该案在实体审理中被确认为新增资本认购纠纷，但在管辖权异议审理时，法院仍将按照民间借贷关系确定案件管辖。据此，本书讨论的管辖权问题以立案案由为新增资本认购纠纷的案件为限。

司法实践中，新增资本认购纠纷的管辖权适用规则有三种裁判思路：一般地域

---

① 参见北京市高级人民法院(2018)京民辖终45号民事裁定书。

管辖、合同纠纷管辖、公司纠纷管辖。

（一）一般地域管辖

一般地域管辖，是指以当事人的所在地与人民法院辖区的隶属关系来确定诉讼管辖。如在“华阳致远公司与海南天然橡胶公司等新增资本认购纠纷案”①中，被告华阳致远公司提出管辖权异议，认为根据《民事诉讼法》第二十一条第二款“对法人或者其他组织提起的民事诉讼，由被告住所地人民法院管辖”之规定，其住所地在陕西省西安市高新区，故海南省高级人民法院对本案没有管辖权。最高人民法院认为，该案另两名被告的住所地均在海南省，根据《民事诉讼法》第二十一条第三款“同一诉讼的几个被告住所地、经常居住地在两个以上人民法院辖区的，各该人民法院都有管辖权”之规定，海南高院对本案有管辖权。

（二）合同纠纷管辖

实践中，因新增资本认购引起的纠纷常常涉及《增资扩股协议》，在案由认定上，很大一部分新增资本认购纠纷同时立为“买卖合同纠纷”。部分法院适用合同纠纷管辖规定，如在“文镇国与周洪峰、潘笑伦等新增资本认购纠纷、买卖合同纠纷案”②中，广东东莞三院认为，本案是新增资本认购纠纷案件，关于管辖权，根据《民事诉讼法》第二十三条关于“因合同纠纷提起的诉讼，由被告住所地或者合同履行地人民法院管辖”的规定，本案中，三被告的住所地均在东莞市常平镇，该镇属本院辖区，故本院对该案享有管辖权。

（三）公司纠纷管辖

也有部分法院认为，新增资本认购纠纷作为与公司有关的纠纷应由公司所在地的法院管辖。如在“中尚置业公司、水木博雅企管中心新增资本认购纠纷、买卖合同纠纷上诉案”③中，广东广州中院二审认为，本案系新增资本认购纠纷。根据《民事诉讼法》第二十六条“因公司设立、确认股东资格、分配利润、解散等纠纷提起的诉讼，由公司住所地人民法院管辖”与《民事诉讼法司法解释》第二十二条“因股东名册记载、请求变更公司登记、股东知情权、公司决议、公司合并、公司分立、公司减资、公司增资等纠纷提起的诉讼，依照民事诉讼法第二十六条规定确定管辖”的

---

① 参见最高人民法院（2019）最高法民辖终 124 号民事裁定书。

② 参见广东省东莞市第三人民法院（2012）东三法民四初字第 208 号民事判决书；广东省东莞市中级人民法院（2013）东中法民四终字第 40 号民事裁定书；广东省东莞市第三人民法院（2013）东三法民四重字第 2 号民事判决书。

③ 参见广东省广州市花都区人民法院（2019）粤 0114 民初 3593 号之一民事裁定书；广东省广州市中级人民法院（2019）粤 01 民辖终 1849 号民事裁定书。

规定，本案系因公司增资提起的诉讼，应由公司住所地人民法院管辖。现上诉人住所地位于湖南省永州市蓝山县，湖南永州蓝山法院对本案具有管辖权。根据《民事诉讼法》第三十四条“合同或者其他财产权益纠纷的当事人可以书面协议选择被告住所地、合同履行地、合同签订地、原告住所地、标的物所在地等与争议有实际联系的地点的人民法院管辖，但不得违反本法对级别管辖和专属管辖的规定”的规定，案涉《增资协议》第十四条“本协议各方当事人因本协议发生的任何争议，可通过友好协商的方式解决，协商不成的，任一方均可向合同签订地人民法院提起诉讼”的约定，违反了法律关于专属管辖的规定，该约定无效，本案应由湖南永州蓝山法院管辖。本书认为，本案适用公司住所地人民法院管辖有一定依据，但是并未违反专属管辖，原因在于，从立法体例上看，《民事诉讼法》第三十四条位于第二章“管辖”的第二节“地域管辖”部分，而该节第三十三条明确规定了专属管辖的情形，并不包括与公司有关的诉讼的情形。因此，《民事诉讼法》第二十六条关于公司诉讼的规定应当理解为特殊地域管辖的规定而不属于专属管辖。

对于新增资本认购纠纷案由的管辖问题，本书认为，《最高人民法院民事案件案由适用要点与请求权规范指引》表示：因新增资本认购纠纷提起的诉讼，应以《民事诉讼法》规定的关于地域管辖的一般原则为基础，并结合《民事诉讼法》第二十六条①的规定综合考虑确定管辖法院。

关于新增资本认购纠纷的管辖，除了法定管辖外，实践中，部分法院认为，该类纠纷在有协议约定的情况下，应当适用《民事诉讼法》第三十四条协议管辖的规定，由当事人选择与争议有实际联系的地点的人民法院管辖。如在点乐公司与广发信德公司等新增资本认购纠纷管辖权异议一案②中，点乐公司对本案管辖权提出异议，认为因新增资本认购纠纷提起诉讼的，依法应由公司住所地人民法院管辖，排除协议管辖。而广州高院认为《民事诉讼法》第二十六条关于公司诉讼的规定应当理解为特殊地域管辖的规定而不属于专属管辖。特殊地域管辖条款并不排除当事人的协议管辖约定，因此，当事人对于争议解决方式有约定的应从其约定，无约定或者约定不具有可操作性则依照法律规定予以确定案件的管辖法院。根据本案查明的事实，三原告起诉所依据的《投资协议》及《补充协议》均约定了内容明确的协议管辖条款，该协议管辖条款符合《民事诉讼法》第三十四条“合同或者其他财产权益纠纷的当事人可以书面协议选择被告住所地、合同履行地、合同签订地、原告住

① 《民事诉讼法》第二十六条：“因公司设立、确认股东资格、分配利润、解散等纠纷提起的诉讼，由公司住所地人民法院管辖。”

② 参见广东省高级人民法院(2018)粤民辖终409号民事判决书。

所地、标的物所在地等与争议有实际联系的地点的人民法院管辖,但不得违反本法对级别管辖和专属管辖的规定”的规定,应确认为有效。

总体而言,就新增资本认购纠纷的管辖问题,法院在实践中认为《民事诉讼法》所规定的法定管辖条款并不排除当事人的协议管辖约定,因此,当事人对于争议解决方式有约定的应从其约定,无约定或者约定不具有可操作性,则依照法律规定予以确定案件的管辖法院。如果存在多个法院管辖权竞合的情况,则按照《民事诉讼法》第三十五条的规定,由最先立案的法院管辖。

七、法律法规及适法意见

(一)全国性

1.《民法典》节选

第一百二十五条　民事主体依法享有股权和其他投资性权利。

2.《公司法》节选

第三十四条　股东按照实缴的出资比例分取红利;公司新增资本时,股东有权优先按照实缴的出资比例认缴出资。但是,全体股东约定不按照出资比例分取红利或者不按照出资比例优先认缴出资的除外。

第三十七条　股东会行使下列职权:

……

(七)对公司增加或者减少注册资本作出决议;

……

对前款所列事项股东以书面形式一致表示同意的,可以不召开股东会会议,直接作出决定,并由全体股东在决定文件上签名、盖章。

第四十三条　股东会的议事方式和表决程序,除本法有规定的外,由公司章程规定。

股东会会议作出修改公司章程、增加或者减少注册资本的决议,以及公司合并、分立、解散或者变更公司形式的决议,必须经代表三分之二以上表决权的股东通过。

第一百三十三条　公司发行新股,股东大会应当对下列事项作出决议:

(一)新股种类及数额;

(二)新股发行价格;

(三)新股发行的起止日期;

(四)向原有股东发行新股的种类及数额。

第一百三十四条　公司经国务院证券监督管理机构核准公开发行新股时，必须公告新股招股说明书和财务会计报告，并制作认股书。

本法第八十七条、第八十八条的规定适用于公司公开发行新股。

第一百三十五条　公司发行新股，可以根据公司经营情况和财务状况，确定其作价方案。

第一百三十六条　公司发行新股募足股款后，必须向公司登记机关办理变更登记，并公告。

第一百七十八条　有限责任公司增加注册资本时，股东认缴新增资本的出资，依照本法设立有限责任公司缴纳出资的有关规定执行。

股份有限公司为增加注册资本发行新股时，股东认购新股，依照本法设立股份有限公司缴纳股款的有关规定执行。

第一百七十九条第二款　公司增加或者减少注册资本，应当依法向公司登记机关办理变更登记。

3.《公司法司法解释(三)》节选

第十三条　股东未履行或者未全面履行出资义务，公司或者其他股东请求其向公司依法全面履行出资义务的，人民法院应予支持。

公司债权人请求未履行或者未全面履行出资义务的股东在未出资本息范围内对公司债务不能清偿的部分承担补充赔偿责任的，人民法院应予支持；未履行或者未全面履行出资义务的股东已经承担上述责任，其他债权人提出相同请求的，人民法院不予支持。

股东在公司设立时未履行或者未全面履行出资义务，依照本条第一款或者第二款提起诉讼的原告，请求公司的发起人与被告股东承担连带责任的，人民法院应予支持；公司的发起人承担责任后，可以向被告股东追偿。

股东在公司增资时未履行或者未全面履行出资义务，依照本条第一款或者第二款提起诉讼的原告，请求未尽公司法第一百四十七条第一款规定的义务而使出资未缴足的董事、高级管理人员承担相应责任的，人民法院应予支持；董事、高级管理人员承担责任后，可以向被告股东追偿。

第二十二条　当事人之间对股权归属发生争议，一方请求人民法院确认其享有股权的，应当证明以下事实之一：

(一)已经依法向公司出资或者认缴出资，且不违反法律法规强制性规定；

(二)已经受让或者以其他形式继受公司股权，且不违反法律法规强制性规定。

第二十三条　当事人依法履行出资义务或者依法继受取得股权后，公司未根据公司法第三十一条、第三十二条的规定签发出资证明书、记载于股东名册并办理公司登记机关登记，当事人请求公司履行上述义务的，人民法院应予支持。

第二十四条　有限责任公司的实际出资人与名义出资人订立合同，约定由实际出资人出资并享有投资权益，以名义出资人为名义股东，实际出资人与名义股东对该合同效力发生争议的，如无法律规定的无效情形，人民法院应当认定该合同有效。

前款规定的实际出资人与名义股东因投资权益的归属发生争议，实际出资人以其实际履行了出资义务为由向名义股东主张权利的，人民法院应予支持。名义股东以公司股东名册记载、公司登记机关登记为由否认实际出资人权利的，人民法院不予支持。

实际出资人未经公司其他股东半数以上同意，请求公司变更股东、签发出资证明书、记载于股东名册、记载于公司章程并办理公司登记机关登记的，人民法院不予支持。

4.《公司注册资本登记管理规定(2014)》节选

第二条　有限责任公司的注册资本为在公司登记机关依法登记的全体股东认缴的出资额。

股份有限公司采取发起设立方式设立的，注册资本为在公司登记机关依法登记的全体发起人认购的股本总额。

股份有限公司采取募集设立方式设立的，注册资本为在公司登记机关依法登记的实收股本总额。

法律、行政法规以及国务院决定规定公司注册资本实行实缴的，注册资本为股东或者发起人实缴的出资额或者实收股本总额。

第九条　公司的注册资本由公司章程规定，登记机关按照公司章程规定予以登记。

以募集方式设立的股份有限公司的注册资本应当经验资机构验资。

公司注册资本发生变化，应当修改公司章程并向公司登记机关依法申请办理变更登记。

第十条　公司增加注册资本的，有限责任公司股东认缴新增资本的出资和股份有限公司的股东认购新股，应当分别依照《公司法》设立有限责任公司和股份有限公司缴纳出资和缴纳股款的有关规定执行。股份有限公司以公开发行新股方式或者上市公司以非公开发行新股方式增加注册资本的，还应当提交国务院证券监督管理机构的核准文件。

第十四条　股东出资额或者发起人认购股份、出资时间及方式由公司章程规定。发生变化的，应当修改公司章程并向公司登记机关依法申请办理公司章程或者公司章程修正案备案。

5.《民事诉讼法(2017 修正)》节选

第二十六条　因公司设立、确认股东资格、分配利润、解散等纠纷提起的诉讼，由公司住所地人民法院管辖。

第三十三条　下列案件，由本条规定的人民法院专属管辖：

(一)因不动产纠纷提起的诉讼，由不动产所在地人民法院管辖；

(二)因港口作业中发生纠纷提起的诉讼，由港口所在地人民法院管辖；

(三)因继承遗产纠纷提起的诉讼，由被继承人死亡时住所地或者主要遗产所在地人民法院管辖。

第三十四条　合同或者其他财产权益纠纷的当事人可以书面协议选择被告住所地、合同履行地、合同签订地、原告住所地、标的物所在地等与争议有实际联系的地点的人民法院管辖，但不得违反本法对级别管辖和专属管辖的规定。

第一百一十九条　起诉必须符合下列条件：

(一)原告是与本案有直接利害关系的公民、法人和其他组织；

(二)有明确的被告；

(三)有具体的诉讼请求和事实、理由；

(四)属于人民法院受理民事诉讼的范围和受诉人民法院管辖。

6.《民事诉讼法司法解释》节选

第二十二条　因股东名册记载、请求变更公司登记、股东知情权、公司决议、公司合并、公司分立、公司减资、公司增资等纠纷提起的诉讼，依照民事诉讼法第二十六条规定确定管辖。

(二)地方性

1.《北京市高级人民法院关于审理公司纠纷案件若干问题的指导意见》节选

第十二条　有限责任公司非经全体股东一致同意，不得变更《公司法》第三十五条、第四十三条规定的或者公司章程规定的利润分配方式、新股认缴方式和表决权行使方式。股东以相关股东会决议或者章程修改未经股东一致同意为由，请求人民法院确认无效的，应予支持。

2.《江苏省高级人民法院关于审理适用公司法案件若干问题的意见(试行)》节选

6. 优先认购权纠纷。

第十三条　股份有限公司以当年利润分派新股,以及股东大会对向原有股东发行新股的种类及数额作出决议,侵犯股东优先认购权的,股东可以公司为被告提起侵权之诉。(《公司法》第一百三十七条、第一百三十八条)。

第七章

损害股东利益责任纠纷

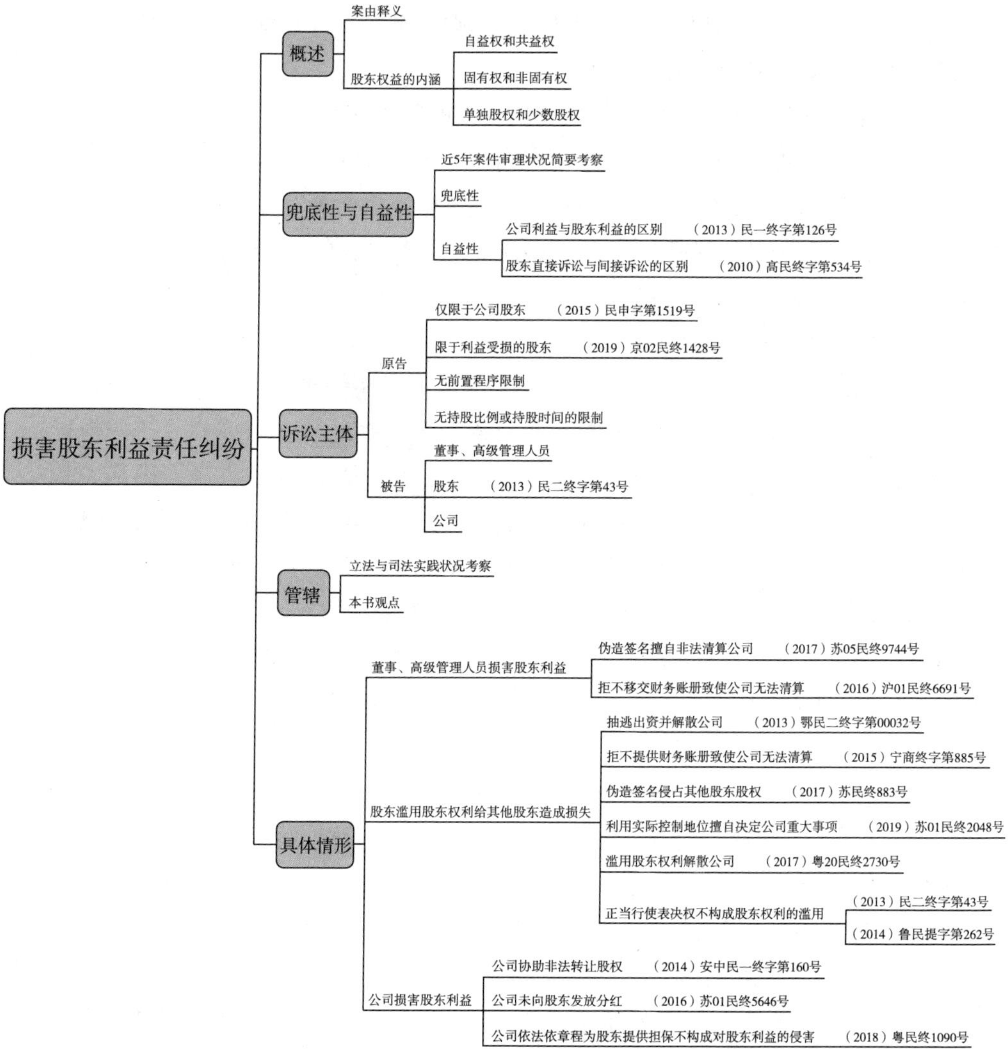

一、概述

(一)案由释义

损害股东利益责任纠纷,根据最高人民法院的权威解释,是指公司董事、高级管理人员违反法律、行政法规或者公司章程的规定,损害股东利益,应当对股东承担损害责任而与股东发生的纠纷。公司高级管理人员,根据《公司法》第二百一十六条第(一)项的规定,是指公司的经理、副经理、财务负责人,上市公司董事会秘书和公司章程规定的其他人员。

现代公司实行两权分离即所有权和经营权的分离制度,股东对公司享有股权,但并不一定直接参与公司的经营管理,而是通过选任公司董事、高级管理人员,由董事、高级管理人员对公司进行经营管理。为了防止公司董事、高级管理人员发生道德风险,侵害公司股东的利益,《公司法》规定了董事、高级管理人员的忠实义务和勤勉义务,并赋予了股东直接诉权,规定股东在其利益被公司董事、高级管理人员侵害时,有权直接提起诉讼。

在司法实践中,损害股东利益责任纠纷涵盖的范围则更为广泛。不仅公司董事、高级管理人员损害股东利益的情形可归入该案由项下,其他股东以及公司损害股东利益的情形亦可归入该案由项下进行解决。这主要是因为,在公司内部关系中,股东利益受损的原因是多种多样的,不仅包括公司董事、高级管理人员对股东利益的损害,亦包括公司其他股东以及公司自身行为对股东利益的损害。因此,为更契合实践中对损害股东利益责任纠纷的认定,为公司股东的利益保护提供更为全面的分析,本书对于损害股东利益责任纠纷的实务探讨,将建立在广义的损害股东利益情形的基础上。

(二)股东权益的内涵

股东权利,简称股权。根据《公司法》第四条的规定,公司股东依法享有资产收益、参与重大决策和选择管理者等权利。这是关于股东权利的概括性规定。根据该规定,一般认为,股权的内容主要包括两方面,即获取经济利益的权利和参与公司经营管理的权利。[①] 股东权益按照不同的标准可以作出不同的分类。

1. 自益权和共益权

以行使目的和权利内容为标准,可以将股东权利分为自益权和共益权。自益权是股东为了自己的利益而从公司获取经济利益的权利,主要体现为股东利润分

① 参见施天涛:《公司法论》,法律出版社 2008 年版,第 254 页。

配请求权、新股认购请求权等财产性权益；共益权是股东为了全体股东利益而行使的参与公司经营管理的权利，在实践中主要体现为股东对重大事项的表决权等。这也是最广为接受的分类标准。

2. 固有权和非固有权

以股东权利的来源为标准，可以将股东权利分为固有权和非固有权。国内主流观点将股东固有权定性为法定股东权，认为股东固有权是公司法赋予股东，不得以公司章程或股东大会决议予以剥夺或限制的权利。[①] 虽然基于不同学者观点，股东固有权的内涵也会有所不同。但鉴于本书为司法实践提供参考的价值取向，就股东固有权的介绍采主流观点。立足《公司法》的法律规定，以法律的强制性规定和股东基本权利双重标准来区分股东固有权和非固有权。

依据《公司法》规定的股东基本权利，总体来说股东固有权包括资产收益类权利、参与管理类权利、信息知悉类权利以及股东救济类权利。资产收益类权利包括股权转让权、股利分配请求权、剩余财产分配请求权；参与管理类权利包括股东（大）会出席权、提案权、表决权、股东（大）会召集权；知情权包括查阅权、质询权、信息接收权；救济类固有权为强制解散公司请求权、异议股东股权回购请求权、股东诉讼权。[②] 上述股东固有权分类以及其具体的固有权种类如图 7－1 所示。

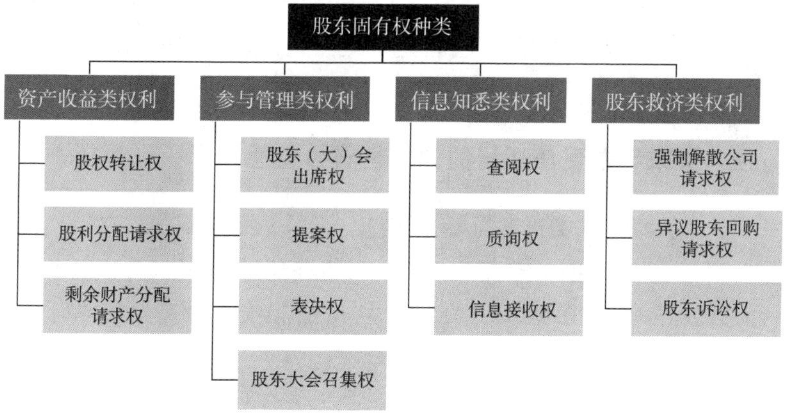

图 7－1　股东固有权的种类

① 参见赵旭东主编：《公司法学》，法律出版社 2016 年版，第 316 页。虽然该观点为学内权威学者的主流观点，但是亦有学者持反对意见，并认为基于股东固有权的理论本意，股东固有权的权利来源应当是被视为公司章程，因此股东固有权与其说是基于公司强制性法规而存在的实定法权利，倒不如说是其建立在期待权理论之上的一种自然法上的权利。参见陈景伟：《有限公司股东固有权探析》，载《行政与法》2018 年第 1 期。

② 以上细化种类为根据权利性质进行的重点分类，并未穷尽列举。

非固有权又被称为章定股东权，即由章程赋予或者限制的权利。一般而言，自益权涉及财产利益获取，该领域很大程度地适用意思自治规则，因此自益权多属于非固有权；而公司治理等相关权益涉及各个股东之间的权利对抗，为了防止出现不公正的现象，公权力有必要进入该领域进行一定的管理行为，基于此共益权多属于固有权。

3. 单独股权和少数股权

以行使方法为标准，股东权利可以分为单独股权和少数股权。单独股权即指股权的行使不存在任何的比例要求；少数股权则是须具备一定股权比例要求方能行使的股东权利，如请求召开股东会临时会议、召集和主持股东会、提出临时议案、提起股东派生诉讼等。

股东资格是股东权利行使的权利基础。一般情况下股东资格与股东权利同时取得，但是存在特殊约定的例外。例如，在公司章程中对股东权利存在限制性约定时两者可以分开取得，该种限制约定只要不违反法律、行政法规效力性强制性规定，一般应认定为有效。该类规定在以技术为核心的科技公司中被十分广泛地运用。科技公司依赖发起者的技术开展经营活动，因此成员组成的稳定性对于此类公司有着重要的意义。基于此，公司章程中通常会规定限售条款，即限制股东在某段时间内转让公司股权。实际上限售规定是对股东就其股份享有自益权的限制。限售条款的合法性一般能够得到支持，这一观点也体现在了最高人民法院的指导案例中。

二、损害股东利益责任纠纷的兜底性与自益性

（一）近5年案件审理状况简要考察

我们对中国裁判文书网上“损害股东利益责任纠纷”案由项下的民事案件进行检索，整理出2013年至2019年全国法院审理情况，按照法院层级整理如图7－2所示：

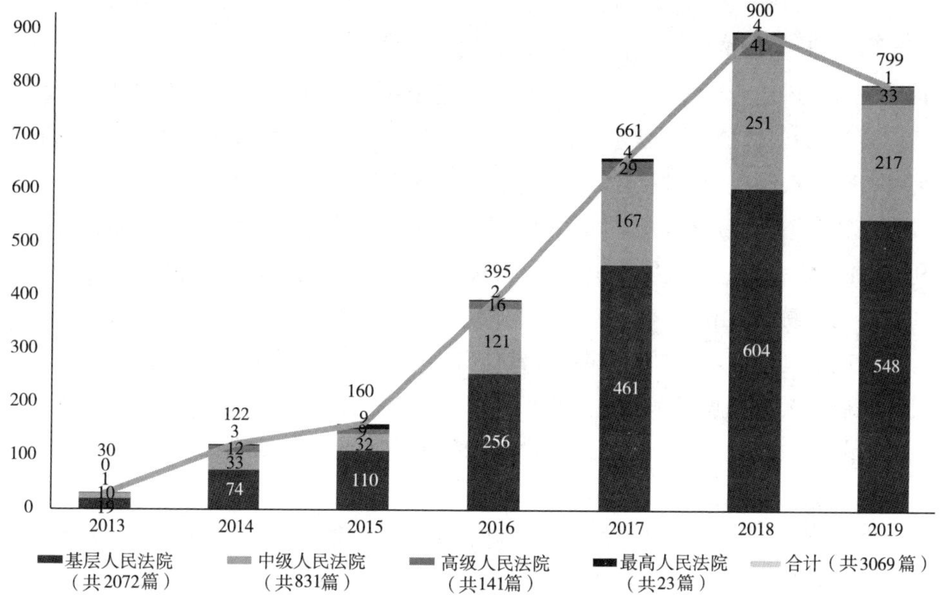

图 7－2 我国各级人民法院案件审理情况

由图 7－2 可知，自 2013 年至 2019 年，我国法院“损害股东利益责任纠纷”案件审理数量呈总体上升趋势，且案件审理主要集中在基层法院。为确保案例的权威性，本书选取 2013 年 1 月 1 日至 2019 年 12 月 31 日最高人民法院、全国各省市高院及我国部分地区（北京 37 篇、上海 15 篇、广东 110 篇、江苏 74 篇、浙江 58 篇，共 294 篇）中院“损害股东利益责任纠纷”案件（共 458 篇裁判文书）作为考察样本进行分析。

在大多数情况下，股东认为其权益受损而提起损害股东利益之诉，其诉讼请求无法得到法院的支持。通过阅览大量判决，原告方败诉的理由除了实体部分证据不足、法律无据之外，还存在两个重要的原因：

第一，没有理解损害股东利益责任纠纷这一案由的兜底性特性，导致原告的部分诉讼请求应当在其他具体案由中得到解决，原告以具体情形（如对公司决议有异议、请求查阅公司会计账簿等）提起损害股东利益之诉，其诉讼请求往往难以得到支持。

第二，没有厘清公司利益与股东个体利益的区别。在大多数情形下，被告实际侵害的是公司利益而非股东个体的直接利益，股东未履行股东代表诉讼的前置程序维护公司利益而提起直接诉讼维护股东个体利益，显然无法得到法院的支持。

因此，下文中本书将会对损害股东利益责任纠纷与其他损害股东利益案由，股东直接诉讼与股东间接诉讼的关系进行分析。

(二)损害股东利益责任纠纷的兜底性

公司股东之所以能够以自己的名义提起损害股东利益之诉,是因为公司股东享有股东权利,这是损害股东利益责任纠纷的基石。而损害股东利益责任纠纷则是对由股东权利受损引发纠纷的兜底性解决路径。

前文介绍了股东权益的内涵,如果股东权益受损的,股东根据其享有的具体权利,可在与之相对应的案由中提起诉讼,对其权利进行救济,而非一律在“损害股东利益责任纠纷”案由下对所有权利受损的情形进行解决。当股东的具体权利受损,且有相应的具体案由时,股东应在该具体案由项下对该权利进行救济,仅在已有的具体案由均无法涵盖股东利益受损的情形时,方可以“损害股东利益责任纠纷”案由进行救济。因此,从这种角度来看,损害股东利益责任纠纷对于股东权利的救济是具有兜底性的。

鉴于我国《公司法》对股东具体权利的规定较为零散,本书根据《公司法》对股东权利的概括性规定和具体规定,结合民事案由的相关规定,对我国股东在《公司法》中享有的具体权利及相应的适用案由进行了归纳,如表 7 - 1 所示:

表 7 - 1　股东权利、救济依据及适用案由

股东权利	《公司法》依据	适用案由	本书章节
股东身份权	第三十一条、第三十二条	股东资格确认纠纷、股东名册记载纠纷	第一、二章
股利分配请求权	第一百六十六条	公司盈余分配纠纷	第五章
优先受让和认购新股权	第七十一条、第三十四条	新增资本认购纠纷、股权转让纠纷	第六章
表决权	第四十二条、第四十三条、第一百零三条	公司决议纠纷	(下册)
知情权	第三十三条、第九十七条	股东知情权纠纷	第三章
选择、监督管理者权	第一百零五条、第一百五十条、第一百五十一条	损害公司利益责任纠纷	第九章
退股权	第七十四条	请求公司收购股份纠纷	第四章
其他权利,如剩余财产分配请求权;提议、召集、主持股东会临时会议权;解散公司请求权及其他兜底性权利	第一百八十六条、第四十条、第一百零一条、第一百八十二条、第一百五十二条、第二十条	损害股东利益责任纠纷	第七章

根据表7-1可知,《公司法》规定了公司股东的具体权利,当具体权利有法定的具体案由与之相对应时,股东应当优先在该案由项下对其受损的权利进行救济,仅在具体案由无法涵盖股东的受损利益时,股东才可提起损害股东利益之诉。明确损害股东利益责任纠纷的这一兜底性功能,有助于正确适用法律,为股东利益提供全面的保护。

(三)损害股东利益责任纠纷的自益性

1. 公司利益与股东利益的区别

公司利益与股东利益是两个不同的概念。我国《公司法》第三条规定,公司是企业法人,有独立的法人财产,享有法人财产权;公司以其全部财产对公司的债务承担责任。我国《民法典》第五十七条对法人作出了定义,即法人是具有民事权利能力和民事行为能力,依法独立享有民事权利和承担民事义务的组织。根据以上规定和公司制度的基本原理可知,股东出资设立公司,但公司有自己独立的人格,其享有的财产和权益并不属于股东。股东依法参与公司经营,通过正当程序,实现股权中的收益权,但其无权直接分割公司的财产、获取属于公司的利益。

案例·1　－最高人民法院案例－

股东对公司资产不享有直接请求权

——谭利兴与黎经炜等损害股东利益赔偿纠纷上诉案①

上诉人(原审原告):谭利兴。

上诉人(原审被告):黎经炜、黎桂芬、彩星公司。

原审被告:刘澜,系天元会计师事务所前负责人。

经纬公司成立于2003年,黎经炜、谭利兴、胡钊伟、黎经林、张志成、叶子宇的出资比例分别为40%、40%、6%、5%、4.5%、4.5%。《经纬公司章程》规定:“股东会对公司增加或减少注册资本、分立、合并、解散或者变更公司形式以及公司章程的修改、生产经营事宜、增资等各种事项作出决议,必须经代表50%以上表决权的股东通过……”2006年6月5日,香河县工商行政管理局对经纬公司下发《责令修改公司章程违法条款的通知》,指出《经纬公司章程》中的上条规定违反了《公司法》第

① 参见河北省高级人民法院(2009)冀民二初字第12号民事判决书;最高人民法院(2013)民一终字第126号民事判决书。

四十四条第二款的规定,责令该公司限期修改并登记备案。

2006年2月28日,经纬公司召开第十一次股东会会议,议案为就公司资产作价整体出让事宜进行磋商。除谭利兴(委托代表谭妹良)对议案不愿意表态同意或不同意外,其他黎经炜、胡钊伟(委托代表黎经炜)、黎经林、张志成、叶子宇五位股东(享有60%的表决权)同意并通过决议,同意将公司资产以不低于113,550,000元的价格整体出让给第三方公司或个人并授权执行董事黎经炜具体办理本次整体资产出让的谈判、签约及所有相关的手续。

2006年3月15日,经纬公司召开第十二次股东会议,除谭利兴(委托代表韩志强、邝伟健)对议案不愿意表态同意或不同意外,其他黎经炜、胡钊伟(委托代表黎经炜)、黎经林(委托代表黎经炜)、张志成(委托代表黎经炜)、叶子宇五位股东(享有60%的表决权)同意并通过决议,同意黎桂芬等五人组合受让经纬公司的整体资产,同意公司整体资产出让的《资产出让合同》的具体条款并授权执行董事黎经炜具体办理本次整体资产出让的谈判、签约及所有相关的手续。

2006年3月20日,经纬公司(甲方,代表人黎经炜)与受让方彩星公司(乙方,代表人黎桂芬)订立《资产转让合同》,约定:"乙方于2006年3月5日按甲方第十一股东会决议的精神,向甲方提出申请受让甲方资产,并经甲方第十二次股东会决议确认取得最终受让权。"

2006年6月,谭利兴作为经纬公司股东,以该公司及该公司其他股东黎经炜等为被告,并以彩星公司为共同被告提起诉讼,请求确认第十二次股东会决议无效或应予撤销,一、二审法院均驳回谭利兴的诉讼请求,且最高人民法院驳回谭利兴的再审申请。

2008年5月底,谭利兴致函经纬公司执行董事黎经炜,要求经纬公司黎经炜为保护本公司及股东利益起诉请求法院确认经纬公司整体资产转让给彩星公司的《资产转让合同》无效。于是,2008年6月经纬公司向一审法院起诉彩星公司要求返还《资产转让合同》项下约定的资产。一审法院于2009年3月18日作出判决认定《资产转让合同》有效。该判决无人上诉,已生效。

谭利兴认为黎经炜作为经纬公司执行董事,以60%的简单多数(不超过三分之二)强行通过《公司资产作价出让的议案》,且在操办过程中严重违法,在出卖公司土地使用权价格上侵占谭利兴1.5亿余元,在建筑的房屋价值上侵占谭利兴3000余万元,侵犯了其作为股东的财产权益。黎桂芬、彩星公司则认为,即便是土地使用权返还,也只能返还给经纬公司,如果将赔偿款直接支付给经纬公司股东谭利兴,其实质必然排除公司解散、清算或者减资等程序、制度的适用。

河北高院一审判决黎经炜、黎桂芬、彩星公司共同赔偿谭利兴相关损失，谭利兴、黎经炜、黎桂芬、彩星公司均不服提起上诉，最高人民法院二审判决撤销一审判决，驳回谭利兴的诉讼请求。（见图7－3）

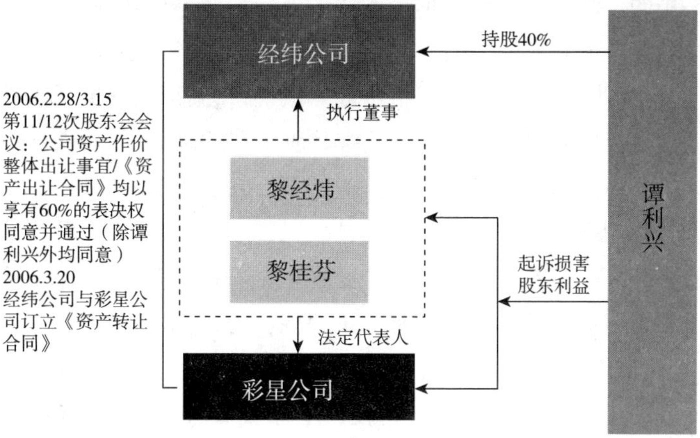

图7－3　谭利兴与黎经炜等损害股东利益赔偿纠纷上诉案

一审法院认为，经纬公司第十一次股东会确定了受让人整体受让经纬公司资产的严格的受让条件，在谭利兴不同意《关于将公司资产作价整体出让的议案》的情况下通过了议案。而第十二次股东会议在锁定受让方为相关联的彩星贸易公司后，却对受让条件予以放宽。再后来，在与彩星公司签订的《资产转让合同》中进一步将条件放宽。上述事实表明，黎经炜在执行股东会决议受托操作经纬公司资产整体转让过程中，将原定的严苛的受让条件一再放宽，并且受让人彩星公司与转让人经纬公司执行人黎经炜（和其他股东）有关联关系尤其是具有共同侵权关系时，黎经炜在执行股东会决议面对异议股东谭利兴的反对时，其继续推动关联关系交易侵害本公司利益进而对谭利兴的股东财产权益构成侵权。在土地价格已大幅上涨，且2006年3月谭利兴不同意表决的情况下，黎经炜作为股东会授权的执行人滥用公司控制权，其本应当主持公司另行委托进行土地资产专项评估，但不当使用了天元会计所低价作出的评估报告，这对经纬公司的异议股东谭利兴明显不利，而只对经纬公司其他股东及关联的彩星公司有益。土地等资产已出卖而不能返还，执行董事黎经炜滥用权利对谭利兴的股东权益造成了损失，其行为构成《公司法》（2005年修订）第二十条第二款、第一百五十三条规定的禁止行为，应当承担在受让人彩星公司不能返还实物财产时对谭利兴股东权益受损的赔偿责任。

二审法院则认为，谭利兴在本案中主张黎经炜、彩星公司及黎桂芬低价转受让案涉资产侵害其利益,其实质是主张黎经炜、彩星公司及黎桂芬转让案涉资产侵害经纬公司的财产权益,并进而侵害其股权所代表的财产权益。经纬公司是案涉资产的所有权人,谭利兴仅对其投资享有股东权益,对公司的财产并不享有直接请求权。而本案中的经纬公司已经根据谭利兴的通知向彩星公司提起诉讼,经纬公司在该诉讼中败诉。谭利兴依据《公司法》(2005 年修订)第一百五十二条所享有的权利已经行使,在此情形下,谭利兴再提起本案诉讼,其事实依据及法律理由仍然是案涉交易造成经纬公司损失并进而侵害其股东利益,显然不能成立。《公司法》(2005 年修订)第一百五十三条规范的是直接侵害股东权益,例如资产收益、参与重大决策以及选举管理者等权益的行为。本案中,谭利兴主张以《公司法》(2005 年修订)第一百五十一条为请求权基础,其实质是主张其作为股东享有的剩余财产分配请求权遭受损害因而请求损害赔偿。二审法院认为,侵害剩余财产分配权的形态表现为,在公司清算解散的前提下,董事、监事、高级管理人员未按照法律、行政法规或者公司章程的规定向股东分配公司剩余财产。而在公司未进入清算解散程序的情况下,执行董事根据有效的股东会决议转让公司资产的行为,不能认定为侵害股东剩余财产权的行为。即使该交易转让价格明显过低,股东也只能依据《公司法》(2005 年修订)第一百五十二条规定的途径寻求救济。也就是说,本案中,谭利兴对其主张的权益不享有依据《公司法》(2005 年修订)第一百五十三条规定的权利,无权请求黎经炜、彩星公司及黎桂芬承担赔偿责任。因此,一审判决以《公司法》(2005 年修订)第一百五十三条的规定为依据,认为经纬公司执行董事代表经纬公司与彩星公司签订的《资产转让合同》侵害了谭利兴的股东权益,显然与该规定的规范目的不相符合,也间接排除了公司解散、清算等程序、制度的适用,同时违反了公司制度的设立目的。因此,二审法院撤销了一审判决并驳回了谭利兴的诉讼请求。

在本案中,最高人民法院对股东直接诉讼与股东代表诉讼作出了较为清晰的解释。公司制度的核心在于股东的财产权与公司的财产权相互分离,股东以投入公司财产为代价获得公司的股权,股东对公司财产并不享有直接权利。因此,《公司法》对于侵害公司权益与侵害股东权益两种情形分别作出了不同的规定。《公司法》第一百五十一条规定,在董事、监事、高级管理人员执行公司职务时违反法律、行政法规或者公司章程的规定,给公司造成损失的,符合一定条件的股东有权要求公司监事会(监事)、董事会(执行董事)提起诉讼;在公司怠于提起诉讼时,符合一定条件的股东才能提起公司代表诉讼。

首先,原告谭利兴提起本案诉讼的依据是现行《公司法》第一百五十二条,即股东对董事、高级管理人员损害其股东利益的股东直接诉讼。谭利兴在本案中主张的是黎经炜、彩星公司及黎桂芬转让案涉资产侵害经纬公司的财产权益，并进而侵害其股权所代表的财产权益，实质是主张其作为股东享有的剩余财产分配请求权遭受损害因而请求损害赔偿。然而，公司的权益独立于股东的权益，案涉资产转让行为变动的是公司的权益而非股东的权益。谭利兴主张其作为股东享有的剩余财产分配请求权受到侵害，但该请求权仅在公司进入清算程序时方由股东直接享有。而本案中，经纬公司并未进入清算程序，此时经纬公司的财产独立于股东谭利兴的财产，案涉转让资产的行为并未直接对股东谭利兴的权益造成影响。因此，谭利兴以案涉资产转让行为损害其财产权益为由提起本案诉讼，难以得到法院的支持。

其次，既然案涉资产转让行为变动的是公司的权益，那么谭利兴可否依据现行《公司法》第一百五十一条，即董事、监事、高级管理人员损害公司利益，以公司名义提起诉讼的程序，间接保护其作为股东的利益呢？本案中，一审法院已经查明，谭利兴作为经纬公司股东，已经向经纬公司监事致函，请求经纬公司提起诉讼，且经纬公司已经以黎桂芬等人为被告向法院提起诉讼并败诉。根据现行《公司法》第一百五十一条的规定，公司利益受损，股东必须先请求董事会（执行董事）、监事会（执行监事）以公司名义向相关人员提起诉讼。仅在董事会（执行董事）、监事会（执行监事）怠于履行职责时，符合一定条件的股东才能以自己的名义向相关人员提起股东代表诉讼，维护公司的利益。而在本案中，在经谭利兴请求后，执行董事已经向法院提起维护公司权益的诉讼并且败诉，这表明，作为股东的谭利兴已经无权提起股东代表诉讼。因此，谭利兴依据现行《公司法》第一百五十一条的规定，通过保护公司的利益间接维护其作为股东利益的救济亦已经用尽。

据此，谭利兴已经无法依据《公司法》第一百五十一条提起股东代表诉讼，亦无法依据《公司法》第一百五十二条以股东利益受到损害为由提起直接诉讼。

2. 股东直接诉讼与间接诉讼的区别

股东直接诉讼，是指股东纯粹为了自己的利益而对公司或其他侵害人提起的诉讼；而股东代表诉讼是因为公司利益受到了损害，为了保护公司利益而提起诉讼，属于共益权的行使。在许多案件中，一个行为既可能侵害了股东的合法权益，也可能侵害了公司的合法权益，是提起股东派生诉讼，还是提起股东直接诉讼，需要仔细辨别。股东代表诉讼和直接诉讼的诉讼标的并不相同或同种类；股东代表诉讼和直接诉讼之间并不必然具有利害关系，更不存在哪个诉的当事人有独立的请求权的情形；股东代表诉讼和股东直接诉讼亦不属原告增加诉讼请求和反诉的情形，故两诉不存在符合上述法律规定可以合并审理的情形；而且，前者有前置程序限制，后者没有，两个诉不能适用相同的诉讼程序审理。因此，如果原告股东同案提起股东代表诉讼和股东直接诉讼，法院在受理该案时应当及时行使释明权，告知当事人起诉标准，建议其对诉讼请求进行区分。①

损害股东利益之诉由股东直接向法院提起，是股东直接诉讼的一种。为理解损害股东利益之诉的内涵，有必要进一步了解股东直接诉讼与股东代表诉讼的区别。

第一，诉权的产生。股东直接诉讼的起因系股东的利益受到直接侵害，股东起诉的目的是保护自身的利益，该种诉权产生的基础为股权中的自益权内容。股东代表诉讼的起因则是公司的利益受到侵害，此时股东利益可能也将受到损害，但该种损害为间接损害。在这一情形下，股东是为了公司的利益而提起诉讼，该种诉权产生的基础为股权中的共益权内容。

第二，原告资格。由于在股东直接诉讼中，股东行使的是单独诉权，因此对股东的原告资格无特定限制，即只要是认为自身利益受到侵害的股东，无论持股比例多少与持股时间长短，均可提起股东直接诉讼。而在股东代表诉讼中，股东是为公司的利益提起诉讼，为防止股东滥用诉权，保证公司的正常经营，须对股东的原告资格作出一定的限制。按照我国《公司法》第一百五十一条的规定，仅有限责任公司的股东、股份有限公司连续 180 日以上单独或者合计持有公司百分之一以上股份的股东可提起股东代表诉讼。

第三，被告范围。股东直接诉讼诉权的产生基础决定了股东直接诉讼只能适用于公司及其内部人员侵害股东利益的情形，即诉讼的被告只能是董事及高级管理人员、其他股东、公司。而股东代表诉讼的适用范围则更为广泛，只要公司的利益受到侵害，而公司的机关不能或者怠于行使诉权，则股东均可以为公司的利益而提起诉讼。因此，股东代表诉讼中的被告除了前述股东直接诉讼的被告外，还可以是损害公司利益的其他主体。

第四，诉讼程序。股东直接诉讼以股东的利益受到直接侵害为条件，股东在该种诉讼中为实质上的原告，诉讼程序为一般的民事诉讼程序，原被告关系较为清晰简单。而股东代表诉讼则是股东为公司的利益而提起的诉讼，诉讼维护的是公司的利益，股东在该种诉讼中仅为名义上的原告，诉讼的判决产生的效果因股权关系而间接及于股东。此外，提起股东代表诉讼需前置程序，而提起股东直接诉讼则无须履行该程序。根据《公司法》第一百五十一条的规定，公司股东在提起代表诉讼前，须先书面请求董事会(执行董事)或监事会(监事)向人民法院提起诉讼，仅在董

① 参见徐强胜：《公司纠纷裁判依据新释新解》，人民法院出版社 2014 年版，第 268 页。

事会或监事会收到股东书面请求后拒绝提起诉讼或者自收到请求之日起 30 日内未提起诉讼的，股东才有权为了公司的利益以自己的名义直接向人民法院提起诉讼。同时，若情况紧急、不立即提起诉讼将会使公司利益受到难以弥补的损害的，股东也可不经前述前置程序而直接向人民法院提起诉讼。

第五，诉讼结果的归属。在股东直接诉讼中，诉讼程序及原被告关系明晰，胜诉或败诉的结果均由作为原告的股东承担。在股东代表诉讼中，股东胜诉的利益归属于公司，作为原告的股东与其他股东一起间接分享公司由此而获得的利益；而若股东败诉，则败诉的股东须自行承担诉讼费用，并且还可能承担被告进行诉讼的合理费用。

本书将通过实践中的几个案例，对股东直接诉讼与股东代表诉讼的区别加以分析。

案例·2　- 人民法院案例选案例 -

股东不能就董事损害公司利益提起直接诉讼

——TAT 公司诉陆致成损害公司股东权益纠纷上诉案[①]

原告：TAT 公司。

被告：陆致成。

2005 年，河北清华发展研究院、TAT 公司、金英镐、尹康植设立清华光电公司（后更名为清芯光电）并获批准。公司章程规定，清芯光电设董事会，董事会是清芯光电的最高权力机构。2007 年，股东变更为同方股份、河北清华发展研究院、TAT 公司、金英镐、崔民镐。

2008 年 7 月 3 日，清芯光电召开第一届董事会第七次会议，修改了章程部分条款，并选举陆致成担任清芯光电董事长，聘任刘刚为清芯光电首席执行官，金学峰为总经理，易汉平、崔民镐为副总经理。

TAT 公司认为，陆致成在未书面通知 TAT 公司的情况下召开上述董事会会议，在该次会议上未就陆致成提议的修改公司章程和改组董事会达成一致意见，也

① 参见北京市第一中级人民法院（2009）一中民初字第 5468 号民事判决书；北京市高级人民法院（2010）高民终字第 534 号民事判决书；最高人民法院中国应用法学研究所编：《人民法院案例选（分类重排本）·商事卷》（第 2 册），人民法院出版社 2017 年版，第 569～576 页。

未就上述提议通过清芯光电第　届董事会第七次会议决议。该决议因内容和程序违法，多次被开发区管委会等部门拒绝变更登记且未获批准。陆致成利用该未生效决议，以清芯光电董事长名义任命刘刚为清芯光电 CEO，趁机收走公司公章、合同章、财务章等，开始非法控制公司，并对清芯光电商业技术、商业信息等展开控制和掠夺，破坏清芯光电正常生产经营。

TAT 公司认为陆致成行为给清芯光电和股东造成巨大损失，故向法院提起诉讼，请求法院判令陆致成停止对清芯光电及股东利益的损害行为并赔偿 TAT 公司 205 万元。陆致成则认为，TAT 公司所起诉的事实不属于公司董事、高级管理人员损害股东利益赔偿纠纷，即使 TAT 公司起诉的事实属实，也是损害清芯光电的利益，TAT 公司应当提起股东代表诉讼。

北京一中院一审判决驳回 TAT 公司的诉讼请求，TAT 公司不服提起上诉，北京高院二审判决驳回上诉，维持原判。

本案中，TAT 公司提起的是股东直接诉讼，其认为陆致成作为清芯光电董事长，损害了其作为清芯光电公司股东的利益，其起诉所依据的是《公司法》第一百五十二条。

一审法院认为，TAT 公司虽主张本案属于公司董事、高级管理人员损害股东利益纠纷，但根据 TAT 公司的诉讼请求与所主张的事实可以认定，其是基于清芯光电公司利益受到损害而提起的诉讼。公司利益受损应当由公司提起诉讼，公司未主张而股东主张的，应为股东代表诉讼。现 TAT 公司未经过法定的前置程序提起股东代表诉讼不符合《公司法》相关规定，提起股东代表诉讼的条件尚未成就，更无权请求陆致成赔偿股东的损失。

二审法院认为，TAT 公司所主张的陆致成侵犯公司利益的事实和行为指向的均是清芯光电的利益，而非股东 TAT 公司的利益。在清芯光电利益受损的情况下，应由清芯光电提起诉讼，清芯光电未形成决议而股东代为提起诉讼的，应为股东代表诉讼。一审法院认为，TAT 公司提起股东代表诉讼的条件尚未成就，无权请求陆致成赔偿股东的损失是正确的。TAT 公司认为可以直接向董事、高级管理人员提起诉讼的上诉主张，因其基于的侵权事实均是陆致成作为清芯光电的董事、高级管理人员时的职务行为，并未直接侵害股东 TAT 公司的利益，不符合股东直接诉讼的规定。因此，TAT 公司以清芯光电未设立监事会，陆致成非法控制清芯光电而否定履行股东代表诉讼的前置程序，进而提起股东直接诉讼的上诉理由不成立，二审法院不予支持。

本案更为明显地体现了股东直接诉讼与股东代表诉讼在诉讼程序上的差异。即使清芯光电董事长陆致成确实存在非法控制公司、破坏清芯光电正常生产经营等行为，该行为直接损害的也是清芯光电而非股东 TAT 公司的利益。因此，一、二审法院均驳回了 TAT 公司的诉讼请求。

从案例 1 和案例 2 可以看出，股东的正当利益受法律的保护，但股东维护其权益应当注意区分股东利益直接受损与公司利益受损导致股东利益间接受损的情形，并分别适用不同救济程序。在公司利益受损导致股东利益因此间接受损的情形下，股东虽然可以提起直接诉讼，但其诉讼请求往往无法得到法院的支持。在此情形下，股东应当首先从公司途径获得救济，即履行前置程序，督促公司提起诉讼主张权利。在董事会（执行董事）、监事会（监事）怠于提起诉讼的情况下，股东方可提起股东代表诉讼，维护公司的利益，从而间接保护股东的正当权益。而对应地，当股东利益确实受到直接损害的情形下，如在公司清算程序中股东的剩余财产分配权受损时，股东可自行直接提起股东直接诉讼，维护股东的正当利益，此时股东的诉讼请求可以得到法院的支持。

三、损害股东利益责任纠纷的诉讼主体

（一）损害股东利益责任纠纷的原告

1. 仅限于公司股东

《民事诉讼法》第一百一十九条对于原告的起诉条件的要求是“与本案有直接利害关系”，这一要求体现在损害股东利益之诉中，表现为原告必须是公司的股东。股东在公司享有的股东资格是股东身份的象征，是股东行使股东权利、承担股东义务的基础。[①] 因此，原告拥有股东身份是其提起损害股东利益之诉的前提条件，损害股东利益责任纠纷的原告主体仅限于公司股东。原告只有在拥有股东身份的前提下，才能享有股东权利，其股东权利才有被侵害的可能，此时才能依法提起损害股东利益之诉。否则，不享有股东权利，何来股东权利受损？在原告并非公司股东的情形下，其不享有股东权利，也就不存在股东权利受到侵害的可能，此时其自然不具备提起损害股东利益之诉的原告主体资格。

---

① 参见周友苏：《试析股东资格认定中的若干法律问题》，载《法学》2006 年第 12 期。

案例·3 - 最高人民法院案例 -

原告具备股东身份是提起损害股东利益责任纠纷的前提条件

——陈文等24人与陈关祥损害股东利益责任纠纷申请再审案①

再审申请人(一审原告、二审上诉人):陈文等24人。

被申请人(一审被告、二审被上诉人):陈关祥。

建工集团1999年第一次股份合作制改制前,陈文等24名上诉人均为建工集团职工。2000年11月6日,迪庆州深化改革领导小组批准了建工集团于1999年12月7日出台的"改制股份合作制(企业)实施方案"。该实施方案设置职工个人股和集体共有股,职工个人股购股的资金来源一是员工直接现金购买,二是企业历年结余的应付工资应付福利费分配给职工个人的部分,三是终止企业的在职职工安置补助费。在职职工必须交现金入股,人均最低不得少于3000元,多购者不限。企业员工认购股份后,由企业负责登记发给股权证,作为入股和分红的凭证,股权证不得上市交易。2000年11月至2002年10月,24名上诉人中的余本良等12人先后向企业提出申请离开企业,并与企业达成解除劳动关系协议后进行公证,先后各自领取各项费用后离开公司。

2003年,建工集团(股份合作制)第二次改制涉及企业分立,建工集团分为建工集团和迪庆跨世纪大酒店两个经济实体。24名上诉人中的余永光等2名职工申请调入迪庆跨世纪大酒店;陈文等5名职工依法被开除;王成等2名职工因拖欠所在企业款项被企业放弃债权后除名。2006年建工集团第三次深化改革时,24名上诉人中的李秀珍等3名职工申请调离建工集团。

2008年5月25日,陈关祥以建工集团清算组的名义,向工商行政管理局提出建工集团企业法人注销登记申请。同年7月3日,工商行政管理局同意注销建工集团登记。

陈文等24人认为,虽原告因各种原因已离开公司,但没有发生"股权被收购"或"转让"的事实,因此原告应该是公司的股东。被告在申请公司注销过程中没有通过股东会议、没有成立清算组、没有"公告公司终止",严重损害了众原告作为股东的利益,因此提起诉讼。

云南迪庆中院一审裁定驳回陈文等24人的起诉。陈文等24人不服裁定提起

① 参见云南省迪庆藏族自治州中级人民法院(2013)迪民初字第20号民事裁定书;云南省高级人民法院(2014)云高民二终字第163号民事裁定书;最高人民法院(2015)民申字第1519号民事裁定书。

上诉，云南高院二审裁定驳回上诉，维持原裁定。陈文等不服二审裁定申请再审，最高人民法院再审裁定驳回陈文等 24 人的再审申请。

原告拥有公司的股东身份是其提起损害股东利益之诉的前提。因此，三级法院均认为本案的争议焦点是陈文等 24 名原告至起诉时在原建工集团是否享有股东权利。若本案中的原告并非公司的股东，则其根本不享有股东权利，其对于被告损害股东利益的起诉应当被驳回。

在具体理由上，一审法院认为，综合本案证据，陈文等 24 名原告无法证明其享有原建工集团的股权，因此，依照原建工集团 2000 年第一次改制时制定的公司章程第十一条规定，以股权证形式确定股份份额并依法向公司登记机关申请设立登记股权。原建工集团的两次会议记录内容表明，24 名原告中的余本良等 12 人因面临企业改制，与企业达成解除劳动关系协议后各自领取各项费用后离开公司，并没有实际参与企业改制，因此不能按照建工集团于 1999 年 12 月 7 日出台的实施方案享有公司股权，其主张被告损害了上述 12 人作为公司股东的利益于法无据。2003 年与 2006 年第二、三次改制与深化改革时，余永光等 2 人申请调入迪庆跨世纪大酒店至今，李秀珍等 3 人申请调离建工集团至今，上述 5 人未能提交证据证明离开原建工集团时凭股权证已经向公司主张股权，故上述 5 人离开公司时应当清楚地知道自己不是公司股东，与原建工集团没有任何权利义务关系。陈文等人因各种原因先后被企业除名，由此证明了上述 7 人与原建工集团之间属于劳动关系，而非股东与公司的关系。因此，24 人以陈关祥损害其股东利益为由，提出返还原建工集团剩余资产并进行清算后按照 24 人所占股权份额进行分配的诉讼请求，因缺乏 24 人至今享有公司股权的基本事实，陈文等 24 名原建工集团职工不是本案适格的原告。二审和再审法院的裁判理由与一审基本相同，即认定陈文等 24 人缺乏证据证明享有原建工集团的股份，不具备本案诉讼主体资格，进而应裁定驳回该 24 人的起诉。

据此可知，原告在公司的股东资格是其提起损害股东利益之诉的前提条件。根据一审法院在判决书中的表述，股东权利是股东通过出资所形成的权利，出资者向公司出资，以丧失其出资财产所有权为代价，换取股权，成为公司股东；而股东是指向公司出资、持有公司股份、享有股东权利和承担股东义务的人。损害股东利益之诉作为公司股东维护自身合法利益的手段，必须以起诉人的股东身份为前提。即损害股东利益之诉的原告是明确且唯一的，仅公司股东具备提起损害股东利益之诉的原告主体资格，公司股东之外的其他人，包括债权人、债务人、其他利害关系人等，均不具备提起损害股东利益之诉的原告主体资格。

2. 限于利益受损的股东

在损害股东利益责任纠纷中,被告对股东利益的损害必须是现实与客观的,即被告的行为必须对原告造成直接的股东利益的受损,而非因公司利益受损而间接引起的股东利益的受损。换言之,仅在被告对股东利益造成的损害是直接且现实的情况下,被告才将因前述满足行为要件的行为对股东受到的损失承担赔偿责任。因此,原告股东应当提供证据证明其直接利益受到实际损失。

案例·4 – 典型案例 –

股东应提供证据证明其利益受到直接损失

——秦富增与李虎山损害股东利益责任纠纷上诉案①

上诉人(原审原告):秦富增。

被上诉人(原审被告):李虎山。

秦富增、李虎山及秦振起共同出资设立东赵公司,注册资本90万元,秦富增、李虎山及秦振起各自出资30万元。东赵公司章程显示,李虎山为公司执行董事兼公司经理,秦富增担任公司监事。

2017年2月,秦富增因行使公司知情权向一审法院提起诉讼。后经一审法院组织秦富增与东赵公司达成和解。2017年5月18日,一审法院出具调解书,确认东赵公司向秦富增提供2008年1月1日至2017年5月18日的会计账簿查阅,并提供同一时期东赵公司股东会会议记录、董事会会议决议、公司章程供秦富增及其代理人查阅复制。

秦富增向一审法院提交中恒会计师事务所2017年7月11日出具的《东赵公司2008年—2017年6月审计报告》,载明东赵公司存在主要问题如下:“1. 库存现金。除了保险柜存放现金外,为便捷支付在北京农商银行青云店支行,以公司法定代表人李虎山名义开设个人储蓄账户(0911××48307),用于发放工资、支付货款,经审计发现……根据以上事实,我们认为:公司的现金账不完整,另存在账外收支情况。2. 银行存款……由此我们判断:所对应的现金支出存在虚假。3. 存货。截至2017年6月30日,公司账簿记载公司的存货余额为19,298,674.65元,经向公司管

① 参见北京市大兴区人民法院(2017)京0115民初17510号民事判决书;北京市第二中级人民法院(2019)京02民终1428号民事判决书。

理层了解,公司停产时,公司的原材料共270余吨,总价值不到200万元,与实际相差1700余万元。经向管理层了解,截止到审计时,公司又卖出了大部分剩余的存货,但账上未记载。4. 应收账款。公司账面应收账款余额2,430,251.99元,公司管理层表示有部分款项已经收回,尚未入账,截至本报告日,管理层还未提供真实的数额。5. 应付账款。公司账面应付账款余额9,083,944.38元,经公司管理层核实,真正存在的应付款项为502,427.75元。6. 预收账款。公司账面预收账款余额9,931,755.20元,经公司管理层核实,公司的预收账款全部不存在。四、审计意见。综上事实及理由,我们认为:贵公司财务报表没有按照企业会计准则的规定编制,不能公允反映贵公司2008年1月1日至2017年6月30日期间的财务状况以及经营成果。"

为此,秦富增向一审法院起诉请求判令李虎山赔偿秦富增存货损失600万元,现金损失161,989.14元,银行存款损失66,666.67元,应收账款损失810,084元,合计7,038,739.8元。

北京大兴法院一审判决驳回秦富增的诉讼请求,秦富增不服提起上诉,北京二中院二审判决驳回上诉,维持原判。

一审法院首先认为,秦富增主张李虎山损害其股东利益要求赔偿损失,李虎山反驳并提交的证据,足以导致秦富增主张的待证事实真伪不明,秦富增就此应当承担举证不能的法律后果。其次,根据《公司法》的规定,公司为企业法人,有独立的法人财产,公司以其全部财产对公司债务承担责任;公司股东依法享有资产收益权利。股权虽系股东基于向公司出资而享有的权利,但公司的法人财产与股东财产明显有别,分属不同法律范畴。故即便秦富增主张的东赵公司财产受到损害能够成立,但并不等于秦富增作为东赵公司股东利益受到直接损害,亦不能将东赵公司的财产损害直接等同于公司股东的利益损失。因此,一审法院对秦富增主张由李虎山承担损害股东利益责任的诉讼请求均不予支持。

二审法院认为,根据法律规定,公司有独立的法人财产,以其全部财产对公司债务承担责任,公司股东依法享有资产收益权利。股权虽系股东基于向公司出资而享有的权利,但公司的法人财产与股东财产不同,属于不同法律范畴。当事人对自己提出的诉讼请求所依据的事实有责任提供证据加以证明,现秦富增要求李虎山承担赔偿责任,但未提供充分证据证明李虎山的行为违反了法律、行政法规或者公司章程的规定,一审法院对其请求未予支持并无不当。即便秦富增主张的东赵公司财产受到损害能够成立,但并不等于秦富增作为东赵公司股东利益受到直接损害，亦不能将东赵公司的财产损害直接等同于公司股东的利益损失。因此秦富增的全部主张均依据不足，一审法院不予支持，并无不当，二审法院予以维持。

本案中，一、二审法院均认为，不能将东赵公司的财产损害直接等同于公司股东的利益损失，因此均驳回了原告的诉讼请求。由该案例可知，股东在提起损害股东利益之诉时，应当提供充分的证据证明其利益受到直接侵害，仅因公司利益受到损害而间接波及股东利益的损害的，一般而言难以得到法院的支持。

3. 无前置程序限制

我国《公司法》第一百五十一条规定了股东代表诉讼提起的前置程序，即股东必须先书面请求监事会（监事）或董事会（执行董事）向人民法院提起诉讼，当监事会（监事）或董事会（执行董事）收到书面请求后拒绝起诉或在收到请求之日起30日内未提起诉讼时，股东才能提起股东代表诉讼。

股东提起损害股东利益之诉则无前述前置程序的限制。因损害股东利益之诉维护的是股东个体的利益，公司股东认为其基于股东身份享有的股东权利受到损害，可径行提起损害股东利益之诉，而不必受前置程序的限制。

4. 无持股比例或持股时间的限制

我国《公司法》对于股东代表诉讼的原告，即起诉股东的持股条件有一定的限制，主要规定在《公司法》第一百五十一条中，即提起股东代表诉讼的原告必须是“有限责任公司的股东、股份有限公司连续一百八十日以上单独或者合计持有公司百分之一以上股份的股东”。这主要是因为，股东代表诉讼维护的是公司的利益，为了防止股东滥用诉权，影响公司的正常经营，需要对股东的资格条件作出一定的限制。若任何股东均可提起股东代表诉讼，则公司的稳定性将受到巨大影响。

而损害股东利益之诉作为股东直接诉讼的一种，维护的是原告即起诉股东自身的合法利益，胜诉或败诉的结果均由股东自行承担，股东的诉讼行为不会对公司造成影响。因此，在损害股东利益责任纠纷中，不需要对原告即起诉股东的持股比例和持股时间作出限制。只要原告具备公司股东身份，并认为其股东利益受到了损害，就可直接提起损害股东利益之诉。

（二）损害股东利益责任纠纷的被告

在民事诉讼法上，适格当事人具有双重含义，即程序上适格和实体上适格。对于损害股东利益责任纠纷适格被告的理解，亦应当从程序上与实体上进行把握。是否在程序上适格应当以程序法的规定为根据，是否在实体上适格应以实体法为依据。[①] 本书对于损害股东利益责任纠纷被告的"适格"采广义理解,即涵盖程序上与实体上的双重含义。被告在程序上适格是指原告提起损害股东利益之诉针对的被告是否符合起诉的条件,即原告针对被告的起诉是否应当得到法院的受理;被告在实体上适格是指原告提起损害股东利益之诉,针对被告的诉讼请求是否存在得到法院支持的可能。

在程序上,我国《民事诉讼法》第一百一十九条起诉条件中对于原告的规定是"与本案有直接利害关系",对于被告的规定是"明确"。最高人民法院在"李梅与清算事务所等管理人责任纠纷申请案"[②]中明确了当被告符合何种条件时,法院就应当受理原告的起诉。最高人民法院指出:"《民事诉讼法》对于立案受理条件的规定,要求原告与案件有利害关系,即原告需适格,但是对于被告的规定与之不同,仅要求具有明确的被告,即原告能够提供被告准确的名称、住址、联系方式等信息,就可视为有明确的被告,在符合其他受理条件的情况下,人民法院应当立案受理并使案件进入实体审理程序。除非原告有恶意滥诉的目的,否则法院不得以被告不正确为由,裁定驳回原告起诉。"由此可见,最高人民法院对于案件受理阶段被告的要求,仅为程序上的适格。因此,当股东提起损害股东利益之诉时,仅须提出"明确"的被告,并符合其他起诉条件,法院就应当受理。法院不得以被告在程序上"不适格"为由驳回原告的起诉。

在实体上,股东提起损害股东利益之诉针对被告的诉讼请求是否存在得到法院支持的可能性,属于法院应当实体审理并作出裁判的内容。若法院认为被告在实体上不适格,则原告的诉讼请求必然无法得到支持;若法院认为被告在实体上适格,则原告的诉讼请求存在得到法院支持的可能。从程序上来看,股东针对任何"明确"的被告提起的损害股东利益之诉均应当得到法院的受理,但从实体上来看,仅在符合法律规定的情形下,股东提起的损害股东利益之诉的诉讼请求才有可能得到法院支持。否则,虽然法院受理了原告的损害股东利益之诉,但若法院认为被告在实体上并不适格,则原告的诉讼请求最终将被法院驳回。根据我国《公司法》的相关规定及司法实践中的具体情形,本书认为,损害股东利益责任纠纷在实体上适格的被告可分为三类:一是公司董事与高级管理人员;二是股东;三是公司本身。

1. 董事、高级管理人员

由于存在法律依据,公司董事、高级管理人员作为损害股东利益责任纠纷的实

---

① 参见于海生:《民事诉讼当事人适格问题研究》,载《北方论丛》2004 年第 4 期。

② 参见北京市第二中级人民法院(2012)二中民初字第 00234 号民事裁定书;北京市高级人民法院(2013)高民终字第 520 号民事裁定书;最高人民法院(2013)民提字第 201 号民事裁定书。

体适格被告没有任何争议。根据《公司法》第二百一十六条的规定，高级管理人员，指的是公司的经理、副经理、财务负责人，上市公司董事会秘书和公司章程规定的其他人员。

存在争议的主要是监事的被告主体资格问题。一般认为，公司监事并非损害股东利益责任纠纷的实体适格被告，也即股东以监事为被告提起损害股东利益之诉，其诉讼请求无法得到法院的支持。如在“苏茂谦等与陈彬等损害股东利益责任纠纷上诉案”①中，安徽高院即认为，董事、监事、高级管理人员是公司法上并列的称谓，监事不是公司法意义上的高级管理人员。因此，被告郑义成是公司的监事，既非公司董事，也非公司高级管理人员，不是该案损害股东利益责任之诉的适格被告。又如在“中静公司与张跃宁等损害股东利益责任纠纷上诉案”②中，南京中院认为，《公司法》第一百五十二条为股东直接诉讼的条件，但并未规定公司监事作为被告主体的情形，中静公司据此要求张跃宁等四名监事进行赔偿法律依据不足。

2. 股东

正如本章第一部分所述，在司法实践中，损害股东利益责任纠纷并不仅仅包括以董事、高级管理人员为实体适格被告的情形，更涵盖了以公司股东为实体适格被告的情形。

股东以公司其他股东为被告提起损害股东利益之诉这一直接诉讼，法律依据是《公司法》第二十条，即“公司股东应当遵守法律、行政法规和公司章程，依法行使股东权利，不得滥用股东权利损害公司或者其他股东的利益，公司股东滥用股东权利给公司或者其他股东造成损失的，应当依法承担赔偿责任”。因此，股东以公司其他股东为被告提起损害股东利益之诉，经实体审理后，其诉讼请求可能得到法院的支持。

在司法实践中，法院对于公司股东可成为损害股东利益之诉的适格被告多持肯定态度。如在“陈志雄与陈志文损害股东利益责任纠纷上诉案”③中，江西高院即认为，陈志雄以陈志文滥用其在凯旋公司的控股股东地位、侵害陈志雄的股东利益为由，提起损害赔偿之诉，属于股东直接诉讼，即损害股东利益责任纠纷，诉讼利益

① 参见安徽省淮南市中级人民法院(2014)淮民二初字第00066号民事判决书；安徽省高级人民法院(2015)皖民二终字第00054号民事判决书。

② 参见南京市秦淮区人民法院(2014)秦商初字第312号民事判决书；江苏省南京市中级人民法院(2014)宁商终初字第920号民事判决书。

③ 参见江西省萍乡市中级人民法院(2013)萍民三初字第4号民事判决书；江西省高级人民法院(2014)赣民二终字第13号民事判决书。

应归于陈志雄。又如在"张矿集团与中能公司损害股东利益责任纠纷再审案"[①]中，河北高院再审认为，根据《公司法》第二十条的规定，中能公司以张矿集团滥用股东权利，造成新公司固定资产、在建工程等共计1947余万元资产灭失，按股权比例折算，张矿集团滥用股东权利的行为给中能公司造成直接经济损失954万元为由，提起损害赔偿之诉，属于股东直接诉讼，原审予以受理，符合《公司法》第二十条和《民事诉讼法》第一百一十九条的规定。

案例·5 －最高人民法院案例－

原被告均具有股东身份的起诉应予受理

——海钢集团与中冶公司损害股东利益责任纠纷上诉案[②]

上诉人(原审原告)：海钢集团。

上诉人(原审被告)：中冶公司。

原审第三人：度假村公司。

海钢集团与中冶公司于1996年9月注册成立度假村公司。2002年11月度假村公司进行增资扩股，扩股后中冶公司、海钢公司、石化公司、人福公司、三亚市计生局、园林公司占总出资的比例分别为49.70%、33.30%、9.21%、3.93%、1.53%、2.33%。

2006年11月9日，度假村公司董事会向各股东致函，要求各股东针对度假村公司与海韵公司的合作开发事项进行表决。六家股东中，人福公司弃权未表决，中冶公司、石化公司、园林公司投赞成票(共持有61.24%的股份)，海钢公司、三亚市计生局投反对票(共持有34.83%的股份)。根据这一表决结果，形成了《股东会决议》，通过了度假村公司和海韵公司的合作开发方案。

2006年11月28日，度假村公司与海韵公司签订《三亚度假村合作开发协议》及《备忘录》，并于其后签订了一系列补充协议。协议履行过程中，双方产生争议，海南三亚中院于2010年判令度假村公司将位于三亚度假村内的"三亚湾国际公

---

① 参见河北省怀来县人民法院(2016)冀0730民初371号民事判决书；河北省张家口市中级人民法院(2017)冀07民终519号民事判决书；河北省高级人民法院(2017)冀民申7143号民事裁定书；河北省高级人民法院(2018)冀民再77号民事判决书。

② 参见海南省高级人民法院(2012)琼民二初字第1号民事判决书；最高人民法院(2013)民二终字第43号民事判决书。

馆”1、2号楼项目及其占有的70.26亩土地使用权过户到海韵公司的名下，并支付违约金1000万元。海南高院维持了该判决。

海钢集团认为由于中冶公司不顾其他股东反对意见，决定度假村公司与海韵公司合作，导致度假村公司数亿元的损失，其中海钢集团损失2.344亿元，遂提起诉讼，请求法院认定中冶公司在通过2006年11月17日的《股东会决议》过程中滥用股东权利，并判令中冶公司赔偿海钢集团经济损失以及因度假村公司支付海韵公司1000万元人民币违约金产生的333万元人民币损失。中冶公司则辩称，中冶公司与海钢集团并非本案适格当事人，海钢集团起诉对象错误，同时，本案中如有损失也是度假村公司的损失而非海钢集团的损失，应由度假村公司主张。

海南高院一审判决支持海钢集团的部分诉讼请求，海钢集团与中冶公司均不服提起上诉，最高人民法院二审判决撤销一审判决，驳回海钢集团的诉讼请求。（见图7－4）

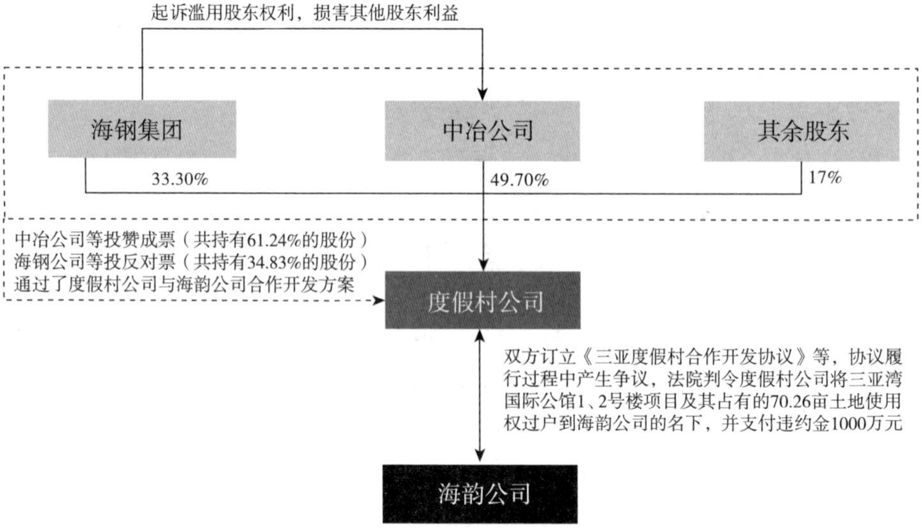

图7－4　海钢集团与中冶公司损害股东利益责任纠纷上诉案

本案的争议焦点之一为本案诉讼当事人是否适格。海钢集团作为度假村公司的股东，以度假村公司的另一股东中冶公司为被告提起诉讼，主张中冶公司滥用股东权利，侵害了海钢集团的利益。中冶公司则认为，中冶公司与海钢集团并非本案适格被告与适格原告。

一审法院确认海钢集团起诉的法律依据为我国《公司法》第二十条。一审法院认为，由于中冶公司在2006年11月17日的《股东会决议》的形成过程中滥用了股东权利，故我国《公司法》第二十条是海钢集团起诉要求中冶公司赔偿其损失的正确的法律依据。也即一审法院认为本案中原被告主体适格。

二审法院认为，本案中，海钢集团以中冶公司滥用其在度假村公司的控股股东地位、侵害海钢集团的股东利益为由，提起损害赔偿之诉，属于股东直接诉讼，诉讼利益归于海钢集团。其提出的法律依据是我国《公司法》第二十条第一款和第二款关于“公司股东应当遵守法律、行政法规和公司章程，依法行使股东权利，不得滥用股东权利损害公司或者其他股东的利益”“公司股东滥用股东权利给公司或者其他股东造成损失的，应当依法承担赔偿责任”的规定。本案的原、被告双方均为度假村公司的股东，且均为独立的公司法人，依法享有相应的民事权利并承担民事义务，具有参加民事诉讼的主体资格。原告海钢集团提起本案民事诉讼，主张被告中冶公司侵害了其权益，其诉讼请求和事实理由明确、具体，其涉案争议亦属于人民法院受理范围，符合我国《民事诉讼法》第一百一十九条规定，原审法院予以受理并无不当。也即二审法院亦确认本案中原告、被告均主体适格。至于起诉后原告的诉讼请求能否得到法院的支持，则属于实体审理的范畴。

3. 公司

对于公司能否成为损害股东利益责任纠纷的实体适格被告，即股东以公司为被告提起损害股东利益之诉在实体上是否存在胜诉的可能，在实践中仍有一定争议。本书以“适格”为全文关键词，在北大法宝中对 2014 年 1 月 1 日至 2019 年 12 月 31 日“损害股东利益责任纠纷”案由项下中级以上人民法院的案例进行检索，共有判决书 100 篇，其中涉及法院对公司作为损害股东利益责任纠纷实体适格被告进行认定的案例共 10 个。（见图 7－5）

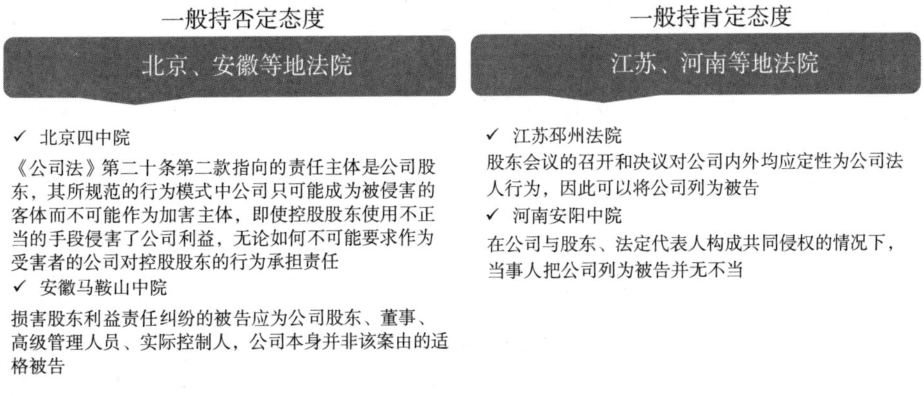

图 7－5　公司能否成为损害股东利益责任纠纷的实体适格被告

北京、安徽等地法院一般持否定态度,认为公司不是损害股东利益责任纠纷的实体适格被告,股东以公司为被告提起损害股东利益之诉,其诉讼请求不应当得到支持,也即原告股东针对公司提起的损害股东利益之诉必然败诉。如在俞立新诉赛德厚鼎公司等损害股东利益责任纠纷案①中,北京四中院认为,《公司法》第二十条第二款指向的责任主体是公司股东,其所规范的行为模式中公司只可能成为被侵害的客体而不可能作为加害主体,即使控股股东使用不正当的手段侵害了公司利益,无论如何不可能要求作为受害者的公司对控股股东的行为承担责任。在"任晓静与惠欣纯益公司等损害股东利益责任纠纷上诉案"②中,北京二中院认为,该案案由为损害股东利益责任纠纷,即公司董事、高级管理人员违反法律、行政法规或者公司章程的规定,损害股东利益,应当对股东承担损害责任而与股东发生的纠纷,因此惠欣纯益公司不是该案纠纷的适格主体,应当驳回原告要求惠欣纯益公司承担偿还责任的诉讼请求。在"张法现诉双诚公司等损害股东利益纠纷案"③中,安徽马鞍山中院认为,损害股东利益责任纠纷的被告应为公司股东、董事、高级管理人员、实际控制人,公司本身并非该案由的适格被告,故原告要求双诚公司承担损害股东利益责任,无法律依据,不予支持。

江苏、河南等地法院则持肯定态度,认为公司可以成为损害股东利益责任纠纷的实体适格被告,股东以公司为被告提起损害股东利益之诉,其诉讼请求存在得到支持的可能。在"周剑诉佳利奇公司损害股东利益责任纠纷上诉案"④中,江苏邳州法院即认为,如股东认为公司股东、高管作出的决议损害了其利益,则有权起诉,而股东会议的召开和决议对公司内外均应定性为公司法人行为,因此该案以公司为被告是适格的。在"孙里元、鑫盛园房地产公司与李渠生损害股东利益责任纠纷上诉案"⑤中,河南安阳中院二审认为,孙里元在伪造股东转让协议和股东会议决议后,又以鑫盛园房地产公司法定代表人的身份,让鑫盛园房地产公司向工商登记机关出具公司股东变更的有关文书,协助完成将李渠生股权非法转让的行为,鑫盛园房地产公司与孙里元构成对李渠生的共同侵权,原审列鑫盛园房地产公司为被告

① 参见北京市第四中级人民法院(2018)京04民初346号民事判决书。

② 参见北京市大兴区人民法院(2018)京0115民初2819号民事判决书;北京市第二中级人民法院(2018)京02民终9412号民事判决书。

③ 参见安徽省马鞍山市中级人民法院(2015)马民二初字第00033号民事判决书。

④ 参见江苏省邳州市人民法院(2011)邳商初字第0230号民事判决书;江苏省徐州市中级人民法院(2014)徐商终字第00277号民事判决书。

⑤ 参见河南省安阳市北关区人民法院(2012)北民调初字第2号民事判决书;河南省安阳市中级人民法院(2014)安中民一终字第160号民事判决书。

并无不当。

本书认为,公司可以成为损害股东利益责任纠纷的实体适格被告,也即股东以公司为被告提起的损害股东利益之诉存在胜诉的可能。首先,损害股东利益行为在本质上是一种侵权行为,损害股东利益责任纠纷的诉讼本质是股东保护自己的合法利益。因此,原则上,任何损害股东利益的主体,包括公司,均有可能成为损害股东利益之诉的实体适格被告。其次,损害股东利益责任纠纷又不同于一般的侵权责任纠纷,其被告主体应当被限定于公司内部。股东身份是股东在公司享有权利的基础,而股东身份表明的是股东与公司之间的内部关系,包括股东与公司董事及高级管理人员、股东与公司其他股东、股东与公司本身之间的关系。公司作为股东与公司内部关系中的一个方面,具备成为损害股东利益责任纠纷实体适格被告的合理性。最后,虽然公司的行为由董事、高级管理人员具体实施,但可能存在公司行为损害股东利益,而相关实施人员无法确认或并无过错等情形,如果否定公司被告主体资格,则受损股东的利益恐难以保障。实践中部分法院支持股东以公司为被告提起损害股东利益之诉,可能背后的考虑也在于此。因此,本书基于实务介绍的全面性,将以公司为被告提起股东利益之诉的情形纳入分析与讨论的范畴。

四、损害股东利益责任纠纷的管辖

(一)立法与司法实践状况考察

我国现行法律并未对损害股东利益责任纠纷的管辖作出明确规定。根据最高人民法院民事案由规定课题组的观点,因损害股东利益责任纠纷提起的诉讼,原则上以《民事诉讼法》中管辖的相关规定为基础,但要综合考虑公司所在地等因素来确定管辖法院。因此,损害股东利益责任纠纷管辖的确定可从《民事诉讼法》的相关规定中得到依据。《民事诉讼法》中与损害股东利益责任纠纷管辖相关的法条如表 7－2 所示:

表 7－2　与损害股东利益责任纠纷管辖相关的法条

《民事诉讼法》(2017 修正)	
第二十一条 第一、二款	对公民提起的民事诉讼,由被告住所地人民法院管辖;被告住所地与经常居住地不一致的,由经常居住地人民法院管辖。对法人或者其他组织提起的民事诉讼,由被告住所地人民法院管辖。
第二十六条	因公司设立、确认股东资格、分配利润、解散等纠纷提起的诉讼,由公司住所地人民法院管辖。
第二十八条	因侵权行为提起的诉讼,由侵权行为地或者被告住所地人民法院管辖。

续表

第二百六十五条	因合同纠纷或者其他财产权益纠纷，对在中华人民共和国领域内没有住所的被告提起的诉讼，如果合同在中华人民共和国领域内签订或者履行，或者诉讼标的物在中华人民共和国领域内，或者被告在中华人民共和国领域内有可供扣押的财产，或者被告在中华人民共和国领域内设有代表机构，可以由合同签订地、合同履行地、诉讼标的物所在地、可供扣押财产所在地、侵权行为地或者代表机构住所地人民法院管辖。
《民事诉讼法司法解释》(法释〔2015〕5号)	
第三条	……法人或者其他组织的住所地是指法人或者其他组织的主要办事机构所在地。法人或者其他组织的主要办事机构所在地不能确定的，法人或者其他组织的注册地或者登记地为住所地。
第二十二条	因股东名册记载、请求变更公司登记、股东知情权、公司决议、公司合并、公司分立、公司减资、公司增资等纠纷提起的诉讼，依照民事诉讼法第二十六条规定确定管辖。
第二十四条	民事诉讼法第二十八条规定的侵权行为地，包括侵权行为实施地、侵权结果发生地。

而在实践中，尽管有上述法律与司法解释的相关规定，但对于损害股东利益责任纠纷管辖的确定，各地法院似乎仍未形成统一标准。对于损害股东利益责任纠纷应当适用《民事诉讼法》第二十六条还是第二十八条，各地法院做法不一。这主要源自各地法院对于上述法条理解的不同以及对于损害股东利益责任纠纷定性的不一致。本书对我国各省市高院关于损害股东利益责任纠纷管辖的认定作了梳理，如表7－3所示：

表7－3 我国各地高院对于损害股东利益责任纠纷管辖的认定情况

法院	案件名称	案号	法律依据	被告类型	主要裁判理由
适用“因侵权行为提起的诉讼”					
浙江高院	LiholhuaB. V 等与林仕宏等董事、高级管理人员损害股东利益赔偿纠纷上诉案	温州中院(2009)浙温商外初字第27号；浙江高院(2009)浙辖终字第254号	《民事诉讼法》(2007修正)第二十九条	公司、自然人	本案系董事、高级管理人员损害股东利益纠纷，该纠纷属侵权纠纷

续表

法院	案件名称	案号	法律依据	被告类型	主要裁判理由
广东高院	合荣投资有限公司、广州市联星农工商总公司损害股东利益责任纠纷上诉案	广州中院(2016)粤01民初514号之一;广东高院(2017)粤民辖终429号之一	《民事诉讼法》(2012修正)第二百六十五条	公司、自然人	本案属于侵权纠纷,因珀丽公司的住所地在广东省广州市,经营管理珀丽酒店的行为应发生在广东省广州市,故本案侵权行为地可认定为广东省广州市
湖北高院	汪磊等与Sodecia欧洲股份有限公司(Sodecia Europe AG)公司损害股东利益责任纠纷上诉案	武汉中院(2015)鄂武汉中民商外初字第00020－1号;湖北高院(2016)鄂民辖终106号	《民事诉讼法》(2017修正)第二十八条	自然人	本案系损害股东利益责任纠纷,属于因侵权行为提起的诉讼
河北高院	秦皇岛万祥铝业有限公司、内蒙古霍林河煤业集团有限责任公司损害股东利益责任纠纷上诉案	秦皇岛中院(2018)冀03民初17号;河北高院(2018)冀民辖终99号	《民事诉讼法》(2017修正)第二十八条	公司	本案系因为公司股东滥用股东权利给其他股东造成损失引发的纠纷,案由应确定为损害股东利益责任纠纷案件
适用“与公司有关的纠纷”					
山西高院	王序凯与赵国瑞侵害股东权益责任纠纷上诉案	运城中院(2014)运中民初字第103－1号;山西高院(2014)晋立民终字第85号	《民事诉讼法》(2017修正)第二十六条	自然人	一审:本案案由为损害股东权益责任纠纷,属侵权纠纷案件范畴 二审:其案由是损害股东权益责任纠纷,属于与公司有关的案由范畴,应当以与公司有关的纠纷案由确定管辖

续表

法院	案件名称	案号	法律依据	被告类型	主要裁判理由
福建高院	宁波丰润置业有限公司与陈勇损害股东权益责任纠纷上诉案	福州中院(2016)闽01民初342号;福建高院(2017)闽民辖终124号	《民事诉讼法》(2012修正)第二十六条;《民事诉讼法司法解释》第二十二条	公司	根据《民事案件案由规定》,“损害股东利益责任纠纷”是属于“二十一、与公司有关的纠纷”项下的案由类型,而一般侵权纠纷则被归类在“三十、侵权责任纠纷”项下,因此,损害股东利益责任纠纷与一般侵权纠纷的案件仍有不同。本案争议标的的内容实质仍是公司增资行为,本案性质应属于《民事诉讼法司法解释》第二十二条规定的与公司有关的纠纷,根据《民事诉讼法》第二十六条的规定确定管辖
陕西高院	中国中钢股份有限公司等与中国华融资产管理股份有限公司等损害股东利益责任纠纷上诉案	西安中院(2014)西中民四初字第00119号;陕西高院(2014)陕立民终字第00064号	《民事诉讼法》(2012修正)第二十六条	公司、自然人	一审:本案属于公司诉讼,应当依照《民事诉讼法》第二十六条确认管辖法院 二审:本案应属公司诉讼,西安中院作为中钢集团西安重机有限公司的住所地,人民法院对本案具有管辖权
兼顾“因侵权行为提起的诉讼”和“与公司有关的诉讼”					
安徽高院	安徽元一房地产发展有限公司与柏庄置业有限公司损害股东利益责任纠纷上诉案	黄山市中级人民法院(2018)皖10民初22号;安徽高院(2019)皖民辖终26号	《民事诉讼法》(2017修正)第二十六条	公司、自然人	本案属于侵权之诉,但因案涉纠纷属于与公司有关的纠纷,涉及安徽黄山元一柏庄投资发展有限公司利益,受《公司法》所调整,故一审裁定以《民事诉讼法》第二十六条的规定确定管辖亦无不当

从上述表格可以看出，部分法院认为损害股东利益责任纠纷属于侵权责任纠纷，因此应当适用《民事诉讼法》第二十八条，由侵权行为地或被告住所地人民法院管辖；部分法院则认为损害股东利益责任纠纷应当依据“与公司有关的纠纷”来确定管辖地，因此适用《民事诉讼法》第二十六条，由公司住所地人民法院管辖；也有法院认为损害股东利益责任纠纷虽然属于侵权责任纠纷，但涉及公司利益，因此亦可以适用《民事诉讼法》第二十六条的规定。

（二）本书观点

本书认为，损害股东利益责任纠纷管辖地的确定，以《民事诉讼法》第二十六条为依据更为妥当，具体可从以下几个方面予以考量：

第一，损害股东利益责任纠纷的案由与特性。首先，根据《最高法院关于印发修改后的〈民事案件案由规定〉的通知》（法〔2020〕347 号），“损害股东利益责任纠纷”是第一级案由“与公司、证券、保险、票据等有关的民事纠纷”项下第二级案由“与公司有关的纠纷”项下的第三级案由。而“侵权责任纠纷”则是与“与公司、证券、保险、票据等有关的民事纠纷”并列的第一级案由。由此可见，“损害股东利益责任纠纷”与“侵权责任纠纷”分属不同的案由，是两种不同类型的诉讼。依据“侵权责任纠纷”这一案由来确定另一案由“损害股东利益责任纠纷”的管辖地，显然欠妥。其次，虽然在实践中可能存在两种案由交叉的情形，但损害股东利益责任纠纷与一般的侵权责任纠纷不同，损害股东利益责任纠纷有其特殊性。损害股东利益责任纠纷反映的是股东基于其在公司的股东身份而产生的股东与公司的内部关系，这是一般的侵权责任纠纷所没有的。虽然损害股东利益责任纠纷被告的行为亦属于对股东的侵权行为，但一般的侵权责任纠纷却无法涵盖股东在公司的股东身份这一特殊性。因此，损害股东利益责任纠纷在具体行为的认定上，也许可以参照适用侵权责任纠纷的相关规定，但在判断管辖地时，仍然应当以“与公司有关的纠纷”为宜。

第二，对《民事诉讼法》第二十六条的理解。该条规定，因公司设立、确认股东资格、分配利润、解散等纠纷提起的诉讼，由公司住所地人民法院管辖。《民事诉讼法司法解释》第二十二条规定：“因股东名册记载、请求变更公司登记、股东知情权、公司决议、公司合并、公司分立、公司减资、公司增资等纠纷提起的诉讼，依照民事诉讼法第二十六条规定确定管辖。”对于上述两条规定的理解适用，在实践中存在着两种不同的观点。一种观点认为，我国《民事诉讼法》第二十六条与《民事诉讼法司法解释》第二十二条是一种封闭式列举的规定，因此应当由公司住所地人民法院管辖的案件，仅限于该两条规定明确列举的具体情形，而其他纠纷案件，如损害股东利益责任纠纷，则不应当由公司住所地人民法院管辖。另一种观点认为，上述两条规定是一种开放式规定，只要是与公司有关的纠纷，即可以公司住所地为管辖地。本书赞同第二种观点。首先，从文义解释的角度来看，上述两条规定中均用了"等"字，此即体现了该条款并不仅仅适用于其前述所列举的几种具体情形，也即并不具备封闭性。其次，从论理解释的角度来看，损害股东利益责任纠纷与该两条规定列举的公司设立、确认股东资格、分配利润、解散、股东名册记载、请求变更公司登记、股东知情权、公司决议、公司合并、公司分立、公司减资、公司增资纠纷，从实质上来看并无明显差异，均属于与公司相关的纠纷。

当然，以上讨论仅为本书观点。在实务中，在对损害股东利益责任纠纷的管辖问题出现权威解答之前，应当着重把握各个地区法院在审理此类案件上的通常路径，依据不同的解释，选择最有利于当事人的管辖地。

五、损害股东利益责任纠纷的具体情形

（一）董事、高级管理人员损害股东利益

《公司法》第一百五十二条规定了董事、高级管理人员损害股东利益的情形。董事、高级管理人员违反法律、行政法规或者公司章程的规定，损害股东利益的，股东可以向人民法院提起诉讼。董事、高级管理人员损害股东利益与一般的侵权行为不同，须以董事、高级管理人员违反法律、行政法规或公司章程规定为前提。在实践中，董事、高级管理人员损害股东利益主要存在以下几种常见情形：

1. 伪造签名擅自非法清算公司

案例·6 – 人民法院报案例 –

董事伪造签名擅自将公司非法清算损害股东利益的应承担赔偿责任

——舒婕与吴洁损害股东利益责任纠纷上诉案①

上诉人（原审被告）：舒婕。

被上诉人（原审原告）：吴洁。

① 参见苏州市虎丘区人民法院（2016）苏0505民初3734号民事判决书；江苏省苏州市中级人民法院（2017）苏05民终9744号民事判决书；王艾：《"清算组"成员被判赔偿股东百万》，载《人民法院报》2018年7月13日，第3版。

2009年9月，吴洁与其他股东一同投资设立凯鼎公司，注册资本1200万元，吴洁实缴100万元，持股8.33%。舒婕为公司法定代表人、执行董事兼经理。

2011年2月与5月，舒婕等人主导凯鼎公司成立清算组以及出具清算报告的两次股东会决议，具体内容为：凯鼎公司因经营不善，股东会同意公司解散；公司成立清算组，由舒婕等37位股东组成，舒婕担任组长；全体股东一致同意清算结果，同意办理公司注销，清算报告主要内容为公司自开业以来未开展任何业务，公司库存资产1196万元，公司剩余净资产1196万元，其中货币1196万元，对公司剩余净资产分配方式为按出资比例返还原股东。两次股东会决议所附股东签名中“吴洁”签名均不是原告本人所为，“舒婕”签名被告自认是其本人所为。

2011年6月1日，舒婕以凯鼎公司法定代表人（清算组负责人）身份向市场监督管理局申请公司清算组、注销备案登记并提交两次股东会决议。经核准，凯鼎公司于2011年6月25日注销登记。此后，凯鼎公司未继续将剩余资产返还原告吴洁。

吴洁于2016年6月经向工商行政部门查询后才得知凯鼎公司已经注销，遂向法院提起诉讼，凯鼎公司注销未履行公司内部决策程序，舒婕作为公司法定代表人、执行董事兼经理、清算组负责人未实际召集并主持公司股东会，擅自申请办理公司注销，并提交伪造原告的签名股东会决议、清算报告等文件办理工商、税务注销手续，造成原告重大损失，应对原告承担损害赔偿责任。舒婕则辩称，自己并未实际占有使用该笔资金，没有法定的返还义务。

江苏苏州虎丘法院一审判决支持吴洁的诉讼请求，舒婕不服提起上诉，江苏苏州中院二审判决驳回上诉，维持原判。

本案一审法院认为，公司董事、高级管理人员应当遵守法律、行政法规和公司章程，对公司负有忠实和勤勉的义务，同时被告作为公司执行董事应当对股东负责。在凯鼎公司解散时，被告作为召集人未通知原告参加股东会讨论解散公司事项、公司解散过程中未按公司章程约定通知原告参加清算组、也未通知原告参加股东会评议清算报告，因此其作为召集人应当知道提交公司登记部门的注销申请材料不具有真实性，被告仍以公司法定代表人、清算组负责人身份注销公司损害了原告的股东权益。在2011年6月25日公司注销前，相关人员并未实际将公司剩余财产按清算报告所载的方式返还原告，损害了原告的财产权益，应当对原告进行赔偿。二审法院支持了一审判决。二审法院认为，清算组未经法律规定忠实履行清算义务，造成吴洁未获得清算后所分配的净资产，给吴洁造成了损失，应当予以赔偿。

但因清算组并非法律规定的诉讼主体,其成员侵犯吴某的合法权益应认定为共同侵权行为。舒婕作为清算组组长,亲自将关于清算、注销凯鼎公司的申请提交给工商管理局。故吴洁在本案中选择共同侵权人之一的舒婕主张侵权赔偿,符合《公司法》和《侵权责任法》的相关规定。

本案中,被告舒婕作为凯鼎公司执行董事兼经理,属于《公司法》第一百五十二条规定的"董事、高级管理人员",其违反法律、行政法规和公司章程的规定,伪造原告吴洁的签名,擅自将公司非法清算,且未将公司剩余财产按清算报告所载的方式返还原告,显然损害了原告的股东利益。因此,原告吴洁作为凯鼎公司股东,有权以舒婕为被告,以其作为董事及高级管理人员,违反法律、行政法规及公司章程的规定,损害股东利益为由,向舒婕主张损害赔偿。被告伪造签名擅自将公司非法清算的行为,损害了吴洁作为公司股东享有的剩余财产分配请求权,且该损失属于吴洁的直接损失,而非公司的损失。因此,吴洁的诉讼请求能够得到法院的支持。

2. 拒不移交财务账册致使公司无法清算

案例·7 —典型案例—

董事拒不移交财务账册等清算材料损害股东利益的应承担赔偿责任

——郑伟明与沈萍损害股东利益责任纠纷上诉案①

上诉人(原审被告):郑伟明。

被上诉人(原审原告):沈萍。

原审第三人:赵明。

中立公司系于2000年4月18日成立的有限责任公司,公司注册资本为人民币50万元,公司成立时的股东为沈萍(认缴出资25万元)和赵明(认缴出资25万元),法定代表人为沈萍。

公司章程规定,公司不设董事会和监事会,设执行董事(兼公司经理)1名、监事1名,执行董事由沈萍担任,监事由赵明担任。执行董事的职权是:(1)负责召集股东会并报告工作;(2)主持公司的日常生产经营管理工作,决定并组织实施公司年度经营计划和投资方案;(3)制订公司的年度财务预算方案、决算方案;(4)制订公

① 参见上海市闵行区人民法院(2014)闵民二(商)初字第1411号民事判决书;上海市第一中级人民法院(2016)沪01民终6691号民事判决书。

司的利润分配方案和弥补亏损方案；(5)拟订公司增加或减少注册资本的方案；(6)拟订公司合并、分立、变更公司形式、解散的方案……

2002年11月25日，中立公司股东会作出决议，决定公司执行董事及法定代表人均由沈萍变更为郑伟明。

2012年5月10日，上海市工商行政管理局吊销中立公司营业执照。2013年8月5日，沈萍均曾向法院申请对中立公司进行强制清算，2014年3月3日撤回申请。2014年5月12日，沈萍再次向法院申请对中立公司进行强制清算。法院受理后，因沈萍及中立公司均表示无法提供中立公司财务账册等相关清算资料及中立公司资产状况，法院无法对中立公司组织清算，故于2014年7月15日裁定终结中立公司的强制清算程序。

沈萍认为，郑伟明作为中立公司的执行董事，在中立公司被吊销营业执照后，应向中立公司的股东移交财务账册及公司资产，以便中立公司股东成立清算组对中立公司进行清算，但郑伟明并未移交，损害了沈萍作为股东的剩余财产分配请求权，遂诉至法院。郑伟明则在上诉中称，即使郑伟明是中立公司的实际控制人，其也没有保管财务凭据的义务。

上海闵行法院一审判决支持沈萍的诉讼请求。郑伟明不服提起上诉，上海一中院二审判决驳回上诉，维持原判。

本案中，股东起诉董事的依据是其享有的剩余财产分配请求权，起诉的原因是董事违反法律和公司章程的规定，损害股东利益。

一审法院认为，郑伟明作为中立公司的执行董事及法定代表人，控制中立公司的对外经营和对内管理，理应掌握中立公司的财务账册及公司资产。在郑伟明停止中立公司经营时，郑伟明应当将该公司的财务账册及公司资产移交给中立公司的股东，由中立公司的股东决定是否解散中立公司、成立清算组对中立公司进行清算，此系郑伟明作为执行董事，在特定情况下对中立公司股东负有的勤勉义务。但郑伟明在停止中立公司的经营后，却选择以不按期进行年检、等待工商行政管理部门吊销中立公司的营业执照的方式使中立公司退出市场。而在中立公司被吊销营业执照后，郑伟明应向中立公司的股东移交财务账册及公司资产，以便中立公司股东成立清算组对中立公司进行清算，此亦系郑伟明作为执行董事对股东负有的勤勉义务。在中立公司被吊销营业执照时，郑伟明应向中立公司股东移交财务账册，但郑伟明并未移交。故一审法院认为，系因郑伟明未尽其勤勉义务，未及时向中立公司股东移交财务账册、公司主要财产等重要清算材料才使得上述材料不知去向，导致中立公司既无法由股东自行对中立公司进行清算，也无法由法院组织进行强制清算。因郑伟明未及时向中立公司股东移交财务账册、公司主要财产等重要清算材料，导致中立公司无法清算，侵害了沈萍的剩余财产分配请求权，郑伟明对沈萍的损失应承担赔偿责任。

二审法院支持了一审法院的判决，对于郑伟明是否有义务保管公司的财务账册这一问题，二审法院认为，自2002年11月25日起，郑伟明担任中立公司的执行董事和法定代表人，对中立公司的对外经营和对内管理具有实际控制权。因此，郑伟明当然有义务保管中立公司的财务账册。

《公司法》第五十条规定，股东人数较少或者规模较小的有限责任公司，可以设一名执行董事，不设董事会，执行董事的职权由公司章程规定。本案中，中立公司的公司章程明确规定了执行董事的职权。郑伟明作为中立公司的执行董事和法定代表人，对公司享有对内和对外的实际控制权，其自然应当妥善保管公司财务账册。在公司面临清算时，郑伟明应当将该相关材料移交给股东，使得公司得到清算，股东分配到剩余财产。而本案中郑伟明未将相关清算材料移交股东，导致中立公司既无法由股东自行清算，也无法由法院组织进行强制清算。郑伟明负担有妥善保管材料、适时移交材料的义务，而其违反法律和公司章程的规定，不履行该义务，损害了股东的剩余财产分配权，显然应当承担对股东的赔偿责任。

（二）股东滥用股东权利给其他股东造成损失

《公司法》第二十条规定，公司股东应当遵守法律、行政法规和公司章程，依法行使股东权利，不得滥用股东权利损害其他股东的利益；公司股东滥用股东权利给其他股东造成损失的，应当依法承担赔偿责任。

该条规定实则反映了权利与义务相对等的原则。公司股东依法和依章程正当行使权利，不得滥用股东权利损害公司或者其他股东的利益。本着权利、义务平等的原则，公司股东在享受各项权利的同时，负有正当行使权利的义务。其正当行使权利受法律保护，滥用权利将受到法律的制裁。该条规定了公司股东正当行使权利的一般原则及滥用权利的民事责任。与2005年修订前的《公司法》相比，为了充分地保护股东的合法利益，之后修订的《公司法》赋予了股东较多的实质性权利。股东在行使权利时，一是要遵守法律有关权利行使的规定，二是要依照法律规定的程序行使。股东行使权利不得损害公司和其他股东的利益。例如，《公司法》第十六条规定，公司为公司股东或者实际控制人提供担保的，必须经股东会或者股东大会决议。前款规定的股东或者受前款规定的实际控制人支配的股东，不得参加前款规定事项的表决。如股东违反这一规定强行参与表决，则构成滥用股东权利。又如,《公司法》规定有限责任股东有查账权,但前提是股东应当有正当的理由,一般为公司的经营活动特别是在财务处理上有损害股东利益之嫌。如果股东为个人经营的目的,以查账为由,窃取公司商业秘密,则构成股东滥用权利。再如,公司章程规定公司出售重大资产需股东大会特别决议通过,公司的控股股东无视章程的规定,不经法定程序,强令公司经营管理层出售该资产,也构成股东权利的滥用。对股东滥用权利的行为,给其他股东造成损失的,滥用权利的股东应承担赔偿责任。

此规定主要是为了规范股东行为,促使股东依法、正当行使权利。当股东滥用股东权利,损害其他股东利益时,该受损股东可以该滥用权利的股东为被告,提起损害股东利益之诉。股东的何种行为构成滥用股东权利,是损害股东利益责任纠纷认定的关键,在实践中,股东滥用股东权利损害其他股东利益主要存在以下几种情形。

1. 抽逃出资并解散公司

案例·8　　**-典型案例-**

股东滥用股东权利抽逃出资并解散公司损害股东利益的应承担赔偿责任

——立中公司与宝华公司等损害股东利益纠纷上诉案①

上诉人(原审原告):立中公司。

被上诉人(原审被告):宝华公司、王泽洋、光社公司、华睿公司。

宝华公司、立中公司、王泽洋、光社公司、华睿公司五方发起成立庆华公司,合计注册资金1亿元。宝华公司出资2500万元,占股权25%;立中公司出资1902万元,占股权19.02%;王泽洋出资1886万元,占股权18.66%;光社公司出资1886万元,占股权18.66%;华睿公司出资1886万元,占股权18.66%。2010年9月3日,全部出资人共同签订公司章程、出资人协议。2010年9月20日,庆华公司登记成立。

庆华公司登记成立后,原设定生产汽车的目标未能实现,2011年1月19日,光社公司向庆华公司借款1000万元,出具了借据,约定借款年利率为4.86%,借款期限为2011年5月20日;2011年1月20日,王泽洋向庆华公司借款1000万元,出具了借据,约定借款利率及借款期限按公司第一届第二次股东会决议执行;2011年1

① 参见湖北省十堰市中级人民法院(2012)鄂十堰中民二初字第00024号民事判决书;湖北省高级人民法院(2013)鄂民二终字第00032号民事判决书。

月24日、4月23日,华睿公司分两次借款1000万元,出具了借据,约定借款利率及借款期限按公司第一届第二次股东会决议执行。此外,2010年9月与11月,王泽洋、光社公司、华睿公司曾各向庆华公司结款2300万元,合计6900万元(立中公司另行起诉)。以上借款共计9900万元。

2012年3月6日,庆华公司召开第一届第三次股东会,立中公司反对,其他股东同意,通过了关于王泽洋、光社公司、华睿公司三家股东各借庆华公司2300万元与1000万元的调低利息与免收滞纳金事项以及解散公司、进入清算程序的决议。

2012年4月5日,庆华公司召开第一届第四次股东会,立中公司经通知未参加,其余四方股东同意通过关于解散公司、同意解散方案并成立清算组的决议。决议内容包括同意解散公司、进行清算、通过解散方案、成立清算组等。

2012年6月19日,庆华公司召开第一届第五次股东会,立中公司经通知未参加,其余四方股东同意通过决议。但决议载明五方股东参会,立中公司反对,其他股东同意。决议内容为将清算方案修改为:庆华公司在清偿债务后的剩余财产预计有10,002.949,444万元,按出资比例分配,分配给宝华公司和立中公司的剩余财产,直接偿还向三家股东的借款,三家股东将该款直接用于抵减向庆华公司的借款;王泽洋、光社公司、华睿公司用前述分配的剩余财产直接抵减向庆华公司的借款。

尔后,庆华公司进入清算程序。立中公司认为公司其他股东滥用股东权利损害其作为庆华公司股东的利益,遂提起诉讼。宝华公司等则认为其办理借款并未对公司及庆华公司造成损害。

湖北十堰中院一审判决驳回立中公司诉讼请求,立中公司不服提起上诉,湖北高院二审判决撤销一审判决,改判支持立中公司诉讼请求。

本案中,立中公司作为庆华公司的股东,认为公司其他股东滥用股东权利损害了其股东利益,因此提起诉讼。如何认定庆华公司的股东王泽洋、光社公司、华睿公司是否构成"滥用股东权利损害其他股东的利益"是本案的关键。

一审法院认为,王泽洋、光社公司、华睿公司与庆华公司之间的民间借贷不构成股东滥用股东权利损害公司或其他股东利益的行为。王泽洋、光社公司、华睿公司分别向庆华公司借款1000万元属合法的借贷关系,不构成抽逃出资。庆华公司召开第一届第三次股东会、董事会,占股权19.02%的立中公司反对、占股权80.08%的其他四名股东同意表决通过了关于王泽洋、光社公司、华睿公司三家股东各借庆华公司1000万元利息和滞纳金问题的决议,依照庆华公司章程第二十一条

“股东会为本公司股东提供借款，必须经代表总出资三分之二表决权的股东通过”规定，王泽洋、光社公司、华睿公司向庆华公司借款，获得代表总出资三分之二表决权的股东通过并形成股东会决议，符合法律和公司章程的规定。因此，王泽洋、光社公司、华睿公司与庆华公司之间的民间借贷不构成股东滥用股东权利损害公司或其他股东利益。

二审法院则认为，王泽洋、光社公司、华睿公司的行为构成股东滥用股东权利损害公司和其他股东利益。从庆华公司设立背景与目的、借款资金的来源、公司章程和有关协议书的约定、借款实际发放的操作过程等方面综合分析，应当认定王泽洋、光社公司、华睿公司从庆华公司借款的性质属于抽逃出资。在庆华公司设立阶段，王泽洋、光社公司、华睿公司已存有通过虚构债权债务关系实现抽逃注册资本的故意。在庆华公司设立后，王泽洋、光社公司、华睿公司在宝华公司的协助下，利用对公司的控制，通过在董事会及股东会表决权上的优势，以借款为名义，在公司成立后的短期内以限制立中公司股东知情权的方式无担保地从庆华公司取得9900万元，已占庆华公司注册资本的99%，在不计算其他小额支出的情况下，各方股东投入公司的出资也仅余100万元，庆华公司注册资本所剩无几。因借款合同约定的借款期间均为几个月的短期借款，如王泽洋、光社公司、华睿公司按期还款，尚不足以认定借款行为本身为抽逃出资，但王泽洋、光社公司、华睿公司在取得资金之后，王泽洋、光社公司、华睿公司及宝华公司利用对公司董事会和股东会的控制，不顾立中公司反对，强行通过庆华公司第一届第三次董事会和股东会决议，决定对王泽洋、光社公司、华睿公司从庆华公司取得的9900万元资金的年利率降低为1%，免除滞纳金，推迟还款期限、设定计息截止日，造成应归还的公司财产未能归还，公司不能取得应得利息，王泽洋、光社公司、华睿公司的上述行为是滥用股东权利的行为，损害了庆华公司利益和立中公司作为股东在公司解散时的剩余财产分配请求权。

本案中，二审法院与一审法院对于王泽洋、光社公司、华睿公司是否滥用股东权利损害其他股东利益作出了截然不同的认定，主要原因在于一、二审法院对于该三名股东向庆华公司借款行为的认定不同。一审法院仅从王泽洋、光社公司、华睿公司向庆华公司借款的表象入手，认定该民间借贷不构成抽逃出资，因此王泽洋、光社公司、华睿公司未构成滥用股东权利。而二审法院则综合考虑了庆华公司设立背景与目的、借款资金的来源、公司章程和有关协议书的约定等事项，认定股东王泽洋、光社公司、华睿公司向庆华公司借款的行为属于抽逃出资。在原告立中公司反对的情况下，其余四方通过了庆华公司进入清算程序的股东会决议，且清算方案中,分配给宝华公司和立中公司的剩余财产,直接偿还向三家股东的借款,三家股东将该款直接用于抵减向庆华公司的借款;王泽洋、光社公司、华睿公司用前述分配的剩余财产直接抵减向庆华公司的借款。王泽洋、光社公司、华睿公司及宝华公司利用对公司董事会和股东会的控制,不顾立中公司反对,强行通过股东会决议,显然构成滥用股东权利,损害了立中公司作为庆华公司股东在公司解散时的剩余财产分配请求权。因此,二审法院支持了原告立中公司的诉讼请求。

2. 拒不提供财务账册致使公司无法清算

案例·9 –典型案例–

控股股东拒不提供财务账册致使公司无法清算的应承担赔偿责任

——叶亲翔与过明益损害股东利益责任纠纷上诉案①

上诉人(原审被告):叶亲翔。

被上诉人(原审原告):过明益。

1999 年 7 月,叶亲翔与过明益共同出资设立佳益公司,过明益出资 15 万元,持公司股权 30%,叶亲翔出资 35 万元,持公司股权 70%。叶亲翔担任公司执行董事及法定代表人。

2011 年 10 月 25 日,工商行政机关以佳益公司“逾期仍不接受年度检验”为由,吊销了佳益公司的营业执照。2011 年 6 月 30 日,过明益向江苏南京中院申请对佳益公司进行强制清算,江苏南京市中院受理并制定清算人。2014 年 10 月 30 日,清算人完成清算报告,载明“现有记账凭证是 1999 年 8 月至 2007 年 1 月的,其中部分月份凭证不全,2007 年 2 月至 2009 年 8 月的账目未见到。另被清算人财产价值合计 140,000 元,在扣除清算费用 33,262 元后,剩余部分根据被清算人股东实缴的出资比例进行分配,其中叶亲翔分配 70%,过明益分配 30%”。待办理完所有手续后,清算组据实结算,并将剩余款项按股东出资比例再划入股东账上。同日,江苏南京中院出具民事裁定书,载明:“佳益公司尚有部分财产,且已进行了公平清偿,但因该公司部分账册、重要文件等灭失,经向公司股东等直接负责人释明,仍无法全部清算,故应以佳益公司无法全面清算终结强制清算程序。但佳益公司股东可以向

① 参见江苏省南京市秦淮区人民法院(2015)秦商初字第 199 号民事判决书;江苏省南京市中级人民法院(2015)宁商终字第 885 号民事判决书。

控股股东等实际控制公司的主体主张有关权利”,同时该裁定书裁定终结佳益公司强制清算程序。

过明益认为,叶亲翔在公司清算过程中隐匿公司财务资料,致公司清算非正常终结,故诉请法院判令叶亲翔予以赔偿。叶亲翔则认为公司未能正常终结清算的原因不能归责于其自身。

江苏南京秦淮法院一审判决支持过明益的诉讼请求,叶亲翔不服提起上诉,江苏南京中院二审判决驳回上诉,维持原判。

一审法院认为,公司股东依法享有资产收益、参与重大决策和选择管理者等权利。2011 年6 月30 日,过明益向江苏南京中院申请对佳益公司进行强制清算,2014 年10 月30 日,江苏南京中院出具民事裁定书,载明“佳益公司部分账册、重要文件等灭失,经向公司股东等直接负责人释明,仍无法全部清算,故应以佳益公司无法全面清算终结强制清算程序。但佳益公司股东可以向控股股东等实际控制公司的主体主张有关权利”,同时裁定终结佳益公司强制清算程序。故过明益向佳益公司法定代表人叶亲翔主张相关股东权利,符合法律规定,原审法院予以支持。叶亲翔提出过明益占有部分财务凭证导致公司账册不全且误差极大,导致公司剩余财产、股东权益等都无法评估和认定。一审法院认定,过明益手中所持有的2004 年8 月至2007 年1 月的会计凭证30 本已交至江苏南京玄武法院,并经该院交至佳益公司清算人手中。佳益公司无法进行全面清算的主要原因是作为公司控股股东的叶亲翔未能向清算人提供关于佳益公司的剩余全部账册而导致佳益公司无法全面清算而被江苏南京法院强制终结清算程序。据此,一审法院判决被告叶亲翔向原告过明益承担赔偿责任。

二审法院认为,公司股东滥用股东权利给公司或者其他股东造成损失的,应当依法承担赔偿责任。在公司清算程序中,控股股东与其他股东均是公司的清算义务人,负有对公司进行清算的义务。控股股东转移公司财产、隐匿财务账册,以致公司不能进行清算或不能进行全面清算,公司的资产状况就无法厘清,其他股东对公司剩余财产的分配权就无法实现。其他股东就其损失有权向控股股东主张损害赔偿。本案中,叶亲翔系佳益公司控股股东,在佳益公司清算程序中,经清算组向其释明,其仍拒不提供持有的佳益公司的财务账册及会计凭证,以致佳益公司无法全面清算而被终结强制清算程序。叶亲翔滥用股东权利造成过明益无法获得佳益公司应有的剩余财产,其对过明益的损失应予赔偿。

《公司法》第一百八十六条规定,公司财产在分别支付清算费用、职工的工资、社会保险费用和法定补偿金，缴纳所欠税款，清偿公司债务后的剩余财产，有限责任公司按照股东的出资比例分配，股份有限公司按照股东持有的股份比例分配。公司进入清算程序后，股东既享有剩余财产请求权，又负有对公司进行全面清算的义务。本案中，叶亲翔作为佳益公司控股股东，在清算组向其释明后，仍拒不提供财务账册等清算材料，导致佳益公司无法得到全面清算，损害了作为佳益公司股东过益明对于公司的剩余财产享有的权益。因此，过益明的诉讼请求得到了一、二审法院的支持。

3. 伪造签名侵占其他股东股权

案例·10 –典型案例–

股东伪造签名将其他股东股份占为己有的应承担赔偿责任

——朱仲辉与永兴公司、王永珏侵害股东权益纠纷上诉案①

上诉人(原审被告)：朱仲辉。

被上诉人(原审原告)：永兴公司、王永珏。

原审被告：黄跃权。

纳中公司设立于2005年4月12日，公司设立时有两位股东：黄跃权、朱仲辉，各占50%股份。2005年10月7日，纳中公司股东及对应股权比例变更为：黄跃权29%、朱仲辉36%、王永珏35%(变更登记时，王永珏签名系赣西地质调查队副队长叶景平代签)。永兴公司以资本及技术入股，成为纳中公司实际投资人，其享有纳中公司35%的股份，王永珏系代表永兴公司作为名义股东持有纳中公司股份，双方系委托代持关系，黄跃权、朱仲辉对此亦知晓。

2007年9月28日，纳中公司股东及对应股权比例变更为：黄跃权50%、朱仲辉50%，该设立更改报告中有黄跃权、朱仲辉签名的声明，并附有退出股东名单，该名单处有王永珏签名。对此签名江西求实司法鉴定中心出具鉴定意见书，鉴定意见为：该处签名非王永珏或叶景平所书写。

永兴公司、王永珏认为，永兴公司委托当时的法定代表人王永珏代表该公司持有纳中公司35%股份及行使股东权利，而黄跃权、朱仲辉在未经永兴公司、王永珏

① 参见江苏省南通市中级人民法院(2014)通中商外初字第0004号民事判决书；江苏省高级人民法院(2017)苏民终883号民事判决书。

授权情况下，伪造王永珏签名，将永兴公司、王永珏股份转至自己名下，侵害了永兴公司、王永珏的权益，因此请求法院判令黄跃权、朱仲辉连带赔偿永兴公司、王永珏直接经济损失及预期利益损失。朱仲辉则认为永兴公司、王永珏诉请的实质仍是返还投资款和进行利润分配，但投资款不可随意返还和抽逃，利润分配也只有在公司实现盈利且股东会决议分红时才可进行，如永兴公司、王永珏主张享有股权也应承担相应的投资义务和风险。

江苏南通中院一审判决支持永兴公司、王永珏的诉讼请求，朱仲辉不服提起上诉，江苏高院二审判决驳回上诉，维持原判。

本案中，股东通过伪造签名，将公司其他股东对公司的股份占为己有，侵害了其他股东的权利。

一审法院认为，发生于2007年9月28日的纳中公司股权变更登记，王永珏所持股份被转移至黄跃权、朱仲辉名下，登记材料中附有黄跃权、朱仲辉个人声明及其护照复印件，而退出股东处王永珏的签名，已通过笔迹鉴定等证据证明非其本人或叶景平所签，黄跃权、朱仲辉对王永珏系自愿退出或其已支付相应对价均未提供任何证据证明，据此应认定黄跃权、朱仲辉通过假冒王永珏签名的方式侵占了其名下纳中公司35%的股份。

二审法院认为，涉案系争股权自王永珏名下变更登记至黄跃权、朱仲辉名下，变更登记材料中附有黄跃权、朱仲辉签字的个人声明及其护照复印件。朱仲辉虽对其签名的真实性不予认可，但在一审法院释明后，其未申请司法鉴定。而王永珏的签名，经鉴定并非其本人或授权叶景平所签。黄跃权、朱仲辉亦未提供证据证明王永珏系自愿退出或其已支付相应对价。因此，二审法院认为，一审法院认定黄跃权、朱仲辉通过假冒王永珏签名的方式侵占了其名下纳中公司35%的股份并无不当。

本案的事实关系较为清晰简单。根据司法鉴定意见书可知，被告伪造了原告的签名，试图以假冒原告签名的方式，侵占原告在公司享有的股份。被告的该种行为显然侵害了原告的股东权利，构成滥用股东权利的行为。因此，一、二审法院均认定被告的行为侵害原告股东的利益具有事实和法律依据。

4. 利用实际控制地位擅自决定公司重大事项

案例·11 — 典型案例 —

控股股东擅自决策公司重大事项损害股东利益的应承担赔偿责任

——金陵饭店集团、阮定林与华中公司损害股东利益责任纠纷上诉案①

上诉人(原审被告):金陵饭店集团、阮定林。

被上诉人(原审原告):华中公司。

原审第三人:湖滨金陵饭店。

湖滨金陵饭店于2000年6月29日成立,现有2名股东,华中公司占股45%,金陵饭店集团占股55%,阮定林为总经理,董事会设董事五人,华中公司推荐二人(副董事长谢晨光、董事高永如),金陵饭店集团推荐三人(董事长胡明,董事张嵘、孙苏萍)。

湖滨金陵饭店集团章程第十八条规定:股东会行使下列职权:(1)决定公司的经营方针和投资计划;(2)选举和更换董事……(3)审议批准董事会的报告……6.审议批准公司的财务预算方案、决算方案;第十九条规定:股东会会议决议,需经全体一致同意通过;第二十四条规定:董事会行使下列职权:……(1)执行股东会的决议;(2)决定公司的经营计划和投资方案;(3)制定公司的年度财务预算方案、决算方案……9.聘任或者解聘公司总经理;第二十六条规定:本公司设总经理一人,副总经理两人,总经理对董事会负责;第二十七条规定:总经理行使下列职权:(1)组织公司的生产经营管理工作,组织实施股东会决议;(2)组织实施公司年度经营计划和投资方案。

2015年12月,董事长胡明因工作需要,辞去湖滨金陵饭店董事长职务,因华中公司和金陵饭店集团就修改章程及更换董事长期不能达成一致,湖滨金陵饭店长期不能形成股东会决议,致使董事长职位空缺至今。

2017年6月16日,湖滨金陵饭店致函全体股东,决定对园厅进行改造装修。2017年6月23日,华中公司回函湖滨金陵饭店经营层,认为园厅改造投资属于股东会决策事宜,经营层仅负责日常经营事务,不得越权决定依法应由公司董事会、

① 参见江苏省南京市江宁区人民法院(2017)苏0115民初20146号民事判决书;江苏省南京市中级人民法院(2019)苏01民终2048号民事判决书。

股东会决策事宜。2017 年 6 月 29 日，金陵饭店集团回函湖滨金陵饭店，对园厅改造予以理解、支持和必要的协助，并要求做好调研论证、招投标等工作。

2017 年 11 月，湖滨金陵饭店经招投标程序后开始施工。

华中公司遂请求法院判令金陵饭店集团、阮定林立即停止侵权行为（未经股东会决议，擅自决定进行园厅改造的行为）。金陵饭店集团则认为，作出园厅改造的决定并非金陵饭店集团，而是根据湖滨金陵饭店章程规定，阮定林总经理系由湖滨金陵饭店董事会聘任并对董事会负责，不能因其自称由金陵饭店集团委派或委托而认定其代表金陵饭店集团利益，进而认定金陵饭店集团构成共同侵权。

江苏南京江宁法院一审判决支持华中公司的诉讼请求，金陵饭店集团、阮定林不服提起上诉，江苏南京中院二审判决驳回上诉，维持原判。（见图 7－6）

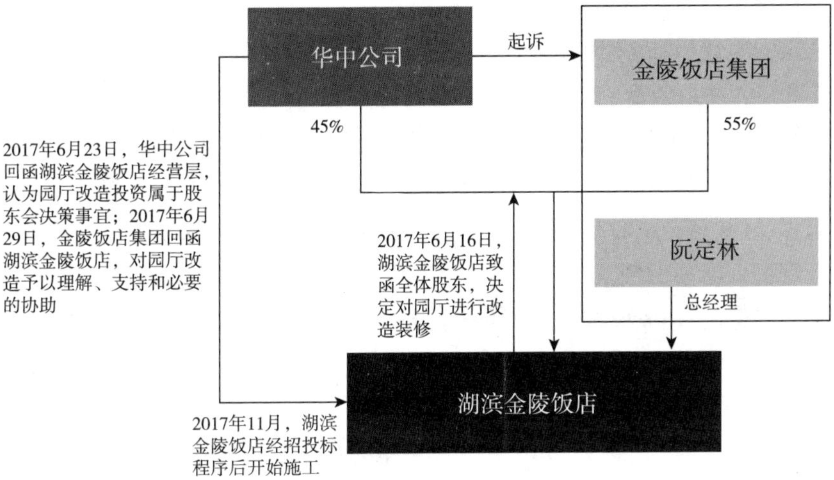

图 7－6　金陵饭店集团、阮定林与华中公司损害股东利益责任纠纷上诉案

一审法院认为，首先，案涉园厅改造工程的实际决策主体为金陵饭店集团及阮定林。原因为金陵饭店集团在上报给江苏省国资委的《报告》中明确载明案涉园厅改造工程系由湖滨金陵饭店上报给金陵饭店集团，并由金陵饭店集团董事会研究决定通过，在湖滨金陵饭店并未就该工程形成有效的股东会决议或者董事会决议的情况下，结合阮定林自称其系金陵饭店集团委派到湖滨金陵饭店的总经理，足以认定系阮定林利用对湖滨金陵饭店的实际控制地位，擅自上报给金陵饭店集团，并由金陵饭店集团研究决定通过，这一事实足以表明金陵饭店集团、阮定林系案涉园厅改造工程的决策主体。其次，案涉园厅改造属于股东会职权范围。根据湖滨金陵饭店集团章程规定,股东会的职权范围包括决定公司的经营方针和投资计划以及审议批准公司的财务预算方案、决算方案,案涉园厅改造工程作为重大固定资产投资计划,显然属于股东会的职权范围。最后,金陵饭店集团、阮定林在未经股东会决议的情况下擅自决定进行园厅改造工程侵犯了华中公司参与重大决策的权利,应当予以制止。金陵饭店集团、阮定林作为湖滨金陵饭店的控股股东及高级管理人员,利用对湖滨金陵饭店的实际控制地位,在湖滨金陵饭店就案涉园厅改造工程未形成有效的股东会决议甚至未形成有效的董事会决议的情况下,擅自决定进行案涉园厅改造工程,属于越权行为,该越权行为不仅侵犯了股东会的职权,也损害了华中公司作为股东参与重大决策的权利,且根据湖滨金陵饭店的章程,股东会决议需经全体一致同意通过,在华中公司明确反对的情况下,该越权行为也不可能由股东会决议通过,从而无法得到补正,应当予以制止,华中公司要求金陵饭店集团、阮定林立即停止侵权行为并无不当。

二审法院认为,诉争园厅改造项目应属于股东会决策事项。阮定林对于园厅改造工程动议十分清楚,且在明知两股东对此存在重大分歧,股东会不可能一致通过时,仍执意推进工程建设,因此,一审认定阮定林为决策主体并无不妥。金陵饭店集团作为湖滨金陵饭店的股东,明知园厅改造项目尚未通过湖滨金陵饭店股东会一致通过,且知晓另一股东华中公司明确反对的情况下,仍将该项目作为其 2017 年投资计划的一部分,上报给江苏省国资委,客观上亦构成共同决策主体。因此,湖滨金陵饭店经营层、控股股东在股东会未就园厅改造项目作出决策前,擅自实施案涉项目,构成对华中公司股东权利的侵害。

《公司法》第四条规定,公司股东依法享有资产收益、参与重大决策和选择管理者等权利。本案中,金陵饭店集团作为湖滨金陵饭店控股股东,利用其实际控制公司的地位,在相关事项未经股东会通过的情况下,擅自决定公司事宜,侵害了另一股东华中公司对于公司重大事项的决策权。金陵饭店集团作为湖滨金陵饭店的股东,当然也享有对公司重大事宜作出决策的权利,但其不得滥用该股东权利损害其他股东的利益。本案中,金陵饭店集团作为湖滨金陵饭店的股东,在明知另一股东对园厅改造事宜明确反对的情况下,仍通过其对公司的实际控制力,强行推进该改造事宜,构成股东权利的滥用,损害了另一股东华中公司的利益。

5. 滥用股东权利解散公司

案例·12　　– 典型案例 –

股东滥用股东权利注销公司损害股东利益的应承担赔偿责任

——杨丽蓉等与王学宏损害股东利益责任纠纷上诉案①

上诉人(原审被告):杨丽蓉。

上诉人(原审被告):徐明。

被上诉人(原审原告):王学宏。

被上诉人(原审被告):周雪丽等3人。

2015年4月24日,王学宏(甲方,实际出资人)与徐明(乙方,名义出资人)签订隐名股东投资协议,就甲方以乙方名义投资泰洋公司(目标公司)达成如下协议:"一、目标公司系出资人向工商行政管理局申请设立的有限责任公司,注册资金为500万元,公司资料中记载的股东及所占股权为:徐明占股30%、杨丽蓉占股25%、苏兴荣占股25%、杨永强占股15%及周雪丽占股5%。二、在目标公司中,乙方名义出资30万元,占目标公司30%的股权,但实际出资人为甲方。甲方作为实际出资人,实际已向目标公司出资30万元。三、新设目标公司由乙方自愿接受甲方委托,以显名出资人即名义股东之身份,登记于目标公司章程、股东名册以及其他工商登记材料中……"

2015年7月3日,徐明、杨丽蓉、苏兴荣、杨永强、周雪丽共同签署订立泰洋公司章程。后泰洋公司于2015年7月14日注册成立,法定代表人为杨丽蓉,登记的投资者为徐明、杨丽蓉、苏兴荣、杨永强、周雪丽,占股比例分别为:30%、25%、25%、15%、5%。2015年12月2日,泰洋公司向工商行政管理局申请备案登记,备案事项为:清算组成员:苏兴荣,杨丽蓉(负责人)。2016年1月27日,泰洋公司办理注销登记,注销原因为:股东、股东会、股东大会决议解散。

王学宏认为,各被告对王学宏以徐明名义投资的事宜均已知晓,并同意王学宏隐名投资,泰洋公司成立后还没营业,五被告在未通知王学宏的情况下就于2016年1月27日办理了注销登记,将泰洋公司解散,但没有将公司剩余财产按股权比例分

① 参见广东省中山市第一人民法院(2016)粤2071民初9230号民事判决书;广东省中山市中级人民法院(2017)粤20民终2730号民事判决书。

配给王学宏。因此，土学宏认为，五被告滥用股东权利，造成其投资款的损失，应承担赔偿责任。杨丽蓉则上诉认为，泰洋公司经清算没有剩余财产，因此要求其承担返还责任没有依据，且泰洋公司的解散及清算已经征求王学宏同意，王学宏应当接受清算后果。

广东中山第一法院一审判决杨丽蓉、徐明向王学宏返还相应投资款，杨丽蓉、徐明不服提起上诉，广东中山中院二审判决驳回上诉，维持原判。

本案中，一审法院认为，根据王学宏与徐明签订的隐名股东投资协议，如因名义出资人的重大违约造成对方损害的，有权要求损害赔偿，王学宏作为泰洋公司的实际出资人，对泰洋公司依法享有股权。根据本案查明的事实，泰洋公司登记成立后并未实际经营即解散，具体相关事宜由杨丽蓉处理。杨丽蓉明知王学宏为公司实际出资人，未经王学宏同意即单方决定将公司解散，并擅自办理了泰洋公司的工商注销登记，其行为亦侵犯了王学宏的股东权利，应承担赔偿责任。同时，徐明应对杨丽蓉所负责任承担连带责任。

二审法院认为，王学宏诉请泰洋公司股东承担赔偿责任的依据是其与徐明签订的隐名股东投资协议，因而其成为泰洋公司的隐名股东，享有股东权利。而泰洋公司登记成立后并未实际经营即解散，杨丽蓉作为公司法定代表人及清算的负责人，明知公司其他股东未出资且王学宏为公司唯一实际出资人情况下，未经王学宏同意即代其他股东行使权利擅自办理了泰洋公司的工商注销登记，其行为属滥用股东权利，损害王学宏的股东权利，一审法院根据《公司法》第二十条的规定，判令其应承担赔偿责任正确。同时，徐明作为名义股东应对杨丽蓉所负责任承担连带责任。

本案中，王学宏为泰洋公司隐名股东，享有股东权利，而杨丽蓉作为泰洋公司的另一股东，明知王学宏为唯一实际出资人，却未经其同意擅自行使权利单方解散公司，构成股东权利的滥用。杨丽蓉的该行为损害了王学宏作为泰洋公司隐名股东的股东权利，应当承担赔偿责任。

6. 正当行使表决权不构成股东权利的滥用

依据《公司法》第四十二条、第一百零三条的规定，公司股东对公司事项享有表决权。大股东利用其股权上的优势地位，恶意行使表决权时以促成其私利的，属于对股东权利的滥用。而公司股东依照公司章程及法律的规定行使表决权的，其权利行使受到法律的保护，不属于对股东权利的滥用。

案例·13　－最高人民法院案例－

控股股东正当行使表决权不构成对其他股东权益的侵害
——海钢集团与中冶公司损害股东利益责任纠纷上诉案①

上诉人（原审原告）：海钢集团。

上诉人（原审被告）：中冶公司。

原审第三人：度假村公司。

海钢集团与中冶公司于1996年9月注册成立度假村公司，其中，中冶公司出资占总出资比例的60%，海钢公司出资占总出资比例的40%。2002年11月度假村公司进行增资扩股，扩股后中冶公司占总出资比例的49.70%、海钢公司占总出资比例的33.30%、石化公司占总出资比例的9.21%、人福公司占总出资比例的3.93%、三亚市计生局占总出资比例的1.53%、园林公司占总出资比例的2.33%。

2006年11月9日，度假村公司董事会向各股东致函，要求各股东针对度假村公司与海韵公司的合作开发事项进行表决。度假村公司的六家股东中，人福公司弃权未表决，中冶公司、石化公司、园林公司投赞成票（以上三家股东共持有61.24%的股份），海钢公司、三亚市计生局投反对票（以上两家股东共持有34.83%的股份）。根据这一表决结果，形成了《股东会决议》，通过了度假村公司和海韵公司的合作开发方案。

2006年11月28日，度假村公司与海韵公司签订《三亚度假村合作开发协议》及《备忘录》，并于其后签订了一系列补充协议。协议履行过程中，双方产生争议，海南三亚中院于2010年7月13日作出民事判决，判令度假村公司将位于三亚度假村内的"三亚湾国际公馆"1、2号楼项目及其占有的70.26亩土地使用权过户到海韵公司的名下，度假村公司于判决生效之日起10日内向海韵公司支付违约金1000万元。海南省高级人民法院于2010年12月24日判决驳回度假村公司的上诉，维持原判。

海钢集团认为由于中冶公司不顾其他股东的反对意见，决定度假村公司与海韵公司合作，导致度假村公司数亿元的损失，其中海钢集团损失2.344亿元，遂提起诉讼，请求法院认定中冶公司在通过2006年11月17日的《股东会决议》过程中滥

① 参见海南省高级人民法院（2012）琼民二初字第1号民事判决书；最高人民法院（2013）民二终字第43号民事判决书。

用股东权利，并判令中冶公司赔偿海钢集团经济损失以及因度假村公司支付海韵公司1000万元人民币违约金产生的333万元人民币损失。中冶公司则辩称，本案中即使有损失也是度假村公司的损失而非海钢集团的损失，应由度假村公司主张。

海南高院一审判决支持海钢集团的部分诉讼请求，海钢集团与中冶公司均不服提起上诉，最高人民法院二审判决撤销一审判决，驳回海钢集团的诉讼请求。

公司股东依法享有表决的权利。海钢公司主张中冶公司在度假村公司的股东会表决中滥用控股股东权利，损害海钢公司的股东利益，因此，应当对中冶公司在度假村公司表决程序中的投票行为作出认定。

一审法院认为，在各股东对度假村公司和海韵公司土地开发合作事宜的表决中，持61.24%股份的股东投了赞成票，持34.83%股份的股东投了反对票，其他股东弃权，未达到我国《公司法》第四十四条①所规定的经代表三分之二以上表决权的股东通过，而中冶公司利用其董事长邹健同时为度假村公司董事长的条件和掌管度假村公司公章的权力自行制作《股东会决议》，系滥用股东权利，并由此侵犯了海钢集团的合法权益。

二审法院则认为，在度假村公司股东会的表决过程中，中冶公司作为该公司的股东投了赞成票，系正当行使其依法享有表决权的行为，该表决行为并不构成对其他股东权利及利益的侵害。基于全体股东的表决结果，度假村公司董事会制定了《股东会决议》，其载明："根据公司法规定：度假村公司股东会通过度假村公司与海韵公司合作开发方案。"此后，双方签订了合作开发协议，并将之付诸实施。这些行为及经营活动均是以"度假村公司董事会、董事长"名义而实施，其对内为董事会行使职权，对外则代表了"度假村公司"的法人行为，没有证据证明是中冶公司作为股东而实施的越权行为。尽管大股东中冶公司的法定代表人邹健同时担任度假村公司董事会的董事长，但此"双重职务身份"并不为我国公司法及相关法律法规所禁止，且该董事长系由度假村公司股东会依公司章程规定选举产生，符合我国《公司法》第四十五条第三款的规定。在此情形下，度假村公司及其股东中冶公司均为人格独立的公司法人，不应仅以两公司的董事长为同一自然人，便认定两公司的人格合一，进而将度假村公司董事会的行为认定为中冶公司的行为，这势必造成公司法人内部决策机制及与其法人单位股东在人格关系上的混乱。此外，两公司人格独立还表现为其财产状况的独立和明晰，在没有证据证明公司与其股东之间存在利

① 现行《公司法》第四十三条。

益输送的情况下，此类“董事长同一”并不自然导致“法人人格否认原理”中的“人格混同”之情形，不能据此得出中冶公司的表决行为损害了度假村公司及其股东海钢集团利益的结论。此外，无论股东会表决程序及结果是否符合公司法及公司章程的规定，都是度假村公司董事会行使职权的行为，其责任归于董事会，而不应作为判定中冶公司在表决中是否滥用了股东权利的依据。

在本案中，海钢集团关于中冶公司滥用股东权利损害其利益的诉讼请求并未得到最高人民法院的支持，主要原因有以下几点：

第一，公司股东依法享有表决权，控股股东亦不例外。在实践中确实多有控股股东利益表决权优势达到控制公司、实现其私利的行为，但在无证据证明控股股东表决行为的非正当性时，法院很难认定该股东构成滥用股东权利。

第二，控股股东的董事、高级管理人员具有双重职务身份并不为我国在被诉公司与我国公司法及相关法律法规所禁止。本案中，虽然度假村公司的董事长同时担任中冶公司的法定代表人，但该种情形并非为法律所禁止，“董事长同一”并不必然导致“法人人格否认原理”中的“人格混同”。度假村公司与中冶公司是具备独立人格的两个商事主体，在无证据证明度假村公司与其股东中冶公司存在利益输送的情况下，不能仅依董事长的同一而认定度假村公司的行为必然来自其控股股东中冶公司的操纵。而且，在本案中，度假村公司董事长系由度假村公司股东会依公司章程规定选举产生，其董事长职权的来源亦具备正当性。

第三，董事会非依公司章程规定通过股东会决议，责任应归于董事会，而非正当行使表决权的股东。本案中，度假村公司章程规定，“股东会的决议，修改章程必须经三分之二以上的股东表决通过”。该章程规定不甚清晰，可能得出两种不同的解释。但是，即使认为对度假村公司和海韵公司土地开发合作事宜的表决须经三分之二以上的股东表决通过，该未达到章程规定比例而强行通过股东会决议的行为也出资董事会，而非依法行使表决权的股东中冶公司。因此，海钢公司认为股东中冶公司的表决行为损害其股东利益的诉讼请求，缺乏法律依据。

第四，即使海钢公司以度假村公司的董事、高级管理人员为被告，提起股东直接诉讼，其诉讼请求得到支持的可能性亦不高。损害股东利益责任纠纷针对的是股东受到的直接损害，而非因公司利益受损而必然波及股东的间接损害。在本案中，正如中冶公司所称，即使度假村公司董事长的行为损害公司利益，不等于直接损害海钢集团的股东利益，公司利益受损应由公司起诉或由股东代表公司提起代表诉讼追究责任。若海钢公司以度假村公司的董事为被告提起股东直接诉讼，其须证明该损害为其作为股东受到的直接损害，而本案中，董事的行为更容易被认定为侵害度假村公司的利益,而非股东海钢公司的利益。若海钢公司无法证明其利益受到了直接损害,则其以损害股东利益为由提起诉讼恐难以得到法院的支持。

案例·14 **-典型案例-**

股东未行使表决权不构成权利滥用

——日照发达与山东重工损害股东利益责任纠纷再审案①

申请再审人(一审被告、二审上诉人):日照发达。

被申请人(一审原告、二审被上诉人):山东重工。

原审被告:山汽制造。

山汽制造(原名称为烟台亚曼)于2005年11月24日由烟汽制造与金华青年合资设立,其中烟汽制造持股35%,金华青年持股65%。

2008年9月10日,山汽集团、日照发达、烟汽制造共同达成《协议书》,约定山汽集团购买烟台亚曼65%的股权后,烟台亚曼进行增资扩股重组;经山汽集团、烟汽制造双方同意,日照发达拟投资1亿元进入烟台亚曼公司,并同意持股比例达到控股地位,新公司在3个月内重组完成;经三方同意,新重组的烟台亚曼公司变更名称为山东汽车制造有限公司;三方一致同意如潍柴集团进入烟台亚曼,可通过增资扩股或三方转让股权的方式,日照发达同意由潍柴集团控股。

2008年10月22日,山汽集团与日照发达签订《协议书》,约定日照发达借给山汽集团1300万元用于购买金华青年持有的烟台亚曼的65%的股权,山汽集团购买后2个月内对烟台亚曼进行增资重组(重组方为:山汽集团、日照发达、烟汽制造),日照发达在烟台亚曼增资扩股时进入烟台亚曼,重组后烟台亚曼由日照发达控股。如到期不能重组,则山汽集团购买的65%股权归日照发达所有。

2008年10月29日,金华青年将其持有的烟台亚曼的65%股权以1300万元的价格转让给山汽集团。

2008年11月17日,山汽集团、日照发达、烟汽制造三方在2008年9月10日《协议书》的基础上,就烟台亚曼的重组及合资合作等有关事宜达成《合作协议》,约定日照发达自愿参与烟台亚曼的重组,重组以"增资扩股、增加股东"的方式进行,

① 参见山东省莱阳市人民法院(2011)莱阳商初字第546号民事判决书;山东省烟台市中级人民法院(2012)烟商二终字第218号民事判决书;山东省高级人民法院(2014)鲁民提字第262号民事判决书。

山汽集团在烟台亚曼的股份由65%调整为14%，日照发达在烟台亚曼占51%的股份，烟汽制造在烟台亚曼占烟台亚曼35%的股份。其中第七条还约定，如潍柴集团进入山汽制造，则三方同意以评估价格增资扩股或转让股权方式，同意潍柴集团持股51%以上。后山汽集团将其所持山汽制造65%股份中的51%过户到日照发达名下。

2010年3月31日，烟汽制造和山汽集团分别将其持有的山汽制造的35%股权和14%股权转让给山东重工。转让后，日照发达在山汽制造持股51%，山东重工持股49%。

2010年12月14日，山东重工向山汽制造的董事会提出《关于召开山东汽车制造有限公司股东会临时会议的提议及议案》。2010年12月17日，山汽制造的董事会向山东重工和日照发达发出《关于召开山东汽车制造有限公司股东会临时会议的通知》。2010年12月19日，日照发达提出了《对〈关于提议对山东汽车制造有限公司重组的函〉的回复》《关于召开山东汽车制造有限公司股东会临时会议及审议议案的回复》等一系列回复，要求将其自己的汽车基地纳入重组计划作为山汽制造重组的条件。

2011年1月6日上午9时，临时股东会议召开。日照发达主张对于潍柴集团有意参与山汽制造的重组意向同意，但应把日照发达为筹建日照分公司汽车基地而进行的前期投入资产纳入增资扩股的重组范围。最后，日照发达以"因潍柴控股集团未提出具体进入方案，无法表决，待潍柴提供具体加入方案后，再行表决"为由，导致由山东重工提出的议案未被通过。

山东重工认为，日照发达人为设置障碍并否决议案是滥用股东权利，侵害了山东重工的合法权益。

山东莱阳法院一审判决部分支持山东重工的诉讼请求，日照发达不服提起上诉；山东烟台中院二审判决驳回上诉，维持原判；日照发达申请再审，山东高院再审判决驳回山东重工的诉讼请求。

本案的争议焦点是日照发达未行使表决权，是否构成股东权利的滥用。

一审法院认为，2010年12月17日山汽制造发出《关于召开山东汽车制造有限公司股东会临时会议的通知》，提出同意潍柴集团通过增资扩股或转让股权的方式对山汽制造进行重组，重组后潍柴集团持有山汽制造51%以上股权。日照发达于2011年12月19日发出的《关于召开山东汽车制造有限公司股东会临时会议及审议议案的回复》中称，如日照发达能与山东重工达成一致意见，同意潍柴集团进入山汽制造，应在各方同意继续在日照建立汽车基地、对日照发达在日照基地的先期投入进行评估作为山汽制造增资扩股部分基础上一并与潍柴集团协商其进入方案。2011 年 1 月 6 日在山汽制造的股东会临时会议上，日照发达以“因潍柴控股集团未提出具体进入方案，无法表决，待潍柴提供具体进入方案后，再行表决”为由，导致议案未被通过。由此可见，日照发达不同意潍柴集团进入山汽制造重组的原因就是要求将其在日照设立的汽车基地纳入重组计划。山东日照东港法院（2009）东商初字第 383 号民事调解书已确认，将来山汽制造进行重组时，仍按 2008 年 11 月 17 日合作协议的第七条履行，而 2008 年 9 月 10 日协议及 2008 年 11 月 17 日协议第七条都只是约定潍柴集团以增资扩股或股权转让的方式进入山汽制造，并没有提到要将日照发达在日照设立的汽车基地一并纳入重组计划，日照发达怠于按照 2008 年 9 月 10 日及 2008 年 11 月 17 日协议的约定表决，而是提出附加条件，严重违背了协议内容，日照发达的行为属于滥用股东权利，违反了大股东对小股东的信义义务，致使潍柴集团无法按照协议约定进入山汽制造对其进行重组，日照发达怠于履行股东表决权的行为构成了对山东重工的侵权，致使山东重工的股东权益受到侵害。现山东重工要求日照发达停止侵权行为，理由正当，予以支持。日照发达主张自己是依法行使股东权利，没有侵害山东重工股东权益，理由不当，不予支持。山东重工因日照发达的侵权行为，要求日照发达赔偿其损失，理由正当，予以支持。

二审法院认为，2008 年 11 月 17 合作协议第七条明确约定，“通过增资扩股或股权转让方式实现潍柴集团对于山汽制造 51% 以上控股”，而且，山东日照东港法院（2009）东商初字第 383 号民事调解书已确认“将来山汽制造进行重组时，仍按 2008 年 11 月 17 日三方签订的合作协议第七条约定履行”。2009 年 12 月 31 日山汽制造形成的股东会决议也约定各方努力推进山汽制造重组进程，各方资产按照法律规定进行评估作价。日照发达应当按照合作协议、股东会决议及调解书协议约定履行重组协议。2010 年 12 月 17 日，山汽制造发出《关于召开山东汽车制造有限公司股东会临时会议的通知》，提出同意潍柴集团通过增资扩股或转让股权的方式对山汽制造进行重组，重组后潍柴集团持有山汽制造 51% 以上股权。日照发达于 2011 年 12 月 19 日发出《关于召开山东汽车制造有限公司股东会临时会议及审议议案的回复》，从日照发达的回函反映，日照发达不同意潍柴集团进入山汽制造重组的原因就是要求将其在日照设立的汽车基地纳入重组计划。日照发达怠于按照 2008 年 9 月 10 日及 2008 年 11 月 17 日协议的约定表决，而是提出附加条件，违背了协议内容，违背了诚实信用原则，也与国家政策相悖。日照发达的行为属于滥用股东权利，违反了大股东对小股东的信义义务，致使潍柴集团无法按照协议约定进入山汽制造进行重组。日照发达作为控股股东对于另一股东山东重工在山汽制造临时股东会上提出的“潍柴集团进入山汽制造重组有关方案”未予表决，应当属于滥用股东权利，损害了其他股东的利益。

再审法院再审认为，本案争议焦点为日照发达未按照2008年11月17日合作协议第七条约定行使表决权是否构成对山东重工的侵权行为。根据《公司法》第四条规定：“公司股东依法享有资产收益、参与重大决策和选择管理者等权利。”本案中，山汽制造于2011年1月6日通知日照发达和山东重工召开临时股东会议，实质上是对潍柴集团重组山汽制造并由潍柴集团持股51%以上进行股东表决。对于企业重组行为，各股东之间应当根据法律法规以及公司章程依法行使股东权利和义务。各股东是否同意重组控股企业亦应根据其被重组企业产权关系、债务、资产、管理结构、市场风险、资产重构等方面预期进行判断，属公司重大事项，各股东根据其享有股东权利依法享有重大决策权利。日照发达以“因潍柴控股集团未提出具体进入方案，无法表决，待潍柴提供具体加入方案后，再行表决”的意见，属股东依法行使其股东权利的体现，且目前潍柴集团是否重组及如何重组，并没有提出具体意见和建议，无实质性内容，日照发达根据其现有状况，不发表股东意见，所行使的是股东权利，属公司内部事务，亦属公司自治范围。日照发达作为山汽制造控股股东，有权利行使股东表决权，不存在滥用股东权利和大股东侵害小股东权益行为。原审判决以日照发达立即停止不按照2008年11月17日《合作协议》第七条约定在股东会上予以表决的侵权行为，实际为司法权干涉公司股东之间重大决策权。该认定明显违反法律规定。山东重工起诉要求日照发达停止侵权的诉讼主张，不应予支持。

本案反映了股东之间约定的关于表决权行使的协议与股东依照法律规定行使表决权之间的冲突。在本案中，一、二审法院认为被告日照发达未按照合作协议约定行使表决权的行为构成股东权利的滥用，对原告山东重工造成了利益损害；而再审法院则认为被告日照发达未行使表决权是其作为山汽制造股东的合法权利，司法应当尊重公司自治，而不应当干涉公司内部事务。本书赞同再审法院的判决。股东依法享有表决权，既包括对决议赞同或反对的权利，又包括行使或不行使表决权的权利。本案中，被告日照发达作为山汽制造的股东，根据其判断与决策，不发表股东意见，其行使的是正当的股东权利，该种权利不应当受到法律的强制干涉。因此，再审法院判定日照发达作为山汽制造控股股东，有权利行使股东表决权，不存在滥用股东权利和大股东侵害小股东权益行为是正当的。

（三）公司损害股东利益

由于公司损害股东利益的案例在实践中较少，因此，本书扩大了选取范围，以期尽可能将实践中可能存在的情形作一列举。

1. 公司协助非法转让股权

案例·15 －典型案例－

公司协助非法转让股权构成共同侵权

——鑫盛园房地产公司等与李渠生损害股东利益责任纠纷上诉案①

上诉人(原审被告):孙里元、鑫盛园房地产公司。

被上诉人(原审原告):李渠生。

原审被告:孙付军。

鑫盛园房地产公司设立于2005年9月,法定代表人为孙里元,注册资本600万元,其中,李渠生和孙付军出资额均为100万元,各占16.5%的股份,孙里元出资额为400万元,占67%的股份。公司章程第十七条规定,股东会会议应对所议事项作出决议,决议应由全体股东表决通过。

2007年11月10日,鑫盛园房地产公司召开股东会议,决定增加公司注册资本至1800万元,实收资本1800万元,其中,孙里元认缴出资额1600万元,实缴出资额1400万元,持股比例77.78%;孙付军认缴出资额100万元,实缴出资额300万元,持股比例16.66%;李渠生认缴出资额100万元,实缴出资额100万元,持股比例5.56%,出资时间均为2007年11月12日。

工商登记档案显示,2010年3月9日,李渠生与孙付军签订股权转让协议,约定李渠生自愿将其在鑫盛园房地产公司投资的100万元股权一次性转让给孙付军,孙付军自愿出资100万元将李渠生在鑫盛园房地产公司投资的100万元股权一次性买断,孙付军已将股权转让款100万元货币资金于本协议签订之日交付李渠生;同日,鑫盛园房地产公司召开临时股东会议,同意李渠生将其在公司的投资股权100万元转让给孙付军。李渠生对2010年3月9日的股权转让协议和股东会决议上的签字不予认可,孙付军对其投资和签字均不予认可。2010年3月10日,鑫盛园房地产公司向工商登记机关申请变更股东登记,将股东由孙里元、孙付军、李渠生变更为孙里元、孙付军,同日,公司召开股东会议,会议决议孙里元的出资为1400

① 参见河南省安阳市北关区人民法院(2012)北民调初字第2号民事判决书;河南省安阳市中级人民法院(2014)安中民一终字第160号民事判决书。

元,占注册资本的77.78%,孙付军出资为400万元,占注册资本的22.22%。

2011年8月15日,鑫盛园房地产公司召开临时股东会议,决议同意孙付军将其在本公司的投资股权400万元转让给郭姣英(孙里元之妻)。孙付军对其投资和签字均不予认可。2011年8月18日,鑫盛园房地产公司召开临时股东会议,决议确定了公司股东由孙里元、郭姣英组成,其中,孙里元的出资为1400元,占注册资本的77.78%;郭姣英出资为400万元,占注册资本的22.22%。

李渠生认为三被告擅自将其股权转让,侵犯其合法权益,造成100余万元损失,应当承担赔偿责任。

河南安阳北关法院一审判决支持李渠生的诉讼请求,孙里元和鑫盛园房地产公司不服提起上诉,河南安阳中院二审判决驳回上诉,维持原判。

一审法院认为,工商登记、验资证明、公司章程均证实原告在鑫盛园房地产公司入股100万元,是鑫盛园房地产公司股东,享有16.5%的股权。孙里元未按公司法和公司章程的规定召开股东会议,伪造李渠生的签名,编制虚假的股权转让协议和股东会决议,将李渠生在鑫盛园房地产公司所占16.5%的股权以100万元的价格转让给孙付军,其行为损害了李渠生的合法权益,应承担赔偿责任。孙里元在伪造股东转让协议和股东会议决议后,又以鑫盛园房地产公司法定代表人的身份,让鑫盛园房地产公司向工商登记机关出具公司股东变更的有关文书,协助完成将李渠生股权非法转让的行为,鑫盛园房地产公司与孙里元构成对李渠生的共同侵权。

二审法院认为,孙里元未按公司法和公司章程的规定召开股东会议,伪造李渠生的签名,编制虚假的股权转让协议和股东会决议,将李渠生在鑫盛园房地产公司所占16.5%的股权以100万元的价格转让给孙付军,其行为损害了李渠生的合法权益,应承担赔偿责任。孙里元在伪造股东转让协议和股东会议决议后,又以鑫盛园房地产公司法定代表人的身份,让鑫盛园房地产公司向工商登记机关出具公司股东变更的有关文书,协助完成将李渠生股权非法转让的行为,鑫盛园房地产公司与孙里元构成对李渠生的共同侵权,原审列鑫盛园房地产公司为被告并无不当。

在本案中,孙里元作为鑫盛园房地产的执行董事,伪造签名,编制虚假的股权转让协议和股东会决议,将李渠生在鑫盛园房地产公司所占16.5%的股权以100万元的价格转让给孙付军,明显损害了作为股东的李渠生的合法利益。而在孙里元作出上述行为后,其又以鑫盛园房地产公司法定代表人的身份,使鑫盛园房地产公司协助完成将李渠生股权非法转让的行为。原《民法总则》第六十一条第二款规定,法定代表人以法人名义从事的民事活动,其法律后果由法人承受。在本案中,孙里元以鑫盛园房地产公司的名义向工商登记机关出具公司股东变更的有关文书,该行为即鑫盛园房地产公司的行为。因此,法院判定鑫盛园房地产公司与孙里元构成对原告的共同侵权。

2. 公司未向股东发放分红

案例·16 – 典型案例 –

公司应向具有股东身份的股东发放分红

——润广公司与李融付损害股东利益责任纠纷上诉案①

上诉人(原审被告):润广公司。

被上诉人(原审原告):李融付。

润广公司成立于2010年6月24日,公司股东包括李融付、毕宝龙等22人,其中,李融付出资40万元,持有公司4%的股份。新联盛公司成立于1993年4月27日,李融付原系公司股东,2014年6月25日,工商登记变更后不再是公司股东。

润广公司2014年11月29日章程第十七条规定:"为保证公司的可持续发展,有下列条件之一者必须按照本章的规定转让其持有的全部股份……4. 退出新联盛公司所持有的股份同时必须退出本公司所持有的股份;本条中规定应转让的股份在转让之前,该股东不再享有股东应享有的权益。"

新联盛公司2014年11月28日公司章程第十八条规定:"为保证公司的可持续发展和小股东利益,有下列条件之一者必须按照本章的规定转让其持有的全部股份……4. 退出、转让本公司股份的,必须同时退出与本公司关联企业所持有的股份;本条中规定应转让的股份在转让完成之前,该股东不再享有股东应享有的权益。"

2013年6月21日,甲方(转让方)李融付与乙方(受让方)毕宝龙签订协议一份,就甲方向乙方出售其合法持有的新联盛公司股权的事宜协议如下:甲方将其持有的新联盛公司的全部股权转让给乙方,价格为373万元,甲方在本协议生效之日起3个工作日内将新联盛公司的股权过户到乙方名下,同日,乙方将转让价款支付给甲方或汇入甲方指定账户等。2013年6月24日,新联盛公司通过银行转账方式共计向李融付付款234万元。

---

① 参见江苏省南京市栖霞区人民法院(2015)栖商初字第842号民事判决书;江苏省南京市中级人民法院(2016)苏01民终5646号民事判决书。

2015年6月9日，润广公司形成《润广公司董事会决议》，就2015年度分红情况决议按照税前25%分配率向股东发放现金红利。2015年7月8日，毕宝龙等股东收到2015年度润广公司分红，李融付未收到，因此向一审法院起诉请求润广公司支付2015年度股东分红。

江苏南京栖霞法院一审判决支持李融付的诉讼请求，润广公司不服提起上诉，江苏南京中院二审调整金额后，支持了李融付的诉讼请求。

在本案中，一审法院认为，有限责任公司成立后应当将股东姓名登记于公司登记管理机关，根据工商登记资料，李融付系润广公司股东，依法享有股东权利。虽然2013年李融付将其在新联盛公司的股份转让并办理了工商变更登记，但李融付依然是润广公司股东，在润广公司分红时当然享有取得红利的权利。润广公司抗辩，因李融付退出了新联盛公司，根据新联盛公司2014年章程，李融付当然应退出润广公司，不得再享有润广公司股东权利。但是润广公司依据的是新联盛公司2014年11月28日的章程，而李融付转让新联盛公司股权发生在2013年6月21日，工商登记变更发生在2014年6月25日，时间均早于2014年新联盛公司章程，润广公司以在后的章程对抗之前的股权转让行为，显然没有依据，一审法院不予采信。分红系股东应当享有的权利，在润广公司2015年7月向股东分红的情况下，李融付作为股东，当然应取得分红。

二审法院认为，截至2015年7月润广公司分红之时，李融付具有润广公司股东的身份。润广公司以其2010年章程第十五条、2014年章程第十七条，新联盛公司2014年章程第十八条的规定为依据，主张李融付已不具备润广公司股东的身份，应不予支持。新联盛公司、润广公司均于2014年11月修改公司章程，修改后的章程分别自2014年11月28日、29日股东会表决通过并生效。而李融付自2013年6月全部转让所持新联盛公司股份以后已不再具有新联盛公司股东的身份，该公司2014年章程对其并不具有约束力。对于润广公司2014年章程，即使该章程业经三分之二表决权的股东同意，但从章程第六十七条关于效力起点的规定，结合该章程第十七条的文义来看，也应是针对2014年11月29日修改章程生效之后发生的退出新联盛公司所持股份的行为，并无溯及既往的意思。综上所述，对于股权的处分系股东在法律规定的范围所享有的权利，李融付并未转让其所持润广公司的股份，仍应具有润广公司股东的身份。因此，润广公司应当向李融付支付2015年度分红。

在本案中，李融付并未丧失其在润广公司的股东身份，因此，润广公司未向其发放2015年度公司分红损害了李融付作为股东的利益，法院判决支持李融付的诉讼请求。

3. 公司依法依章程为股东提供担保不构成对股东利益的侵害

案例·17 - 典型案例 -

公司依法依章程为股东提供担保不侵害股东权益

——盛乐公司与世纪花园等损害股东利益责任纠纷上诉案①

上诉人(原审原告):盛乐公司。

被上诉人(原审被告):世纪花园、翠倚华庭。

其他被告略。

世纪花园成立于2000年1月18日,2014年其股权结构为:盛乐公司持股14%,大来公司持股33%,南星公司持股47.5%,灏晴公司持股5.5%。至2017年5月24日企业信用信息公示报告显示,股权构成情况为:海碧公司持股51%,南星公司持股23%,大来公司持股16%,盛乐公司持股7%,灏晴公司持股3%。

翠倚华庭成立于2000年1月18日,2014年1月9日股权构成为:盛乐公司持股14%,大来公司持股33%,南星公司持股47.5%,灏晴公司持股5.5%。2017年5月24日股东构成情况为:海碧公司持股51%,南星公司持股23%,大来公司持股16%,盛乐公司持股7%,灏晴公司持股3%。而在2016年4月29日股权变更前,南星公司持股48%,大来公司持股33%,灏晴公司持股6%,盛乐公司持股14%。

在世纪花园、翠倚华庭两个公司的章程中,没有就公司对外进行担保予以特别约定。对于股东会的议事规则均约定为修改公司章程、增加或者减少注册资本的决议,以及公司合并、分立、解散或者变更公司形式的决议,必须经代表三分之二以上表决权的股东通过。其他事项则是经过半数以上表决权股东通过。股东会会议由股东按照出资比例行使表决权。

2014年6月18日,世纪花园、翠倚华庭分别召开股东会,形成决议,同意世纪花园、翠倚华庭为南星公司的某贷款提供抵押担保和全额连带责任保证担保。大来公司、南星公司作为世纪花园与翠倚华庭股东,分别参加两次股东会议并投赞成票。2017年12月20日,世纪花园、翠倚华庭分别召开股东会,对案涉争议的2014

① 参见广东省广州市中级人民法院(2017)粤01民初160号民事判决书;广东省高级人民法院(2018)粤民终1090号民事判决书。

年 6 月 18 日、2015 年 5 月 25 日的股东会决议再次予以确认。

盛乐公司认为，世纪花园、翠倚华庭在未按公司章程和未经法定程序召开股东会的情况下，擅自以公司资产为他人和公司股东的借款提供担保以及用股权出质，侵犯了盛乐公司的权益。

广东广州中院一审判决驳回盛乐公司的诉讼请求，盛乐公司不服提起上诉，广东高院二审判决驳回上诉，维持原判。（见图 7－7）

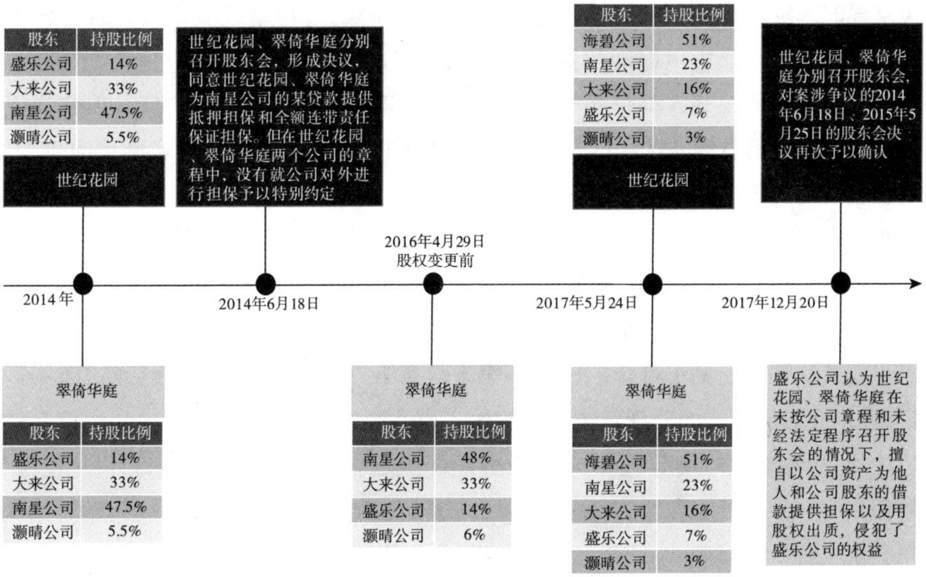

图 7－7　盛乐公司与世纪花园等损害股东利益责任纠纷上诉案

二审法院认为，关于世纪花园、翠倚华庭与中行番禺支行签订抵押合同、担保合同的行为是否侵害盛乐公司利益的问题。第一，2014 年 6 月 28 日，世纪花园、翠倚华庭分别与中行番禺支行签订《最高额抵押合同》，约定以两公司名下的土地使用权为南星公司向中行番禺支行的贷款提供抵押担保。世纪花园、翠倚华庭根据合法有效的股东会决议与银行签订抵押合同，并无违反法律以及公司章程的规定，不存在损害股东盛乐公司利益的行为。第二，盛乐公司主张的世纪花园、翠倚华庭与中行番禺支行签订的四份《最高额保证合同》以及《最高额抵押合同》损害其利益。首先，盛乐公司没有提交上述四份《最高额保证合同》以及两份《最高额抵押合同》，现有证据无法确认上述合同的签订情况。其次，世纪花园、翠倚华庭已于 2015 年 5 月 25 日分别召开股东会，形成同意为南星公司向中行番禺支行贷款 10 亿元、粤星公司向中行番禺支行贷款 3.5 亿元提供抵押担保和连带责任保证的股东会决议。即使存在盛乐公司所主张的上述抵押合同与保证合同,世纪花园、翠倚华庭为其股东提供担保,已经过公司股东会表决同意,不存在损害盛乐公司利益的情形。盛乐公司主张世纪花园、翠倚华庭的行为损害其利益缺乏事实和法律依据,二审法院不予采纳。

在该案中,世纪花园、翠倚华庭的章程中并无禁止公司为公司的股东提供担保。《公司法》第十六条规定:“公司向其他企业投资或者为他人提供担保,依照公司章程的规定,由董事会或者股东会、股东大会决议;公司章程对投资或者担保的总额及单项投资或者担保的数额有限额规定的,不得超过规定的限额。公司为公司股东或者实际控制人提供担保的,必须经股东会或者股东大会决议。前款规定的股东或者受前款规定的实际控制人支配的股东,不得参加前款规定事项的表决。该项表决由出席会议的其他股东所持表决权的过半数通过。”根据上述法律规定,南星公司作为被担保的股东参加股东会并行使了表决权存在决议程序瑕疵,但南星公司分别持有世纪花园、翠倚华庭47.5%股权,大来公司分别持有世纪花园、翠倚华庭33%股权,在否定南星公司表决权效力后,大来公司作为无关联方股东行使表决权所达到的比例仍符合《公司法》第十六条第二款以及《公司章程》第二条的规定,股东会表决方式的瑕疵对决议未产生实质性影响,股东会决议的内容也没有违反法律、行政法规的规定,应认定为合法有效。此外,2017年12月20日,世纪花园、翠倚华庭分别召开股东会,对案涉争议的2014年6月18日、2015年5月25日的股东会决议再次予以确认。因此,在本案中,公司依照法律和公司章程的规定,为股东提供担保,并形成了股东会决议,即使该决议存在程序瑕疵,但瑕疵后的决议结果仍不违反《公司法》及公司章程的规定。在此种情形下,属于公司依法依章程为股东提供担保,不构成对其他股东权益的侵害。

六、法律法规及适法意见

(一)全国性

1.《公司法》节选

第三条　公司是企业法人,有独立的法人财产,享有法人财产权。公司以其全部财产对公司的债务承担责任。

有限责任的股东以其认缴的出资额为限对公司承担责任;股份有限公司的股东以其认购的股份为限对公司承担责任。

第二十条　公司股东应当遵守法律、行政法规和公司章程,依法行使股东权利,不得滥用股东权利损害公司或者其他股东的利益;不得滥用公司法人独立地位和股东有限责任损害公司债权人的利益。

公司股东滥用股东权利给公司或者其他股东造成损失的，应当依法承担赔偿责任。

公司股东滥用公司法人独立地位和股东有限责任，逃避债务，严重损害公司债权人利益的，应当对公司债务承担连带责任。

第三十一条　有限责任公司成立后，应当向股东签发出资证明书。

出资证明书应当载明下列事项：

（一）公司名称；

（二）公司成立日期；

（三）公司注册资本；

（四）股东的姓名或者名称，缴纳的出资额和出资日期；

（五）出资证明书的编号和核发日期。

出资证明书由公司盖章。

第三十二条　有限责任公司应当置备股东名册，记载下列事项：

（一）股东的姓名或者名称及住所；

（二）股东的出资额；

（三）出资证明书编号。

记载于股东名册的股东，可以依股东名册主张行使股东权利。

公司应当将股东的姓名或者名称向公司登记机关登记；登记事项发生变更的，应当办理变更登记。未经登记或者变更登记的，不得对抗第三人。

第三十三条　股东有权查阅、复制公司章程、股东会会议记录、董事会会议决议、监事会会议决议和财务会计报告。

股东可以要求查阅公司会计账簿。股东要求查阅公司会计账簿的，应当向公司提出书面请求，说明目的。公司有合理根据认为股东查阅会计账簿有不正当目的，可能损害公司合法利益的，可以拒绝提供查阅，并应当自股东提出书面请求之日起十五日内书面答复股东并说明理由。公司拒绝提供查阅的，股东可以请求人民法院要求公司提供查阅。

第三十四条　股东按照实缴的出资比例分取红利；公司新增资本时，股东有权优先按照实缴的出资比例认缴出资。但是，全体股东约定不按照出资比例分取红利或者不按照出资比例优先认缴出资的除外。

第三十五条　公司成立后，股东不得抽逃出资。

第四十条　有限责任公司设立董事会的，股东会会议由董事会召集，董事长主持;董事长不能履行职务或者不履行职务的,由副董事长主持;副董事长不能履行职务或者不履行职务的,由半数以上董事共同推举一名董事主持。

有限责任公司不设董事会的,股东会会议由执行董事召集和主持。

董事会或者执行董事不能履行或者不履行召集股东会会议职责的,由监事会或者不设监事会的公司的监事召集和主持;监事会或者监事不召集和主持的,代表十分之一以上表决权的股东可以自行召集和主持。

第四十二条　股东会会议由股东按照出资比例行使表决权;但是,公司章程另有规定的除外。

第四十三条　股东会的议事方式和表决程序,除本法有规定的外,由公司章程规定。

股东会会议作出修改公司章程、增加或者减少注册资本的决议,以及公司合并、分立、解散或者变更公司形式的决议,必须经代表三分之二以上表决权的股东通过。

第七十一条　有限责任公司的股东之间可以相互转让其全部或者部分股权。

股东向股东以外的人转让股权,应当经其他股东过半数同意。股东应就其股权转让事项书面通知其他股东征求同意,其他股东自接到书面通知之日起满三十日未答复的,视为同意转让。其他股东半数以上不同意转让的,不同意的股东应当购买该转让的股权;不购买的,视为同意转让。

经股东同意转让的股权,在同等条件下,其他股东有优先购买权。两个以上股东主张行使优先购买权的,协商确定各自的购买比例;协商不成的,按照转让时各自的出资比例行使优先购买权。

公司章程对股权转让另有规定的,从其规定。

第七十四条　有下列情形之一的,对股东会该项决议投反对票的股东可以请求公司按照合理的价格收购其股权:

(一)公司连续五年不向股东分配利润,而公司该五年连续盈利,并且符合本法规定的分配利润条件的;

(二)公司合并、分立、转让主要财产的;

(三)公司章程规定的营业期限届满或者章程规定的其他解散事由出现,股东会会议通过决议修改章程使公司存续的。

自股东会会议决议通过之日起六十日内,股东与公司不能达成股权收购协议的,股东可以自股东会会议决议通过之日起九十日内向人民法院提起诉讼。

第九十七条　股东有权查阅公司章程、股东名册、公司债券存根、股东大会会议记录、董事会会议决议、监事会会议决议、财务会计报告，对公司的经营提出建议或者质询。

第一百零一条　股东大会会议由董事会召集，董事长主持；董事长不能履行职务或者不履行职务的，由副董事长主持；副董事长不能履行职务或者不履行职务的，由半数以上董事共同推举一名董事主持。

董事会不能履行或者不履行召集股东大会会议职责的，监事会应当及时召集和主持；监事会不召集和主持的，连续九十日以上单独或者合计持有公司百分之十以上股份的股东可以自行召集和主持。

第一百零三条　股东出席股东大会会议，所持每一股份有一表决权。但是，公司持有的本公司股份没有表决权。

股东大会作出决议，必须经出席会议的股东所持表决权过半数通过。但是，股东大会作出修改公司章程、增加或者减少注册资本的决议，以及公司合并、分立、解散或者变更公司形式的决议，必须经出席会议的股东所持表决权的三分之二以上通过。

第一百零五条第一款　股东大会选举董事、监事，可以依照公司章程的规定或者股东大会的决议，实行累积投票制。

第一百四十八条　董事、高级管理人员不得有下列行为：

（一）挪用公司资金；

（二）将公司资金以其个人名义或者以其他个人名义开立账户存储；

（三）违反公司章程的规定，未经股东会、股东大会或者董事会同意，将公司资金借贷给他人或者以公司财产为他人提供担保；

（四）违反公司章程的规定或者未经股东会、股东大会同意，与本公司订立合同或者进行交易；

（五）未经股东会或者股东大会同意，利用职务便利为自己或者他人谋取属于公司的商业机会，自营或者为他人经营与所任职公司同类的业务；

（六）接受他人与公司交易的佣金归为己有；

（七）擅自披露公司秘密；

（八）违反对公司忠实义务的其他行为。

董事、高级管理人员违反前款规定所得的收入应当归公司所有。

第一百四十九条　董事、监事、高级管理人员执行公司职务时违反法律、行政法规或者公司章程的规定，给公司造成损失的，应当承担赔偿责任。

第一百五十条　股东会或者股东大会要求董事、监事、高级管理人员列席会议的，董事、监事、高级管理人员应当列席并接受股东的质询。

董事、高级管理人员应当如实向监事会或者不设监事会的有限责任公司的监事提供有关情况和资料，不得妨碍监事会或者监事行使职权。

第一百五十一条　董事、高级管理人员有本法第一百四十九条规定的情形的，有限责任公司的股东、股份有限公司连续一百八十日以上单独或者合计持有公司百分之一以上股份的股东，可以书面请求监事会或者不设监事会的有限责任公司的监事向人民法院提起诉讼；监事有本法第一百四十九条规定的情形的，前述股东可以书面请求董事会或者不设董事会的有限责任公司的执行董事向人民法院提起诉讼。

监事会、不设监事会的有限责任公司的监事，或者董事会、执行董事收到前款规定的股东书面请求后拒绝提起诉讼，或者自收到请求之日起三十日内未提起诉讼，或者情况紧急、不立即提起诉讼将会使公司利益受到难以弥补的损害的，前款规定的股东有权为了公司的利益以自己的名义直接向人民法院提起诉讼。

他人侵犯公司合法权益，给公司造成损失的，本条第一款规定的股东可以依照前两款的规定向人民法院提起诉讼。

第一百五十二条　董事、高级管理人员违反法律、行政法规或者公司章程的规定，损害股东利益的，股东可以向人民法院提起诉讼。

第一百八十二条　公司经营管理发生严重困难，继续存续会使股东利益受到重大损失，通过其他途径不能解决的，持有公司全部股东表决权百分之十以上的股东，可以请求人民法院解散公司。

第一百八十六条第一、二款　清算组在清理公司财产、编制资产负债表和财产清单后，应当制订清算方案，并报股东会、股东大会或者人民法院确认。

公司财产在分别支付清算费用、职工的工资、社会保险费用和法定补偿金，缴纳所欠税款，清偿公司债务后的剩余财产，有限责任公司按照股东的出资比例分配，股份有限公司按照股东持有的股份比例分配。

第二百一十六条　本法下列用语的含义：

（一）高级管理人员，是指公司的经理、副经理、财务负责人，上市公司董事会秘书和公司章程规定的其他人员。

（二）控股股东，是指其出资额占有限责任公司资本总额百分之五十以上或者其持有的股份占股份有限公司股本总额百分之五十以上的股东；出资额或者持有股份的比例虽然不足百分之五十，但依其出资额或者持有的股份所享有的表决权已足以对股东会、股东大会的决议产生重大影响的股东。

（三）实际控制人，是指虽不是公司的股东，但通过投资关系、协议或者其他安排，能够实际支配公司行为的人。

（四）关联关系，是指公司控股股东、实际控制人、董事、监事、高级管理人员与其直接或者间接控制的企业之间的关系，以及可能导致公司利益转移的其他关系。但是，国家控股的企业之间不仅因为同受国家控股而具有关联关系。

2.《民事诉讼法》节选

第二十一条　对公民提起的民事诉讼，由被告住所地人民法院管辖；被告住所地与经常居住地不一致的，由经常居住地人民法院管辖。

对法人或者其他组织提起的民事诉讼，由被告住所地人民法院管辖。

同一诉讼的几个被告住所地、经常居住地在两个以上人民法院辖区的，各该人民法院都有管辖权。

第二十六条　因公司设立、确认股东资格、分配利润、解散等纠纷提起的诉讼，由公司住所地人民法院管辖。

第二十八条　因侵权行为提起的诉讼，由侵权行为地或者被告住所地人民法院管辖。

第一百一十九条　起诉必须符合下列条件：

（一）原告是与本案有直接利害关系的公民、法人和其他组织；

（二）有明确的被告；

（三）有具体的诉讼请求和事实、理由；

（四）属于人民法院受理民事诉讼的范围和受诉人民法院管辖。

第二百六十五条　因合同纠纷或者其他财产权益纠纷，对在中华人民共和国领域内没有住所的被告提起的诉讼，如果合同在中华人民共和国领域内签订或者履行，或者诉讼标的物在中华人民共和国领域内，或者被告在中华人民共和国领域内有可供扣押的财产，或者被告在中华人民共和国领域内设有代表机构，可以由合同签订地、合同履行地、诉讼标的物所在地、可供扣押财产所在地、侵权行为地或者代表机构住所地人民法院管辖。

3.《民法典》节选

第五十七条　法人是具有民事权利能力和民事行为能力，依法独立享有民事权利和承担民事义务的组织。

第六十一条　依照法律或者法人章程的规定，代表法人从事民事活动的负责人，为法人的法定代表人。

法定代表人以法人名义从事的民事活动，其法律后果由法人承受。

法人章程或者法人权力机构对法定代表人代表权的限制，不得对抗善意相对人。

4.《民事诉讼法司法解释》节选

第三条　公民的住所地是指公民的户籍所在地，法人或者其他组织的住所地是指法人或者其他组织的主要办事机构所在地。

法人或者其他组织的主要办事机构所在地不能确定的，法人或者其他组织的注册地或者登记地为住所地。

第二十二条　因股东名册记载、请求变更公司登记、股东知情权、公司决议、公司合并、公司分立、公司减资、公司增资等纠纷提起的诉讼，依照民事诉讼法第二十六条规定确定管辖。

第二十四条　民事诉讼法第二十八条规定的侵权行为地，包括侵权行为实施地、侵权结果发生地。

（二）地方性

1.《江苏省高级人民法院关于审理适用公司法案件若干问题的意见（试行）》（2003）节选

74.股东代表公司利益提起诉讼前，应当将诉讼事项告知公司，并请求公司董事会和监事会代表公司提起诉讼。公司董事会和监事会拒绝或者在合理期限内不提起诉讼的，股东可以代表公司利益提起诉讼。

75.对提请公司董事会和监事会代表公司提起诉讼可能超过诉讼时效的，股东可以直接代表公司利益向人民法院提起诉讼。

76.股东代表诉讼的第一次开庭审理之前，如果有其他股东要求作为原告参加股东代表诉讼，应予准许。

77.当事人在诉讼中提出调解的，若经查实该调解方案损害其他股东利益或公司利益的，人民法院应不予确认。

78.人民法院支持股东代表诉讼请求的，应当将诉讼请求的利益判归公司，诉讼费用由被告方负担，因诉讼发生的其他合理费用如律师代理费、差旅费等由公司负担；人民法院不支持股东代表诉讼请求的，与诉讼相关费用均由提起诉讼的股东负担；部分支持的，按比例确定上述费用的负担。

2.《广东省高级人民法院民二庭关于民商事审判实践中有关疑难法律问题的解答意见》（2012）节选

三、适用公司、企业法律疑难问题

（二）股东之间权益纠纷案件，应否追加公司为无独立请求权的第三人

股东之间的权益纠纷，公司不是必须追加的第三人。但在特定情形下，为查明

案件事实等特殊原因,可根据案件审理需要追加公司为无独立请求权的第三人。

3.《山东省高级人民法院关于审理公司纠纷案件若干问题的意见(试行)》(2007)节选

11. 本意见所称瑕疵出资包括虚假出资和抽逃出资。股东未按期足额缴纳出资、在公司成立前非法将其缴纳的出资款全部或部分抽回,或者作为出资的非货币财产的实际价额显著低于公司章程所定价额的,构成虚假出资;股东在公司成立后非法将其缴纳的出资全部或部分抽回的,构成抽逃出资,但根据出资款的来源、抽逃的时间等足以证明股东有虚假出资意图的视为虚假出资。

13. 股东瑕疵出资的,公司有权要求其补缴出资,并赔偿损失。

公司怠于行使上述权利的,公司其他股东可根据《公司法》第一百五十二条之规定提起诉讼。

74. 股东代表诉讼纠纷由公司住所地人民法院管辖。

4.《北京市高级人民法院关于审理公司纠纷案件若干问题的指导意见(试行)》(2004)节选

10. 有限责任公司已经成立了清算组进行清算,因掌握与公司清算有关的公司档案文件、财务账簿以及印章等的股东或公司管理人员不向清算组交付上述物品导致清算组不能清算而提起的诉讼,如何确定当事人?

有限责任公司成为清算法人后,依法成立的清算组具有独立的诉讼主体资格。依法清算是清算组的权利和义务,该权利不能行使时,清算组有权作为原告提起诉讼;不执行股东大会决议,为清算组工作制造障碍的股东或公司管理人员应当作为被告。

11. 如何确认有限责任公司股东资格?

股东资格是投资人取得和行使股东权利并承担股东义务的基础。依据《公司法》的相关规定,有限责任公司股东资格的确认,涉及实际出资数额、股权转让合同、公司章程、股东名册、出资证明书、工商登记等。确认股东资格应当综合考虑多种因素,在具体案件中对事实证据的审查认定,应当根据当事人具体实施民事行为的真实意思表示,选择确认股东资格的标准。

22. 公司章程与《公司法》条款规定不一致时的法律适用原则?

公司章程是股东之间的协议,是公司的组织准则与行为准则,只要不违反法律、行政法规的强制性规定,公司章程即具有法定约束力。公司章程与《公司法》条款规定不一致时,应当结合具体案件判定所涉法条的性质是否属于强制性规定,凡所涉法条不属于强制性规定的,即不影响公司章程的效力。

5.《北京市高级人民法院关于审理公司纠纷案件若干问题的指导意见》(2008)节选

第四条　公司内部关系中股东之间、股东与公司之间的诉讼，当事人请求确认公司工商登记的股东不具有股东资格、判令公司办理变更股权工商登记的，法院应根据公司法的相关规定、公司股东应当具备的各项条件对向相关主体是否具有股东资格进行判断，并作出实体认定和判决，不能以案件属于行政诉讼受案范围、不属于民事诉讼范畴为由裁决驳回起诉。

第二编

公司权益保护

第八章

公司证照返还纠纷

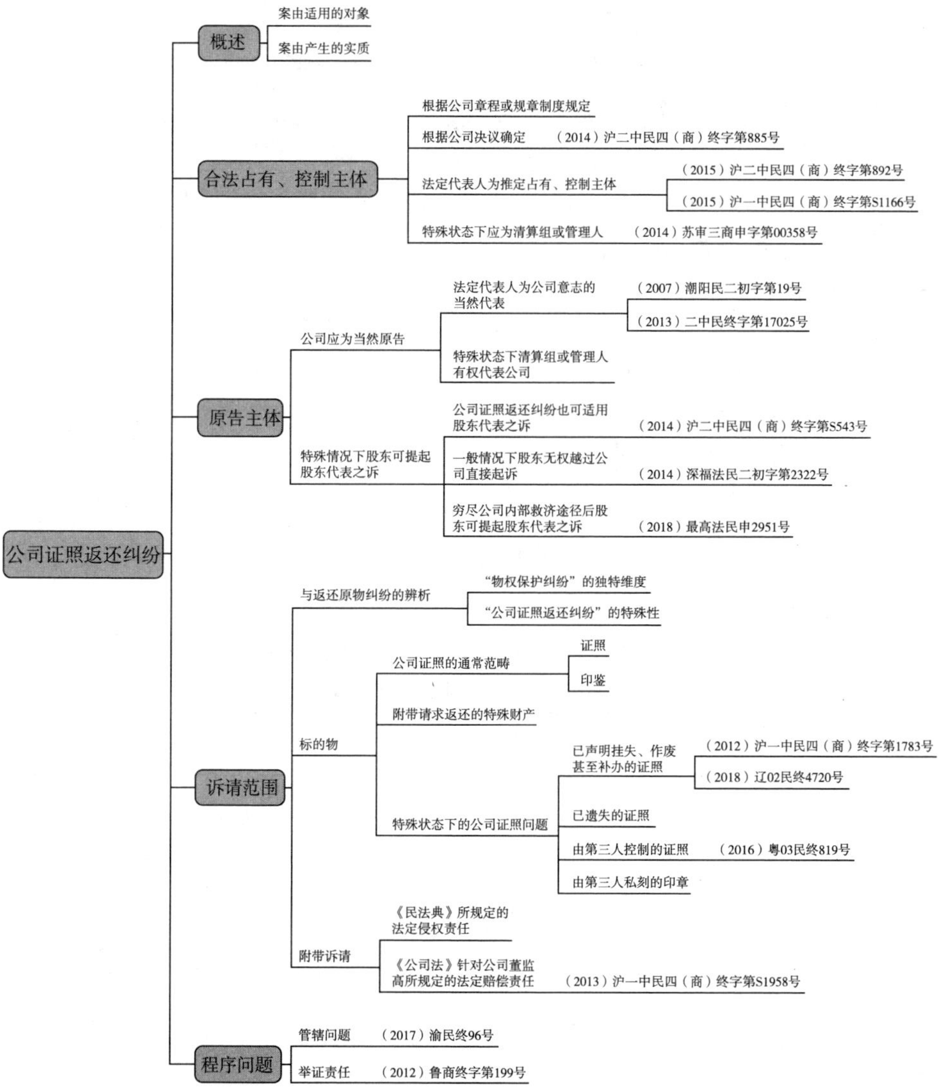

一、概述

公司证照返还纠纷自2011年起被纳入最高人民法院《民事案件案由规定》,正式成为独立的三级案由,其上一级的二级案由为“与公司有关的纠纷”,该案由项下的案件数量总体不多,但近年来也呈现出一定的增长趋势。[①] 虽然合伙企业也存在证照返还的问题,但在实践中往往将合伙企业的证照返还争议归入“其他合伙纠纷”这一案由之下。考虑到合伙企业治理中涉及的概念与措辞均与公司有一定差异[②],为统一文字表述,本章以公司的证照返还问题为主要研究对象。虽然如此,本章所探讨之规则亦可部分参照适用于合伙企业。

公司作为法人,是法律拟制的主体,与自然人的概念相对应。自然人可以使用语言、行动等对外表达自身意志,而法人也可以使用公章、合同专用章等各类印章对外表达自身意志,此处的印章就是公司证照的一种。公司证照是公司主体人格的象征,对外代表公司的意志。[③]

然而,法人虽然与自然人在法律权利和法律义务上有许多相似之处,但毕竟并非物理上的实体而是人为创设的概念,实践中公司证照仍然需由具体的自然人[④]实际占有、控制并使用。当实际占有公司证照的自然人在法律上并不具备占有、控制公司证照的权利时,其使用公司证照的行为就无法代表公司的真实意志,并进而引发争议。

因此,公司证照返还纠纷虽然表面上是物的返还纠纷,但在大多数案件中其实质是公司控制权之争,也正因如此,该诉应区别于普通的损害公司权益的财产返还之诉,且可能同时涉及公司内部决议效力确认之诉、财产返还给付之诉、损害公司利益的赔偿给付之诉等其他诉由,具备一定的复杂性。

二、公司证照合法占有、控制主体的认定方式

从法律角度而言,公司证照返还纠纷的含义较为直接清晰,是指“保管、持有公

---

① 根据中国裁判文书网的检索,该案由项下的裁判文书2016年为376份,2017年为672份,2018年为909份,2019年为843份。

② 例如,合伙企业中以“合伙人”的概念对应公司“股东”概念,以“执行事务合伙人”的概念对应公司“法定代表人”的概念,但又存在一定的差异。

③ 参见刘德权:《最高人民法院司法观点集成》(商事卷①),人民法院出版社2014年版,第335页。

④ 虽然该案由下绝大部分案例中的被告是自然人,但并未排除法人或其他组织作为适格被告的主体资格。需要补充说明的是,合伙企业的执行事务合伙人(或实际占有、控制合伙企业证照的其他合伙人)也并不一定是自然人,在这种情况下非自然人的合伙人也可能因非法占有、控制合伙企业证照涉诉。

司证照的公司相关人员不履行在特定情形下将公司证照返还给公司的义务而产生的纠纷”,“个别情况下,公司人员之外的第三人也有可能非法侵占公司证照拒不返还”。[①] 无论是何种情形,本诉的触发前提之一,是实际占有、控制公司证照的主体并不具有相应的法律权利。因此本诉首先需要解决的问题就是,如何确定公司证照的合法占有、控制主体。

本书认为,公司证照属于公司的财产,应依照公司章程及相关法律的规定交由公司相关人员掌管,具体而言可以通过以下方式进行确定。

(一)根据公司章程或规章制度规定

现行公司法对于公司证照的占有、控制问题等未作出详细规定,该等事宜应属公司内部管理性事务,公司有权自行决定。同时,公司章程和内部规章制度相当于公司内部的“宪法”和“法律”,公司各部门、人员均应按照公司章程及规章制度的规定运作公司,因此如果公司章程或相应规章制度对公司证照的占有、控制主体有规定的,应按照相关规定认定公司证照的占有、控制权。[②]

(二)根据公司决议确定

在公司章程或规章制度未对公司证照的占有、控制主体有规定的情况下,作为公司的权力机构,公司股东会决议(或董事会决议)可就公司证照的占有、控制主体进行决议确认。

案例·1 – 典型案例 –

股东会要求侵权行为人向公司返还印章的决议具有法律效力

——严建华与昌城公司证照返还纠纷上诉案[③]

上诉人(一审被告):严建华。

被上诉人(一审原告):昌城公司。

昌城公司于1996年11月12日经上海市工商行政管理局宝山分局注册登记成立,严建华为昌城公司原法定代表人,持有公司证照。

---

① 参见景汉朝主编:《民事案件案由新释新解与适用指南——根据新民事诉讼法展开》,人民法院出版社2013年版,第519页。

② 参见上海市第一中级人民法院(2014)沪一中民四(商)终字第1051号民事判决书。

③ 参见上海市杨浦区人民法院(2014)杨民二(商)初字第510号民事判决书;上海市第二中级人民法院(2014)沪二中民四(商)终字第885号民事判决书。

2013年11月15日下午，昌城公司召开临时股东会会议，选举王志华担任执行董事、盛志虎担任监事。严建华中途离席，未在会议记录上签字确认。其余股东均在该会议记录上签字确认。

2013年12月16日，昌城公司根据《临时股东会决议》的内容通知严建华携公司印章配合办理昌城公司相关工商变更手续，但遭严建华拒绝，致办理不成。为此，昌城公司诉至法院，请求判令严建华返还公章。

上海杨浦法院一审判决支持昌城公司诉请，严建华不服提出上诉，上海二中院二审判决驳回上诉，维持原判。

一审法院认为，昌城公司依照法定程序召开股东会会议并于2013年11月15日形成《临时股东会决议》，决议内容包括将昌城公司的法定代表人由严建华变更为王志华等。严建华未对该决议的效力提起过诉讼，该决议合法有效，体现了昌城公司的法人意志，昌城公司的法定代表人依法变更为王志华。公章的所有权并非公司某一股东所有，而是属于公司所有，故公司有权依据股东会决议自行或者指派他人保管，以开展经营活动，判决支持昌城公司诉请。

二审法院认为，公司的印章本就属于公司，而非某个股东个人，在目前并无证据推翻《临时股东会决议》内容有效性的情况下，该决议所形成的，要求严建华向公司返还印章的公司意志具有法律效力，故而维持原判。

此处需要补充说明的是，就具体的权力机构认定问题，虽然《公司法》第四十六条①规定董事会的职权范围包括"决定公司内部管理机构的设置""制定公司的基本管理制度"等事项，理论上董事会决议也可以确定公司证照的合法占有、控制主体，但一方面董事会应"执行股东会的决议"，另一方面公司证照返还纠纷的出现本质原因很可能是股东之间的控制权争夺，因此实践中相较于董事会决议，应优先采用股东会决议的形式确定公司证照的合法占有、控制主体。

(三)法定代表人为推定占有、控制主体

在公司章程、规章制度、内部决议均未对公司证照的占有、控制人进行规定的

---

① 《公司法》第四十六条：董事会对股东会负责，行使下列职权：(一)召集股东会会议，并向股东会报告工作；(二)执行股东会的决议；(三)决定公司的经营计划和投资方案；(四)制订公司的年度财务预算方案、决算方案；(五)制订公司的利润分配方案和弥补亏损方案；(六)制订公司增加或者减少注册资本以及发行公司债券的方案；(七)制订公司合并、分立、解散或者变更公司形式的方案；(八)决定公司内部管理机构的设置；(九)决定聘任或者解聘公司经理及其报酬事项，并根据经理的提名决定聘任或者解聘公司副经理、财务负责人及其报酬事项；(十)制定公司的基本管理制度；(十一)公司章程规定的其他职权。

情况下（事实上很多公司也确无此类规定），考虑到公司的法定代表人是法律所认可、社会公众所信赖的当然代表公司意志的自然人，而公司证照对公司而言具有特殊、重大意义，故公司证照的保管义务应由公司法定代表人履行，其他任何人（包括公司股东）在未经公司授权的情况下无权占有、控制公司证照。

因此，公司法定代表人作为公司法定的对外代表主体，应推定具有公司证照的占有、控制权。

案例·2　－典型案例－

除非公司内部有特别约定，否则理应由公司的法定代表人具体持有或安排持有公司证照等物品

——展亚轮与慕赫公司证照返还纠纷上诉案①

上诉人（一审被告）：展亚轮。

被上诉人（一审原告）：慕赫公司。

慕赫公司于2012年3月1日经上海市工商行政管理局崇明分局注册登记成立，现经工商登记的法定代表人为展亚轮。2014年3月13日前，展亚轮系慕赫公司执行董事。

2014年3月13日，慕赫公司通过股东会决议，罢免原公司展亚轮执行董事职务，同日慕赫公司还通过董事会决议，形成选举董超为公司董事长暨公司法定代表人及公司原、现法定代表人移交公司章照及账簿等内容的决议。

嗣后，董超向展亚轮邮寄了《股东会决议》及《董事会决议》。2014年3月28日，展亚轮向董超、杜福恩、宋石莉发出《通知》，提出《股东会决议》《董事会决议》的程序、内容均不合法，为无效决议，不予认可。

2014年6月26日，慕赫公司向法院提起诉讼，请求判令展亚轮返还公司公章等10样物品。

上海杨浦法院一审判决支持慕赫公司全部诉请，展亚轮不服提出上诉，上海二中院二审判决驳回上诉，维持原判。

① 参见上海市杨浦区人民法院（2015）杨民二（商）初字第488号民事判决书；上海市第二中级人民法院（2015）沪二中民四（商）终字第892号民事判决书。

一审法院认为,本案系争的印章、证照等物品均属于慕赫公司的财物,均应由公司控制。除非公司内部有特别约定,否则,从同一性及法定代表人的职权角度而论,理应由公司的法定代表人具体持有或安排持有相关的公司物品。

二审法院认为,公司的印章证照应当归公司所有。鉴于生效的法律文书已经确认了慕赫公司关于修改公司章程、设立董事会以及选举法定代表人等内容的股东会决议有效,故依据该股东会决议,由慕赫公司董事会选举的董事长即董超应为慕赫公司法定代表人。展亚轮已不具备慕赫公司法定代表人身份,也无其他依据继续持有慕赫公司公章证照等,故应予返还。

需要注意的是,实践中存在较多工商登记的法定代表人与股东(大)会决议选任的法定代表人不一致的情形,在这种情形下,虽然公司作为商事主体应受到商事登记制度的规范,但工商登记的目的是向社会公示公司代表权的基本状态,属于宣示性登记而非设权性登记,股东(大)会决议变更法定代表人的,即使工商登记未变更,也不影响公司内部变更新法定代表人意志的确定。

在大拇指环保科技集团(福建)有限公司与中华环保科技集团有限公司股东出资纠纷案[①]中,最高人民法院也认为,“对法定代表人变更事项进行登记,其意义在于向社会公示公司意志代表权的基本状态。工商登记的法定代表人对外具有公示效力,如涉及公司以外的第三人因公司代表权而产生的外部争议,应以工商登记为准。而对于公司与股东之间因法定代表人任免产生的内部争议,则应以有效的股东会任免决议为准,并在公司内部产生法定代表人变更的法律效果。”

更何况在部分公司证照返还案件中,侵占公司证照的侵权行为人就是公司现行登记备案的法定代表人,在这种情况下虽然理论上变更法定代表人登记与公章、营业执照无关,但事实上在没有公章、营业执照的情形下,公司很难完成工商管理部门的备案登记。因此从实务层面理解,如果公司股东(大)会决议所选任的法定代表人与工商登记不一致的,也应由股东(大)会决议所选任的法定代表人占有、控制公司证照。

---

① 参见最高人民法院(2014)民四终字第20号民事裁定书,载《最高人民法院公报》2014年第8期。

案例·3　**-典型案例-**

当公司法定代表人等相关人员发生变化后，原实际占有、控制证照的人员有义务将证照返还给公司

——林高坤与上海医霖公司公司证照返还纠纷上诉案①

上诉人（一审被告）：林高坤。

被上诉人（一审原告）：上海医霖公司。

上海医霖公司系登记设立于上海市浦东新区的“台港澳与境内合资企业”，成立日期为2010年9月21日，股东为A公司和B公司。上海医霖公司设立时，林高坤由A公司委派，任上海医霖公司董事长和法定代表人。

2014年5月8日，A公司作出《董事会决议》，内容涉及：委派JONGHEESEN（杨喜星）任上海医霖公司董事长，同时免去林高坤的上海医霖公司董事、董事长职务。

2014年5月21日，因林高坤不配合上海医霖公司办理有关的工商变更登记手续，亦不返还有关的印章，A公司以上海医霖公司股东的身份登报《声明》：林高坤不再担任上海医霖公司的法定代表人职务，不得再以上海医霖公司的名义对外进行任何法律行为。

此后，林高坤一直未配合办理变更登记手续，亦未返还有关的印章。上海医霖公司遂起诉至法院，请求判决林高坤返还证照。因上海医霖公司不持有公司印章，由杨喜星作为上海医霖公司的诉讼代表人在起诉状上签名。

上海浦东法院一审判决支持上海医霖公司大部分诉请，林高坤不服提出上诉，上海一中院二审判决驳回上诉，维持原判。

一审法院认为，依据《公司法》的规定，公司享有法人财产权，上海医霖公司于本案中主张的印章、账册等均属于公司财物，其由何人、何部门保管应根据公司内部规章制度或公司章程等规定。上海医霖公司章程并未涉及上述事项，亦无证据表明上海医霖公司有相关的规章制度，因此，该公章应属上海医霖公司所有，并由上海医霖公司决定由何人保管。由于林高坤已经不再担任上海医霖公司的法定代

① 参见上海市浦东新区人民法院（2014）浦民二（商）初字第S1923号民事判决书；上海市第一中级人民法院（2015）沪一中民四（商）终字第S1166号民事判决书。

表人，不能继续代表上海医霖公司保管上海医霖公司的印章和账册，因此，其应当向上海医霖公司返还系争的印章和账册。

二审法院认为，公司证照一般具有对外代表公司的表象，系公司经营之必须，其所有权属于公司。当公司法定代表人等相关人员发生变化后，原实际占有、控制证照的人员有义务将其返还给公司，林高坤有义务将公司证照交接返还。

虽然在法定代表人变更的情况下，对内公司法定代表人应以公司股东（大）会的选任情况为准，但在提起诉讼前也需要注意，需先通过程序、实体均合法的股东（大）会决议免除侵权行为人的法定代表人一职，避免因为诉讼双方就究竟谁能代表公司意志的问题产生不必要的争议，甚至阻碍诉讼进程。

（四）特殊状态下应为清算组或管理人

前述的认定方式适用于处于正常经营状态的公司，但当公司进入自行清算程序或司法破产程序时，因公司权力机构及对外代表公司的主体发生变化，应由相应的清算组或管理人的负责人占有、控制公司证照，或由清算组或管理人决定公司证照的占有、控制主体。

案例·4 －典型案例－

清算组负责人有权作为公司的诉讼代表人以公司名义主张返还公章

——新中期公司与杜海燕公司证照返还纠纷再审申请案①

再审申请人（一审被告、二审上诉人）：杜海燕。

被申请人（一审原告、二审被上诉人）：新中期公司。

新中期公司成立于1994年6月30日，2003年9月30日，新中期公司召开临时股东大会选举杜海燕、吴茂康、王跃然、李志明、朱宇平为公司第四届董事会成员，任期3年。该届董事会选举杜海燕为董事长，聘任杜海燕为总经理，任期均为3年。

2006年12月5日上午9时，新中期公司董事会召开临时会议，决议免去杜海燕董事长和总经理职务，选举吴茂康担任董事长，并责成杜海燕与吴茂康进行工作交接。

① 参见江苏省南京市溧水区人民法院（2013）溧商初字第816号民事判决书；江苏省南京市中级人民法院（2014）宁商终字第559号民事判决书；江苏省高级人民法院（2014）苏审三商申字第00358号民事裁定书。

2009年2月18日上午10时，新中期公司召开临时股东大会会议，决议解散公司、成立清算组，吴茂康担任清算组组长。2009年4月2日，新中期公司清算组成员在江苏省工商行政管理局备案。清算组成立后一直要求杜海燕返还公章，但杜海燕拒不返还。故新中期公司诉至法院，请求判令杜海燕返还公章。

在一审辩论终结前，杜海燕认可新中期公司公章目前仍在其处保管。

江苏南京溧水法院一审判决支持新中期公司诉请，杜海燕不服提出上诉，江苏南京中院二审判决驳回上诉，维持原判。后杜海燕不服申请再审，江苏高院裁定驳回杜海燕的再审申请。

一审法院认为，虽然法律和公司章程对公司在清算期间应当如何保管、怎样保管公章没有规定，但新中期公司成立清算组后，清算组为更好地处理公司清算事宜，要求杜海燕交还公司印章，以新中期公司的名义提起诉讼，由吴茂康作为诉讼代表人参加诉讼，并无不当，故而支持了新中期公司的诉讼请求。

二审法院认为，新中期公司处于依法清算阶段，清算组的职责包括接管公司财产、印章、账簿、文书等资料，故由清算组负责人吴茂康作为诉讼代表人以新中期公司名义要求杜海燕返还公章于法有据，维持原判。

再审法院认为，清算期间，有关公司的民事诉讼，应当以公司名义进行，成立清算组的，由清算组负责人代表公司参加诉讼。在本案中，以吴茂康为组长的清算组系经临时股东大会选举成立并经省工商管理部门登记备案，其作为新中期公司清算组负责人有权利代表新中期公司参加诉讼。

三、公司证照返还纠纷的原告主体

（一）公司应为当然原告

公司证照返还纠纷的请求权基础为返还原物请求权，而公司证照的所有权自然归属公司，因此在一般情况①下，原告应为公司，这一点在实践中对此也已形成一致意见。②

虽然如此，但在公司证照返还纠纷中，因诉请要求侵权行为人返还的公司证照中往往包括公章，故起诉状、委托材料等诉讼材料，一般都无法加盖公章，只能采取

① 特殊情况即为后续提到的股东派生诉讼的情形。

② 在上海市第二中级人民法院（2019）沪02民终11100号民事判决书中，因请求返还物为公司工会委员会的印章资料，故诉讼主体对应为公司工会委员会，虽然法院将该案也归入公司证照返还纠纷案由中，但考虑到该案具有特殊性，故此处仅作为参考内容。

由法定代表人代表签署等方式提起，因此实践中各方当事人往往会就公司意志的决定、代表主体产生巨大争议。

根据公司的具体情况，公司意志的代表主体可能存在以下几类。

1. 法定代表人为公司意志的当然代表

在公司法定代表人并非侵权行为人的案件中，公司的法定代表人作为公司意志的当然代表，自然有权利代表公司签署相应的诉讼文书。在法定代表人与公司公章分离的情况下，法定代表人以公司名义作出的诉讼行为，应视为公司的诉讼行为，直接对公司发生法律效力。

案例·5 – 人民司法案例 –

公司法定代表人有权直接代表公司向法院提起诉讼，在不持有公司公章的情况下，其签名具有法律效力

——日权公司与马永创公司证照返还纠纷案①

原告：日权公司。

被告：马永创。

日权公司于1996年7月12日登记注册，2005年6月11日修改后的公司章程规定：公司注册资金180万元；公司股东共二人，分别是马永创和马秋林。其中，马永创出资105万元，马秋林出资75万元；马秋林任执行董事、法定代表人。

由于找不到公司的营业执照正本、副本、公章及财务章，马秋林以公司名义于2005年10月13日在《汕头日报》A3版刊登遗失声明，内容为"汕头市日权眼镜实业有限公司不慎遗失该公司营业执照正本一份、副本二份（注册号列：4405822002896）及公司公章及财务印章各一枚，现声明作废，同时自即日起启用新印章"。2006年3月17日，马永创向汕头市潮阳区工商行政管理局送去他以日权公司股东身份签名的函件一份，内容为"我公司看到汕头日报2005年10月13日刊登'汕头市日权眼镜实业有限公司的营业执照正本、副本、公章及财务章遗失'的声明，事实上我公司的营业执照正本、副本、公章及财务章均存放在我单位办公室内由专人保管，不存在遗失的事实"。

① 参见广东省汕头市潮阳区人民法院（2007）潮阳民二初字第19号民事判决书，载《人民司法·案例》2013年第6期。

故此，马秋林代表日权公司提起本案诉讼，请求判令马永创返还证照。

诉讼中马永创的关键抗辩理由为本案原告诉讼主体不适格。被告是日权公司的大股东，不清楚也反对公司向被告提起返还证章之诉。另外，原告提供的起诉材料中，既没有加盖公司公章，也没有公司股东会决议或股东会授权书。本案事实上是马秋林假借公司名义提起诉讼，不是公司的真实意思表示，其行为不是代表公司的职务行为，而纯粹是马秋林的个人行为。

广东汕头法院一审因日权公司未能证明马永创持有证照，判决驳回日权公司的诉请，双方均未上诉。（见图 8－1－1）

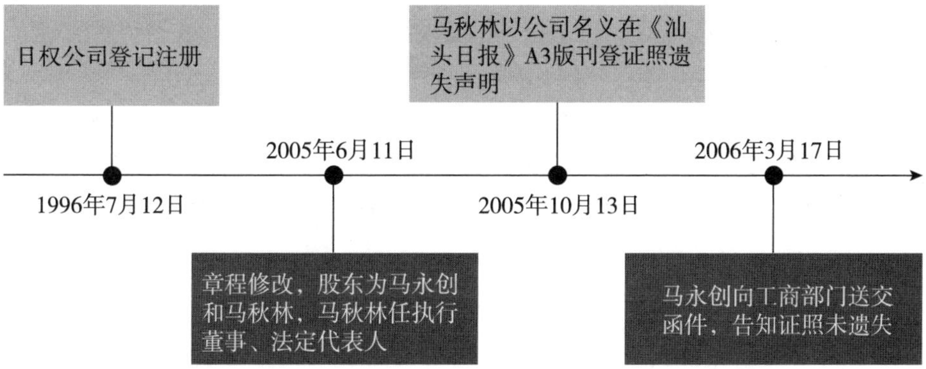

图 8－1－1　日权公司与马永创公司证照返还纠纷案时间线

广东汕头潮阳法院认为，马秋林作为日权公司的法定代表人，有权直接代表公司向人民法院起诉和应诉，其所进行的诉讼行为，就是公司的诉讼行为。因此，马永创提出原告诉讼主体不适格的抗辩理由不能成立。（见图 8－1－2）

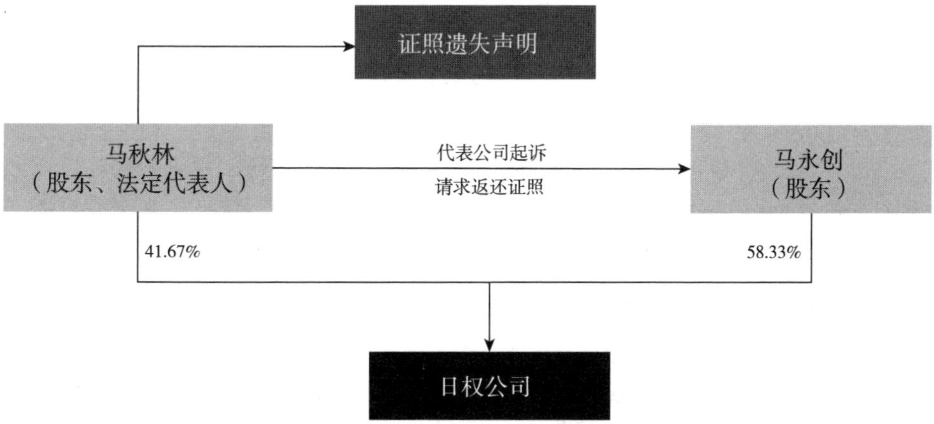

图 8－1－2　日权公司与马永创公司证照返还纠纷案

需要注意的是，在公司证照返还纠纷案件中，有大量案件本身就是因为争夺公司控制权所引发。在这种情况下，即使公司的权力机构通过决议选任了新的法定代表人，因为公司证照被原法定代表人控制，实践中公司很难顺利办理政府部门的变更登记手续，由此也会引发公司权力机构所选任的法定代表人与工商登记不一致的问题。与前述认定公司证照的合法占有、控制主体类似，公司法定代表人的变更登记对内属于备案性质，未办理工商变更登记不应影响公司权力机构决议产生新法定代表人的对内法律效力。在新的法定代表人经合法程序产生后，新产生的法定代表人即有权代表公司提起诉讼。

案例·6 - 典型案例 -

应以公司内部有效决议文件确定公司意志和公司意志的代表

——贝瑞德公司与吕伸公司证照返还纠纷上诉案[①]

上诉人(一审被告):吕伸。

上诉人(一审原告):贝瑞德公司。

贝瑞德公司是有限责任公司，成立于2011年11月28日，法定代表人为吕伸。贝瑞德公司成立后，由吕伸担任公司的执行董事和经理，王士博担任公司监事。

2013年4月3日，王士博通过特快专递向吕伸送达2013年第一次临时股东大会会议通知，通知的主要内容为：经贝瑞德公司代表95%表决权的股东王士博提议，以及监事王士博提议，决定召开贝瑞德公司2013年第一次临时股东大会会议，议题为审议贝瑞德公司更换执行董事的议案以及更换监事的议案。2013年4月7日，吕伸签收了该通知。

2013年4月21日，贝瑞德公司召开2013年第一次临时股东大会，决议执行董事和公司法定代表人由吕伸变更为王士博……

同日，王士博作为贝瑞德公司的新执行董事作出决议，解除吕伸在贝瑞德公司的所有职务，由王士博担任贝瑞德公司经理，吕伸立即与王士博进行交接。后经王士博催告，吕伸仍未进行工作交接，遂诉至法院诉请返还证照。

北京西城法院一审判决支持贝瑞德公司诉请，吕伸不服提出上诉，北京高院二

① 参见北京市西城区人民法院(2013)西民初字第16293号民事判决书；北京市高级人民法院(2013)二中民终字第17025号民事判决书。

审判决驳回上诉,维持原判。

一审法院认为,公司作为法人,尽管拥有证照及财务资料的所有权,但这些物品须由具体的自然人予以保管。在本案中,贝瑞德公司的章程并未规定公司证照及财务资料应由谁进行保管或控制。在王士博召开临时股东会并作出决议后,贝瑞德公司的法定代表人变更为王士博,而吕伸在贝瑞德公司的职务被解除。此时,王士博作为贝瑞德公司的法定代表人及经理,其有权决定贝瑞德公司的证照和财务资料应由谁保管。贝瑞德公司有权要求吕伸返还公司证照和财务资料,吕伸也无权再占有贝瑞德公司的证照和财务资料。

二审法院认为,根据股东会决议,王士博已成为贝瑞德公司新任法定代表人及执行董事,其所作出的执行董事决定书亦对公司全体人员具有约束力,根据该执行董事决定书的内容,吕伸被解除经理职务,并被要求立即与新任贝瑞德公司经理的王士博进行交接。贝瑞德公司诉请公司原法定代表人吕伸返还公司经营所需公章、证照等文件,有事实及法律依据,故维持原判。

2. 特殊状态下清算组或管理人有权代表公司

正如前文提到,当公司进入自行清算程序或司法破产程序时,因公司权力机构及对外代表公司的主体发生变化,应由相应的清算组或管理人的组长(负责人)占有、控制公司证照,或由清算组或管理人决定公司证照的占有、控制主体。

与此非常类似,当公司进入自行清算程序或司法破产程序时,相应的清算组或管理人作为新产生的公司意志决策及代表机构,有权代表公司提起公司证照返还之诉,此处不再展开赘述。

(二)特殊情况下股东可提起股东代表之诉

股东代表诉讼虽常见于损害公司利益责任纠纷中,但其作为股东权利救济的途径,也应同样适用于公司证照返还纠纷,当然其具体的适用情形也应同样受到严格限制。

1. 公司证照返还纠纷也可适用股东代表之诉

实践中有部分法院未能理解股东代表诉讼的含义,将股东作为原告越过公司直接提起的、实质为行使公司权利的案件列入损害公司利益责任纠纷,本书认为这样的理解有失偏颇。

案例·7 —典型案例—

公司股东可通过股东代表诉讼制度代位行使公司财产返还请求权

——健康方案公司与程胜求公司证照返还纠纷上诉案①

上诉人(一审原告):健康方案公司。

被上诉人(一审被告):程胜求。

第三人:华源公司。

华源公司于2004年8月2日设立,股东分别是健康方案公司(持股比例为25%)及案外人无锡生命科技发展股份有限公司(以下简称无锡公司,持股比例为50%,于2012年1月18日经有关司法程序破产清算)、柏克布朗华源有限公司(以下简称柏克布朗公司,持股比例为25%,于2010年6月26日解散)。

2007年7月31日,华源公司工商登记在簿的董事会成员有李毓宁、程胜求等8人,任期5年。2013年4月22日,华源公司向达成包装制品(苏州)有限公司(以下简称达成公司)发出还款通知,要求达成公司向华源公司归还欠款21万余元,并将款项全部转入由程胜求担任法定代表人及股东的一家案外公司。2013年5月15日,华源公司向江苏省苏州市相城区人民法院提起诉讼,要求达成公司归还21万余元欠款及赔偿利息损失。

2013年7月15日,健康方案公司诉至上海市杨浦区人民法院,认为程胜求擅自使用华源公司公章,并以华源公司名义起诉达成公司,目的在于将达成公司正常保管的华源公司财产占为己有,严重侵犯了华源公司的利益。故诉请要求程胜求向健康方案公司返还华源公司的批准证书、营业执照正副本、公章及2007年10月1日至2013年7月15日的财务报表、会计账簿和凭据。

上海杨浦法院一审判决驳回健康方案公司诉请,健康方案公司不服提出上诉,上海二中院改判支持健康方案公司原审诉请。(见图8-2)

① 参见上海市杨浦区人民法院(2013)杨民二(商)初字第S641号民事判决书;上海市第二中级人民法院(2014)沪二中民四(商)终字第S543号民事判决书。

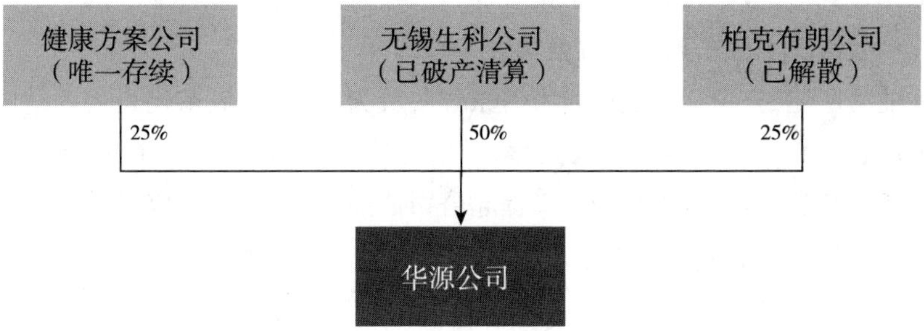

图8－2　健康方案公司与程胜求公司证照返还纠纷上诉案

一审法院认为本案为损害公司利益责任纠纷，华源公司未到庭，其公司章程也未见设置监事会、监事机构，故健康方案公司直接提起本案诉讼并无不当。健康方案公司认为程胜求操纵华源公司向达成公司提起金钱给付之诉造成华源公司利益受损，但该起诉讼目的系实现华源公司对外债权，未侵害华源公司之利益。鉴于庭审中健康方案公司自认程胜求获得授权处理华源公司的部分事务，且健康方案公司的现有证据也不足以证明程胜求对华源公司负有过错且造成华源公司损失，故对其股东派生诉讼之诉讼请求不予支持。

二审法院认为本案为公司证照返还纠纷，健康方案公司提起本案诉讼系基于物权所有权的返还，其诉讼的目的是要求无权持有人向公司返还属于公司的经营性资料。因此，基于公司法上的特定物返还，根据我国《民事案件案由规定》的相关条文，本案的法律关系性质即案由应定性为公司证照返还之诉。本案系一起股东派生诉讼案件，根据我国公司法对股东代表派生诉讼的规定，股东提起派生诉讼应当具备两个前提条件：一是公司合法权益遭受损害；二是公司本身怠于行使诉权。在本案中，华源公司在其享有排他性支配权的公章、经营证照及财务账册资料等公司合法财产之物权权利遭受侵害的前提下，依法有权主张无权占有人返还财产。根据股东派生诉讼的立法目的及原理，股东以自己的名义代表公司对侵害人提起诉讼，一旦诉请得到支持，侵害人应当承担的法律责任的形式既包括赔偿损失，也包括停止侵害、返还利益等形式。就股东派生诉讼的前置程序条件而言，健康方案公司作为华源公司持股25%且唯一现存的股东，在公司利益受损而公司又怠于行使诉权时，其作为原告提出本案诉讼，符合我国法律规定的股东派生诉讼中的原告主体资格，其要求无权占有人向公司返还财产亦于法无悖。

虽然两级法院都认可健康方案公司具有直接提起本案诉讼的资格，但上海杨浦法院将案由定为损害公司利益责任纠纷，上海二中院将案由改为公司证照返还纠纷，虽然无法查证其背后的真实原因，但推测其可能的原因系一审法院受到股东代表诉讼常见形态的影响，从而未按照权利基础来认定本案案由。

2. 一般情况下股东无权越过公司直接起诉

如前文所述，公司证照返还纠纷的原告一般为公司，而股东代表之诉是以股东自身为原告、为公司之利益提起的股东派生诉讼，在诉的主体上并不一致，因此通常情况下，股东不能直接以自身名义提起公司证照返还之诉，而应根据公司章程等规定产生新的公司意志代表主体，并由新产生的公司意志代表主体进行诉讼。

案例·8 – 典型案例 –

股东无权越过公司直接向侵权行为人主张公司财产权利

——北京君盛等5人与许静公司证照返还纠纷案①

原告：北京君盛等5人。

被告：许静。

第三人：怀众科技公司。

怀众科技公司于2009年12月22日经工商登记成立，法定代表人为许静。原告郭照晋系怀众科技公司的监事，五原告均为怀众科技公司的股东。

2014年1月2日，怀众科技公司召开临时股东会，决议免去许静的董事职务，选举徐宇、石华、石子、柯慧洁作为怀众科技公司新一届董事，确定公司的公章、财务专用章、营业执照、财务账册、公司全部经营合同、税务登记证、组织机构代码证、贷款卡及密码、高新企业证书、软件著作权证书、电信平台运行相关的许可证等公司资料由公司拟任法定代表人保管。

2014年1月3日，柯慧洁、徐宇、石华、石子召开临时董事会，决议免去许静的董事长、总经理职务，选举徐宇作为新一届董事长、总经理，决定徐宇作为怀众科技公司法定代表人。

后虽经催告，但许静认为董事会所依据的股东会决议无效，对董事会决议的合法性有异议，拒绝返还公司证照。鉴于此，北京君盛等5人起诉要求许静向怀众科技公司返还相关证照。

深圳福田法院一审判决驳回北京君盛等5人的起诉。

① 参见深圳市福田区人民法院（2014）深福法民二初字第2322号民事裁定书。

深圳福田法院认为,如公司的财产遭到他人非法占有或其他侵害,应由公司作为权利人提出主张,即请求他人返还公司财产案件的原告应该是公司。本案中,第三人证照、账册及经营合同等材料系第三人的财产,第三人作为所有权人系主张证照返还的主体,原告虽系第三人的股东,但公司财产独立于股东财产,原告作为第三人股东无权越过第三人直接向被告主张属于第三人的财产权利。原告郭照晋虽系第三人监事,但在诉讼中其未明确系以监事身份代表第三人提起本案诉讼。因此法院认为原告诉讼主体资格不适格。

本书认为,在深圳福田法院的裁判理由之外,也需要注意到此类案件的产生,有可能是受到实践操作中的立案审查标准所致,特别是在公司证照返还纠纷中,面临大量原告公司无法加盖公章、需要申请行为保全、需要冻结原告公司自身账户等特殊情形,更加重了实操的难度,导致股东不得不采取股东代表之诉这一险径。

3. 穷尽公司内部救济途径后股东可提起股东代表之诉

当然也需要注意到,虽然在大多数情况下,股东可以通过选任新的公司意志代表主体的方式提起公司证照返还之诉,但是在公司大股东不作为、公司存在隐名股东等特殊情况下,公司内部很可能无法就选任公司意志代表主体的问题形成有效决议。因此在穷尽公司内部救济途径,或事实上不存在公司内部救济途径等特殊情况下,应当允许股东提起股东代表之诉。

案例·9 – 最高人民法院案例 –

股东在穷尽内部程序后可作为原告代位公司提起公司证照返还诉讼

——张辉强、林丽琼与张长天公司证照返还纠纷再审申请案①

再审申请人(一审原告、二审被上诉人):张辉强。

再审被申请人(一审被告、二审上诉人):张长天。

一审原告、二审被上诉人:林丽琼。

第三人:禾山公司。

1999年12月9日,禾山公司设立,股东为张辉强、林丽琼二人,其中,张辉强持股70%,林丽琼持股30%,执行董事兼法定代表人为张辉强,总经理为林承宗,林丽

① 参见福建省厦门市中级人民法院(2012)厦民初字第189号民事判决书;福建省高级人民法院(2017)闽民终453号民事判决书;最高人民法院(2018)最高法民申2951号民事裁定书。

琼为公司唯一监事。

2002 年 3 月 1 日，禾山公司进行增资登记，股东仍为张辉强、林丽琼二人，其中，张辉强出资额 850 万元，持股 85%；林丽琼出资额 150 万元，持股 15%。

2003 年 11 月 25 日，禾山公司进行股东及法定代表人变更登记，法定代表人由张辉强变更为张长天（执行董事），公司股东由张辉强（持 85% 股权）、林丽琼（持 15% 股权）变更为张长天（持 95% 股权）、张辉强（持 5% 股权）。但该等变更登记所提交的资料中“张辉强”“林丽琼”的签名均不是张辉强、林丽琼本人所签。

自禾山公司设立至今，公司公章、财务专用章、财务银行私章、财务会计资料及“金鹭花园”项目的所有资料，均由张长天保管。因此，张辉强、林丽琼起诉要求张长天向禾山公司返还公司资料。

福建厦门中院一审判决支持张辉强、林丽琼诉请，张长天不服提出上诉，福建高院因实体原因改判驳回张辉强、林丽琼全部诉请，张辉强后提出再审申请，最高人民法院驳回张辉强再审申请。

该案争议焦点之一，就是原告主体资格是否适格的问题。一审法院认为，依查明的事实，禾山公司 2003 年期间进行股权变更登记时向厦门市工商行政管理局提交的《转让出资协议》已为法院生效判决认定为无效的民事行为，因此，在本案中，应以 2003 年股权变更登记前有效的股东身份认定张辉强、林丽琼的股东代位资格，当时，张辉强持 85% 股权，林丽琼持 15% 股权，二者均符合《公司法》第一百五十一条第一款规定的代位诉讼的原告主体资格。退一步而言，即便张长天关于厦门市工商行政管理局没有接受张辉强、林丽琼关于撤销张长天为禾山公司股东及法定代表人的工商变更登记要求的抗辩主张成立，应以目前工商部门备案登记的股权情况认定股东身份，因目前张辉强仍持有工商部门备案登记的禾山公司 5% 股权，张辉强也具备《公司法》第一百五十一条第一款规定的为维护公司利益代位提起诉讼的股东持股比例要求。因此，应认定，张辉强、林丽琼具备作为原告代位禾山公司提起本案股东代表诉讼的主体资格。

二审法院认为，股东资格的特征具有两类，即形式要件和实质要件。从形式要件的角度，张辉强、林丽琼曾经是禾山公司工商登记载明的股东，2003 年 11 月 25 日，登记股东变更为张长天、张辉强，法定代表人变更为张长天，但经查明，变更登记所提交的资料中“张辉强”“林丽琼”的签名并非本人所签。张辉强、林丽琼向厦门市工商行政管理局提出变更登记的撤销申请，厦门市工商行政管理局没有对股东登记进行处理，作出决定吊销禾山公司营业执照。综合上述情况，从形式要件的角度来看,禾山公司的股东资格尚存争议,需要从实质要件的角度进一步考察。但是,即便从变更登记后的情况来看,张辉强仍是禾山公司持股5%的股东,可以行使代位权提起诉讼,因此,本案张辉强、林丽琼可以原告身份提起诉讼。

再审法院认为,在本案中,禾山公司法定代表人形式上已变更为张长天,公司相关印章及证照均由张长天控制,因此,张辉强、林丽琼作为禾山公司成立时的股东,在禾山公司系本案第三人参与诉讼的情况下,有权向张长天提起公司证照返还之诉。虽然禾山公司股东变更为张长天与张辉强,但根据已生效判决,此次股权变更系张长天伪造股权转让协议,该股权变动系无效行为,从法律上看,张辉强、林丽琼仍是禾山公司股东,其有权提起本案诉讼。即便从股东代位诉讼内部前置程序来看,张辉强、林丽琼除系禾山公司股东外,在禾山公司股权变更前,林丽琼为该公司唯一监事,而股权变更后,张辉强为该公司监事,林丽琼、张辉强作为现行登记以及股权变更无效前的公司唯一监事亦有权提起诉讼。

本案相较于通常的股东代表诉讼而言,还有一定的特殊性,即公司股东被侵权行为人通过伪造签名的方式从工商登记中涤除了股东身份。在这种情况下,显然公司内部的救济途径已经无法保护实际股东的权利,应当允许实际股东直接提起股东代表之诉。需要注意的是,虽然股东代表之诉具备法律可行性,但启动该等诉讼需同时注重实体要求及前置程序,亦即既要符合"公司合法利益受损"要件,又要满足穷尽公司内部救济途径的前置程序要件。①

四、公司证照返还纠纷的诉请范围

与其他民事诉讼一样,提起公司证照返还时也需要有明确、具体的诉讼请求,但公司证照返还纠纷的特殊性在于,在列举诉请范围时往往很难周全、准确列举公司证照的标的物范围,并可能就其附带诉请产生争议,因此本书认为有必要对其诉请范围进行阐明。

(一)公司证照返还纠纷与返还原物纠纷的辨析

讨论公司证照返还纠纷,必然涉及的一项诉请内容,就是要求返还公司具体的证照,那么首先需要明确的问题就是本案由所对应的能够请求返还的标的物,亦即"公司证照"的范围。

但在正式论述"公司证照"的范围前,考虑到"公司证照返还纠纷"的请求权基础为原物返还请求权,而对于原物返还请求权,在"物权保护纠纷"下亦存在"返还

① 有关股东代表之诉的更多内容,请详见本书第九章的相关章节。

原物纠纷”这一案由,因此有必要对两者进行辨析,以进行精准适用,这也有助于对“公司证照”具体范围的理解与把握。

1.“物权保护纠纷”的独特维度

物权保护纠纷是基于保护方式即责任方式而设定的案由,与《民事案件案由规定》按照法律关系确定案由的一般原则不一致,这种独特维度必然带来两个方面的重合与冲突:一是在物权保护纠纷与物权纠纷下的其他案由之间;二是在物权保护纠纷与债权纠纷下的案由之间(尤其是与合同纠纷、侵权纠纷、无因管理纠纷等)。

单以“原物返还纠纷”为例,除本章所讨论的“公司证照返还纠纷”案由外,《民事案件案由规定》还规定了众多关于物的返还的案由,如“遗失物返还纠纷”“漂流物返还纠纷”“埋藏物返还纠纷”“隐藏物返还纠纷”这四类所有权纠纷案由,“占有物返还纠纷”这一类占有保护纠纷案由,“证券返还纠纷”这一类证券纠纷案由,以及“票据返还请求权纠纷”这一类票据纠纷案由。这些案由的背后都是特殊的返还原物纠纷,但因物的性质不同而被归为不同的案由。

本书并不讨论这样分类的合理性,但指出“物权保护纠纷”的独特维度有助于我们理解“原物返还纠纷”与其他物的返还案由的关系,即普通与特殊的关系。在不涉及特殊标的物的情形下,方适用“原物返还纠纷”。

在这个问题上,实践中很多案例均未关注到这一特殊问题,通过对相关法律数据库①进行案例检索,在“返还原物纠纷”这一案由下,同段出现“返还”以及“公章”或“账册”的案例共7389条记录②,经过随机阅读部分案例,其中约半数案件的实质应为“公司证照返还纠纷”,且这一数字也远大于归入“公司证照返还纠纷”的案例数,说明该类纠纷项下案由界定不准确的现象十分普遍。

2.“公司证照返还纠纷”的特殊性

既然是因为标的物的不同导致案由差异,那么公司证照与证券、票据等一样,也必然有其特殊性,想要进一步理解何为“公司证照”,就必须先理解其特殊性。

正如前面提到的,公司证照返还纠纷在大多数案件中的实质是公司控制权之争,在争夺公司控制权的过程中,公司证照的控制权往往也会成为各方争夺的对象,因此实践中也发生过很多抢夺公司公章、账册的事件,其中不乏知名企业。

如2017年3月16日凌晨,原俏江南创始人张兰之子汪小菲在微博发表长文,公开其母亲张兰退出“俏江南”管理的内幕,还指控CVC投资方在2015年年初七

① 网址为:https://law.wkinfo.com.cn/。

② 根据2020年3月17日检索的情况。

派了保安将张兰推了两个跟头,抢公章,打员工暴行以及空手套白狼的行径。①

2019 年 7 月 12 日晚,鸿利智汇(300219)公告称,控股子公司丹阳谊善车灯设备制造有限公司股东之一及总经理郭志强于 7 月 12 日强行抢夺谊善车灯公章,并将工作人员打伤。②

2019 年 12 月 13 日晚,ST 围海(002586)公告称,公司公章、财务专用章等重要办公资料被前董事长冯全宏之女冯婷婷带人抢走,在得知情况后 ST 围海立即报了警。③

此类新闻屡见不鲜,事实上,在争夺公司控制权的过程中,之所以会抢夺以公章首当其冲的公司证照,正是因为公司证照具有对外代表公司的能力,无论是在政府部门办理手续,还是与第三人签署合同,也都遵循传统的"认章不认人"的习惯。对于未掌握公司证照的一方,即使法律上具备对公司的控制权,也会因为缺乏证照而面临重重障碍,甚至连通过挂失等方式补办证照都会面临操作障碍。

公司证照的特殊性正是在此,虽然其作为物的通用价值可以忽略不计,但因具备对外代表公司的能力而影响到公司的重大利益。

(二)公司证照返还纠纷的标的物

在理解了公司证照的特殊性后,我们需要进一步明确本诉对应的标的物的具体范围,在提起公司证照返还纠纷时,也需要在诉讼请求中具体指明公司证照的范围,不能笼统、概括地要求侵权行为人返还所有公司证照,否则相应诉请会因请求不明确而无法得到法院支持。

1. 公司证照的通常范畴

现行公司法对公司证照的范畴并未作出明确规定,根据对公司证照词义的理解,通常公司证照应当包含证照、印鉴两类内容。

其中证照一般指代营业执照正副本④,而印鉴则一般包括公章、财务专用章、发票专用章、法定代表人人名章,以及公司根据自身需要刻制的合同专用章、收货专用章、采购专用章、部门专用章、项目专用章、标段专用章等各类其他印鉴。

需要注意的是,如前所述,之所以"公司证照返还纠纷"独立于"原物返还纠纷"独立成为案由,正是因为公司证照均能在一定程度上对外代表公司,并进而可能影响到公司对外的权利义务关系,对公司而言具有非比寻常的作用,一旦被他人侵

① 参见 http://finance. sina. com. cn/zl/china/2017 - 03 - 20/zl - ifycnpit2384093. shtml。

② 参见 https://finance. sina. com. cn/stock/s/2019 - 07 - 15/doc - ihytcerm3745474. shtml。

③ 参见 http://www. xinhuanet. com/fortune/2019 - 12/17/c_1125352048. htm。

④ 因现已完成五证合一且开户许可证已经取消,此处不再赘述组织机构代码证、税务登记证、社会保险登记证、统计登记证以及开户许可证。

占,将导致公司随时面临巨大的风险。因此本书倾向于认为,“公司证照返还纠纷”中具备特殊性质的标的物,其范围为如上所述的证照和印鉴。

2. 附带请求返还的特殊财产

除了前面提到的证照之外,根据本书对大量案例的分析,实践中附带请求返还的标的物并不局限于上述证照,还包括对公司而言具有特殊意义的财产,如公司财务账册(含会计凭证)、空白发票、银行网银U盾、银行开户支票本、法人一证通、税控盘、财务软件、境外投资申报U盾、资质证书、公司档案(包括但不限于各类合同、人事资料、机密文件等)、奖状奖杯、秘钥、各类由政府部门或单位颁发的证照(如特许经营许可证、备案证书、房屋产权证、专利证书)等。

此类标的物的共同特征在于,虽然其并不像印鉴、营业执照一样能对外代表或部分代表公司意志,但一旦缺少这些财产,公司的正常经营可能面临各种障碍。例如,无法制作账簿、无法对外起诉、无法支取存款等,此类标的物对公司而言也有非常重要的意义。

在实践中,对此类标的物的诉请,也往往作为公司证照返还纠纷的附带诉请出现,在法律法规并未明确规定本案由项下的标的物范围时,本书认为此类操作也具备合理性。

3. 特殊状态下的公司证照问题

(1)已声明挂失、作废甚至补办的证照

考虑到很多证照是由特定部门或单位颁发的,公司可以通过挂失、补办的方式消灭原证照的公示效力、重新办理相关证照,那么由此引申出的问题就是,此类已经声明挂失、作废甚至补办的证照是否能够作为本案由项下的标的物。

实践中不同法院对该问题,给出了不同的答案。

案例·10 – 典型案例 –

声明作废的公章对于善意第三人而言仍具有公司表征的特征,公司有权要求返还

——倪建琪与临空公司证照返还纠纷上诉案①

上诉人(一审被告):倪建琪。

① 参见上海市长宁区人民法院(2012)长民二(商)初字第422号民事判决书;上海市第一中级人民法院(2012)沪一中民四(商)终字第1783号民事判决书。

被上诉人(一审原告):临空公司。

倪建琪原任临空公司的董事长、总经理、法定代表人等,全面负责项目运作。后因项目出现诸多问题,临空公司于2011年7月28日、8月8日相继召开股东会、董事会,免去倪建琪全部职务。

倪建琪被免职后,临空公司要求倪建琪交还公章,但倪建琪以各种理由予以拒绝。无奈之下,临空公司只能于2011年8月12日登报公告原公章作废,并刻制了新的公章。

然而,临空公司通过其他案件的审理,发现倪建琪仍然控制着临空公司的旧公章。临空公司认为,公司公章对外代表公司,具有重要法律意义,即便公告作废,仍属于公司的财物,理应由公司掌管。故临空公司诉至法院,要求判令倪建琪立即向临空公司返还旧公章。

上海长宁法院一审判决支持临空公司诉请后,倪建琪提起上诉,并在上诉时提出,旧公章已经登报遗失、作废,并不具有任何公司意志的表象,故临空公司要求归还的"旧公章"并非法律意义上的"公司证照"。对此,临空公司答辩认为,作废的公司公章是属于公司的,倪建琪无权继续占有。

上海一中院二审判决驳回上诉,维持原判。

二审法院认为,公章在我国是公司对外作出意思表示的外在表现形式之一,无论公章是否声明作废,对于善意第三人而言,公章作为公司的表征仍是不能改变的,公司为避免出现不必要的纠纷,要求持有已作废的公司公章的相关人员返还的诉请,应予支持。

案例·11　–典型案例–

对于已宣布作废的公司证照,法律不予保护

——大连东溢公司与李海等3人公司证照返还纠纷上诉案①

上诉人(一审原告):大连东溢公司。

被上诉人(一审被告):李海等3人。

① 参见辽宁省大连市沙河口区人民法院(2017)辽0204民初7624号民事判决书;辽宁省大连市中级人民法院(2018)辽02民终4720号民事裁定书。

李海、刘淑香、石广3人分别于2009年1月8日、2009年1月8日、2013年3月被大连东溢公司聘请、任命为总经理、财务经理、资财部部长。

2015年12月10日，大连东溢公司组成清算组，股东委托两家律师事务所组成清算组，对大连东溢公司进行解散清算。

因李海等3人未按照大连东溢公司的要求移交证照，大连东溢公司以3人非法占有公司相关的证、账等全部公司的资产、文件，以及占有资金为由将3人诉至法院要求返还。

二审诉讼中，大连东溢公司已将公司的公章、财务专用章、法人专用章、营业执照正本、副本、批准证书正本、副本、开户许可证、机构信用证、组织机构代码证正本及副本、公司网银U棒挂失并宣布作废，重新进行了补办。

辽宁大连沙河口法院一审以举证不能为由判决驳回大连东溢公司的诉讼请求，大连东溢公司提出上诉后，辽宁大连中院二审改判驳回大连东溢公司的起诉。

二审法院认为，已宣布作废的公司证照、印鉴、网银U棒，法律不予保护，大连东溢公司诉请李海等3人归还，于法无据，应予驳回。

对于前述两类观点，本书认为，除了考虑公司证照作为公司表征的效力问题以外，对于已经挂失补办的证照，并不意味着该等证照作为物的所有权同样消灭，因此公司对于此类经挂失补办的证照仍拥有所有权，只要能够证明仍处于无权占有人的控制之下，公司应当有权诉请要求返还。

(2)已遗失的证照

对于已遗失的证照，应与前述经声明挂失、作废甚至补办的证照区别对待。"公司证照返还纠纷"的请求权基础为原物返还请求权，根据《民法典》第一百五十七条[①]的规定，不能返还或者没有必要返还的，应当折价补偿。

考虑到公司证照属于特定物，在特定物无法交付的情况下，即使法院判决要求交付，该等判决也无法实际履行。因此在公司证照已遗失的情况下，公司只能要求原保管人承担赔偿责任，而无法仍向原保管人主张返还。

需要补充说明的是，对于证照是否遗失的问题，因为当事人很难就消极事实进行举证，因此公司不得不转而主张并需要证明证照仍然由原保管人持有，而这样的举证难度是非常高的。

---

① 《民法典》第一百五十七条：民事法律行为无效、被撤销或者确定不发生效力后，行为人因该行为取得的财产，应当予以返还；不能返还或者没有必要返还的，应当折价补偿。有过错的一方应当赔偿对方由此所受到的损失；各方都有过错的，应当各自承担相应的责任。法律另有规定的，依照其规定。

(3)由第三人控制的证照

在一定情况下,公司证照也可能被第三人控制,此时如仍主张要求原保管人返还的,同样将面临无法交付的问题。在该等情况下,原保管人无法成为公司返还证照纠纷中的适格被告,公司应转而诉请要求第三人返还证照。

案例·12　**–典型案例–**

公章属于特定物品,不能返还的应当折价赔偿

——慧简公司与梁马利、李元峻公司证照返还纠纷上诉案①

上诉人(一审原告):慧简公司。

被上诉人(一审被告):梁马利、李元峻。

2014年5月15日,梁马利担任慧简公司董事长及法定代表人,林×誉担任总经理,并进行了变更登记。2014年9月1日,梁马利不再担任慧简公司董事长及法定代表人且不再成为管理层成员,由林×誉担任董事长、总经理及法定代表人。本案因梁马利卸任法定代表人后拒不归还慧简公司公章及财务账册、资料而引发。

本案慧简公司在提起诉讼时,曾一并提交关于公司证照的特定物保全申请,一审法院在安排送达诉讼文书时,将慧简公司的保全申请也一并送达给梁马利、李元峻,并要求梁马利、李元峻对是否已归还慧简公司的公章、财务账册及资料予以说明。

李元峻在领取法律文书时向一审法院表明确实没有将慧简公司的公章、财务账册及资料交还给慧简公司,是双方因设立慧简公司的港资股东由于内部管理权争议发生纠纷已向香港高等法院起诉,香港高等法院在判决中确认其有权保留慧简公司公章,梁马利、李元峻已将慧简公司公章交到香港律师行保管。

为了慎重特定物保全,一审法院于2015年5月20日召集慧简公司及梁马利的委托代理人对是否同意保全进行了听证。听证会后,一审法院认为梁马利所称香港高等法院的一审判决并未涉及公章有关事宜,遂于2015年5月25日作出裁定,裁定事项为:(1)扣押由梁马利、李元峻保管的慧简公司公章一枚,限梁马利、李元峻在本裁定送达之日起5日内送交一审法院封存保管;(2)扣押由梁马利、李元峻

① 参见广东省深圳市前海合作区人民法院(2015)深前法涉外初字第61号民事判决书;广东省深圳市中级人民法院(2016)粤03民终819号民事判决书。

保管的慧简公司财务账册、资料（以慧简公司指认的财务账册、资料为准，不含国税稽查部门已调取资料）。上述物品待本案作出生效判决或裁定后再进行处理。此裁定已于 2015 年 5 月 27 日发生法律效力。

保全裁定生效后，一审法院经多次督促，梁马利、李元峻一再表示公章交给廖×博后，廖×博以梁马利、李元峻拖欠其工资、补偿金等为由，拒不交出，致使无法履行保全裁定第一项，因此本案在审理时，所涉公司证照系由第三人而非本案被告实际占有、控制。

广东深圳前海合作区法院一审判决梁马利、李元峻不得使用慧简公司的公章，驳回慧简公司返还公章的诉请。慧简公司不服提出上诉，广东深圳中院判决驳回上诉，维持原判。（见图 8－3）

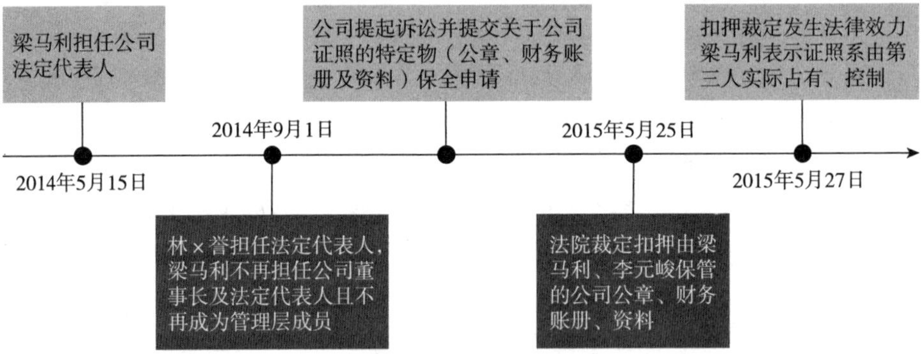

图 8－3　慧简公司与梁马利、李元峻公司证照返还纠纷上诉案

一审法院认为，要求梁马利、李元峻交付慧简公司公章的裁定属于已发生法律效力的法律文书，在法律文书执行过程中已有足够理由相信梁马利、李元峻无法履行，由于公章属于特定物品，在当事人已明确不能交付的情况下仍然判决其交付，于情于理于法均不适当，也无法达到较好的法律效果和社会效果。《民法通则》也规定“不能返还财产的，应当折价赔偿”（现《民法典》第一百五十七条）。慧简公司完全可以依法向公章刻制部门申请补刻公章，并根据实际情况变更相应诉请，要求梁马利、李元峻赔偿因无法交付公章给其带来的经济损失。

二审法院认为，虽然梁马利、李元峻表示同意返还公章给慧简公司，但辩称公章现由案外人廖×博所持有，因廖×博拒绝归还导致其无法向慧简公司履行交付的义务。一审法院对此进行了核实，并采取了诉讼保全和民事制裁措施，但仍无法扣押到公章。据此，一审法院行使释明权，建议慧简公司变更诉讼请求为要求梁马利、李元峻赔偿因不能返还公章造成的经济损失，但慧简公司不同意变更其诉请，故一审法院为避免梁马利、李元峻承担不适当的责任，判决驳回慧简公司要求返还公章的诉请，并无不当。

通过公开渠道查询，并未发现慧简公司后续起诉廖×博要求返还公章的案件。即使慧简公司针对廖×博提起诉讼，廖×博也可能以未持有公章、公章已经遗失等各类理由进行抗辩，这都可能导致最终诉讼结果的不确定性。当然，慧简公司后续也可能通过补刻公章、另行协商等方式实现了其核心诉求。

(4)由第三人私刻的印章

实践中存在第三人私刻印章的情况，这就带来第三人私刻的印章是否属于本案由项下公司证照的范围问题。

考虑到第三人私刻的印章并非由公司刻制，因此不应属于公司财产，公司对此自然不享有相应的财产返还请求权，故而由第三人私刻的印章并非本案由项下公司证照的范畴。

在处理第三人私刻印章的问题时，公司应当通过登报声明、工商举报甚至刑事举报等救济途径消除私刻印章所带来的风险和后果，或诉请侵权行为人停止侵权行为、赔偿损失，而不能通过公司证照返还之诉请求侵权行为人返还私刻的印章。①

(三)公司证照返还纠纷的附带诉请

在公司证照返还纠纷中，除了要求侵权行为人返还所侵占的标的物外，公司还可一并附带提起关联的其他诉请，避免讼累，主要包括如下：

1.《民法典》所规定的法定侵权责任

对于侵占公司证照的行为，因其本质也仍属于侵权行为，根据《民法典》第七编所规定的承担侵权责任的方式，公司在提起公司证照返还之诉时，还可以附带提出损害赔偿等主张。②

需要注意的是，虽然公司可以提出上述附带诉请，但考虑到实践中对于损失及因果关系非常难证明，此类附带诉请获得支持的难度也比较大。另外如前所述，如果经查明公司证照原物已经无法返还的，法院还将依法行使释明权，建议变更诉讼请求，改为要求侵权行为人"折价赔偿""赔偿损失"。

2.《公司法》针对公司董监高所规定的法定赔偿责任

《公司法》第一百四十七条规定了公司董监高违反法定忠实义务的具体表现形式，虽然并未明确列明侵占公司证照的行为，但其中也明确了公司董监高不得侵占

---

① 参见上海市高级人民法院(2016)沪民申812号民事裁定书。

② 此处并不意味着公司董监高作为侵权行为人时，不能对公司董监高提出此类主张。

公司的财产。更何况，公司证照虽然作为物的经济价值不大，但也仍属于公司财产的范畴，并且对公司而言具有特殊的重要意义，因此如果公司董监高侵占公司证照的，除《民法典》所规定的侵权责任外，也构成《公司法》所规定的违反忠实义务的行为，公司也可据此请求法定赔偿。

但是需要注意的是，董监高违反忠实义务所引发的法律后果规定于《公司法》第一百四十九条，即应当承担“赔偿责任”，并未规定“返还”义务，因此该等规定虽适用于公司证照返还纠纷中的附带索赔诉请，但并非公司证照返还诉请的直接法律依据。

案例 · 13 – 典型案例 –

董监高拒不返还证照的，应当承担合理范围的赔偿责任

——陈子昂与语培公司证照返还纠纷上诉案①

上诉人（一审被告）：陈子昂。

被上诉人（一审原告）：语培公司。

语培公司由注册在英属维京群岛的 CHINACASTBVI 公司于 2000 年投资设立的外商独资企业。陈子昂为公司法定代表人。

2012 年 3 月 26 日，语培公司股东 CHINACASTBVI 公司的独任董事冯一意决议，撤销陈子昂作为公司授权代表人/签名人的资格，任命冯一意为公司授权代表人/签名人的资格……

同日，冯一意签署了语培公司董事之免职和任命书，免去陈子昂董事长、法定代表人职务，任命冯一意董事长、法定代表人职务。

后冯一意在接管语培公司时，双方产生争执并报警。江祥源在请示陈子昂后，指示公司的财务负责人程颖转移公司财物。2012 年 3 月 31 日，陈子昂取走程颖家中语培公司的财物，并留下收条，载明收到程颖移交的语培公司会计凭证、会计资料和公司资料等。

语培公司在起诉要求返还公司证照时，附带请求索赔 300 万元，具体系基于以下方面估算的概括赔偿数额：1）语培公司账户转账 30 万元至程颖个人账户；2）聘

① 参见上海市浦东新区人民法院（2012）浦民二（商）初字第 S3605 号民事判决书；上海市第一中级人民法院（2013）沪一中民四（商）终字第 S1958 号民事判决书。

请律师起诉陈子昂公司证照返还纠纷的律师费5万元;3)CHINACASTBVI公司为前管理层人员隐匿损毁公司资料聘请北京润波深蓝资产管理有限公司发生的咨询服务费用47,600美元;4)聘请律师办理变更登记、重刻公章的律师费20万元;5)聘请会计师事务所审计银行资金往来的费用9.3万元;6)境外工商调档、公证认证的费用14,533.42美元;7)就NASDAQ账簿丢失事宜聘请境外律师产生的咨询费用1,022,240.97美元、聘请审计公司的审计咨询费用20万美元、聘请境外律师调查资料的咨询费用120,266.06美元;8)另案处理的民间借贷案件,因缺乏证照资料无法抗辩产生的败诉责任530万元;9)双巍教育集团在纳斯达克退市的损失。

上海浦东法院一审判决陈子昂向语培公司赔偿损失20万元,陈子昂不服提出上诉,上海一中院二审判决陈子昂向语培公司赔偿损失5万元。(见图8－4)

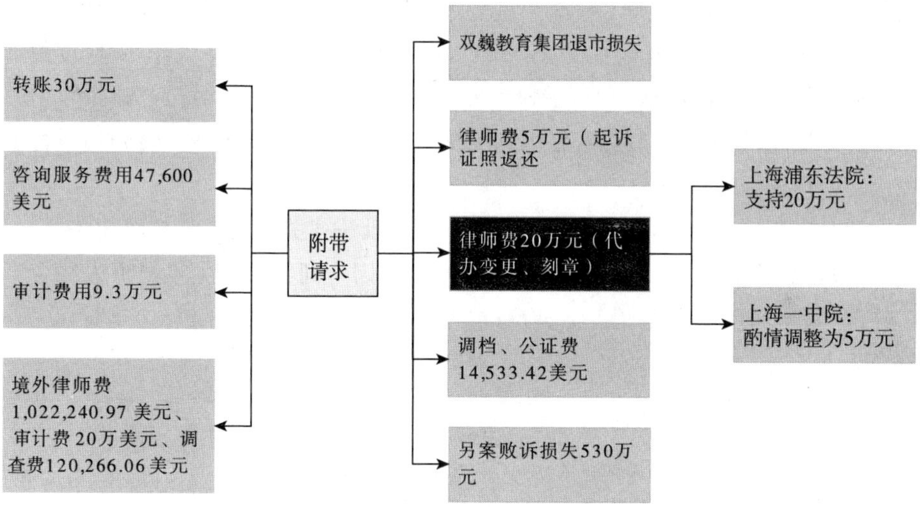

图8－4　陈子昂与语培公司公司证照返还纠纷上诉案

一审法院认为,由于陈子昂拒不返还证照印章,语培公司无法自行办理法定代表人及董事变更登记,因此语培公司请律师办理法定代表人、董事变更登记及更换公章等事宜,该20万元费用作为语培公司直接损失,陈子昂应予赔偿。语培公司其他所谓损失,不予支持。

二审法院认为,语培公司为办理法定代表人、董事变更登记及更换公章等法律手续,与律师事务所签订了标的20万元的聘请律师合同,并实际补办完毕。但是,即便存在上述合同及发生一定的费用,在考虑陈子昂在本案中应予赔偿的费用时,本院认为,该赔偿费用不但应以语培公司实际支出的费用为基础,而且应限定在合理费用之内。陈子昂对20万元费用支出的合理性提出了异议,而语培公司提供的合同和发票证据不能证明20万元费用的实际支出及其支出的合理性,本院将办理前述事务的合理费用酌定调整为5万元,并对原判予以相应变更。

从该案例也可以看出,法院在处理、认定因非法占有、控制并拒绝返还公司证照所产生的附带索赔诉请时,将综合考量损失与侵权行为之间的关联性、必要性、合理性等因素,并进行自由裁量。

五、公司证照返还纠纷的程序问题

(一)公司证照返还之诉的管辖问题

公司证照返还纠纷的基础权利为原物返还请求权,应当根据产生该项请求权的基础法律关系确定管辖。在通常情况下,公司证照返还产生的原因为侵权行为人非法占有、控制公司证照,其据以确定管辖的基础法律关系往往为侵权法律关系,根据《民事诉讼法》第二十八条的规定,因侵权行为提起的诉讼,由侵权行为地或者被告住所地法院管辖。① 就侵权行为地而言,根据《民事诉讼法司法解释》第二十四条的规定,包括侵权行为实施地和侵权结果发生地,实践中往往将公司所在地也认定为侵权行为地。②

需要注意的是,虽然大部分案件中本诉的基础法律关系均系侵权法律关系,但也存在多种可能。例如,在公司证照返还纠纷系因合同关系产生且当事人在合同中约定了广泛仲裁条款的情况下,应尊重当事人对仲裁管辖的约定。

---

① 该观点已成为实践中的通说,参见上海市第一中级人民法院(2012)沪一中民四(商)终字第S910号民事裁定书、上海市第一中级人民法院(2015)沪一中民四(商)终字第1685号民事裁定书、上海市第一中级人民法院(2015)沪一中民四(商)终字第923号民事裁定书。

② 该观点已成为实践中的通说,参见北京市第二中级人民法院(2019)京02民辖终806号民事裁定书、四川省成都市中级人民法院(2019)川01民辖163号民事裁定书、浙江省高级人民法院(2019)浙民再446号民事裁定书。

案例·14　－典型案例－

广泛仲裁条款所约定的仲裁范围包括与合同存在密切联系的侵权纠纷的，适用于公司证照返还纠纷

——鸿川公司与潘世丰公司证照返还纠纷上诉案①

上诉人（一审原告）：鸿川公司。

被上诉人（一审被告）：潘世丰。

鸿川公司系江川公司与鸿禧公司共同投资设立的合资公司，潘世丰系鸿禧公司董事，本案因证照管理争议涉诉。

江川公司与鸿禧公司签订的《中外合资重庆鸿川高新科技发展有限公司合同》第十六条、第十七条、第十八条约定了鸿川公司的董事、董事长、法定代表人的选任、董事会的职能等内容。第四十六条明确约定，凡因执行本合同所发生的或与本合同有关的一切争议，双方应友好协商，协商不成应提交北京中国国际经济贸易仲裁委员会裁决。

鸿川公司认为，本案并不是江川公司与鸿禧公司之间的纠纷，而是合资公司与董事之间的纠纷。上诉人与被上诉人之间也并不存在仲裁协议，任何仲裁机关均无权管辖，只能由人民法院审理。

潘世丰对此提出管辖权异议，认为本案实质为中方股东和外方股东之间就中外合资公司董事长职务由谁担任产生的纠纷，涉及公司具体管理权之争，按合资合同的约定该类纠纷应当由中国国际经济贸易仲裁委员会裁决，而不应当由人民法院管辖。

重庆五中院一审裁定驳回鸿川公司的起诉，鸿川公司不服提出上诉，重庆高院二审裁定驳回上诉，维持原裁定。

一审法院认为，本案系公司证照返还纠纷，合资合同系江川公司与鸿禧公司共同投资举办鸿川公司的合同，该合同约定包括合营公司章程等附属协议文件均为合同的组成部分。本案所争议的关于鸿川公司的公章、营业执照正副本等是否应由潘世丰返还给鸿川公司的事项，系鸿川公司的相关公章及证照应当有谁持有的

---

①　参见重庆市第五中级人民法院（2015）渝五中法民初字第1048号民事裁定书；重庆市高级人民法院（2017）渝民终96号民事裁定书。

争议，与法定代表人变更程序是否符合《中外合资重庆鸿川高新科技发展有限公司合同》、章程约定及法律规定的问题，系与《中外合资重庆鸿川高新科技发展有限公司合同》有关的争议，本案应由中国国际经济贸易仲裁委员会仲裁。

二审法院认为，该第四十六条属于广泛仲裁条款，其仲裁范围不仅包含相关的合同纠纷，也包括与合同存在密切关联性的侵权纠纷。本案名为公司证照返还纠纷，但实为公司法定代表人之争。在本案中，公司证照返还问题与合资合同相关条款的解释、执行具有密切的关联性。另外，潘世丰系鸿禧公司委派的董事，而米务军系江川公司委派的董事，双方在鸿川公司的相关行为，尤其是本案所涉的法定代表人之争的行为，应系各自的职务行为，由此产生的争议仍应适用合资合同的相关约定，故亦认为本案应由中国国际经济贸易仲裁委员会仲裁。

需要补充说明的是，虽然广泛仲裁条款的仲裁范围可以包含与合同存在密切关联性的侵权纠纷，但本书认为本案两级法院将广泛仲裁条款的适用主体范围扩大到合同以外其他主体的观点是值得商榷的，即使在案件当事人与合同主体存在紧密联系的情况下，也不宜突破合同相对性原则与仲裁自愿原则。

（二）公司证照返还之诉的举证责任

如前所述，公司证照返还纠纷的基础权利为原物返还请求权，其构成要件有三：(1)请求人为物权人；(2)被请求人为现时的无权占有人；(3)原物客观存在。

具体到公司证照返还案件中，第1项要件是客观事实，因此公司的主要举证内容在于证明被告实际持有相关证照①，对应的证据可能包括公司章程或证照管理等内部规定、签收凭证、催要证照的法律文书、公安报警回执、印章更换申请回执、往来沟通记录等，在实际诉讼中法院往往还会结合被告的陈述情况、侵权事实存在的合理性等情况综合判断被告是否实际持有相关证照；②相对而言，被告的主要举证内容，往往为证明其具备持有相关证照的合法依据或其实际并未持有相关证照。

值得注意的是，此处所谓的持有相关证照并不仅仅包括直接占有或控制相关证照的情形，还包括利用对公司的影响力或对公司其他人员的影响力间接控制公司证照的情形。

---

① 参见广东省高级人民法院(2019)粤民申11567号再审审查与审判监督民事裁定书、北京市高级人民法院(2019)京民申4071号民事裁定书、四川省高级人民法院(2018)川民申516号民事裁定书、陕西省高级人民法院(2018)陕民申1581号民事裁定书，法院均以公司未能举证证明侵权人持有相关证照为由驳回了公司的再审申请。

② 在浙江省杭州市中级人民法院(2019)浙01民终6579号民事判决书中，法院认为公司虽然证明被告领取了营业执照，但是因为被告称其领取后已经及时移交公司并未实际控制营业执照，故认定公司提供的证据不足以确认营业执照仍由被告持有。

案例·15　－典型案例－

利用影响力控制或委派工作人员持有证照的主体，有义务返还

——信华公司与周松刚侵权责任纠纷上诉案①

上诉人（原审被告）：周松刚。

被上诉人（原审原告）：信华公司。

信华公司自设立起股东和注册资本多次变更，至2003年5月24日，公司股东为（BVI）巨东实业股份有限公司，持股90%；（BVI）晶圆有限公司，持股10%。公司董事长由前者委派。

2005年12月1日，周松刚被任命为信华公司总经理，并在此后一直担任公司总经理，负责公司的生产经营。

2010年1月12日，信华公司董事会作出决议，不再聘任周松刚担任公司总经理，聘任陈家铭担任总经理，由周松刚向新任总经理办理工作交接，将公司有关印鉴、证照、会计资料、重要文件等交付新任总经理保管。

2010年2月2日，信华公司委托该案代理人依据信华公司董事会的委托向周松刚以特快专递的方式寄送了律师函，告知周松刚在指定时间和地点向承办律师交接公司公章、财务专用章、合同专用章、会计凭证、会计报表、借款合同、租赁合同等，并要求周松刚告知出卖公司设备情况、出租公司厂房设备情况，告知已无权对公司行使经营管理权，无权代表公司对外签订合同、处分公司资产。

信华公司后起诉请求判令周松刚返还相关证照。

庭审中周松刚主张公司的公章、财务章和合同章以及公司的批准证书、国税、地税登记证、财务登记证等证照不在其控制之下，由各职能部门的负责人控制，故无法交接。但对以上职能部门负责人是谁，周松刚的委托代理人称不清楚。经原审法院前往信华公司营业地调查核实，未果。

另外，庭审中信华公司主张公司的股东或董事会并未委派人员派驻公司，周松刚对此不认可，但周松刚并未指明有何人派驻公司。

山东青岛中院一审判决支持信华公司要求返还公司证照的诉请，周松刚不服提出上诉，山东高院二审判决驳回上诉，维持原判。（见图8－5）

① 参见山东省青岛市中级人民法院（2011）青民二商重字第1号民事判决书；山东省高级人民法院（2012）鲁商终字第199号民事判决书。

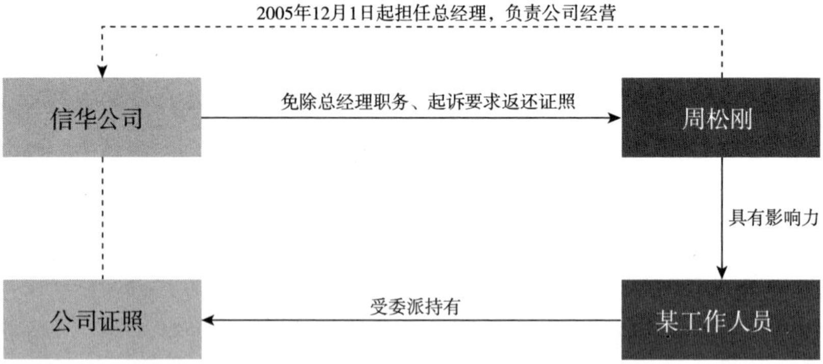

图 8－5　信华公司与周松刚侵权责任纠纷上诉案

一审法院认为，在外方董事会并未委派监管人员常驻公司，亦没有任何董事在公司负责经营管理的情况下，周松刚在被董事会聘用为公司总经理期间，全面负责公司的经营管理，结合周松刚代表公司多次对外签订合同等事实，其为青岛信华毛纺有限公司的实际控制人。总经理是公司的一级管理机关，能控制财务、办公等部门。总经理不一定直接持有公司公章、证照、账册等，但可以委派其工作人员持有公司公章、证照、账册，能对持有公章、证照、账册的工作人员行使管理、支配权。鉴于周松刚在担任公司总经理期间，是公司的实际控制人，即为上述物品的实际控制人，现周松刚已被公司董事会解除了总经理职务，失去了控制公司公章以及证照的权力，周松刚拒不返还的行为系不当占有，应将相应的物品返还给信华公司。

二审法院认为，关于周松刚是否实际控制公司请求返还的公章、证照、财务账册等物品问题，公司公章、证照、财务账册等物品总经理并不一定直接占有，也可以由总经理委派工作人员持有公司公章、证照、财务账册等物品，结合信华公司提供的周松刚代表公司对外签订的合同以及定期向工商机关提交年检报告书等证据，并充分考虑到外方董事会未委派监管人员，亦没有任何董事在公司负责经营管理的情况下，可以认为周松刚在任公司总经理期间，实际控制着公司的公章、证照、财务账册等物品，现在周松刚虽不再担任总经理，但其至今未办理交接，结合公司现状及法院多次的调查情况，可以认定周松刚仍实际控制（或利用自己的影响力控制）信华公司的财物，包括公章、证照、财务账册等物品。周松刚在被公司董事会解除总经理职务后，已失去控制公司公章、证照、财务账册等物品的依据，现其拒不返还的行为系不当占有，应将相应的物品返还给信华公司，这也是作为公司高级管理人员的附随义务，故信华公司主张周松刚返还公司公章、证照、财务账册等物品的请求，具有事实与法律依据。

需要补充说明的是，虽然有以上案例的支撑，但实践中对于侵权行为人是否构成“利用影响力占有、控制”并无准确的判断标准，容易与侵权行为人“并未实际控制公司证照”“根据公司规定公司证照应存放在公司办公室”“公司财务凭证应由财务部门保管，法定代表人并非实际管理财务凭证的主体”等其他情形相混淆，进而影响案件结果。

综上所述，本书认为，公司证照返还纠纷对于公司而言，是一个既简单又复杂的案由。简单之处在于法律论证维度，公司证照天然属于公司，侵权行为人很难解释其持有公司证照的合法依据；复杂之处在于举证维度，公司需要证明侵权行为人持有且目前仍持有公司证照，但侵权行为人可以用不慎遗失、已交予第三人、从未持有证照等各种理由进行抗辩，且基于当事人无法证明消极事实这一法律逻辑，在大部分情况下又很难将举证责任转嫁至侵权行为人。

六、法律法规及适法意见

（一）全国性

1.《公司法》节选

第三条第一款　公司是企业法人，有独立的法人财产，享有法人财产权。公司以其全部财产对公司的债务承担责任。

第二十五条　有限责任公司章程应当载明下列事项：

（一）公司名称和住所；

（二）公司经营范围；

（三）公司注册资本；

（四）股东的姓名或者名称；

（五）股东的出资方式、出资额和出资时间；

（六）公司的机构及其产生办法、职权、议事规则；

（七）公司法定代表人；

（八）股东会会议认为需要规定的其他事项。

股东应当在公司章程上签名、盖章。

第三十七条　股东会行使下列职权：

（一）决定公司的经营方针和投资计划；

（二）选举和更换非由职工代表担任的董事、监事，决定有关董事、监事的报酬事项；

（三）审议批准董事会的报告；

（四）审议批准监事会或者监事的报告；

（五）审议批准公司的年度财务预算方案、决算方案；

（六）审议批准公司的利润分配方案和弥补亏损方案；

（七）对公司增加或者减少注册资本作出决议；

（八）对发行公司债券作出决议；

（九）对公司合并、分立、解散、清算或者变更公司形式作出决议；

（十）修改公司章程；

（十一）公司章程规定的其他职权。

对前款所列事项股东以书面形式一致表示同意的，可以不召开股东会会议，直接作出决定，并由全体股东在决定文件上签名、盖章。

第四十六条 董事会对股东会负责，行使下列职权：

（一）召集股东会会议，并向股东会报告工作；

（二）执行股东会的决议；

（三）决定公司的经营计划和投资方案；

（四）制订公司的年度财务预算方案、决算方案；

（五）制订公司的利润分配方案和弥补亏损方案；

（六）制订公司增加或者减少注册资本以及发行公司债券的方案；

（七）制订公司合并、分立、解散或者变更公司形式的方案；

（八）决定公司内部管理机构的设置；

（九）决定聘任或者解聘公司经理及其报酬事项，并根据经理的提名决定聘任或者解聘公司副经理、财务负责人及其报酬事项；

（十）制定公司的基本管理制度；

（十一）公司章程规定的其他职权。

第九十九条 本法第三十七条第一款关于有限责任公司股东会职权的规定，适用于股份有限公司股东大会。

第一百四十七条 董事、监事、高级管理人员应当遵守法律、行政法规和公司章程，对公司负有忠实义务和勤勉义务。

董事、监事、高级管理人员不得利用职权收受贿赂或者其他非法收入，不得侵占公司的财产。

第一百四十九条 董事、监事、高级管理人员执行公司职务时违反法律、行政法规或者公司章程的规定，给公司造成损失的，应当承担赔偿责任。

第一百五十一条 董事、高级管理人员有本法第一百四十九条规定的情形的，有限责任公司的股东、股份有限公司连续一百八十日以上单独或者合计持有公司百分之一以上股份的股东，可以书面请求监事会或者不设监事会的有限责任公司的监事向人民法院提起诉讼；监事有本法第一百四十九条规定的情形的，前述股东可以书面请求董事会或者不设董事会的有限责任公司的执行董事向人民法院提起诉讼。

监事会、不设监事会的有限责任公司的监事，或者董事会、执行董事收到前款规定的股东书面请求后拒绝提起诉讼，或者自收到请求之日起三十日内未提起诉讼，或者情况紧急、不立即提起诉讼将会使公司利益受到难以弥补的损害的，前款规定的股东有权为了公司的利益以自己的名义直接向人民法院提起诉讼。

他人侵犯公司合法权益，给公司造成损失的，本条第一款规定的股东可以依照前两款的规定向人民法院提起诉讼。

第一百八十四条　清算组在清算期间行使下列职权：

（一）清理公司财产，分别编制资产负债表和财产清单；

（二）通知、公告债权人；

（三）处理与清算有关的公司未了结的业务；

（四）清缴所欠税款以及清算过程中产生的税款；

（五）清理债权、债务；

（六）处理公司清偿债务后的剩余财产；

（七）代表公司参与民事诉讼活动。

2.《民法典》节选

第六十一条　依照法律或者法人章程的规定，代表法人从事民事活动的负责人，为法人的法定代表人。

法定代表人以法人名义从事的民事活动，其法律后果由法人承受。

法人章程或者法人权力机构对法定代表人代表权的限制，不得对抗善意相对人。

第一百五十七条　民事法律行为无效、被撤销或者确定不发生效力后，行为人因该行为取得的财产，应当予以返还；不能返还或者没有必要返还的，应当折价补偿。有过错的一方应当赔偿对方由此所受到的损失；各方都有过错的，应当各自承担相应的责任。法律另有规定的，依照其规定。

第二百三十五条　无权占有不动产或者动产的，权利人可以请求返还原物。

第二百三十八条　侵害物权，造成权利人损害的，权利人可以依法请求损害赔偿，也可以依法请求承担其他民事责任。

第二百四十条　所有权人对自己的不动产或者动产，依法享有占有、使用、收益和处分的权利。

第一千一百六十四条　本编调整因侵害民事权益产生的民事关系。

第一千一百六十五条　行为人因过错侵害他人民事权益造成损害的，应当承担侵权责任。

依照法律规定推定行为人有过错，其不能证明自己没有过错的，应当承担侵权责任。

第一千一百六十六条　行为人造成他人民事权益损害，不论行为人有无过错，法律规定应当承担侵权责任的，依照其规定。

第一千一百六十七条　侵权行为危及他人人身、财产安全的，被侵权人有权请求侵权人承担停止侵害、排除妨碍、消除危险等侵权责任。

3.《民事诉讼法》节选

第二十八条　因侵权行为提起的诉讼，由侵权行为地或者被告住所地人民法院管辖。

第四十八条第二款　法人由其法定代表人进行诉讼。其他组织由其主要负责人进行诉讼。

4.《民事诉讼法司法解释》节选

第二十四条　民事诉讼法第二十八条规定的侵权行为地，包括侵权行为实施地、侵权结果发生地。

5.《公司法司法解释(二)》节选

第十条　公司依法清算结束并办理注销登记前，有关公司的民事诉讼，应当以公司的名义进行。

公司成立清算组的，由清算组负责人代表公司参加诉讼；尚未成立清算组的，由原法定代表人代表公司参加诉讼。

(二)地方性

1.《江苏省高级人民法院关于审理适用公司法案件若干问题的意见(试行)》

(二)损害公司权益纠纷

15. 股东、董事、经理及其他人侵占公司印鉴、财务账册的，公司可以侵占者为被告要求其返还，并赔偿因此给公司经营造成的损失。公司公章被侵占，公司以董事长签名的诉状起诉的，应当受理，但董事长已被股东大会罢免的除外。(旧《公司法》第五十九条、新《公司法》第一百四十八条)

2.《山东省高级人民法院关于审理公司纠纷案件若干问题的意见(试行)》(2006年12月26日省法院审判委员会第68次会议讨论通过)

85. 股东、董事、经理及他人侵占公司印鉴,公司起诉要求其返还印鉴并赔偿损失的,人民法院应予支持。

前款之诉讼,以及印鉴被侵占期间公司需要参加的其他诉讼,公司以法定代表人签署之文件起诉或应诉的,人民法院应予准许。公司法定代表人变更但未办理工商登记变更手续的,新法定代表人可以持有关变更决议证明其法定代表人身份。

3.《上海市高级人民法院关于印发〈关于审理公司纠纷案件若干问题的解答〉的通知》(沪高法民二〔2006〕8号)

四、因对公司印章控制权引发的纷争如何确定案件性质的问题

鉴于公司印章一般具有对外代表公司意志的表象,因此,因公司印章控制权引发的纷争,其实质涉及公司内部治理中对公司控制权的争夺,故此类案件宜作为公司纠纷案件由民商事审判庭予以管辖,而不宜作为普通的财产返还诉讼案件确定管辖。此类案件的案由可确定为损害公司权益纠纷。

第九章

损害公司利益责任纠纷

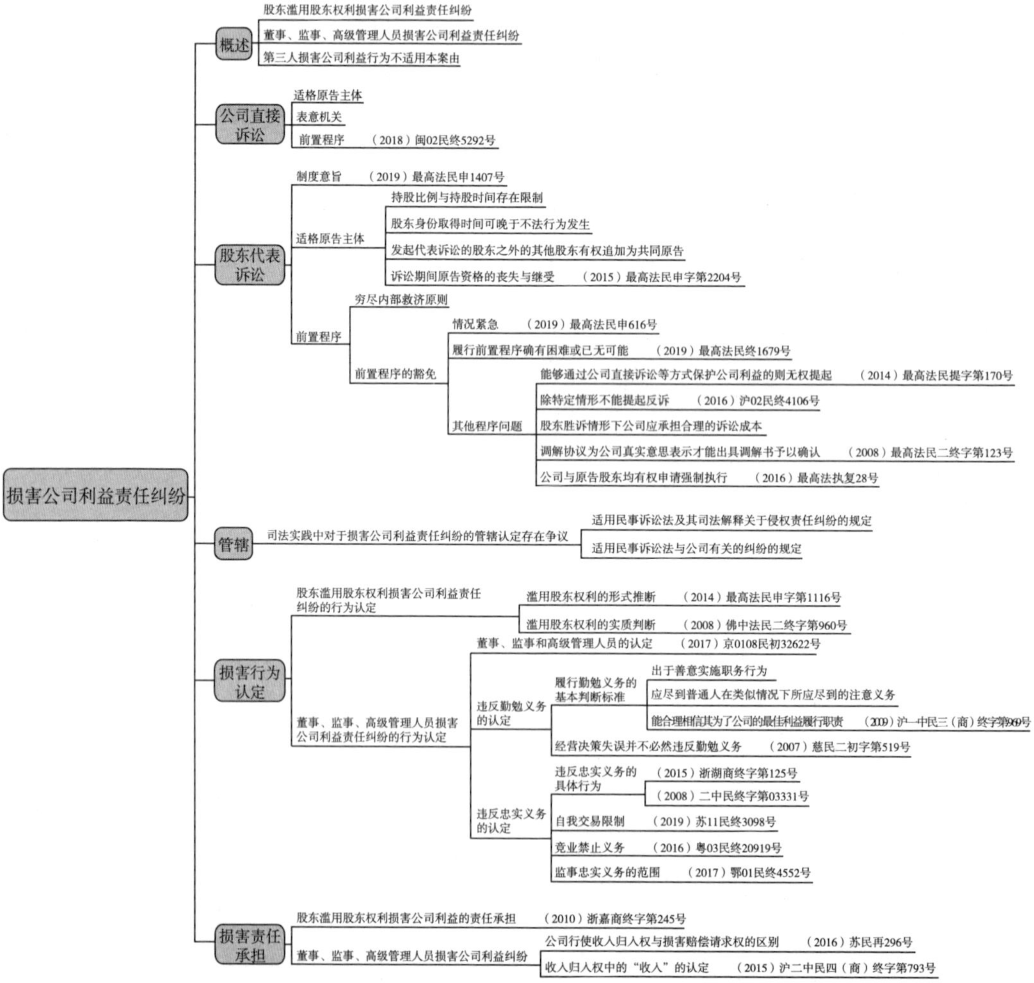

一、概述

损害公司利益责任纠纷，是指公司股东滥用股东权利或者董事、监事、高级管理人员违反法定义务，损害公司利益引发的纠纷，[①]由此损害公司利益责任纠纷主要分为股东滥用股东权利损害公司利益责任纠纷以及董事、监事、高级管理人员损害公司利益责任纠纷两大类。

（一）股东滥用股东权利损害公司利益责任纠纷

股东滥用股东权利损害公司利益责任纠纷，是指因股东滥用股东权利给公司造成损害的，应当承担损害责任的民事纠纷。[②] 其法律依据是《公司法》第二十条：公司股东应当遵守法律、行政法规和公司章程，依法行使股东权利，不得滥用股东权利损害公司或者其他股东的利益，公司股东滥用股东权利给公司或者其他股东造成损失的，应当依法承担赔偿责任。

公司股东依法和依章程正当行使权利，是股东的基本义务。本着权利与义务对等的原则，公司股东在享受各项权利的同时，负有正当行使权利的义务。[③] 但若公司股东为其私利或者其他缘由滥用股东权利，则往往会损害到公司以及其他股东的合法权益。虽然公司股东在我国现行的公司法体系下只对公司承担出资义务，并在出资范围内对公司债务承担责任，此外并无其他义务。但在公司的实际运作中，股东会和股东大会往往有权决定公司的其他权力机构的设置，如董事会、监事会、执行董事、监事甚至总经理等的选举、任免和聘任，故控股股东往往较其他股东而言具有明显的优势地位，可以对公司的运营产生实质性影响并由此存在损害公司利益的可能性，也因此会动摇传统公司法中股东平等的理念，影响股东之间的平衡关系。

针对前述状况，若无有效的监督和救济途径，则控股股东将更容易利用其控制权和控制股东的优势地位影响公司的运营，为自己谋取私利，并损害公司以及其他股东的利益。因此，《公司法》规定了公司股东正当行使权利的一般原则及其股东滥用权利的民事责任——公司股东正当行使权利受法律保护，而滥用权利则将受到法律的制裁。

---

① 参见最高人民法院民事案件案由规定课题组编著：《最高人民法院民事案件案由规定理解与适用》（2011 年修订版），人民法院出版社 2011 年版，第 393 页。

② 参见最高人民法院民事案件案由规定课题组编著：《最高人民法院民事案件案由规定理解与适用》（2011 年修订版），人民法院出版社 2011 年版，第 393 页。

③ 参见宋燕妮、赵旭东主编：《中华人民共和国公司法及释义》，法律出版社 2019 年版，第 184 页。

（二）董事、监事、高级管理人员损害公司利益责任纠纷

公司董事、监事、高级管理人员损害公司利益责任纠纷，是指公司的董事、监事、高级管理人员执行公司职务时违反法律、行政法规或者公司章程的规定，给公司造成损失而发生的民事纠纷。[①]《公司法》第一百四十七条以及第一百四十九条规定了董事、监事、高级管理人员应当遵守法律、行政法规和公司章程，对公司负有忠实义务和勤勉义务，不得利用职权收受贿赂或者其他非法收入，不得侵占公司的财产。董事、监事、高级管理人员执行公司职务时违反法律、行政法规或者公司章程的规定，给公司造成损失的，应当承担赔偿责任。

公司董事、监事和高级管理人员是由公司股东、股东会或者股东大会选举、委派或者聘任产生的，在法律和公司章程的范围内被授予了参与管理公司事务以及进行监督的权力。在我国《公司法》中规定了董事、监事、高级管理人员应负有勤勉义务和忠实义务。勤勉义务，是指董事、监事、高级管理人员履行职责时，应当为公司的最大利益，善意且尽一个类似位置的普通的谨慎之人的合理注意义务，避免公司、股东的利益受到不必要损害；忠实义务，则是指董事、监事、高级管理人员应当忠实履行其职责，尽力维护公司利益，不得将其自身利益凌驾于公司利益之上，实施损害公司、股东利益的行为。

为确保董事、监事、高级管理人员权力的正当行使，同时防止董事、监事、高级管理人员放弃或怠于行使权利或者为自己的利益滥用权利，保护公司利益和全体股东的共同利益，必须从法律上对董事、监事、高级管理人员应承担的义务作出严格的规定，以约束和督促董事、监事、高级管理人员的执行公司职务的行为。

（三）第三人损害公司利益行为不适用本案由

尽管本案由名为“损害公司利益责任纠纷”，但要注意的是，并非任何人实施的损害公司利益的行为均适用本案由。损害公司利益责任纠纷仅针对的是前述股东滥用股东权利或者董事、监事、高级管理人员违反法定义务损害公司利益的行为，因第三人侵权行为或者违约行为损害了公司利益的，在现行法律框架内已有相应的救济渠道，并不适用损害公司利益责任纠纷该案由。

二、损害公司利益责任纠纷的诉讼方式——公司直接诉讼

（一）适格原告主体

损害公司利益责任纠纷案件实质上系损害赔偿之诉，根据侵权责任法原理，公

① 参见最高人民法院民事案件案由规定课题组编著：《最高人民法院民事案件案由规定理解与适用》（2011 年修订版），人民法院出版社 2011 年版，第 393 页。

司作为利益受损的一方,有权向滥用股东权利损害公司利益的股东或者违反忠实和勤勉义务损害公司利益的董事、监事或高级管理人员提起诉讼,主张相关的损害赔偿责任。

其中需要注意的是,当董事会、执行董事、监事会、不设监事会的监事根据《公司法》第一百五十一条的规定提起损害公司利益之诉时,应以公司名义提起,而无权以个人名义提起诉讼。根据《公司法司法解释(四)》的相关规定,监事会或者不设监事会的有限责任公司的监事依据《公司法》第一百五十一条第一款规定对董事、高级管理人员提起诉讼的,应当列公司为原告,依法由监事会主席或者不设监事会的有限责任公司的监事代表公司进行诉讼。董事会或者不设董事会的有限责任公司的执行董事依据《公司法》第一百五十一条第一款规定对监事提起诉讼的,或者依据《公司法》第一百五十一条第三款规定对他人提起诉讼的,应当列公司为原告,依法由董事长或者执行董事代表公司进行诉讼。如在"邓彪诉降卫东损害公司利益责任纠纷案"[①]中,云南文山中院认为,作为监事的邓彪以作为公司董事的降卫东损害了公司合法权益为由,要求降卫东退还属于福源公司的资产903,5195.12元,应当列福源公司为原告向法院提起诉讼,由其代表公司进行诉讼,但邓彪以其个人名义向法院提起本案民事诉讼,不符合民事案件起诉立案条件,最终云南文山中院裁定驳回起诉。

(二)表意机关

同时,即使是由公司提起损害公司利益责任之诉时,也应注意该诉讼行为是否为公司的真实意思表示。在许多传统类型的诉讼案件中,往往在诉状上加盖公章的行为已足以推定该起诉行为属于公司的真实意思表示,但在损害公司利益责任纠纷中,由于原被告双方是公司与公司股东或董、监、高,则可能出现公司意志与股东意志不一致而导致对起诉行为是否为公司真实意思表示的争议。如在"内蒙古新井煤业有限公司与陈逢干损害公司利益责任纠纷案[②]"中,最高人民法院认为,本案系以有限责任公司董事长损害公司利益、应当承担赔偿责任为由,以公司名义提起的损害赔偿诉讼。根据《民事诉讼法》第四十八条第二款的规定:"法人由其法定代表人进行诉讼。"在本案中,新井公司法定代表人陈逢干未能代表公司进行诉讼;同时,亦没有证据证明该诉讼的提起符合《公司法》第一百五十一条的规定,经过了董事会、监事会或股东会的决议。仅凭起诉状上加盖的公司公章,不足以认定对陈

---

① 参见云南省文山市人民法院(2019)云2601民初491号民事判决书。

② 参见内蒙古自治区高级人民法院(2014)内商初字第00014号民事裁定书;最高人民法院(2015)民二终字第343号民事裁定书。

逢十提起的诉讼，是新井公司的真实意思表示。

(三)前置程序

有别于下文提到的股东代表诉讼，《公司法》并未就公司直接提起损害公司利益之诉规定相关的前置程序，故通常情形下，公司直接诉讼没有前置程序的限制。

但公司直接提起损害公司利益之诉中也存在特殊情形：董事、监事代表公司，以公司名义起诉。根据《公司法》第一百五十一条第一款规定：董事、高级管理人员有本法第一百四十九条规定的情形的，有限责任公司的股东、股份有限公司连续一百八十日以上单独或者合计持有公司百分之一以上股份的股东，可以书面请求监事会或者不设监事会的有限责任公司的监事向人民法院提起诉讼；监事有本法第一百四十九条规定的情形的，前述股东可以书面请求董事会或者不设董事会的有限责任公司的执行董事向人民法院提起诉讼。同时，《公司法司法解释(四)》第二十三条更进一步规定了：监事会或者不设监事会的有限责任公司的监事依据《公司法》第一百五十一条第一款规定对董事、高级管理人员提起诉讼的，应当列公司为原告，依法由监事会主席或者不设监事会的有限责任公司的监事代表公司进行诉讼。董事会或者不设董事会的有限责任公司的执行董事依据《公司法》第一百五十一条第一款规定对监事提起诉讼的，或者依据《公司法》第一百五十一条第三款规定对他人提起诉讼的，应当列公司为原告，依法由董事长或者执行董事代表公司进行诉讼。

依据《公司法》的前述规定，符合特定条件的股东可以书面请求董事、监事代表公司进行诉讼，但就该规定的解读在实践中出现了分歧，一种理解为董事、监事代表公司进行诉讼必须以股东提出书面请求为前提；另一种理解为代表公司进行诉讼是董事、监事的法定权利，董事、监事可以自行提起代表诉讼，同时，符合特定条件的股东也可以请求其行使该权利。对此，学术界也存在争议，以监事代表公司诉讼为例，有学者认为，应经股东书面请求，监事才可为公司利益提起诉讼。比如，“监事为公司利益提起的诉讼，前提条件必须是在符合一定条件的股东在书面请求其向法院提起诉讼之后方可进行，并且其愿意代公司提起诉讼，同时其应在收到股东书面诉讼请求之后三十日之内提起”。原因为“监事代表诉讼制度与股东代表诉讼、股东直接诉讼制度的目的都相同，其不应与股东代表诉讼、股东直接诉讼制度相冲突，否则可能会导致双重诉讼的结果。同时，对监事代表诉讼的提起进行必要的限制，也可以避免监事(会)滥用诉权，影响公司的正常生产经营”①。也有学者认

① 参见夏家品、黄亮：《监事代表诉讼制度有关问题研究》，载《杭州律师》2010年第1期。

为,“是否对监事代表诉讼设置前置程序限制,主要取决于对‘不随意干涉公司内部经营原则’和‘保护公司、股东利益原则’两者之间的平衡”,因此建议“不宜对提起监事代表诉讼前应履行内部救济程序作强制性规定。但考虑到‘不随意干涉公司内部经营原则’,不影响公司的正常经营管理,在监事会就监事代表诉讼事宜表决时,是否可设置三分之二多数决制度,即三分之二监事同意方可提起监事代表诉讼”。①

针对前述争议,在司法实践中也有不同的意见,部分法院还是持监事代表诉讼应以股东请求为前置条件的观点,比如在“吴桂森损害公司利益责任纠纷案”②中,浙江海宁法院认为,监事会或者监事依据《公司法》第一百五十一条第一款规定提起诉讼,应当列公司为原告,且必须经过法定的前置程序,即只有在符合条件的股东以书面方式请求其向法院提起诉讼后,监事会或者监事方可代表公司提起诉讼。起诉人未提供润欣公司的股东向其书面请求提起诉讼的证据材料,不符合监事代表公司提起诉讼的前置条件。在“挽鞑媒体设备有限公司与金丽萍损害公司利益责任纠纷案”③中,浙江嘉善法院以“根据《中华人民共和国公司法》第一百五十二条④的规定,不设监事会的有限责任公司监事代表公司进行诉讼应以有限责任公司的股东向该监事提出书面请求为前提条件,而原告起诉时未提供相关股东的书面请求;此外,杜云毛并非原告公司股东,在无公司股东书面请求的情况下,其不能代表公司向人民法院提起诉讼”为由驳回原告的起诉。另有部分法院则持监事作为诉讼代表人以公司为原告提起损害公司利益责任之诉不需要履行前置程序的观点,比如在“石杭华、福建邦美特建材科技有限公司损害公司利益责任纠纷案”⑤中,一审法院认为“公司法第一百五十一条对股东代表诉讼规定了前置程序,但未规定监事作为诉讼代表人以公司为原告提起损害公司利益责任之诉需要履行前置程序,更未规定对损害公司利益责任的行为需要先行召开股东会来解决。况且,石杭华、王运蕾均确认在王运蕾起诉之前有召开股东会,但未就案涉事项达成股东会决议。在本案审理过程中,邦美特公司的全部股东均是本案的当事人,但股东们并未能协商解决案涉事项。因此,石杭华关于王运蕾代表邦美特公司提起本案诉讼应

① 参见陈秋荣:《监事代表诉讼理论及实践——兼评最高法院〈公司法〉规定(征求意见稿)第47条》,载《法律适用》2011年第7期。

② 参见浙江省海宁市人民法院(2018)浙0481民初10514号民事裁定书。

③ 参见浙江省嘉善县人民法院(2018)浙0421民初1807号民事裁定书。

④ 现行《公司法》第一百五十一条。

⑤ 参见福建省厦门市集美区人民法院2017闽0211民初1611号民事判决书;福建省厦门市中级人民法院(2018)闽02民终5292号民事判决书。

先履行前置程序或先行召开股东会解决的抗辩主张，缺乏事实及法律依据，不予采信”。二审中，福建厦门中院法院亦认可了该观点。

本书更倾向于前一种观点，即必须经满足特定条件的股东的书面请求后，监事（会）才有权代表公司进行诉讼。本书认为，监事会、监事依据股东会、股东的授权和选任行使其内部监督职能，保障公司利益和股东利益。《公司法》已明确规定了监事行使其内部监督职能的方式，但其中并未包括其可以自行代表公司进行诉讼的权利，另外，监事（会）作为内部监督机构，若可以不加限制地代表公司进行诉讼，则打破了公司内部管理和监督的平衡，也容易对公司的经营造成过多的干预，不利于公司的发展。若监事发现董事存在损害公司利益的行为，可以通过提议召开股东会或者其他方式向股东进行汇报，由股东自主决定处理方式，若有股东书面请求监事进行诉讼的，则此时监事有权发起代表诉讼；若没有任何股东提出书面请求的，即说明没有股东认可采用代表诉讼的方式追究董事的责任，此时监事无权超越股东的授权和意愿而发起代表诉讼。

在实践中，也存在公司的监事同时也是公司股东的情形，此时，是否仍然需要满足股东向监事提交书面请求的前置程序要求后，监事才有权提起代表诉讼呢？

案例·1　– 典型案例 –

公司唯一监事与股东为同一人，监事发起代表诉讼无须前置程序

——普恩瑞电力公司与王磊、普恩瑞信息公司损害公司利益责任纠纷上诉案①

上诉人（一审原告）：普恩瑞电力公司。

被上诉人（一审被告）：王磊、普恩瑞信息公司。

丁凌云和王磊为普恩瑞电力公司的股东，分别持股29%和32%。同时，丁凌云为普恩瑞电力公司唯一的监事，王磊担任执行董事及经理。2017年8月21日，普恩瑞电力公司向法院递交起诉状，认为王磊未经公司及其他股东同意的情况下，利用掌管普恩瑞电力公司公章、营业执照的便利在珠海投资设立与普恩瑞电力公司名称、经营范围相近的普恩瑞信息公司，并在该公司担任执行董事、经理及法定代表人，损害公司利益。该起诉状未加盖企业法人公章，诉讼代表人丁凌云也未提交

① 参见广东省珠海市香洲区人民法院（2017）粤0402民初8300号民事裁定书；广东省珠海市中级人民（2017）粤04民终2588号民事裁定书。

授权委托书原件。

广东珠海香洲法院一审裁定对普恩瑞电力公司的起诉不予受理。普恩瑞电力公司不服提起上诉。广东珠海中院撤销一审民事裁定，指令广东珠海香洲法院立案受理。

二审法院认为，公司监事会或者监事履行法定职责代表公司提起诉讼，应当是公司直接诉讼，应列公司为原告，若出现实际控制、管理公司的其他股东或者高级管理人员亦实际控制了公司的印章情形，代表公司诉讼的监事会或者不设监事会的有限责任公司的监事符合主体要求即可，而无须要求公司在起诉状中加盖公章。在本案中，丁凌云既是普恩瑞电力公司股东，也是该公司的监事，根据《公司法》第一百五十一条第一款"董事、高级管理人员有本法第一百四十九条规定的情形的，有限责任公司的股东、股份有限公司连续一百八十日以上单独或者合计持有公司百分之一以上股份的股东，可以书面请求监事会或者不设监事会的有限责任公司的监事向人民法院提起诉讼"的规定，其作为监事不存在拒绝提起诉讼的情形。因此，二审法院撤销原审法院不予受理的民事裁定，指令原审法院对本案立案受理。

本书认为，尽管此案二审法院的认定中仅仅提到了"其作为监事不存在拒绝提起诉讼的情形"，但鉴于股东与监事为同一人，具有唯一意志，其作为股东身份有权向监事发出书面请求，同时，作为唯一监事也有权决定进行代表诉讼，因此，当其发起监事代表诉讼时已包含了其以股东身份发出书面请求的意志，所以法院认为已满足监事代表诉讼的起诉条件，即豁免了相应的前置程序。不过，本案的特殊点在于该监事是公司的唯一监事，其有权直接决定是否进行代表诉讼，但若公司设有监事会，则决定是否发起监事代表诉讼应经过监事会的讨论和决议，在章程无特殊规定的情况下应经过半数以上监事通过，此时即使有监事会成员同时也是股东的，也不能因此而豁免前置程序，仍应通过书面请求的方式向监事会提出并由监事会讨论并作出决议后方能启动监事代表诉讼。

三、损害公司利益责任纠纷的诉讼方式——股东代表诉讼

（一）制度意旨

在实践中，由于损害公司利益责任纠纷中损害公司利益的行为人往往是公司的实际控制人或者对公司产生重大影响的一方，其有权决定或者影响公司是否对行为人提起诉讼，比如在行为人本身就是控股股东的情况下，董事会或者执行董事很可能会因受到他人的支配和操控而怠于或放弃追究行为人责任，在这种情况下，

公司的合法权益就很难得到保障。因此,《公司法》第一百五十一条规定,公司的股东在董事会或执行董事、监事会或不设监事会的有限责任公司的监事对于损害公司利益的行为采取不作为的态度或者情况紧急的情况时,公司股东有权为了公司的利益以自己的名义提起股东代表诉讼,追究损害方的赔偿责任。(见图9-1)

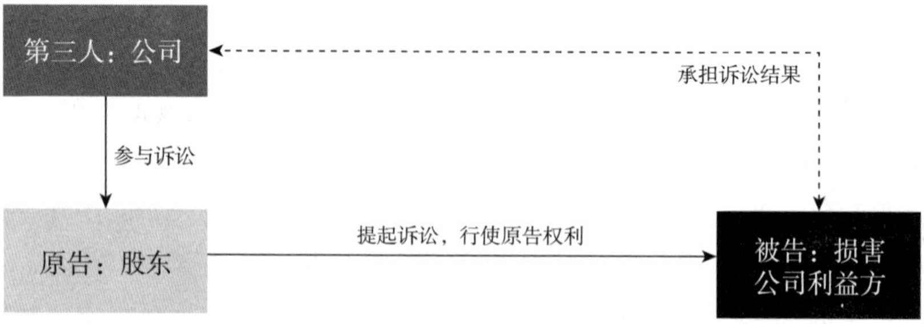

图9-1　股东代表诉讼

案例·2　-最高人民法院案例-

股东可发起股东代表诉讼向损害公司利益方主张赔偿责任

——林沃俤、明鹏公司与林振瑞损害公司利益责任纠纷再审案①

再审申请人(一审被告、二审上诉人):林沃俤。

再审申请人(一审第三人、二审上诉人):明鹏公司、徐飞燕。

再审被申请人(一审原告、二审被上诉人):林振瑞。

原审第三人:天威公司、比昂公司。

2005年6月29日,天威公司注册登记设立,注册资本金为1000万元。至2014年3月26日,天威公司股东变更为林振瑞、黄依明,各持天威公司50%股权,法定代表人林振瑞,董事会成员为林振瑞、黄依明和林沃俤,公司监事为方良根。林沃俤在担任天威公司执行董事期间,从天威公司账户向其个人、明鹏公司、徐飞燕、比昂公司账户转移多笔款项。2017年10月,林振瑞将《关于公司监事依法履行监事职责之请求书》交给天威公司监事方根良,因方根良未签字,又通过邮政EMS特快专递的方式邮寄给方良根,方良根于2017年11月25日签收。2017年12月6日,林振

① 参见黑龙江省哈尔滨市中级人民法院(2017)黑01民初836号民事判决书;黑龙江省高级人民法院(2018)黑民终509号民事判决书;最高人民法院(2019)最高法民申1407号民事判决书。

瑞向一审法院提起股东代表诉讼。

一审、二审法院均支持林振瑞作为持有天威公司股东，有权在履行前置程序之后提起诉讼。林沃佛、明鹏公司、徐飞燕不服二审判决，提出再审申请。最高人民法院最终裁定驳回再审申请。

一审、二审以及再审法院均认可了林振瑞作为天威公司股东，在满足了《公司法》第一百五十一条规定的条件后，有权为了公司的利益以自己的名义直接向人民法院提起诉讼。

此类股东代表诉讼，有别于公司直接提起诉讼，是由满足法定条件的股东作为原告主体，而将公司列为第三人进行诉讼，并且最终胜诉利益归属于公司而非作为原告的股东。作为一种特殊的诉讼方式，《公司法》也进行了特别的规定。

（二）适格原告主体

当公司利益受到损害时，股东享有的股东权利也同时间接地受损，正是由于股东与公司之间这种紧密关联，形成了股东代表诉讼的基础。而股东在公司享有的股东资格是股东身份的象征，是股东行使股东权利、承担股东义务的基础。故原告只有在拥有股东身份的前提下，才能享有股东权利，才能依法通过股东代表的方式提起损害公司利益之诉。

尽管股东代表诉讼提供了一种全新的保护公司利益的方式，并且在实践中成为一种对中小投资者的保护措施，但若任何股东都可以不加限制地随意提起无益的诉讼，将会严重影响公司的正常经营。因此，对股东的原告主体资格作出相应的限制是有必要的，我国《公司法》第一百五十一条对股东代表诉讼的原告资格进行了限制：(1)有限责任公司的股东；(2)股份有限公司连续一百八十日以上单独或者合计持有公司百分之一以上股份的股东。本书进一步就股东的原告资格可能涉及的问题进一步展开：

1. 持股比例与持股时间存在限制

为了避免股份有限公司中的少量股东滥用诉权，提起无益诉讼影响公司的正常经营，《公司法》规定了股份有限公司连续一百八十日以上单独或者合计持有公司百分之一以上股份的股东才有权提起股东代表诉讼。《公司法司法解释(一)》(2014 年修正)第四条规定了公司法第一百五十一条规定的一百八十日以上连续持股期间，应为股东向人民法院提起诉讼时，已期满的持股时间；规定的合计持有公司百分之一以上股份，是指两个以上股东持股份额的合计。

由于股份有限公司的股东持有的股份数量因流通市场的缘故变化较为频繁，

对于“连续一百八十日以上单独持有公司百分之一以上股份”相对较为容易理解和认定，即在单个股东向人民法院提起诉讼时，其应持有公司百分之一以上的股份，且持有公司百分之一以上股份的持股时间应在连续一百八十日以上。但对于“连续一百八十日以上合计持有公司百分之一以上股份”的认定则容易产生歧义，本书认为，合计持有公司百分之一以上股份的股东在提起股东代表诉讼时应同时满足：(1)各股东在起诉之时均为该公司的股东身份；(2)合计持有公司百分之一以上股份的持股时间已连续一百八十日以上；(3)各股东分别持有公司股份的时间也已连续一百八十日以上。

2. 股东身份取得时间可晚于不法行为发生

原告股东是否有权对其成为公司股东之前的相关损害公司利益行为提起股东代表之诉？对该问题，司法实践中也有所争议，部分意见认为若允许股东对其成为股东之前的不法行为提起股东代表诉讼的，则会出现刻意购买股权提起股东代表诉讼的情况，导致公司经营的混乱，影响正常的市场环境。本书理解，当股东取得股东身份时，即享有了股东权利，与公司形成了紧密关联，若在其成为股东之前发生的损害公司利益的行为已实质给公司造成损失的，则同样间接地损害了该股东的股东权利，股东理应有权提起股东代表诉讼，且考虑到胜诉利益归于公司，这也更有利于公司利益的保护。同时，《公司法》已对于原告股东资格进行了限制，由于有限责任公司的人合性保护以及股份有限公司股东的持股比例以及持股时间的限制，要实现购买股权发起股东代表诉讼的难度较高，若再进一步增加对原告主体资格的限制，则会严重影响股东的起诉权利，阻碍股东代表诉讼制度的实际适用，违背了设置股东代表诉讼制度的初心。而在《九民纪要》中对该问题明确了意见：股东提起股东代表诉讼，被告以行为发生时原告尚未成为公司股东为由抗辩该股东不是适格原告的，人民法院不予支持。

3. 发起代表诉讼的股东之外的其他股东有权追加为共同原告

在实践中，考虑到股东代表诉讼中的原告股东未必能代表其他股东的利益，若原告股东提起股东代表诉讼，却与被告串通导致败诉，将很可能会损害到公司以及其他股东的利益，而根据一事不再理的原则，其他股东和公司便无法就同一诉讼标的再行提起诉讼，这无疑对其他股东以及公司利益的保护造成了阻碍。《公司法司法解释(四)》第二十四条第二款规定了：一审法庭辩论终结前，符合公司法第一百五十一条第一款规定条件的其他股东，以相同的诉讼请求申请参加诉讼的，应当列为共同原告。这赋予了其他股东在一审辩论终结前以原告身份参加诉讼的权利，不仅有利于案件的审理和查明，也能更好地保护公司以及其他股东的权益，降低原告股东与被告串通败诉的风险，同时，申请参加诉讼的时间点定于一审法庭辩论终结前，也可有效避免其他股东以参加诉讼方式拖延诉讼进程的风险。在“胡添奕、刘锐与张强、淮河水利公司损害公司利益责任纠纷上诉案”①中，法院认为，股东胡添奕请求监事刘锐提起诉讼，但监事刘锐并未在法律规定的时间内提起诉讼，故胡添奕、刘锐提起本案诉讼，符合相关规定。刘锐作为淮河水利公司的股东，根据公司法司法解释的相关规定，刘锐申请参与诉讼的，应追加刘锐参与诉讼。

4. 诉讼期间原告资格的丧失与继受

由于《公司法》对于原告股东的资格进行了明确的规定，满足原告股东的资格条件是原告股东与公司之间存在紧密关联的体现，也是原告股东能够代表公司进行股东代表诉讼的基础，若诉讼期间，有限责任公司的股东失去股东身份或者股份有限公司股东转让股份导致剩余股份不足合计持股的百分之一要求的，则原告股东丧失了其代表性，也就丧失了在该案中继续以股东身份进行代表诉讼的资格。

但随之而来的另一个问题是继受股东地位的人可否继受代表诉讼的原告资格。本书认为，根据公司类型的不同而有所区别。在股份有限公司中，股东只有连续持股 180 日以上才具有代表诉讼的原告资格，而继受股东的持股时间应从受让股份之时开始计算，那么，在股东代表诉讼进行过程中继受股东地位的人当然不具有原告资格；而在有限责任公司中，只要是股东都具有代表诉讼原告资格，受让公司股份的人因受让行为而具有了股东身份，也就当然地具备了代表诉讼的原告资格。

案例·3　－最高人民法院案例－

诉讼期间原告失去股东资格的，无权提起股东代表诉讼

——上海高金合伙企业与许建荣、谢兴楠等损害公司利益责任纠纷再审案②

再审申请人（一审原告、二审上诉人）：上海高金合伙企业。

再审被申请人（一审被告、二审被上诉人）：许建荣、谢兴楠等。

一审第三人：华东有色公司。

2007 年 4 月 26 日，华东地勘局设立华东有色公司，注册资本为 7000 万元。

① 参见江苏省淮安市中级人民法院(2019)苏 08 民终 1325 号民事判决书。

② 参见江苏省高级人民法院(2014)苏商初字第 7 号民事裁定书；最高人民法院(2014)民一终字第 295 号民事裁定书；最高人民法院(2015)民申字第 2204 号民事裁定书。

2013年1月17日，华东地勘局、苏州合伙企业（现名上海高金合伙企业）、云峰公司、中静公司共同签订增资协议约定：华东有色公司增资至12亿元，苏州合伙企业及另两公司成为该公司新股东，增资款分三期进行缴纳。后因苏州合伙企业未能在约定缴纳时限内缴纳第三期增资款，华东有色公司于2014年5月28日形成股东会决议以减少注册资本的形式解除苏州合伙企业股东资格。华东有色公司已申请办理工商变更登记手续。2014年4月22日，上海高金合伙企业向江苏高院起诉称：公司高级管理人、监事会成员许建荣、谢兴楠等人伙同华东有色公司绕开公司董事会，滥用职权处分控股子公司全球公司投资事宜，致华东有色公司丧失对全球公司的控制，给该公司造成重大经济损失，因此请求法院判令许建荣、谢兴楠等连带向华东有色公司赔偿19,597.62万元。

江苏高院一审认为上海高金合伙企业不具备股东身份，裁定驳回起诉。上海高金合伙企业不服提起上诉。最高人民法院二审裁定驳回上诉，维持原裁定。上海高金合伙企业不服二审裁定申请再审。最高人民法院最终驳回其再审申请。

最高人民法院再审认为，关于上海高金合伙企业股东资格问题。依据一审查明的事实，在案件审理过程中，华东有色公司股东会根据增资协议约定，在上海高金合伙企业未按增资协议约定缴纳第三期增资款，经过两次函告仍未缴纳的情况下，于2014年5月28日召开股东会年度会议并作出决议，以减少注册资本的形式解除了上海高金合伙企业的股东资格。根据《公司法》及相关司法解释规定，有限责任公司的股东会有权以股东会决议形式解除股东资格。华东有色公司股东会年度会议关于解除上海高金合伙企业股东资格的决议已经生效。依照《公司法》第二十二条的规定，股东可以提起确认股东会决议无效之诉。然而，截至一审裁定作出时，上海高金合伙企业并没有依法提起申请撤销股东会决议诉讼或申请确认股东会决议无效诉讼。因此，一审认定上海高金合伙企业在本案中丧失了股东资格，无权提起股东代表诉讼，裁定驳回起诉，有事实和法律依据。

（三）前置程序

股东代表诉讼制度是为了防止董事、监事、高级管理人员履职不尽职，损害公司利益的重要措施，也是对小股东的一种保护措施，但如果股东可以不加限制地滥用诉权，将会导致公司面临大量的诉讼纷扰，日常的经营受到严重影响；另外，由于股东代表诉讼中，股东是为公司利益而提起诉讼，最终的诉讼结果归属于公司，故在提起股东代表诉讼之前，最大限度地利用公司自身的资源，即“穷尽内部救济原则”，先向公司发出请求，由公司决定是否提起诉讼。综上所述，在限制原告股东资格的同时设置股东代表诉讼的前置程序是必不可少的。

1. 穷尽内部救济原则

《公司法》第一百五十一条规定：董事、高级管理人员有本法第一百四十九条规定的情形的，有限责任公司的股东、股份有限公司连续一百八十日以上单独或者合计持有公司百分之一以上股份的股东，可以书面请求监事会或者不设监事会的有限责任公司的监事向人民法院提起诉讼；监事有本法第一百四十九条规定的情形的，前述股东可以书面请求董事会或者不设董事会的有限责任公司的执行董事向人民法院提起诉讼。监事会、不设监事会的有限责任公司的监事，或者董事会、执行董事收到前款规定的股东书面请求后拒绝提起诉讼，或者自收到请求之日起三十日内未提起诉讼，或者情况紧急、不立即提起诉讼将会使公司利益受到难以弥补的损害的，前款规定的股东有权为了公司的利益以自己的名义直接向人民法院提起诉讼。他人侵犯公司合法权益，给公司造成损失的，本条第一款规定的股东可以依照前两款的规定向人民法院提起诉讼。根据该规定，股东在提起代表诉讼之前，应先书面请求董事会或执行董事、监事会或者不设监事会的有限责任公司的监事向法院提起诉讼，该前置程序是股东代表诉讼“穷尽内部救济原则”的体现，具有重要作用，一方面可以充分利用公司内部监督机制，给予公司最后的考虑机会，衡量各方面情况，综合判断是否提起诉讼；另一方面可以促使股东慎重考虑，防止股东滥用诉权，过滤无价值的诉讼。

2. 前置程序的豁免

尽管前置程序的设置可以充分利用公司的内部监督机制并进一步避免股东滥用诉权的情况，但若在司法实践中不考虑案件具体情况而僵化适用前置程序，将会在许多特殊情形下造成股东的诉讼障碍，对股东和公司维护合法权益带来消极影响，故实践中也存在可以豁免前置程序而直接提起股东代表诉讼的特殊情形：

(1)情况紧急

《公司法》第一百五十一条中规定，当情况紧急、不立即提起诉讼将会使公司利益受到难以弥补的损害时，股东可直接提起股东代表诉讼。但目前尚无相关法律法规明确何种情形、何种程度属于“紧急情况，不立即诉讼将会使公司利益受到难以弥补损害”，在司法实践中，各法院一般会根据个案的具体情形来认定是否满足可以豁免前置程序的紧急情况。

案例·4 – 最高人民法院案例 –

侵害行为可能诱发群体性事件的构成紧急情况

——崔锡斌、众杰公司与陆健生、包晓明股权转让纠纷再审案①

再审申请人(一审被告、二审上诉人):崔锡斌、众杰公司。

再审被申请人(一审原告、二审被上诉人):陆健生、包晓明。

苏润实业集团公司原为天电公司的前身天生港发电厂的三产企业,其股东为该厂的职工持股会。后因国家政策调整,天生港发电厂发动职工募集资金成立众杰信托资金,并以此资金于2003年11月19日设立了注册资本为5000万元的众杰公司。后众杰公司于2003年12月8日与职工持股会签订股权转让协议,将职工持股会持有的苏润实业集团公司股权转让给众杰公司,众杰公司成为苏润实业集团公司的股东。后众杰信托资金改名为苏润信托资金。包晓明、陆健生经苏润信托资金管理委员会指定成为众杰公司的股东,代表苏润信托资金的广大投资人拥有股东身份。2017年,包晓明、陆健生作为众杰公司股东向法院起诉称众杰公司董事、高级管理人员与众杰公司串通,恶意低价转让众杰公司持有的苏润实业集团公司股权,损害众杰公司利益,请求法院判决案涉股权转让合同无效。

一审、二审、再审法院均认为本案属于存在"紧急情况",可以豁免股东代表诉讼的前置程序。(见图9-2)

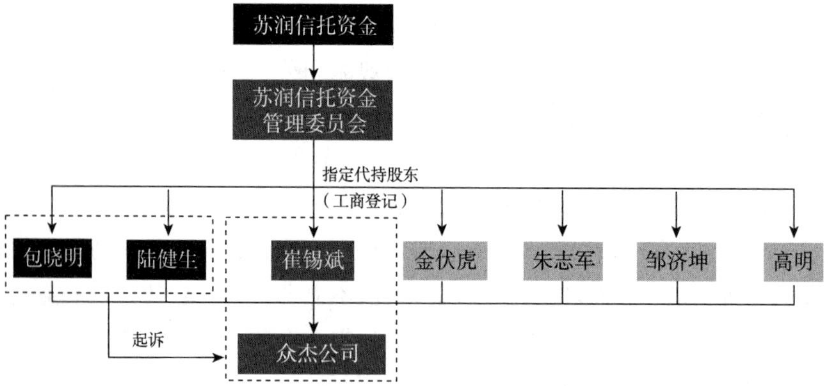

图9-2 崔锡斌、众杰公司与陆健生、包晓明股权转让纠纷再审案

① 参见江苏省南通市中级人民法院(2015)通中商初字第00062号民事判决书;江苏省高级人民法院(2017)苏民终958号民事判决书;最高人民法院(2019)最高法民申616号民事裁定书。

一审法院认为，包晓明、陆健生系经苏润信托资金管理委员会指定代持众杰公司股份，本案中，包晓明、陆健生虽未举证证明其履行了前置程序，但在众杰公司将其对苏润实业集团公司持有的股权非法转让而使实际出资人即广大天电公司职工利益受到极大损害，天电公司职工群情激愤，可能诱发群体性事件的紧急情况下，包晓明、陆健生有权作为本案原告提起诉讼，其诉讼主体适格。

二审法院认为，本案以下事实符合公司法关于股东代表诉讼以及情况紧急情形的规定，即一审原告的诉讼请求是确认崔锡斌与众杰公司在 2011 年 3 月 7 日签订的众杰公司向崔锡斌转让其所持有的苏润实业集团公司股权的《股权转让合同》无效，其中崔锡斌是众杰公司的登记股东，结合苏润信托资金出资人，即天电公司广大职工 2013 年 7 月 25 日"关于要求收回投资权益等相关诉求的通知"、2013 年 7 月 26 日苏润信托资金出资人代表大会通过的《关于收回上海众杰投资有限公司持有的苏润实业集团公司等单位全部股权的议案》等决议的主张，即便从公司法角度分析，代持股东包晓明、陆健生提起本案诉讼亦属于情况紧急，符合《公司法》关于"股东有权为了公司的利益以自己的名义直接向人民法院提起诉讼"规定的情形。

最高人民法院再审认为，2013 年 7 月 25 日、26 日，苏润信托资金的众多出资人即通过联名信、召开出资人代表大会等的方式表达了对包括涉案股权转让合同在内的股权变动的强烈不满意见。在此情况下，一、二审法院认定陆健生、包晓明以众杰公司股东身份提起本案诉讼符合《公司法》第一百五十一条规定的紧急情况之要件并无不当。

(2)履行前置程序确有困难或已无可能

对于尚不属于情况紧急，但股东寻求内部救济不可能达到目的或者履行前置程序确有困难的情况如果仍然僵化适用前置程序也会给股东制造诉讼障碍，不利于公司利益以及股东权利的保护，故同样存在前置程序豁免的必要。根据《九民纪要》的规定，若股东向公司有关机关提出书面申请之时已不存在公司有关机关提起诉讼的可能性的，可豁免股东的前置程序履行义务。其中，包括但不限于以下具体情形：

①公司机关不存在或者因公司陷入经营僵局之中，相应的公司机关或者有关人员已不在其位或不司其职，股东无从提起请求的情形。例如，公司治理结构不完整，未设监事会或者监事；在清算程序中，清算组已实际接管公司并具体行使公司机关的各项职权等。

②股东准备起诉董事或者高级管理人员，按照前置程序要求本应先书面请求公司监事会或者监事以公司名义起诉，但如果该董事与监事受到同一名股东或者

实际控制人的控制，则监事根本不可能起诉该董事。

③若根据前置程序要求应先书面请求的董事或者监事本身即为被告。

④董事会多数成员或者执行董事本身与他人损害公司利益的行为有利害关系。

⑤虽然董事会成员或者执行董事本人与所诉的损害公司利益行为不存在利害关系，但却可能受到与行为有关的利害关系人的控制而失去其独立性，也可能被豁免前置程序。①

同时要注意的是，因履行前置程序是股东提起代表诉讼的前提，故对于是否存在豁免前置程序的情形，应当由原告股东承担举证责任。并且，判断公司有关机关是否存在提起诉讼可能性时，以股东应当向公司有关机关提出书面申请之时为时间点。若股东在起诉前存在豁免前置程序的情形，且已提起代表诉讼之后，该等可豁免前置程序的情形又消失的，也不能因此导致股东代表诉讼被驳回起诉。

案例·5 –最高人民法院案例–

股东向公司有关机关提出书面申请时已不存在公司有关机关提起诉讼的可能性，无须履行相应前置程序

——周长春与庄士公司、李世慰、彭振傑损害公司利益责任纠纷上诉案②

上诉人（原审原告）：周长春。

被上诉人（原审被告）：庄士公司、李世慰、彭振傑。

原审第三人：汉业公司。

汉业公司系2002年注册成立，注册资本为1000万元，股东为周长春、范小汉（两人系夫妻）。2004年经政府批准，汉业公司变更为有限责任公司（台港澳与境内合资），注册资本增加至人民币2500万元。其中，周长春出资人民币250万元，持股比例10%；新时代公司出资人民币2250万元，持股比例90%。汉业公司董事会由李世慰（董事长）、彭振傑、庄学农、李美心、周长春组成。2017年，周长春代表汉业公司起诉，主张被告庄士公司、李世慰、彭振傑作为第三人汉业公司的实际控制人

---

① 参见最高人民法院民事审判第二庭编著：《全国法院民商事审判工作会议纪要理解与适用》，人民法院出版社2019年版，第211～213页。

② 参见湖南省高级人民法院（2017）湘民初18号民事裁定书；最高人民法院（2019）最高法民终1679号民事裁定书。

和高级管理人员,利用关联关系和管理人地位,实施损害汉业公司财产及其他利益的行为,因此应承担赔偿责任。法院另查明,庄士公司2004年至2017年财政年度业绩报告载明,李美心、彭振傑、李世慰系公司董事,庄学农系高层管理人员。

湖南高院一审裁定驳回周长春的起诉。周长春不服提起上诉。最高人民法院二审认为一审裁定驳回起诉不当,应予纠正,因而撤销湖南高院一审裁定,指令湖南高院审理。(见图9-3)

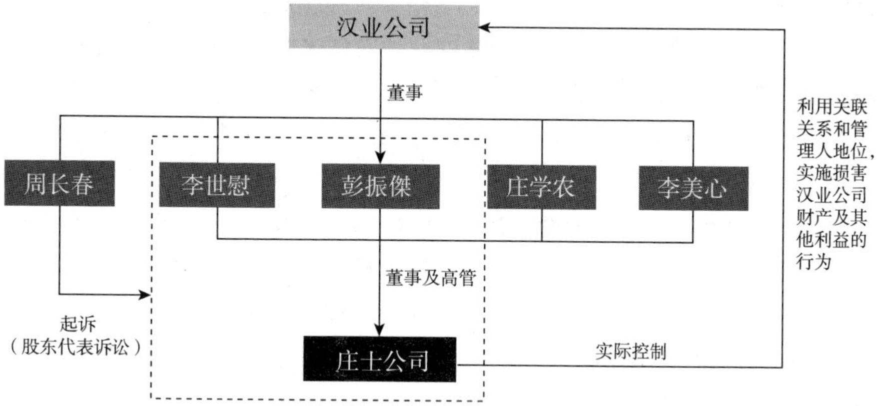

图9-3 周长春与庄士公司、李世慰、彭振傑损害公司利益责任纠纷上诉案

最高人民法院认为,根据《公司法》第一百五十一条的规定,股东先书面请求公司有关机关向人民法院提起诉讼,是股东提起代表诉讼的前置程序。一般情况下,股东没有履行前置程序的,应当驳回起诉。但是,该项前置程序针对的是公司治理的一般情况,即在股东向公司有关机关提出书面申请之时,存在公司有关机关提起诉讼的可能性。如果不存在这种可能性,则不应当以原告未履行前置程序为由驳回起诉。在本案中,其一,根据《公司法》第一百五十一条的规定,周长春以李世慰、彭振傑两名公司董事为被告提起股东代表诉讼,应当先书面请求公司监事会或者监事提起诉讼。但是,在二审询问中,汉业公司明确表示该公司没有工商登记的监事和监事会,本案证据亦无法证明汉业公司设立了监事会或监事,周长春对该公司董事李世慰、彭振傑提起股东代表诉讼的前置程序客观上无法完成。其二,《公司法》第一百五十一条第三款规定,因汉业公司未设监事会或者监事,周长春针对庄士公司提起代表诉讼的前置程序应当向湖南汉业公司董事会提出,但是,根据查明的事实,在汉业公司董事会中,除周长春以外,其他四名董事会成员均为庄士公司董事或高层管理人员,与庄士公司具有利害关系,基本不存在汉业公司董事会对庄士公司提起诉讼的可能性,因此再要求周长春完成对庄士公司提起股东代表诉讼的前置程序已无必要。综合以上情况，最高人民法院认定，周长春主张可以不经股东代表诉讼前置程序直接提起本案诉讼的上诉理由成立，一审裁定驳回起诉不当，应予纠正。

（四）其他程序问题

1. 能够通过公司直接诉讼等方式保护公司利益的则无权提起

股东代表诉讼制度的设置基础在于股东本没有诉权而公司又怠于行使诉权或者因情况紧急可能损害公司利益时，赋予股东代表公司提起诉讼的权利，一般是在股东穷尽救济途径的情形下提供给股东的一种救济途径。如果提起诉讼的原告股东事实上能够直接通过公司提起诉讼，如一人有限责任公司的股东对公司具有绝对控制，可以通过公司名义提起直接诉讼的，或者原告股东存在其他的救济途径，如股东出资纠纷中股东和公司均可直接诉讼，此时应无权再提起股东代表诉讼，否则将有悖股东代表诉讼制度的设置意图。比如“利高有限公司与辛洁、陕西华建塑胶制品有限公司股东代表诉讼纠纷案”①中，陕西高院认为利高公司是陕西华建公司的控股股东，两公司的法定代表人都是李锐胜一人，在客观上也不存在以公司名义提起诉讼的障碍，并驳回上诉，维持了一审法院咸阳中院驳回起诉的裁定，而在再审环节，最高人民法院亦认可了陕西高院的观点并驳回了利高公司的再审申请。而在“丁健生诉石雪娟损害股东利益责任纠纷案”②中，义乌法院认为，股东代表诉讼行使的前提是公司组织机构在股东要求后拒绝向侵权人主张权利，也就是在公司内部自治组织失灵的情况下，符合一定条件的股东方能行使。而原告系聚义公司的唯一股东，完全可以行使股东权利，让聚义公司直接向侵权人主张权利，故该案不符合股东代表诉讼的条件，原告的主体不适格。

案例·6　－最高人民法院案例－

股东能够通过其他直接起诉的途径获得救济的，则不应提起代表诉讼

——（株）圃木园控股与福生公司、张小宝公司股东出资纠纷再审案③

再审申请人（一审被告、二审上诉人）：（株）圃木园控股。

① 参见陕西省咸阳市中级人民法院（2012）咸民初字第00124号民事裁定书；陕西省高级人民法院（2013）陕民三终字第00012号民事裁定书；最高人民法院（2013）民申字第2361号民事裁定书。

② 参见浙江省义乌市人民法院（2015）金义商初字第3510号民事裁定书。

③ 参见最高人民法院（2014）民提字第170号民事裁定书。

再审被申请人(一审原告、二审被上诉人):福生公司、张小宝公司。

一审第三人:圃园福生公司。

2008年11月17日,福生公司、张小宝与(株)圃木园控股共同出资设立了圃园福生公司,注册资本2200万美元,(株)圃木园控股持股51%,应出资1122万美元,现(株)圃木园控股尚有220万美元未完全出资。福生公司、张小宝以公章被(株)圃木园控股违规持有,无法履行诉讼前置程序为由,向法院直接提起股东代表诉讼,请求判令:(株)圃木园控股履行出资220万美元的义务,并赔偿圃园福生公司经济损失。

上海二中院一审判决支持原告诉讼请求。(株)圃木园控股不服提起上诉。上海高院二审判决驳回上诉、维持原判。(株)圃木园控股不服申请再审。最终最高人民法院裁定撤销一审、二审法院判决,驳回原告起诉。

一审、二审法院认为,圃园福生公司公章由(株)圃木园控股方持有,福生公司、张小宝公司、(株)圃木园控股及圃园福生公司之间同时期存在多起诉讼及仲裁案件,福生公司、张小宝公司仅共同持有圃园福生公49%的股权,7人董事会中也仅占3席、监事会仅占1席,在这种情况下要求原告先行请求公司董事会或监事会对(株)圃木园控股提起诉讼已无实质意义,其直接提起股东代表诉讼属合理。

最高人民法院认为,股东代表诉讼虽然符合《公司法》第一百五十一条第三款规定的情形,即“他人侵犯公司合法权益,给公司造成损失的,本条第一款规定的股东可以依照前两款的规定向人民法院提起诉讼”。但对于其中的“他人”应当作狭义解释,即只有在不能通过其他途径获得救济的情况下,才能适用股东代表诉讼获得救济。股东代表诉讼制度的设置基础在于股东本没有诉权而公司又怠于行使诉权或者因情况紧急可能损害公司利益时,赋予股东代表公司提起诉讼的权利。当股东能够通过自身起诉的途径获得救济时,则不应提起代表诉讼,否则将有悖股东代表诉讼制度的设置意图。福生公司、张小宝公司作为股东本身即享有诉权,而通过股东代表诉讼起诉的后果,则剥夺了另一方股东(株)圃木园控股反诉福生公司、张小宝公司履行出资义务的诉讼权利,因为其无法针对合资公司提起反诉,由此造成股东之间诉讼权利的不平等。因此,福生公司、张小宝公司无权提起本案股东代表诉讼,其起诉应予驳回。

本书认为,这是一个较为典型的股东有权提起股东直接诉讼但却提起股东代表诉讼的案例,在案件审理中,最高人民法院对于股东代表诉讼制度的立法目的以及发起条件均作出了较为明确的认定,即只有在不能通过其他途径获得救济的情况下,才能适用股东代表诉讼获得救济。尽管本案的案由为股东出资纠纷,但最高人民法院的前述认定仍然对于损害公司利益责任纠纷中股东代表诉讼发起条件的审理和认定具有极强的参考价值和指导意义。

2. 除特定情形不能提起反诉

根据《民事诉讼法司法解释》第二百三十三条的规定,反诉的当事人应当限于本诉的当事人的范围。反诉与本诉的诉讼请求基于相同法律关系、诉讼请求之间具有因果关系,或者反诉与本诉的诉讼请求基于相同事实的,人民法院应当合并审理。因此,在股东代表诉讼中,若作为侵权方的被告欲提出反诉,则只能针对原告即提起股东代表诉讼的公司股东提出,但公司股东仅是形式上的原告,行使的实质上是公司的诉权,主张的是侵权行为方对公司的赔偿责任。然而,原告本身并未参与到公司与被告的损害纠纷之中,故被告无法以公司在纠纷中存在侵权或者违约行为并应承担相应的责任为由向原告提起反诉,也无法达到抵消其与公司之间权利义务关系的目的,不符合反诉的要件,故在传统的股东代表诉讼制度中是禁止反诉的。

在实践中,就股东代表诉讼的被告能否提起反诉,在我国的理论界和司法界也一直存在争议。近期,《九民纪要》就该问题明确了意见"提起股东代表诉讼后,被告以原告股东恶意起诉侵犯其合法权益为由提起反诉的,人民法院应予受理。被告以公司在案涉纠纷中应当承担侵权或者违约等责任为由对公司提出的反诉,因不符合反诉的要件,人民法院应当裁定不予受理;已经受理的,裁定驳回起诉"。

案例·7 – 典型案例 –

被告向第三人公司提起反诉不予受理

——秦国良与陈根兴损害公司利益责任纠纷上诉案①

上诉人(一审被告、一审反诉原告):秦国良。

被上诉人(一审原告、一审反诉被告):陈根兴。

原审第三人:普宝公司。

普宝公司成立于2001年10月13日,注册资本50万元。陈根兴向上海普陀法院提起股东代表诉讼,请求判令秦国良将非法侵占一审第三人普宝公司的人民币

① 参见上海市普陀区人民法院(2016)沪0107民初1797号民事裁定书;上海市第二中级人民法院(2016)沪02民终4106号民事裁定书。

2224.22 万元返还给普宝公司。2016 年 1 月 28 日,秦国良提出反诉,以陈根兴控制的关联公司容易公司获得普宝公司名下合作项目收益为由,请求陈根兴将容易公司获得的收益 9,147,934.68 元返还给普宝公司;陈根兴并承担普宝公司亏损 18,749,436.10元。

上海普陀法院一审裁定对秦国良的反诉不予受理。秦国良不服提起上诉。上海二中院二审裁定驳回上诉,维持原裁定。

一审法院认为,首先,反诉的目的旨在通过反诉抵消或者吞并本诉的诉讼请求,或者使本诉的诉讼请求失去意义。具体到本案,反诉的诉请与本诉的诉请之间并不存在抵消或吞并关系,而是并列关系,均请求判令秦国良或陈根兴及案外人容易公司返还系争款项给普宝公司。其次,反诉的当事人应当限于本诉的当事人,即反诉的原告只能是本诉的被告,反诉的被告只能是本诉的原告,无论是提起反诉的主体,抑或反诉的对象,如果超越了本诉当事人的范围,则均不构成反诉,需要另行起诉。据此,法院裁定对秦国良的起诉不予受理。

二审法院认为,一审法院以反诉形成的概念和条件为由,作出秦国良在本案一审审理过程中提出的反诉不符合相应法律规定而不予受理的裁定,有相应的事实和法律依据,故予以维持。

3. 股东胜诉情形下公司应承担合理的诉讼成本

股东代表诉讼是由股东为了公司利益提起,且最终诉讼利益归于公司的特殊诉讼方式,诉讼成本及费用应由股东还是公司承担?从权利与义务对等的角度,公司既然享有诉讼利益也理应承担诉讼成本,但股东代表诉讼毕竟是由股东发起而非公司提起的,诉讼成本和费用(包括但不限于律师费、调查费、评估费等支出)主要是基于股东的意志产生的,在诉讼成本和费用过高等情形下如果全部由公司来承担,也不甚合理。就该问题,此前也因没有细化的规定而导致在司法处理过程中因缺乏依据而存在争议。

《公司法司法解释(四)》对此规定:股东依据公司法第一百五十一条第二款、第三款规定直接提起诉讼的案件,其诉讼请求部分或者全部得到人民法院支持的,公司应当承担股东因参加诉讼支付的合理费用。根据《公司法司法解释(四)》中的解释,该条款规定了对原告出于共益目的而支出的合理费用予以补偿的原则,同时坚持保障股东诉权与防止滥诉并重,仅在原告股东胜诉的情况下,由公司承担合理费用。原告股东对公司主张的律师费、调查费、评估费、公证费等与诉讼请求相关的支出,人民法院应审查其合理性。合理费用的分担比例应当根据胜诉比例也就是诉讼请求得到支持的比例确定,属于被告负担的除外。原告在提起股东代表诉讼的同时,请求由公司承担合理诉讼支出的,可以合并审理,也可分开审理,由人民法院根据实际情况决定。①

本书认为,该条款对股东参加诉讼所支付费用限定在合理费用是比较公平的,但并未明确规定当诉讼请求全部未得到人民法院支持的情况下,股东因参加诉讼所支付的费用由谁支付。进一步,若对该条款进行文义解释和推理,股东代表诉讼最终败诉时,公司不承担相关诉讼成本。然,司法实践中诉讼的胜败并不完全由原告的主观意志所决定,也受案件的实际情形以及相关证据等各种因素的影响,若在股东善意的情况下,当部分或者全部诉讼请求未得到法院支持就要由股东来承担相应的诉讼成本,不仅公司的权利和义务没有对等,也会影响到股东提起股东代表诉讼保护公司利益的积极性。因此,就此类情形,司法实践中仍有探索及争鸣的空间,同时有必要出台相应的统一司法意见。

4. 调解协议为公司真实意思表示才能出具调解书予以确认

调解,是指当事人就争议的实体权利和义务在人民法院、人民调解委员会及其他有权组织主持下,自愿进行协商,达成协议、解决纠纷的程序制度。股东代表诉讼本身也属于民事诉讼,故民事主体有权按照自己的意志处分自己的实体权利以及程序权利;但同时,在股东代表诉讼中,因其具有特殊性,原告股东实质上是代表公司行使公司的权利,间接维护自己与其他股东的权益,最终的诉讼利益归属于公司,而非原告股东,所以若不加限制地由原告股东与被告进行和解,则原告股东有权通过调解的方式自行处分公司和其他股东的权益,容易出现原告股东与被告或者公司串通并达成一致侵害公司以及其他股东利益的情况。

对此,《九民纪要》提出了意见,"公司是股东代表诉讼的最终受益人,为避免因原告股东与被告通过调解损害公司利益,人民法院应当审查调解协议是否为公司的意思。只有在调解协议经公司股东(大)会、董事会决议通过后,人民法院才能出具调解书予以确认。至于具体决议机关,取决于公司章程的规定。公司章程没有规定的,人民法院应当认定公司股东(大)会为决议机关",即只有在调解协议经公司股东(大)会、董事会决议通过、调解协议确为公司的真实意思后,人民法院才能出具调解书就调解意见予以确认。该规定明确了股东代表诉讼中当事人可以进行调解,但对比普通的调解,在当事人行使处分权方面进行了限制,防止股东代表诉讼中出现原告股东与被告在调解过程中私下串通,从而损害公司利益的情况,进一步

① 参见杜万华主编,最高人民法院民事审判第二庭编著:《最高人民法院人民法院公司法司法解释(四)理解与适用》,人民法院出版社 2017 年版,第 128 页。

地加强了对公司利益的保护。

案例·8　－最高人民法院公报案例－

调解协议经公司股东一致同意后予以确认

——和信公司、大兴公司与通和置业公司等损害公司权益纠纷上诉案①

上诉人(一审原告):和信公司、大兴公司。

上诉人(一审被告):通和置业公司、广厦公司。

一审被告:富沃公司。

一审第三人:通和控股公司。

通和控股成立于1999年4月30日,注册资本金为68,000万元。和信公司、大兴公司、恒信公司、广厦公司分别出资5000万元、1830万元、34,824万元、12,500万元。2002年6月13日,通和控股与恒信公司设立通和置业公司,分别持股95%和5%。2004年,通和控股公司通过一系列复杂的股权交易运作,将所持通和置业公司股权最终转让给富沃公司。因此,通和控股公司小股东和信公司、大兴公司以通和控股公司怠于依约向通和置业公司收取利润补偿款及利息、富沃公司未依约向通和控股公司支付股权转让款及利息、广厦公司未将投资公司委托收取的债权返还为由,提起股东代表诉讼。

二审审理期间,当事人各方在法院主持下达成调解协议,并经法院确认。

二审法院经审查认为,当事人之间的调解协议是各方当事人在自愿基础上的真实意思表示,不违反法律、行政法规的禁止性规定。调解协议的内容不仅经过了提起代表诉讼的股东即和信公司、大兴公司以及作为诉讼第三人的公司即通和控股的同意,而且已经过了通和控股中的其他所有股东的书面同意,所以调解协议没有损害通和控股及其股东的利益。故法院对调解协议予以确认。

5. 公司与原告股东均有权申请强制执行

股东代表诉讼判决支持了原告股东全部或者部分诉讼请求后,债务人如未依照判决履行其相关义务,则需要向法院申请强制执行。从理论角度,由于股东代表

① 参见最高人民法院(2008)民二终字第123号民事判决书,载《最高人民法院公报》2009年第6期。

诉讼的诉讼利益归属于公司,故应当由公司申请强制执行,然而在目前的司法实践中,人民法院通常会认为,作为股东代表诉讼在执行阶段的自然延伸,当股东代表诉讼进入执行程序后,股东代表出于继续维护公司利益的目的,向人民法院申请执行生效法律文书,符合股东代表诉讼这一制度设计的内在逻辑,故司法实践中原告股东也有权申请强制执行,只是执行利益归属于公司,而非申请执行的原告股东。

案例·9 - 最高人民法院案例 -

股东可以代表公司向人民法院申请强制执行

——东风公司、内蒙汽修厂与环成公司侵权责任纠纷执行复议案[①]

复议申请人(申请执行人):东风公司、内蒙汽修厂。

被执行人:环成公司。

第三人:联合公司。

2007年11月29日,内蒙高院就东风公司、内蒙汽修厂与环成公司、第三人联合公司共同侵权纠纷一案作出(2007)民一终字第49号民事判决(以下简称49号判决)。判决生效后,东风公司、内蒙汽修厂向内蒙高院申请执行。

2013年9月9日,内蒙高院作出(2008)内执字第18-1号执行裁定,被执行人环成公司不服内蒙高院该执行裁定,向内蒙高院提出异议。内蒙高院认定环成公司的"呼国用(2007)第00090号土地使用权系环成公司出让取得"的异议理由成立,并于2015年12月18日作出(2014)内执异字第3号执行裁定,撤销该院(2008)内执字第18-1号执行裁定,终止49号判决的执行。东风公司、内蒙汽修厂不服内蒙高院(2014)内执异字第3号执行裁定,向最高人民法院申请复议。环成公司答辩称:东风公司与内蒙汽修厂不具有合法的申请执行人主体资格,且49号判决生效后,环成公司与联合公司达成和解协议,约定环成公司不再要求联合公司赔偿,联合公司也不再申请执行,即联合公司不再要求返还土地使用权,另外,本案属于典型的执行不能,故请求驳回东风公司、内蒙汽修厂的复议申请。

最高人民法院认为东风公司、内蒙汽修厂的主要复议理由成立,裁定撤销内蒙

① 参见内蒙古高级人民法院(2007)民一终字第49号民事判决书;内蒙古高级人民法院(2008)内执字第18-1号执行裁定书;内蒙古高级人民法院(2014)内执异字第3号执行裁定书;最高人民法院(2016)最高法执复28号执行裁定书。

古自治区高级人民法院(2014)内执异字第3号执行裁定,本案继续执行。

最高人民法院认为,在股东代表诉讼中,股东个人的利益并没有直接受到损害,只是由于公司的利益受到损害而间接受损,因此,股东代表诉讼是股东为了公司的利益而以股东的名义直接提起的诉讼,相应地,胜诉后的利益归于公司。本案执行依据49号判决正是参照公司法中关于股东代表诉讼的规定,认定东风公司、内蒙汽修厂具备提起诉讼的主体资格,并依其主张判令涉案《土地使用权转让协议书》和《房屋买卖合同书》无效。同样,当股东代表诉讼进入执行程序后,股东代表出于继续维护公司利益的目的,向人民法院申请执行生效法律文书,符合股东代表诉讼这一制度设计的内在逻辑。因此,东风公司、内蒙汽修厂在联合公司怠于主张自身权利时,有权向法院申请执行。

此外,最高人民法院认为,环成公司与联合公司自行达成的和解协议不能对抗人民法院的生效判决。原因在于,本案执行依据49号判决正是对联合公司的高级管理人员梁秋玲在企业改制过程中代表联合公司与环成公司签订涉案房地产买卖合同贱卖联合公司房地产的违法性、环成公司不当得利的纠正。49号判决生效后,联合公司与环成公司又自行签订和解协议,其目的就是想抵消49号判决确定的执行内容。本案的特殊性就在于,属于股东代表诉讼进入执行程序的执行案件,提起诉讼及申请执行的股东仍在申请执行以继续维护公司的利益,此时联合公司与环成公司达成的和解协议未经申请执行的股东认可,且与人民法院的生效判决直接抵触,其目的从本质而言,是使49号判决认定合同无效的法律后果被架空,使得各方当事人的权利义务再次回到49号判决作出前的状态。因此,该和解协议不能产生对抗人民法院生效判决的效力。

四、损害公司利益责任纠纷的管辖

损害公司利益责任纠纷在《民事案件案由规定》中被列入第八部分"与公司、证券、保险、票据等有关的民事纠纷"中的"与公司有关的纠纷"。另外,其本质上又是一种侵权损害赔偿之诉,只是未列入"侵权责任纠纷"之中。有关该类纠纷的管辖权争议由此而生。

由于目前我国现行《公司法》并未对损害公司利益责任纠纷的管辖作出明确规定,故在实践中,对于损害公司利益责任纠纷的管辖认定存在不同的认定,部分案件中,法院认为《民事案件案由规定》将损害公司利益责任纠纷列入了"与公司有关的纠纷",故依据《民事诉讼法》第二十六条的规定"因公司设立、确认股东资格、分配利润、解散等纠纷提起的诉讼，由公司住所地人民法院管辖”应由公司住所地人民法院管辖，比如在最高人民法院“恒富创投企业、利迅公司与越兴公司等损害公司利益责任纠纷上诉案”①中，最高人民法院认为“依照本院《民事案件案由规定》［根据（法〔2011〕41 号）第一次修正］，损害公司利益责任纠纷已被明文列入该规定第八部分之二十一‘与公司有关的纠纷’的第二百五十六项案由，不在该规定第九部分‘侵权责任纠纷’之列。因此，有关损害公司利益责任纠纷的地域管辖，不适用民事诉讼法及其司法解释关于侵权责任纠纷的规定。此外，因本案审理可能涉及收集调取与公司利益相关证据、审查股东代表诉讼的必要性和合法性等，本案由公司住所地人民法院管辖为宜，以方便当事人诉讼，便于人民法院依法审理”，认定案件应由公司所在地管辖。

与之不同的是，另有部分案件中，法院认为损害公司利益行为实质是种侵权行为，依据《民事诉讼法》第二十八条规定，应由侵权行为地或者被告住所地法院管辖，比如同为最高人民法院的“盛鼎公司与赵丽、国盛公司损害公司利益责任纠纷上诉案”②中，最高人民法院又认为“虽然根据本院《民事案件案由规定》列为“与公司有关的纠纷，但不属于《中华人民共和国民事诉讼法》第二十六条规定的应当由公司住所地人民法院管辖民事案件的情形”，认定案件应依据《民事诉讼法》第二十八条规定由侵权行为地或者被告住所地人民法院管辖。

仅最高人民法院层面即在 2014 年与 2017 年的两个案件中对同一个问题持两种截然不同的观点，反映出实务中对损害公司利益责任纠纷的管辖问题争议之大，且最高人民法院内部对于该问题的认定也在发生变化。本书另比较了各地方法院在目前最新的案件中对于该管辖问题的认定，发现仍然存在以上两种截然相反的认定，并未有统一的意见。

本书认为，之所以在损害公司利益责任纠纷的管辖认定上出现这样的争议，与对《民事诉讼法》第二十六条规定的理解和适用有着极大的关系，《民事诉讼法》第二十六条规定：“因公司设立、确认股东资格、分配利润、解散等纠纷提起的诉讼，由公司住所地人民法院管辖。”而《民事诉讼法司法解释》第二十二条规定：“因股东名册记载、请求变更公司登记、股东知情权、公司决议、公司合并、公司分立、公司减资、公司增资等纠纷提起的诉讼，依照民事诉讼法第二十六条规定确定管辖。”对于上

---

① 参见宁夏回族自治区高级人民法院（2017）宁民初 65 号民事裁定书；最高人民法院（2017）最高法民辖终 391 号民事裁定书。

② 参见海南省高级人民法院（2014）琼民二初字第 6－2 号民事裁定书；最高人民法院（2014）民二终字第 252 号民事裁定书。

述两条规定的理解适用，由于没有明确的规定，在实践中存在两种不同的观点：一种观点认为，上述两条规定是一种封闭式列举的规定，因此应当由公司住所地人民法院管辖的案件，仅限于该两条规定明确列举的具体情形，而损害公司利益责任纠纷，不属于前述明确列举的范围，故不应当由公司住所地人民法院管辖。另一种观点认为，上述两条规定均用了“等”字，故属于开放式规定，由于损害公司利益责任纠纷本身与公司的关联性较强，故应以公司住所地为管辖地。

一个较有启发意义的判决出现在2019年。最高人民法院在“谭国仁与永保公司损害公司利益责任纠纷上诉案”①中，就上述规定采取了一个相对折中的解读和认定方式，最高人民法院认为，“有关公司设立、确认股东资格、分配利润、公司解散等公司组织行为的诉讼，往往涉及与公司组织相关的多数利害关系人的多项法律关系变动，常出现就同一个公司的同一个组织法行为提起多个诉讼的情形。为避免案件管辖过于分散，影响司法效率或产生相同事实相异判决，民事诉讼法第二十六条就公司诉讼管辖作出特殊地域管辖规定。本案系公司以特定董事、股东损害公司利益为由提起诉讼，不符合公司组织诉讼的上述特征，应适用民事诉讼法地域管辖的一般规定而非特殊地域管辖规定”。在该案中，最高人民法院对《民事诉讼法》第二十六条的规定进行了更细化的解读，但鉴于目前仍然未有针对该类案件管辖争议形成更加权威的司法文件，所以就损害公司利益责任纠纷之诉的管辖争议和讨论或将继续存在。

五、损害公司利益责任纠纷的实体认定

损害公司利益责任纠纷案件实质上为损害赔偿之诉，属于侵权类案件，故在司法实践中，法院在实体判定行为人是否实施损害公司利益行为并应承担相应法律责任时，通常仍然会采取四要件方式：(1)行为人存在损害公司利益的行为；(2)行为人应有过错，也就是有过失或者故意；(3)公司利益受到损害的事实存在；(4)违法行为与损害事实之间必须有因果关系。鉴于损害结果和因果关系要件与其他传统损害赔偿之诉无异，故本书将不在此章节中对此进一步展开，本章节将重点围绕《公司法》的相关规定分析损害公司利益责任纠纷的行为认定。

由于损害公司利益责任纠纷分为股东滥用股东权利损害公司利益责任纠纷以及董事、监事、高级管理人员损害公司利益责任纠纷两类情形，虽然两类情形均属于损害公司利益的行为，但鉴于这两类情形下的行为人身份分别为公司股东和公司

① 参见四川省高级人民法院(2018)川民初89号之三民事裁定书；最高人民法院(2019)最高法民辖终325号民事裁定书。

董事、监事、高级管理人员,且行为方式完全不同,因此本书将分别进行分析和论述。

(一)股东滥用股东权利损害公司利益责任纠纷的行为认定

在《公司法》中规定了公司股东依法基于其股东身份享有各项股东权利,其中既包含了股东的股利分配请求权、转让权、剩余财产分配请求权、公司新增资本或者发行新股的认购优先权、优先认缴权、优先购买权等自益权以及表决权、知情权等共益权,关于前述股东权利的具体描述可详见本书第七章"损害股东利益责任纠纷"第二节"损害股东利益责任纠纷的兜底性与自益性"部分。同时,《公司法》中也规定了一定的股东的救济性权利,如股东提起代表诉讼的权利、股东请求宣告公司决议无效或者请求撤销公司决议的权利、股东诉请法院判决解散公司的权利等。

我国《公司法》第二十条规定,公司股东应当遵守法律、行政法规和公司章程,依法行使股东权利,不得滥用股东权利损害公司的利益;公司股东滥用股东权利给公司造成损失的,应当依法承担赔偿责任。该条款规定了公司股东正当行使权利的一般原则及其股东滥用权利的民事责任——公司股东正当行使权利受法律保护,而滥用权利则将受到法律的制裁,是股东权利与义务平等原则的体现。

然而,在实践中仍存在各类股东滥用权利的行为。例如,控股股东利用其优势地位占有公司财产、股东应回避却强行参与涉及公司为其担保事项的表决、股东以行使知情权为由窃取公司商业秘密、控股股东违反法律以及公司章程的规定强令公司经营管理层出售重大资产等滥用股东权利损害公司利益的行为。如何判定股东行为属于滥用股东权利的行为?如何划定"滥用"和"正当行使"的边界?本书在结合相关案例分析后发现,在诉讼实务中,对于股东滥用权利的行为的判定,司法机关通常通过形式审查和实质审查两个方面相结合加以判断:

1. 滥用股东权利的形式推断

股东滥用股东权利损害公司利益,结合公司法的相关规定以及其字面意思,应理解为股东违反法律法规和公司章程的规定,以不正当之目的、超越合理界限利用其股东权利损害公司利益的行为。就"不正当目的"以及"合理界限"的认定,由于其边界较为模糊,法律法规对此很难一以概之地规定,其更依赖于法院综合个案的事实情形进行实体判断。相比较而言,股东行使其股东权利的程序是否符合法律、行政法规和公司章程的规定则更易于判断,其判断标准也相对更为清晰。因此,法院在判断股东是否构成滥用股东权利时,首先会进行形式审查,即审查股东行使其股东权利的程序是否符合了法律、行政法规和公司章程的规定,若股东依据法律、行政法规以及公司章程的程序行使股东权利且没有证据证明其存在"不正当目的"或者超越"合理界限"的,则不应认定其滥用股东权利。

案例·10 －最高人民法院商事审判指导案例－

控股股东正当行使表决权不构成滥用股东权利

——海钢集团与中冶公司损害股东利益责任纠纷再审案①

再审申请人(一审原告、二审上诉人):海钢集团。

再审被申请人(一审被告、二审上诉人):中冶公司。

一审第三人:三亚度假村公司。

2006年11月9日,三亚度假村公司六个股东就公司与海韵公司的合作开发事项进行表决,表决结果为:中冶公司等三家股东(三家共持股61.24%,其中,中冶公司持股49.70%)投赞成票、海钢集团等两家股东(两家共持股34.83%,其中,海钢集团持股33.30%)投反对票、剩余一小股东未表决。根据这一表决结果,公司形成《股东会决议》(落款为"三亚度假村有限公司董事会,董事长邹健",并加盖度假村公司公章),确定同意合作开发事项。之后,度假村公司与海韵公司签订《合作开发协议》及补充协议、备忘录等文件,约定度假村公司将其70亩土地及地上建筑物的所有权和开发权交给海韵公司,作价8033万元。自2008年3月开始,双方因度假村公司70亩土地过户问题产生分歧,并进入诉讼,相关案件历经二审,法院最终判决度假村公司将70.26亩土地过户到海韵公司名下,并向海韵公司支付违约金1000万元。海钢集团认为,由于中冶公司不顾其他股东的反对意见,决定度假村公司与海韵公司合作,导致度假村公司数亿元的损失,故于2007年1月向法院提起诉讼,请求确认上述《股东会决议》无效并撤销该决议。该案历经一、二审,又发回重审,海钢集团于2011年12月撤回起诉。同时,海钢集团向海南高院提起诉讼,请求法院认定中冶公司通过股东会决议的行为滥用股东权利,并判令中冶公司赔偿海钢集团经济损失。

海南高院一审判决中冶公司构成滥用股东权利并判决中冶公司赔偿相关损失458万余元。海钢集团与中冶公司均不服提起上诉。最高人民法院二审认定中冶公司并不存在滥用股东权利的行为,撤销一审判决,并驳回海钢集团的诉讼请求。海钢集团不服二审判决,向最高人民法院提起再审。最高人民法院最终驳回海钢集团的再审申请。(见图9-4)

① 参见海南省高级人民法院(2012)琼民二初字第1号民事判决书;最高人民法院(2013)民二终字第43号民事判决书;最高人民法院(2014)民申字第1116号民事裁定书。

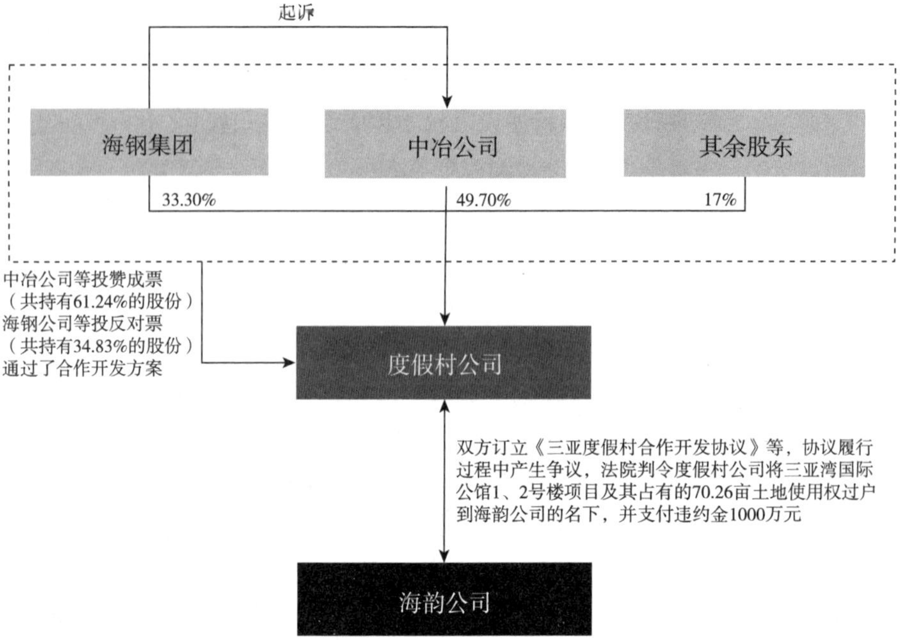

图9－4 海钢集团与中冶公司损害股东利益责任纠纷再审案

一审法院认为，2006年11月17日《股东会决议》形成时，未经代表三分之二以上表决权的股东通过。中冶公司利用其董事长邹健同时为度假村公司董事长的条件和掌管度假村公司公章的权力自行制作《股东会决议》，系滥用股东权利，并由此侵犯了海钢集团的合法权益，因该次合作造成的损失应由中冶公司进行赔偿。

最高人民法院二审、再审均认为，在度假村公司股东会进行表决过程中，中冶公司作为该公司的股东投了赞成票，系正当行使其依法享有表决权的行为，中冶公司行使表决权的行为不构成滥用股东权利，该表决行为并不构成对其他股东权利及利益的侵害。尽管大股东中冶公司的法定代表人同时担任度假村公司董事会的董事长，但此"双重职务身份"并不为我国公司法及相关法律法规所禁止。在没有证据证明公司与其股东之间存在利益输送的情况下，"董事长同一"并不自然导致"人格混同"之情形，不能据此得出中冶公司的表决行为损害了度假村公司及其股东海钢集团利益的结论。因此，海钢集团主张由中冶公司赔偿其相应损失没有事实和法律依据。

2. 滥用股东权利的实质判断

法院在认定股东是否存在滥用股东权利行为时，若仅对其行使股东权利的程序是否符合法律法规、公司章程的规定进行形式审查就加以认定，将很可能会遗漏部分以合法方式掩盖其非法目的的滥用股东权利的情形,故除了审查股东行为的作出是否履行法定以及公司章程规定的程序外,法院也会综合考察股东权利行使的背景、客观方式和结果,推定其目的是否正当,判断股东在行使股东权利时是否实质上超越了合理界限,是否违反了诚实信用原则。若股东行为违反了诚信原则、存在不正当目的、超越了合理边界,即使股东行使股东权利的程序并未违反法律法规以及公司章程的规定,也会被认定其滥用了股东权利。(见图9-5)

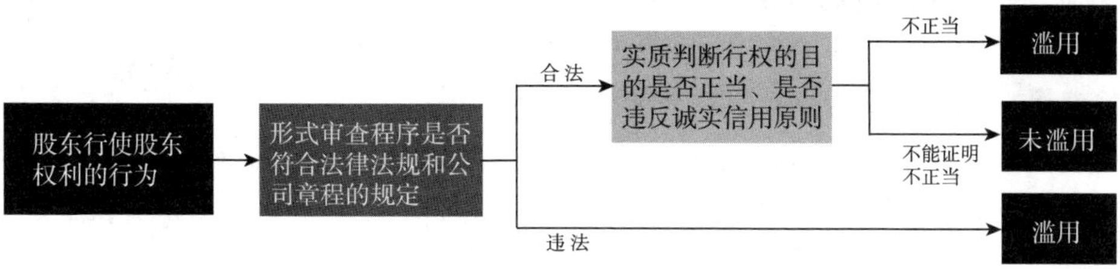

图9-5　股东滥用股东权利损害公司利益责任纠纷的行为认定

案例·11　－典型案例－

诉讼目的不正当构成滥用诉权

——雪莱特公司与李正辉股东滥用股东权利损害赔偿纠纷上诉案①

上诉人(一审原告):雪莱特公司。

被上诉人(一审被告):李正辉。

李正辉原为雪莱特公司股东,同时担任公司董事、副总经理。2007年7月25日,李正辉向雪莱特公司提交辞职报告,请求辞去公司董事、副总经理职务,雪莱特公司人力资源部在当天收取该申请。同年8月27日,雪莱特公司第一届董事会第十五次会议召开并形成决议,主要内容为:李正辉辞去董事职务,自辞职报告送达董事会时生效;李正辉辞去副总经理职务,自本董事会决议通过后生效。2007年10月19日,董事长柴国生以李正辉未遵守在相关文件中作出的承诺和约定,无故辞去董事及副总经理职务为由,向广东高院诉请要求李正辉返还通过股权激励取得的公司股票5,223,886股、赔偿经济损失17,812,080.45元。该案广东高院尚未审

① 参见广东省佛山市南海区人民法院(2008)南民二初第738号民事判决书;广东省佛山市中级人民法院(2008)佛中法民二终字第960号民事判决书。

第二编　公司权益保护

结。2007 年 10 月 25 日，在上案尚未开庭审理期间，李正辉向佛山市南海区人民法院(以下简称一审法院)提起诉讼，认为雪莱特公司在未通知其参加董事会的情况下，召开董事会并决议其辞职的议案，侵害了其作为董事的权益，故要求判令撤销上述董事会决议。2007 年 12 月，李正辉又向一审法院提起劳动争议诉讼，要求确认雪莱特公司违法解除与其劳动关系，应向其支付经济补偿金 18.6 万元、额外经济补偿金 9.3 万元、董事津贴 27 万元。在两案审理过程中，李正辉于 2008 年 3 月 10 日向一审法院申请撤回对两案件的起诉，该院裁定准许。因雪莱特公司系上市公司，双方间的纠纷被多家媒体报道。现雪莱特公司认为李正辉无故起诉、撤诉，属于滥诉行为，遂诉至一审法院。

广东佛山南海法院一审判决驳回雪莱特公司诉讼请求。雪莱特公司不服提起上诉。广东佛山中院二审判决撤销一审判决书，由李正辉赔偿雪莱特公司损失。(见图 9－6)

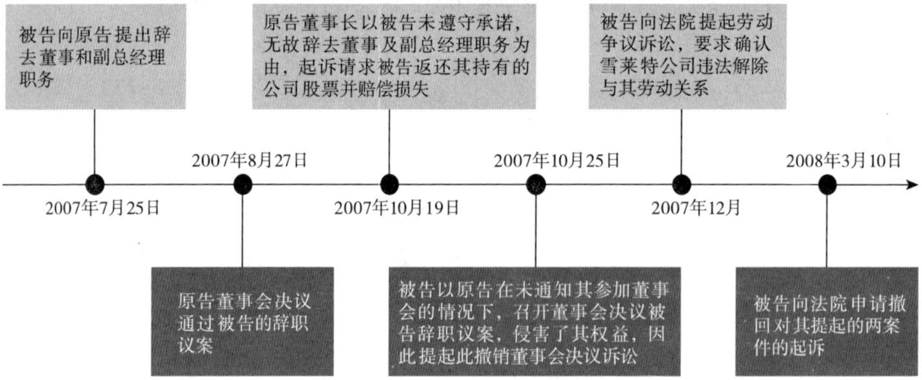

图 9－6　雪莱特公司与李正辉股东滥用股东权利损害赔偿纠纷上诉案

一审法院认为，本案主要争议焦点系被告是否滥用诉权。滥用诉权，是指行为人有民事程序的诉权，但是其追求的诉讼目的是正当诉讼目的以外的非法目的，并造成受害人损害，应当承担侵权责任的行为。被告为了反驳柴国生诉其未遵守承诺和约定辞职，请求法院确认董事会召开程序违法，符合《民事诉讼法》关于举证责任的规定。其于之后撤回起诉亦符合《民事诉讼法》关于当事人诉权行使的规定。被告未滥用股东权利，故判决驳回原告的诉讼请求。

二审法院认为，关于李正辉是否滥用诉权，《公司法》第二十二条关于董事会决议撤销之诉的规定是基于对中小股东的保护，提起诉讼的股东对董事会决议“违反”相关规定的判断必将以其个人的视角为基础，伴随其自身对事件的感知和判断，至于董事会决议是否违反了相关规定应予以撤销的判断与裁量权在人民法院。若以股东在提起诉讼后能否充分证明其主张以得到法院的支持来判断股东是否滥用诉权，对于股东而言义务过重。因此，雪莱特公司关于李正辉滥用诉权的理由不成立。但在本案中，公司董事会决议的内容与李正辉的辞职请求完全一致，而李正辉却在董事会决议内容完全尊重其个人请求的情形下提起撤销董事会决议的撤销之诉，由于撤销之诉产生的后果与李正辉之前向公司提交的辞职报告全然相悖，故可判断被告诉讼的目的并不在于实现撤销之诉正当的诉讼目的，其已构成对《公司法》第二十二条规定的相关诉权的滥用。

（二）董事、监事、高级管理人员损害公司利益责任纠纷的行为认定

《公司法》第一百四十七条规定：董事、监事、高级管理人员应当遵守法律、行政法规和公司章程，对公司负有忠实义务和勤勉义务。董事、监事、高级管理人员不得利用职权收受贿赂或者其他非法收入，不得侵占公司的财产。并且在第一百四十八条对董事、高级管理人员违反忠实义务的行为进行列举和规定，但对于董事、监事、高级管理人员的勤勉义务并没有更细化的规定，在实践中，董事、监事、高级管理人员在日常经营和管理公司的过程中可能会面对各种状况并实施各种行为，这些行为是否符合法律法规的规定需根据实际情况加以分析；同时《公司法》对董事和监事都有明确的定义，但对高级管理人员的范围仅作了相对笼统的规定，故董事、监事和高级管理人员的认定也是判定是否属于董事、监事、高级管理人员损害公司利益责任行为的前提基础。

1. 董事、监事和高级管理人员的认定

在实践中，公司董事、监事的任职通常会在工商登记以及公司章程上明确记载，即使尚未经工商登记或记载于公司章程之中也可以通过有效的股东会、股东大会的任命或解聘决议来加以确定，但是高级管理人员的认定相对就会复杂一些，除了在工商登记或公司章程上记载的总经理以外还包括了公司的副经理、财务负责人、上市公司董事长秘书和公司章程规定的其他人员，前述人员在实践中未必会在工商登记以及公司章程中全面涵盖和记载。

关于公司高级管理人员的身份的认定，本书认为，可采取形式外观审查和实质判断相结合的方式。从形式外观角度，高级管理人员通常由董事会或者执行董事决定聘任和解聘，当相关的聘任或者解聘手续完备时，可推定高管聘任或者解聘的事实成立；同时，应从当事人在公司中享有的职权范围、实际担当工作的重要性和影响力、是否实际掌握公司经营权、重大事务的执行决定权等方面来进行实质判断。在实践中，法院会结合诸如其与客户签订的相关合同、内部管理文件、会议纪

要、基本住房公积金基数调整汇总表上的签名等材料进行综合认定。

案例·12 – 典型案例 –

是否属于高级管理人员，应当结合职权范围及影响力等因素认定

——博彦公司诉魏建华、汇金公司等损害公司利益责任纠纷案[①]

原告：博彦公司。

被告：魏建华、汇金公司。

博彦公司与招商银行自2011年起存在长期的人力外包服务合同关系。2011年2月21日，博彦公司与魏建华签订《劳动合同书》。魏建华于任职期间负责博彦公司关于招商银行IT人力外包服务的整体业务，包括内部团队的管理，外部的接洽、维护以及对接配合工作。2014年1月1日至2017年1月16日，魏建华任职于美国博彦咨询公司。博彦公司向魏建华支付薪资直至2016年2月1日，为魏建华缴纳社保直至2015年7月。2017年，博彦公司认为魏建华在2016年1月开设与博彦公司同类业务公司、抢夺博彦公司商业机会，严重违反对博彦公司的忠实义务，侵犯博彦公司的利益，故将其诉至法院北京市海淀区人民法院。在诉讼中，魏建华称其并非博彦科技公司的高级管理人员，亦未违反忠实义务。

北京市海淀区人民法院一审认定魏建华为公司高管，但因博彦公司未提供有效证据证明魏建华的行为给公司造成实际损失，故驳回博彦公司诉讼请求。

法院审理认为，关于魏建华是否属于博彦公司的高级管理人员，《公司法》规定，高级管理人员，是指公司的经理、副经理、财务负责人、上市公司董事会秘书和公司章程规定的其他人员。魏建华是否属于博彦公司的高级管理人员，不能仅以工商登记的信息进行认定，而应当从其在公司中享有的职权范围与实际担当工作的重要性和影响力来考量其是否实际掌握着公司经营权或重大事项的执行决定权。根据魏建华与博彦公司签订的劳动合同书可见，魏建华任职公司行业客户部总经理岗位，并实际负责招商银行外包服务项目。从魏建华与招商银行相关人员的电子邮件中可以看出魏建华全权掌握着博彦公司与招商银行外包服务业务的具体工作，实际上符合高级管理人员的职责，属于博彦公司的高级管理人员。

① 参见北京市海淀区人民法院(2017)京0108民初32622号民事判决书。

2. 违反勤勉义务的认定

勤勉义务，是指董事、监事和高级管理人员在参与管理公司事务以及进行监督时应基于善意，并尽到普通人在相似的情形之下所应承担的合理的注意义务。由于在《公司法》中并没有明确规定勤勉义务的具体判定标准，所以在司法实践中往往将该问题交给法官裁量。

由于公司治理结构的实质是公司内部权利、责任以及利益的平衡，对董事、监事和高级管理人员的权利和义务的确定应当考虑现有的经济发展程度及公司治理水平，并综合考虑市场环境、政治背景、国民素质、社会诚信水平等因素，需要同时兼顾对公司利益的保护以及董事、监事和高级管理人员的积极性。如果将认定董事、监事、高级管理人员履行勤勉义务的标准规定得过松，则很难约束和督促董事、监事和高级管理人员在执行公司职务时的行为，最终不利于公司和股东利益的保护；但如果标准规定得过严，无限扩大勤勉义务的约束范围，要求董事、监事和高级管理人员在参与管理公司事务以及进行监督的过程中做到毫无过错，或要求任何公司的经营行为都能盈利也是不切实际的。因此，在设立判定标准时应当承认董事、监事和高级管理人员在参与管理公司事务中的合理风险，否则，许多经营管理人才可能会因顾虑其个人风险而降低其对担任董事、监事和高级管理人员的职务的积极性，这也会对公司的发展以及股东利益的保护造成不利影响。

综上所述，结合目前的司法实践，本书认为，一般要结合以下几个方面综合判断董事、监事、高级管理人员是否违反勤勉义务：

(1)履行勤勉义务的基本判断标准

①出于善意实施职务行为。善意是对行为人诚信状态的一种心理或者道德评价，是一种主观标准。因此，判断行为人是否善意需要结合其对相关事务的认知水平和能力，分析行为人对自己行为及其后果的认知、理解、判断和实施等情况。若行为人明知其行为将会对公司产生不利后果而故意实施、放任或者因为疏忽没有引起足够的重视而使得后果发生，则无法满足善意的要求。

②应尽到普通人在类似情况下所应尽到的注意义务。这种勤勉要求，是以具有合理的知识和能力的普通人为参照标准的。如果董事、监事、高级管理人员具有或者应当具有有关方面的知识和能力，却没有运用这种知识和能力而实施其职务行为的，则不能认为其满足了勤勉义务的要求。原则上董事、监事、高级管理人员只要尽到一个普通人在同样情形下可以注意到的事项即可，但是对于具有专业能力的董事、监事、高级管理人员在处理、决策本专业事项时，如具有会计师资格的监事在检查公司财务时则应当要求其尽特别注意义务，即作为一个财务专业人员可以

注意到的事项，该监事应该注意到。否则，就属于怠于行使职权，应当追究其相应的法律责任。

③能合理相信其为了公司的最佳利益履行职责。董事、监事、高级管理人员在参与公司经营管理事务或进行监督时，应以公司的最佳利益为目标，尽量避免作出普通人在同样情况下处理同类事情时能够判断和注意到的可能减损公司财产、影响公司正常经营的职务行为。

案例·13 – 典型案例 –

是否履行勤勉义务，应以主客观一致的标准判断

——李鑫华与川流公司损害公司利益纠纷上诉案①

上诉人（一审被告）：李鑫华。

被上诉人（一审原告）：川流公司。

川流公司有三名股东，大股东罗忠占50%的股份，任公司法人代表、执行董事、总经理和财务负责人，二股东李鑫华占30%的股份，任公司监事和营销部经理。罗忠因患病需住院治疗，遂召开总经理例会，宣布在其住院期间由李鑫华负责全面工作。会后，罗忠出具任命书一份，载明："因公司工作需要及总经理身体原因，从即日起由李鑫华负责公司的全面日常工作。"李鑫华在全面负责川流公司日常工作期间，以川流公司的名义与案外人日华公司开展了UV手机外壳涂装线项目业务，直至其离开川流公司，尚有110万元项目款未收回。川流公司曾起诉日华公司，主张前述款项，但由于该项目业务未订立书面协议，履行期间亦未制作相关交付凭证，致使其诉讼请求缺乏证据支持，未被法院受理。川流公司遂提起本案诉讼，称李鑫华在全面负责公司工作期间未尽到勤勉义务，导致公司蒙受巨大损失，请求判令李鑫华赔偿110万元。

上海闵行法院一审支持川流公司的诉讼请求。李鑫华不服提起上诉。上海一中院二审判决驳回上诉，维持原判。

一审法院认为，判断董事等高级管理人员是否履行了勤勉义务，应该从三个方

① 参见上海市闵行区人民法院（2009）闵民二（商）初字第1724号民事判决书；上海市第一中级人民法院（2009）沪一中民三（商）终字第969号民事判决书。

面加以辨别：①须以善意为之；②在处理公司事务时负有在类似的情形、处于类似地位的具有一般性谨慎的人在处理自己事务时的注意；③有理由相信是为了公司的最大利益的方式履行其职责。李鑫华在全面负责川流公司经营期间，作为 UV 手机外壳涂装线项目川流公司一方的具体经办人，仅以口头协议的方式与相对方日华公司发生交易行为，在其离职时亦无法向川流公司提供经交易对象确认的文件资料。按照经营的一般常识，采用口头协议交易的方式，一旦与交易对象产生纷争时，无法明确各自的权利义务关系。故对于不能即时完成交易的民事行为，交易双方一般均采取签订书面协议或由交易相对方对相关内容作出确认。因而李鑫华应有理由相信采用口头协议方式的经营判断是与公司的最佳利益不相符合，然而其无视该经营风险的存在，没有以善意（诚实）的方式，按照其合理地相信是符合公司最佳利益的方式履行职务；并且，以一种可以合理地期待一个普通谨慎的人，在同样的地位上，类似的状况下能够尽到的注意义务，履行一个高级职员的职责。因此，李鑫华明显违反了勤勉义务。

二审法院认为李鑫华主张其不是高管不应承担责任的上诉理由不能成立。李鑫华在法定代表人生病的特殊时期受委派负责公司的全面工作，虽然章程与工商登记未变更，但其实质履行了总经理的职责，符合公司法规定的公司高级管理人员身份，至于在此期间高管与监事职务的冲突，可以不追究其作为监事的责任。因此，二审法院认为，李鑫华在临时担当总经理之责期间，应当按照公司章程和法律规定切实履行职责，如因其行为不当而给公司造成损害的，应当依法承担相应的赔偿责任。一审认定事实清楚，适用法律正确，处理结果并无不妥。

（2）经营决策失误并不必然违反勤勉义务

众所周知，商业活动纷繁复杂，具有极强的不确定性。在任何一项交易或者决策中，最终的结果都取决于诸多因素，且往往不可复制，在不同的交易情形、交易对手、交易时间下，即便表面因素相似，但同样的决策，可能也会产生不同的结果。本书认为，董事、监事以及高级管理人员是否勤勉，不应以作出决策的最终结果来判定，只要行为人在符合勤勉义务的三个基本判断标准的基础上，即以善意且为了公司的最大利益为目的、尽到具有一般性谨慎的人在处理同类事务时的注意义务、决策程序符合公司章程等规范且没有其他可能影响其决策正当性的因素（如行为人与决策事项存在利害关系等），则应当认定行为人勤勉诚实地履行了义务，而无论这项决策的最终结果如何。

案例·14　　－人民司法案例－

决策失误不必然违反勤勉义务

——富盛公司、全盛公司诉施盛平损害股东利益责任纠纷案①

原告:富盛公司、全盛公司。

被告:施盛平。

被告施盛平与案外人王伟定、叶南方、刘光辉于1998年4月设立富盛公司,施盛平担任执行董事兼经理。后四人又于2004年5月设立全盛公司,王伟定担任执行董事,施盛平担任监事。两原告公司的住所、工作人员、生产车间等全部一致,由施盛平总管生产经营,王伟定分管空变纱生产。2004年10月14日与12月20日,两原告分别与东海翔公司约定向其供应730D丙纶空变纱。2005年4月28日,东海翔公司来函反映纱布质量有严重问题。同年9月,施盛平与王伟定、叶南方前往东海翔公司商量赔偿问题,未果。2006年4月8日,施盛平未经其他股东同意,代表两原告与东海翔公司订立赔偿协议,承认所供纱布存在质量问题,并约定由两原告无偿补单4.5吨,由东海翔公司与临亚公司(东海翔公司下家)协商减少赔偿额(临亚公司反映损失约400万元),200万元内由两原告负担,超出部分由东海翔公司负担。4月25日,东海翔公司来函催发补单货物。7月18日,东海翔公司起诉要求两原告赔偿损失187万元及利息,后双方达成调解协议,由两原告赔偿140万元。另查明,被告在此期间将其拥有两原告公司的全部股份以368万元价格转让给其他股东。

浙江慈溪法院一审判决驳回原告的诉讼请求,宣判后,双方当事人均未上诉,一审判决已经发生法律效力。

审理法院认为,《公司法》第一百四十八条规定,董事、监事、高级管理人员应当遵守法律、行政法规和公司章程,对公司负有忠实义务和勤勉义务。至于勤勉义务的含义和内容,法律并没有具体界定。一般认为,公司法中的勤勉义务与侵权法中的注意义务相似,指董事、监事、高级管理人员必须像一个正常谨慎之人在类似处境下应有的谨慎那样履行义务,为实现公司的最大利益努力工作。据此,管理者在

① 参见浙江省慈溪市人民法院(2007)慈民二初字第519号民事判决书;何琼、史久瑜:《董事违反勤勉义务的判断标准及证明责任分配》,载《人民司法》2009年第14期。

作出某一经营判断前,应当收集足够的信息,而且有正当的理由相信该判断符合公司的最佳利益。本案被告在作出赔偿行为时已尽到了勤勉义务,原因在于:首先,相关证据已经证明,被告为赔偿问题多次赴东海翔公司协商,说明被告为解决该问题采取了积极的行动,在多次协商的情况下,被告不可能对产品是否存在质量问题以及损失的大小没有了解。其次,2005 年 9 月,被告与王伟定、叶南方为赔偿问题一起去过东海翔公司,虽然最终未就质量问题达成一致意见,但至少王伟定和叶南方对东海翔公司要求赔偿的事是知情的,股东之间必然也就质量问题商量过。再次,从被告的文化程度和从业经历来看,其业务水平显然远高于其他几位股东,被告基于其对自身业务水平的信任,认为造成质量问题的原因不经过鉴定也能够判断出来,这种自信在无相反证据的情况下应可推定为合理。最后,对于损失额的问题,由于是两原告公司提供纱布,由东海翔公司加工后卖给临亚公司,临亚公司再销往国外,因此一旦纱布出现问题,造成的损失不但包括纱布本身的价值,从 2006 年 4 月 25 日东海翔公司致被告的信函可以看出,还包括东海翔公司的库存布、重新加工费,甚至可能包括空运费用。所以,赔偿额高于合同标的额并非不可能,以此为由不能说明该赔偿数额就是不合理的。另外,两原告在东海翔公司起诉后,未足够地行使抗辩权利(如行使撤销权等),却自愿与东海翔公司订立调解协议,并部分履行了协议,间接说明两原告已认可被告签订的协议。综上所述,被告的行为既未超越法律和公司章程所赋予被告的职权,也未违反法律规定的勤勉义务,对两原告的诉请,法院不予支持。

3. 违反忠实义务的认定

忠实义务,是指董事、监事和高级管理人员管理经营公司业务、履行职责时,必须代表全体股东为公司最大利益努力工作,应当忠实履行职责,当自身利益与公司利益发生冲突时,应当维护公司利益,将公司利益放在优先的位置,不得利用董事、监事、高级管理人员的地位牺牲公司利益为自己或者第三人谋利。通常,董事、监事、高级管理人员违反忠实义务的行为则主要表现在两个方面:(1)将自己的利益置于股东和公司利益之上;(2)利用职权为自己谋取私利。

(1)违反忠实义务的具体行为

《公司法》第一百四十八条明确了董事、高级管理人员违反忠实义务的几种行为:①挪用公司资金;②将公司资金以其个人名义或者以其他个人名义开立账户存储;③违反公司章程的规定,未经股东会、股东大会或者董事会同意,将公司资金借贷给他人或者以公司财产为他人提供担保;④违反公司章程的规定或者未经股东会、股东大会同意,与本公司订立合同或者进行交易;⑤未经股东会或者股东大会同意，利用职务便利为自己或者他人谋取属于公司的商业机会，自营或者为他人经营与所任职公司同类的业务；⑥接受他人与公司交易的佣金归为己有；⑦擅自披露公司秘密；⑧违反对公司忠实义务的其他行为。

案例·15 – 典型案例 –

执行董事擅自以公司财产为他人提供担保违反忠实义务

——孙建强与马利娟损害公司利益责任纠纷上诉案①

上诉人(一审被告)：孙建强。

被上诉人(一审原告)：马利娟。

一审第三人：皇冠公司。

孙建强是皇冠公司股东、法定代表人及执行董事，2013 年 1 月，孙建强未经股东会决议以公司名义为案外人天宇公司向振升公司的借款提供担保，后天宇公司未向振升公司还款，皇冠公司被法院判令连带清偿，并被法院执行 118.3 万元。因此，马利娟向法院提起股东代表诉讼，请求法院判令被告停止损害第三人皇冠公司利益的行为并赔偿第三人皇冠公司损失 118.3 万元。

浙江长兴法院一审支持原告马利娟第 2 项诉讼请求。孙建强不服提起上诉。浙江湖州中院二审判决驳回上诉，维持原判。

一审、二审法院均认定孙建强作为皇冠酒店股东、法定代表人及执行董事，未经股东会决议以公司财产为他人提供担保，违反忠实义务。

二审法院认为，皇冠公司与天宇公司的股东存在部分重合，但就法律上而言，两公司系独立的法人主体，各自以公司财产对外承担民事责任。孙建强作为皇冠公司的法定代表人和执行董事，未经股东会决议擅自对外进行担保，造成皇冠公司损失，依法应向皇冠公司承担赔偿责任。

《公司法》第一百四十八条第一款第(八)项中规定的“违反对公司忠实义务的其他行为”属于兜底性条款，在实践中还包括了拒绝或怠于执行股东会、股东大会或者董事会的相关决议；公司董事、高级管理人员浪费公司资产的不当职务消费行

① 参见浙江省湖州市长兴县人民法院(2014)湖长商初字第 647 号民事判决书；浙江省湖州市中级人民法院(2015)浙湖商终字第 125 号民事判决书。

为等，如在公司经营亏损或资金紧缺时仍然购买或者更换高档交通工具、对办公室进行豪华装修，利用公司资金进行高档消费，严重超标准支付差旅费、业务招待费等行为。

案例·16　– 人民法院案例选案例 –

高级管理人员拒绝执行董事会决议的，应承担赔偿责任

——薛雯与艺苑公司损害公司利益纠纷上诉案①

上诉人(一审被告)：薛雯。

被上诉人(一审原告)：艺苑公司。

艺苑公司为中外合资经营企业，由北京艺苑美术服务中心(中方)(以下简称艺苑公司)与安业控股有限公司(港方)出资成立。2005年3月8日，艺苑公司经董事会决议聘任薛雯(中方股东的法定代表人)为公司董事兼总经理。2006年7月28日，艺苑公司的全体董事(包括被告)一致通过并形成董事会决议，内容为向交行北京分行申请4000万元贷款，以偿还于2006年8月3日到期的该行等额借款。艺苑公司为此制作了不可撤销承诺函，并签署了借款合同和抵押合同。2006年7月30日，薛雯认为董事会决议存在与公司中方股东利益冲突的问题，遂将上述董事会决议及不可撤销承诺函从公司财务处取出并交给了艺苑公司的副董事长孙玉栋。公司董事长邓国强发现后立即下发紧急通知，暂停了薛雯的总经理职务及其所有权力。艺苑公司起诉认为，薛雯拒不执行董事会决议，且私自藏匿相关文件，违反忠实、勤勉义务，致使公司无法向银行申请贷款，导致逾期还款并被加收罚息、强制扣收贷款、限制公司对外支付款项，故请求判令薛雯赔偿原告损失503,479.05元。

北京东城法院一审判决支持艺苑公司诉讼请求。薛雯不服提起上诉。北京二中院二审判决驳回上诉，维持原判。

一审法院认为，公司的高级管理人员对公司负有忠实义务和勤勉义务，如在执行职务时违反法律、行政法规和公司章程的规定，给公司造成损失的，应当承担赔

① 参见北京市东城区人民法院(2006)东民初字第8542号民事判决书；北京市第二中级人民法院(2008)二中民终字第03331号民事判决书；最高人民法院中国应用法学研究所编：《人民法院案例选》2009年第1辑(总第67辑)，人民法院出版社2009年版，第315～323页。

偿责任。被告作为原告的总经理,应按公司章程的规定,组织领导原告的日常经营管理工作,直接对董事会负责,执行董事会的各项决定。因被告未执行董事会决议,原告又无其他救济途径,致使交行对原告逾期还款加收罚息和复利,并通过诉讼向原告主张权利,由此给原告造成的支付复利及诉讼费等经济损失,被告应承担赔偿责任。被告虽为原告中方股东的法定代表人,但同时是原告董事会聘用的总经理,被告不执行原告董事会的决议,是不履行原告总经理的义务,而不是在行使原告中方股东法定代表人的职权,故不应由原告中方股东承担责任。二审法院经审理认为,一审法院判决认定事实清楚,适用法律正确,应予维持。故判决驳回上诉,维持原判。

(2)自我交易限制

《公司法》第一百四十八条第一款第(四)项规定的“违反公司章程的规定或者未经股东会、股东大会同意,与本公司订立合同或者进行交易”,对董事、高级管理人员与任职公司进行自我交易进行了限制,但该条法规对于自我交易限制规定应该如何解读和理解?董事与高管的关联方与任职公司发生交易是否适用该条款?是否董事与高管的全部自我交易都要通过股东会、股东大会的通过?高管为了公司利益但未经股东会、股东大会同意为公司提供担保是否违反该条款?结合司法实践,本书认为,认定董事、高级管理人员违反自我交易限制的行为要满足以下几个条件:①董事、高级管理人员直接或者间接地与其任职的公司之间发生了交易行为;②董事、高级管理人员与该交易存在直接或间接的经济利益关系;③该交易行为的发生将导致公司利益与董事、高级管理人员利益的冲突;④违反公司章程的规定或者该种交易行为具有重要性,未能得到股东会、股东大会或者董事会的批准。

案例·17 **– 典型案例 –**

利用掌控公章之便进行自我交易违反忠实义务

——江山、朱建芳与风驰公司损害公司利益责任纠纷上诉案①

上诉人(一审被告):江山、朱建芳。

被上诉人(一审原告):风驰公司。

① 参见江苏省镇江市经济开发区人民法院(2018)苏1191民初2924号民事判决书;江苏省镇江市中级人民法院(2019)苏11民终3098号民事判决书。

风驰公司设立于2003年1月23日。2009年4月22日,风驰公司股东会决议同意用自有的位于镇江市的土地作价600万元与王乐群共同成立合资公司,并同意由江山全权代表风驰公司与王乐群签署成立合资公司的合作协议和借款协议。2009年4月22日、5月20日,风驰公司与王乐群签订合作协议及补充协议,约定:拟成立的安实公司注册资本500万元,由风驰公司以上述土地使用权作价300万元(股权比例为60%)出资、王乐群以货币200万元出资(股权比例为40%)。2009年5月3日,风驰公司作出董事会决议,同意以地号1816030、面积为6823.2平方米土地作价300万元作为向安实公司的第二期投资。2009年5月23日,风驰公司股东大会决议免去江山法定代表人、执行董事,改任其为监事,但江山仍掌管公章。2009年6月25日,风驰公司与安实公司签订了土地出让的合作协议,约定风驰公司将上述土地折价300万元作为向安实公司的股权投资。2009年7月17日,上述土地已过户转让至安实公司名下。

2009年8月13日,江山与风驰公司签订了一份股权转让协议,约定风驰公司自愿将所持有的安实公司60.2%的股权转让给江山。该协议仅有江山个人签名和加盖风驰公司公章,但未有其他股东张梅生、睢克宏、江扬公司签字盖章。同日,安实公司作出股东会决议,同意风驰公司股份全部转让给江山持有。嗣后,江山向风驰公司转账共494.93万元。2009年8月31日,江山又与王乐群签订了一份股权转让协议,将江山将所持有的安实公司60.2%的股权转让给王乐群。同日,安实公司作出股东会决定,决定江山将上述股权转让给王乐群。2009年8月19日,江山出具一张收条给王乐群,载明其收到王乐群转让款共计622万元。风驰公司起诉至法院,请求之一为判令江山返还侵占公司资金321万元。

江苏镇江经开区法院一审支持风驰公司该诉讼请求。江山、朱建芳不服提起上诉。江苏镇江中院二审判决驳回上诉,维持原判。

一审、二审法院均认为,江山利用掌管公章、控制经营的便利进行自我交易,违反董事、高管对公司的忠实义务,应将所得利益返还公司。

二审法院认为,江山在2009年8月13日股权转让中,利用掌管公章、控制经营的便利,未将与公司利益相关联的交易及时全面真实地向其他股东进行披露,存在自我交易行为,损害了风驰公司的利益。江山在两次股权转让中,先通过自我交易以301万元受让风驰公司所持安实公司60.2%的股权,再以622万元转让给了案外人王乐群以赚取差价321万元,该差价应当归风驰公司所有。

(3)竞业禁止义务

《公司法》第一百四十八条第一款第(五)项规定:"未经股东会或者股东大会同意,利用职务便利为自己或者他人谋取属于公司的商业机会,自营或者为他人经营与所任职公司同类的业务。"该规定将董事、高管的竞业禁止义务也列入了忠实义务的范畴,在实践中该如何划分和判断董事、高管竞业禁止业务的范围?本书认为,首先应把握两个显著的特点和原则:一是营利性或者商业性,不具有营利性的行为一般不应作为竞业范围加以禁止;二是竞争性,不具有竞争关系的行为,不会引起利益冲突,即使是营利性行为,也不应在禁止之列。

再者,对于《公司法》第一百四十八条第一款第(五)项的规定应如何解读?关于"自营或者为他人经营",从字面意思可以理解为董事、高管以自己名义经营或者以他人名义经营,但本书认为更精准的理解应该是董事、高管为自身的利益而经营或者为他人之利益而经营,因为竞业禁止的核心是防止利益冲突损害公司利益,营利性是竞业行为的一大核心特征,同时,该种经营行为应具体表现为对于同类业务的开展拥有决定权或产生重大影响;关于"同类的业务",除了指完全相同的业务(包括商品、服务等),也可以是同种或者类似的业务以及与之密切相关的业务;并且前述业务不仅包括公司正在实际开展的业务还应包括公司已计划并准备开展的业务。

在实务中,法院如何去认定公司实际开展以及准备开展的业务范围?鉴于公司章程以及工商登记都会记载公司的经营范围,所以法院会首先推定工商登记或公司章程上所载的公司经营范围为公司的实际开展以及准备开展的业务,但若有相关证据能够证明工商登记或公司章程中所载经营范围中存在公司未实际开展或者已确无计划再开展的业务的,则该等业务不属于公司的业务范围。另,实践中还存在公司超经营范围开展业务的情形,考虑到现行法律法规规定超越经营范围经营并不必然导致其经营行为无效,故若有证据证明公司超越经营范围经营的且并不违反国家限制经营、特许经营以及法律、行政法规禁止经营规定的,则该部分业务也应纳入竞业限制的业务范围。在实践中,就董事、高管的竞业禁止业务的范围具体还应根据个案的情形进一步分析和判断。

案例·18 　- 典型案例 -

高管任职期间设立与任职公司经营范围高度相同的公司违反忠实义务

——飞博康公司与胡燎原、阿德拉公司损害公司利益责任纠纷上诉案①

上诉人(一审原告):飞博康公司。

被上诉人(一审被告):胡燎原、阿德拉公司。

飞博康公司于2009年3月16日注册成立,税务登记证记载的经营范围为:光纤连接器、适配器、衰减器、光通信元件的技术开发及销售,国内贸易,货物及技术进出口,光纤连接器、适配器、衰减器、光通信元件的生产。胡燎原原为飞博康公司的股东,持有飞博康公司20%的股权,在公司担任主管销售的副总经理,于2014年11月26日将其持有的飞博康公司股权作价500万元人民币全部转让,并于2014年11月27日从飞博康公司离职。阿德拉公司于2014年5月12日注册成立,登记的经营范围为:国内贸易,货物及技术进出口,通信光缆、光纤连接器、适配器、衰减器、光通信元件的技术开发、生产及销售,汽车零部件、汽车用品的技术开发与生产销售。胡燎原自阿德拉公司成立起即为其股东,持有阿德拉公司40%的股权。

广东深圳宝安法院一审认定胡燎原违反竞业禁止义务,但因飞博康公司无法证明胡燎原违法所得,故判决驳回飞博康公司全部诉讼请求。飞博康公司不服提起上诉。广东深圳中院二审判决撤销深一审法院判决,并判决胡燎原、阿德拉公司赔偿飞博康公司损失。

二审法院认为,虽然胡燎原与飞博康公司并没有签订相关竞业禁止协议,但胡燎原在担任飞博康公司股东及主管销售的副总经理期间,设立与飞博康公司经营范围高度相同的阿德拉公司,属于严重违反《公司法》第一百四十八条第一款第(五)项的竞业禁止规定的行为,有违高级管理人员的忠实义务,根据该条法律规定,胡燎原违反该规定所得的收入应当归飞博康公司所有。

(4)监事忠实义务的范围

《公司法》第一百四十八条详细列举了董事、高级管理人员违反忠实义务损害公司利益的具体行为,但该条款并未规定监事禁止从事前述行为。在实践中,对于监事是否应受该条款约束存在不同的意见,在部分案件中,法院认为监事不符《公

① 参见广东省深圳市中级人民法院(2016)粤03民终20919号民事判决书。

司法》第一百四十八条相关禁止行为的主体，监事所负的忠实、勤勉义务，是针对其是否尽到监督职责而言的，故不受《公司法》第一百四十八条的约束；而少数案件中，法院认为监事也应受到《公司法》第一百四十八条的约束，比如在"深圳市正能量科技有限公司与吴辉煌、鲍水秀、深圳市能量电工有限公司损害公司利益责任纠纷案"①中，法院认为，"公司监事受股东委托对公司的经营管理行使监督职权，以维护公司和股东利益为己任，相对于董事和高级管理人员，应当对作为监督者的监事苛以更高的行为合规性和道德廉洁性，才符合立法和公司治理制度的本意。《公司法》第一百四十八条罗列了损害公司利益的具体行为，虽然仅要求公司董事、高级管理人员不得从事上述行为，但并不意味着监事从事上述损害公司利益的行为而无须承担相应的法律责任，否则，即与监事的职责、立法和公司治理制度的本意相悖"。针对前述两种意见，本书更倾向于前一种，根据现代公司法的立法意义，监事主要的职责在于监督，鉴于监事的监督身份，为避免自己监管自己导致的监管失效，《公司法》规定了董事和高管不得兼任监事，即监事并不实质参与和决定公司日常的经营和管理工作中。《公司法》第一百四十八条的立法目的是防止董事和高管利用其对公司运营的管理和执行权损害公司利益，而监事不具有该等权利故也不应受到该条款的限制。

监事的勤勉义务以及忠实义务仍应围绕监事的监督职责履行，即《公司法》第五十三条和第五十四条规定的监事的主要职责，包括检查公司财务；对董事、高级管理人员执行公司职务的行为进行监督，对违反法律、行政法规、公司章程或者股东会决议的董事、高级管理人员提出罢免的建议；当董事、高级管理人员的行为损害公司的利益时，要求董事、高级管理人员予以纠正；提议召开临时股东会会议，在董事会不履行本法规定的召集和主持股东会会议职责时召集和主持股东会会议；向股东会会议提出提案；依照法律规定，对董事、高级管理人员提起诉讼；列席董事会会议，并对董事会决议事项提出质询或者建议，就公司经营异常情况进行调查；以及公司章程规定的其他职权。若在实践中，公司欲要求监事在其法定的忠实义务范围之外承担其他义务，如不得实施《公司法》第一百四十八条所规定的行为的，应通过公司章程另行约定。

---

① 参见广东省深圳市中级人民法院(2017)粤03民终2664号民事判决书。

案例·19　**－典型案例－**

监事无法定的竞业禁止义务

——正科公司与王海军损害公司利益责任纠纷上诉案①

上诉人(一审原告):正科公司。

被上诉人(一审被告):王海军。

正科公司《规章制度》第十八条规定,“公司股东、董事、经理、监事及公司核心人员不得利用职务之便,窃取公司重要资料、机密文件和客户资源后,蓄意以辞职、退股为名逃避罪责与惩罚,从事同行业竞争,侵害公司核心利益,一经发现,扣除当事人全部所得及未清余额,给公司造成巨大损失的,追究相应的赔偿责任”;第十九条规定,“公司股东不得以退股为名侵害公司利益,一年内不得在同一城市注册、进行行业竞争、不得介入或抢夺公司老客户或参与恶性竞争。不得模仿公司名义、网站内容、图片、版权、侵害公司利益,给公司造成重大损失的,追究其赔偿责任”。且根据公司章程第四十七条规定,股东会的决议及公司规章制度均视为本章程的组成部分,具有同等效力。2010 年 8 月 26 日,王海军从正科公司原股东王丹手中取得公司 49% 的股权成为公司股东之一,并经股东会选举后成为公司监事。2011 年 10 月 16 日,王海军将其在正科公司的 49% 股权转让给案外人张延岐并签订了《出资转让协议》。2011 年11 月 4 日,正科公司在工商行政管理部门办理了股东变更登记。2012 年 2 月 24 日,张延岐向王海军支付 28,000 元。2011 年 11 月 4 日,正科公司及法定代表人张延军与王海军共同签署了《武汉正科电力技术有限公司声明》,约定:公司将现有现金的 49% 结算给王海军;办公设备和生产工具等所有固定财产折后的 49% 进行结算,即 28,000 元人民币在 5 个月内结清;待收回部分 230,450 元整,其中的 49% (112,920 元人民币)为王海军所有,其中的 80% 在 5 个月内结清;剩余部分和曲靖电厂的 17 万元按款项 49% 的比例结算给当事人,根据到账时间结算,到账 2 个月内结清。2011 年 10 月 10 日,正科公司就其他剩余款项向王海军出具了两份欠条。2012 年 2 月 24 日,张延岐向王海军支付 28,000 元。2011 年 9 月 22 日,王海军注册成立了武汉署科电力科技有限公司,其中王海军占有公司 95% 的股份,其女友占有公司 5% 的股份,且其经营范围与正科公司相同。此后,正科公司

---

① 参见湖北省武汉市洪山区人民法院(2012)鄂洪山民商初字第 00707 号民事判决书;湖北省武汉市中级人民法院(2017)鄂 01 民终 4552 号民事判决书。

以监事王海军没有遵守公司法所规定的竞业限制义务为由，起诉要求其赔偿经济损失60万元。

湖北武汉洪山法院一审判决驳回正科公司的诉讼请求。正科公司不服提起上诉。湖北武汉中院二审判决驳回上诉，维持原判。

一审法院认为，《公司法》（2005年修订）第一百四十九条第一款第（五）项规定了董事、高级管理人员竞业限制义务。根据《公司法》的规定，监事的报酬由股东会决定，监事的权利义务由公司法规范，监事不得兼任公司高管，故监事非劳动法意义上的劳动者。王海军只是公司的监事，不符合《公司法》（2005年修订）第一百四十九条关于竞业禁止主体的规定。王海军作为公司监事所负的忠实、勤勉义务，是针对其是否尽到监督职责而言的，公司法并未对监事篡夺公司商业机会行为及竞业行为作禁止性规定。王海军成立的武汉署科电力科技有限公司，虽然在经营范围上与正科公司存在交叉，但并不属于《公司法》（2005年修订）第一百四十九条第一款第（五）项规定的情形，因此，不应援用该规定。正科公司规章制度第十八条、第十九条其实质是对公司章程的补充或变更。但是该条款涉及的是公司监事或股东以退股为名的竞业禁止规定，而王海军与案外人张延岐签订的是股权转让协议，并非退股协议，故该条款对王海军无约束力。

二审法院认为，在法律未予规定的情况下，公司章程可以对股东、监事的行为作出限制性规定，但规定应当明确，便于当事各方作出选择和判断。但在本案中，正科公司规章制度第十八条规定对于"退股、窃取"等概念无明确界定，王海军与张延岐签订《出资转让协议》的行为明显不属于退股行为，正科公司以规章制度第十八条规定衡量王海军行为的合法性也有所不当。因此，法院判决驳回上诉，维持原判。

六、损害公司利益责任纠纷的责任承担

（一）股东滥用股东权利损害公司利益的责任承担

根据《公司法》第二十条的规定，针对股东滥用权利的行为，给公司和其他股东造成损失的，滥用权利的股东应承担赔偿责任。当股东滥用股东权利占用公司财产时，应向公司返还相关被占用财产，若实际无法返还财产的，公司可以向股东主张损害赔偿，相关赔偿金额应结合所涉及的具体财产并采用相同价值标准和时间标准进行个案认定。

关于损害赔偿，在司法实践中，通常根据"谁主张谁举证"的原则应由原告方举证证明公司的实际损失，对于难以举证证明的损失请求，法院一般不予支持，而对于

最终损失无法被具体量化的，则由法院酌情裁量，比如在“雪莱特公司与李正辉股东滥用股东权利损害赔偿纠纷上诉案”中，最终二审法院广东佛山中院认定“雪莱特公司主张的损失中，‘律师费’并非必需支出，‘其他损失’亦无依据，故法院酌情支持10,000元差旅费。因该类案件并不涉及雪莱特公司的名誉或商誉，故对于雪莱特公司要求李正辉赔礼道歉、消除影响的请求不予支持。判决李正辉向雪莱特公司赔偿经济损失10,000元，驳回雪莱特公司的其他诉讼请求”。

案例·20　－典型案例－

公司损失无法量化的由法院酌情裁量

——佳惠公司、蔡丽阳与华经公司、陈彩宝与公司有关的纠纷上诉案①

上诉人（一审被告）：佳惠公司、蔡丽阳。

被上诉人（一审原告）：华经公司。

一审被告：陈彩宝。

华经公司与佳惠公司于2001年2月18日筹建华能公司，公司章程规定，公司注册资本为50万元，双方各出资25万元，其中，华经公司以现金、专利技术形式出资，佳惠公司全部以现金形式出资。后续华能公司共收到华经公司货币资金35万元、佳惠公司货币资金55万元。2002年6月12日，佳惠公司起诉要求华能公司归还借款30万元。经审理，一审法院于2002年6月28日作出（2002）秀丰民初字第66号民事判决书，判令华能公司偿还佳惠公司借款30万元，以其华能公司资产部分折抵。2007年4月2日，一审法院作出（2006）南民二再字第2号民事判决书，认定佳惠公司和其委派的华能公司法定代表人蔡丽阳在明知讼争的20万元已出具过书证证明系投资款的情况下，隐瞒华能公司，构成恶意串通。另查明，华能公司利用华经公司专利技术进行新产品的研制，至2002年4月，建立了生产线，普通产品已取得国外订单，但由于存在恶意串通的诉讼，华能公司主要设备被查封，遭受巨大损失。2009年，华经公司申请对华能公司进行强制清算，经清算清理后，华能公司可供股东分配资产为8000元。华经公司向一审法院起诉，请求判令佳惠公司、蔡丽阳、陈彩宝共同赔偿华经公司在华能公司的投资直接损失。

---

① 参见浙江省嘉兴市南湖区人民法院（2010）嘉南商初字第252号民事判决书；浙江省嘉兴市中级人民法院（2010）浙嘉商终字第245号民事判决书。

浙江嘉兴南湖法院一审判决支持华经公司投资款损失赔偿的诉讼请求。佳惠公司、蔡丽阳不服提起上诉。浙江嘉兴中院二审判决驳回上诉,维持原判。

一审法院认定佳惠公司和蔡丽阳的侵权行为共给原告带来25.3万元损失——包括华经公司在华能公司注入资金22.5万元以及科技扶持资金2.8万元,鉴于佳惠公司和蔡丽阳的侵权行为是导致华经公司在华能公司投资权益受损的主要但非必然的、全部的原因,华能公司解散清算后仅有剩余资产8000元,法院酌情认定佳惠公司、蔡丽阳赔偿华经公司投资款损失15.2万元。二审法院认为,佳惠公司和蔡丽阳对一审法院认定损失金额的异议不能成立,故对原判金额予以确认。

(二)董事、监事、高级管理人员损害公司利益纠纷

董事、监事、高级管理人员在法律和公司章程范围内被授予参与公司经营管理、监督公司事务的职权,同时根据法律规定负有对公司的忠实和勤勉的义务,在执行公司职务时,应当依照法律和公司章程的规定行使职权、履行义务、维护公司的最大利益。为约束和促使董事、监事、高级管理人员依法为公司最大利益行使权力、履行义务,并且在公司的合法权益受到侵害时能得到相应的恢复或补偿,《公司法》第一百四十八条规定了董事、高级管理人员在违反忠实义务时所得的收入应当归公司所有;同时《公司法》第一百四十九条规定了董事、监事、高级管理人员执行公司职务时违反法律、行政法规或者公司章程的规定,给公司造成损失的,应当承担赔偿责任,即在董事、监事和高级管理人员损害公司利益纠纷中,董事、监事、高级管理人员应承担的法律责任主要为:(1)相应违法行为所得收入归公司所有;(2)就公司损失承担赔偿责任。

1. 公司行使收入归入权与损害赔偿请求权的区别

《公司法》第一百四十八条中具体罗列了董事、高级管理人员不得实施的违反公司忠实义务的行为,比较和分析这些行为后可以发现,该些违反忠实义务的行为都体现了将自己的利益置于股东和公司利益之上以及利用职权为自己谋取私利的特征。虽然董事、高管利用职权为自己谋取私利并不必然导致公司利益受损,但董事、高管一旦实施了违反忠实义务的行为,即使当下没有给公司造成直接的损害,也会给公司的发展带来极大的风险。鉴于此,《公司法》也对董事和高管提出了更高的行为要求,规定了董事、高管违反第一百四十八条规定所得的收入应当归公司所有,即公司享有对违反忠实义务的董事、高管的收入归入权。

公司行使收入归入权属于损害公司利益责任纠纷案件中比较特别的一种情形,根据对《公司法》第一百四十八条的理解,公司行使其收入归入权应满足董事、

高管实施了违反忠实义务的行为和因前述行为而获利这两个要件,而无论公司利益是否受到损害。相较而言,公司的损害赔偿请求权则是来源于《公司法》第一百四十九条规定,即董事、监事、高级管理人员执行公司职务时违反法律、行政法规或者公司章程的规定,给公司造成损失的,应当承担赔偿责任。因此,公司行使损害赔偿请求权应满足损害赔偿之诉的四要件:损害行为、过错、损害结果以及因果关系。以董事、高管忠实义务中的自我交易限制为例,当董事、高管违反公司章程的规定或者未经股东会、股东大会同意,与公司订立合同或者进行交易时,若交易价格偏离市场价而给公司造成损失的,则公司可就该损失主张损害赔偿;而当董事、高管因自我交易而最终获益的,公司则可主张其相关所得收入归于公司,两种行权方式需满足不同的要件,也因此可由公司依据实际情形选择行使。

在司法实践中,法院在审理此类案件时也出现过分歧,部分法院认为公司行使收入归入权以及损害赔偿请求权应满足不同的要件,比如"江苏乐辉医药科技有限公司(原江苏乐辉医药有限公司)与谢芳、上海信好实业有限公司损害公司利益责任纠纷再审案"①中,再审法院江苏高院认为,"董事、高级管理人员违反前款规定所得的收入应当归公司所有。根据以上法律规定,公司行使归入权,并不以董事、高级管理人员的交易行为获得溢出利益,或者其行为给公司造成损害或损失为前提。只要董事、高级管理人员的交易行为违反公司章程的规定或者未经股东会、股东大会同意,其与公司进行交易获得收入即应归公司所有";在"天津隆众汽车销售服务有限公司与庞敬损害公司利益责任纠纷案"②中,天津一中院认为,"上诉人庞敬作为被上诉人隆众汽车公司的高级管理人员,其在自我交易中获利仅是被上诉人隆众汽车公司主张所得收入归公司所有的前提条件,不影响上诉人庞敬因违反忠实义务对公司应承担的赔偿责任"。

但也有部分法院仍持有公司行使收入归入权应以公司利益受到损害为前提的观点,比如在"先特计软件(苏州)有限公司与詹佳驹损害公司利益责任纠纷案"③中,江苏苏州虎丘法院以先特计公司无证据证明詹佳驹从智某慧公司购入的价格明显高于其他公司的销售价格,也没有证据证明上述交易给先特计公司造成损失为由,不予支持先特计公司主张詹佳驹违反竞业禁止义务进行自我交易所得归公司所有的请求。

---

① 参见江苏省高级人民法院(2016)苏民再296号民事判决书。

② 参见天津市北辰区人民法院(2015)辰民初字第4156号民事判决书;天津市第一中级人民法院(2015)一中民三终字第0552号民事判决书。

③ 参见苏州市虎丘区人民法院(2017)苏0505民初2813号民事判决书。

本书对上述前一种观点更为认同，而后一种观点混淆了公司行使收入归入权以及损害赔偿请求权的构成要件。首先，《公司法》通过不同的条款分别规定了公司行使收入归入权和损害赔偿请求权的条件，进一步结合《公司法》对于收入归入权的创设背景及其立法目的可知，公司收入归入权以及损害赔偿请求权的行使需满足不同的构成要件，尽管两者都以董事、高管违反忠实义务为前提，但公司利益是否受损并非公司行使收入归入权的前提。同样，董事、高管是否通过该违法行为获益也不应作为公司行使损害赔偿请求权的前提。

案例·21 – 典型案例 –

收入归入权的行使不以公司利益受损为前提

——乐辉公司与谢芳、信好公司损害公司利益责任纠纷再审案①

再审申请人(一审原告、二审上诉人)：乐辉公司。

再审被申请人(一审被告、二审被上诉人)：谢芳。

再审被申请人(一审第三人)：信好公司。

谢芳于2012年6月1日至2013年7月15日担任乐辉公司总经理。谢芳离职后，乐辉公司发现谢芳在担任总经理期间，未经公司股东会同意，与他人共同投资设立信好公司经营与乐辉公司同类的业务，且谢芳在该公司的出资比例为80%。同时，谢芳还利用其在乐辉公司担任总经理的职务便利，未经乐辉公司股东会同意，代表乐辉公司与信好公司进行交易，交易总额达1,889,724.07元。因此，乐辉公司起诉请求判令谢芳：(1)违反自我交易禁止性规定所获得的收入604,711元归乐辉公司所有；(2)违反竞业禁止义务所获得的收入10万元归乐辉公司所有。

江苏南京建邺法院驳回乐辉公司的诉讼请求。乐辉公司不服提起上诉。江苏南京中院撤销一审判决，改判支持乐辉公司主张的谢芳10万元收入归公司所有的请求并驳回其他诉讼请求。乐辉公司仍不服提起再审。江苏高院最终判决支持谢芳违反自我交易所获得的119,158.30元收入及违反竞业禁止业务获得的10万元收入归乐辉公司所有。

① 参见江苏省南京市建邺区人民法院(2014)建商初字第155号民事判决书；江苏省南京市中级人民法院(2015)宁商终字第252号民事判决书；江苏省高级人民法院(2016)苏民再296号民事判决书。

一审法院认为，对竞业限制的范围进行解释时，应当把握的一个原则便是考查公司高管从事的各种经营活动是否侵害了公司现实利益或者可预见的预期利益，以此作为判定标准。尽管谢芳系信好公司股东，但并未在本质上改变乐辉公司与信好公司原有的利益格局，乐辉公司亦未提供证据证明谢芳的行为篡夺了乐辉公司的商业机会，并损害了乐辉公司的商业利益。因此谢芳在信好公司担任股东的行为不违背高级管理人员竞业禁止义务的根本目的，不构成高级管理人员竞业禁止行为。谢芳时任乐辉公司总经理期间有权对外签署合同，且在谢芳从乐辉公司辞职之后，乐辉公司与信好公司之间仍有交易往来，乐辉公司章程亦未对此行为作出禁止性约定，乐辉公司未能提供证据证明谢芳实际操纵了乐辉公司与信好公司进行交易，故不能据此得出谢芳的行为系自我交易行为。最终，一审法院以证据不足为由驳回了乐辉公司的诉讼请求。

二审法院认为，谢芳系乐辉公司总经理，属于公司高级管理人员，谢芳在担任乐辉公司总经理期间，未经股东会、股东大会同意，利用其控股的信好公司与乐辉公司订立合同进行交易；其未经股东会或者股东大会同意，自营或为他人经营与乐辉公司经营范围相同的业务，其行为违反了公司高级管理人员对公司应有的忠实义务，根据法律规定，公司高级管理人员违反忠实义务的，其所获得的收入应当归公司所有。但在该交易中，乐辉公司是卖方、信好公司是买方，乐辉公司无证据证明在谢芳担任乐辉公司总经理期间，其向信好公司销售的医疗器械价格低于其向其他公司销售的价格，即乐辉公司无证据证明谢芳因实施乐辉公司与信好公司交易行为而获得了溢出利益，也没有证据证明因谢芳实施乐辉公司与信好公司的交易行为而给乐辉公司造成了损害或损失。因此，二审法院就乐辉公司主张谢芳违反忠实义务进行自我交易所获得的收入归公司的诉请不予支持。

再审法院认为，根据《公司法》第一百四十八条“董事、高级管理人员违反前款规定所得的收入应当归公司所有”的规定，公司行使归入权，并不以董事、高级管理人员的交易行为获得溢出利益，或者其行为给公司造成损害或损失为前提。只要董事、高级管理人员的交易行为违反公司章程的规定或者未经股东会、股东大会同意，其与公司进行交易获得收入即应归公司所有。因此，谢芳作为乐辉公司的高级管理人员，未经乐辉公司股东会、股东大会同意，以其担任股东的信好公司与乐辉公司进行交易所获得收入，均应归乐辉公司所有。

该案历经一审、二审和再审程序，且三级法院对于董事、高管违反忠实义务中竞业禁止业务以及自我交易限制行为的认定标准也皆不同，一审法院要求公司证明谢芳的行为篡夺了乐辉公司的商业机会，损害了乐辉公司的商业利益，并实际操纵了乐辉公司与信好公司进行交易，若无证据证明则不能认定谢芳违反了忠实义务；二审法院纠正了一审法院对于谢芳未违反忠实义务的认定，基于谢芳利用其与信好公司的控股关系与乐辉公司订立合同进行交易，并且自营与乐辉公司经营范围相同的业务，认定谢芳违反了忠实义务，但由于乐辉公司没有证据证明谢芳因实施乐辉公司与信好公司交易行为而获得了溢出利益，也没有证据证明因谢芳实施乐辉公司与信好公司的交易行为而给乐辉公司造成了损害或损失，故不支持乐辉公司对于谢芳违反忠实义务进行自我交易所获得的收入归公司的主张；再审法院认定了二审法院对于谢芳违反忠实义务中竞业禁止义务和自我交易限制的认定，但明确了公司行使归入权，并不以董事、高级管理人员的交易行为获得溢出利益，或者其行为给公司造成损害或损失为前提。本书较为赞同再审法院的认定，一审法院对于董事、高管违反忠实义务的认定过于机械和刻板，要求公司承担的举证责任过大，在实践中，公司往往很难提供如此细节和直接的证据，而使得董事、高管易于规避忠实义务的约束，导致忠实义务形同虚设。二审法院基于董事、高管设立并控股经营范围相同且无相反证据的公司并与所任职的公司发生交易推定董事、高管违反忠实义务的竞业禁止业务以及自我交易限制，该认定相对一审更为合理，也更有利于对公司利益的保护，再审法院亦认可了该认定方式，但二审法院混淆了公司行使收入归入权以及损害赔偿请求权的要件和基础，再审法院对这一点进行了纠正。

2. 收入归入权中的“收入”的认定

公司在主张收入归入权时，会引申出两个问题：

第一，“收入”应如何界定？《公司法》及司法解释并未对此作出明确界定，实践中亦存在不同观点。有观点认为，“收入”应当是本人直接获取的报酬，而非利润；也有观点认为，“收入”除本人所得的报酬外，还应当包括所得利润（包括既得利润与可得利润）；还有观点认为，“收入”应当除报酬及可分配利润外，还应当包括其他所得物品、其他可得利益以及既得或可得商业利益，即“收入”并非仅指金钱收入。本书认为，鉴于董事、高管违反忠实义务行为的多样性，不同的行为模式下的“收入”方式也各不相同，最终“收入”的界定应根据董事、高管实际违反忠实义务的具体行为结合其“获益”的核心要件在个案中分析和确定。

第二，收入应如何统计？现有法律及司法解释并未规定收入的统计方法。考虑到不同的情形下，“收入”的界定方式各不相同，其相应的统计方式同样是多种多样，比如通过账户往来金额测算个人因违反忠实义务所得的实际收入；又如，计算自营业务（或为他人经营同类业务）的利润，有根据业务收入扣除相应成本进行测算的,也有在收入无法测算的情况下按照行业普遍利润率进行酌定测算,还有根据自营业务(或为他人经营同类业务)的公司的市场价值结合违反忠实义务行为人所持的股权或者所享有的利益部分的比例综合进行测算。

案例·22　– 人民法院案例选案例 –

违反忠实义务的所得收入在无确切证据证明时，可参考行业一般盈利情况等酌情确定

——鑫波公司诉宋海涛损害公司利益责任纠纷上诉案①

上诉人(一审原告):鑫波公司。

被上诉人(一审被告):宋海涛。

鑫波公司系2011年4月2日在上海设立的外商投资企业,经营范围为:生产、加工肉制品(香肠、火腿),销售本公司自产产品并提供售后服务等,宋海涛担任公司的总经理。2012年6月7日,樊海波、宋成根(宋海涛之父)、宋海涛出资设立申根公司,宋海涛认缴出资15万元(持股30%),宋成根认缴出资25万元(持股50%),樊海波担任法定代表人。申根公司经营范围为:批发非实物方式;预包装食品(不含熟食卤味、冷冻冷藏);从事货物进出口业务;电子商务;日用百货销售等。2013年10月23日,鑫波公司向宋海涛发函,免除其总经理职务,并于2014年3月底为宋海涛办理了退工手续。一审中,鑫波公司诉称,宋海涛作为鑫波公司高级管理人员,违背法律规定的忠实和勤勉义务,在任职期间设立与鑫波公司经营范围相同的申根公司,并以申根公司名义开设网店销售鑫波公司的香肠制品,严重侵害了鑫波公司的合法权益。请求判令:宋海涛在职期间(2012年6月7日至2014年3月31日)从申根公司取得的收入人民币20万元(暂估)归鑫波公司所有。

上海嘉定法院以证据不足为由判决驳回鑫波公司的诉讼请求。鑫波公司不服一审判决,提起上诉。上海二中院撤销一审判决,判令被宋海涛赔偿鑫波食品(上海)有限公司人民币80,000元。

关于宋海涛是否违反忠实义务,一审法院认为,宋海涛在担任鑫波公司总经理

① 参见上海市嘉定区人民法院(2014)嘉民二(商)初字第2450号民事判决书;上海市第二中级人民法院(2015)沪二中民四(商)终字第793号民事判决书。

职务期间，另行与他人共同设立了与鑫波公司经营范围相同的申根公司，宋海涛此举虽难脱损害公司利益之嫌，但鑫波公司提供的证据尚不足以证实宋海涛直接参与申根公司的经营管理或者虽不直接参与，但对申根公司经营决策具有影响力，或者利用在鑫波公司处任职的便利为申根公司谋取了本属于鑫波公司的商业机会。而二审法院认为，宋海涛与其父亲宋成根合计持有申根公司80%的股权，故宋海涛称其并不参与申根公司的经营决策，亦从未获利，有悖常理，结合一般商事规律、普通大众认知及公序良俗，推定宋海涛利用职务便利为自己及申根公司谋取了本属于鑫波公司的商业机会，并且申根公司经营了与鑫波公司同类的业务，违反了我国《公司法》中高管的忠实、勤勉义务，损害了鑫波公司的利益，并使自身获利，故而应当承担相应法律责任。

关于宋海涛违反忠实义务的收入所得的认定，二审法院认为虽然鑫波公司对其主张的宋海涛在申根公司取得20万元收入一节缺乏明确的证据印证，但并不意味着宋海涛即可免除赔偿责任。首先，在宋海涛本人拒绝提供其在申根公司的收入证明的情况下，鑫波公司确无法通过合理途径进行取证。其次，二审中，经法院要求，宋海涛仍拒绝提供申根公司的资产负债表及其销售香肠类制品的统计数据，导致法院无从核实申根公司的具体经营项目、销售盈亏状况以及职员工资收入等情况。再次，宋海涛亦未提供证据证实申根公司于网店中销售的香肠类制品系通过正常的商业途径从鑫波公司处取得，并有权进行转售。最后，宋海涛对于鑫波公司提供的有关申根公司20余万元的网店销售记录，仅以截图未经公证、真实性无法确认、时间不明等为由粗略质证，而未提供其自行统计的销售记录、销售成本、盈利数据等加以反证，应承担不利后果。基于上述分析，上海二中院结合查明的事实及现有证据，并参考香肠类制品的一般盈利情况以及宋海涛在申根公司30%的持股比例，认为应当酌情改判宋海涛赔偿鑫波公司8万元。

七、法律法规及适法意见

（一）全国性

1.《公司法》节选

第二十条　公司股东应当遵守法律、行政法规和公司章程，依法行使股东权利，不得滥用股东权利损害公司或者其他股东的利益；不得滥用公司法人独立地位和股东有限责任损害公司债权人的利益。

公司股东滥用股东权利给公司或者其他股东造成损失的，应当依法承担赔偿责任。

公司股东滥用公司法人独立地位和股东有限责任，逃避债务，严重损害公司债权人利益的，应当对公司债务承担连带责任。

第二十一条 公司的控股股东、实际控制人、董事、监事、高级管理人员不得利用其关联关系损害公司利益。

违反前款规定，给公司造成损失的，应当承担赔偿责任。

第一百四十七条 董事、监事、高级管理人员应当遵守法律、行政法规和公司章程，对公司负有忠实义务和勤勉义务。

董事、监事、高级管理人员不得利用职权收受贿赂或者其他非法收入，不得侵占公司的财产。

第一百四十八条 董事、高级管理人员不得有下列行为：

（一）挪用公司资金；

（二）将公司资金以其个人名义或者以其他个人名义开立账户存储；

（三）违反公司章程的规定，未经股东会、股东大会或者董事会同意，将公司资金借贷给他人或者以公司财产为他人提供担保；

（四）违反公司章程的规定或者未经股东会、股东大会同意，与本公司订立合同或者进行交易；

（五）未经股东会或者股东大会同意，利用职务便利为自己或者他人谋取属于公司的商业机会，自营或者为他人经营与所任职公司同类的业务；

（六）接受他人与公司交易的佣金归为己有；

（七）擅自披露公司秘密；

（八）违反对公司忠实义务的其他行为。

董事、高级管理人员违反前款规定所得的收入应当归公司所有。

第一百四十九条 董事、监事、高级管理人员执行公司职务时违反法律、行政法规或者公司章程的规定，给公司造成损失的，应当承担赔偿责任。

第一百五十条 股东会或者股东大会要求董事、监事、高级管理人员列席会议的，董事、监事、高级管理人员应当列席并接受股东的质询。

董事、高级管理人员应当如实向监事会或者不设监事会的有限责任公司的监事提供有关情况和资料，不得妨碍监事会或者监事行使职权。

第一百五十一条 董事、高级管理人员有本法第一百四十九条规定的情形的，有限责任公司的股东、股份有限公司连续一百八十日以上单独或者合计持有公司百分之一以上股份的股东，可以书面请求监事会或者不设监事会的有限责任公司的监事向人民法院提起诉讼；监事有本法第一百四十九条规定的情形的，前述股东可以书面请求董事会或者不设董事会的有限责任公司的执行董事向人民法院提起诉讼。

监事会、不设监事会的有限责任公司的监事,或者董事会、执行董事收到前款规定的股东书面请求后拒绝提起诉讼,或者自收到请求之日起三十日内未提起诉讼,或者情况紧急、不立即提起诉讼将会使公司利益受到难以弥补的损害的,前款规定的股东有权为了公司的利益以自己的名义直接向人民法院提起诉讼。

他人侵犯公司合法权益,给公司造成损失的,本条第一款规定的股东可以依照前两款的规定向人民法院提起诉讼。

2.《公司法司法解释(一)》(2014 年修正)节选

第四条　公司法第一百五十一条规定的 180 日以上连续持股期间,应为股东向人民法院提起诉讼时,已期满的持股时间;规定的合计持有公司百分之一以上股份,是指两个以上股东持股份额的合计。

3.《公司法司法解释(四)》节选

第二十三条　监事会或者不设监事会的有限责任公司的监事依据公司法第一百五十一条第一款规定对董事、高级管理人员提起诉讼的,应当列公司为原告,依法由监事会主席或者不设监事会的有限责任公司的监事代表公司进行诉讼。

董事会或者不设董事会的有限责任公司的执行董事依据公司法第一百五十一条第一款规定对监事提起诉讼的,或者依据公司法第一百五十一条第三款规定对他人提起诉讼的,应当列公司为原告,依法由董事长或者执行董事代表公司进行诉讼。

第二十四条　符合公司法第一百五十一条第一款规定条件的股东,依据公司法第一百五十一条第二款、第三款规定,直接对董事、监事、高级管理人员或者他人提起诉讼的,应当列公司为第三人参加诉讼。

一审法庭辩论终结前,符合公司法第一百五十一条第一款规定条件的其他股东,以相同的诉讼请求申请参加诉讼的,应当列为共同原告。

第二十五条　股东依据公司法第一百五十一条第二款、第三款规定直接提起诉讼的案件,胜诉利益归属于公司。股东请求被告直接向其承担民事责任的,人民法院不予支持。

第二十六条　股东依据公司法第一百五十一条第二款、第三款规定直接提起诉讼的案件,其诉讼请求部分或者全部得到人民法院支持的,公司应当承担股东因参加诉讼支付的合理费用。

4.《九民纪要》节选

24.【何时成为股东不影响起诉】股东提起股东代表诉讼,被告以行为发生时原告尚未成为公司股东为由抗辩该股东不是适格原告的,人民法院不予支持。

25.【正确适用前置程序】根据《公司法》第151条的规定,股东提起代表诉讼的前置程序之一是,股东必须先书面请求公司有关机关向人民法院提起诉讼。一般情况下,股东没有履行该前置程序的,应当驳回起诉。但是,该项前置程序针对的是公司治理的一般情况,即在股东向公司有关机关提出书面申请之时,存在公司有关机关提起诉讼的可能性。如果查明的相关事实表明,根本不存在该种可能性的,人民法院不应当以原告未履行前置程序为由驳回起诉。

26.【股东代表诉讼的反诉】股东依据《公司法》第151条第3款的规定提起股东代表诉讼后,被告以原告股东恶意起诉侵犯其合法权益为由提起反诉的,人民法院应予受理。被告以公司在案涉纠纷中应当承担侵权或者违约等责任为由对公司提出的反诉,因不符合反诉的要件,人民法院应当裁定不予受理;已经受理的,裁定驳回起诉。

27.【股东代表诉讼的调解】公司是股东代表诉讼的最终受益人,为避免因原告股东与被告通过调解损害公司利益,人民法院应当审查调解协议是否为公司的意思。只有在调解协议经公司股东(大)会、董事会决议通过后,人民法院才能出具调解书予以确认。至于具体决议机关,取决于公司章程的规定。公司章程没有规定的,人民法院应当认定公司股东(大)会为决议机关。

5.《民事诉讼法》节选

第二十六条　因公司设立、确认股东资格、分配利润、解散等纠纷提起的诉讼,由公司住所地人民法院管辖。

第二十八条　因侵权行为提起的诉讼,由侵权行为地或者被告住所地人民法院管辖。

6.《民事诉讼法司法解释》节选

第二十二条　因股东名册记载、请求变更公司登记、股东知情权、公司决议、公司合并、公司分立、公司减资、公司增资等纠纷提起的诉讼,依照民事诉讼法第二十六条规定确定管辖。

(二)地方性

1.《上海市高级人民法院关于审理涉及公司诉讼案件若干问题的处理意见(一)》(沪高法〔2003〕216号)

五、控股股东或高级管理人员侵害公司利益纠纷的相关问题

1.公司股东代表公司对控股股东或高级管理人员侵害公司利益的不当行为提起诉讼的(股东派生诉讼),人民法院应予受理,不应以其为非本案直接利害关系人

而认定其不具备原告资格。

2. 在审理时，应注意审查以下问题：第一，原告应是现任股东，被告应是作出不当行为的公司控股股东、高级管理人员以及相关交易的相对人。股东提起诉讼之后，法院应通知公司以第三人的身份参加诉讼。第二，应查明公司的利益是否受到实际损害；被告是否实施造成权利义务关系严重失衡的不当行为；公司利益受到的损害与被告的不当行为之间是否存在因果关系；有关交易的相对人被列为共同被告的，应审查其是否为非善意；公司是否因为不当行为人所控制而不能以自己的名义提起诉讼。第三，当事人在诉讼中提出和解的，若经查实该和解方案损害其他股东利益或公司利益的，则对该和解方案不予批准而应继续审理。第四，原告诉请成立的，可以判令撤销有关的交易行为，或判令不当行为人与有关交易的相对人对公司承担损害赔偿责任，并判令公司对原告予以适当补偿。

2.《深圳市中级人民法院关于妥善审理涉关联交易纠纷案件的通知》

三、正确界定合法关联交易与违法关联交易的界限

证实存在违法关联交易是审理涉关联交易纠纷案件的切入点和关键。《公司法》第二十一条第一款规定："公司的控股股东、实际控制人、董事、监事、高级管理人员不得利用其关联关系损害公司利益。"该法条规定是规制关联交易的法律基础和原则，概括说明了合法关联交易和违法关联交易的界限。即"损害公司利益"是认定违法关联交易的根本标准：如果是合法的利用关联关系，没有损害公司利益，给公司创造财富，那就是合法关联交易；如果是利用不当的关联关系，损害公司利益，则就是违法关联交易。

实践中，违法关联交易损害的不仅是公司利益，同时损害公司少数股东利益，损害公司债权人利益的关联交易也大量存在，也属于违法关联交易的范畴。

司法实践中，判断关联交易行为是否合法，应重点考量以下几方面因素：一是关联交易是否违反法律规定的程序要件，即关联交易的披露和批准制度履行情况；二是关联交易行为是否违反法律、行政法规、公司章程的规定；三是交易目的是否正当，交易动机是否存在诸如操纵市场、转移利润或财产、虚假报表、逃避税收等恶意；四是交易价格是否符合市场公允价格，是否给公司带来现实的或明显可能发生的损失；五是关联交易本身是否违反常规，即商业交易习惯。

原告以关联交易损害公司利益为由提起诉讼，应提供初步证据证明可能存在关联交易损害公司利益的情形，被告应就不存在关联交易或关联交易未损害公司利益承担举证责任。

人民法院经审查并结合相关事实，确信关联交易行为损害公司利益具有高度

可能性的，应当认定该事实存在。

四、依法认定关联交易的内部赔偿责任

《规定》明确规定了关联交易损害公司利益的，履行法定程序不能豁免关联交易赔偿责任。实践中，审理公司关联交易损害责任纠纷案件时，相关行为人往往会以其行为已经履行了合法程序而进行抗辩，最主要的是经过了公司股东会或董事会决议批准，且行为人按照规定回避表决等。但是，关联交易的核心是公平，如果违反公平原则，即使交易已经履行了相应的程序，但损害公司利益，公司依然可以主张行为人承担损害赔偿责任。

鉴于关联交易情形下，行为人往往控制公司或者对公司决策能够产生重大影响，公司本身很难主动主张赔偿责任，故符合《公司法》第一百五十一条第一款规定条件的股东，可以依据《公司法》第一百五十一条第二款、第三款规定，以关联交易人即控股股东、实际控制人、董事、监事、高级管理人员为被告，提起股东代表诉讼，请求赔偿因关联交易所造成的损失。

符合《公司法》第一百五十一条第一款规定条件的股东，在起诉前有权依据《公司法》第三十三条、第九十七条规定行使股东知情权。

股东提起股东代表诉讼，其诉讼请求部分或者全部得到人民法院支持的，公司应当承担股东因参加诉讼支付的合理费用。

3.《江西省高级人民法院关于审理公司纠纷案件若干问题的指导意见》（赣高法〔2008〕4号）

（四）股东代表诉讼纠纷

60.股东代表诉讼纠纷由公司住所地人民法院管辖。

61.有限责任公司股东可以作为原告提起股东代表诉讼。股份有限公司股东提起诉讼时，已经连续一百八十日以上持股，并单独或合计持股占公司股份百分之一以上的，人民法院应认定其具有原告资格。

诉讼中，原告丧失股东资格的，人民法院应裁定驳回起诉。

62.股东提起代表诉讼，未将公司列为诉讼当事人的，人民法院应当通知公司作为第三人参加诉讼。公司法定代表人为被告时，由公司监事会主席或监事代表公司参加诉讼。

股东提起代表诉讼后，公司就同一事实和理由另行提起诉讼的，人民法院不予受理。但股东代表诉讼被人民法院裁定不予受理或驳回起诉的除外。

63.股东代表诉讼中，人民法院支持原告诉讼请求的，应将诉讼请求的利益判归公司，股东因为诉讼所支出的合理费用，除判令由被告承担的外，可以向公司主张承担。人民法院不支持原告诉讼请求的,与诉讼相关费用均由提起诉讼的股东负担;部分支持的,按比例确定上述费用的负担。

64. 股东提起代表诉讼,人民法院驳回其诉讼请求的,其他股东以相同的事实和理由再次起诉的,人民法院不予受理。

65. 股东代表诉讼中,当事人达成和解协议并经公司股东会或股东大会决议通过,原告申请撤诉或者当事人申请人民法院出具调解书的,人民法院应裁定撤诉或者出具调解书。

4.《山东高级人民法院关于审理公司纠纷案件若干问题的意见(试行)》(鲁高法发〔2007〕3 号)

(四)股东代表诉讼纠纷

73. 股东依照《公司法》第一百五十二条之规定提起诉讼的,案由应确定为股东代表诉讼纠纷。

74. 股东代表诉讼纠纷由公司住所地人民法院管辖。

75. 有限责任公司股东可以作为原告提起股东代表诉讼。股份有限公司股东提起诉讼时,已经连续一百八十日以上持股,并单独或合计持股在公司股份百分之一以上的,人民法院应认定其具有原告资格。

诉讼中,原告丧失股东资格的,人民法院应裁定驳回起诉。

76. 股东提起代表诉讼,未将公司列为诉讼当事人的,人民法院应当通知公司作为第三人参加诉讼。

股东提起代表诉讼后,公司就同一事实和理由另行提起诉讼的,人民法院不予受理。但股东代表诉讼被人民法院裁定不予受理或驳回起诉的除外。

77. 股东未按照《公司法》第一百五十二条第一款、第二款规定向监事会、不设监事会的有限责任公司监事,或者董事会、不设董事会的有限责任公司的执行董事提出书面请求而直接向人民法院起诉的,人民法院不予受理。但情况紧急、不立即提起诉讼将会使公司利益受到难以弥补的损害的除外。

股东依据《公司法》第一百五十二条第三款规定起诉的,应事先向董事会或者不设董事会的有限责任公司的执行董事提出书面请求,否则人民法院不予受理。但情况紧急、不立即提起诉讼将会使公司利益受到难以弥补的损害的除外。

78. 股东代表诉讼中,人民法院支持原告诉讼请求的,应将诉讼请求的利益判归公司。

上述情形,股东因为诉讼所支出的合理费用,除判令由被告承担的外,可以向公司主张承担。

79. 股东提起代表诉讼，人民法院驳回其诉讼请求的，其他股东以相同的事实和理由再次起诉的，人民法院不予受理。

80. 股东代表诉讼中，当事人达成和解协议并经公司股东会或股东大会决议通过，原告申请撤诉或者当事人申请人民法院出具调解书的，人民法院可以裁定撤诉或者出具调解书。

5.《江苏省高级人民法院审理适用公司法案件若干问题的意见（试行）》（苏高法审〔2003〕2 号）

二、关于公司诉讼案件类型和诉讼主体

（二）损害公司权益纠纷

15. 股东不履行对公司义务纠纷。

股东未缴纳或未足额缴纳所认缴的出资额，公司可以该股东为被告要求其补缴出资。（《公司法》第二十五条）

股东作为出资的实物、工业产权、非专利技术、土地使用权的实际价额显著低于公司章程所定价额的，公司可以该股东和公司成立时的其他股东为共同被告要求其承担连带责任。（《公司法》第二十八条）

公司起诉违法抽回出资或股本的股东返还出资或股本的，可列帮助抽逃出资的股东、董事、经理等共同侵权人为共同被告，要求其承担连带责任。（《公司法》第三十四条、第九十三条）

股东违反《中华人民共和国证券法》第四十一条、第四十二条的规定买卖股票的，公司可以该股东为被告要求其给付所得收益。

股份有限公司设立过程中，由于发起人的过错致使公司利益受到损害的，公司可以发起人为共同被告要求其承担连带责任。（《公司法》第九十七条）

股东、董事、经理及其他人侵占公司印鉴、财务账册的，公司可以侵占者为被告要求其返还，并赔偿因此给公司经营造成的损失。公司公章被侵占，公司以董事长签名的诉状起诉的，应当受理，但董事长已被股东大会罢免的除外。（《公司法》第五十九条）

16. 董事、监事、经理损害公司利益纠纷。

董事、经理违反竞业禁止义务的，公司可以董事、经理为被告要求其停止侵害、给付因竞业禁止行为所获得的收益或赔偿损失。（《公司法》第六十一条）

17. 股东代表诉讼。

公司高级管理人员或控股股东等以不当行为侵害公司利益，公司在不当行为控制之下不能或怠于以自己名义主张权利，公司股东代表公司利益对不当行为人提起诉讼的，人民法院应予受理。提起诉讼的原告应是公司现任股东，被告应是作出不当行为的董事、监事、经理等高级管理人员、控股股东以及相关交易的相对人，公司应作为第三人参加诉讼。

八、关于公司董事、经理违反竞业禁止义务的民事责任

79. 公司董事、经理有下列行为之一的，应认定为违反竞业禁止义务：

(1)以自己的名义从事与公司业务相同的经营活动；

(2)为他人从事与公司业务相同的经营活动；

(3)担任与公司业务相同的其他企业的合伙人；

(4)侵占他人提供给公司的商业机会；

(5)利用公司为自己创造商业机会的；

(6)利用公司的商标权、专利权、著作权、专有技术、商业秘密为自己或者自己兼任董事、经理的企业谋取利益；

(7)其他违反竞业禁止义务的行为。

80. 对公司董事、经理从事竞业禁止行为所获得的收益，公司可以行使归入权。所获收益是指董事、经理已经取得或约定取得的收益。

81. 竞业禁止不适用于公司股东、监事。

第十章
公司关联交易损害责任纠纷

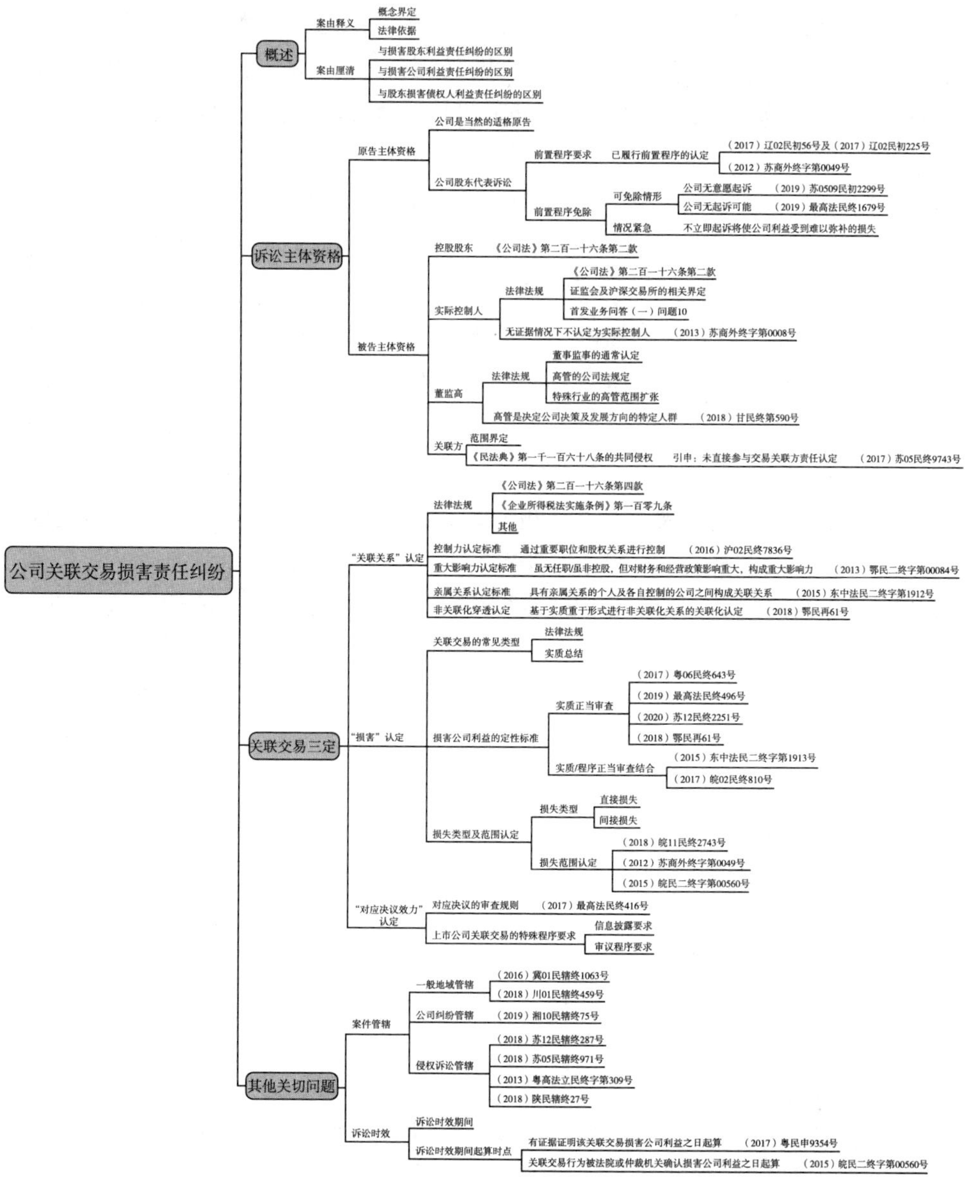

一、概述

（一）案由释义

在现代经济活动中，经济资源的有限性、信息不对称的长期存在及市场竞争的激烈，催生了关联交易的产生。通过关联交易，企业可以实现资源快速重组、节省交易成本、提高运营效率、获取规模经济效益、调节收入等目的①。但并非所有的关联交易都具备上述正面价值导向，对于企业而言，关联交易是一把"双刃剑"，也有可能被拥有控制力或重大影响力的主体利用，导致企业资源或财产流失，从而损害公司的利益，进一步而言，该种关联交易也有可能导致股东、债权人利益受损，纠纷由此产生。

《公司法》第二十一条规定：公司的控股股东、实际控制人、董事、监事、高级管理人员不得利用其关联关系损害公司利益。违反前款规定，给公司造成损失的，应当承担赔偿责任。其间产生的纠纷，即为公司关联交易损害责任纠纷。具体而言，公司关联交易损害责任纠纷，是指公司的控股股东、实际控制人、董事、监事、高级管理人员利用关联关系，给公司造成损失而产生的纠纷②。

（二）案由厘清

通过考察司法案件中的争议问题可以发现，公司关联交易损害责任纠纷案由项下包括哪些纠纷类型及其与其他相关案由的区别与界限可能成为案件争议的焦点问题之一。因此，有必要对公司关联交易损害责任纠纷与易混淆的案由进行区分，以便准确理解各自对应的法律关系，为正确处理纠纷设立基准。（见图）

---

① 参见孙鸿滨：《上市公司关联交易的界定与规范——一件关联交易案件的思考》，载《当代法学》2003 年第 1 期。

② 参见景汉朝主编：《民事案件案由新释新解与适用指南——根据新民事诉讼法展开》，人民法院出版社 2013 年版，第 524 页。

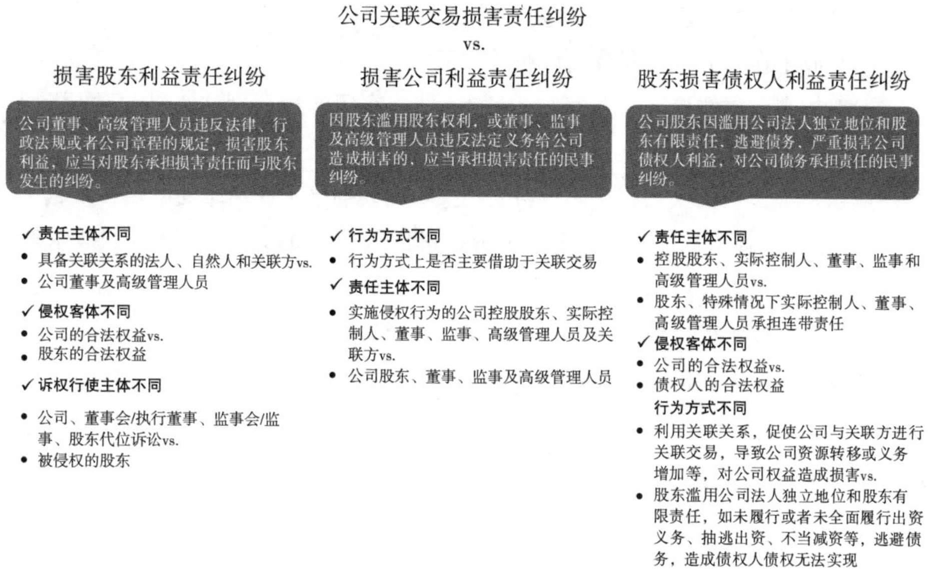

图 10－1　公司关联交易损害责任纠纷案由厘清

1. 与损害股东利益责任纠纷的区别

损害股东利益责任纠纷，是指公司董事、高级管理人员违反法律、行政法规或者公司章程的规定，损害股东利益，应当对股东承担损害赔偿责任而与股东发生的纠纷。损害股东利益责任纠纷与公司关联交易损害责任纠纷存在如下区别：

(1)责任主体不同。公司关联交易损害责任纠纷的责任主体是具备关联关系的法人、自然人和关联方，而损害股东利益责任纠纷的责任主体则为公司董事及高级管理人员。

(2)侵权客体不同。公司关联交易损害责任纠纷损害的客体是公司的合法权益，而损害股东利益责任纠纷损害的客体则是股东的合法权益。

(3)诉权行使主体不同。在公司关联交易损害责任纠纷中，适格原告包括公司、董事会/执行董事、监事会/监事，在上述主体不能或不愿行使诉权时，股东方能行使代位诉权；而损害股东利益责任纠纷的诉权行使主体则是主张被侵权的股东。

2. 与损害公司利益责任纠纷的区别

损害公司利益责任纠纷，是指因股东滥用股东权利，或董事、监事及高级管理人员违反法定义务给公司造成损害的，应当承担损害责任的民事纠纷。

损害公司利益责任纠纷与公司关联交易损害责任纠纷的区别除了在行为方式上是不是主要借助于关联交易这一主要区别以外，还在于责任主体的不同：损害公司利益责任纠纷的责任主体为公司股东、董事、监事及高级管理人员，而公司关联交易损害责任纠纷的责任主体范围较大，还包括实施侵权行为的实际控制人及关联方。

3. 与股东损害债权人利益责任纠纷的区别

股东损害公司债权人利益纠纷，是指公司股东因滥用公司法人独立地位和股东有限责任，逃避债务，严重损害公司债权人利益，对公司债务承担责任的民事纠纷。股东损害公司债权人利益纠纷与公司关联交易损害责任纠纷的区别在于：

(1)责任主体不同。公司关联交易损害责任纠纷的责任主体除了控股股东外，还包括实际控制人、董事、监事和高级管理人员，该类主体对公司具备控制力或重大影响力。而股东损害债权人利益责任纠纷的责任主体限于股东，且对该类股东并无控制力或重大影响力的要求，在特殊情况下，实际控制人、董事、高级管理人员承担连带责任，但主要责任主体还是股东。

(2)侵权客体不同。公司关联交易损害责任纠纷损害的客体是公司的合法权益，而损害债权人利益责任纠纷损害的客体是债权人的合法权益。

(3)行为方式不同。公司关联交易损害责任纠纷的侵权行为方式为利用关联关系，促使公司与关联方进行关联交易，导致公司资源转移或义务增加等，对公司权益造成损害；而股东损害公司债权人利益纠纷的侵权行为方式是股东滥用公司法人独立地位和股东有限责任，如未履行或者未全面履行出资义务、抽逃出资、不当减资、人格混同等，逃避债务，造成债权人的债权无法实现。

二、公司关联交易损害责任纠纷的原告主体资格

(一)公司是当然的适格原告

公司关联交易损害责任纠纷，是公司的控股股东、实际控制人、董事、监事或高级管理人员利用关联关系损害公司利益引发的纠纷。在本案由项下，利益受到损害的主体为公司。作为权益受到损害的一方，公司理应享有该类纠纷的诉权。

赋予公司诉权的直接法律依据为《公司法》第二十一条。在本案由项下，行为主体利用关联交易，最惯常的行为方式是转移公司资源，导致公司财产减少，或增加公司义务，由此损害公司的财产权等其他民事权益。在该类案件中，公司最主要的诉讼请求就是要求行为人赔偿损失。《公司法》第二十一条规定，公司的控股股东、实际控制人、董事、监事、高级管理人员利用其关联关系损害公司利益，给公司造成损失的，应当承担赔偿责任。由此可见，此类诉讼的本质是损害赔偿之诉，故在诉权依据层面与《民法典》第一百二十条规定的“民事权益受到损害的，被侵权人有权请求侵权人承担侵权责任”相一致。由此，公司作为本案由项下的适格原告具备充足的法律依据。

（二）公司股东可提起代表诉讼

在本案由项下，虽然权益被损害的直接主体为公司，但公司利益受损在很大程度上意味着股东的合法权益，如分红权等受到最终损害。在关联交易中，由于责任人通常是对公司具有控制力或重大影响的主体，极容易出现公司意志被操控的情形。而公司要作为诉讼主体对责任人提起诉讼，往往要经过内部决议，在公司意志被操控的情况下，很难期待公司有绝对的自由和意愿行使诉权。因此，在特殊情况下，公司股东可以自己名义就损害公司利益的关联交易提起代表诉讼。在公司关联交易损害责任纠纷项下，股东代表诉讼诉权的行使具有其独特特征。

1. 股东已履行前置程序的认定

根据《公司法》第一百四十九条和第一百五十一条的规定，股东提起代表诉讼需满足两个条件：一是主体要求，有限责任公司的股东在提起代表诉讼时必须具备股东身份，股份有限公司提起代表诉讼的股东必须连续一百八十日以上单独或者合计持有公司百分之一以上股份；二是前置程序要求，股东需用尽内部救济手段，或情况紧急，不立即起诉将会使公司利益受到难以弥补的损害的，股东才能向法院提起代表诉讼。而争议焦点往往就在于股东是否履行前置程序。

股东代表诉讼实质是对公司自治的干涉或超越，是在当代表公司进行意思表示的机关确无代表公司提起诉讼的前提下，为保障股东权益而为股东设立的最终救济途径。因此《公司法》要求，股东提起代表诉讼的前提是穷尽所有内部救济方式。所谓穷尽所有内部救济方式包含两个方面内容：一是股东就关联交易向公司提交书面申请，明确要求公司就关联交易提起诉讼；二是公司权力机构对此表示拒绝或置之不理。在此情况下，股东方能提起代表诉讼。

案例·1　– 典型案例 –

股东书面申请未指明具体关联交易的，视为未履行前置程序

——德信公司与统达公司、天安国际公司关联交易损害责任纠纷案[①]

原告：德信公司。

被告：统达公司、天安国际公司。

德信公司是天安房地产公司的小股东，于 2015 年委托会计师事务所对天安房

① 参见辽宁省大连市中级人民法院（2017）辽 02 民初 56 号民事裁定书。

地产公司股东及关联公司借款资金占用(2006 年 1 月 1 日至 2015 年 5 月 31 日)等事项进行审计。根据审计报告内容,结合其他证据,德信公司发现:2007 年 11 月至 2009 年 3 月,统达公司利用控股股东身份,擅自将天安房地产公司资金 7400 万元无偿出借给天安国际公司。德信公司认为统达公司、天安国际公司利用关联关系,通过无偿借款方式致使天安房地产公司遭受损失,应当由侵权责任方连带赔偿。德信公司曾于 2016 年 11 月 30 日及 12 月 27 日两次向天安房地产公司发函,要求其对统达公司利用关联关系损害公司利益行为提起诉讼,天安房地产公司未起诉。故,德信公司向辽宁大连中院提起股东代表诉讼。

辽宁大连中院认为德信公司未履行前置程序,裁定驳回起诉。

辽宁大连中院经审查认为,德信公司提交了《请求董事会以公司名义提起诉讼的函》及《关于对〈请求董事会以公司名义提起诉讼的函〉答复事宜的函》,但该两份函并未载明本案案涉“7400 万元无偿借款”,亦未要求对天安国际公司提起诉讼,应当认定德信公司就“案涉 7400 万元无偿借款”关联交易未履行前置程序,不符合起诉条件。

对股东向公司提交的书面请求内容作出要求的,还有“金园公司、南洋公司等与高金公司、机床集团公司等公司关联交易损害责任纠纷案”①,辽宁大连中院认为,原告股东提交的书面请求中,并没有具体载明关联交易的对象、金额以及给公司造成的损失金额,要求起诉的事项模糊不清;原告股东未提交证据证明已向公司发送该书面请求,且公司拒绝起诉的意见仅为监事个人意见,不代表监事会意见;此外,原告股东未提交证据证明存在免除前置程序的例外情形。因此认定原告并未履行前置程序,不是适格原告,裁定驳回其起诉。

案例 · 2 – 典型案例 –

书面申请中未明确要求公司就关联交易提起诉讼的,仍视为履行了前置程序

——浩普公司与瑞士魏克公司关联交易损害责任纠纷上诉案②

上诉人(一审被告):瑞士魏克公司。

① 参见辽宁省大连市中级人民法院(2017)辽 02 民初 225 号民事裁定书。

② 参见江苏省泰州市中级人民法院(2011)泰中商外初字第 0003 号民事判决书;江苏省高级人民法院(2012)苏商外终字第 0049 号民事判决书。

上诉人(一审第三人):泰州魏德曼公司。

被上诉人(一审原告):浩普公司。

泰州魏德曼公司为中外合资企业,于1995年12月26日成立,股东为浩普公司和瑞士魏克公司。1997年10月24日,瑞士魏克公司与泰州魏德曼公司董事李新根共同成立香港魏德曼公司。

2004年11月30日,泰州市国家税务局第四税务分局认定泰州魏德曼公司从2000年至2002年12月31日,与香港魏德曼公司的业务往来中,采用转让定价方式销售商品,价格明显偏低,不符合公平交易原则和正常经营常规,调整了应纳税所得额。

2005年4月28日,浩普公司致函泰州魏德曼公司及董事会,提出瑞士魏克公司转让定价的行为严重损害了泰州魏德曼公司的利益,也损害了中方股东的利益,要求泰州魏德曼公司在接到函件后3个月内要求瑞士魏克公司停止侵权行为并赔偿全部损失,否则,作为泰州魏德曼公司的股东,浩普公司将有权依法提起代表诉讼。同年7月19日,泰州魏德曼公司董事长回函称浩普公司了解泰州魏德曼公司此前的出口模式,而现在却突然对这种长期建立且有效运作的实践提出质疑,这种做法是不适宜的。

2007年7月17日、2008年6月30日、2010年6月28日,浩普公司又先后致函泰州魏德曼公司及总经理与董事会成员,重申了此前的要求。2010年12月30日,浩普公司向江苏泰州中院提起诉讼,请求判令瑞士魏克公司、香港魏德曼公司赔偿因关联交易造成第三人泰州魏德曼公司的损失24,531,149.54元,其中,利润损失19,730,807.13元,利息4,800,342.41元。瑞士魏克公司、泰州魏德曼公司辩称浩普公司未履行前置程序,本案也无"情况紧急"情形,原告主体不适格。

江苏泰州中院认为浩普公司已履行前置程序,具备原告主体资格,对利润损失金额予以调整,判决瑞士魏克公司返还第三人泰州魏德曼公司19,661,470.74元,并支付利息4,800,342.41元。瑞士魏克公司、泰州魏德曼公司不服一审判决提起上诉。江苏高院二审判决驳回上诉,维持原判。

本案的争议焦点之一为浩普公司提起股东代表诉讼是否符合《公司法》(2013年修正前)第一百五十二条规定的前置程序,更具体地说是否必须在前置程序中明确要求公司对关联交易提起诉讼。对此,一审法院和二审法院观点一致,均认为浩普公司已履行前置程序,具备原告主体资格。

一审法院认为,浩普公司多次致函泰州魏德曼公司及董事会,明确提出要求在

3个月内停止所有违约侵权行为、赔偿全部损失，同时郑重声明浩普公司将保留依法提起代表诉讼的权利。虽然这些函件没有明确写明要求公司提起诉讼，但按照对上述函件的一般理解，这是浩普公司向泰州魏德曼公司及董事会提出书面请求，要求泰州魏德曼公司采取措施来维护公司合法权益。对于维权而言，起诉是一种常用方式，如果泰州魏德曼公司能够通过其他方式来维护公司权益，则无须通过诉讼途径解决，否则应当提起诉讼。瑞士魏克公司是泰州魏德曼公司的控股股东，公司董事会亦由瑞士魏克公司控制，在这种情形下，要求公司董事会起诉控股股东往往是不现实的。公司董事会在数次接到浩普公司要求维护公司合法权益的相关函件后，只是认为瑞士魏克公司不存在违约或侵权行为，而拒绝采取相应措施。因此可以认定浩普公司提起股东代表诉讼符合《公司法》(2013年修正前)第一百五十二条规定的前置程序。二审法院肯定了一审法院的观点。

上述两个案例都是对股东向公司提出的书面申请有效性进行审查。案例1着重于审查书面申请是否明确指向关联交易，否则不视为有效的书面申请；案例2则认为，即便书面申请没有直接要求公司提起诉讼，但按一般理解，股东能表达出与要求公司提起诉讼一样的请求，则应当认为该书面申请符合前置程序的要求。

本书认为，基于现实情况的复杂性，以及当事人表达的差异性，对于股东向公司提出的书面申请有效性的认定，不应该过于僵化，只要能表达出股东要求代表公司进行意思表示的机关就关联交易维护公司权益的请求，就应当视为有效。

2. 可免除履行前置程序的情形

《公司法》对于股东代表诉讼的限制，体现了司法的有限介入原则，但该原则是建立在股东尚可通过内部救济方式维权的前提下。如果在内部救济已经不可能或已无必要的情况下，则可以免除履行前置程序的义务，由股东直接提起代表诉讼。如"七宝公司与浙江富春江公司公司关联交易损害责任纠纷案"①中，江苏苏州吴江法院认为，在有证据证明公司没有向关联交易相关主体起诉并主张权利的意愿时，要求股东再履行前置程序，显然也将遭到拒绝，徒增当事人讼累，因此股东无须履行前置程序即可提起代表诉讼。

此外，在其他案由项下，也有相关案例涉及上述可免除履行前置程序义务的特殊情形，同样值得借鉴。

① 参见江苏省苏州市吴江区人民法院(原江苏省吴江市人民法院)(2019)苏0509民初2299号民事判决书。

案例·3　-最高人民法院案例-

公司不存在提起诉讼可能时，股东无须履行前置程序

——周长春、庄士中国公司损害公司利益责任纠纷上诉案①

上诉人（一审原告）：周长春。

被上诉人（一审被告）：庄士中国公司、李世慰、彭振傑。

一审第三人：湖南汉业公司。

周长春为湖南汉业公司的股东之一，湖南汉业公司董事会共有董事5人，即李世慰、李美心、彭振傑、庄学农、周长春。周长春认为湖南汉业公司实际控制人和高级管理人员利用关联关系和管理人地位，实施损害公司财产及其他利益的行为，向湖南高院起诉，要求湖南汉业公司两个董事李世慰、彭振傑承担赔偿责任。

湖南高院认为，周长春未履行法律规定的提起股东代表诉讼的前置程序，同时本案客观上也不具备"情况紧急、损失难以弥补"的法定情形，周长春无权依据上述规定提出股东代表诉讼，裁定驳回周长春的起诉。周长春不服一审判决提起上诉。最高人民法院二审查明，湖南汉业公司明确表示该公司没有工商登记的监事和监事会。最高人民法院裁定撤销一审裁定，指令一审法院审理。

本案中，争议焦点之一在于提起股东代表诉讼的股东在没有履行前置程序时，可否成为适格原告。对此，一审法院和二审法院的观点截然不同。

一审法院认为，原告无法证明其在起诉前履行了前置程序。对于原告的辩称，一审法院认为，湖南汉业公司董事会共有董事5人，即李世慰、李美心、彭振傑、庄学农、周长春，周长春作为本案原告起诉其中两名董事李世慰、彭振傑，董事会仍有可能形成多数表决意见来提起诉讼。此外，本案客观上也不具备"情况紧急、损失难以弥补"的法定情形，周长春无权依据上述规定提出股东代表诉讼。

二审法院认为，一般情况下，股东没有履行前置程序的，应当驳回起诉。但是，该项前置程序针对的是公司治理的一般情况，即在股东向公司有关机关提出书面申请之时，存在公司有关机关提起诉讼的可能性。如果不存在这种可能性，则不应当以原告未履行前置程序为由驳回起诉。具体到本案中，其一，本案证据无法证明

① 参见湖南省高级人民法院（2017）湘民初18号民事裁定书；最高人民法院（2019）最高法民终1679号民事裁定书。

湖南汉业公司设立了监事会或监事,周长春对该公司董事李世慰、彭振傑提起股东代表诉讼的前置程序客观上无法完成;其二,湖南汉业公司董事会由李世慰(董事长)、彭振傑、庄学农、李美心、周长春组成。除周长春以外,湖南汉业公司其他四名董事会成员均为庄士中国公司董事或高层管理人员,与庄士中国公司具有利害关系,基本不存在湖南汉业公司董事会对庄士中国公司提起诉讼的可能性,再要求周长春完成对庄士中国公司提起股东代表诉讼的前置程序已无必要。

本书认为,在公司内部治理结构失效的情况下,如代表公司进行意思表示的机关成员与关联交易有利益关系,或者治理机构已经被控制时,对其自觉地提起诉讼几乎无期待可能性,股东已经无法依靠其维护公司利益,所谓的内部救济方式已无法施行。在这种情况下,应允许股东在不经过向代表公司进行意思表示的机关履行相应前置程序的情况下直接提起诉讼。

三、公司关联交易损害责任纠纷的被告主体资格

本案由项下适格的被告主体共有四类:公司的控股股东;实际控制人;董事、监事、高级管理人员;与关联交易有关的关联方。《公司法》第二十一条对前三种的被告主体资格进行了明确的规定,上述人员利用关联关系给公司造成损害的,应当承担责任,基于该规定,适格原告可对实施加害行为的上述人员提起诉讼。而与关联交易有关的关联方,在损害公司利益的关联交易中实施加害行为,与上述人员构成共同侵权的,适格原告也可要求其承担侵权责任。

(一)控股股东

《公司法》第二百一十六条第(二)项规定:控股股东,是指其出资额占有限责任公司资本总额50%以上或者其持有的股份占股份有限公司股本总额50%以上的股东;出资额或者持有股份的比例虽然不足50%,但依其出资额或者持有的股份所享有的表决权已足以对股东会、股东大会的决议产生重大影响的股东。

对控股股东进行规制的原因在于其对公司产生的控制力,该种控制力往往容易滋生关联交易。我国有限责任公司和股份有限公司的表决权原则上实行资本多数决,除章程另有规定外,有限责任公司的股东会决议由股东按出资比例行使表决权,股份有限公司则按一股一票进行表决。在这种表决制度下,谁拥有的股份多,谁就有话语权,就越能影响公司的决策。此外,为充分尊重公司自治,《公司法》还允许公司通过章程自主决定有限责任公司的表决权。因此,还存在股东虽然出资额或持有股份不足50%,但因为章程的规定而足以对决议产生重大影响的情况。上述两种情形的股东对公司具备控制力和重大影响力,极容易产生利用关联关系损

害公司利益的情况，因此需对该类主体加以规制。

(二)实际控制人

《公司法》第二百一十六条第(三)项规定：实际控制人，是指虽不是公司的股东，但通过投资关系、协议或者其他安排，能够实际支配公司行为的人。根据该项规定，实际控制人与控股股东同样对公司产生控制力或重大影响力，但二者并非同一主体，实际控制人不包含股东。

证监会及沪深交易所对实际控制人的界定存在不一致。《上市公司章程指引》和上海证券交易所的《股票上市规则》与《公司法》保持一致，将实际控制人界定为不是公司股东的主体，但深圳证券交易所《股票上市规则》则将实际控制人界定为"指通过投资关系、协议或者其他安排，能够支配、实际支配公司行为的自然人、法人或者其他组织"，按照该种界定，股东未被排除在实际控制人范围外。

此外，证监会在首次公开募股(Initial Public Offering，IPO)审核时，也涉及实际控制人的认定。《首发业务若干问题解答(一)》问题10规定，实际控制人是拥有公司控制权的主体。如无相反证据证明，有两类情况应属于实际控制人：发行人股权较为分散但存在单一股东控制比例达到30%的情形的，该股东应认定为控股股东或实际控制人；实际控制人的配偶、直系亲属，如其持有公司股份达到5%以上或者虽未超过5%但是担任公司董事、高级管理人员并在公司经营决策中发挥重要作用，原则上应认定为共同实际控制人。

可以看出，除IPO情形外，上述其余规定对于实际控制人的界定并不具体。而司法实践中的认定，则有赖于负有主张责任的当事人举证证明相关主体对公司的主要事务具有决定权。如无证据证明，则不宜认定为实际控制人。

案例·4　－典型案例－

无证据证明对公司事务有决定权的主体，不应认定为实际控制人

——太仓迪美斯公司，彼得公司关联交易损害责任纠纷上诉案①

上诉人(一审原告)：太仓迪美斯公司。

被上诉人(一审被告)：彼得。

① 参见江苏省苏州市中级人民法院(2012)苏中商外初字第0001号民事判决书；江苏省高级人民法院(2013)苏商外终字第0008号民事判决书。

太仓迪美斯公司原由德国MDB公司全资子公司德国迪美斯公司于1999年6月7日投资设立。2009年12月24日，太仓迪美斯公司股东变更为香港迪美斯公司。2010年4月15日，太仓迪美斯公司股东再次变更为香港迪美斯公司和西安高科建材公司。彼得自1999年6月公司设立起担任太仓迪美斯公司的董事，至2009年12月太仓迪美斯公司股权变更后免去董事职务；彼得在任职太仓迪美斯公司董事期间同时兼任了集团总公司德国MDB公司董事长职务。

2007年12月27日，太仓迪美斯公司与德国迪美斯公司投资设立的另一全资子公司奥地利迪美斯公司签订了《生产设备采购合同》购买设备。2010年4月，太仓迪美斯公司发现从奥地利迪美斯公司进口的设备至今无法使用，遂于2011年12月17日以公司原董事彼得关联交易损害公司利益向一审法院提起诉讼。

2012年5月29日，赫克、毕恩以证人身份在江苏高院审理的（2012）苏商外终字第0023、0026号案中作证。根据证人陈述，太仓迪美斯公司与奥地利迪美斯公司的交易，系由彼得作出的决定，目的是把64万欧元贷款输送给奥地利迪美斯公司，所有董事都知道交易的真实目的，上述设备运至太仓迪美斯公司后从未使用，也未投入生产。两证人作证时均系香港迪美斯公司股东，赫克同时亦持有德国MDB公司股份。太仓迪美斯公司认为，彼得严重损害了太仓迪美斯公司的利益，遂起诉至江苏苏州中院。

江苏苏州中院一审判决驳回太仓迪美斯公司的诉讼请求。太仓迪美斯公司不服一审判决提起上诉。江苏高院二审判决驳回上诉，维持原判。

本案的争议焦点之一在于彼得是否为公司实际控制人。对此，一审法院和二审法院观点一致，认为在无证据证明的情况下，不宜认定其为实际控制人。

一审法院认为，实际控制人应当通过个人投资关系、协议或其他安排有权对公司的经营计划、方针、财务、人事等事务具有决定权的主体。在彼得的行为均未超越公司章程或董事会授权的权利范围，也未发现有上述情形下，不足以证明彼得为实际控制人。

二审法院认为，彼得担任MDB公司董事长并不意味着其个人系太仓迪美斯公司的实际控制人。太仓迪美斯公司主张彼得是太仓迪美斯公司实际控制人的直接证据是证人赫克、毕恩的证人证言，但是上述证人与太仓迪美斯公司存在利害关系，上述证言不足以认定彼得系太仓迪美斯公司的实际控制人及涉案交易系在彼得恶意操纵下完成。

在实践中，实际控制人因为各种原因往往“躲”在幕后，最常见的莫过于通过股权代持隐藏自己对公司的控制力。在这种情况下,裁判机构无法直观地了解案件事实,只能依靠当事人举证相关主体对公司的控制力加以认定。而在本类纠纷中,实际控制人的认定对案件产生巨大的影响,在没有强有力的证据支撑的情况下,裁判机构对实际控制人的认定保持谨慎态度无可厚非。

(三)董事、监事及高级管理人员

作为公司经营决策执行机构和监督机构的组成人员,董事和监事负有对公司的忠实和勤勉义务,在公司关联交易损害责任纠纷案由项下,董事、监事利用关联交易损害公司利益的,违反了该义务,应当承担责任。对于董事、监事人员身份的认定,以公司章程、市场监督管理部门的登记备案信息为准。

《公司法》对于高级管理人员的规定,采用列举的方式。根据《公司法》第二百一十六条规定:高级管理人员,是指公司的经理、副经理、财务负责人,上市公司董事会秘书和公司章程规定的其他人员。

证监会、基金业协会的相关规定同样采取列举的方式,但扩充了高级管理人员的范围。《证券公司董事、监事和高级管理人员任职资格监管办法》第二条第二款规定:证券公司高级管理人员是指证券公司的总经理、副总经理、财务负责人、合规负责人、董事会秘书以及实际履行上述职务的人员。《期货公司董事、监事和高级管理人员任职管理办法(2021年修订)》第二条规定:期货公司董事、监事和高级管理人员的任职管理,适用本办法。本办法所称高级管理人员,是指期货公司的总经理、副总经理、首席风险官(以下简称经理层人员),财务负责人以及实际履行上述职务的人员。期货公司分支机构负责人的管理参照本办法有关高级管理人员的相关规定执行。而基金业协会发布的《关于进一步规范私募基金管理人登记若干事项的公告》,则将私募基金管理人的高级管理人员定义为法定代表人、执行事务合伙人(委派代表)、总经理、副总经理、合规、风控负责人等。

原保监会对于高级管理人员的规定,则采取定义与列举相结合的方式。《保险公司董事、监事和高级管理人员任职资格管理规定》第四条规定,保险公司高级管理人员,是指对保险机构经营管理活动和风险控制具有决策权或者重大影响的下列人员:(1)总公司总经理、副总经理和总经理助理;(2)总公司董事会秘书、合规负责人、总精算师、财务负责人和审计责任人;(3)分公司、中心支公司总经理、副总经理和总经理助理;(4)支公司、营业部经理;(5)与上述高级管理人员具有相同职权的管理人员。

可以看出,基于行业实际情况,各主管部门对于高级管理人员的理解不一,但总体而言,高级管理人员是对公司经营活动具有决策权或重大影响力的人员。

在司法实践中，部分人员并不属于上述职位，但却拥有对公司经营活动的决策权或能产生重大影响力。因此，在公司关联交易损害责任纠纷中，司法机关对于高级管理人员的认定，除结合《公司法》的规定外，还会进行实质审查，综合公司章程、市场监督管理部门的登记备案信息、人员工作职权等信息来认定是否属于高级管理人员。

案例·5　－典型案例－

高级管理人员是决定公司的决策及发展方向的特定人群

——周旭与甘肃中集华骏、高迎迎等侵权责任纠纷上诉案①

上诉人（一审被告）：周旭。

被上诉人（一审原告）：甘肃中集华骏。

一审被告：高迎迎、毛增光。

2006年6月6日，甘肃中集华骏成立。2007年7月30日，经甘肃中集华骏任免，周旭担任该公司营销部经理（正科级），全面主持公司销售和采购供应工作。2009年7月31日之后，周旭担任该公司分管销售的副总经理，2010年7月，周旭从甘肃中集华骏调离至陕西中集华骏工作。

2008年2月29日至2009年7月31日，甘肃中集华骏与青海同海达公司签订了共计38份加工承揽合同。青海同海达公司拖欠甘肃中集华骏车款未按时支付。后双方在法院调解下达成还款合意，但因青海同海达公司无营业场所、无银行存款、无车辆登记导致无法执行。

周旭与兰州同海达公司（后变更为"青海同海达公司"）的出资人高迎迎于2006年确立恋爱关系，2008年5月7日，在郑州市金水区民政局婚姻登记处登记结婚。

甘肃中集华骏认为，周旭利用自己在公司的高管身份以及职权便利进行关联交易，谋取不当利益，给甘肃中集华骏造成了严重的经济损失。故，甘肃中集华骏向甘肃白银中院提起诉讼，请求依法判决周旭、高迎迎、毛增光共同赔偿甘肃中集华骏经济损失本金4,352,320元及利息1,877,038元，共计6,229,358元。

① 参见甘肃省白银市中级人民法院（2017）甘04民初51号民事判决书；甘肃省高级人民法院（2018）甘民终第590号民事判决书。

甘肃白银中院一审判决周旭赔偿甘肃中集华骏经济损失4,229,358元。周旭不服一审判决提起上诉。甘肃高院二审判决驳回上诉,维持原判。(见图10－2)

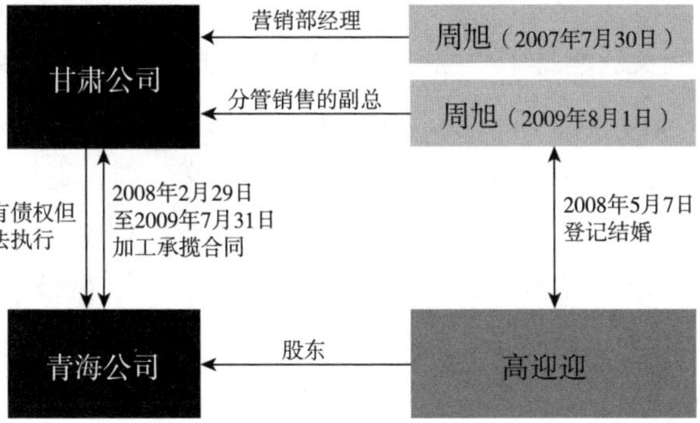

图10－2　周旭与甘肃中集华骏、高迎迎等侵权责任纠纷上诉案

本案的争议焦点之一在于高级管理人员的认定,因该问题决定了被告能否作为赔偿责任的主体。在相关人员任职岗位不符合相关规定对"高级管理人员"的界定下,法院认为应当结合该人员的工作职权、章程规定等相关内容综合认定。

一审法院经审理查明,周旭担任甘肃中集华骏的营销部经理期间,该公司未设立副总经理,各部门经理直接向董事长负责。一审法院认为,对周旭担任营销部经理是否属于该公司高管的范围,甘肃中集华骏董事会依据《甘肃中集华骏车辆有限公司章程》作出的说明能够证明周旭是该公司的高级管理人员。

二审法院认为,判断公司相关人员是否为高级管理人员,应从该人员是否担任《公司法》规定的职务,或者公司的章程是否将担任其他职务的人员规定为公司的高级管理人员进行分析。公司的高级管理人员应是执行公司出资人的决策,拥有执行权或一定程度的决策权,掌握着公司内部管理或外部业务的核心信息,并决定公司的决策及发展方向的特定人群。周旭的身份是作为甘肃中集华骏营销部经理全面负责销售工作,在此期间甘肃中集华骏并没有设立副总经理,周旭对选择交易对象以及是否签订合同具有决策权,对以什么方式进行资金回收亦有决定权,周旭实际上行使的是公司高级管理人员的职权。

在本案中,周旭在甘肃中集华骏任职营销部经理,名义上并不符合《公司法》所规定的经理、副经理、财务负责人职位,公司章程也没有规定其职位属于高级管理人员,从表面上看,周旭不符合《公司法》所规定的高级管理人员。但一审法院及二审法院对于高级管理人员的认定,并不局限于对《公司法》的字面理解,而是通过透视高级管理人员的权力范围,结合当事人提交的证据,从实质上进行认定。该种

"实质重于形式"的认定方法，本书认为有助于防止部分主体借助较低的职务头衔逃避应承担的法律责任，更加符合实质公平。

（四）关联方

关联方，是指关联交易中与控股股东、实际控制人、董事、监事或高级管理人员具备关联关系的主体①。就公司关联交易损害责任纠纷而言，作为适格被告的关联方应包括关联交易相对方。究其原因，在公司关联交易损害责任纠纷中，基于关联关系，关联交易相对方对关联交易事实往往是知情的。《民法典》第一千一百六十八条（原《侵权责任法》第八条）规定：二人以上共同实施侵权行为，造成他人损害的，应当承担连带责任。在关联交易对公司权益构成损害的情况下，关联交易相对方若具备侵权行为特征，应根据《民法典》第一千一百六十八条规定的共同侵权承担连带责任。

除此以外，实践中还有一类关联方，其与公司和交易相对方均构成关联关系，但并非关联交易相对方，不具体实施关联交易，而是通过协助等间接行为参与关联交易，损害公司利益的，也应当承担连带赔偿责任。因此，未直接实施关联交易但通过其他方式参与其中的主体亦可成为就公司关联交易损害责任纠纷的适格被告。

案例·6 －典型案例－

关联方知晓、同意并配合关联交易的构成共同侵权

——联建中国公司与胜华公司、联建香港公司公司关联交易损害责任纠纷上诉案②

上诉人（一审被告）：胜华公司、联建香港公司。

被上诉人（一审原告）：联建中国公司。

2015年5月，江苏苏州工业园区税务机关认定联建中国公司关联产品定价、营业利润水平有违营业常规，存在避税行为，应予以调整，调整范围为胜华公司与联建中国公司的关联销售业务。

① 关于"关联方"的认定，详见本章第四部分的相关内容。

② 参见江苏省苏州工业园区人民法院（2016）苏0591民初2340号民事判决书；江苏省苏州市中级人民法院（2017）苏05民终9743号民事判决书。

胜华公司间接持有联建香港公司100%的股权,联建香港公司是联建中国公司的全资控股股东;2006年、2007年、2010年、2011年度,胜华公司以及联建香港公司的董事长和法定代表人均是黄显雄,联建中国公司的法定代表人、董事长及总经理也是黄显雄。联建中国公司董事会成员的任免由其股东联建香港公司作出。

联建中国公司认为,香港联建公司与胜华公司具有意思联络,协助、配合、同意并决定了涉案关联交易,应当与被告胜华公司承担连带赔偿责任。故,联建中国公司向江苏苏州工业园区法院起诉请求胜华公司、联建香港公司共同赔偿联建中国公司经济损失。

江苏苏州工业园区法院一审判决胜华公司赔偿联建中国公司损失(含利息损失),联建香港公司对前述债务承担连带责任。胜华公司和联建香港公司不服一审判决提起上诉。江苏苏州中院二审驳回上诉,维持原判。(见图10－3)

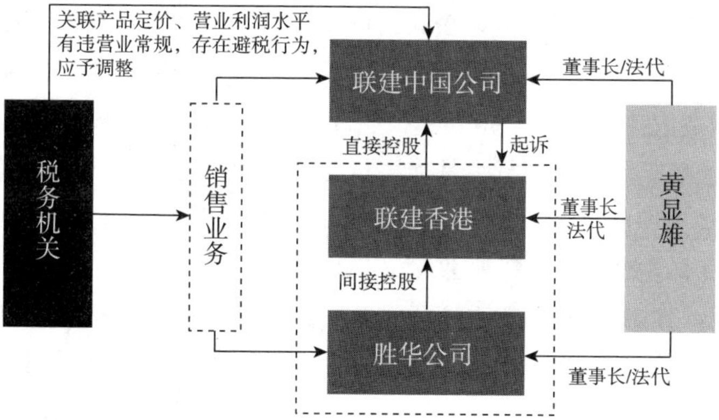

图10－3　联建中国公司与胜华公司、联建香港公司公司关联交易损害责任纠纷上诉案

本案的争议焦点之一在于,未直接参与关联交易的主体联建香港公司是否应当承担连带责任。对此,一审法院和二审法院观点一致,均认为未直接参与关联交易的主体联建香港公司构成共同侵权应当承担连带责任。

一审法院认为,联建香港公司是联建中国公司的控股股东,在涉案交易发生时,联建中国公司与胜华公司的法定代表人及董事长均是黄显雄一人,联建中国公司的董事会构成及总经理人选均由胜华公司直接或间接确定,在不同涉案年度,根据联建中国公司当时的公司章程,其董事会和股东分别是公司的最高权力机关,决定着联建中国公司的经营方针和投资计划。尽管联建香港公司并未具体实施涉案关联销售交易,但该关联销售交易作为联建中国公司的主要收入来源属于其董事会及股东的决策事项范畴,这说明联建香港公司知晓并同意联建中国公司与胜华公司从事关联销售交易，胜华公司借联建香港公司之手完成了转移联建中国公司利润的行为，联建香港公司在此过程中起到了帮助者的作用，违反了控股股东的诚信义务，应当与胜华公司承担连带责任。

二审法院认为，胜华公司通过间接持有联建香港公司100%股权的投资关系实际支配联建中国公司，胜华公司的支配系通过联建香港公司实现，联建香港公司与胜华公司构成共同侵权，该公司应当承担连带责任。

虽然一审法院和二审法院均认为联建香港公司应当承担连带责任，但二者认定的依据并不一致。根据一审法院的评价，联建香港公司在关联交易中起到了帮助者的作用，依据的应当是原《侵权责任法》第九条（现《民法典》第一千一百六十九条）的规定：教唆、帮助他人实施侵权行为的，应当与行为人承担连带责任。此处的帮助，是指“给予他人帮助（如提供工具或指导方法），以使该人易于实行侵权行为”。[①] 而二审法院认为联建香港公司与胜华公司构成共同侵权，适用的应当是原《侵权责任法》第八条（现《民法典》第一千一百六十八条）的规定：二人以上共同实施侵权行为，造成他人损害的，应当承担连带责任。二者的区别在于，第九条规定的帮助行为并不要求帮助人的行为是加害行为的原因，即只要帮助行为客观上使加害行为易于实施即可，帮助人为间接加害人；而第八条的侵权行为均为加害行为，共同实施行为的主体均为直接加害人。

本书认为，在本案中，联建香港公司并不直接参与关联交易，也未有证据证明其实施了相关的侵权行为，但其在关联交易中提供的渠道或便利，促成了关联交易的产生，起到了帮助的作用，从这一角度而言适用原《侵权责任法》第九条（现《民法典》第一千一百六十九条）的规定更为适宜。对于联建公司的抗辩，认为原告无法证明其存在加害行为、损害事实以及两者之间的因果关系，则不能要求其承担侵权责任。实践中，相对于直接实施侵权行为而言，受害人证明未直接实施加害行为的帮助人的行为与损害之间的因果关系和原因力的大小难度极大，受害人往往难以做到。如果要求受害人对此承担证明责任，既不利于保护受害人，也不利于遏制该种共同侵权行为，故此类抗辩不应采纳。

四、关联交易之“关联关系”认定

与其他损害公司利益的案由不同，本案由对侵权行为的方式有特殊要求，即相关主体实施加害行为应具备“利用关联关系”的特征。因此，关联关系的认定，是辨

① 参见程啸：《侵权责任法》，法律出版社2015年版，第375页。

别是否适用本案由的先决步骤。

《公司法》第二百一十六条第(四)项规定:关联关系,是指公司控股股东、实际控制人、董事、监事、高级管理人员与其直接或者间接控制的企业之间的关系,以及可能导致公司利益转移的其他关系。但是,国家控股的企业之间不仅因为同受国家控股而具有关联关系。

《企业所得税法实施条例》明确规定关联方包括企业、其他组织和个人,第一百零九条规定:企业所得税法第四十一条所称关联方,是指与企业有下列关联关系之一的企业、其他组织或者个人:(1)在资金、经营、购销等方面存在直接或者间接的控制关系;(2)直接或者间接地同为第三者控制;(3)在利益上具有相关联的其他关系。

与《公司法》及《企业所得税法实施条例》采用定义的方式不同,《企业国有资产法》《企业会计准则第 36 号——关联方披露》《上市公司信息披露管理办法》等相关规定,则采取列举方式规定"关联方"的范围。

虽然各类法律法规及规定对于关联关系或关联方的表述存在差异,但总体而言,并没有脱离"控制力"或"重大影响力"的实质认定。司法机关在认定关联关系或关联方时,虽然较少地直接引用《企业所得税法实施条例》《企业会计准则第 36 号——关联方披露》规定的标准,但亦不约而同地采用实质认定方法,即判断是否存在控制力或重大影响力,同时对于实践中的"非关联化"操作予以穿透认定。

(一)以控制力作为关联关系的认定标准

根据《公司法》的规定,认定关联关系的一个重要特征是公司控股股东、实际控制人、董事、监事、高级管理人员是否对关联交易相对方具备直接或间接控制力。《企业会计准则第 36 号——关联方披露》则对控制、共同控制进行界定:控制,是指有权决定一个企业的财务和经营政策,并能据以从该企业的经营活动中获取利益;共同控制,是指按照合同约定对某项经济活动所共有的控制,仅在与该项经济活动相关的重要财务和经营决策需要分享控制权的投资方一致同意时存在。

控制力的外观表现一般存在于两方面:在交易相对方任重要职位,如董事、监事或高级管理人员等对公司经营活动、风险控制、财务具有决策权的主体;或是体现在股权控制上。

案例·7 －典型案例－

高级管理人员是交易相对方控股股东的,构成关联关系

——垭哲公司、环基公司等与浩铭公司、倪建琪等公司关联交易损害责任纠纷上诉案①

上诉人(一审原告):垭哲公司、环基公司、中拜公司。

被上诉人(一审被告):浩铭公司、倪建琪、谭莹。

浩铭公司成立于2010年5月20日。倪建琪、谭莹曾为该公司股东,分别持股90%和10%。2005年3月,倪建琪被任命为临空科技公司(垭哲公司的前身)、环基公司、中拜公司、顺润公司(现已被吸收合并)四公司的董事、总经理、董事长及法定代表人。2010年6月1日,浩铭公司与临空科技公司、环基公司、中拜公司、顺润公司四公司签订《物业委托管理合同》及相应《补充协议》,约定临空科技公司等四公司委托浩铭公司对虹桥国际科技广场进行物业管理。

垭哲公司、环基公司、中拜公司主张倪建琪通过浩铭公司因物业管理合同所取得的物业管理费收入为垭哲公司、环基公司、中拜公司的损失,应当向垭哲公司、环基公司、中拜公司赔偿。故垭哲公司、环基公司、中拜公司诉至上海青浦法院。

上海青浦法院一审判决驳回垭哲公司、环基公司、中拜公司的诉讼请求。垭哲公司、环基公司和中拜公司不服一审判决提起上诉。上海一中院二审驳回上诉,维持原判。(见图10－4)

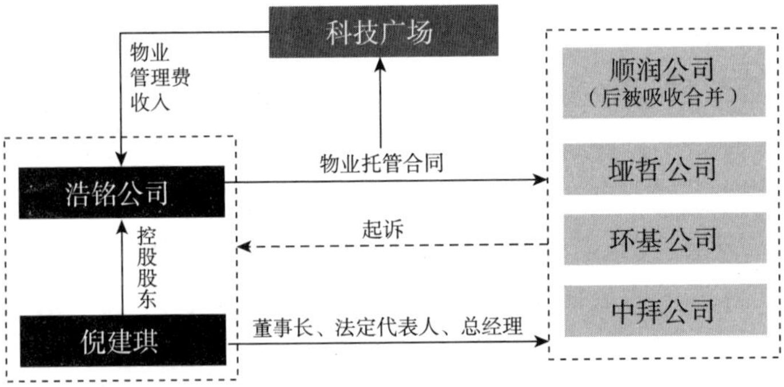

图10－4　垭哲公司、环基公司等与浩铭公司、倪建琪等公司关联交易损害责任纠纷上诉案

① 参见上海市青浦区人民法院(2016)沪0118民初5256号民事判决书;上海市第二中级人民法院(2016)沪02民终7836号民事判决书。

本案中存在多个争议焦点，但作为先决问题的争议焦点是倪建琪、谭莹的行为是否构成关联交易。对此，一审法院认为，基于浩铭公司的控股股东倪建琪在签订系争物业合同当时系临空科技公司等四公司董事、总经理、董事长及法定代表人等事实，系争物业合同符合公司法上关联交易的相关特征，故本案垭哲公司、环基公司、中拜公司与浩铭公司签订《物业委托管理合同》的行为系关联交易。二审法院支持一审法院对关联关系的认定。

（二）以重大影响力作为关联关系的认定标准

司法实践中，部分案例将《公司法》第二百一十七条中“可能导致公司利益转移的其他关系”解读为“重大影响力”并进而作为认定关联关系的标准之一。至于“重大影响力”的内涵，根据《企业会计准则第 36 号——关联方披露》第三条第二款规定：重大影响，是指对一个企业的财务和经营政策有参与决策的权力，但并不能够控制或者与其他方一起共同控制这些政策的制定。该定义本身首先是将“重大影响力”与“控制力”相区别，在此基础上说明其权力呈现方式及主要领域，即财务和经营政策方面的参与决策权力，这种认定标准在司法案例中亦得以体现。

案例 · 8 — 典型案例 —

高管对交易相对方有重大影响力的，构成关联关系

——弘健公司、余鸿之与富连江公司公司关联交易损害责任纠纷上诉案①

上诉人（一审被告）：弘健公司、余鸿之。

被上诉人（一审原告）：富连江公司。

2009 年及 2010 年，富连江公司由余鸿之负责经营管理工作。弘健公司于 2005 年 3 月投资设立，参股了长江市场公司。长江市场公司于 2010 年 4 月 2 日召开股东会，决定由弘健公司受让城投公司持有的 57% 股权，并以持股 67% 而成为长江市场公司控股股东，余鸿之代表弘健公司签署了上述股东会文件并被选举为长江市场公司董事长，长期在弘健公司办公。2011 年 8 月，弘健公司投资人变更为联源控股有限公司（占 60.66% 股份）及余鸿之家族企业北纬三十度旅游公司（占 39.34% 股份），并于 2011 年 10 月将公司法定代表人变更为余伟东（余鸿之之弟）。

---

① 参见湖北省宜昌市中级人民法院（2012）鄂宜昌中民二初字第 00052 号民事判决书；湖北省高级人民法院（2013）鄂民二终字第 00084 号民事判决书。

2009年6月至2010年3月，富连江公司经余鸿之批准，就设备采购事宜分别与弘健公司签订采购合同四份，共支付货款4395万元，而按弘健公司（或通过第三人）的实际采购单价计算，前述设备价款为939.8万元，两者差额为3455.2万元。

富连江公司认为，余鸿之任富连江公司董事及弘健公司实际控制人期间，通过关联交易牟取不当利益，造成富连江公司损失3455.2万元，故向湖北宜昌中院提起诉讼。

湖北宜昌中院一审判决支持了富连江公司的全部诉请，弘健公司不服一审判决提起上诉。湖北高院二审判决驳回上诉，维持原判。（见图10－5）

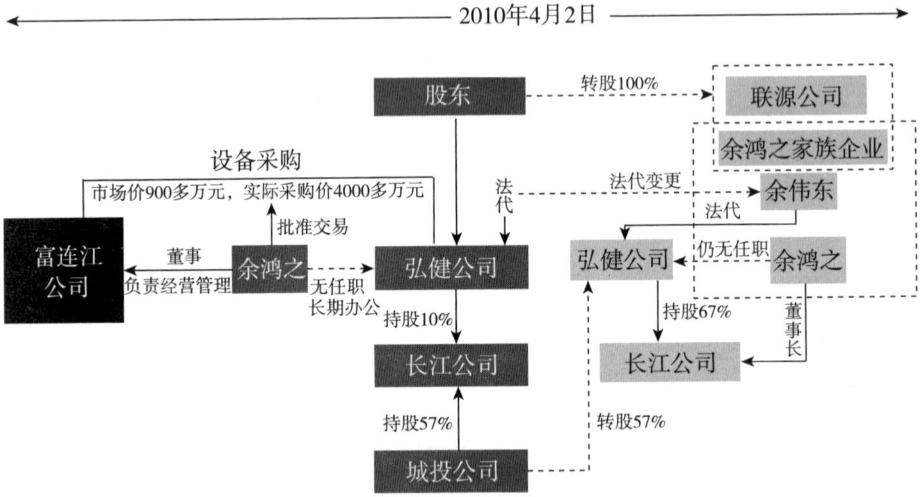

图10－5　弘健公司、余鸿之与富连江公司公司关联交易损害责任纠纷上诉案

本案的争议焦点之一为，在涉案交易发生期间未在弘健公司担任任何职务的余鸿之，是否与弘健公司形成关联关系。

一审法院认为，虽然弘健公司的工商登记资料并未载明余鸿之2009年至2010年在弘健公司担任过职务，但从余鸿之代表弘健公司收购城投公司所持有的长江市场公司股权、代表弘健公司担任长江市场公司董事长、其办公场所设在弘健公司并在弘健公司内代表富连江公司审核富连江公司与弘健公司所签署的合同，其家族企业（北纬三十度旅游公司）于2011年8月成为弘健公司主要股东，其兄弟余伟东于2011年10月成为弘健公司法定代表人等事实看，即便不能认定余鸿之直接或间接控制了弘健公司，也可认定余鸿之对弘健公司的财务及经营政策有重大影响力。同时，其兄弟余伟东于弘健公司成立时曾被申报并登记为弘健公司监事，亦可佐证。对于《公司法》第二百一十六条第（四）项"关联关系，是指公司控股股东、实际控制人、董事、监事、高级管理人员与其直接或者间接控制的企业之间的关系，以及可能导致公司利益转移的其他关系”之规定，通说认为“重大影响力”亦属于该条所规定“其他关系”的内容，即余鸿之作为富连江公司的董事，基于其对弘健公司的重大影响力，而可能导致富连江公司利益转移至弘健公司。因此，余鸿之与弘健公司构成关联关系。

二审法院认为，工商登记中虽未显示余鸿之于2009年至2010年担任弘健公司职务，但从本院查明的事实反映出余鸿之对弘健公司的财务及经营政策具有重大影响力，且弘健公司未能提供涉案四笔交易完整的内部审批单，以证明余鸿之完全未参与过弘健公司的经营决策的事实。因此，原审法院认定余鸿之与弘健公司之间构成关联关系正确。

（三）以亲属关系作为关联关系的认定标准

亲属是基于婚姻、血缘和法律拟制而形成的社会关系，可以将亲属分为配偶、血亲和姻亲三类。作为关系密切的家庭成员，亲属之间往往产生重大影响。

实践中，亲属关系也是认定关联关系及关联人的方法之一，但相关规范在涉及关联关系认定时，多使用“关系密切的家庭成员”这一概念。如《企业会计准则第36号——关联方披露》第四条规定：企业的主要投资者个人、企业或其母公司的关键管理人员及与其关系密切的家庭成员均属于企业的关联方。《上海证券交易所股票上市规则》和《深圳证券交易所股票上市规则》规定：直接或间接持有上市公司5%以上股份的自然人及上市公司董事、监事和高级管理人员的关系密切的家庭成员，包括配偶、年满18周岁的子女及其配偶、父母及配偶的父母、兄弟姐妹及其配偶、配偶的兄弟姐妹、子女配偶的父母，均属于上市公司的关联自然人。

案例·9　　– 典型案例 –

具有亲属关系的个人及各自控制的公司之间构成关联关系

——真功夫公司与蔡达标、李跃义公司关联交易损害责任纠纷上诉案①

上诉人（一审原告）：真功夫公司。

被上诉人（一审被告）：蔡达标、李跃义、蔡春媚、逸晋公司。

① 参见广东省东莞市第二人民法院（2014）东二法民二初字第527号民事判决书；广东省东莞市中级人民法院（2015）东中法民二终字第1912号民事判决书。

真功夫公司于2007年7月19日成立,股东包括蔡达标、潘宇海、东莞市双种子饮食有限公司、今日资本投资(香港)有限公司、中山市联动创业投资有限公司。蔡达标与蔡春媚是兄妹关系,蔡春媚与李跃义是夫妻关系。逸晋公司的法定代表人于2007年3月6日由许自洲变更为李跃义,于2008年11月7日由李跃义变更为洪和忠。至今逸晋公司的法定代表人亦为洪和忠,但李跃义于2011年4月12日接受公安机关讯问时承认其仍是逸晋公司的实际控制人。

真功夫公司认为,蔡达标、蔡春媚、李跃义、逸晋公司存在关联关系。蔡达标利用其在真功夫公司的特殊身份和地位,使真功夫公司与李跃义、蔡春媚、逸晋公司发生关联交易行为,该等关联交易对真功夫公司造成了损失。真功夫公司故诉至广东东莞第一法院,请求判令蔡达标、蔡春媚、李跃义、逸晋公司赔偿其通过关联交易造成真功夫公司4,379,503.42元的工程款及利息损失。

广东东莞第一法院判决驳回真功夫公司的全部诉讼请求,真功夫公司不服一审判决提起上诉,广东东莞中院二审判决驳回上诉,维持原判。

本案中,法院未支持真功夫公司诉讼请求的主要原因在于其未能提交有效的证据证明蔡达标等人利用关联关系损害真功夫公司的利益。但该案判决理由中体现出的亲属关系对关联关系认定的影响,值得关注。

对此问题,一审法院认为,我国公司法没有明确"关联交易"的概念,仅对关联关系予以明确界定。蔡达标为真功夫公司的股东,其与蔡春媚是兄妹关系。而逸晋公司的实际控制人李跃义与蔡春媚是夫妻关系,蔡达标、蔡春媚、李跃义之间的亲属关系,致使真功夫公司及其下属子公司与逸晋公司之间发生的交易可能导致公司利益转移,故构成关联关系。二审法院支持一审法院的观点。

实践中,不少主体为避免被认定为关联方,通过各种方式进行非关联化,如在关联交易中引入第三方中间商,试图以此隔断关联关系。但司法实践中,法院对关联关系的认定,除结合相关规定外,还将进行实质方面的审查,即使存在第三方中间商,仍有可能被穿透认定为具备关联关系。

案例 · 10　－典型案例－

存在中间商也可认定为构成关联关系

——武穴迅达医化公司、湖北迅达药业公司公司关联交易损害责任纠纷再审案①

再审申请人(一审原告、二审被上诉人):武穴迅达医化公司。

被申请人(一审被告、二审上诉人):湖北迅达药业公司。

被申请人(一审被告):李亮。

一审第三人:骆骥、李龙章、陈友良。

2009年9月30日,武穴迅达医化公司成立,股东为陈友良、骆骥、李亮、湖北迅达药业公司、李龙章。李亮于2009年9月担任该公司监事、董事,2010年9月担任该公司总经理助理。湖北迅达药业公司股东为李龙健(同时任职董事长)和其子李亮。李亮自2005年8月在湖北迅达药业公司工作,自2008年11月担任该公司董事长助理,自2011年2月担任该公司总经理。

2010年9月起,李亮负责武穴迅达医化公司销售工作,其与南京威斯康公司约定,由南京威斯康公司作为武穴迅达医化公司和湖北迅达药业公司的中间商,进行INT产品的贸易。买卖双方均签订合同,付款方式均为湖北迅达药业公司向南京威斯康公司汇款,南京威斯康公司扣除相应利润后将款项汇至武穴迅达医化公司,均无货物实物交易。

武穴迅达医化公司向湖北黄冈中院提起诉讼,请求判令湖北迅达药业公司、李亮共同返还武穴迅达医化公司销售货款33,700,934.43元及利息。

湖北黄冈中院判决湖北迅达药业公司返还武穴迅达医化公司销售货款26,472,237.06元及利息。湖北迅达药业公司不服一审法院判决提起上诉。湖北高院二审撤销湖北黄冈中院判决,驳回武穴迅达医化公司的诉讼请求。武穴迅达医化公司不服二审法院判决申请再审。最高人民法院裁定指令湖北高院再审。湖北高院再审判决撤销湖北高院二审判决及湖北黄冈中院判决,判决湖北迅达药业公司返还武穴迅达医化公司销售款880万元及利息。(见图10-6)

---

① 参见湖北省黄冈市中级人民法院(2014)鄂黄冈中民二初字第00033号民事判决书;湖北省高级人民法院(2016)鄂民终967号民事判决书;最高人民法院(2017)最高法民申2409号民事裁定书;湖北省高级人民法院(2018)鄂民再61号民事判决书。

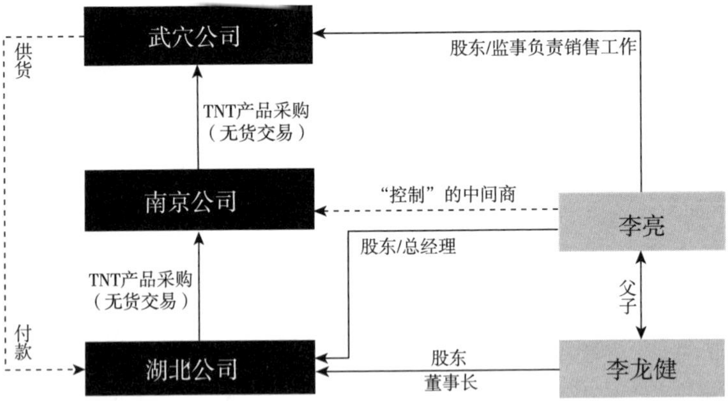

图10-6　武穴迅达医化公司、湖北迅达药业公司公司关联交易损害责任纠纷再审案

本案的争议焦点之一在于湖北迅达药业公司通过南京威斯康公司向武穴迅达医化公司购买INT产品是否属于关联交易，而认定关联交易前则需要解决关联关系问题。

一审法院认为，李亮系湖北迅达药业公司董事长李龙健之子，在担任湖北迅达药业公司董事长助理、总经理期间同时负责武穴迅达医化公司销售工作，且李亮系武穴迅达医化公司章程载明的股东，李亮同时代表武穴迅达医化公司、湖北迅达药业公司与南京威斯康公司协商交易情况，且其已承认两家公司是关联公司，为了避免直接进行交易才决定找一家中间人。故湖北迅达药业公司与武穴迅达医化公司涉案期间构成关联关系。二审法院支持一审法院的观点。

再审法院认为，李亮为武穴迅达医化公司的股东、监事，在本案诉争交易发生期间负责武穴迅达医化公司销售工作；李亮同时是湖北迅达药业公司的股东、董事长助理、总经理，且与湖北迅达药业公司的控股股东李龙健是父子关系，李亮同时代表武穴迅达医化公司、湖北迅达药业公司，特意找来南京威斯康公司作为中间方进行交易，这种关系极有可能导致当事人利用相关交易转移公司利益。一审法院及本院二审认定李亮与湖北迅达药业公司之间构成关联关系正确，予以确认。

从上述案例可以看出，司法实践对于关联关系和关联方的认定，秉持着"实质重于形式"的方法，根据关联关系和关联方的实质核心，即控制力和重大影响力予以认定。基于当事人的自我陈述，本案对于关联关系的认定较为简单，但本案引发了一个问题。实践中，为避免被认定为关联交易，不少人采取非关联化操作，而且操作方式越来越复杂，真实关系越藏越深。在这种情况下，只能依靠当事人举证加以认定。但正如前文所述，本类纠纷中，相关责任人往往是控制公司或对公司有重大影响力，外人很难得知具体操作手段。尤其在股东提起代表诉讼时，在公司代表公司进行意思表示的机关已经被操纵的情况下，要求股东承担过重的举证责任是否合适？本书认为，基于公平原则，在这种情况下，举证责任应当有所倾斜，或者将法院依职权调查取证（包括责令当事方提交证据）予以强化。

五、关联交易之“损害”认定

并非所有的关联交易均需承担损害赔偿责任，只有损害公司利益的关联交易，才会涉及责任承担问题。事实上，无论是关联关系还是关联方的认定，目的都在于认定讼争交易是否属于关联方之间的交易，而更深层的目的则是在此基础上判断该种关联交易是否对公司利益造成损害，该种损害又造成什么损失？

（一）关联方交易的常见类型

《公司法》及相关司法解释未对关联交易概念作出定义，但《企业会计准则第36号——关联方披露》、《上市公司信息披露管理办法》和沪深两市《股票上市规则》对此均有涉及。

《企业会计准则第36号——关联方披露》第八条规定：关联方交易的类型通常包括（1）购买或销售商品；（2）购买或销售商品以外的其他资产；（3）提供或接受劳务；（4）担保；（5）提供资金（贷款或股权投资）；（6）租赁；（7）代理；（8）研究与开发项目的转移；（9）许可协议；（10）代表企业或由企业代表另一方进行债务结算；（11）关键管理人员薪酬。

《上市公司信息披露管理办法》第七十一条规定：上市公司的关联交易，是指上市公司或者其控股子公司与上市公司关联人之间发生的转移资源或者义务的事项。沪深两市《股票上市规则》进一步明确关联交易的类型：（1）购买或者出售资产；（2）对外投资（含委托理财、委托贷款等）；（3）提供财务资助；（4）提供担保；（5）租入或者租出资产；（6）委托或者受托管理资产和业务；（7）赠与或者受赠资产；（8）债权、债务重组；（9）签订许可使用协议；（10）转让或者受让研究与开发项目；（11）购买原材料、燃料、动力；（12）销售产品、商品；（13）提供或者接受劳务；（14）委托或者受托销售；（15）在关联人财务公司存贷款；（16）与关联人共同投资；（17）其他通过约定可能引致资源或者义务转移的事项。

地方法院在司法实践中也形成关联交易的认定的相关文件。如《深圳市中级人民法院关于妥善审理涉关联交易纠纷案件的通知》第二条规定：关联交易行为主要包括公司关联人之间进行的资产转让行为，购买或销售商品、提供或接受服务、事务代理的行为，关联人之间提供资金或提供担保的行为，拥有控制权的公司或股东无偿占有从属公司资产的行为，资产租赁中的关联交易行为，管理合同，研究与开发项目的转移及许可使用，支付关键管理人员报酬等。

由此可见，关联交易类型多样，涉及商业活动的方方面面，但归根结底，关联交易的显著特征在于该种交易可能导致公司利益转移。

（二）损害公司利益的定性标准

基于对市场规则的尊重，我国法律并没有全面禁止关联交易，而只对不正当关联交易作出规制，进一步而言，在公司关联交易损害责任纠纷中，只有损害公司利益的不正当关联交易，才为法律所禁止。在本类纠纷中，争议焦点之一是关联交易是否给公司造成损害，即关联交易是否属于损害行为。而损害行为的认定与关联交易的正当性息息相关。

对于关联交易正当性的认定，可以参考证监会审核 IPO 对关联交易的考量要素以及《公司法司法解释（五）》的相关规定。

证监会《首发业务若干问题解答（一）》问题 16 要求发行人对关联交易进行披露，根据披露的内容可以看出其在认定关联交易是否不当，结合了实质正当与程序正当进行考量：(1)实质正当性，关联交易的必要性、合理性和公允性。包括关联交易的交易内容、交易金额、交易背景以及相关交易与发行人主营业务之间的关系；可对比市场公允价格、第三方市场价格、关联方与其他交易方的价格等；相关关联方的财务状况和经营情况、关联交易产生的收入、利润总额合理性等。(2)程序正当性，关联交易的决策程序。已发生关联交易的决策过程是否与章程相符，关联股东或董事在审议相关交易时是否回避，以及独立董事和监事会成员是否发表不同意见等。

在司法领域，《公司法司法解释（五）》则对关联交易的认定提供了裁判指引，并明确仅满足程序正当不足以认定该关联交易为正当。该司法解释第一条规定：关联交易损害公司利益，原告公司依据《民法典》第八十四条和《公司法》第二十一条规定请求控股股东、实际控制人、董事、监事、高级管理人员赔偿所造成的损失，被告仅以该交易已经履行了信息披露、经股东会或者股东大会同意等法律、行政法规或者公司章程规定的程序为由抗辩的，人民法院不予支持。

司法实践延续了上述规定的裁判思路，但认定标准并没有统一，有的法院侧重于实质正当审查，有的法院则主张实质正当与程序正当审查相结合。此外，在实质正当审查方面，各法院考量的要素也不尽相同。

1. 结果层面的实质性审查

实质性审查中，审查维度包括关联交易的合理性、公允性和必要性，考量的要素主要有交易价格、交易背景、交易动机、是否符合商业常规等，并从结果意义上评判公司是否因此遭受不应有的损失。

案例·11　**-典型案例-**

未明显高出市场价格的关联交易不应承担赔偿责任

——宏通公司与东方公司公司关联交易损害责任纠纷上诉案①

上诉人(一审原告):宏通公司。

被上诉人(一审被告):东方公司、叶耀松。

一审第三人:千叶酒店。

东方公司是1993年登记成立的外资公司，出资人为华兴公司，法定代表人为叶耀松。千叶酒店于2003年1月登记成立，投资人为华兴公司、宏通公司和千叶房产公司。酒店董事会成员包括董事长叶耀松、副董事长卢灿光及董事李朗辉、植锦莹、何瑞燕。其中叶耀松、植锦莹、何瑞燕为华兴公司所派。叶耀松任千叶酒店法定代表人。

东方公司作为甲方，千叶酒店作为乙方，曾签订《委托管理书》，约定乙方委托甲方作为咨询顾问，对酒店各项工作提供管理业务，并在广州及香港提供宣传及咨询等服务；在管理期间，甲方必须委派酒店总经理代乙方管理酒店，否则乙方可终止支付管理费。此外，千叶酒店与叶耀松还签订《聘用总经理合同》，约定叶耀松的年薪为50万元，另给予其每年按营业额3%作为年终奖金。在千叶酒店的运营过程中，叶耀松作为公司董事长兼总经理，何瑞燕作为公司财务经理，均参与公司经营管理。2003年9月，千叶酒店被评定为四星级旅游饭店。虽然签订了《委托管理书》及《聘用总经理合同》，但千叶酒店并未完全按照相关约定支付管理费和总经理报酬。千叶酒店于2004年4月2日以支票形式向叶耀松支付2003年的工资536,111.12元，后会计调整将工资支出改为支付东方公司管理费。2004年10月28日，千叶酒店开具发票，注明的收款人为东方公司。2004年12月6日，千叶酒店向东方公司开具另一张发票，支付管理费623,888.88元。上述两笔费用的金额共计116万元。

① 参见广东省佛山市三水区人民法院(2016)粤0607民初1250号民事判决书；广东省佛山市中级人民法院(2017)粤06民终643号民事判决书；广东省高级人民法院(2017)粤民申9354号民事裁定书。

宏通公司认为,上述委托管理属于实际控制人操纵千叶酒店与其关联公司进行的违法关联交易,该关联交易造成千叶酒店损失116万元。宏通公司以公司股东身份提起诉讼。

广东佛山三水法院一审判决驳回宏通公司的全部诉讼请求。宏通公司不服一审判决提起上诉。广东佛山中院二审判决驳回上诉,维持原判。宏通公司不服二审判决申请再审。广东高院裁定驳回宏通公司的再审申请。

一审法院认为,千叶酒店委托东方公司进行酒店咨询、管理,聘请叶耀松担任酒店总经理,虽然没有经过董事会表决同意,在程序上违背了公司章程,但不能当然视为损害公司或者其他股东的合法权益。从两被告在近两年里对千叶酒店提供经营管理而言,结合千叶酒店的业务规模,原审法院认为千叶酒店先后向东方公司、叶耀松支付管理费共计116万元,并非过高,该支出亦不能视为千叶酒店的损失。

二审法院认为,"利用其关联关系"和"损害公司利益"是判定本案赔偿责任的两条根本标准。该根本标准具体体现为交易主体、交易动机、交易行为和交易结果四个要件。

再审法院认为,东方公司确实为千叶酒店提供了管理服务,委派了高级管理人员,所涉管理费并未明显高于市场价格,且千叶酒店在东方公司的管理下获得了一定的经营业绩,没有证据显示千叶酒店因该关联交易而遭受不合理的损失。因此,原审判决认定宏通公司主张的损害赔偿责任不能成立并无不当。

案例·12 **-最高人民法院案例-**

增加公司债务的交易方式属不当关联交易

——耿志友、刘月联公司关联交易损害责任纠纷上诉案[①]

上诉人(原审被告):耿志友、刘月联、晨东公司。

被上诉人(原审原告):东驰公司。

东驰公司于2009年11月19日成立,股东为耿志友、刘月联,法定代表人为刘

① 参见山西省高级人民法院(2014)晋商初字第2号民事判决书;最高人民法院(2019)最高法民终496号民事判决书。

月联。东驰公司医药分公司成立于2010年2月，为东驰公司的分支机构，是独立核算的非法人单位，负责人为刘月联。晨东公司2005年7月27日成立，股东为耿志友、刘月联，法定代表人为耿志友。耿志友、刘月联为夫妻关系。

2010年10月25日，东驰公司医药分公司（甲方）与晨东公司（乙方）签订《资产转让协议》，协议内容为：经双方股东同意，甲、乙双方协商达成如下协议：(1)同意将乙方所有资产、债权、债务全部转让给甲方。(2)甲、乙双方的转让为无偿转让。(3)转让后财产所有权归甲方，由甲方负责管理及使用，债权由甲方回收，债务由甲方承担，乙方不再享有任何权益、承担任何经济责任及风险。(4)转让后甲方按资产、债权、债务转让明细记账（详见乙方转出资产负债汇总及明细表）。(5)转出、接收日为2010年10月31日。该协议落款处，除上述两方当事人盖章外，东驰公司也予以盖章。

东驰公司称，晨东公司就其向东驰公司转让的债权，缺少催收凭据难以收回债权以及耿志友利用实际控制东驰公司的职务之便，代晨东公司偿还了巨额债务，严重损害了东驰公司的利益，因此向一审法院起诉请求：(1)判令耿志友、刘月联、晨东公司共同赔偿利用关联关系损害东驰公司利益的经济损失12,471.47万元；(2)耿志友、刘月联、晨东公司将归还原晨东公司债务的7977.86万元，自2012年4月1日起按中国人民银行同期贷款利率承担利息。

一审法院判决耿志友、刘月联及晨东公司偿还东驰公司55,963,762.98元及利息。耿志友、刘月联、晨东公司不服一审判决，提起上诉。二审法院驳回上诉，维持原判。

本案的争议焦点之一为案涉关联交易是否损害东驰公司的利益。

一审法院认为，公司法并不禁止关联交易，公司法保护合法有效的关联交易，合法有效的关联交易的基础性实质要件是交易对价公允。在本次关联交易中，对于晨东公司转让给东驰公司的债权，晨东公司所提交的证据不足以证明其将相关债权凭证移交给东驰公司，并通知债务人，结果导致大部分债权无法实现。而对于晨东公司转让给东驰公司的债务，在耿志友、刘月联经营期间由东驰公司代晨东公司将大部分债务偿还完毕，损害了东驰公司作为独立法人对其财产享有的权益以及其他东驰公司债权人的利益，案涉关联交易损害了东驰公司的利益。

二审法院认为，不能仅凭案涉关联交易形式合法来认定双方之间的关联交易公平公允。本案中，在晨东公司与东驰公司之间的关联交易符合形式合法的外观要件的情况下，应当对交易的实质内容即合同约定、合同履行是否符合正常的商业交易原则以及交易价格是否合理等进行审查。首先,从案涉交易的背景来看。耿志友、刘月联以关联交易的方式,将本应由其自行承担的晨东公司债务转由东驰公司承担,有明显的摆脱债务嫌疑。其次,从案涉交易的履行情况来看。在东驰公司已代晨东公司清偿绝大部分债务的情况下,晨东公司未能提供有效证据证明其向东驰公司转让的债权真实有效,从而导致东驰公司未能收回两份协议中约定的债权,损害了东驰公司的利益。

案例·13 – 典型案例 –

不符合营业常规的交易属不当关联交易

——徐琪、中肽公司与戴格诺思公司等公司关联交易损害责任纠纷上诉案①

上诉人(原审被告):徐琪、中肽公司。

被上诉人(原审原告):戴格诺思公司。

原审被告:美思达公司。

美思达公司成立于2009年7月3日,公司股东为李湘莉、徐琪。徐琪为美思达公司的实际控制人。中肽公司设立于2001年8月27日,徐琪任公司总经理。戴格诺思公司设立于2010年2月25日,股东为美思达公司及徐琪,徐琪为戴格诺思公司的实际控制人。2013年4月10日,戴格诺思公司向工商部门提出申请,申请将股东由美思达公司、徐琪变更为李根、汤冰;将法定代表人由徐琪变更为汤冰。

2011年1月4日,戴格诺思公司(受让方)与中肽公司(转让方)在杭州签订艾梅乙丙协议,就标的技术的相关内容等进行了约定。2011年5月5日,戴格诺思公司(被许可方)与中肽公司(许可方)在杭州签订莱克多巴胺合同,约定:中肽公司同意向戴格诺思公司授予、戴格诺思公司同意从中肽公司获得合同产品的研发、制造的专有技术和使用及销售合同产品的权利。

2011年12月28日,戴格诺思公司与中肽公司签订补充协议一份,经双方协商一致,决定停止艾梅乙丙委托开发,戴格诺思公司已支付的委托开发费用人民币150万元用于支付中肽公司与戴格诺思公司签署的莱克多巴胺合同的部分费用。

---

① 参见江苏省泰州医药高新技术产业开发区人民法院(2017)苏1291民初288号民事判决书;江苏省泰州市中级人民法院(2018)苏12民终1235号民事判决书;江苏省泰州市中级人民法院(2019)苏12民再100号民事裁决书;江苏省泰州医药高新技术产业开发区人民法院(2020)苏1291民初67号民事判决书;江苏省泰州市中级人民法院(2020)苏12民终2251号民事判决书。

戴格诺思公司认为，中肽公司利用对戴格诺思公司的控制关系，与戴格诺思公司签订所谓技术转让合同，将戴格诺思公司财产转移至中肽公司，损害戴格诺思公司的利益，因此江苏泰州高新区法院起诉请求：美思达公司、徐琪、中肽公司赔偿戴格诺思公司财产150万元并互负连带责任。

江苏泰州高新区法院一审判定案涉关联交易行为损害了戴格诺思公司的利益，判决徐琪、中肽公司连带赔偿戴格诺思公司损失150万元。徐琪、中肽公司不服一审判决提起上诉。江苏泰州中院二审撤销一审判决，驳回戴格诺思公司的全部诉讼请求。戴格诺思公司不服二审判决申请再审，江苏泰州中院再审认为，本案的基本事实尚未查清，裁定撤销一审、二审判决，发回一审法院重新审理。江苏泰州高新区法院重审一审判定案涉关联交易行为损害了戴格诺思公司的利益，判决徐琪、中肽公司连带赔偿戴格诺思公司损失150万元。徐琪、中肽公司不服重审一审判决提起上诉。江苏泰州中院重审二审判决驳回上诉，维持原判。

一审法院认为，公司关联交易行为的实质审查，主要是对关联交易行为的效力进行审查，而对关联交易行为的效力进行审查的关键是确定行为是否损害公司或者公司股东及公司债权人合法利益的标准，即判断行为是否符合营业常规。同时要审查当时合同双方是否遵循了商业原则，即交易价格原则上不偏离市场独立第三方的价格或收费的标准、关联人不得以垄断采购和销售业务渠道等方式干预公司的经营，损害公司利益。具体到本案，徐琪及中肽公司的关联交易行为不符合营业常规：(1)当时的戴格诺思公司没有按约定的条件和时间进行履行。(2)投资的产出比不合符常理。(3)徐琪与中肽公司就莱克多巴胺技术的交接不符商业原则。因此判定关联交易行为损害了戴格诺思公司的利益。

二审法院认为，首先，基于戴格诺思公司的营业性质，本案交易目的具有正当性，并无明显不当。其次，本案中，检测机构出具的复核试验报告、戴格诺思公司《材料采购合同》、转账凭证等证据相互印证，具有证明力，能够证明戴格诺思公司已经掌握了莱克多巴胺技术，并已进行相关生产、销售，即戴格诺思公司已获得相关合同利益。当前证据不能证明徐琪、中肽公司故意利用关联交易损害戴格诺思公司的利益。

重审一审法院认为，公司关联交易行为的实质审查，主要是对关联交易行为的效力进行审查，其关键是确定行为是否损害公司或者公司股东及公司债权人合法利益，即判断行为是否符合营业常规，同时还要审查当时合同双方是否遵循了商业原则，即交易价格原则上不偏离市场独立第三方的价格或收费标准、关联人不得以垄断采购和销售业务渠道等方式干预公司经营,损害公司利益。

重审二审法院认为,戴格诺思公司在《莱克多巴胺检测试剂生产专有技术许可合同》签订后,并未按约如期支付60万元、90万元,而之后用付款时间节点及付款方式明显有违正常交易惯例的艾梅乙丙协议研发费150万元来支付,加之另外应支付的50万元在条件已经成就后,中肽公司并未主张,显然有违常理。对此,中肽公司对莱克多巴胺检测试剂生产专有技术许可的价格为200万元是否正当,理应举证加以证明。但是,因中肽公司未能提交此方面证据,故应承担不利后果。又因徐琪利用与中肽公司的关联关系,实施莱克多巴胺技术许可关联交易行为,损害了戴格诺思公司利益,其应对戴格诺思公司由此产生的150万元损失承担赔偿责任。中肽公司与徐琪存在关联关系,具有意思表示一致性及利益取得共同性,应认定为共同侵权人,故中肽公司应对戴格诺思公司上述损失承担连带赔偿责任。

本书认为,司法在利用商业常规来认定关联交易是否正当时,应当从大原则、大方向来审视,在目的、行为、交易条件等无异常的情况下,应当尊重商业行为的丰富性。

此外,本案一审法院在举证责任上的阐述也值得深思。一审法院认为,证明关联交易行为合法性及有效性的责任在徐琪及中肽公司,原因在于其作为公司法上的关联人的身份,对关联交易行为负有不可推卸的举证义务和责任。重审一审法院在此问题上与一审法院观点一致。诚然,该观点是考虑到,在关联交易中,责任人往往利用对公司的控制力或重大影响力,对关联交易予以非关联化,导致当事人很难获得证据而无法顺利认定关联关系是否存在。然而,根据民事诉讼法"谁主张,谁举证"的原则,公司作为主张关联交易损害其权益的一方,应当对关联交易是否不当、关联交易是否损害公司利益进行举证,而这两项内容,正是关联交易行为的定性问题。因此,本书倾向于认为,相应的举证义务仍应首先由公司承担。至于举证责任的转移以及基于公平原则对双方举证义务的酌情调整,则可结合个案具体情况依法确定。

除上述案例外,有的法院还从价格是否公允作为关联交易正当性的认定依据。如在武穴迅达医化公司、湖北迅达药业公司关联交易损害责任纠纷再审案①中,争议焦点之一在于,湖北迅达药业公司以及李亮关联交易的行为是否损害武穴迅达医化公司的利益。湖北黄冈中院在一审中未涉及交易价格的相关认定和分析,二审法院(湖北高院)和再审法院(湖北高院)都从价格是否公正合理对关联交易是否

① 案情参见本章案例·10相关部分的内容。

对公司造成损害进行论证。

湖北高院二审认为，判断交易是否损害武穴迅达医化公司的利益，关键要看武穴迅达医化公司的产品出厂价格本身是否公正和合理。经比较，并考虑市场供求、汇率等因素的影响，讼争交易出厂价格公正合理。此外，在交易发生期间，公司经营情况良好，每月有相对稳定的利润产生，故讼争关联交易行为没有损害公司合法利益。

湖北高院再审认为，一般而言，判断交易价格是否公允，是否存在恶意低价出售的情况，应当综合产品市场价格、历史价格、材料成本、终端采购价格等方面因素进行考察分析。但国内公开市场并无本案 INT 产品价格，各方当事人认可同时期国内市场并无同类产品交易。因此，武穴迅达医化公司 INT 产品的历史出厂价格以及此后湖北相和化学公司 INT 产品的出厂价格应作为判断涉案关联交易价格是否合理的重要参考依据。

对于本案法院对于交易价格是否公允的认定逻辑，本书予以认可。但湖北高院二审认为，在讼争交易发生期间，公司经营情况良好，每月有利润产生，以此作为关联交易没有损害公司利益的依据之一。对此观点，本书认为值得商榷，原因在于基于现实情况的复杂性，公司在关联交易发生期间是否有稳定利润，与关联交易是否损害公司利益并没有直接的因果关系。关联交易是否损害公司权益，应根据侵权责任认定方式进行判断，即仅就该笔交易而言，应从是否有加害行为、是否有损害事实、当事人是否有过错、加害行为与损害事实之间是否有因果关系等方面综合认定，而不能简单地以客观上的、偶然的、宏观的情况进行判断。

2. 兼顾程序与结果的审查标准

司法实践中，相关行为人往往会以其行为已经履行了合法程序而进行抗辩，如关联交易经过公司股东会或董事会决议批准，且行为人按照规定回避表决等。但是，关联交易的核心是公平，尽管交易已经履行了相应的程序，但如果违反公平原则，损害公司利益，公司依然可以主张行为人承担损害赔偿责任。同样地，如未履行合法程序，则可能的直接后果是不公平的关联交易得以实施。基于此，部分法院从程序和实质两方面进行双重审查，以此来判断交易是否正当。

案例·14　　典型案例

合法的关联交易应同时满足信息披露、程序合法、对价公允三个条件

——真功夫公司与蔡达标等公司关联交易损害责任纠纷上诉案①

上诉人(原审原告):真功夫公司。

被上诉人(原审被告):蔡达标、王志斌、蔡春红。

原审第三人:真功夫公司。

真功夫公司于2007年7月19日成立,股东包括蔡达标、潘宇海、双种子公司、今日资本投资公司、联动创业公司。蔡达标与蔡春红是兄妹关系,蔡春红与王志斌是夫妻关系。王志斌是个体工商户志利源经营部的经营者,该经营部于2006年1月18日成立,于2009年5月11日因经营不善注销。真功夫公司曾与志利源经营部签订《真功夫采购框架合同》《真功夫采购合同》,约定志利源经营部向真功夫公司及其关联公司供货。

真功夫公司认为,真功夫公司与王志斌、蔡春红之间的交易应属于关联交易,并且该关联交易给真功夫公司造成了损失,因此真功夫公司向广东东莞第二法院起诉请求:蔡达标、王志斌、蔡春红赔偿其通过关联交易造成真功夫公司14,366,822.14元的货款及利息损失。

广东东莞第二法院判决驳回真功夫公司的全部诉讼请求。真功夫公司不服一审判决提起上诉。广东东莞中院二审驳回上诉,维持原判。

本案一审的争议焦点为蔡达标、王志斌、蔡春红有无利用关联关系损害真功夫公司的利益。

一审法院提出合法有效的关联交易应当同时满足交易信息披露充分、交易程序合法、交易对价公允三个要件。具体到本案:首先,没有证据显示蔡达标隐瞒或未充分披露案涉关联交易的信息。其次,真功夫公司采购货物由专门的审批委员会审核通过,没有证据显示蔡达标影响审批委员会选定供应商或采购货物的价格。最后,没有证据显示案涉交易存在对价不公允的情况。综上,一审法院认为,现有证据显示案涉关联交易为合法有效的交易。

① 参见广东省东莞市第二人民法院(2014)东二法民二初字第524号民事判决书;广东省东莞市中级人民法院(2015)东中法民二终字第1913号民事判决书。

二审法院认为,合法有效的关联交易应当同时满足以下三个条件:交易信息披露充分、交易程序合法、交易对价公允。对于案涉交易是否属于合法有效的关联交易,二审法院全部采纳了一审法院的分析意见,认为原审法院认定现有证据显示案涉交易均为合法有效的关联交易并无不当。

案例·15　– 典型案例 –

符合公司章程且未损害公司利益的关联交易应属合法

——博英公司、颐华公司公司关联交易损害责任纠纷上诉案①

上诉人(原审原告):博英公司。

被上诉人(原审被告):颐华公司。

博英公司系股份有限公司(非上市),注册资本5000万元整,总股本5000万股。公司章程第七十四条规定股东大会以特别决议通过以下事项:(四)公司在一年内购买、出售重大资产或者担保金额超过公司最近一期经审计总资产30%的。第一百零四条第六款规定,公司与关联方发生的交易金额在100万元以上,且占公司最近一期经审计净资产绝对值0.5%以上的关联交易事项;但公司与关联方发生的交易金额在1000万元以上,且占公司最近一期经审计净资产绝对值5%以上的关联交易,应提交股东大会批准后方可实施。

2014年11月19日,博英公司(甲方)与颐华公司(乙方)就“来那度胺原料、胶囊临床批件”转让项目和“卡巴他赛原料、注射液临床批件”转让项目分别签订《技术转让合同》,合同均约定颐华公司负责临床前研究项目的工艺、质量标准及中试工艺,获得合同项目的临床试验批件,技术转让费用分别为600万元和1400万元。

2014年12月5日,颐华公司持股比例合计为31.11%。2015年7月23日,博英公司持股比例为53.33%。

博英公司认为,本案所涉交易属于关联交易,需要股东大会批准,实际上没有经过股东大会批准,存在严重的订立合同程序瑕疵,该交易在法律上属无效,因此向安徽芜湖经济技术开发区法院起诉请求颐华公司返还技术转让款2000万元并支付相应利息。

① 参见安徽省芜湖经济技术开发区人民法院(2016)皖0291民初683号民事判决书;安徽省芜湖市中级人民法院(2017)皖02民终810号民事判决书。

安徽省芜湖经济技术开发区人民法院判决驳回博英公司的诉讼请求。博英公司不服一审判决提起上诉。安徽芜湖中院二审判决驳回上诉,维持原判。

本案的争议焦点之一为颐华公司是否通过关联交易行为损害了博英公司的利益。

一审法院认为,衡量控股股东是否利用关联交易损害了公司利益,需结合交易的订立程序、订立目的、合同内容、合同履行情况等因素予以综合评判。协议的内容不违反法律、行政法规的强制性规定,也无显失公平之处。从合同履行情况看,博英公司没有提供证据证明其因该案涉协议遭受损失。综上,博英公司提交的证据不足以证明颐华公司损害博英公司的利益。

二审法院认为,判断是否存在公司关联交易损害,应当从两份技术转让协议是否属于关联交易、颐华公司是否属于关联交易损害责任的主体、该关联交易是否损害了公司的利益等方面综合考量。该关联交易未损害公司的利益。首先,案涉两份技术转让协议未违反博英公司的公司章程规定;其次,两份技术转让合同不存在欺诈、胁迫或者显失公平的情形;最后,博英公司现并无证据能够证明两份关联交易合同使其受到损失。

此外,本案二审法院是否构成关联交易的判断依据值得关注。在本案由下,法院认定关联交易的依据,多数引用《公司法》中对于关联关系的规定,进而认定是否属于关联交易。本案二审法院则直接引用《企业会计准则》中对于关联交易类型的规定,确认涉案交易属于其中规定的关联交易类型之一,不失为一种裁判思路。

(三)损失具体类型及范围的认定

公司关联交易损害责任纠纷案由项下,被侵害的权益一般为公司的财产权益,因此受害人的主要诉讼请求为赔偿财产损失。在侵权责任中,侵害财产权益给受害人造成的财产损失可以分为两大类:所受损害与所失利益。前者也称直接损失,包括积极财产的减少,即财产因为侵权行为而减少或毁灭的损失,也包括消极财产的增加,指受害人因侵权行为而增加支出的费用。后者又称间接损失,是指受害人因侵权行为导致本应获得的利益无法获得。[1] 对于直接损害,由于该种损害是侵权行为直接造成的,因此因果关系一般不考虑假设的因果关系,加害人主观过失的认定也以其应否、能否预见直接损害为标准;对于间接损害,因其与加害行为关系较

① 参见程啸:《侵权责任法》,法律出版社2015年版,第699~702页。

远，一般需要斟酌考虑假设的因果关系，同时在过错认定上不以加害人应否、能否预见为标准。① 司法实践中，对于关联交易造成的损失，并未对其类型进行明确界定，一般依据支出的费用、可得利益的损失以及法院酌情认定。②

案例·16　– 典型案例 –

公司因关联交易多支出的税款为损失

——安徽路网公司与全椒正东公司公司关联交易损害责任纠纷上诉案③

上诉人（一审被告）：安徽路网公司。

被上诉人（一审原告）：全椒正东公司。

原审第三人：励骏置业公司。

全椒正东公司股东为安徽路网公司、安徽正东公司。2013 年 6 月 30 日，安徽路网公司、安徽正东公司召开股东会，形成股东会决议主要内容为：委托安徽路网公司全权处置全椒正东公司名下 E、F 地块使用权；安徽路网公司独自享有该地块出让收益，履行该地块原成交合同中的责任、权利和义务；全椒正东公司同意该地块使用权受让方土地使用权转让款支付于安徽路网公司。

2013 年 9 月 9 日、2014 年 2 月 11 日，全椒正东公司分别将 E、F 地块土地使用权办至与中基公司新设立的项目公司励骏置业公司名下。此后，因励骏置业公司未按期支付转让款，安徽路网公司诉请励骏置业公司等支付下剩转让款，经合肥市中级人民法院调解，励骏置业公司向安徽路网公司支付转让款及 1600 万元利息。全椒正东公司为该地块向全椒县地税局缴纳税款及滞纳金 12,664,648.11 元，安徽路网公司已向全椒正东公司支付税款 7,704,790.13 元。

全椒正东公司向安徽全椒法院提起诉讼，请求判令安徽路网公司偿还其代为缴纳的税款及滞纳金 4,959,857.98 元。安徽全椒法院一审判决支持全椒正东公司的该项诉讼请求。安徽路网公司不服一审判决提起上诉。安徽滁州中院二审判决驳回上诉，维持原判。

---

① 参见程啸：《侵权责任法》，法律出版社 2015 年版，第 218 页。

② 参见何豪华、轩俊博：《关联交易损害责任纠纷损失如何确定》，载微信公众号“一九五四”，2019 年 5 月 16 日。

③ 参见安徽省全椒县人民法院（2018）皖 1124 民初 860 号民事判决书；安徽省滁州市中级人民法院（2018）皖 11 民终 2743 号民事判决书。

一审法院认为，安徽路网公司既然享有涉案 E、F 地块责任、权利和义务，那么由此产生的税款也应由其承担。关于此地块，全椒正东公司缴纳契税、企业所得税 11,629,790.65 元、滞纳金 1,034,857.46 元，合计 12,664,648.1 元，扣除安徽路网公司已支付的税款 7,704,790.13 元，剩下 4,959,857.98 元安徽路网公司应予偿还全椒正东公司。二审法院肯定了一审法院的判决。

另有案例将因关联交易被转移的公司利润及其利息认定为损失，如在浩普公司与瑞士魏克公司公司关联交易损害责任纠纷上诉案①中，江苏泰州中院在一审中对于损失金额的认定，结合了税务机关出具的有关纳税金额调整的相关材料加以确认，但在裁判文书中并没有进行太多阐述。江苏高院在二审中对此问题则无涉及。

案例 · 17　　– 典型案例 –

公司按正常情况需要支出的费用不属于损失

——西园公司与朱建洪、王凌峰、方红书、久大公司
公司关联交易损害责任纠纷上诉案②

上诉人（一审被告）：西园公司、朱建洪、王凌峰。

被上诉人（一审原告）：方红书、久大公司。

朱建洪、王凌峰在时任西园公司董事长、总经理期间，与监事方红书另设关联公司——新街公司，并利用其在西园公司所任职务之便，促使西园公司与新街公司分别于 2002 年 7 月 29 日和 2003 年 5 月 5 日就新街商城的相关事项签订《协议书》和《合作协议》。西园公司于 2004 年 2 月 9 日诉至黄山中院，请求确认其与新街公司签订的《合作协议》无效，经一审、二审后，黄山中院于 2004 年 7 月 14 日作出(2004)黄中法民二终字第 37 号民事判决，认定合作协议无效。西园公司于 2005 年 4 月向黄山仲裁委申请仲裁，请求确认《协议书》无效，黄山仲裁委员会于 2005 年 5 月 30 日作出的(2005)黄仲裁字第 02 号裁决，认定《协议书》因违反公司法的相关规定而无效。

---

① 案情参见本章案例 · 2 相关部分的内容。

② 参见安徽省黄山市中级人民法院(2014)黄中法民二初字第 00048 号民事判决书；安徽省高级人民法院(2015)皖民二终字第 00560 号民事判决书。

2006年6月20日，西园公司根据上述确认两协议无效的生效仲裁裁决书和民事判决书发函要求新街公司返还相关款项。2008年6月12日，西园公司诉至黄山中院，请求判令新街公司返还西园公司相关款项。黄山中院于2013年6月1日作出(2013)黄中法民二再初字第00001号民事判决，要求新街公司返还西园公司6,898,629元，新街公司给付西园公司经营所得保证金724,000元、综合管理费881,022元，并赔偿西园公司经济损失2,986,761元。该判决生效后，因新街公司无任何可供执行的财产，在西园公司同意后，黄山中院于2013年10月21日作出裁定终结执行。

就(2013)黄中法民二再初字第00001号民事判决未能执行到位的款项以及其他相关的损失，西园公司向黄山中院起诉，请求朱建洪、王凌峰、方红书共同赔偿(2013)黄中法民二再初字第00001号民事判决支付给西园公司标的金额的利息损失747,878元(暂计至2013年12月31日，赔偿计算到履行日止)。

朱建洪等人在一审、二审中均提出诉讼时效抗辩，认为西园公司提起诉讼已超过诉讼时效，且没有发生诉讼时效中断的事实。

安徽黄山中院认为西园公司主张权利未超过诉讼时效，酌情确定朱建洪、王凌峰、方红书承担70%的赔偿责任。西园公司不服一审判决提起上诉。安徽高院二审认为已超过诉时效，判决撤销一审判决并驳回西园公司的诉讼请求。

一审法院认为，根据市场情况，西园公司自行销售商品房及进行商城运作也必然产生相关的费用和支出，朱建洪等基于协议书及合作协议的签订亦为西园公司销售商品房及商城运作创造了一定价值，酌情确定朱建洪、王凌峰、方红书承担70%的赔偿责任。二审法院对赔偿责任问题并无评析。

本案由项下相关案例并未对损失范围进行详细的分析，主要根据当事人提供的证据进行确定。对于财产损害的赔偿范围，应当遵循完全赔偿原则，一般情况下，侵权人应就受害人遭受的全部经济利益损失承担赔偿责任。但在受害人因侵权行为受益或存在过失的情况下，应当考虑损益相抵和过失相抵原则，对财产损害赔偿范围予以调整。同时应当予以明确的是，《民法典》侵权责任编的赔偿起到的是补偿的目的，受害人不能因损害赔偿而获得超过其损害的利益。

六、关联交易之“对应决议效力”认定

在公司关联交易损失责任纠纷项下，除涉及对关联交易自身合法性及其法律后果的判断以外，对于据以实施关联交易的公司内部决议，其效力问题亦可成为争

议焦点问题，从而使得此类纠纷的处理愈加复杂。

就其本质而言，公司决议是公司的权力机关和治理机关依据法律和章程规定就公司的某一重要事项形成和表达出来的有法律效力的共同愿望，属于公司的重大决策，对公司行动产生指引及约束作用①。对公司决议法律效力的评价，根据《民法典》第一百三十四条第二款规定：法人、非法人组织依照法律或者章程规定的议事方式和表决程序作出决议的，该决议行为成立。该条款规定在《民法典》总则编第六章“民事法律行为”中。根据该体系，公司决议行为与合同行为均属于民事法律行为。民事法律行为的效力，依据《民法典》第一百四十三条至第一百五十七条的规定进行认定。无效情形的有：(1)虚假意思表示；(2)违反法律、行政法规的强制性规定；(3)违背公序良俗；(4)恶意串通，损害他人合法权益。可撤销情形有：(1)重大误解；(2)欺诈；(3)胁迫；(4)显失公平。

此外，《公司法》对公司决议的效力也进行规制，第二十二条规定：公司股东会或者股东大会、董事会的决议内容违反法律、行政法规的无效。股东会或者股东大会、董事会的会议召集程序、表决方式违反法律、行政法规或者公司章程，或者决议内容违反公司章程的，股东可以自决议作出之日起60日内，请求人民法院撤销。上述规定对独立审查公司决议效力提供了规范依据，然而本案由项下经常被论及的问题是，关联方未回避表决的相关决议是否无效？相应公司决议是否因关联交易自身的违法或者无效而归于无效？

(一)关联交易对应公司决议的审查规则

无论是法律规范还是司法实践层面，对关联交易相关的决议效力的审查，并没有脱离上述法律规定范畴。在进行效力认定时，应以上述规定为依据，同时结合决议内容、决议召集程序和表决方式等是否违反相关规定再行判断，而不能因为该决议或合同内容涉及关联交易事项就当然无效。

① 参见甘培忠、赵文冰：《对公司决议效力的一些思考——析〈最高人民法院关于适用《中华人民共和国公司法》若干问题的规定(四)〉(征求意见稿)中的相关规定》，载《法学论坛》2016年第8期。

案例·18　-最高人民法院案例-

关联方未回避表决的并不导致决议无效

——东圣公司与胜华公司、兖矿公司、永峰公司公司关联交易损害责任纠纷上诉案①

上诉人(一审被告):东圣公司。

被上诉人(一审原告):兖矿公司、永峰公司。

2012年1月30日,兖矿公司、永峰公司、金最公司及恒盛公司共同出资设立东圣公司。东圣公司类型为其他有限责任公司,法定代表人为王刚。

东圣公司《首次股东会会议决议》规定:"金最公司委派陶林为公司股东代表、兖矿公司委派李士岗为公司股东代表、恒盛公司委派王刚为公司股东代表、永峰公司委派张立文为公司股东代表。公司董事会由七名董事组成,包括金最公司委派的贾昌涛、邓长春、潘刚三人,兖矿公司委派的李士岗、张贵山、颜士华三人及恒盛公司委派的王刚。"东圣公司《第一届董事会第一次会议决议》,规定:"董事会授权李士岗全面主持公司工作,在授权期间,收购煤矿、托管经营、投资决策等事项,需形成完整方案,提交董事会研究决策。"

2013年12月23日,东圣公司作出《第一届第二次董事会决议》,其中决议第(三)项内容为"审议并批准董事潘刚提交的《关于收购贵州海隆矿业投资有限公司议案》";第(六)项内容为"一致同意由公司法定代表人王刚负责组织收购贵州海隆矿业投资有限公司工作,并代表东圣公司与相关方签订系列收购文件"。王刚、李士岗、张贵山、贾昌涛、颜士华、潘刚等董事签名。同日,董事长王刚主持召开了东圣公司临时股东会议,并作出《临时股东会议决议》:全体股东一致同意东圣公司收购海隆公司。陶林、李士岗、王刚、张立文作为股东代表签字。

兖矿公司、永峰公司向贵州高院提起诉讼,请求确认《第一届第二次董事会决议》中第(三)项和第(六)项决议内容和《临时股东会议决议》内容无效。

贵州高院一审支持上述请求。东圣公司不服一审判决提起上诉。最高人民法院二审判决撤销一审判决,驳回兖矿公司、永峰公司的诉讼请求。(见图10-7)

① 参见贵州省高级人民法院(2015)黔高民商初字第14号民事判决书;最高人民法院(2017)最高法民终416号民事判决书。

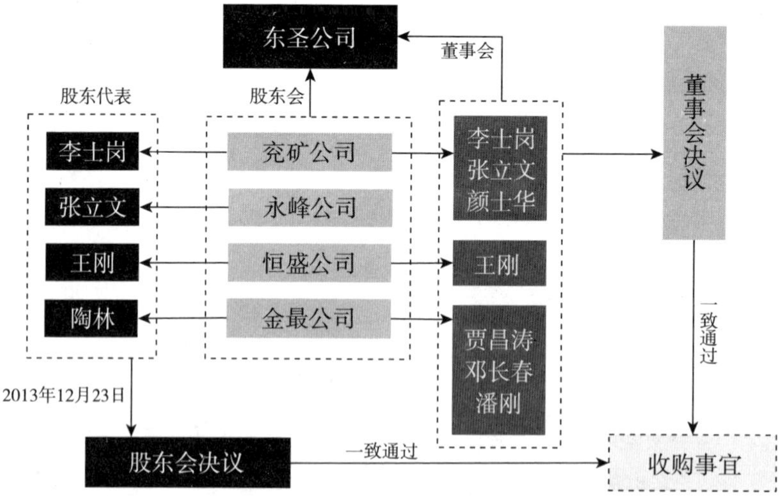

图10－7　东圣公司与胜华公司、兖矿公司、永峰公司公司关联交易损害责任纠纷上诉案

本案的争议焦点之一是东圣公司《第一届第二次董事会决议》第（三）项、第（六）项内容及东圣公司《临时股东会议决议》内容的效力。一审法院和二审法院分歧点在于东圣公司董事明知存在关联关系却不回避，并利用其董事的权利行使表决权是否违反法律的禁止性规定，从而影响《第一届第二次董事会决议》的效力。

一审法院认为，东圣公司董事会决议中的关联交易事项涉及东圣公司部分股东及董事的个人利益，但上述董事明知存在关联关系却不回避，并利用董事的权利行使表决权，损害了东圣公司及其他股东的权益，因此其决议内容应属无效。

二审法院认为，涉及关联交易的决议无效，须判定公司决议是否系股东滥用股东权利，以及是否损害公司或其他股东利益，而不能仅因涉及关联交易，则认定股东会、董事会决议当然无效。本案中，东圣公司董事会及股东会决议作出时，各方董事及股东代表均参加会议并一致同意表决通过，对决议内容未提出异议。参与表决的董事及股东代表与决议事项虽具有关联关系，但法律并未对其行使表决权作出限制，并不能因此认定其行为构成滥用股东权利。另就案涉决议内容而言，其中关于收购海隆公司并授权收购工作的内容并未涉及具体的交易条件等事项，现有证据不能证明该决议内容损害了公司或其他股东的利益。故案涉董事会及股东会决议并不具备违反法律、行政法规的情形。

对于本案，一审法院认为决议内容无效的原因之一，在于关联董事未回避表决,该理由不成立。本书认为,暂且不论我国立法并没有要求有限责任公司的关联董事执行回避表决,即便从公平角度而言,为避免关联董事利益冲突,作出损害公司利益的表决行为而要求其回避表决,也属于表决程序问题。在表决程序不当的情况下,决议效力为可撤销,而非无效。

(二)上市公司关联交易的特殊程序要求

相关规定对上市公司关联交易的披露和审议程序作了特殊的要求。此类规范虽非决议效力认定的关键因素,但对于其合规性及法律责任仍有重要影响。

1. 应当披露的关联交易

根据沪深两市《股票上市规则》,应该披露的关联交易包括:(1)与关联自然人发生的交易金额在30万元以上的关联交易;(2)与关联法人发生的交易金额在300万元以上,且占上市公司最近一期经审计净资产绝对值0.5%以上的关联交易;(3)与关联人发生的交易(上市公司获赠现金资产和提供担保除外)金额在3000万元以上,且占上市公司最近一期经审计净资产绝对值5%以上的关联交易;(4)首次发生的日常关联交易;(5)已经公司董事会或者股东大会审议通过且正在执行的日常关联交易协议的实际执行情况等。

2. 关联交易的审议程序

上市公司关联交易的审议程序,需要严格执行关联交易回避表决制度。与关联交易具备关联关系的董事或股东,在表决时不得对该项决议行使表决权,也不得代理其他董事行使表决权;关联股东不应当参与投票表决,其所代表的有表决权的股份数不计入有效表决总数。

上市公司的股东、实际控制人、收购人及其董事、监事、高级管理人员未按照要求对关联交易进行披露或审议的,由证监会处以责令改正、警告、罚款等行政处罚。

七、公司关联交易损害责任纠纷的案件管辖

司法实践中,公司关联交易损害责任纠纷的管辖权适用规则存在较大差异,总体有三种裁判思路:适用一般地域管辖、适用公司纠纷特殊地域管辖、适用侵权纠纷特殊地域管辖。

(一)一般地域管辖

一般地域管辖,是指以当事人的所在地与人民法院的隶属关系来确定诉讼管辖。《民事诉讼法》以原告就被告为原则,以被告所在地作为确定一般地域管辖的标准,而以原告所在地管辖为例外。

在“鲁成修与金隅公司、混凝土公司公司关联交易损害责任纠纷管辖异议案”[①]中，一审法院以公司住所地确定管辖，金隅公司上诉称本案应属其与鲁成修之间的损害赔偿纠纷，与混凝土公司无关，该公司不是本案适格的被告，鲁成修将混凝土公司列为被告的行为属于虚列被告，其目的是规避我国《民事诉讼法》关于“原告就被告”的管辖规定，因此，一审法院应以其住所地确定本案管辖错误。

河北石家庄中院二审认为，本案系公司关联交易损害责任纠纷，《民事诉讼法》第二十一条第二款、第三款规定：“对法人或者其他组织提起的民事诉讼，由被告住所地人民法院管辖。同一诉讼的几个被告住所地、经常居住地在两个以上人民法院辖区的，各该人民法院都有管辖权。”本案原审被告之一混凝土公司，其住所地位于石家庄市栾城区窦妪工业区，属于栾城区辖区内，故原审裁定认定石家庄市栾城区人民法院对本案有管辖权并无不妥。至于原审被告之一混凝土公司是否属于本案适格的被告，属于实体审查的范围，不影响管辖权的确定。

与上述法院持同样观点的还有“崔佳佳、成都稷安公司公司关联交易损害责任纠纷管辖异议上诉案”[②]。

（二）公司纠纷管辖

相对于一般地域管辖而言，公司纠纷管辖属于特殊地域管辖。根据《民事诉讼法》第二十六条的规定：因公司设立、确认股东资格、分配利润、解散等纠纷提起的诉讼，由公司住所地人民法院管辖。

司法实践中，也有法院认为公司关联交易损害责任纠纷属于公司纠纷，应当适用公司纠纷管辖的规定。在“华润煤业公司与煤业集团公司等关联交易损害责任纠纷管辖异议案”[③]中，华润煤业公司上诉辩称一审被告之间签订的《咨询服务协议》中约定了仲裁条款，根据《仲裁法》第二十六条的规定，仲裁条款可以排除人民法院的诉讼管辖，湖南资兴法院一审认定《咨询服务协议》中约定的仲裁条款对煤业集团公司没有约束力不当。

湖南郴州中院二审认为，本案中，作为唐洞煤矿公司的股东煤业集团公司起诉作为唐洞煤矿公司的控股股东华润煤业公司利用其关联关系损害唐洞煤矿公司的利益，因此，根据上述法律规定，本案应由唐洞煤矿公司的住所地人民法院管辖，鉴

---

① 参见河北省石家庄市栾城区人民法院（2016）冀 0111 民初 785 之 3 号民事裁定书；河北省石家庄市中级人民法院（2016）冀 01 民辖终 1063 号民事裁定书。

② 参见四川省成都市武侯区人民法院（2018）川 0107 民初 1007 号民事裁定书；四川省成都市中级人民法院（2018）川 01 民辖终 459 号民事裁定书。

③ 参见湖南省资兴市人民法院（2019）湘 1081 民初 701 号之一民事裁定书；湖南省郴州市中级人民法院（2019）湘 10 民辖终 75 号民事裁定书。

于唐洞煤矿公司的住所地在湖南省资兴市辖区内，故一审法院对本案具有管辖权。华润煤业公司与唐洞煤矿公司之间签订的《咨询服务协议》虽约定了仲裁条款，但煤业集团公司并非该协议的签约方，因此，一审法院认定《咨询服务协议》中约定的仲裁条款对煤业集团公司没有约束力，并无不当。

（三）侵权诉讼管辖

侵权诉讼管辖，顾名思义，适用于因侵权行为提起的诉讼。根据《民事诉讼法》第二十八条的规定：因侵权行为提起的诉讼，由侵权行为地或者被告住所地人民法院管辖。

就目前司法实践而言，较多法院支持公司关联交易损害责任纠纷应当适用侵权诉讼管辖。在"美思达公司、徐琪等与戴格诺思公司关联交易损害责任纠纷管辖异议案"①中，美思达公司、徐琪、中肽公司、淳泰公司上诉辩称：根据法律规定，对公民、法人或者其他组织提起的民事诉讼，由被告住所地人民法院管辖。本案中美思达公司、徐琪、中肽公司、淳泰公司住所地均位于浙江省杭州市辖区，因此本案应当由浙江杭州经济技术开发区法院管辖，也有利于解决纠纷，一审法院江苏泰州高新区法院无权管辖。

江苏泰州中院二审认为，戴格诺思公司起诉认为美思达公司、徐琪、中肽公司、淳泰公司损害公司利益并主张损害赔偿。根据法律规定，因侵权行为提起的诉讼，由侵权行为地或者被告住所地人民法院管辖，而侵权行为地包括侵权行为实施地和侵权结果发生地。本案为公司关联交易损害责任纠纷，戴格诺思公司住所地应为侵权结果发生地即侵权行为地，故一审法院对本案具有管辖权。

与上述法院持同样观点的案例还有"江苏富春江光电公司与浙江富春江光电公司关联交易损害责任纠纷管辖异议案"②；"科普达公司与蔡达标、蔡春媚、李跃义、逸晋装饰公司关联交易损害责任纠纷案"③；"高少华、程勤与陕鼓汽轮机公司及钱塘机电公司关联交易损害责任纠纷管辖权异议案"④。

对于公司关联交易损害责任纠纷案由的管辖问题，本书认为，因公司关联交易

---

① 参见江苏省泰州医药高新技术产业开发区人民法院（2018）苏1291民初1952号之一民事裁定书；江苏省泰州市中级人民法院（2018）苏12民辖终287号民事裁定书。

② 参见江苏省苏州市吴江区人民法院（2018）苏0509民初字第6704号民事裁定书；江苏省苏州市中级人民法院（2018）苏05民辖终971号民事裁定书。

③ 参见广东省东莞市中级人民法院（2011）东中法民二初字第10号之二民事裁定书；广东省高级人民法院（2013）粤高法立民终字第309号民事裁定书。

④ 参见陕西省西安市中级人民法院（2017）陕01民初469号民事裁定书；陕西省高级人民法院（2018）陕民辖终27号民事裁定书。

损害责任纠纷提起的诉讼，属于侵权责任纠纷。与此同时，该类纠纷又属于与公司有关的纠纷，公司诉讼大多是关于或者涉及公司的组织法性质的诉讼，存在与公司组织相关的多数利害关系人，涉及多数利害关系人的多项法律关系的变动，且胜诉判决往往产生超出个案的影响力。由于侵权行为实施地、侵权结果发生地均可视为侵权行为地，如果按照侵权行为地确定管辖，将会产生多个侵权行为地，也会导致管辖权争议与冲突。此外，公司股东等多数利害关系人可能来自不同地区，如果按照被告住所地管辖，将会导致以该等利害关系人为被告的部分案件管辖过于分散，当事人和法院陷于管辖权争议与冲突之中，影响司法效率。另外，根据《民事诉讼法司法解释》第二十二条的规定：因股东名册记载、请求变更公司登记、股东知情权、公司决议、公司合并、公司分立、公司减资、公司增资等纠纷提起的诉讼，由公司所在地人民法院管辖。但该类纠纷并不属于《民事诉讼法司法解释》列举的纠纷类型，在法无明文规定下，对于解释所规定的“等”情形，应持慎重态度，不宜擅自扩张解释。

综上，本书认为，该类纠纷的管辖权确定应适用侵权诉讼管辖，由侵权行为地人民法院进行管辖，并适当结合具体情况，综合考虑公司所在地人民法院管辖，如考虑公司住所地是否作为侵权行为地。

八、公司关联交易损害责任纠纷的诉讼时效

（一）诉讼时效期间

《民法典》第一百八十八条第一款规定：向人民法院请求保护民事权利的诉讼时效期间为三年。法律另有规定的，依照其规定。

鉴于相关法律并没有对该类纠纷的诉讼时效期间另行规定，因此，该类诉讼应当适用三年的诉讼时效期间。

（二）诉讼时效期间起算时点

在该类纠纷中，诉讼时效期间计算起点如何确定，存在不同的观点：

1. 有证据证明该关联交易损害公司利益之日

在“宏通公司与东方公司公司关联交易损害责任纠纷上诉案”①中，一审被告东方公司和叶耀松辩称：宏通公司在2012年1月要求清算组进行审计，于2012年9月就涉案关联交易向东方公司投诉，并在同年9月就千叶酒店的清算债权进行起诉，可以表明其在2012年即知道公司利益因此受损，却在2016年才提起诉讼，主张

① 案情参见本章案例·11相关部分的内容。

一审原告宏通公司的起诉已过诉讼时效。

对此，一审法院（广东佛山三水法院）认为，在公司清算阶段，审计部门于2015年8月披露案涉的关联交易，此时宏通公司才知道该关联交易损害公司利益，于2016年提起诉讼时距知道公司权益“受损”尚不足两年，不能视为宏通公司的诉讼超出法律规定的诉讼时效期间。二审法院（广东佛山中院）未对诉讼时效进行评析。

2.关联交易行为被法院或仲裁机关确认损害公司利益之日

在“西园公司与朱建洪、王凌峰、方红书、久大公司公司关联交易损害责任纠纷上诉案”①中，争议焦点之一为西园公司对朱建洪等人提起关联交易损害责任诉讼是否已超过诉讼时效。一审法院（安徽黄山中院）和二审法院（安徽高院）虽然存在相反的观点，但两者均认可西园公司与新街公司签订的两份协议于2004年7月14日和2005年5月30日被生效判决及仲裁裁决确认无效之日（关联交易行为被法院或仲裁机关确认损害公司利益之日）为西园公司知道或者应当知道其权利被损害之日。

对上述两种裁判观点，本书支持第一种裁判观点。诉讼时效制度的意义在于促使权利人及时行使权利，结束经济关系和法律关系的不稳定状态，以维持一定的经济和社会秩序。在公司或其代表机关、股东掌握相关证据证明存在不正当关联交易的，即知道或应当知道权益受损害，此时行使诉权，符合诉讼时效制度的精神；若等到该关联交易行为被法院或仲裁机关确认损害公司利益之日才开始计算，侵权行为可能已经结束，此时才行使诉权，效果将会大打折扣。

此外，在股东行使代位诉讼权时，其计算时点应以股东知道或应当知道公司权益受损害之日，还是以公司及其代表机关表示不能或不愿行使诉权之日？本书认为，该诉权行使主体虽然是股东，但不能改变诉的本质以及权利的根源，也即合法权益受到损害的主体是公司，而非股东，股东只是代公司及其代表机关行使诉权，因此应以前者为准。

九、法律法规及适法意见

（一）全国性

1.《民法典》节选

第八十四条　营利法人的控股出资人、实际控制人、董事、监事、高级管理人员不得利用其关联关系损害法人的利益；利用关联关系造成法人损失的，应当承担赔

① 案情参见本章案例·17相关部分的内容。

偿责任。

第一百二十条　民事权益受到侵害的，被侵权人有权请求侵权人承担侵权责任。

第一百三十四条第二款　法人、非法人组织依照法律或者章程规定的议事方式和表决程序作出决议的，该决议行为成立。

第一百四十三条　具备下列条件的民事法律行为有效：

（一）行为人具有相应的民事行为能力；

（二）意思表示真实；

（三）不违反法律、行政法规的强制性规定，不违背公序良俗。

第一百四十四条　无民事行为能力人实施的民事法律行为无效。

第一百四十五条　限制民事行为能力人实施的纯获利益的民事法律行为或者与其年龄、智力、精神健康状况相适应的民事法律行为有效；实施的其他民事法律行为经法定代理人同意或者追认后有效。

相对人可以催告法定代理人自收到通知之日起三十日内予以追认。法定代理人未作表示的，视为拒绝追认。民事法律行为被追认前，善意相对人有撤销的权利。撤销应当以通知的方式作出。

第一百四十六条　行为人与相对人以虚假的意思表示实施的民事法律行为无效。

以虚假的意思表示隐藏的民事法律行为的效力，依照有关法律规定处理。

第一百四十七条　基于重大误解实施的民事法律行为，行为人有权请求人民法院或者仲裁机构予以撤销。

第一百四十八条　一方以欺诈手段，使对方在违背真实意思的情况下实施的民事法律行为，受欺诈方有权请求人民法院或者仲裁机构予以撤销。

第一百四十九条　第三人实施欺诈行为，使一方在违背真实意思的情况下实施的民事法律行为，对方知道或者应当知道该欺诈行为的，受欺诈方有权请求人民法院或者仲裁机构予以撤销。

第一百五十条　一方或者第三人以胁迫手段，使对方在违背真实意思的情况下实施的民事法律行为，受胁迫方有权请求人民法院或者仲裁机构予以撤销。

第一百五十一条　一方利用对方处于危困状态、缺乏判断能力等情形，致使民事法律行为成立时显失公平的，受损害方有权请求人民法院或者仲裁机构予以撤销。

第一百五十二条　有下列情形之一的，撤销权消灭：

（一）当事人自知道或者应当知道撤销事由之日起一年内、重大误解的当事人自知道或者应当知道撤销事由之日起九十日内没有行使撤销权；

（二）当事人受胁迫，自胁迫行为终止之日起一年内没有行使撤销权；

（三）当事人知道撤销事由后明确表示或者以自己的行为表明放弃撤销权。

当事人自民事法律行为发生之日起五年内没有行使撤销权的，撤销权消灭。

第一百五十三条　违反法律、行政法规的强制性规定的民事法律行为无效。但是，该强制性规定不导致该民事法律行为无效的除外。

违背公序良俗的民事法律行为无效。

第一百五十四条　行为人与相对人恶意串通，损害他人合法权益的民事法律行为无效。

第一百五十五条　无效的或者被撤销的民事法律行为自始没有法律约束力。

第一百五十六条　民事法律行为部分无效，不影响其他部分效力的，其他部分仍然有效。

第一百五十七条　民事法律行为无效、被撤销或者确定不发生效力后，行为人因该行为取得的财产，应当予以返还；不能返还或者没有必要返还的，应当折价补偿。有过错的一方应当赔偿对方由此所受到的损失；各方都有过错的，应当各自承担相应的责任。法律另有规定的，依照其规定。

第一百八十八条第一款　向人民法院请求保护民事权利的诉讼时效期间为三年。法律另有规定的，依照其规定。

第一千一百六十五条　行为人因过错侵害他人民事权益造成损害的，应当承担侵权责任。

依照法律规定推定行为人有过错，其不能证明自己没有过错的，应当承担侵权责任。

第一千一百六十八条　二人以上共同实施侵权行为，造成他人损害的，应当承担连带责任。

第一千一百六十九条　教唆、帮助他人实施侵权行为的，应当与行为人承担连带责任。

教唆、帮助无民事行为能力人、限制民事行为能力人实施侵权行为的，应当承担侵权责任；该无民事行为能力人、限制民事行为能力人的监护人未尽到监护职责的，应当承担相应的责任。

2.《公司法》节选

第二十一条　公司的控股股东、实际控制人、董事、监事、高级管理人员不得利用其关联关系损害公司利益。

违反前款规定,给公司造成损失的,应当承担赔偿责任。

第一百二十四条　上市公司董事与董事会会议决议事项所涉及的企业有关联关系的,不得对该项决议行使表决权,也不得代理其他董事行使表决权。该董事会会议由过半数的无关联关系董事出席即可举行,董事会会议所作决议须经无关联关系董事过半数通过。出席董事会的无关联关系董事人数不足三人的,应将该事项提交上市公司股东大会审议。

第二百一十六条　本法下列用语的含义:

(一)高级管理人员,是指公司的经理、副经理、财务负责人,上市公司董事会秘书和公司章程规定的其他人员。

(二)控股股东,是指其出资额占有限责任公司资本总额百分之五十以上或者其持有的股份占股份有限公司股本总额百分之五十以上的股东;出资额或者持有股份的比例虽然不足百分之五十,但依其出资额或者持有的股份所享有的表决权已足以对股东会、股东大会的决议产生重大影响的股东。

(三)实际控制人,是指虽不是公司的股东,但通过投资关系、协议或者其他安排,能够实际支配公司行为的人。

(四)关联关系,是指公司控股股东、实际控制人、董事、监事、高级管理人员与其直接或者间接控制的企业之间的关系,以及可能导致公司利益转移的其他关系。但是,国家控股的企业之间不仅因为同受国家控股而具有关联关系。

3.《公司法司法解释(五)》节选

第一条　关联交易损害公司利益,原告公司依据民法典第八十四条、公司法第二十一条规定请求控股股东、实际控制人、董事、监事、高级管理人员赔偿所造成的损失,被告仅以该交易已经履行了信息披露、经股东会或者股东大会同意等法律、行政法规或者公司章程规定的程序为由抗辩的,人民法院不予支持。

公司没有提起诉讼的,符合公司法第一百五十一条第一款规定条件的股东,可以依据公司法第一百五十一条第二款、第三款规定向人民法院提起诉讼。

第二条　关联交易合同存在无效、可撤销或者对公司不发生效力的情形,公司没有起诉合同相对方的,符合公司法第一百五十一条第一款规定条件的股东,可以依据公司法第一百五十一条第二款、第三款规定向人民法院提起诉讼。

4.《企业会计准则第36号——关联方披露》节选

第三条　一方控制、共同控制另一方或对另一方施加重大影响,以及两方或两方以上同受一方控制、共同控制或重大影响的,构成关联方。

控制,是指有权决定一个企业的财务和经营政策,并能据以从该企业的经营活动中获取利益。

共同控制,是指按照合同约定对某项经济活动所共有的控制,仅在与该项经济活动相关的重要财务和经营决策需要分享控制权的投资方一致同意时存在。

重大影响,是指对一个企业的财务和经营政策有参与决策的权力,但并不能够控制或者与其他方一起共同控制这些政策的制定。

第四条　下列各方构成企业的关联方:

(一)该企业的母公司。

(二)该企业的子公司。

(三)与该企业受同一母公司控制的其他企业。

(四)对该企业实施共同控制的投资方。

(五)对该企业施加重大影响的投资方。

(六)该企业的合营企业。

(七)该企业的联营企业。

(八)该企业的主要投资者个人及与其关系密切的家庭成员。主要投资者个人,是指能够控制、共同控制一个企业或者对一个企业施加重大影响的个人投资者。

(九)该企业或其母公司的关键管理人员及与其关系密切的家庭成员。关键管理人员,是指有权力并负责计划、指挥和控制企业活动的人员。与主要投资者个人或关键管理人员关系密切的家庭成员,是指在处理与企业的交易时可能影响该个人或受该个人影响的家庭成员。

(十)该企业主要投资者个人、关键管理人员或与其关系密切的家庭成员控制、共同控制或施加重大影响的其他企业。

第五条　仅与企业存在下列关系的各方,不构成企业的关联方:

(一)与该企业发生日常往来的资金提供者、公用事业部门、政府部门和机构。

(二)与该企业发生大量交易而存在经济依存关系的单个客户、供应商、特许商、经销商或代理商。

(三)与该企业共同控制合营企业的合营者。

第六条　仅仅同受国家控制而不存在其他关联方关系的企业,不构成关联方。

第七条　关联方交易,是指关联方之间转移资源、劳务或义务的行为,而不论是否收取价款。

第八条　关联方交易的类型通常包括下列各项:

(一)购买或销售商品。

(二)购买或销售商品以外的其他资产。

(三)提供或接受劳务。

(四)担保。

(五)提供资金(贷款或股权投资)。

(六)租赁。

(七)代理。

(八)研究与开发项目的转移。

(九)许可协议。

(十)代表企业或由企业代表另一方进行债务结算。

(十一)关键管理人员薪酬。

5.《企业所得税法实施条例》节选

第一百零九条　企业所得税法第四十一条所称关联方,是指与企业有下列关联关系之一的企业、其他组织或者个人:

(一)在资金、经营、购销等方面存在直接或者间接的控制关系;

(二)直接或者间接地同为第三者控制;

(三)在利益上具有相关联的其他关系。

6.《上海证券交易所股票上市规则》节选

10.1.1　上市公司的关联交易,是指上市公司或者其控股子公司与上市公司关联人之间发生的转移资源或者义务的事项,包括以下交易:

(一)第9.1条规定的交易事项;

(二)购买原材料、燃料、动力;

(三)销售产品、商品;

(四)提供或者接受劳务;

(五)委托或者受托销售;

(六)在关联人财务公司存贷款;

(七)与关联人共同投资;

(八)其他通过约定可能引致资源或者义务转移的事项。

10.1.2　上市公司的关联人包括关联法人和关联自然人。

10.1.3　具有以下情形之一的法人或其他组织,为上市公司的关联法人:

(一)直接或者间接控制上市公司的法人或其他组织;

(二)由上述第(一)项直接或者间接控制的除上市公司及其控股子公司以外的

法人或其他组织；

（三）由第10.1.5条所列上市公司的关联自然人直接或者间接控制的，或者由关联自然人担任董事、高级管理人员的除上市公司及其控股子公司以外的法人或其他组织；

（四）持有上市公司5%以上股份的法人或其他组织；

（五）中国证监会、本所或者上市公司根据实质重于形式原则认定的其他与上市公司有特殊关系，可能导致上市公司利益对其倾斜的法人或其他组织。

10.1.5　具有以下情形之一的自然人，为上市公司的关联自然人：

（一）直接或间接持有上市公司5%以上股份的自然人；

（二）上市公司董事、监事和高级管理人员；

（三）第10.1.3条第（一）项所列关联法人的董事、监事和高级管理人员；

（四）本条第（一）项和第（二）项所述人士的关系密切的家庭成员，包括配偶、年满18周岁的子女及其配偶、父母及配偶的父母、兄弟姐妹及其配偶、配偶的兄弟姐妹、子女配偶的父母；

（五）中国证监会、本所或者上市公司根据实质重于形式原则认定的其他与上市公司有特殊关系，可能导致上市公司利益对其倾斜的自然人。

10.1.6　具有以下情形之一的法人或其他组织或者自然人，视同上市公司的关联人：

（一）根据与上市公司或者其关联人签署的协议或者作出的安排，在协议或者安排生效后，或在未来12个月内，将具有第10.1.3条或者第10.1.5条规定的情形之一；

（二）过去12个月内，曾经具有第10.1.3条或者第10.1.5条规定的情形之一。

第二节　关联交易的审议程序和披露

10.2.1　上市公司董事会审议关联交易事项时，关联董事应当回避表决，也不得代理其他董事行使表决权。该董事会会议由过半数的非关联董事出席即可举行，董事会会议所作决议须经非关联董事过半数通过。出席董事会会议的非关联董事人数不足3人的，公司应当将交易提交股东大会审议。

前款所称关联董事包括下列董事或者具有下列情形之一的董事：

（一）为交易对方；

（二）为交易对方的直接或者间接控制人；

（三）在交易对方任职，或者在能直接或间接控制该交易对方的法人或其他组织、该交易对方直接或者间接控制的法人或其他组织任职；

（四）为交易对方或者其直接或者间接控制人的关系密切的家庭成员（具体范围参见第10.1.5条第（四）项的规定）；

（五）为交易对方或者其直接或者间接控制人的董事、监事或高级管理人员的关系密切的家庭成员（具体范围参见第10.1.5条第（四）项的规定）；

（六）中国证监会、本所或者上市公司基于实质重于形式原则认定的其独立商业判断可能受到影响的董事。

10.2.2　上市公司股东大会审议关联交易事项时，关联股东应当回避表决。

前款所称关联股东包括下列股东或者具有下列情形之一的股东：

（一）为交易对方；

（二）为交易对方的直接或者间接控制人；

（三）被交易对方直接或者间接控制；

（四）与交易对方受同一法人或其他组织或者自然人直接或间接控制；

（五）因与交易对方或者其关联人存在尚未履行完毕的股权转让协议或者其他协议而使其表决权受到限制和影响的股东；

（六）中国证监会或者本所认定的可能造成上市公司利益对其倾斜的股东。

10.2.3　上市公司与关联自然人发生的交易金额在30万元以上的关联交易（上市公司提供担保除外），应当及时披露。

公司不得直接或者间接向董事、监事、高级管理人员提供借款。

10.2.4　上市公司与关联法人发生的交易金额在300万元以上，且占公司最近一期经审计净资产绝对值0.5%以上的关联交易（上市公司提供担保除外），应当及时披露。

10.2.5　上市公司与关联人发生的交易（上市公司提供担保、受赠现金资产、单纯减免上市公司义务的债务除外）金额在3000万元以上，且占上市公司最近一期经审计净资产绝对值5%以上的关联交易，除应当及时披露外，还应当比照第9.7条的规定，提供具有执行证券、期货相关业务资格的证券服务机构，对交易标的出具的审计或者评估报告，并将该交易提交股东大会审议。

第10.2.12条所述与日常经营相关的关联交易所涉及的交易标的，可以不进行审计或者评估。

10.2.6　上市公司为关联人提供担保的，不论数额大小，均应当在董事会审议通过后及时披露，并提交股东大会审议。

公司为持股5%以下的股东提供担保的，参照前款规定执行，有关股东应当在股东大会上回避表决。

10.2.12　上市公司与关联人进行第10.1.1条第(二)项至第(七)项所列日常关联交易时,按照下述规定进行披露和履行相应审议程序:

(一)已经股东大会或者董事会审议通过且正在执行的日常关联交易协议,如果执行过程中主要条款未发生重大变化的,公司应当在年度报告和中期报告中按要求披露各协议的实际履行情况,并说明是否符合协议的规定;如果协议在执行过程中主要条款发生重大变化或者协议期满需要续签的,公司应当将新修订或者续签的日常关联交易协议,根据协议涉及的总交易金额提交董事会或者股东大会审议,协议没有具体总交易金额的,应当提交股东大会审议;

(二)首次发生的日常关联交易,公司应当与关联人订立书面协议并及时披露,根据协议涉及的总交易金额提交董事会或者股东大会审议,协议没有具体总交易金额的,应当提交股东大会审议;该协议经审议通过并披露后,根据其进行的日常关联交易按照前款规定办理;

(三)每年新发生的各类日常关联交易数量较多,需要经常订立新的日常关联交易协议等,难以按照前项规定将每份协议提交董事会或者股东大会审议的,公司可以在披露上一年度报告之前,按类别对本公司当年度将发生的日常关联交易总金额进行合理预计,根据预计结果提交董事会或者股东大会审议并披露;对于预计范围内的日常关联交易,公司应当在年度报告和中期报告中予以分类汇总披露。公司实际执行中超出预计总金额的,应当根据超出量重新提请董事会或者股东大会审议并披露。

7.《深圳证券交易所股票上市规则》节选

10.1.1　上市公司的关联交易,是指上市公司或者其控股子公司与上市公司关联人之间发生的转移资源或者义务的事项,包括:

(一)本规则第9.1条规定的交易事项;

(二)购买原材料、燃料、动力;

(三)销售产品、商品;

(四)提供或者接受劳务;

(五)委托或者受托销售;

(六)关联双方共同投资;

(七)其他通过约定可能造成资源或者义务转移的事项。

10.1.2　上市公司的关联人包括关联法人和关联自然人。

10.1.3　具有下列情形之一的法人或者其他组织,为上市公司的关联法人:

(一)直接或者间接地控制上市公司的法人或者其他组织;

（二）由前项所述法人直接或者间接控制的除上市公司及其控股子公司以外的法人或者其他组织；

（三）由本规则第10.1.5条所列上市公司的关联自然人直接或者间接控制的，或者担任董事、高级管理人员的，除上市公司及其控股子公司以外的法人或者其他组织；

（四）持有上市公司5%以上股份的法人或者其他组织及其一致行动人；

（五）中国证监会、本所或者上市公司根据实质重于形式的原则认定的其他与上市公司有特殊关系，可能或者已经造成上市公司对其利益倾斜的法人或者其他组织。

10.1.5　具有下列情形之一的自然人，为上市公司的关联自然人：

（一）直接或者间接持有上市公司5%以上股份的自然人；

（二）上市公司董事、监事及高级管理人员；

（三）本规则第10.1.3条第（一）项所列法人的董事、监事及高级管理人员；

（四）本条第（一）项、第（二）项所述人士的关系密切的家庭成员，包括配偶、父母及配偶的父母、兄弟姐妹及其配偶、年满十八周岁的子女及其配偶、配偶的兄弟姐妹和子女配偶的父母；

（五）中国证监会、本所或者上市公司根据实质重于形式的原则认定的其他与上市公司有特殊关系，可能造成上市公司对其利益倾斜的自然人。

10.1.6　具有下列情形之一的法人或者自然人，视同为上市公司的关联人：

（一）因与上市公司或者其关联人签署协议或者作出安排，在协议或者安排生效后，或者在未来十二个月内，具有本规则第10.1.3条或者第10.1.5条规定情形之一的；

（二）过去十二个月内，曾经具有本规则第10.1.3条或者第10.1.5条规定情形之一的。

8.《证券公司董事、监事和高级管理人员任职资格监管办法》节选

第二条第一款、第二款　证券公司董事、监事、高级管理人员和分支机构负责人的任职资格监管适用本办法。

本办法所称证券公司高级管理人员（以下简称高管人员），是指证券公司的总经理、副总经理、财务负责人、合规负责人、董事会秘书以及实际履行上述职务的人员。

9.《期货公司董事、监事和高级管理人员任职管理办法（2021年修订）》

第二条　期货公司董事、监事和高级管理人员的任职管理，适用本办法。本办法所称高级管理人员，是指期货公司的总经理、副总经理、首席风险官（以下简称经理层人员），财务负责人以及实际履行上述职务的人员。期货公司分支机构负责人的管理参照本办法有关高级管理人员的相关规定执行。

10.《保险公司董事、监事和高级管理人员任职资格管理规定》节选

第四条　本规定所称高级管理人员，是指对保险机构经营管理活动和风险控制具有决策权或者重大影响的下列人员：

（一）总公司总经理、副总经理和总经理助理；

（二）总公司董事会秘书、合规负责人、总精算师、财务负责人和审计责任人；

（三）分公司、中心支公司总经理、副总经理和总经理助理；

（四）支公司、营业部经理；

（五）与上述高级管理人员具有相同职权的管理人员。

11.《企业国有资产法》节选

第四十三条第二款　本法所称关联方，是指本企业的董事、监事、高级管理人员及其近亲属，以及这些人员所有或者实际控制的企业。

12.《中国基金业协会关于进一步规范私募基金管理人登记若干事项的公告》节选

……高管人员（包括法定代表人\执行事务合伙人（委派代表）、总经理、副总经理、合规\风控负责人等）……

（二）地方性

《深圳市中级人民法院关于妥善审理涉关联交易纠纷案件的通知》节选

二、正确界定"关联交易"标准

实践中，关联交易主体类型主要包括：母公司和子公司，同一母公司控制的子公司，存在借贷关系或担保关系的公司或自然人，因股东、管理人员的交叉形成的关联公司，相互持股公司，因生产经营控制而形成的关联主体，因家庭、亲属关系等产生的关联主体等。

关联交易行为主要包括以下类型：公司关联人之间进行的资产转让行为，购买或销售商品、提供或接受服务、事务代理的行为，关联人之间提供资金或提供担保的行为，拥有控制权的公司或股东无偿占有从属公司资产的行为，资产租赁中的关联交易行为，管理合同，研究与开发项目的转移及许可使用，支付关键管理人员报酬等。

三、正确界定合法关联交易与违法关联交易的界限

司法实践中，判断关联交易行为是否合法，应重点考量以下几方面因素：一是

关联交易是否违反法律规定的程序要件，即关联交易的披露和批准制度履行情况；二是关联交易行为是否违反法律、行政法规、公司章程的规定；三是交易目的是否正当，交易动机是否存在诸如操纵市场、转移利润或财产、虚假报表、逃避税收等恶意；四是交易价格是否符合市场公允价格，是否给公司带来现实的或明显可能发生的损失；五是关联交易本身是否违反常规，即商业交易习惯。

四、依法认定关联交易的内部赔偿责任

《规定》明确规定了关联交易损害公司利益的，履行法定程序不能豁免关联交易赔偿责任。实践中，审理公司关联交易损害责任纠纷案件时，相关行为人往往会以其行为已经履行了合法程序而进行抗辩，最主要的是经过了公司股东会或董事会决议批准，且行为人按照规定回避表决等。但是，关联交易的核心是公平，如果违反公平原则，即使交易已经履行了相应的程序，但损害公司利益，公司依然可以主张行为人承担损害赔偿责任。

第三编

债权人权益保护

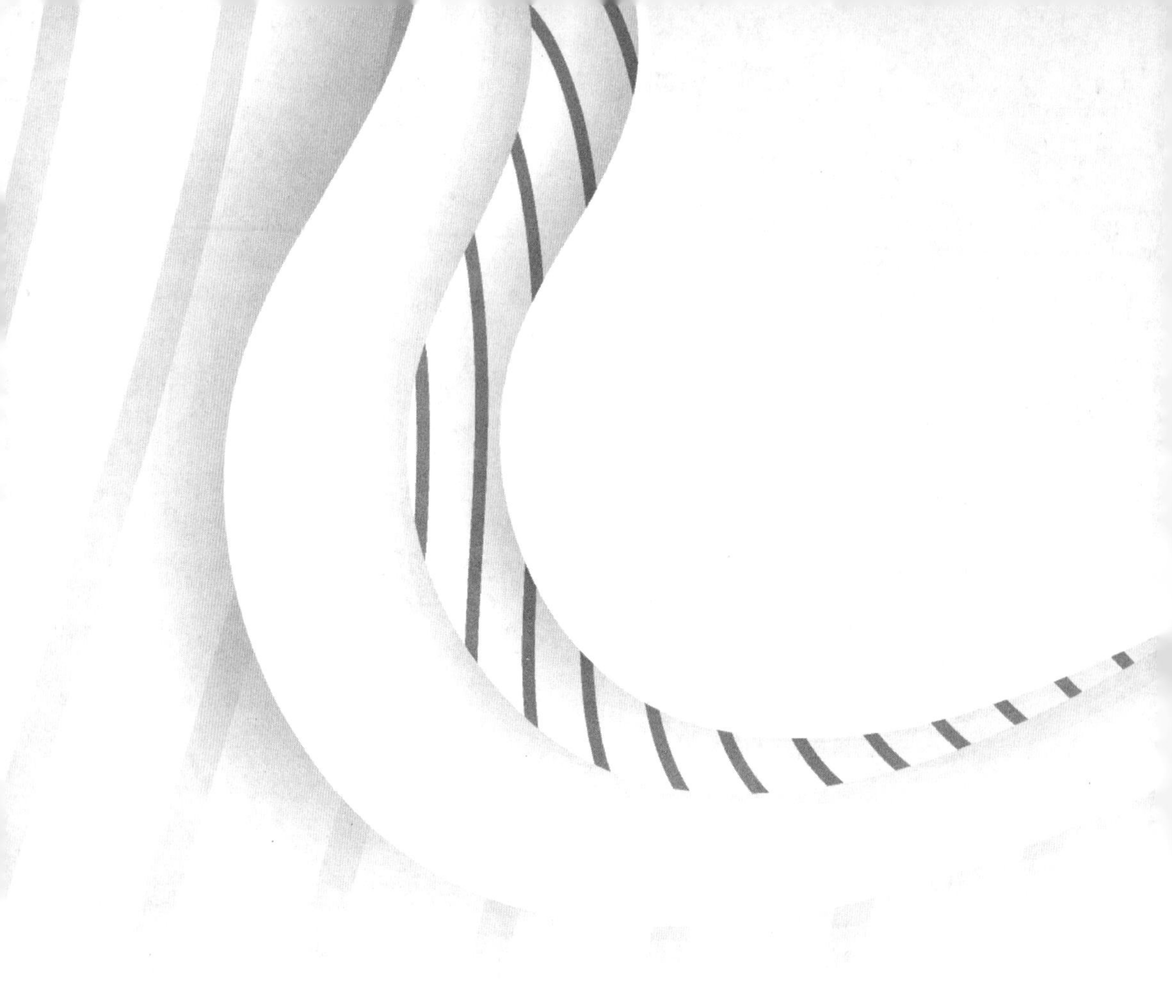

第十一章
损害债权人利益责任纠纷

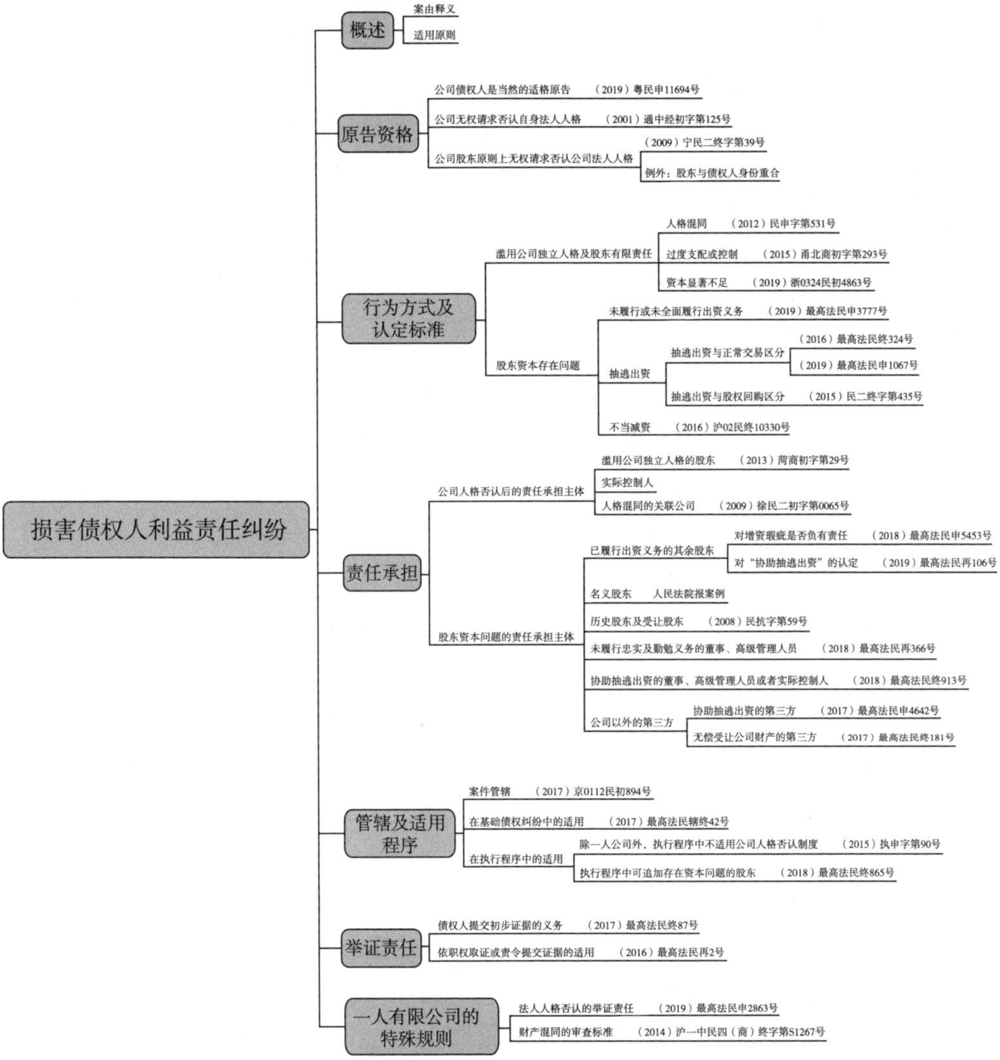

一、概述

（一）案由释义

损害公司债权人利益责任纠纷，是指公司股东或实际控制人通过滥用公司法人独立地位和股东有限责任逃避债务，损害公司债权人利益引起的纠纷[①]。该案由是"与公司有关的纠纷"项下的第三级案由。在原《民事案由规定》中，该案由原名称为"股东损害公司债权人利益责任纠纷"。2020 年 12 月 29 日，最高人民法院发布的《关于修改〈民事案件案由规定〉的决定》（法〔2020〕346 号）变更原第三级案由"股东损害公司债权人利益责任纠纷"为"损害公司债权人利益责任纠纷"，并在新变更的该第三级案由项下增加两个四级案由，即"股东损害公司债权人利益责任纠纷"与"实际控制人损害公司债权人利益责任纠纷"。本案由项下，赋予公司债权人诉权的基础法律规范为《公司法》第二十条第三款规定，"公司股东滥用公司法人独立地位和股东有限责任，逃避债务，严重损害公司债权人利益的，应当对公司债务承担连带责任"，以及《公司法》第六十三条专门针对一人有限公司的"一人有限责任公司的股东不能证明公司财产独立于股东自己的财产的，应当对公司债务承担连带责任"，以上规定即是学理所指的公司法人人格否认制度。除此以外，《公司法司法解释（二）》和《公司法司法解释（三）》进一步针对股东负有清算责任、未履行或未全面履行出资义务、抽逃出资等特别情形下的债权人追究股东（部分情形下包括实际控制人）责任问题作出了具体规定。

从责任主体来看，如果仅从上述法律条文字面意思理解，债权人在利益受损时追责的对象基本上仅限于股东而未涵盖实际控制人。与此同时，在《公司法》语境下，"实际控制人"与"控制股东"是两个平行概念，前者是指"虽不是公司的股东，但通过投资关系、协议或者其他安排，能够实际支配公司行为的人"，即实际控制人与公司之间不存在直接持股关系；而后者的必备条件是对公司直接持股。但从以往司法实践来看，对于实际控制人实施损害债权人利益的行为，同样可以适用原《民事案由规定》中第三级案由"股东损害公司债权人利益"来处理。因此，本次《关于修改〈民事案件案由规定〉的决定》对该案由所作的修改，与其说是对案由适用范围的扩充，不如说是对实践做法的确认以及对原案由可能引发认识误区的澄清。为确保本章结构及行文逻辑明晰，除本章第四节"损害公司债权人利益责任责任纠纷

---

① 参见景汉朝主编：《民事案件案由新释新解与适用指南——根据新民事诉讼法展开》，人民法院出版社 2013 年版，第 523 页，本书笔者根据（法〔2020〕346 号）司法解释进行相应调整。

的责任承担主体”以外，本章对“损害债权人利益责任纠纷”不再刻意将行为人区分为“股东”或“实际控制人”。

从该案由适用的情形来看，公司独立人格与股东有限责任是现代企业制度的基石。正因如此，公司在人格、财产、责任方面均与股东或实际控制人相互独立，股东仅以其出资为限通过公司对公司债务对外承担有限责任。而损害公司债权人利益责任纠纷中，股东则需要直接对公司债务的清偿承担责任且不必然以其出资为限，这无疑是对公司独立人格和股东有限责任的突破。因此，损害公司债权人利益责任纠纷天然地与公司法人人格否认制度相关联，并相应地将其称为“揭开公司面纱”“刺破公司面纱”制度。实务中，公司法人人格否认制度与损害公司债权人利益责任也经常混同使用，甚至相互替代。

但进一步甄别可以发现，损害公司债权人利益责任纠纷与公司法人人格否认制度并不等同，抛开两者在概念界定时的侧重点差异（前者立足于公司与债权人之间的损害赔偿关系，而后者侧重于公司与股东之间的责任边界的重新划分）以外，损害公司债权人利益责任纠纷的内涵更加丰富而多元，可以归入该案由项下的纠纷包括：(1)《公司法》第二十条第三款以及第六十三条规定的股东滥用公司独立人格及股东有限责任，其结果是公司法人人格被否认；(2)《公司法》司法解释明文规定的特定情形（如未履行或未全面履行出资义务、抽逃出资）下股东对债权人的责任；(3)其他情形（如股东不当减资）下参照《公司法》司法解释相关规定追究股东责任；(4)不当清算（如怠于清算、虚假清算）情形下的股东对债权人的赔偿责任。

诚然，损害公司债权人利益责任纠纷与公司人格否认制度均是股东有限责任的例外情形。从这个意义上说，将所有损害公司债权人利益引发的外部责任都视为对公司独立人格的否认，有其逻辑渊源。但仍有必要对二者进行区分，其意义在于二者外延的具体情形在构成要件、责任主体以及法律后果方面截然不同，如不加区分则极易造成理解上的困惑及法律适用错误。例如，在依据《公司法》第二十条对公司进行法人人格否认时，股东对公司的债务承担“连带责任”，并不以股东的瑕疵出资乃至全部认缴出资为限；而在抽逃出资的情况下，股东在抽逃出资范围内对公司债务承担“补充赔偿责任”，且股东已经承担上述责任后其他债权人不得提出相同请求，此种责任存在明确限额。如将上述情形统一视为公司法人人格否认的情形，则极易混淆股东的责任范围及其构成要件，故此必须加以区分。

（二）适用原则

损害公司债权人利益责任纠纷旨在矫正公司有限责任制度在特定法律事实发生时对债权人保护的失衡现象，或防止特定情况下公司独立人格成为股东逃避义务或获取不当利益的工具，因此是股东有限责任的例外情形。这种例外色彩，在规范层面体现为《公司法》第二十条的原则性规定出台后，《公司法》司法解释陆续增设具体适用情形，且有关法律适用意见目前仍在不断完善中。在司法层面则表现为最高人民法院从“公司人格否认制度仅为适用特定场合和特定事由的例外规定，在司法实践中一定要坚持标准，依法实施，慎重权衡，审慎适用，防止滥用，不完全适用条件的，绝不能适用，需要适用的要向高级人民法院或最高法院备案”①到《九民纪要》“既审慎适用，又当用则用”的立场调整。

无论不同时期的司法尺度如何变迁，对法律关系的理解均需回归到构成要件层面。损害公司债权人利益责任的基本构成要件包括：(1)主体方面必须是具体的双方当事人，其中一方是公司中滥用法人独立人格或违背特定义务者（通常为股东或实际控制人），另一方是因此受到损害的债权人；(2)客观方面存在滥用法人独立人格或违背特定义务的事实及行为；(3)结果方面表现为相应行为严重损害了公司债权人利益，主要是指公司财产不足以向债权人清偿债务；(4)效力方面，个案中认定股东应承担责任的既判力仅仅约束该诉讼的各方当事人，不当然适用于涉及该公司的其他诉讼。同时需要注意，股东损害公司债权人利益中的“公司”并未限定为有限责任公司或股份有限公司，故对该两类公司均予以适用。

本章涵盖股东损害公司债权人利益责任的各类情形，但考虑到股东的清算责任纠纷将在本书下册进行专章讨论，故本章不再从债权人保护视角专门讨论。由此，本章涉及股东损害公司债权人利益责任的类型可以分为两大类：(1)《公司法》第二十条第三款以及第六十三条规定的滥用公司独立人格及股东有限责任，即公司法人人格否认制度；(2)《公司法》司法解释规定的特定情形下的股东对债权人承担的责任，以及参照此类规定确认的股东责任，具体包括未履行或未全面履行出资义务、抽逃出资、不当减资。这类情形的共同点在于股东在出资方面存在问题（包括消极不履行出资义务以及积极地减少原有出资），本章统称为“股东出资问题”。

二、损害公司债权人利益责任纠纷的原告主体资格

（一）公司债权人是当然的适格原告

公司法人人格滥用及股东出资存在问题的情况下，最大的受害者通常是公司债权人。因此，损害公司债权人利益责任纠纷中公司债权人的原告主体资格是毋

① 参见李国光：《最高人民法院原副院长李国光在全国民商事审判工作会议上的讲话——立法新动向与司法应对思考》，载《民商事审判指导》(2007 年第 1 辑)，人民法院出版社 2007 年版，第 64 页。

庸置疑的。至于债权类型,法律层面并未将其限制为合同之债或者自愿之债,即并未排除侵权之债的债权人提起此类诉讼的权利。司法实务中亦不乏在侵权之诉中否定公司法人人格的案例。此外,债权人的债权取得方式也未限制为原始取得,继受取得的债权仍适用于该救济方式。

当前,对于“适格的债权人”问题,实务中争议较大的是该债权是否仅指私法层面的付款义务?对于公司承担的劳动者赔偿金、环境损害赔偿责任、行政罚款等具有公法性质的义务,相应的债权人是否可提起损害债权人利益责任纠纷之诉?对此问题,目前的法律尚未明确规定。从司法实务来看,相对明确的意见是劳动者有权提起此类诉讼,如在“朱玉山与彭艳红等股东损害公司债权人利益责任纠纷案”①中,法院受理了劳动者提起的诉讼并判决以虚假的清算报告骗取注销登记的股东对劳动者的职工工资、社会保险费用和法定补偿金承担连带责任。

除此以外,有权提起该类诉讼的主体是否仅限于公司债权人?就股东出资问题而言,公司及其股东固然有权对未履行或未完全履行出资义务、抽逃出资的股东提起诉讼,但依据的法律关系是股东出资纠纷,而非损害公司债权人利益责任纠纷。因此,可以说对于股东的出资问题而言,公司或者股东均无权(或者说无须)提起股东损害债权人利益责任纠纷之诉。但对于公司法人人格否认制度而言,实务中存在部分公司或公司股东基于特殊原因提起此类诉讼,且诉讼目的亦通常直指公司法人的独立人格。

(二)公司无权请求否认自身法人人格

公司法人人格否认制度体现的是严格责任,其惩戒的对象是滥用公司制度的股东。在很多情况下,股东滥用公司独立人格,公司自身也将遭受损失或承担不利的后果。现有法律法规层面并未对公司提出“自我人格否定”之诉作出明确的禁止性规定。此种情况下,是否意味着公司自身有权参照损害公司债权人利益责任纠纷,提起公司法人人格否认之诉?

① 参见(2019)粤民申11694号民事裁定书。

案例·1 －人民法院案例选案例－

公司为逃避债务主张自我否认法人人格不予支持

——月亮会社诉日出公司买卖合同纠纷案①

原告:月亮会社。

被告:日出公司。

日出公司系中外合资经营企业,于2000年经批准设立,注册资本10万美元,共有三位投资人,分别是海安公司、三智会社及原告月亮会社。其中海安公司应出资6万美元,该司向合作公司借款50万元人民币投入,入账验资后即从日出公司抽出归还了借款。三智会社及月亮会社分别以设备投入,设备均已到位。

因被告日出公司生产经营需要,原告月亮会社向被告提供服装生产设备。上述设备系按740万日元有偿转让。被告取得设备后迟迟未将受让设备的款项偿付给原告,原告于2001年6月15日诉至江苏南通中院,请求判令被告偿付货款740万日元及赔偿利息损失等。

在该案中,被告日出公司辩称,该司目前已停止经营活动,无力偿还债务。由于公司成立时公司注册资本未达到法定最低限额,中方股东未能出资,因此不具备法人资格,应变更公司的三个股东为共同被告,由中外各方出资人承担连带责任。原告作为出资人之一,其亦应承担责任。

江苏南通中院对日出公司要求确认其不具备法人人格的请求不予支持。(见图11－1)

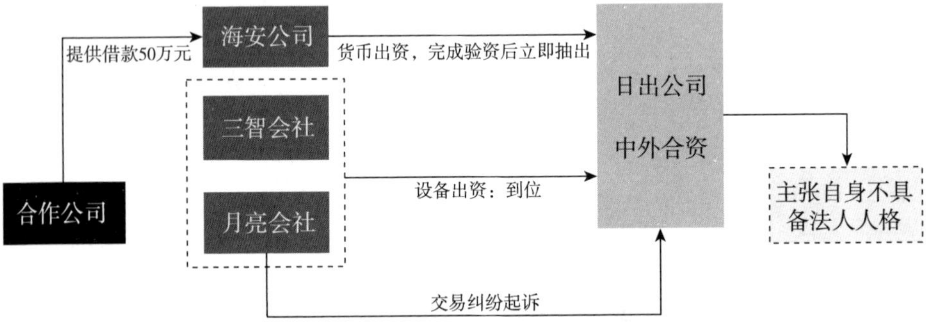

图11－1 月亮会社诉日出公司买卖合同纠纷案

① 参见江苏省南通市中级人民法院(2001)通中经初字第125号民事判决书;最高人民法院中国应用法学研究所编:《人民法院案例选》(2002年第3辑),人民法院出版社2003年版,第53页。

本案中，主要的争议焦点是公司是否有权对其法人人格提出自我否定？对此问题，案件审理过程中存在两种不同意见。

第一种意见认为，公司在注册成立后，其股东抽逃资金致使公司的实际注册资金达不到法定的最低限额，虽然其余两个股东的出资已到位，但抽逃出资的股东的行为使公司只是从程序上取得形式上的主体资格，而实际上不具备独立的法人资格，完全违背了设立公司法人制度的设立目的，有必要否定公司的法人人格，在公司无力偿还时，由全体股东对公司的债务承担连带责任，债权人可对其他股东行使追偿权。

第二种意见认为，公司法并没有规定股东与公司交易的禁止，因此，股东在本着善意、公平与谨慎的前提下和公司发生了经济交易，该股东就可以成为公司的合法债权人。因公司成立之初，其资本经过合法验资并经登记成立，公司已具备了独立的法人人格，公司的股东亦因资本的投入，使资本的控制权和所有权与股东分离。对于滥用股东权利的股东来说，其利用对公司的控制权不但抽回了投资，而且主张对公司自身法人人格的否定后，由其他无过错的股东与其共同承担责任，这对其他无过错的股东显然是不公平的。公司法人人格否定是为了公司股东与债权人之间的利益平衡而设立的，而公司为了自身的利益或控制公司的股东的利益主张否认自身的法人人格，有悖公司法人人格否定的初衷，有违公平、正义之法理。故对于公司主动要求否定其法人人格的，法院不应支持。

最终，法院采纳了第二种意见。法院认为，由于被告的三个出资人中，包括原告在内的两位外方投资人已依法出资到位，被告请求法院宣告被告不具备法人资格，并由被告的三方股东承担责任的目的是逃避债务，转移风险，其自我否认法人人格的主张违反了诚实信用原则和公平原则，因此不予支持。该案驳回公司主张人格自我否定的主要考虑因素是如若准许将损害其他无责股东的权益，但值得关注的是裁判理由中仍然确认了公司主张人格自我否定本身是一种违反诚实信用原则的行为。

从以上案例可以延伸出，股东选择了以公司的形态对外经营，即表明其追求或至少接受了公司独立人格带来的益处。如果再允许其自行提出法人人格否认之诉，将被视为不符合公司法人人格否认制度的初衷以及诚实信用原则，也会在逻辑及法理上造成一定的混乱。另外，公司自身或其股东认为存在股东滥用公司独立地位和股东有限责任的情形，则完全可以依据《公司法》及其司法解释规定的对应救济渠道，提起损害公司利益责任纠纷之诉等追究有关人员对应责任，而不必然借助于法人人格否认路径。因此，只有因滥用公司法人人格而受到损失的受害者或社会公共利益的代理人才有权利提起该类诉讼,公司不能为自己的利益主张否定法人人格。

(三)公司股东原则上无权请求否认公司法人人格

股东作为公司的投资者,在按照股东之间的约定和法律规定足额缴纳出资后,其出资即转化为公司自有财产从而与其个人财产相隔离。同时,股东在出资完成后,应避免滥用公司独立地位和股东有限责任的行为发生,以保证并维持公司的偿债能力,维护债权人的合法利益。一般而言,股东为其自身交易或处分自有财产的交易行为中并不涉及公司及公司债权人的利益,在此种情形下,股东往往不是公司债权人,因此实务中极少有股东主动主张否认公司法人人格。在现有案例中,股东主动请求否认公司法人人格往往是基于自身利益或企图转嫁风险而提出。可以设想,如果允许这种情况发生,亦会导致公司法人人格否认制度被滥用,对债权人或其他当事人利益造成损害。

案例·2 – 人民司法案例 –

公司股东无权请求否认公司法人人格

——刘丽丽与田媛媛股权转让纠纷上诉案①

上诉人(原审被告):刘丽丽。

被上诉人(原审原告):田媛媛。

2006年6月10日,田媛媛、刘丽丽及徐华伟三人签订云凯公司章程,约定田媛媛、刘丽丽及徐华伟三人出资设立云凯公司,注册资本为51万元,田媛媛承诺出资15.3万元,刘丽丽承诺出资20.4万元,徐华伟承诺出资15.3万元等。云凯公司获批准设立。

2007年10月10日,田媛媛、刘丽丽签订股权转让协议书一份,约定田媛媛将其所持有的云凯公司股权(占注册资本30%)全部转让给刘丽丽,转让股权的总价款为15.3万元。该次股权转让履行内部程序并办理股权变更登记手续。

2008年6月26日,工商部门查明刘丽丽、田媛媛和徐华伟委托他人代为办理

---

① 参见江苏省南京市玄武区人民法院(2008)玄民二初字第124号民事判决书;江苏省南京市中级人民法院(2009)宁民二终字第39号民事判决书;《股东对公司的债务以其出资额为限承担民事责任,公司实有资本低于法定注册资本最低限额的,公司不具备法人资格——刘丽丽与田媛媛股权转让纠纷上诉案》,载《人民司法·案例》2010年第8期。

垫资和验资事宜,后将出资转出,属于虚报注册资本的违法行为,决定责令云凯公司改正,并罚款人民币 25,500 元。

田媛媛起诉至法院,要求刘丽丽按照约定支付股权转让价款。该案中,刘丽丽辩称,云凯公司由于三出资人实际并未出资,公司实有资本低于法定注册资本最低限额,已不具备法人资格,各出资人不具有股东资格应为合伙关系,故股权转让协议应为无效协议。

江苏南京中院对刘丽丽主张的公司不具备法人人格、股权转让协议无效的辩称不予采纳,判令其支付股权转让价款。(见图 11-2)

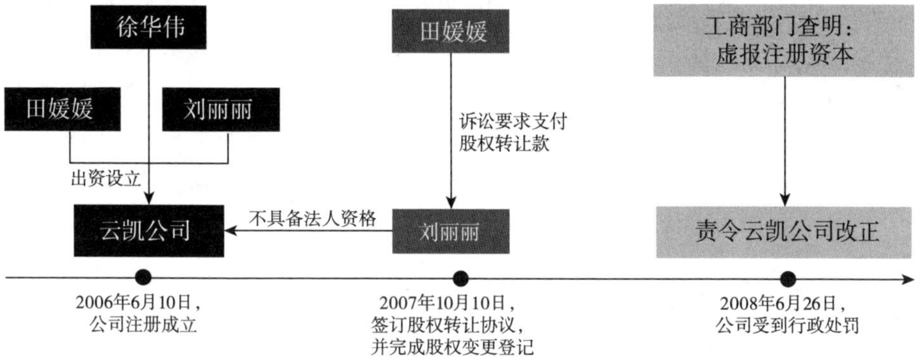

图 11-2 刘丽丽与田媛媛股权转让纠纷上诉案

如图 11-2 所示,该案争议的焦点问题是,在公司股东均未实际出资的情况下,股东能否请求否认公司法人人格。对于该问题,一审、二审判决均给予了否定回答,但适用法律的逻辑各有侧重。

江苏南京玄武法院一审认为,云凯公司虽然存在注册资本不足的情况,但工商行政管理部门已责令其改正,并未撤销其登记,云凯公司的法人资格依然存在。存有瑕疵的股权,并非不可转让的标的,刘丽丽作为云凯公司股东和法定代表人,对云凯公司及田媛媛向云凯公司的出资情况是了解的,对田媛媛未实际出资的情况也是明知的。因此,刘丽丽主张否定股权转让合同的效力无事实及法律依据,刘丽丽应当按约定支付转让款。该判决的裁判理由中,并未对刘丽丽作为股东是否有权提出公司法人人格否认进行评价。

二审中,刘丽丽进一步提出,根据当时有效的《江苏省高级人民法院关于审理适用公司法案件若干问题的意见(试行)》第三十三条也明确了公司实有资本低于法定注册资本最低限额的,公司不具备法人资格,各出资人均不具有合法的股东资格。

对此,江苏南京中院二审认为,主张否认公司法人人格的应当是公司的债权人。云凯公司虚报注册资本的行为,工商部门已责令其改正并处以罚款,公司股东应根据各自认缴的出资额补足出资,以使公司资本充实。在工商部门没有撤销其公司登记从而使其设立无效的情况下,云凯公司并未丧失法人资格。据此,判决驳回上诉,维持原判。

该案判决的背景虽是公司法定资本制之下,但判决的核心逻辑是通过将主张公司法人人格否认的原告主体限定为公司债权人的方式,否定了公司股东提出该项主张的权利。应当指出的是,该案判决并不意味着股东一律没有资格起诉公司要求否认法人人格。在公司股东与公司发生交易的场合,公司股东与债权人的身份出现重合,应当赋予相应股东请求否认公司法人人格的权利,因为此时股东是以公司债权人的身份提出的请求,与公司股东的身份已无关联。上述案例的不同之处在于,刘丽丽并非公司债权人,其作为公司股东请求否认公司法人人格的真实目的是逃避自己应当支付的股权转让款义务,而不是为了维护债权人的利益或社会公共利益。如果该请求获得支持,则将助长社会交易中的不诚信行为,扰乱经济秩序。至于田媛媛未出资的事实,法院认为可以由公司向其主张,要求其补足出资。可见,法院在处理此类案件时并未机械地适用法律,而是立足于诚实信用原则,衡平公司与各股东之间的利益。

三、损害公司债权人利益的行为方式及其认定标准

如本章前文所述,损害公司债权人利益的行为包括两大类:第一,《公司法》第二十条规定的滥用公司独立人格及股东有限责任的行为,即公司法人人格否认的情形,该类别项下主要包括人格混同、过度支配与控制、资本显著不足三种行为类型;第二,股东出资存在问题,该类别项下包括未履行或未全面履行出资义务、抽逃出资、不当减资等,对应的法律依据为《公司法司法解释(三)》。另外,公司清算亦涉及损害债权人利益的几种情形,本书将在下册进行专门讨论故不再涉及。以上法律明文列举加上实务中相对成熟的类型化操作,共同构成了股东损害公司债权人利益的行为分类图谱。

(一)滥用公司独立人格及股东有限责任

认定股东或实际控制人是否存在滥用公司独立人格及股东有限责任,最根本的判断标准是公司是否具有独立的人格,进言之是公司是否具有独立意思和独立财产。从严重程度而言,否认公司独立人格还应达到“滥用”以及“严重”损害公司

债权人利益的程度。“滥用”行为往往具有持续性，一般很少出现一次行为就认定为滥用[①]。另外，债权人因股东或实际控制人“滥用”行为受到的损害也是严重的，如果没有达到“严重”的程度，也不能否认公司人格。从后果层面，公司法人人格被否认的情况下，股东或实际控制人对债权人承担的责任为连带责任，而非补充赔偿责任。

从严格意义上说，公司法人人格否认的前提是公司法人人格已经独立存在，从而使之与公司人格自始不存在这一特定情形区分开来。这种理解在实施法定资本制的时期或当前存在最低注册资本要求的行业尤为重要，从部分司法解释的规定可以得到印证。如《最高人民法院关于审理军队、武警部队、政法机关移交、撤销企业和与党政机关脱钩企业相关纠纷案件若干问题的规定》(2020 年修正)规定，“被开办企业虽然领取了企业法人营业执照，但投入的资金未达到《中华人民共和国企业法人登记管理条例施行细则》第十二条第(七)项规定数额的，或者不具备企业法人其他条件的，应当认定其不具备法人资格，其民事责任由开办单位承担”，该规定将出资不足等情形定性为自始不实际具有法人资格。如依据此种理解，公司人格自始不存在的结果是使公司责任归向自然人责任，不具备公司法人人格否认的前提条件。但公司法人人格自始不存在在目前的司法实践中极少被认定，原因在于一则目前一般公司现已无法定注册资本最低限额要求，二则即使存在注册资本的最低限额，对其进行规避的通常方式也是先行出资，待验资通过取得营业执照具备法人人格后再抽逃。

对法人人格否认的适用是在特定法律关系中，对法人人格“一时”“一事”的否认，仅将滥用公司法人人格的特定股东凸显出来，使其不再受法人独立人格这一面纱的遮挡和享受股东有限责任的庇护，直接要求该股东对公司债务承担责任。而对于其他未滥用法人人格的股东，法人这一面纱仍然存在，并以法人的独立人格为屏障、以其对公司出资为限承担有限责任。

1. 人格混同

所谓人格混同，主要是指股东人格与公司人格一体化，致使股东人格与公司人格难以分辨[②]。在以往的司法实践中，通常认为判断公司法人人格混同需同时满足三个标准，即人员混同、业务混同、财产混同，三个条件缺一不可。

但在《九民纪要》中，最高人民法院将《九民纪要(征求意见稿)》中“财务或财

---

① 参见最高人民法院民事审判第二庭编著：《〈全国法院民商事审判工作会议纪要〉理解与适用》，人民法院出版社 2019 年版，第 113 页。

② 参见虞政平：《公司法案例教学》(上册)，人民法院出版社 2012 年版，第 299 页。

产混同”的表述在正式稿中变更为“人格混同”，在认定是否构成人格混同时，列举的因素均为财务或财产混同的具体表现形式。最高人民法院同时指出，认定公司人格与股东人格是否存在混同，最根本的判断标准是公司是否具有独立意思和独立财产，最主要的表现是公司的财产与股东的财产是否混同且无法区分，而不要求同时具备公司业务和股东业务混同、公司员工与股东员工混同、公司住所与股东住所混同等其他方面的混同，因其往往只是人格混同的补强。

案例 · 3 -最高人民法院案例-

公司人格混同侵犯债权人利益的，对公司债务承担连带责任

——万佳百货公司等与农业银行买卖合同纠纷再审案①

申请再审人（一审被告、二审被上诉人）：万佳百货公司。

申请再审人（一审被告、二审被上诉人）：万佳物业公司。

申请再审人（一审被告、二审被上诉人）万佳实业公司。

申请再审人（一审被告、二审被上诉人）：段晓虎。

被申请人（一审原告、二审上诉人）：农业银行。

1998 年 3 月 18 日，农业银行与万佳百货公司签订了《抵押担保借款合同》《保证担保借款合同》两份借款合同，约定万佳百货公司向农业银行借款共计 530 万元。借款到期后，农业银行向万佳百货公司及其法定代表人段晓虎进行催收未果。

另查，段晓虎身兼万佳百货公司、万佳物业公司、万佳实业公司法定代表人身份，系上述三公司的实际控制人。龙江、肖常华则同时担任了三公司的高管。万佳物业公司成立时登记地址与万佳百货公司地址相同。后万佳物业公司将地址变更至另一地址，又与之后设立的万佳实业公司地址相同。1997 年 8 月，万佳百货公司出资设立了万佳物业公司，由万佳物业公司负责经营管理万佳百货公司投资兴建的万佳市场，承担相关债务。此后万佳物业公司替万佳百货公司支付了工程款 243.42 万元及违约金。在 1993 年万佳市场被强制拆除后，根据万佳物业公司的申请，政府将拆除万佳市场的补偿款给付万佳物业公司，并被万佳物业公司用于购买某地块土地使用权。2004 年 3 月 28 日，段晓虎等人在未支付对价的情况下即以该

① 参见湖北省高级人民法院（2011）鄂民二终字第 27 号民事判决书；最高人民法院（2012）民申字第 531 号民事裁定书。

地块部分土地使用权出资设立了万佳实业公司。2005年9月，经宜昌市国土资源局审批，万佳实业公司又以零对价将该地块全部土地使用权变更至自己名下。2005年9月至2008年9月，万佳实业公司代万佳物业公司偿还信用合作社欠款2353.6万元。2008年5月，万佳实业公司承诺与万佳物业公司共同偿还万佳物业公司对兆丰公司的欠款。

湖北高院经审理认为，段晓虎及三公司存在资产混同、过度控制、人员混同等情形，判令段晓虎、万佳物业公司、万佳实业公司对万佳百货公司的上述债务承担连带责任。段晓虎及三公司不服提出申诉，最高人民法院经审查，裁定驳回再审申请。(见图11－3)

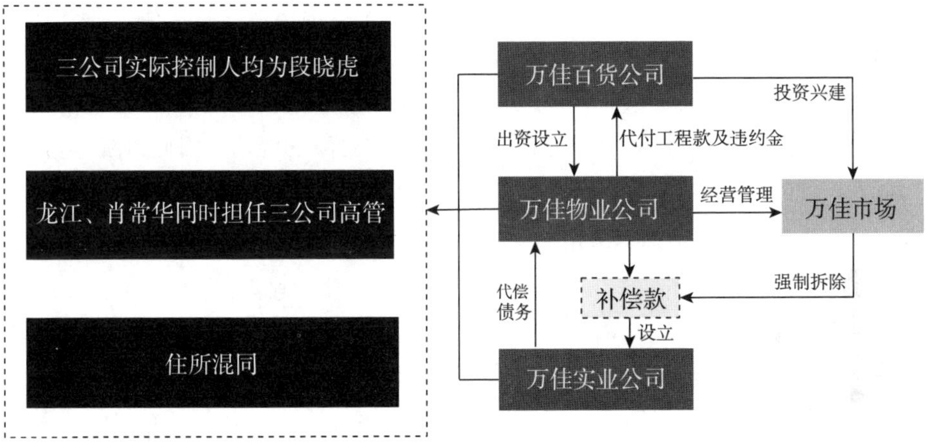

图11－3 万佳百货公司等与农业银行买卖合同纠纷再审案

本案中，法院判令债务人万佳百货公司的关联公司及实际控制人就债务承担连带责任的依据，即是他们相互之间人格混同。但在认定人格混同过程中，最高人民法院除查明人员、地址混同以外，更多地关注实际控制人与公司之间以及受控制的各公司之间资产混同情况。

资产混同在本案中的外观表现包括无偿取得财产、代为偿还欠款或承诺承担还款责任等。最高人民法院在再审审查中确认，三公司之间存在资产混同，并列举了具体交易及事实。最高人民法院认为，在实现优质资产向万佳实业公司转移后，万佳百货公司、万佳物业公司相继因未年检而被吊销营业执照。综合上述事实，在段晓虎的实际控制下，万佳百货公司、万佳物业公司、万佳实业公司存在资产混同、人员混同的情况，且上述行为具有明显恶意规避债务的特征。因此万佳物业公司、万佳实业公司、段晓虎应当对万佳百货公司的债务承担连带清偿责任。

综合相关案例及《九民纪要》归纳的情形，股东或实际控制人与公司人格混同（或者说财产混同）的主要考虑因素包括：第一，股东无偿使用公司资金或者财产，不作财务记载的；第二，用公司的资金偿还股东或实际控制人的债务，或者将公司的资金供关联公司无偿使用，不作财务记载的；第三，公司账簿与股东或实际控制人账簿不分，致使公司财产与股东财产无法区分的；第四，股东或实际控制人自身收益与公司盈利不加区分的；第五，公司的财产记载于股东或实际控制人名下，由股东或实际控制人占有、使用的；第六，人格混同的其他情形。从前述列举的情形可以看出，财务或财产混同构成人格混同的实质因素，因其违背了公司财产与股东财产相分离、公司资本维持和公司资本不变等基本原则，潜伏着公司财产被隐匿、非法转移或被私吞、挪用的重大隐患，严重影响公司对外清偿债务的能力。

在多家公司受同一人控制的情况下，人格混同的现象更加错综复杂：既包括核心人格特征（如人员、机构、业务、财务、财产）的混淆，也包括外围人格特征（如信封信纸、电话号码、传真号码、电子邮件地址、网址、工服）的混淆。因此，在认定是否构成人格混同时，应在把握关键因素的前提下综合考虑，不宜因单一的、非关键的混淆现象遽然否定公司法人资格①。

2. 过度支配或控制

过度支配或控制，是指公司控制股东对公司过度支配与控制，操纵公司的决策过程，使公司完全丧失独立性，沦为控制股东的工具或躯壳，严重损害公司债权人利益。根据《九民纪要》的归纳，实务中常见的情形包括：（1）母子公司之间或者子公司之间进行利益输送的；（2）母子公司或者子公司之间进行交易，收益归一方，损失却由另一方承担的；（3）先从原公司抽走资金，然后再成立经营目的相同或者类似的公司，逃避原公司债务的；（4）先解散公司，再以原公司场所、设备、人员及相同或者相似的经营目的另设公司，逃避原公司债务的；（5）过度支配与控制的其他情形。从以上列举的情形可以看出，与人格混同侧重于股东与公司之间关系的考察不同，过度支配与控制侧重的是名义上相互独立的公司之间被支配或控制从而丧失应有界限的情形。对于满足过度支配与控制条件情形的，应当否认公司人格，由滥用控制权的股东对公司债务承担连带责任。

实务中，对于因经营不善导致严重亏损或对外负担巨额债务的公司，股东或实际控制人为了逃避合同之债，恶意设立新公司，将具有经营价值的财产转移到新设立公司，但对原公司既不主动清算，也不申请注销，该行为损害了债权人利益，亦构

① 参见杨心忠：《公司纠纷裁判精要与规则适用》，北京大学出版社2014年版，第206页。

成过度支配与控制。

案例·4　-人民司法案例-

控股股东为逃避债务新设立公司的，应与新设公司一同对原公司债务承担责任

——宁波银行江北支行诉金刚公司等借款合同纠纷案①

原告:宁波银行江北支行。

被告:金刚公司。

被告:托米海伦公司。

被告:东平齿轮公司。

被告:陈慈怀等。

2013年5月21日,宁波银行江北支行与东平齿轮公司、陈慈怀、陈国栋、边赛珍等签订最高额保证合同一份,约定东平齿轮公司为托米海伦公司在宁波银行江北支行处债权本金不超过250万元限额内形成的债务提供连带保证责任。2014年8月26日,宁波银行江北支行向托米海伦公司发放贷款124万元。

2014年6月20日,金刚公司成立,注册资金100万元,登记的股东为液压传动公司会计李琪及原东平齿轮公司员工屠世明。其经营场地与东平齿轮公司相同,使用东平齿轮公司的机器设备进行生产,接收了东平齿轮公司大部分员工,并与其70%的客户保持了业务关系。金刚公司未开展其营业执照载明的工业机器人及零部件的生产经营。

另查,托米海伦公司100%股权由陈慈怀持有,陈慈怀同时担任该公司法定代表人。东平齿轮公司股东为陈国栋(持股93%)、边赛珍(持股7%),两人系夫妻关系。陈国栋夫妇与陈慈怀系儿女亲家。

因托米海伦公司未按期归还贷款本息,宁波银行江北支行诉至法院,请求判令:托米海伦公司还本付息;东平齿轮公司、陈国栋、边赛珍、陈慈怀等承担连带保证责任;金刚公司承担连带清偿责任。

---

① 参见浙江省宁波市江北区(2015)甬北商初字第293号民事判决书;浙江省宁波市中级人民法院(2016)浙02民终322号民事判决书;《宁波银行股份有限公司江北支行诉宁波金刚机器人有限公司、宁波市鄞州托米海伦服饰有限公司借款合同纠纷案》,载《人民司法》2017年第11期。

一审浙江宁波江北法院、二审浙江宁波中院经审理均认为，金刚公司的设立系为了逃避涉案债务，故判令以上各被告均应对涉案债务承担连带清偿责任。（见图 11－4）

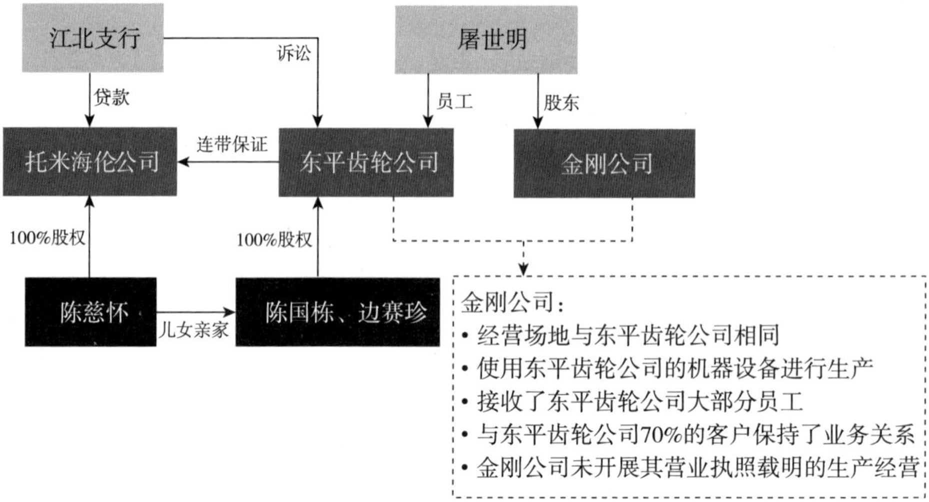

图 11－4　宁波银行江北支行诉金刚公司等借款合同纠纷案

本案中，作为东平齿轮公司控股股东的陈国栋，实施了先从东平齿轮公司抽走优质资产，然后再成立经营目的相同或者类似的公司，逃避原公司债务，属于典型的对公司过度支配与控制。虽然本案中因其个人签署连带保证合同使得其因滥用公司独立人格的责任与担保责任重合，其对债务的连带清偿责任也因此确定无误从而判决中未再分析，但本案判决对于通过抽走资产新设公司这一典型的过度支配行为进行认定的过程仍值得借鉴。

如图 11－4，该案中，法院认为构成过度支配与控制的考量因素主要包括以下几方面：首先，东平齿轮公司员工从 2014 年 7 月开始陆续到金刚公司工作，但并未与金刚公司签约。2015 年 3 月，绝大部分原东平齿轮公司员工的工资已由金刚公司支付，但与东平齿轮公司的工资、经济补偿金仍未结清。因此，金刚公司无法说明其具体接收东平齿轮公司员工的原委、过程，两家公司对员工究竟与哪家公司建立劳动关系并不明确，与通常的独立人格的企业聘用员工的行为不符。其次，金刚公司的股东虽为李琪和屠世明，但李琪未领取工资，屠世明也仅领取普通员工的工资，并非高管的工资水平。金刚公司年营业额 2000 万元，但注册资本仅 100 万元，金刚公司解释是李琪个人借款，但其无法提交借款账户的流水。为查明李琪和屠世明是不是金刚公司真实股东，法院多次要求二人到庭陈述，但二人无正当理由拒不到庭接受质询，故难以认定李琪、屠世明系金刚公司实际股东。再次，金刚公司使用东平齿轮公司的场地经营，二者虽有租赁合同，但金刚公司于2014年10月14日、11月26日分两次将8年的租金48万元支付给东平齿轮公司，对一家仅有100万元注册资本的公司而言，该行为不符合理性商事主体的行为模式。金刚公司使用东平齿轮公司机器设备进行生产，二者签订了抵押设备租用及代偿债务协议书，但租金明显偏低。此外，协议签订于2015年11月，金刚公司陈述其在协议签订后才开始使用东平齿轮公司的设备，之前一直使用自己购买的机器设备，但金刚公司成立后就开始生产，且无法提供购买设备的凭证。因此，金刚公司与东平齿轮公司并非正常的租赁关系。最后，金刚公司在极短的时间内，与东平齿轮公司大部分客户建立了客户关系，不符合一家新设立公司的业务能力建设水平。

3. 资本显著不足

资本显著不足指的是，公司设立后在经营过程中，股东实际投入公司的资本数额与公司经营所隐含的风险相比明显不匹配。股东利用较少资本从事力所不及的经营，表明其没有从事公司经营的诚意，实质是恶意利用公司独立人格和股东有限责任把投资风险转嫁给债权人。

资本显著不足是否包括公司因在设立时股东出资瑕疵及设立后股东抽逃出资导致的公司注册资本与章程规定不符，或名义上的实缴资本与实际到位资本不符？对此，有持肯定意见的做法，如《上海市高级人民法院民事审判第二庭关于审理公司法人人格否认案件的若干意见》第七条规定："股东未缴纳或缴足出资，或股东在公司设立后抽逃出资，致使公司资本低于该类公司法定资本最低限额的，人民法院应当认定公司资本显著不足。"但从另一个角度分析，股东未出资或者在缴纳出资后又以各种方式抽逃资本的，其责任形态并非公司人格否认，而是由股东在未出资或抽逃资本范围内承担清偿责任。因此，本书倾向于认为，资本显著不足作为一种公司法人人格否认的情形，不宜包括抽逃出资，否则将导致针对同一事实的法律评价冲突。因此，资本显著不足是指公司资本符合章程规定且资本真实，但较之公司所经营事业的需要明显不足。

资本显著不足的判断标准有很大的模糊性，在实务中的适用存在极大难点，原因在于其在本质上是一种价值判断而非事实判断。经检索法律文书，尚未发现最高人民法院层面以真正意义上的资本显著不足为由否定公司人格的案例，仅有部分地方法院的近期判决可供参考。

案例·5 —典型案例—

公司资本与日常运营所需成本明显不成比例的,应认定为资本显著不足

——薛文锋诉星豪公司等房屋租赁合同纠纷案①

原告:薛文锋。

被告:星豪公司。

被告:吴祖川。

被告:吴祖彩。

2018年3月21日,星豪公司成立,认缴注册资本500,000元,股东为吴祖川、吴祖彩。后星豪公司与薛文锋签订《厂房租赁合同》,约定承租薛文锋的厂房,年租金3,800,000元。因星豪公司未按期缴纳租金,薛文锋起诉至法院,要求星豪公司支付应付租金,并要求星豪公司股东吴祖川、吴祖彩就公司债务承担连带责任。

浙江永嘉法院经审理认为,星豪公司应付租金3,159,268.64元。同时认为,星豪公司认缴注册资本500,000元,其与薛文锋之间的《厂房租赁合同》的年租金为3,800,000元,股东实际投入公司的资本数额与公司经营所隐含的风险相比明显不匹配,因此股东吴祖川、吴祖彩对星豪公司所负的债务承担连带责任。

本案是目前为数不多的以"资本显著不足"为由否定公司法人人格的案例。在公司整个运作过程中,股东都有义务提供与公司经营相匹配的充足资本,且这是一项伴随公司经营事业存在的持续性义务。基于这一标准,亦有部分地方法院判决将公司注册资本较高但出资期限较长、仅实缴少部分资金的现象作为资本显著不足处理。但究其本质,资本显著不足的参照坐标应是股东实际投入资金与公司经营所隐含的风险明显不成犯例。即"相对于可预期的经营规模和可预见的潜在责任,资本的规模是否合理",不能仅仅以实收资本高低作为衡量公司资本是否显著不足的标准。公司是否有足够的偿债能力是应当予以考察的重要角度。正如本案中,公司运营成本中仅租金一项已达到300多万元,相较之下50万元的注册资本明显不足,且无证据表明公司存在其他与经营风险相匹配的资产。

除此以外,资本显著不足的适用仍需满足公司人格否认的一般要件,即股东的滥用行为"严重损害了公司债权人利益"。在本案中,注册资本的绝对金额亦非认

① 参见浙江省永嘉县人民法院(2019)浙0324民初4863号民事判决书。

定其资本显著不足的唯一标准，而是综合考虑债务人公司现有资产的总体情况与本案债务被清偿的可能性。由此可见，无论是基于哪种情形的法人人格否认，都应具有该结果要件。通常情况下，债权人的受损情况是权衡“严重”的最重要因素。此外还需考虑到，尽管公司净资产可能不足以支付债权人的债权，但是，如果有替代性措施（如保险金赔偿）来偿还债权人，那么应将替代性措施考虑在内，以便在保护债权人利益和维护有限责任原则之间确立一个平衡点。

由于资本显著不足的判断标准的模糊性，特别需要与公司采取“以小博大”的正常经营方式相区分，因此在适用时要十分谨慎，需要结合个案具体情形，在法律层面作出整体的评价。

（二）股东资本存在问题

公司一方面是股东创造财富的中介和工具，另一方面也是社会财富和债权人利益的蓄水池。股东依法参与公司经营，通过正当程序，实现股权中的收益权，但其首先需向公司履行出资义务、确保公司形成独立的财产，且在此之后无权直接分割公司的财产、获取属于公司的利益。否则，不仅侵害了公司内部其他主体的合法权益，还直接损害了外部债权人的利益。因此，从这个意义上说，股东未履行出资义务或者出资后抽逃出资，从表面上看是导致公司应有资金的减少、损害公司的财产权，但经由公司这一媒介，资金不足的风险最终被传导至债权人。在公司或其他股东未向存在资本问题的股东主张权利的情况下，债权人直接向股东主张该项权利，其法理属性类似于债权人代位权制度（但目前法律层面对债权人就股东对公司的出资义务提起代位权之诉尚无规定），故债权人请求权的范围亦不能超过公司或其他股东的请求权范围，同样限定为“未出资本息范围内”“抽逃出资本息范围内”。

1. 未履行或者未全面履行出资义务

《公司法司法解释（三）》第十三条第二款规定，“公司债权人请求未履行或者未全面履行出资义务的股东在未出资本息范围内对公司债务不能清偿的部分承担补充赔偿责任的，人民法院应予支持；未履行或者未全面履行出资义务的股东已经承担上述责任，其他债权人提出相同请求的，人民法院不予支持”。依据上述规定，未履行或未全面履行出资义务的股东对债权人承担的是补充赔偿责任。

如何界定未履行或者未全面履行出资义务？一般认为，未履行出资义务是指股东根本未出资，具体包括无法出资、拒绝出资、虚假出资。未全面履行出资义务包括仅履行了部分出资义务，未按约定数额足额出资，或者出资的时间、形式或手续不符合规定，包括迟延出资、瑕疵出资、出资不足、出资手续不完备（如用于出资的不动产虽交付由公司占有、使用，但没有办理产权变更登记手续）等。

此外,未履行或者未全面履行出资义务是否包括未届履行期限的出资义务?换言之,当公司无法清偿到期债务且未进入破产程序时,若章程规定的股东出资期限尚未届满,债权人能否请求尚未履行相应出资义务的股东向其承担赔偿责任?股东面对此类请求能否以履行期限尚未届满时加以抗辩?对此问题,此前实务中一直存在争议,《九民纪要》则对此给予了明确意见。根据《九民纪要》,在注册资本认缴制下,股东依法享有期限利益。债权人以公司不能清偿到期债务为由,请求未届出资期限的股东在未出资范围内对公司不能清偿的债务承担补充赔偿责任的,人民法院不予支持。但是,下列情形除外:(1)公司作为被执行人的案件,人民法院穷尽执行措施无财产可供执行,已具备破产原因,但不申请破产的;(2)在公司债务产生后,公司股东(大)会决议或以其他方式延长股东出资期限的。由此亦可反推出,认定股东未履行或者未全面履行出资义务的前提是违反公司章程规定及股东之间约定的出资义务,并不包括股东尚未到期的未出资的情形。

案例·6 – 最高人民法院案例 –

股东在公司成立前将出资转出视为未履行出资义务

——三丰公司与中储粮公司等股东损害公司债权人利益责任纠纷再审案[①]

再审申请人(一审被告、二审上诉人):三丰公司。

被申请人(一审原告、二审被上诉人):中储粮公司。

被申请人(一审被告、二审上诉人):融丰公司。

一审第三人:农业公司。

2005年3月,农业公司股东三丰公司、融丰公司及睿丰公司分别将出资款850万元、100万元及50万元付至农业公司验资账户并完成验资。同年4月1日,农业公司将10,002,220元款项转至三丰公司账户。此后,农业公司办理工商注册登记并于2005年4月5日取得营业执照。

2012年4月17日,经法院主持调解,确认农业公司应支付中储粮公司化肥款及损失9,467,683.7元。中储粮公司提起本案诉讼,要求三丰公司、融丰公司在未出资本息范围内(10,002,220元)对农业公司的欠款承担连带补充责任。

---

① 参见甘肃省兰州市中级人民法院(2018)甘01民初551号民事判决书;甘肃省高级人民法院(2018)甘民终745号民事判决书;最高人民法院(2019)最高法民申3777号民事裁定书。

审理中，三丰公司辩称，因三丰公司具备采购云南化肥生产企业化肥的独家资格，且当时农业公司尚未取得营业执照，故农业公司为了早日介入农资化肥经营，遂将10,002,220元款项转至三丰公司账户，委托三丰公司代为采购化肥。农业公司已取得相应价值的货物，故已完全履行了出资义务。

甘肃高院终审判决认定，三丰公司认缴出资850万元实际并未出资，在该金额范围内承担补充赔偿责任。

三丰公司不服，申诉至最高人民法院，被裁定驳回再审申请。（见图11－5）

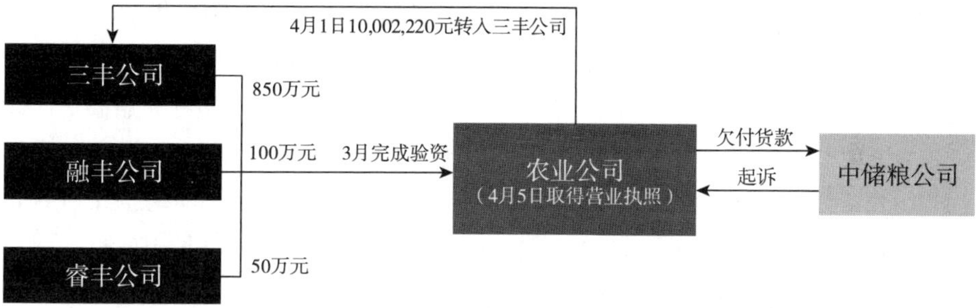

图11－5　三丰公司与中储粮公司等股东损害公司债权人利益责任纠纷再审案

本案中，农业公司三位股东将出资款项汇入验资账户后又全额转出，从外观表象看，符合实务中常见的虚假出资。但对该类行为进行定性的难点在于，通常股东不会直接认可其类似行为系虚假出资，而是会试图以各种理由进行解释以便将可疑的行为外观予以合理化。此外，对于出资资金并未直接返还给原出资股东时是否认定为出资不实，一审、二审法院的意见亦存在分歧。

一审中，三丰公司称其收取农业公司的全部注册资本系为了代为采购化肥，农业公司已取得相应价值的货物，并提供了农业公司从云南生产厂家提货的证据。因此，农业公司向三丰公司转账10,002,220元属企业经营行为，并非抽回出资或未出资。一审法院认为，三丰公司对其辩称未提供财务记账凭证予以证实，对转出注册费用是否购买化肥未提供相关证据予以佐证。据此，三丰公司该抗辩缺少事实及法律依据，不予支持。三丰公司虽按期将注册资本金转入农业公司验资账户，但在农业公司未取得合法工商营业执照前擅自将注册资本金转出的行为属于出资不实的行为。依据《公司法司法解释（三）》第十三条第二款的规定，判令三丰公司在850万元出资范围内、融丰公司在100万元出资范围内承担补充赔偿责任。

三丰公司在二审中进一步提交了农业公司2005年资产负债表、利润表、现金流量表，2006年资产负债表、利润表，欲证明农业公司所有者权益和注册资金足额到位,未发生注册资金不到位或抽逃注册资金的事实。二审法院认为,三丰公司虽主张其对农业公司出资到位,且已经过法定验资机构的验资。但依据三丰公司的当庭陈述,明确在 2005 年 4 月 5 日农业公司成立取得营业执照时,公司账户并无资产。三丰公司提交记账凭证欲证明与农业公司存在化肥销售,但并不能说明其中哪一笔款项填补了应缴纳的注册资金。另外,公司在成立前不具备法人人格,其行为系股东行为,三丰公司作为农业公司的最大股东,且根据相关判决认定的事实,三丰公司和农业公司的实际控制人为同一人、农业公司与三丰公司的财务人员混同。因此,三丰公司对 10,002,220 元从农业公司账户转出应是知情的,故三丰公司称将 10,002,220 元转出是农业公司的行为,不应由三丰公司承担出资不实责任的上诉理由不能成立。因此,三丰公司应在 850 万元出资范围内承担补充赔偿责任。

关于融丰公司对农业公司的出资是否到位,二审法院认为,融丰公司于 2005 年 3 月 9 日将 100 万元出资款打入农业公司临时账户,该款项于 2005 年 4 月 1 日自农业公司账户转入三丰公司账户,因该 100 万元未转入融丰公司账户,中储粮公司亦未提交证据证明融丰公司与三丰公司合谋将注册资金转出,故对此应承担举证不能的法律后果。一审法院在对融丰公司是否将 100 万元出资撤回进行审查的情况下,认定融丰公司未出资,属认定事实不清,故改判融丰公司不承担责任。

最高人民法院再审认为,对于资金转出究竟是用于正常商业交易还是将资金抽逃返回原股东方,首先,前述注册资本金被转出时,农业公司尚未注册成立,不具有法人资格,尚无自主处分资金进行生产经营活动的权利能力和行为能力,其筹备期间的行为均由发起人进行。而根据已查明的事实,农业公司筹备设立时与三丰公司财务人员混同,故应当认为“三丰公司将农业公司注册资本金全部转出至己方账户”这一事实的发生具有高度可能性。其次,三丰公司主张案涉款项转出至其名下账户系其为农业公司代买化肥,但注册资本金被转出时农业公司尚未成立,三丰公司并未提交证据证明全体发起人商议同意在农业公司成立前将全部注册资本金交由三丰公司代买化肥,亦未提交农业公司成立后与三丰公司之间就使用前述款项代买化肥事宜补充签订的委托合同、三丰公司与化肥生产厂家签订的与前述款项金额对应的化肥买卖合同及相应款项的付款凭证等证据加以证明。而三丰公司提交的其与农业公司的记账凭证,不能证明前述款项与货物之间的对应关系,即不能证明哪笔往来资金或交易填补了被转出的注册资本金。最后,虽然三丰公司在二审中提交了农业公司 2005 年、2006 年度资产负债表,但仅以农业公司成立后存在经营行为,不足以推定三丰公司将被转出的注册资本金用于农业公司生产经营的结论。因此,三丰公司未能提交充分证据证明农业公司注册资本金于验资后、公司注册成立前被转出的合法性和合理性，现有证据不能排除三丰公司未完成出资义务的合理怀疑。基于上述理由，最高人民法院裁定驳回其再审申请。

本案值得关注的是，股东认缴出资额少于其实际收取的转出资金数额时，如依据股东未履行出资义务对公司债务承担补充连带责任的，其责任限额是该股东的应缴出资额，而非其实际收取的转出金额，此系未履行出资义务与抽逃出资两种不同情形下股东责任限额的差异。此外，本案中三丰公司的出资系在完成验资后转出，为何定性为未履行出资义务而非抽逃出资？对此，法院裁判理由认为在公司未取得合法工商营业执照前擅自将注册资本金转出的行为属于出资不实的行为，也即以相应行为发生于公司成立前还是成立后作为区分标准，与《公司法司法解释（三）》第十二条将抽逃出资界定为“公司成立后”的规定相一致。

2. 抽逃出资

抽逃出资是指股东已经向公司出资致其出资义务因履行而消灭后，又将所缴出资暗中撤回，却仍保留股东身份和原有出资数额的欺诈性违法行为。因该种行为侵犯了公司的财产权，违反了资本维持原则，并可能侵犯公司债权人的利益，因而被法律所不允。尽管抽逃出资对公司而言，与自始至终不履行出资义务的后果相同，但是一般认为不属于不履行出资义务，而是对公司财产的侵权行为。抽逃出资的股东承担的亦是补充赔偿责任，即以抽逃出资的本息范围为限。

（1）抽逃出资与正常交易的区分

根据《公司法司法解释（三）》第十二条的规定，抽逃出资的行为方式通常包括：制作虚假财务会计报表虚增利润进行分配、通过虚构债权债务关系将其出资转出、利用关联交易将出资转出以及其他未经法定程序将出资抽回的行为。至于公司与股东之间如果基于正常的商业往来及债权债务发生资金给付的，应与抽逃出资相区分。

案例·7　　– 最高人民法院案例 –

无真实交易基础的资金汇出应认定为抽逃出资

——仲圣控股公司与鲁能仲盛公司等与公司有关的纠纷上诉案①

上诉人（原审原告、反诉被告）：仲圣控股公司。

① 参见山东省高级人民法院（2015）鲁民四重初字第1号民事判决书；最高人民法院（2016）最高法民终324号民事判决书；最高人民法院（2017）最高法民申3185号民事裁定书。

被上诉人(原审被告、反诉原告):鲁能仲盛公司。

原审被告:鲁能房产公司。

原审第三人:青岛海信公司。

1999年7月20日,仲圣控股公司与鲁能房地产公司签订《合资经营合同》,双方约定共同出资成立鲁能仲盛公司,约定仲圣控股公司注资2450万元人民币,占49%股权,鲁能房地产公司注资2550万元人民币,占51%股权。

1999年7月24日,仲圣控股公司与鲁能房地产公司签订《合作协议书》,约定双方同意共同出资成立合资公司,由仲圣控股公司负责将"填海造地项目"整体转让至合资公司名下;仲圣控股公司为获取该"项目"而发生的前期工作费用,仲圣控股公司提出为3500万元,经鲁能房地产认可,由合资公司支付,进入合资公司开发成本;付款安排为:A在仲圣控股公司注册资本金(296万美元)全额到位,合资公司注册成立后,合资公司先行垫支2450万元人民币,用于支付转让方青岛弘信公司的"项目"转让费及前期工程费用;B在仲圣控股公司取得合资公司仓储用地销售意向书后25个工作日内,合资公司再行支付1050万元人民币给仲圣控股公司(付至指定账号内)并允许仲圣控股公司取回296万美元。

1999年9月30日,鲁能仲盛公司自青岛弘信公司整体受让"填海造地项目"。同日,该公司领取营业执照。2000年2月24日,仲圣控股公司的2450万元人民币出资全额到位。2000年7月14日,仲圣控股公司向鲁能仲盛公司出具一份账单,应付内容为"关于:青岛市李村河口以北填海造地建设业主码头及仓储基地项目境外销售费用(详见青岛市李村河口以北填海造地建设业主码头及仓储基地项目协议书)金额:人民币二仟伍佰万元整"。2000年8月2日,鲁能仲盛公司以电汇形式向案外人兆得公司汇出2500万元人民币,汇款用途为"项目前期工作费",该笔费用在鲁能仲盛公司的付款凭证上被记载为"支付香港仲盛有限公司前期工作费"。

2009年8月,仲圣控股公司就其与鲁能仲盛公司等发生的盈余分配等纠纷起诉至法院。该案中鲁能仲盛公司提起反诉,要求仲圣控股公司补缴抽逃的出资2450万元及利息。

山东高院一审、最高人民法院二审均认为仲圣控股公司取回注册资本金296万美元,即2450万人民币的行为,属于股东"通过虚构债权债务关系将其出资转出"的抽逃出资行为,判决支持鲁能仲盛公司的反诉请求。

仲圣控股公司不服判决申请再审,最高人民法院裁定驳回其再审申请。(见图11-6)

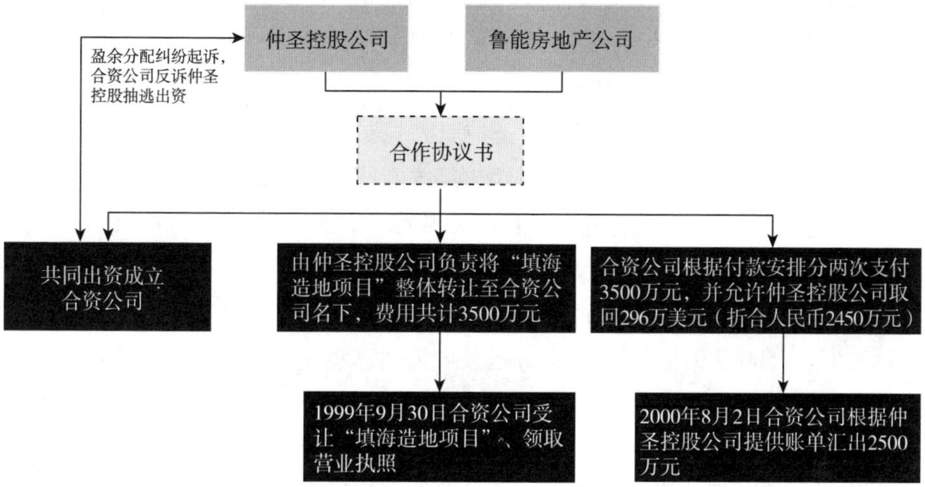

图 11－6　仲圣控股公司与鲁能仲盛公司等与公司有关的纠纷上诉案

本案系最高人民法院关于抽逃出资认定的典型案例。司法实务中，针对“通过虚构债权债务关系将其出资转出”这一行为方式，能够查实相关事实并作出肯定结论的案例较少。因此，本案虽系以公司名义提出的抽逃出资主张，但在事实依据及认定标准上与债权人提起该项主张并无区别，故本章予以参考借鉴。本案中，仲圣控股公司自鲁能仲盛公司收款 2500 万元系依据先前股东之间签署的《合作协议书》，用途为“项目境外销售费用”，收款依据具有债权债务关系表象。但两级法院均对该债权债务关系进行了实质审查，从裁判理由中可以看出其审查标准主要包括以下几个方面：

首先，股东之间的约定并不能作为认定股东与公司债权债务关系真实合法的直接、唯一证据。正如该案中最高人民法院指出的：“抽逃出资……无论何种形式，大多表现为股东之间通谋或者股东与公司之间通谋的行为，其他股东或者公司同意转出出资并安排了所谓的合法程序或交易，均是表象，实质是相关当事人虚构了有关事实将股东的出资非法转出。”因此，就本案而言，股东之间通过签订《合作协议书》确认仲圣控股公司“前期工作费用”真实发生并确定由鲁能仲盛公司支付，并不能直接证明仲圣控股公司的“前期工作费用”真实发生了，从而也不能证明 2500 万元人民币的转出未构成抽逃出资。

其次，考察股东是否有抽回出资的主观意思表示。例如，在本案中，一审法院指出，《合作协议书》B 项约定仲圣控股公司取得鲁能仲盛公司仓储用地销售意向书后 25 个工作日内，鲁能仲盛公司向仲圣控股支付 1050 万元人民币，并允许仲圣控股公司取回296万美元。296万美元折合2450万元人民币系仲圣控股注册资本金，B款两部分款项相加即为仲圣控股公司的前期工作费用3500万元人民币。该约定明确表明鲁能仲盛公司允许仲圣控股公司取回注册资本金296万美元。再审中，最高人民法院亦认为，上述约定反映仲圣控股公司在主观上取回注册资本金的意思表示明确，且实际取回2500万元人民币未经鲁能仲盛公司董事会决议。

最后，需结合在案证据认定债权债务关系是否真实发生，股东对债权债务的真实性有相应举证义务。本案中，仲圣控股公司提交六份《声明书》和所附六份月结单，以及“填海造地报告×6”的特快专递凭证（邮寄袋），以证明“前期工作费用”已实际发生了3500多万元人民币，而仲圣控股公司已将相应的调研报告邮寄给了鲁能仲盛公司。而法院认为，无论是《声明书》还是月结单均无法直接证明“前期工作费用”的真实发生。而邮寄袋更是存在许多疑点，普通的邮寄袋不太可能装下六份研究报告，仲圣控股公司亦无法合理解释寄件人为何能够保存收件人签收的邮寄装。因此，仲圣控股公司有义务举证证明其收取2500万元人民币确系因为其真实地支付了“前期工作费用”，其无法证明则应承担举证不能的法律后果。

从上述案例可以看出，司法机关已认识到公司股东抽逃出资往往具有很强的隐蔽性，即以所谓合法合规的形式虚构有关事实从而达到抽回出资的非法目的，因此对表面合法的交易主要审查标准之一为是否具有真实的交易基础及对价。与此同时，鉴于股东与公司之间的交易行为并未被法律所禁止，所以亦有必要将隐蔽的抽逃出资行为与公司与股东之间的真实交易相区分。

案例·8 -最高人民法院案例-

基于真实债务而向股东汇款的，不视为抽逃出资

——恒安公司与资产管理有限公司等股东损害公司债权人利益责任纠纷再审案①

再审申请人（一审原告、二审上诉人）：恒安公司。

被申请人（一审被告、二审被上诉人）：资管公司。

被申请人（一审被告、二审被上诉人）：海岸明珠公司。

① 参见山东省青岛市中级人民法院（2014）青民二商初字第121号民事判决书；山东省高级人民法院（2018）鲁民终1020号民事判决书；最高人民法院（2019）最高法民申1067号民事裁定书。

2012 年，经仲裁裁决，海岸明珠公司向恒安公司返还欠款 775 万元及利息。

海岸明珠公司注册资本 3500 万元，股东为包括资管公司在内的三家公司。经验资，截至 1998 年 7 月 27 日，海岸明珠公司实收资本 3500 万元，其中资管公司共投入 3060 万元，2500 万元计入实收资本，560 万元计入其他应付款。截至 2000 年 11 月，刘洋担任海岸明珠公司项目经理，实际负责公司经营管理、财务等工作。恒安公司实际为刘洋及其子刘玉龙所有。

资管公司自 1998 年 7 月 21 日至 2007 年 9 月 3 日，陆续向海岸明珠公司汇款，已提交的汇款明细数额共计 114,761,230 元。2001 年 12 月 31 日至 2007 年 9 月，海岸明珠公司直接向资管公司付款 97,441,315 元。

2000 年 4 月 22 日，海岸明珠公司召开董事会，决议将明珠花园开发项目实行按股东投资比例分房销售，其中资管公司按其投资比例分得 12,480 平方米的房屋；股东除按协议投资外，以融资方式投入该项目建设的资金，按年利率 15% 计息。

恒安公司起诉主张，资管公司与海岸明珠公司之间大量的往来汇款系抽逃出资逃避债务，而非真实的债权债务关系。且上述董事会决议是私分公司资产，亦属抽逃出资，故请求资管公司对海岸明珠债务承担连带清偿责任。

该案经一审山东青岛中院、二审山东高院及最高人民法院再审审查，均认为恒安公司主张的抽逃出资不成立，对其相应的诉讼请求不予支持。

本案中，恒安公司主张抽逃出资的行为包括：①虚构债权债务关系转出资金，其依据包括大量的汇款记录，以及海岸明珠公司自有资金充足，无向资管公司借款之必要；②董事会决议内容构成股东私分海岸明珠公司资产。海岸明珠公司设立的目的是开发经营房地产，各股东投入该公司的注册资本及其他投资或海岸明珠公司对外借得款项，均已物化为建成的房地产。为保持公司的独立性和资本维持原则，公司法禁止股东在公司存续期间分割公司财产。从该董事会决议的内容可以看出，海岸明珠公司的股东在 2000 年 4 月起即决定按各自出资比例分配全部建成房屋，构成对海岸明珠公司资产的私分。

针对恒安公司主张的上述抽逃出资行为，如图 11－7 所示，一审及二审意见均认为：关于海岸明珠公司向资管公司的直接转款 97,441,315 元。根据资管公司提供的汇款凭证、海岸明珠公司出具的收款收据等证据显示，自 1998 年 7 月 21 日至 2007 年 9 月 3 日，资管公司陆续向海岸明珠公司转款 114,761,230 元（包括出资款 2500 万元），且 2000 年 4 月 22 日海岸明珠公司的董事会决议明确载明股东以融资方式投入项目的建设资金按年利率 15% 计息。上述事实可见，海岸明珠公司付款给资管公司的行为,并非其作为股东抽逃公司资产,而是双方存在债权债务的情况下正常的款项往来。再者,房地产项目建设需要大量资金,房地产公司与股东的借款并不为法律所禁止,资管公司主张与海岸明珠公司存在借款关系具有合理性。关于董事会决议。首先,资管公司主张该决议实际并未执行,且恒安公司也未举证证明分房销售款已转至资管公司或其指定公司名下。其次,2000 年 4 月 22 日,海岸明珠公司作出股东按投资比例分房销售的董事会决议时,刘洋仍是海岸明珠公司的项目经理和实际控制人,同时刘洋又是恒安公司的实际控制人。刘洋在明知恒安公司对海岸明珠公司享有债权且海岸明珠公司的董事会决议侵害其债权的情况下,未对上述董事会决议提出异议,也未要求海岸明珠公司清偿所欠债务,说明恒安公司当时并不认为资管公司存在滥用法人独立地位和股东有限责任以逃避海岸明珠公司债务的行为。综合上述理由,法院认为恒安公司主张资管公司存在滥用法人独立地位和股东有限责任的行为,证据不充分,不予支持。

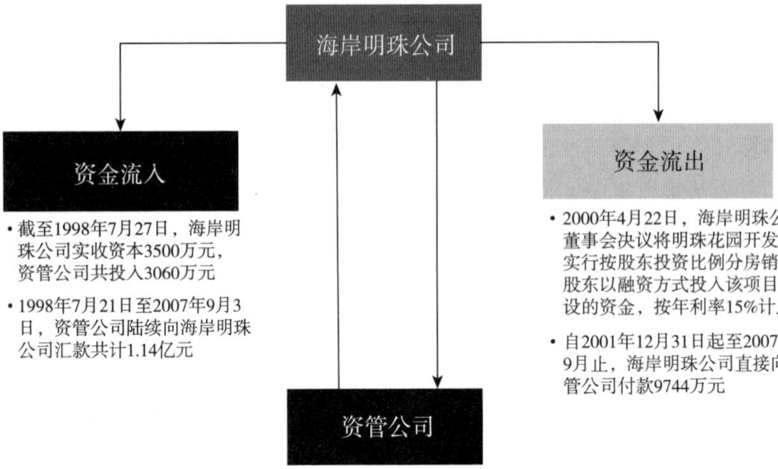

图 11－7　恒安公司与资管公司等股东损害公司债权人利益责任纠纷再审案

判决生效后,恒安公司向最高人民法院申请再审,并提供新证据以证明海岸明珠公司作为项目公司所开发的项目工程已于 1999 年年底竣工验收,该项目全部营建资金已投入完毕,资管公司与海岸明珠公司的大额转账并非项目借款,而是往来账,不应按照借款处理。其中,竣工前的借款系虚假账目,竣工后转入的 6966. 123 万元与营建款无关,被资管公司原总经理挪用并携款潜逃。

最高人民法院经审查认为,恒安公司再审提交的证据即海岸明珠公司与恒安公司账目往来会计检验报告以证明资管公司提供的会计凭证系伪造,但该报告系针对海岸明珠公司与恒安公司之间的账目往来所出具,与本案无关,不予采信。在恒安公司未提供充分证据证明付款凭证系伪造的情况下，其此项再审申请事由不能成立。鉴于资管公司与海岸明珠公司之间存在资金往来关系，故海岸明珠公司向其股东资管公司的转款行为，并不足以证明资管公司为逃避海岸明珠公司对恒安公司所负债务，而不当占有海岸明珠公司的资产。现有证据并不足以证明资管公司滥用公司法人独立地位和股东有限责任，损害海岸明珠公司债权人恒安公司利益，故裁定驳回其再审申请。

上述判决亦可再次印证，股东抽逃出资的行为与股东与公司之间的正常商业交易行为之间的区分与鉴别是判断是否构成抽逃出资的难点。尤其是在股东与公司之间确实存在正常商业交易时，疑似抽逃出资的交易与正常商业交易互相交织，进行抽离或区分的难度进一步加大。

（2）抽逃出资与履行股权回购安排的区分

在投融资领域的股权回购安排，通常是指投资方与融资方在达成股权性融资协议时，为解决交易双方对目标公司未来发展的不确定性、信息不对称以及代理成本而设计的包含了股权回购、资本溢价等针对未来投资者自目标公司退出相关事宜的约定。目前实务中，对于投资方与目标公司的股东或者实际控制人订立的"股权回购"的有效性及可履行性已基本无争议。但如若在股东与投资方之间的回购协议中虽约定回购义务人为股东，但目标公司对回购义务的履行提供担保，且实际以目标公司资金支付回购款，此时目标公司股东的行为是否构成抽逃出资？如果投资方同时也是目标公司股东，投资方是否构成抽逃出资或协助抽逃出资？

案例·9　－最高人民法院案例－

投资方转出资金并未导致目标公司资产减少的，不视为抽逃出资

——中航信托公司与毛信吉等股东损害公司债权人利益责任纠纷上诉案[①]

上诉人（一审被告）：中航信托公司。

被上诉人（一审原告）：毛信吉。

一审被告：菊隆高科公司。

一审被告：谢瑞鸿。

---

① 参见江西省高级人民法院（2014）赣民二初字第 31 号民事判决书；最高人民法院（2015）民二终字第 435 号民事判决书。

一审被告:蓝跃红。

2010年6月29日,中航信托公司与菊隆高科公司及其股东谢瑞鸿、孙景文等签订《增资扩股协议》,约定中航信托公司认购菊隆高科公司全部增资1.2亿元,投资期限两年,退出机制包括股权转让等。次日,中航信托公司与菊隆高科公司、谢瑞鸿、孙景文、案外人世瑞新公司签署《股权收购协议》,约定谢瑞鸿、孙景文承诺信托期限届满前无条件溢价收购全部中航信托公司持有的菊隆高科公司股权。如谢瑞鸿、孙景文到期不履行义务,世瑞新公司就该回购义务承担连带保证责任。同日,菊隆高科公司与中航信托公司签订《抵押合同》,约定菊隆高科公司以其所有的土地、在建工程为谢瑞鸿、孙景文的股权回购义务提供抵押担保。

2012年6月29日,菊隆高科公司分两次将1.2亿元转给中航信托公司。

毛信吉因对菊隆高科公司享有本息合计5551万元的债权到期未获得清偿,故提起本案诉讼,要求菊隆高科公司等清偿债务,中航信托公司在抽逃出资1.2亿范围内就上述债务承担补充赔偿责任。

江西高院一审认为,中航信托公司从菊隆高科公司划走1.2亿元的行为构成抽逃出资,判决支持毛信吉的诉讼请求。

最高人民法院二审认为,中航信托公司不构成抽逃出资,并将一审相应判决予以撤销。(见图11-8)

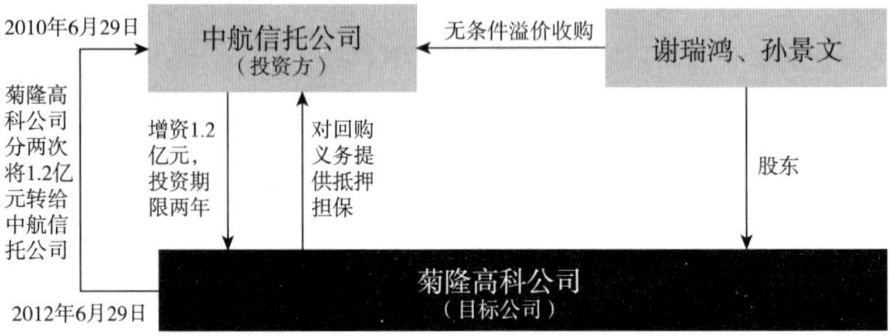

图11-8 中航信托公司与毛信吉等股东损害公司债权人利益责任纠纷上诉案

本案的发生以及一审、二审裁判意见的差异可以反映出,虽然投资方与目标公司股东之间对股权回购约定的效力及履行不存在法律上的障碍,但一旦回购资金来源于目标公司,则无论是基于何种法律关系,对于投资方而言均存在一定法律风险。原因如同一审判决理由,即股权回购的主体是目标公司股东,且回购义务的保证担保人为案外人,二者在投资期满后均未履行义务。中航信托公司扣划1.2亿元款项期间,仍为菊隆高科公司控股股东。一审法院认为,中航信托公司在与菊隆高科公司没有债权债务关系，亦无交易关系的情形下，该划款行为应当认定为抽逃出资。

二审法院对此持不同意见，认为中航信托公司不存在抽逃出资行为，理由为：①菊隆高科公司欠谢瑞鸿个人借款237,168,062.01元。菊隆高科公司是谢瑞鸿控制的家族企业，双方之间存在债权债务关系，谢瑞鸿通过菊隆高科公司偿还其个人所欠股权转让款，同时抵偿菊隆高科公司所欠谢瑞鸿个人债务，符合家族企业的特征，菊隆高科公司资产不会受到影响。并且，根据菊隆高科公司的注册资本并未因其向中航信托公司转款1.2亿元受到影响，毛信吉的债权并未受到侵害。②根据《增资扩股协议》《股权收购协议》的约定，中航信托公司虽通过增资扩股方式成为菊隆高科公司股东，但其目的并不在于参与或者控制菊隆高科公司的经营管理，而是获取固定投资回报，中航信托公司并未实际参与菊隆高科公司的经营管理。菊隆高科公司虽向中航信托公司转款1.2亿元，但并没有证据证明该转款行为是中航信托公司控制菊隆高科公司实施的，亦没有证据证明中航信托公司参与菊隆高科公司的转款行为，不能仅以中航信托公司从菊隆高科公司获得款项即认为构成抽逃行为。

值得注意的是，二审法院虽然通过行为表征查明了本案中投资方转出资金的合法依据，即回购股东与目标公司存在债权债务关系、转出资金并未侵害债权人债权，但如若前述两种情形均不具备，无疑将给最终裁判结果增加不确定性。但另有意见从中航信托与菊隆高科之间法律关系的实质层面否定其存在抽逃出资的可能性，如认为二者之间本质上是"明股实债"，中航信托公司取得股权仅是让与担保从而排除抽逃出资的定性。该意见在《九民纪要》第八十九条第二款亦有体现："当事人在相关合同中同时约定采用信托公司受让目标公司股权、向目标公司增资方式并以相应股权担保债权实现的，应当认定在当事人之间成立让与担保法律关系。当事人之间的具体权利义务，根据本纪要第71条的规定加以确定。"

虽然如此，上述股权让与担保的认定是否要求当事各方有明确的约定，以及在涉及债权人利益的情况下此类约定的外部效力是否受限等，尚需在具体案件中结合各项要素作出判定。正如《九民纪要》中指出的，人民法院在审理此类案件时，不仅应当适用合同法[1]的相关规定，还应当适用公司法的相关规定；既要坚持鼓励投资方对实体企业特别是科技创新企业投资原则，从而在一定程度上缓解企业融资难问题，又要贯彻资本维持原则和保护债权人合法权益原则，依法平衡投资方、公

① 现《民法典》第三编"合同"。

司债权人、公司之间的利益。

3. 不当减资

《公司法》虽规定了减资的程序，以及不当减资的情况下公司向债权人清偿债务或者提供相应的担保。但是对于不当减资的情况下股东应承担何种责任未作出明确规定。目前，法律法规也未明确将不当减资列为损害债权人利益责任纠纷的情形之一。但事实上，如若股东在公司减资过程中存在怠于通知债权人、导致减资后公司资产不足以清偿债务的，仅要求公司对债权人承担责任显然无法保护债权人利益。

针对该种情况，司法实务中部分案例参照适用股东抽逃出资的相关规定，认为公司减资时未依法履行通知已知或应知的债权人的义务，公司股东不能证明其在减资过程中对怠于通知的行为无过错的，当公司减资后不能偿付减资前的债务时，公司股东应就该债务在不当减资范围内对债权人承担补充赔偿责任。

案例·10 －公报案例－

瑕疵减资的股东责任可比照适用股东抽逃出资确定责任

——德力西公司诉博恩公司买卖合同纠纷案①

原告：德力西公司。

被告：江苏博恩公司。

被告：冯军。

被告：上海博恩公司。

2011年3月29日，德力西公司与江苏博恩公司签订《电气电工产品买卖合同》，合同约定，江苏博恩公司向德力西公司购买电气设备，合同总金额为111万元。德力西公司按合同约定交付了上述全部设备，江苏博恩公司仅支付货款333,000元，尚欠777,000元未付。2012年9月，江苏博恩公司的股东召开股东会，通过减资决议，决定江苏博恩公司减资19,000万元，注册资本由2亿元减为1000万元，在报纸上发布减资公告，并办理了工商变更登记。但江苏博恩公司在减资前

① 参见上海市青浦区人民法院(2016)沪0118民初5823号民事判决书；上海市第二中级人民法院(2016)沪02民终10330号民事判决书；《上海德力西集团有限公司诉江苏博恩世通高科有限公司、冯军、上海博恩世通光电股份有限公司买卖合同纠纷案》，载《最高人民法院公报》2017年第11期。

未向德力西公司清偿前述债务。

德力西公司诉至法院，要求江苏博恩公司支付货款777,000元；其股东上海博恩公司、冯军在19,000万元减资范围内对债务共同承担补充赔偿责任。

上海青浦法院一审认为，江苏博恩公司具有付款义务。但就不当减资，依法应由江苏博恩公司承担，要求上海博恩公司、冯军承担责任无依据，对此不予支持。

上海二中院二审认为，公司未对已知债权人进行减资通知时，该情形与股东违法抽逃出资的实质以及对债权人利益受损的影响在本质上并无不同。最终，二审判令，上海博恩公司、冯军应在公司减资数额范围内对公司债务不能清偿部分承担补充赔偿责任。

本案中，因股东对公司不当减资损害债权人利益的情形尚无明确法律规定，故一审法院对德力西公司要求股东承担补充赔偿责任的请求不予支持。二审法院充分认识到在该问题上法律规定的缺漏，但对此种行为的处理持不同意见，并进行了详细论述。该案的裁判理由分为两个层次：

其一，本案的减资程序不符合法定程序。公司减资本质上属于公司内部行为，理应由公司股东根据公司的经营状况通过内部决议自主决定，以促进资本的有效利用，但应根据《公司法》第一百七十七条第二款的规定，直接通知和公告通知债权人，以避免因公司减资产生损及债权人债权的结果。但根据德力西公司与江苏博恩公司在合同中约定的交货、验收、付款条款以及实际履行情况看，江苏博恩公司与德力西公司的债权债务在江苏博恩公司减资之前已经形成。德力西公司在订立的合同中已经留下联系地址及电话信息，且就现有证据不存在江苏博恩公司无法联系德力西公司的情形，故应推定德力西公司系江苏博恩公司能够有效联系的已知债权人。虽然江苏博恩公司在《江苏经济报》上发布了减资公告，但并未就减资事项直接通知德力西公司，故该通知方式不符合减资的法定程序，也使得德力西公司丧失了在江苏博恩公司减资前要求其清偿债务或提供担保的权利。

其二，股东在减资程序中负有重要义务，违法该义务导致的后果与抽逃出资并无本质不同。根据现行《公司法》之规定，股东负有按照公司章程切实履行全面出资的义务，同时负有维持公司注册资本充实的责任。尽管公司法规定公司减资时的通知义务人是公司，但公司是否减资系股东会决议的结果，是否减资以及如何进行减资完全取决于股东的意志，股东对公司减资的法定程序及后果亦属明知，同时，公司办理减资手续需股东配合，对于公司通知义务的履行，股东亦应当尽到合理注意义务。但本案中，上海博恩公司和冯军仍然通过股东会决议同意冯军的减资请求，并且未直接通知德力西公司，既损害了江苏博恩公司的清偿能力，又侵害了德力西公司的债权，应当对江苏博恩公司的债务承担相应的法律责任，该责任与股东违法抽逃出资的实质以及对债权人利益受损的影响在本质上并无不同，因此在公司减资数额范围内对江苏博恩公司债务不能清偿部分承担补充赔偿责任。

从上述判决可以看出，尽管我国法律未具体规定公司不履行减资法定程序导致债权人利益受损时股东的责任，但公司未对已知债权人进行减资通知时，该情形与股东违法抽逃出资的实质以及对债权人利益受损的影响，在本质上并无不同，造成的结果均是公司应有资本的减少以及对外偿债能力的降低。因此，本案判决的创新意义在于比照公司法相关原则和规定来认定股东的补充赔偿责任，有力地保护了债权人利益。

四、损害公司债权人利益责任纠纷的责任承担主体

（一）公司人格否认后的责任承担主体

公司人格否认后的责任承担主体在法律规则层面规定得较为单一。依据《公司法》第二十条的规定，因滥用公司独立人格与股东有限责任而需要对债权人承担连带责任的主体是公司股东。至于该情形下应承担连带责任的主体是否还包括公司董事、实际控制人、高级管理人员，上述法律规定并未将其纳入责任主体范围内。除非这些人员兼具股东身份，则债权人可以基于相关人员的股东身份而请求其承担公司人格否认后的连带责任。司法实践中，除股东以外，最高人民法院另通过典型案例将相互混同的关联公司作为与债务人公司承担连带责任的主体，即公司法人人格的横向否认。

此外，从法律后果来看，公司法人人格否认的主张如在个案中获得支持，则其效力仅限于提起否认公司人格的债权人所依存的特定法律关系，仅是对特定法律关系中已经丧失独立人格特定的公司状态的一种确认，而不是对公司独立人格全面、永久的否认。公司人格在个案中否认，并不影响公司在其他法律关系中的独立人格。

1. 滥用公司独立人格的股东

在公司法人人格被否认的情况下，并非公司所有股东均需对债务承担连带责任。一般而言，责任股东应是公司中握有实质控制能力的股东，即控制股东或支配股东。控制股东并不一定必须持有公司多数股份，而应以对公司的实际控制作为表征，并且责任股东在行为外观层面应是积极股东，不作为的消极股东即没有参与

公司经营管理权利的,或者有权参与公司经营管理但不能或不愿参与公司经营管理的股东,不应因此而受到牵连,其有限责任仍然得到法律的承认和保护①。

案例·11　– 人民法院案例选案例 –

公司人格否认应限于在事实上滥用公司法人人格的股东

——侯卫国诉郝夫印等股东损害公司债权人利益责任纠纷案②

原告:侯卫国。

被告:郝夫印。

第三人:富典公司。

2011 年 4 月 9 日,第三人富典公司和侯卫国签订借款合同一份,约定富典公司向侯卫国借款 510 万元。后侯卫国将 510 万元存入被告郝夫印的个人银行账户,富典公司向侯卫国出具收款收据 9 张,金额共计 510 万元。

因富典公司未能偿还借款,侯卫国故提起仲裁,其还款请求获得支持,但富典公司无任何财产可供执行。故侯卫国起诉至法院,要求富典公司股东郝夫印、刘艳玲就富典公司欠款承担连带清偿责任。

法院经审理认为,郝夫印以个人账户收取富典公司借款 510 万元并实际支配,公司财产与其个人财产存在混同。但无证据表明另一股东刘艳玲实施了滥用公司法人人格且损害债权人利益的行为。

山东菏泽中院判令郝夫印应就涉案借款承担连带责任,刘艳玲无须承担责任。

本案的争议焦点除了股东郝夫印是否与富典公司人格构成混同以外,另一个争议焦点是股东刘艳玲是否与富典公司人格构成混同?

关于股东侯卫国,富典公司自设立以来没有向税务机关纳税,没有年审,说明该公司没有营业。100 万元的注册资金不知去向,资本显著不足。法院在审理过程中,首先,查明郝夫印以个人账户收取富典公司的涉案借款,而郝夫印又对该笔款

① 参见徐强胜:《公司纠纷裁判依据新释新解》,人民法院出版社 2014 年版,第 212 页。

② 参见山东省菏泽市中级人民法院(2013)菏商初字第 29 号民事判决书;《侯卫国诉郝夫印、刘艳玲等股东损害公司债权人利益责任纠纷案》,载《人民法院案例选》2015 年第 3 辑。

项进行了支配,故认为侯卫国就郝夫印与富典公司的账目混同提供了初步证据,且无法对富典公司的账簿和会计凭证等财务资料进一步举证。其次,法院告知郝夫印限期将富典公司账簿、会计凭证等财务资料提交至法院,但其未提交,应承担举证不能的不利后果。再次,法院向当地税务局调取了富典公司的纳税情况,显示该公司仅在2011年9月2日纳税500元和30元,分别为营业账簿税(按资本)500元和营业账簿税(按件纳税)30元。说明自该公司设立后,该公司没有因经营而缴纳营业税,也间接说明该公司没有进行经营活动。最后,从富典公司人员管理方面看,郝夫印未提交任何证据证明富典公司在经营过程中受到监事、董事会等管理或者监督。综合上述事实及判断,法院认定富典公司的账目和股东郝夫印的个人账目存在混同,郝夫印的行为损害了公司债权人侯卫国的利益,应当对债务承担连带清偿责任。

关于另一股东刘艳玲应承担责任,债权人侯卫国主张刘艳玲作为持股49%的股东,对富典公司借款510万元的事情了如指掌(其妹刘艳芳自始至终参与了运作)。郝夫印和刘艳玲在富典公司设立后抽逃出资,使富典公司成为"空壳"。刘艳玲则称其仅系名义股东,因郝夫印称设立一人股东公司年审时太麻烦,故借用刘艳玲的身份证用于注册。刘艳玲不出资一分钱,不参与经营。其对郝夫印如何出资,如何注册公司和经营均不知情。

对此,法院首先认为,公司人格在个案中否认,并不影响公司在其他法律关系中的独立人格,且其所追究责任主体也限于在事实上滥用公司法人人格,实际参加公司经营管理的股东,而不是涉及公司所有股东。所以,债权人应当就刘艳玲参与抽逃出资,滥用公司法人人格的事实进行举证。侯卫国称刘艳芳作为刘艳玲的妹妹参与第三人富典公司的运作,但没有提供证据证明刘艳芳系刘艳玲妹妹及参与经营的证据。同时,即便刘艳芳系刘艳玲的亲属,系第三人富典公司的工作人员,也不能证明刘艳玲参与了案涉510万元的借款行为。侯卫国没有提交证据证明刘艳玲直接参与富典公司向侯卫国借款510万元的事实,无法证明刘艳玲从510万元借款中获取了不当利益。同时,侯卫国没有证据证明刘艳玲除了工商登记中富典公司股东这一身份之外,在富典公司中从事其他职务。侯卫国称富典公司的注册资金100万元被抽逃,但是没有提供任何证据。因此,本案不能认定刘艳玲滥用公司法人人格。

以上案例中,债权人要求股东就公司债务承担责任的请求基础为股东与公司人格混同,而非股东抽逃出资(或者说本案中债权人仅提出相应主张但因举证问题未被采纳),因此本案裁判中并未涉及另一股东是否构成协助抽逃出资的认定,而集中于股东与公司财产混同的判断。在此基础上，法院在认定不同股东是否应承担“滥用”责任时，没有仅因具有股东身份或者持股比例来判断，而是以股东在公司地位及控制力为立足点，并重点考察损害公司利益行为的实施过程、股东的管理职权以及获益情况，并最终作出了不同的责任认定。

2. 人格混同的关联公司

随着公司制度的发展，公司人格否认、对债权人承担责任的主体不再局限于公司及其股东，而是发展出母子公司、直接或间接控制的公司等具备关联关系的独立法人主体，即关联公司。从《公司法》第二十条第三款的规定来看，公司股东对公司债务承担连带责任，没有涉及公司之间相互否认人格。虽然现行法律未明确规定关联公司可以作为股东损害公司债权人利益纠纷的责任主体，但司法实践中已有多个案例对关联公司之间的人格否定作出了明确的判决意见，即支持了公司人格的“横向否认”。此类案件无论是结果导向还是裁判思路均值得关注。

所谓公司法人人格的横向否认，是指控制股东控制多个子公司或关联公司，其滥用控制权使多个子公司或关联公司财产边界不清、财务混同，利益相互输送，丧失人格独立性，沦为控制股东逃避债务、非法经营，甚至违法犯罪工具的，可以综合案件事实，相互否认子公司或关联公司法人人格，判令相互承担相应的连带责任[①]。横向否认是从实务问题出发衍生出的实务经验，也为法律的进一步完善提供了借鉴。

案例·12　– 最高人民法院指导性案例 –

人格混同的关联公司相互对外部债务承担连带责任

——徐工集团诉工贸公司等买卖合同纠纷案件[②]

原告：徐工集团。

被告：工贸公司。

被告：机械公司。

被告：瑞路公司。

① 参见最高人民法院民事审判第二庭编著：《〈全国法院民商事审判工作会议纪要〉理解与适用》，人民法院出版社2019年版，第154页。

② 参见江苏省徐州市中级人民法院（2009）徐民二初字第0065号民事判决书；最高人民法院指导性案例15号。

被告:王永礼等。

工贸公司因业务往来结欠徐工集团货款10,511,710.71元。徐工集团起诉至法院,要求工贸公司支付拖欠货款,同时主张机械公司、瑞路公司与工贸公司人格混同,三个公司实际控制人王永礼以及工贸公司股东等人的个人资产与公司资产混同,故机械公司、瑞路公司及王永礼等个人对工贸公司债务承担连带清偿责任。

审理中,法院查明,机械公司成立于1999年,瑞路公司成立于2004年,工贸公司成立于2005年,三个公司股东均包括王永礼或其妻子。在公司人员方面,三个公司经理、财务负责人、出纳会计、工商手续经办人分别均为同一人担任;三个公司的管理人员存在交叉任职的情形。在公司业务方面,三个公司在工商行政管理部门登记的经营范围均涉及工程机械且部分重合;机械公司系徐工集团在四川地区(攀枝花除外)的唯一经销商,但三个公司均从事相关业务,且相互之间存在共用统一格式的《销售部业务手册》《二级经销协议》、结算账户的情形;三个公司在对外宣传中区分不明,工贸公司、瑞路公司在相关网站上共同招聘员工,所留电话号码、传真号码等联系方式相同;工贸公司、瑞路公司的招聘信息,包括大量关于机械公司的发展历程、主营业务、企业精神的宣传内容;部分工贸公司的招聘信息中,公司简介全部为对瑞路公司的介绍。在公司财务方面,三个公司共用结算账户,高级管理人员的银行卡中曾发生高达亿元的往来,资金的来源包括三个公司的款项,对外支付的依据仅为王永礼的签字;在工贸公司向其客户开具的收据中,有的加盖其财务专用章,有的则加盖瑞路公司财务专用章;在与徐工集团均签订合同、均有业务往来的情况下,三个公司于2005年8月共同向徐工集团出具《说明》,称因机械公司业务扩张而注册了另两个公司,要求所有债权债务、销售量均计算在工贸公司名下,并表示今后尽量以工贸公司名义进行业务往来;2006年12月,工贸公司、瑞路公司共同向徐工集团出具《申请》,以统一核算为由要求将2006年度的业绩、账务均计算至工贸公司名下。

江苏徐州中院于2011年4月10日作出一审判决:认定机械公司、瑞路公司与工贸公司之间人格混同,应对工贸公司的债务承担连带清偿责任。

机械公司、瑞路公司提起上诉,江苏高院判决驳回上诉,维持原判。(见图11-9)

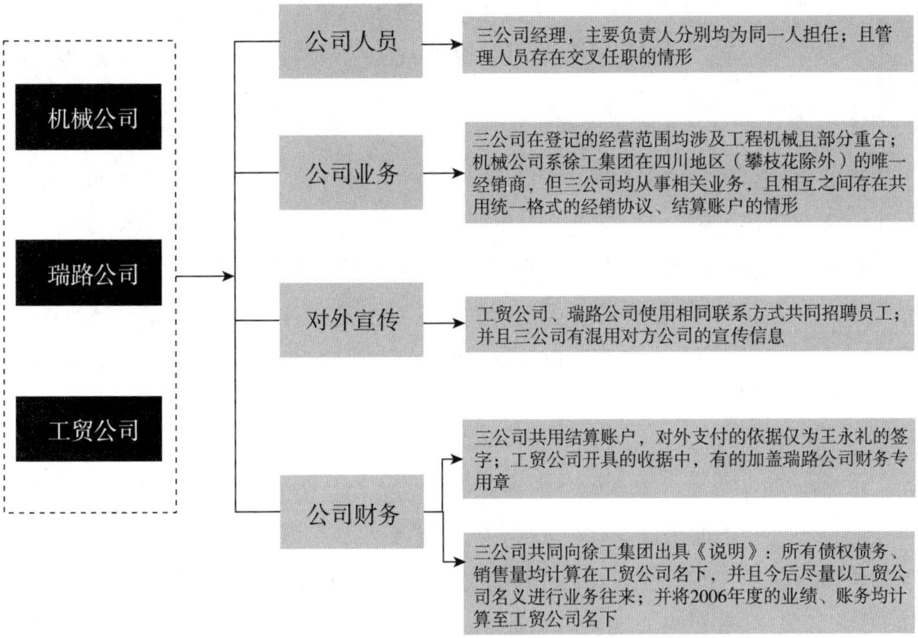

图11－9　徐工集团诉工贸公司等买卖合同纠纷案件

该案件是关联公司人格否认的经典案例，其借鉴意义不仅在于认定关联公司是否构成人格混同的具体事实及情节，更在于明示了人格混同的关联公司就债务承担连带责任的法律依据。法院首先认为，三个公司存在人员混同、业务混同、财务混同，三个公司之间表征人格的因素（人员、业务、财务等）高度混同，导致各自财产无法区分，已丧失独立人格，构成人格混同。

至于机械公司、瑞路公司是否应当对工贸公司的债务承担连带清偿责任。法院认为，公司人格独立是其作为法人独立承担责任的前提。《公司法》第三条第一款规定："公司是企业法人，有独立的法人财产，享有法人财产权。公司以其全部财产对公司的债务承担责任。"公司的独立财产是公司独立承担责任的物质保证，公司的独立人格也突出地表现在财产的独立上。当关联公司的财产无法区分，丧失独立人格时，就丧失了独立承担责任的基础。《公司法》第二十条第三款规定，"公司股东滥用公司法人独立地位和股东有限责任，逃避债务，严重损害公司债权人利益的，应当对公司债务承担连带责任。"本案中，三个公司虽在工商登记部门登记为彼此独立的企业法人，但实际上相互之间界限模糊、人格混同，其中工贸公司承担所有关联公司的债务却无力清偿，又使其他关联公司逃避巨额债务，严重损害了债权人的利益。上述行为违背了法人制度设立的宗旨，违背了诚实信用原则，其行为本质和危害结果与《公司法》第二十条第三款规定的情形相当，故参照《公司法》第二十条第三款的规定，机械公司、瑞路公司对工贸公司的债务应当承担连带清偿责任。

从上述案例亦可看出，法院在认定关联公司是否构成人格混同时，重点关注以下案件事实：第一，控制股东控制多个子公司或关联公司。包括直接担任股东或者在关联公司中担任隐名股东，或者利用他人对关联公司实施控制，后者需要结合全案其他事实来认定。第二，控制股东滥用控制权使多个子公司或关联公司财产边界不清、财务混同，利益相互输送，丧失人格独立性。这些都需要案件事实来证明①。因此类证据债权人通常难以获取，故横向否认的难点往往在于事实的查明及认定。

3. 实际控制人

虽然《公司法》第二十条第三款规定的滥用公司法人独立人格导致公司人格被否认的行为人并未明确涵盖实际控制人，但正如最高人民法院在"杜敏洪、杜觅洪因与中国石化销售有限公司江西石油分公司等买卖合同纠纷再审案"②中说明的那样"尽管杜敏洪、杜觅洪非能盛公司股东，但《公司法》第二十条规制股东滥用公司法人格之立法目的自应涵盖公司实际控制人滥用公司法人格之情形"。因此实际控制人应就其滥用公司法人独立人格损害公司债权人利益的行为，与公司承担连带责任。至于实际控制人的认定标准，《公司法》第二百一十六条第（三）项规定是指"虽不是公司的股东，但通过投资关系、协议或者其他安排，能够实际支配公司行为的人"，该定义属于原则性规定，没有明确的界定标准。在司法实践中，通常结合行为人是否对公司间接持股、与公司股东是否存在特殊关系、对外是否曾代表公司并对公司重大决策具有相当影响力等来认定其是否能实际支配公司。鉴于本章部分案件已涉及实际控制人的司法认定问题，此处不再展开。

（二）股东资本问题的责任承担主体

股东资本存在问题的情况下，行为人股东是当然的责任主体。此种情况下，行为人股东的责任分别以未出资、抽逃出资、不当减资金额为限。与此同时，行为人股东已经在责任范围内承担责任的，根据法律规定，其他债权人提出相同请求的，人

① 参见最高人民法院民事审判第二庭编著：《〈全国法院民商事审判工作会议纪要〉理解与适用》，人民法院出版社2019年版，第155页；参见江西省高级人民法院（2018）赣民初12号之一、（2018）赣民初12号之二民事判决书；最高人民法院（2019）最高法民终30号民事判决书；（2019）最高法民申6232号民事裁定书。

② 参见江西省高级人民法院（2018）赣民初12号之一、（2018）赣民初12号之二民事判决书；最高人民法院（2019）最高法民终30号民事判决书；最高人民法院（2019）最高法民申6232号民事裁定书。

民法院不予支持。可见，行为人股东已就其出资问题承担全部责任的，可以作为免责事由。至于“已经在……范围内向其他债权人承担了全部责任”的认定，根据最高人民法院在中国京安公司执行异议申诉案的裁判意见①，应同时满足两项条件：一是要求实质上已经承担责任，即已实际履行付款义务；二是对“已经承担责任”时间点应以截至相关裁判作出之日为判断标准。在明晰上述问题的前提下，司法实务中更多的争议存在于，除行为人股东以外是否存在其他主体需对出资问题向债权人承担责任？

根据《公司法司法解释（三）》第十三条的规定，在股东未履行或未全面履行出资义务时，应向债权人承担补充连带责任的主体除行为人股东以外，还可能包括发起人、董事、高级管理人员、实际控制人。值得注意的是，《公司法司法解释（三）》第十三条规定明确区分了相关行为发生于公司设立阶段还是增资阶段，并进而确定责任主体范围。从条文文意来看，其对应关系为：（1）未履行或未全面履行出资义务的行为如果发生于公司设立阶段，应与行为人股东承担连带责任的是公司发起人，而不包括董事、高级管理人员、实际控制人；（2）未履行或未全面履行出资义务的行为如果发生于公司增资时，应与行为人股东承担连带责任的是违反忠实义务和勤勉义务的董事、高级管理人员，而不包括公司发起人、其他股东或实际控制人。

根据《公司法司法解释（三）》第十四条的规定，在股东抽逃出资时，应向债权人承担补充连带责任的主体除行为人股东以外，还可能包括发起人、董事、高级管理人员、实际控制人。判断前述人员是否承担责任的标准是是否构成“协助抽逃出资”。除此以外，实务操作中因股权的获取及持股形态具有复杂性，如名义股东、历史股东、隐名股东等情形的存在，相应地，这些人员是否可能成为股东损害债权人利益的适格被告，亦需逐一区分并作出认定。

1. 已履行出资义务的其余股东

（1）对增资瑕疵是否负有责任

在公司股东存在出资问题时，已全面履行自身出资义务的其余股东并不必然地可以“独善其身”。依据《公司法司法解释（三）》的规定，如果其余股东同时作为公司的发起人，那么需要对公司设立阶段股东的出资瑕疵向债权人承担连带责任。实践中颇有争议的是，如果出资瑕疵发生于公司增资时，其余股东是否应与瑕疵增资的股东承担连带责任？

---

①　参见海南省高级人民法院（2016）琼执复 14 号执行裁定书；最高人民法院（2018）最高法执监 411 号执行裁定书。

对此问题，根据《公司法司法解释（三）》第十三条规定的原文，在公司增资阶段对增资瑕疵股东承担连带责任的主体并不包括自身已全面履行出资义务的其余股东。实务中产生该争议的很大一部分原因在于，根据最高人民法院（2003）执他字第33号《关于股东因公司设立后的增资瑕疵应否对公司债权人承担责任问题的复函》（以下简称最高人民法院（2003）执他字第33号《复函》）规定，“我们认为，公司增加注册资金是扩张经营规模、增强责任能力的行为，原股东约定按照原出资比例承担增资责任，与公司设立时的初始出资是没有区别的。公司股东若有增资瑕疵，应承担与公司设立时的出资瑕疵相同的责任”。据此，实务中有意见认为公司设立后的增资与公司设立时的出资没有区别，都是增强责任能力，公司债权人对其责任能力的判断无论是对于公司设立后增资有瑕疵的责任还是公司设立时的出资瑕疵责任亦均无不同。所以，在增资有瑕疵时相关人员应承担的责任应按照出资瑕疵责任来确定。但司法实务中，相关案例对该问题却持有不同立场。

案例 · 13 —最高人民法院案例—

未与公司形成增资协议的股东对瑕疵增资不承担连带责任

——马岩与吉林省国资委等民间借贷纠纷再审案①

再审申请人（一审原告、二审被上诉人）：马岩。

被申请人（一审被告、二审上诉人）：吉林省国资委。

被申请人（一审被告、二审上诉人）：大连港。

被申请人（一审被告）：收储公司。

被申请人（一审被告）：吉粮集团。

被申请人（一审被告）：中恒信公司。

2014年2月12日，国资委、中恒信公司、大连港召开吉粮集团股东会，同意由吉粮集团股东中恒信公司以股权方式增资吉粮集团，中恒信公司以其持有的新大新公司100%股权和持有的刘达公司100%股权对吉粮集团进行股权增资。增资完成后吉粮集团的注册资本由100,000万元增加至191,195.06万元。

受吉粮集团委托，资产评估公司经评估，确定新大新公司基准日2013年11月

① 参见吉林省高级人民法院（2018）吉民终204号民事判决书；最高人民法院（2018）最高法民申5453号民事裁定书。

30 日股东全部权益价值 89,898.55 万元。评估报告载明:本次新大新公司申报评估的房地产 34,825.04 平方米,已全部抵押,其中有五项房产面积为 10,844.91 平方米,已被法院查封、冻结。本次评估对上述抵押、查封财产暂予以正常评估。刘达公司基准日 2013 年 11 月 30 日股东全部权益价值 22,991.24 万元。评估报告载明:刘达公司拥有的张家界市商铺共计 5,540.50 平方米,其中部分房产已对外提供抵押担保。根据被评估企业承诺未来如因上述事项发生的相关争议,由其自行协商解决,上述抵押财产本次暂予以正常评估。吉粮集团股东会将资产评估报告书确定的新大新公司股权评估值 89,898.55 万元以及刘达公司股权评估值 22,991.24 万元计入中恒信公司增资数额。最终确认,中恒信公司本次增资数额总计为 130,408.93 万元,折算后计入注册资本 91,195.06 万元。

2014 年 3 月 4 日,工商行政管理机关为中恒信公司的本次增资办理了变更登记。变更登记时,涉及新大新公司的房产未解除抵押、查封、冻结的,共有 27,903.76 平方米。涉及刘达公司的房产全部未解除抵押。

2014 年 5 月,马岩、收储公司、吉粮集团三方陆续签订两份借款合同,约定马岩借给收储公司合计 1500 万元,吉粮集团提供连带保证担保。

因收储公司未按时还款,马岩诉至法院,要求:①借款人及保证人承担还款责任;②中恒信公司在未全面履行出资义务范围内对吉粮集团债务不能清偿的部分承担补充赔偿责任;③国资委、大连港、中恒信公司承担连带责任。

一审法院吉林中级法院认定中恒信公司在增资时未全面履行出资义务,应在未出资本息范围内对吉粮集团债务不能清偿的部分承担补充赔偿责任,国资委及大连港就中恒信公司增资不实等行为向马岩承担连带责任。

二审法院吉林高院认为,在公司增资时未履行全面出资义务,应由瑕疵股东承担补充赔偿责任,其他股东不承担连带责任,故改判国资委及大连港不承担责任。

最高人民法院再审审查认为二审判决并无不当,驳回马岩的再审申请。(见图 11 - 10)

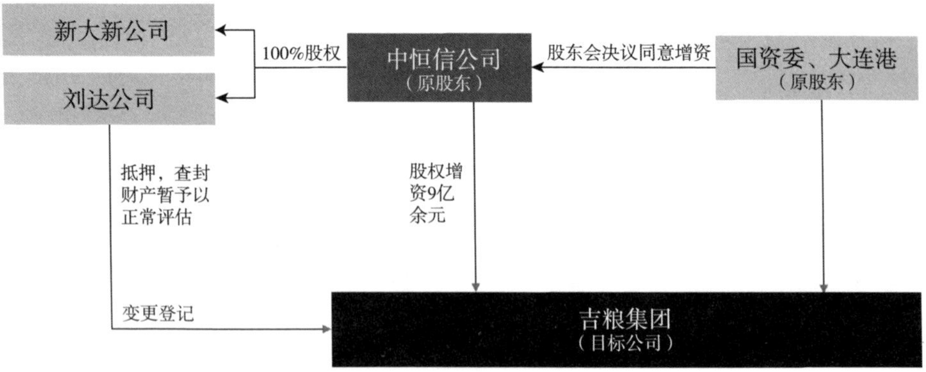

图 11-10　马岩与吉林省国资委等民间借贷纠纷再审案

本案一审、二审及再审最大的争议焦点是未向公司增资的股东国资委及大连港是否应当就增资股东中恒信公司的增资瑕疵向债权人承担连带责任。对此，一审法院与二审法院的结论截然相反。造成分歧的原因在于，一审法院认为，根据最高人民法院(2003)执他字第 33 号《复函》公司增加注册资金是扩张经营规模、增强责任能力的行为，公司股东若有增资瑕疵，应承担与公司设立时的出资瑕疵相同的责任。对于中恒信公司存在增资不实等行为，作为吉粮集团股东的国资委及大连港均有责任。

二审法院对于该争议问题详细说明了理由。二审法院首先认为，其他股东与发起人的职责范围不同。发起人在公司设立的各种法律关系中处于核心地位，对外代表公司，对内执行设立任务，对公司具有实质影响。而公司成立后，发起人也因签署章程、缴纳出资而成为股东。发起人和增资股东、其他股东，在公司设立和增资不同阶段，各自具有不同的法律地位，各自具有不同职责范围，故发起人对设立行为所产生的债务负有连带责任，而增资股东和其他股东对设立行为不承担责任。

二审法院同时认为，其他股东与发起人的民事责任不同。发起人负有资本充实责任，设立协议是发起人承担连带责任的法理基础。公司成立后，公司即具有独立的法人资格，对外独立承担责任，公司股东包括发起人不再代表公司。股东会的增资决议不是协议，决议由多数人意思表示一致就可以成立，不需要所有当事人意思表示一致，属于按公司章程的议事方式和表决程序作出的民事法律行为，与设立协议具有明显区别。若出现增资瑕疵时，增资股东对内向公司承担违约责任，对外向公司债权人承担补充赔偿责任。由此可见，增资股东与发起人，均应当承担资本充实责任。而其他股东与增资股东、发起人的责任范围不同，其他股东未与公司形成增资协议关系，无出资义务；与增资股东之间无合伙关系，不承担彼此担保出资的义务。如将公司增资时等同于公司设立时，要求股东全体对外承担连带责任，无疑是将其他股东与增资股东之间的关系等同于设立协议的合伙关系，直接否定了公司的独立人格。

此外，二审法院认为股东对瑕疵增资承担连带责任的法律依据不足。其他股东与增资股东对外承担连带责任，在公司法及司法解释中无明文规定。至于最高人民法院(2003)执他字第33号《复函》，属于对具体应用法律问题的请示所作的答复，不适用本案，其主要理由为该《复函》认为增资股东与发起人一样，对出资不足部分承担连带责任，与《公司法司法解释(三)》第十三条规定承担补充赔偿责任方式不一致。并且2003年该《复函》的意见，在2005年和2013年公司法修正时，以及历次司法解释修正过程中，都未吸收和采用《复函》的精神。《公司法司法解释(三)》对瑕疵出资的具体情形，还是责任承担主体及责任承担方式，均有具体、清晰、明确的规定，从法律解释上，不能得出其他股东对瑕疵增资承担连带责任的结论。据此，该《复函》的意见与公司法司法解释就瑕疵出资的规定不一致，应当依据公司法司法解释对本案各方当事人的权利义务进行调整。

最高人民法院再审审查中，对于二审法院的上述裁判理由予以认同，并强调《公司法司法解释(三)》第十三条对瑕疵出资的具体情形，责任承担主体及责任承担方式，均有具体、清晰、明确的规定。从法律解释上看，一方面，公司增资时，向股东催收资本属于董事、高级管理人员勤勉义务的范围，其未履行该义务会对公司及其他利益相关者的利益产生影响，故董事、高级管理人员应当向相关权利主体承担责任。另一方面，其他股东与增资股东、发起人的责任范围不同，其他股东未与公司形成增资协议关系，无出资义务；与增资股东之间无合伙关系，不承担彼此担保出资的义务，不能得出其他股东对瑕疵增资承担连带责任的结论。

从上述案例中一审法院与二审法院的不同意见可以看出，对于增资后又抽逃出资的股东，其余股东是否就此一律承担连带责任还存有争议。但最高人民法院最终明确说明，增资股东与其余股东之间的关系，与公司设立阶段各发起人股东之间的法律关系并不相同，因此并不当然地对增资时抽逃出资的行为承担连带责任。

(2)对“协助抽逃出资”的认定

根据《公司法司法解释(三)》第十四条第二款的规定：公司债权人请求抽逃出资的股东在抽逃出资本息范围内对公司债务不能清偿的部分承担补充赔偿责任、协助抽逃出资的其他股东、董事、高级管理人员或者实际控制人对此承担连带责任的，人民法院应予支持。但实务中，对于如何认定构成“协助抽逃出资”存在较多困惑,包括是否要求其他股东或实际控制人等对"抽逃出资"的事实在主观方面有证据证明其知道或者推定其应当知道,在客观方面是否要求其实际参与抽逃出资的过程(如共同参与决策),或者实际为抽逃出资提供帮助(如出借账户)等。

从现有案例来看,司法实践中对其他股东构成"协助抽逃出资"总体上采用了较为严格的标准。如在洪小凯等与萍钢公司等追偿权纠纷一案①中,萍钢公司增资900万元,但五名股东的增资款项均由中介机构转入公司验资账户,待办理验资手续之后,又全部转回中介机构。此种情况下,萍钢公司五名股东应在其各自抽逃出资范围内就公司债务承担补充赔偿责任,股东之间亦具有抽逃出资的共同故意,但法院认为五名股东彼此之间并不构成协助抽逃出资。该案裁判理由为,其他股东对抽逃出资承担连带责任的要件是"协助抽逃出资",如果增资和抽逃出资过程系交给中介机构代办,由中介机构操作和办理,没有证据证明抽逃出资的股东之间相互实施了协助抽逃出资的行为,也即缺乏客观方面的相互配合及帮助行为,故不对彼此的抽逃出资金额承担连带责任。

2. 名义股东

基于各种原因,实务中存在为数不少的出借个人身份信息供他人注册公司的情形。此种情况下,被借用身份信息的股东虽知晓以其名义注册公司的事实,但往往并不参与公司经营及管理,且依据与股东之间的内部约定,亦通常无须实际出资(或者由他人代为出资),故实务中多称其为名义股东。由此衍生的问题是,如名义股东名下股权对应出资存在瑕疵,债权人能否要求名义股东承担出资问题责任?

案例·14 – 人民法院报案例 –

名义股东应对公司债务不能清偿的部分承担相应责任

——于某诉张某等股东损害公司债权人利益责任纠纷案②

原告:于某。

被告:张某等。

第三人:甲公司。

---

① 参见(2019)最高法民再106号民事裁定书。

② 参见《于某诉张某、朱某、刘某股东损害公司债权人利益责任纠纷案》,载《人民法院报》2019年12月30日。

经生效法院判决认定，原告于某享有对甲公司17万元债权，于某申请强制执行但未能执行到位，故以股东损害公司债权人利益责任纠纷为案由，起诉甲公司登记股东张某、朱某、刘某，要求其承担相应的补充赔偿责任。张某抗辩称，自己为股东刘某的朋友，刘某出于个人利益考虑借用了张某身份证进行登记，实际股东应为刘某。张某除刘某外并不认识公司其他人员，其没有真实签署过股权转让协议，也从未参与公司经营。

法院经审理认为，张某在明知的情形下同意他人借名使用，用于受让甲公司股权并进行工商登记，基于商事外观主义，不能对抗外部善意第三人，故依法判决张某应对公司债务不能清偿的部分承担补充赔偿责任。

上述案例中，对于名义股东，法院依据商事外观主义原则对债权人的信赖利益予以保护。举重以明轻，如股东系代持股东，依据与实际出资人之间的代持关系抗辩称应由实际出资人承担相应责任，依据前述原因，该抗辩理由同样无法获得支持。

此外应当注意的是，“名义股东”或“代持股东”与“冒名股东”系不同概念。在未经许可私自盗用他人信息并以他人名义注册公司的情况下，被冒用姓名的主体实质上并不具备股东资格，故不应承担损害债权人利益的责任。此种情况下，被冒名股东应举证证明其被冒名登记。例如，在李智军等与日晟公司民间借贷纠纷①一案中，最高人民法院认为，“债权人以债务人公司的股东存在抽逃出资行为为由要求其承担补充赔偿责任的，股东应当提供充分证据证明其被冒名登记才能予以免责”。因该案中李智军等人提供了另案生效判决认为无法证实李智军以本人名义作为日晟公司的股东进行过工商登记、出资及行使过股东权利，认定李智军不具备日晟公司的股东身份，故要求其对日晟公司债务承担补充赔偿责任的基础已不复存在。

3. 历史股东及受让股东

《公司法司法解释(三)》第十八条规定，有限责任公司的股东未履行或者未全面履行出资义务即转让股权，受让人对此知道或者应当知道，公司请求该股东履行出资义务、受让人对此承担连带责任的，人民法院应予支持；公司债权人依照本规定第十三条第二款向该股东提起诉讼，同时请求前述受让人对此承担连带责任的，人民法院应予支持。据此，结合《公司法司法解释(三)》其余条款的规定，对于存在

---

① 参见最高人民法院(2019)最高法民申2810号民事裁定书。

出资瑕疵的股权，负有出资义务的股东应承担补充赔偿责任，而不受该瑕疵股权是否转让影响。同时，受让股东如知道该股权存在出资瑕疵，也应就瑕疵出资股东的补充赔偿责任承担连带责任。对受让股东责任的认定，以其“知道”存在出资瑕疵为要件，包括明知或应当知道。

案例·15 -最高人民法院案例-

知道股权存在出资瑕疵而受让的，应就公司债务承担补充责任

——双鹤公司与益佰公司等股权转让纠纷再审案①

抗诉机关：最高人民检察院。

申诉人（一审被告、二审被上诉人）：双鹤公司。

被申诉人（一审原告、二审上诉人）：益佰公司。

被申诉人（一审被告、二审被上诉人）：恒康公司。

被申诉人（一审被告、二审被上诉人）：湖北医药公司。

2002年12月24日，湖北医药公司与双鹤公司签订《股份转让协议》约定：双鹤公司受让湖北医药公司所持有的恒康公司的2700万国有股。双鹤公司将股权转让款支付给了湖北医药公司，后正式办理股东变更手续。

湖北医药公司以三块土地的使用权作价2700万元向恒康公司出资。但上述土地在另案中已向湖北医药公司债权人B银行设定了抵押，B银行事后即申请法院强制执行并查封了上述土地，该土地至今未能过户到恒康公司名下。

2004年，益佰公司向恒康公司供货，截至2004年11月5日恒康公司结欠货款5,413,697.11元。之后，恒康公司未能通过2003年、2004年年检，公司处于歇业状态。后益佰公司起诉至法院，请求判令恒康公司支付货款，双鹤公司、湖北医药公司对货款承担连带清偿责任。

该案经历贵州贵阳中院一审、贵州高院二审后，最高人民检察院提出抗诉并由最高人民法院再审。最高人民法院再审判决作出部分变更，判令恒康公司支付货款，双鹤公司、湖北医药公司均应在未足额出资部分2700万元的范围内承担补充清偿责任。（见图11－11）

---

① 参见最高人民法院（2008）民抗字第59号民事判决书，载《审判监督指导》2009年第2辑（总第28辑），人民法院出版社2010年版，第140～147页。

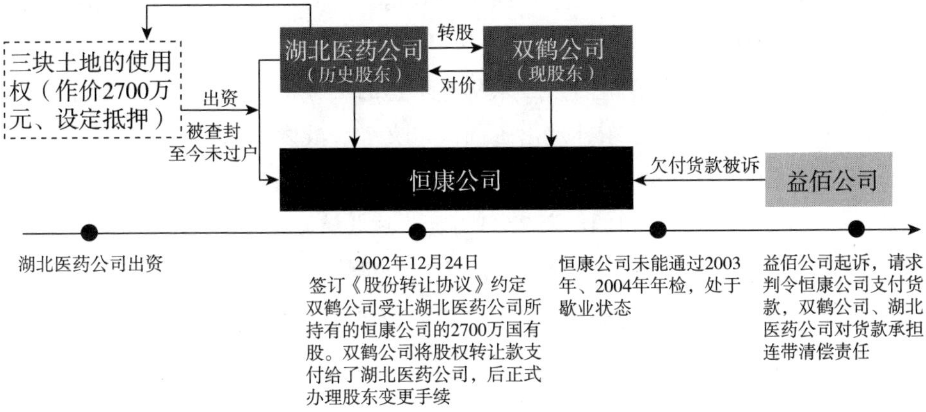

图 11－11　双鹤公司与益佰公司等股权转让纠纷再审案

上述案例中，一审、二审以及再审法院作出的判决结论均不相同，但对于恒康公司的还款义务、瑕疵股权的转让方湖北医药公司的补充赔偿责任均持一致的肯定意见。三级法院的分歧针对的均是同一个问题：受让方股东双鹤公司是否应就益佰公司的债权承担责任。

一审法院认为，湖北医药公司作为恒康公司的发起股东，以其对公司出资的土地在未过户至公司名下的情况下为其自身债务设定抵押，导致该土地作为其责任财产被法院查封，并已进入执行程序，现已不能过户至公司名下。湖北医药公司的上述行为应认定为出资不实，属滥用公司独立地位的行为，依法应在其出资不实的范围内对恒康公司的债务承担连带清偿责任。湖北医药公司将其股份转让给双鹤公司后，虽已不再是恒康公司的股东，但滥用公司独立地位的责任承担及于原股东和通过股权受让方式新加入的股东，故湖北医药公司对恒康公司的债务不因其现已不是恒康公司的股东而免责。至于双鹤公司，其通过受让湖北医药公司的股份成为恒康公司的股东，其虽在湖北医药公司出资的土地未过户的情况下支付了股份转让款，但此行为并未使恒康公司的责任财产减少，且在事后双鹤公司为使土地过户至恒康公司名下已尽了自己的义务，并向恒康公司增资。因此，双鹤公司没有滥用公司独立地位的行为，其对恒康公司的债务不承担连带责任。据此，一审判决对于益佰公司要求湖北医药公司对恒康公司支付货款的义务承担连带责任之诉请予以支持，对于要求双鹤公司承担连带责任之诉请不予支持。

二审法院认为，双鹤公司明知湖北医药公司出资不实，且恒康公司的债务发生在湖北医药公司转让股权之后，湖北医药公司应在恒康公司不能清偿益佰公司债务时，在其原应出资的 2700 万元范围内承担补充清偿责任。一审法院判决湖北医约公司承担连带清偿责任不当，予以纠正。双鹤公司明知湖北医药公司用于向恒康公司出资的土地未过户到恒康公司名下，湖北医药公司出资未到位，仍受让湖北医药公司的股份，故恒康公司因该股东所应承担的义务也一并转移给受让股东双鹤公司，双鹤公司应履行股东补足出资的法定义务。虽然双鹤公司通过增资扩股向恒康公司增加出资2588.9万元，但双鹤公司和湖北医药公司始终未补足原股东湖北医药公司应向恒康公司的出资2700万元。故双鹤公司应在其出资不实的范围内，对公司的债务承担责任。原判关于双鹤公司对恒康公司的债务不承担责任的认定不当，予以纠正。另外，益佰公司与恒康公司之间的债务形成于双鹤公司受让股权成为控股股东之后，故双鹤公司应在恒康公司的资产不足以清偿到期债务时，以其认购的2700万元股份为限对恒康公司的债务负连带清偿责任。双鹤公司在承担责任后，有权对湖北医药公司出资不到位的行为行使追偿权。据此，二审法院判令湖北医药公司应在恒康公司不能清偿益佰公司债务时，在其原应出资的2700万元范围内承担补充清偿责任，双鹤公司对恒康公司的债务承担连带清偿责任。

检察机关抗诉称：(1)二审判决判令湖北医药公司应在恒康公司不能清偿益佰公司债务时，在其原应出资的2700万元范围内承担补充清偿责任，却判令双鹤公司对恒康公司的债务承担连带清偿责任，违反有关法律规定。(2)双鹤公司没有滥用公司独立地位的行为，其对恒康公司的债务不应承担连带责任。

再审中，最高人民法院对于受让股东是否“知道”股权存在出资瑕疵进行了充分说理。最高人民法院认为，股权的本质是股东和公司之间的法律关系，既包括股东对公司享有的权利，也包括股东对公司的出资义务，因此，股权的转让导致股东权利义务的概括转移。受让人所受让的并不是股东的出资，而是股东的资格权利。同时，股东的出资义务与其获得股权属于不同的法律关系，民事主体获得股权的前提是其取得相应的股东资格，而取得股东资格主要依据在于公司章程、股东名册和工商登记的确认，并不以履行出资义务为必要条件。鉴于股东的瑕疵出资民事责任是公司股东的特有民事责任，除法律法规有特别规定和当事人有特别约定外，该责任应当由公司的股东承担，而不是由公司股东以外的人承担。

由于出资瑕疵的股东将其股权转让给其他民事主体后，便产生了该瑕疵股权出资责任的承担主体问题，因此，在处理上要遵循股权转让双方当事人的真实意思表示和过错责任相当的基本原则。就股权转让的受让人而言，核实转让股权是否存在瑕疵出资是受让人应尽的基本义务。如果其明知或应当知道受让的股权存在瑕疵而仍接受转让的，应当推定其知道该股权转让的法律后果，即受让人明知其可能会因受让瑕疵股权而承担相应的民事责任，但其愿意承受，这并不超出其可预见的范围,司法没有必要对其加以特别保护而免除其承担出资瑕疵的民事责任。

最高人民法院在判决中进而指出,双鹤公司明知湖北医药公司用于向恒康公司出资的土地未过户到恒康公司名下,但仍然自愿受让湖北医药公司的股份并成为恒康公司的股东。故双鹤公司通过受让的方式享有恒康公司瑕疵股权2700万股份,应负有承担出资瑕疵责任的义务。虽然双鹤公司通过增资扩股向恒康公司增加出资2588.9万元,但双鹤公司和湖北医药公司始终未补足原股东湖北医药公司应向恒康公司的出资2700万元,不能因其对恒康公司增资扩股而免除其应出资的义务。对恒康公司的债务,双鹤公司、湖北医药公司均应在未足额出资部分2700万元的范围内承担补充清偿责任。原审判决双鹤公司对恒康公司不能清偿益佰公司的债务,在2700万元范围内承担连带清偿责任不当,应予改判。据此,最高人民法院判决湖北医药公司、双鹤公司对恒康公司不能清偿益佰公司的债务,在2700万元范围内承担补充清偿责任。

本案中,最高人民法院再审判决对于受让股东"知道"出资瑕疵的认定标准尤为值得关注,即就股权转让的受让人而言,核实转让股权是否存在瑕疵出资是受让人应尽的基本义务。如果未经核实导致应知而未知受让的股权存在瑕疵的,推定股权受让人为知道,进而推定其知道该股权转让的法律后果并据此承担相应责任。

4. 未履行忠实及勤勉义务的董事、高级管理人员

根据《公司法司法解释(三)》第十三条第四款的规定,股东在公司增资时未履行或者未全面履行出资义务,债权人请求未尽《公司法》第一百四十七条第一款规定的义务而使出资未缴足的董事、高级管理人员承担相应责任的,人民法院应予支持;董事、高级管理人员承担责任后,可以向被告股东追偿。据此,董事、高级管理在增资过程中,如存在未尽到《公司法》第一百四十七条第一款规定的忠实义务和勤勉义务,并由此导致出资未缴足的,应对债权人承担相应责任。

上述规定虽没有列举董事、高级管理人员勤勉义务的具体情形,但是董事、高级管理人员负有向未履行或未全面履行出资义务的股东催缴出资的义务,这是由董事的职能定位和公司资本的重要作用决定的。然而该制度在实施过程中的争议问题通常集中于:就股东出资瑕疵,董事、高级管理人员违反催缴义务应如何认定,如未进行催缴是否意味着必然向债权人承担责任?此外,《公司法司法解释(三)》第十三条第四款将董事、高级管理人员的责任规定为增资环节,对于设立阶段的股东出资是否适用?

案例·16　-最高人民法院案例-

董事未尽催缴出资义务的，应就出资不足部分承担连带责任

——深圳斯曼特公司与胡秋生等损害公司利益责任纠纷再审案①

再审申请人（一审原告、二审上诉人）：深圳斯曼特公司。

被申请人（一审被告、二审被上诉人）：胡秋生。

被申请人（一审被告、二审被上诉人）：薄连明。

被申请人（一审被告、二审被上诉人）：史万文。

被申请人（一审被告、二审被上诉人）：贺成明。

被申请人（一审被告、二审被上诉人）：王红波。

被申请人（一审被告、二审被上诉人）：李海滨。

深圳斯曼特公司成立于2005年1月11日，系外国法人独资的有限责任公司，股东为开曼斯曼特公司，认缴注册资本额为1600万美元。2005年1月5日，股东开曼斯曼特公司签署深圳斯曼特公司章程。2005年1月11日至2006年12月29日，胡秋生、薄连明、史万文担任深圳斯曼特公司董事，其中胡秋生为董事长、法定代表人。2006年12月30日起，贺成明、王红波、李海滨担任深圳斯曼特公司董事，其中贺成明为董事长、法定代表人。

深圳斯曼特公司章程规定，公司成立后90天内股东应缴付出资300万美元，第一次出资后一年内应缴付出资1300万美元；公司成立之日即为董事会生效日，董事会由六名成员组成，均为股东公司的董事，以反映股东董事会的意愿；董事会是公司最高权力机关，拥有法律赋予的最终决定权，并承担对公司决定有关经营管理和事务之总体政策的责任。

股东开曼斯曼特公司于2005年3月16日至2005年11月3日分多次出资后，欠缴出资5,000,020美元。在另案中，法院裁定追加开曼斯曼特公司为被执行人，在5,000,020美元范围内对深圳斯曼特公司的债权人承担连带责任。但经强制执行，开曼斯曼特公司仍欠缴出资4,912,376.06美元。

深圳斯曼特公司诉至法院，请求胡秋生等六名董事因开曼斯曼特公司欠缴出资4,912,376.06美元给其造成的损失承担连带责任。

---

① 参见广东省高级人民法院（2016）粤民破70号民事判决书；最高人民法院（2018）最高法民再366号民事判决书。

一审广东深圳中院、二审广东高院均认为，在股东未全面履行出资义务时，不应将责任一概归因于公司董事。如果董事仅仅是怠于向未全面履行出资义务的股东催缴出资，以消极不作为的方式未尽忠实勤勉义务，而该不作为与公司所受损失之间没有直接因果关系。据此，判决驳回深圳斯曼特公司的诉讼请求。

最高人民法院经再审审查，裁定提审本案，并最终判决撤销原判，支持深圳斯曼特公司的原审诉讼请求。（见图 11－12）

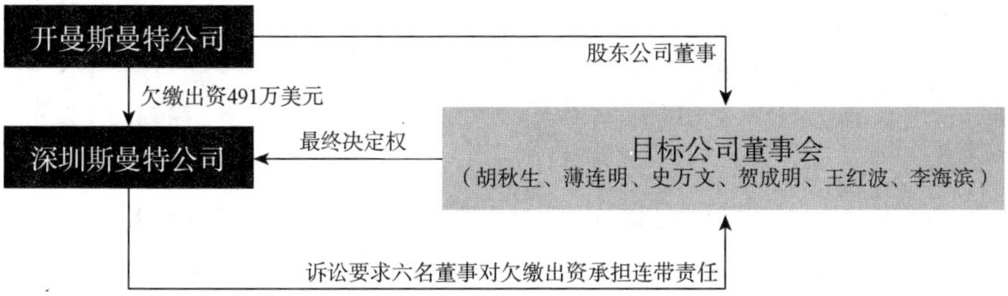

图 11－12　深圳斯曼特公司与胡秋生等损害公司利益责任纠纷再审案

首先应注意，本案系公司依据《公司法司法解释（三）》第十三条第四款规定就股东欠缴出资向董事提起的诉讼，而非公司债权人起诉。但该款司法解释并未区别起诉主体不同的情况下，董事、高级管理人员的责任认定将因此而不同，故本案对于债权人提起的此类诉讼同样具有参照意义。

本案的争议焦点是胡秋生等六名董事是否应对深圳斯曼特公司股东所欠出资承担赔偿责任，就此又可细分为两个问题：第一，设立阶段的出资是否适用该款规定；第二，如若适用，本案中董事的消极不作为是否可以定责。

对于适用范围的问题，各级法院均给予了肯定结论，理由为《公司法司法解释（三）》第十三条第四款规定的目的是赋予董事、高级管理人员对股东增资的监管、督促义务，从而保证股东全面履行出资义务、保障公司资本充实。在公司注册资本认缴制下，公司设立时认缴出资的股东负有的出资义务与公司增资时是相同的，董事、高级管理人员负有的督促股东出资的义务也不应有所差别。因此，应参照《公司法司法解释（三）》第十三条第四款的规定，认定股东未履行或未全面履行出资义务，董事、高级管理人员负有的义务。

关于股东责任认定的问题，一审、二审法院与最高人民法院则观点迥异。一审及二审法院认为，在股东欠缴出资的情况下，董事会有权作出追缴出资的决定。但董事会未作出追缴股东欠缴出资的决定，与股东欠缴出资并无必然联系，也即股东是否履行全面出资义务，并不取决于董事会的决定。本案无证据显示六名董事通过董事会作出了有碍于股东缴纳出资的决定，董事消极未履行追缴股东应缴出资的勤勉义务，并不是股东欠缴出资的原因。而通过《公司法》及其司法解释其他条款如“执行职务”“公司增资”“协助抽逃”等表述可知，董事对公司损失承担责任，系因董事作出了某种积极行为，并导致公司受到损失。在董事消极未履行某种勤勉义务，且该等消极未履行与公司所受损失并无直接因果关系的情况下，董事不应当受到追责。

最高人民法院则认为，本案胡秋生等六名董事未能提交证据证明其在股东出资期限届满之后向股东履行催缴出资的义务，以消极不作为的方式构成了对董事勤勉义务的违反。股东未缴清出资的行为实际损害了公司的利益，董事消极不作为放任了实际损害的持续。股东欠缴的出资即为公司遭受的损失，股东欠缴出资的行为与董事消极不作为共同造成损害的发生、持续，因此董事未履行向股东催缴出资义务的行为与公司所受损失之间存在法律上的因果关系。该裁判思路将消极不作为的董事与欠缴出资的股东作为共同侵权方，且不区分董事在此过程中的责任比例或过错程度，就欠缴出资全额承担连带赔偿责任。

5. 协助抽逃出资的董事、高级管理人员或者实际控制人

《公司法司法解释（三）》第十四条第二款规定：“公司债权人请求抽逃出资的股东在抽逃出资本息范围内对公司债务不能清偿的部分承担补充赔偿责任、协助抽逃出资的其他股东、董事、高级管理人员或者实际控制人对此承担连带责任的，人民法院应予支持；抽逃出资的股东已经承担上述责任，其他债权人提出相同请求的，人民法院不予支持。”据此规定，董事、高级管理人员或者实际控制人承担责任的必要条件仍为“协助抽逃出资”。该条在适用过程中的难点在于，董事、高级管理人员或者实际控制人如参与公司日常经营，其帮助股东抽逃出资的行为如何与其服从管理、履行职务的行为相区分？对于未积极参与公司日常经营的董事、高级管理人员或者实际控制人，可否因其仅系挂名职务而免责？

案例·17 | –最高人民法院案例–

协助抽逃出资的实际控制人、董事及高级管理人员应就抽逃出资承担连带责任

——石嘴山青年曼公司等与石嘴山矿业集团股东出资纠纷上诉案①

上诉人（原审被告）：石嘴山青年曼公司。

① 参见宁夏回族自治区高级人民法院（2016）宁民初66号民事判决书；最高人民法院（2018）最高法民终913号民事判决书。

上诉人（原审被告）：石嘴山乘用车公司。

上诉人（原审被告）：莲花控股公司。

上诉人（原审被告）：浙江乘用车集团。

上诉人（原审被告）：金华汽车制造公司。

上诉人（原审被告）：青年汽车集团。

上诉人（原审被告）：庞青年。

上诉人（原审被告）：王淑丹。

上诉人（原审被告）：庞彩萍。

上诉人（原审被告）：孙新海。

上诉人（原审被告）：傅红。

上诉人（原审被告）：厉鲜平。

被上诉人（原审原告）：石嘴山矿业集团。

原审第三人：国马公司。

2010年11月，石嘴山市人民政府作为甲方，青年汽车集团作为乙方，浙江乘用车集团作为丙方，签署相关合同，约定青年汽车集团注册成立卡车项目公司，甲方同意乙方项目公司石嘴山青年曼公司出资4150万元，占25%股份；石嘴山乘用车公司出资4150万元，占25%股份；莲花控股公司出资3320万元，占20%股份；石嘴山矿业集团出资4980万元，占30%股份，合资组建国马公司。

国马公司于2010年12月3日成立，注册资本1.66亿元，发起人为石嘴山青年曼公司、石嘴山乘用车公司、莲花控股公司、石嘴山矿业集团。

从国马公司注册资本及使用情况来看，石嘴山青年曼公司、石嘴山乘用车公司、莲花控股公司第一期共出资到位4824.44万元。2011年1月4日，国马公司将其4900万元转入莲花控股公司账户。石嘴山青年曼公司、石嘴山乘用车公司、莲花控股公司第二期共出资6795.56万元。

2012年3月1日，国马公司与石嘴山青年曼公司签订《销售合同》，约定国马公司购买石嘴山青年曼公司200台型号为JNP3600FD8的青年曼卡车，单价53.8万元，购车总价款1.076亿元。2012年3月16日，国马公司分两笔将6800万元转入石嘴山青年曼公司账户，用途“购车款”。同日，石嘴山青年曼公司将2300万元转入其另一银行账户，用途“往来款”，将4500万元转入金华汽车制造公司账户，用途“配件款”。

有关各公司的股权关系如下：

(1)石嘴山青年曼公司成立于2010年11月1日，公司成立时股东为青年汽车集团(持股49%)和金华汽车制造公司(持股51%);2012年12月28日该公司变更为一人有限公司,股东为青年汽车集团(持股100%)。

(2)石嘴山乘用车公司成立于2010年11月1日,股东为浙江乘用车集团(持股51%)、磐安青年贸易有限公司(持股49%)。

(3)莲花控股公司成立于2010年9月29日,股东为磐安青年贸易有限公司(持股10%)、金华青年进出口贸易有限公司(持股90%);2010年10月8日该公司股东变更为磐安青年贸易有限公司(持股49%)、庞青年(持股90%);2014年4月17日该公司股东变更为厉鲜平(持股0.4775%)、庞彩萍(持股32%)等22人。

(4)浙江乘用车集团成立于1998年11月23日,该公司经过多次名称和股东变更后,至2010年6月18日公司股东为庞青年(持股20.768%)、王淑丹(持股6.21%)、庞彩萍(持股6%)等22名自然人股东以及济南青年汽车有限公司(持股13.553%)、泰安青年进出口贸易有限公司(持股40%)等3名法人股东。

(5)金华青年汽车制造公司成立于1996年4月3日,该公司经过多次名称和股东变更后,至2009年3月18日,公司股东为青年汽车集团(持股90%)、浙江乘用车集团(持股10%);2012年12月20日,该公司变更为一人有限公司,股东为青年汽车集团(持股100%);2013年1月21日,该股东变更为青年汽车集团(持股89%)、光大金控(天津)创业投资有限公司(持股11%)。

(6)青年汽车集团成立于2001年1月9日,该公司经过多次名称和股东变更后,至2008年3月17日,公司股东为庞青年(持股35.9458%)、王淑丹(持股30%)、庞彩萍(持股8.2143%)等26人;2011年3月23日,该公司股东为庞青年(持股36.1493%)、王淑丹(持股30%)、庞彩萍(持股8.2143%)等26人。

此外,庞青年为国马公司董事长、法定代表人,刘占学为国马公司副董事长、总经理,孙新海为国马公司执行董事,傅红为国马公司副总裁、财务总监。国马公司董事共9人:庞青年、王淑丹、庞彩萍、厉鲜平、孙新海、傅红、刘占学、魏永贵、杨建朝;其中,石嘴山青年曼公司委派厉鲜平、孙新海、傅红担任国马公司董事,石嘴山乘用车公司委派王淑丹、庞彩萍担任国马公司董事,莲花控股公司委派庞青年担任国马公司董事、董事长,陈品帆担任国马公司监事,石嘴山矿业集团委派刘占学、魏永贵、杨建朝担任国马公司董事,周玉文担任监事。监事共3人:周玉文、陈品帆、王彦林,周玉文为监事会主席。

2011年10月8日以后,石嘴山青年曼公司、石嘴山乘用车公司等12家公司行政章或合同专用章均由青年汽车石嘴山项目部保管。

石嘴山矿业集团请求起诉至法院,请求判令:(1)石嘴山青年曼公司、石嘴山乘用车公司、莲花控股公司共同向国马公司返还抽逃资金11,620万元及利息;(2)浙江乘用车集团、金华汽车制造公司、青年汽车集团、庞青年、孙新海、王淑丹、庞彩萍、傅红、厉鲜平对上述债务承担连带清偿责任。

甘肃高院一审判决认定石嘴山青年曼公司、石嘴山乘用车公司、莲花控股公司构成抽逃出资并应向国马公司返还出资款及利息;浙江乘用车集团、金华汽车制造公司、青年汽车集团作为国马公司的实际控制人,违反公司法规定,协助国马公司股东抽逃出资,应对本案所涉抽逃出资本息承担连带责任。庞青年、王淑丹、庞彩萍、孙新海、傅红、厉鲜平作为国马公司董事,违反对公司的忠实义务,亦应对本案所涉抽逃出资本息承担连带责任。故据此判决支持石嘴山矿业集团的诉讼请求。

最高人民法院二审判决驳回上诉,维持原判。(见图11-13)

本案的核心争议是实际控制人及董事对股东抽逃出资的责任认定。同样值得注意的是,本案的原告是公司股东而非债权人,本案案由为股东出资纠纷而非股东损害公司债权人利益责任纠纷,股东提起诉讼的依据是《公司法司法解释(三)》第十四条第一款而非第二款。虽然如此,协助抽逃出资的董事、高级管理人员或者实际控制人对债权人或公司其他股东承担的责任在形态上并无不同,在行为要件层面也未作区分,因此可予以借鉴。

一审及二审均认定国马公司股东石嘴山青年曼公司、石嘴山乘用车公司、莲花控股公司构成抽逃出资。在此基础上,本案的难点在于,国马公司的实际控制人、董事的责任认定。从判决书查明的事实来看,本案并未详细涉及论述实际控制人、各位董事在股东抽逃出资过程中的参与程度、具体采取了哪些行为、作出何种决策,或者各方在此过程中的角色与作用;而是从公司持股层面进行穿透,通过各自的股权关系、统一管理和控制关系认定公司的实际控制人。如二审裁判理由陈述:“浙江乘用车公司系石嘴山乘用车公司的控股股东。青年汽车集团是石嘴山青年曼公司全额控股股东,通过统一管理和控制石嘴山青年曼公司、石嘴山乘用车公司、莲花控股公司,实施抽逃资金的行为,被抽逃资金又用于青年汽车集团另一控股实体金华汽车制造公司……浙江乘用车集团、金华汽车制造公司、青年汽车集团通过股权和组织机构架构完成对国马公司的实际控制。”在协助抽逃出资的认定上,法院认为上述三家公司作为实际控制人,又存在彼此之间的人格混同,在抽逃出资过程中采取了互相配合,共同构成了抽逃出资,故应当共同返还抽逃出资款。

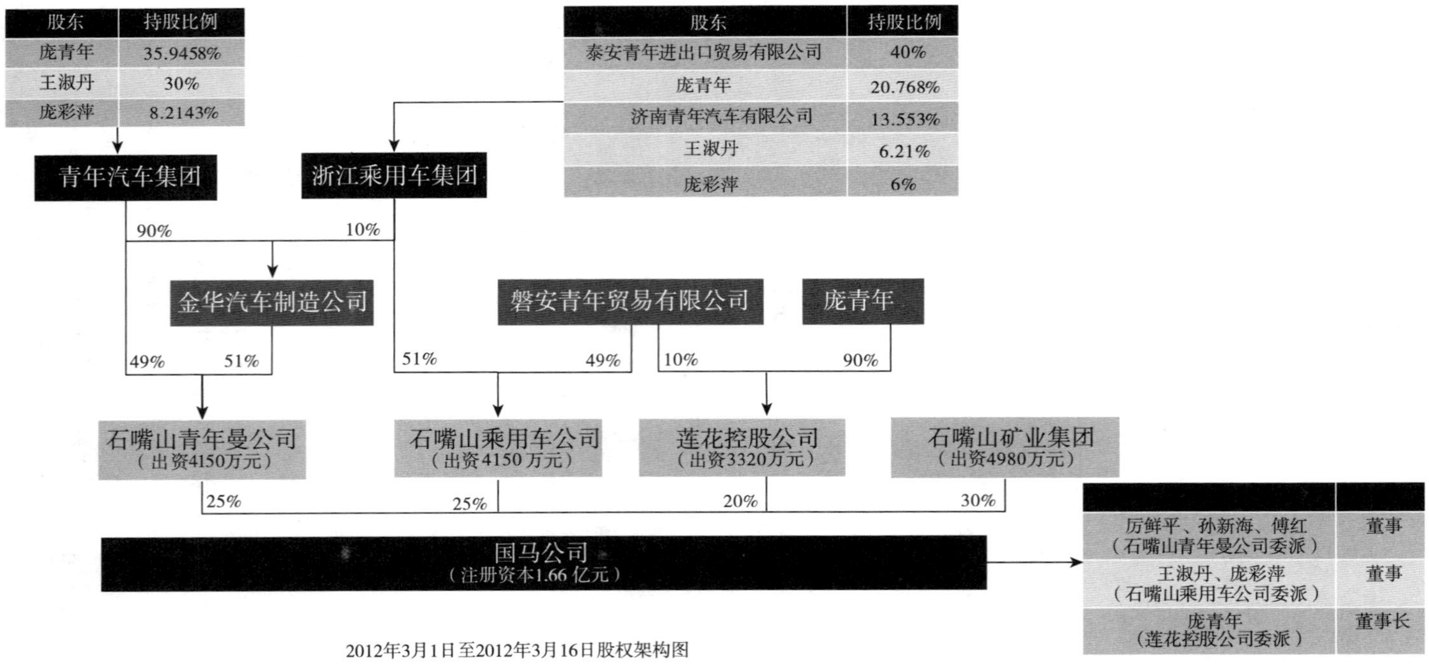

图11-13　石嘴山青年曼公司等与石嘴山矿业集团股东出资纠纷上诉案

对于本案中董事协助抽逃出资的事实，本案裁判意见同样未拘泥于各股东的参与方式及具体行为，而是先行认定各董事与公司实际控制人及抽逃出资股东之间的关系，以及部分董事在公司同时兼任高级管理人员职务的事实。二审判决认为："国马公司董事共九人，分别为庞青年、王淑丹、庞彩萍、厉鲜平、孙新海、傅红、刘占学、魏永贵、杨建朝。其中，厉鲜平、孙新海、傅红由石嘴山青年曼公司委派担任国马公司董事，王淑丹、庞彩萍由石嘴山乘用车公司委派担任国马公司董事，庞青年由莲花控股公司委派担任国马公司董事。庞青年任国马公司董事长、法定代表人，刘占学任国马公司副董事长、总经理，孙新海任国马公司执行董事，傅红任国马公司副总裁、财务总监。"据此，二审分别认为庞青年、孙新海、傅红系抽逃国马公司资金的具体决策和直接实施者。王淑丹、庞彩萍、厉鲜平身为国马公司董事，应当遵守法律、行政法规和公司章程，履行对国马公司负有的忠实义务和勤勉义务。上述6人违反《公司法》第一百四十七条的规定，分别以积极实施和不履行法定义务的方式协助股东抽逃出资，应当承担返还抽逃资金本息的连带责任。

另外值得注意的是，本案判决6名董事在公司中的身份并不相同，部分股东系抽逃资金的具体决策和直接实施者，而部分人员仅担任董事而并未兼任公司高级管理人员，但本案判决中并未因存在此种差异而在最终责任承担上进行区分，而是均以违反忠实义务及勤勉义务判令承担相同的责任。因此，依照本案裁判思路，如此类案件中董事或高级管理人员以其各自以只担任挂名董事、未参加决策或履行职务行为等理由所作抗辩的，将不被法院采纳。

(三)公司以外的第三方责任承担主体

一般情况下，公司外部的第三方对公司无出资义务，除关联公司人格混同的情形以外，也无须在公司人格否认后就公司债务承担责任。但在特定情形下，第三方的相关行为与债务人公司或者股东的行为相结合导致债权人利益受损，或者为股东侵害债权人利益的行为提供配合或帮助的情况下，第三方公司应就债务人公司的债务承担责任。

1. 协助抽逃出资的第三方

《公司法司法解释(三)》(2011年施行)第十五条规定："第三人代垫资金协助发起人设立公司，双方明确约定在公司验资后或者在公司成立后将该发起人的出资抽回以偿还该第三人，发起人依照前述约定抽回出资偿还第三人后又不能补足出资，相关权利人请求第三人连带承担发起人因抽回出资而产生的相应责任的，人民法院应予支持。"如依据上述规定，第三方在公司设立过程中代垫资金并协助抽回的，应向债权人承担因抽回出资而产生的相应责任。

然而,自2014年3月1日起施行的《最高人民法院关于修改关于适用〈中华人民共和国公司法〉若干问题的规定的决定》中,明确将前述司法解释中有关第三人代垫资金的规定予以删除,其原因在于从2014年3月1月起新设公司登记已实行注册资本认缴制。由此引发的问题是,在目前的规则体系下,进行垫资并抽回出资的第三方是否意味着无须再承担相应法律责任?如需承担责任,则其法律依据为何?

案例·18 -最高人民法院案例-

第三人代垫出资并协助抽回的,应对债权人承担赔偿责任

——神州数码公司与北大未名公司等与公司有关的纠纷再审案①

再审申请人(一审被告、二审上诉人):神州数码公司。

被申请人(一审原告、二审上诉人):北大未名公司。

二审上诉人(一审被告):新富公司。

二审被上诉人(一审被告):德恒公司。

二审被上诉人(一审被告):申昌公司。

二审被上诉人(一审被告):平安银行。

一审第三人:生物港公司。

2001年4月16日,新富公司与德恒公司、金冠公司、申昌公司签订股东协议书,约定:一致同意设立生物港公司;公司注册资本10,000万元,其中:新富公司出资现金4000万元,占注册资本的40%;德恒公司出资3500万元,占注册资本的35%;金冠公司出资1500万元,占公司注册资本的15%;申昌公司出资人民币1000万元,占注册资本的10%。

2001年7月6日,新富公司向申昌公司出资账户中汇入3000万元,标注"生物港新富验资"。2001年7月19日,神州数码公司向申昌公司出资账户转入2500万元。同日稍后,申昌公司出资账户向新富公司账户转入4000万元;申昌公司开出支票从出资账户向金冠公司转入1500万元。

同日稍后,平安银行向申昌公司出资账户发放贷款4500万元,申昌公司从出资

① 参见江苏省高级人民法院(2016)苏民终1130号民事判决书;最高人民法院(2017)最高法民申4642号民事裁定书。

账户向德恒公司出资账户转入3500万元；申昌公司开出支票向生物港公司验资账户转入1000万元。

同月，新富公司出资账户向生物港公司验资账户汇出4000万元；德恒公司出资账户向生物港公司验资账户汇出3500万元；金冠公司出资账户向生物港公司验资账户中汇入1500万元。至此，生物港公司四名设立股东完成向验资账户的注资，后完成验资。

2001年8月8日，生物港公司开出支票从其账户向神州数码公司账户转入4500万元。神州数码公司收款后向申昌公司开出支票向其账户转入4500万元；同日，申昌公司出资账户收到神州数码公司汇款4500万元后，向平安银行归还2001年7月19日的借款4500万元。2001年8月13日，生物港公司开出支票从结算账户向神州数码公司转入5160万元。神州数码公司收到上述5160万元款项后，于当日全额转入金冠公司账户。

北大未名公司对生物港公司享有金额38,309,261.47元的债权，但因债务人无财产可供执行，北大未名公司提起本案诉讼，要求：(1)生物港公司各股东新富公司、德恒公司、申昌公司各自在其抽逃出资范围内，对生物港公司债务不能清偿部分承担补充赔偿责任；(2)神州数码公司在其提供的2500万元验资帮助资金贷款范围内，以及在其帮助转移、抽逃的9660万元注册资本金本息范围内对生物港公司不能清偿部分承担连带责任；(3)平安银行在其提供的4500万元流动资金贷款范围内，对生物港公司债务不能清偿部分承担补充赔偿责任。

江苏苏州中院一审认为，新富公司、申昌公司已构成抽逃出资，抽逃金额分别为1160万元、1000万元。而生物港公司验资后将9160万元转出均是通过神州数码公司。神州数码公司先前转入申昌公司用于验资的2500万元也通过这一过程收回。神州数码公司协助相关股东抽回出资的行为构成了对生物港公司财产权利的侵害，考虑其过错程度及损害后果，酌定神州数码公司在900万元及利息范围内向北大未名公司承担补充清偿责任。至于平安银行，在向申昌公司提供4500万元贷款前及过程中，并无协助股东抽逃出资的主观故意，判决不承担赔偿责任。

江苏高院二审认为，新富公司抽逃出资的金额应认定为3660万元，申昌公司同时应就其为德恒公司提供3500万元资金帮助验资的行为承担补充责任。神州数码公司代垫验资资金2500万元并抽回，应在2500万元范围内承担连带赔偿责任，据此对一审判决进行部分变更。

最高人民法院受理神州数码公司的申请后，经审查裁定驳回其再审申请。(见图11－14)

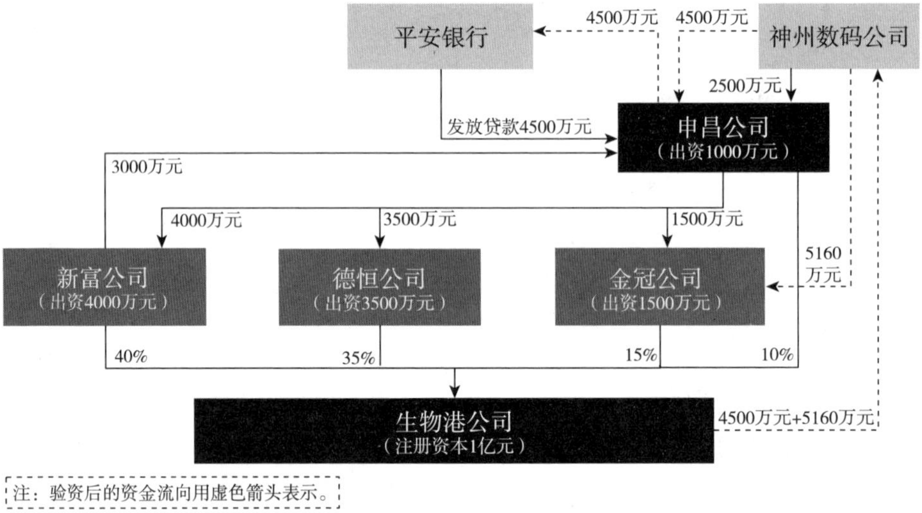

图 11－14　神州数码公司与北大未名公司等与公司有关的纠纷再审案

本案争议焦点较多，包括各股东是否构成抽逃出资以及抽逃出资金额、平安银行是否构成协助抽逃出资等。但三级法院对上述问题分歧不大，本案主要的争议在于神州数码公司的责任问题。

对该问题，一审法院认为神州数码公司代垫出资 2500 万元及验资后协助抽逃出资 9660 万元的行为均构成了对生物港公司财产权利的侵害，进而构成对北大未名公司债权的损害，并根据其过错程度及损害后果酌情认定其责任限额，可以看出系基于侵害财产权的构成要件确定的责任。

二审及再审法院则正面回应了《公司法司法解释（三）》（2011 年施行）第十五条是否还应适用的问题，以及第三方协助抽逃出资是否应承担责任的问题。法院认为，对于生物港公司出资款 9660 万元，虽通过神州数码公司账户转出，但神州数码公司并非生物港公司的其他股东、董事、高级管理人员或实际控制人，故不适用协助抽逃出资的规定，亦无证据证明其通过出借账户帮助生物港公司抽逃出资并获取利益，故无法认定其协助抽逃出资 9660 万元。但对于验资前神州数码公司提供代垫资金 2500 万元，《公司法司法解释（三）》（2011 年施行）第十五条虽被删除，但并不意味着代垫资金、协助抽逃出资的第三人无须承担民事责任。第三人代垫资金、协助股东抽逃出资，依照《民法典》第一千一百六十八条规定构成共同侵权的，该第三人仍应承担相应连带责任。从上述裁判思路可以看出，考虑到《公司法司法解释（三）》（2011 年施行）第十五条删除的特殊背景，即便该条已被删除，违反该条的行为仍然具有违法性，原因在于此类行为同时触犯了其他法律条文，完全可以依据其他条文定责，只是在适用条件上需要依据《民法典》侵权责任编确定。

此外，值得注意的是，在《公司法司法解释（三）》（2011 年施行）第十五条被删除后，的确有部分案件以该条被删除为由对提供垫资后抽逃出资的第三方改判不承担责任，如安徽高院在“陆燕楠与黄家勇等民间借贷纠纷案”①中即认为，“自 2014 年 3 月 1 日起，《最高人民法院关于修改关于适用〈中华人民共和国公司法〉若干问题的规定的决定》，删去了原《最高人民法院关于适用〈中华人民共和国公司法〉若干问题的规定（三）》第十五条，并规定在该决定施行后尚未终审的股东出资相关纠纷案件适用该决定。因此，原审判决陆燕楠连带承担发起人因抽回出资而产生的相应责任的法律依据，因公司法和相关司法解释的修改而没有法律依据”。故改判陆燕楠不承担责任。然而，在最高人民法院上述“神州数码公司与北大未名公司等与公司有关的纠纷再审案”判决作出后，更多的地方法院依据该判决中共同侵权理论判令第三人承担责任，如山东青岛中级法院在亿奥工贸公司与杨海霞等财产损害赔偿纠纷一案中②认为：“虽然该条后被删除，但删除的直接原因是 2013 年年底修正的《公司法》对公司资本制度进行了根本性的改革，该条文‘验资’的表述与新资本制度下无须验资存在矛盾。但根据本条立法原理，股东抽回出资属于侵犯公司财产权的行为，如果第三人与发起人（股东）就抽逃出资有明确约定，后发起人又不能补足出资的，成立共同侵权，第三人与股东承担连带责任。”

2. 无偿受让公司财产的第三方

第三方无偿受让债务人公司的财产，导致债权人的债权无法获得清偿的，债权人依法可通过第三人撤销之诉寻求救济，或者在该第三方与债务人公司存在人格混同或过度控制等情形时基于公司法人人格的横向否认请求判令其就债务承担连带责任。但当上述救济途径的条件未能满足，或者因客观原因无法选择上述救济途径时，亦可适用股东损害债权人利益责任制度而直接判令第三方向债权人承担赔偿责任。这种责任的法理基础虽然是第三人侵害债权，但往往是因债务人股东滥用公司独立人格及股东有限责任的行为而产生。第三方公司作为这种行为的交易相对方，在实际受益且存在过错的情况下，其性质等同于帮助公司股东侵害债权人利益。

① 参见安徽省高级人民法院（2014）皖民二终字第 00156 号民事判决书。

② 参见山东省青岛市中级人民法院（2019）鲁 02 民终 11657 号民事判决书。

案例·19　- 最高人民法院公报案例 -

第三人明知债权债务关系存在而侵害债权的，应承担补充责任

——信用公司与长城公司等公司侵权责任纠纷、股东损害公司债权人利益责任纠纷上诉案①

上诉人(原审被告):信用公司。

被上诉人(原审原告):长城公司

原审被告:吉林市国资委。

1997年至2001年,华星公司为案外人在工行吉林分行的四笔债务本金人民币6663万元、美元480万元及相应利息提供连带责任保证。长城公司通过债权受让,承接了工行吉林分行的上述债权,并于2011年通过诉讼方式要求华星公司承担连带还款义务。同一时期,法院受理了华星公司的破产清算案件,后裁定终结破产清算程序,华星公司办理注销登记。

长城公司承接债权前,2008年10月31日,经华星公司请示、吉林市国资委同意并经吉林市政府批复,华星公司持有的华微公司2000万国有法人股无偿划入信用公司。

长城公司认为信用公司与华星公司恶意串通,客观上造成债权落空;吉林市国资委滥用公司法人独立地位和股东有限责任,帮助华星公司逃避债务,故提起诉讼,要求信用公司、吉林市国资委在华微公司2000万股股权范围内就债务本息承担连带偿还责任。

2017年12月26日,最高人民法院作出终审判决,判令信用公司在其接受股权80%(1600万股股权)受益范围内承担赔偿责任。(见图11-15)

① 参见(2017)最高法民终181号民事判决书,载《最高人民法院公报》2019年第3期。

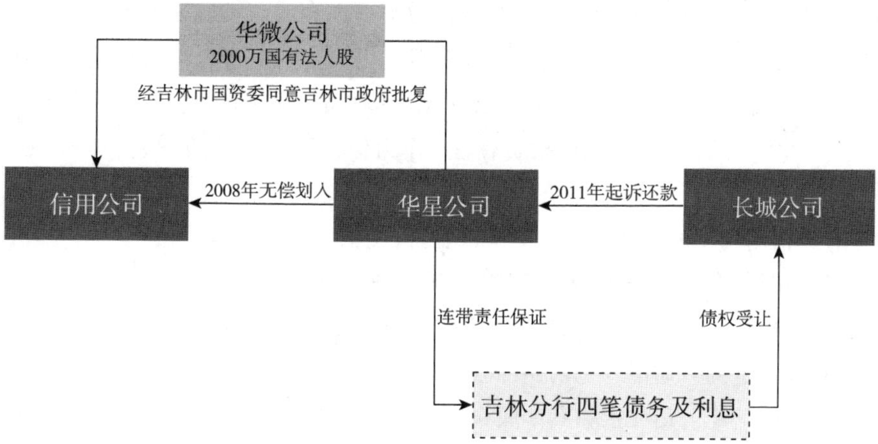

图 11－15　信用公司与长城公司等公司侵权责任纠纷、股东损害公司债权人利益责任纠纷案上诉案

本案中，最高人民法院首先肯定了债权人在特定情况下有权向债权债务关系以外的第三方提出权利主张以保护债权。最高人民法院认为，一般来说，债权发生在特定的当事人之间，缺乏公示性，第三人往往无法预见，通常不属于侵权法的保护范围，当然，侵权责任法①亦未将债权排除在保护范围之外。债权保护主要通过合同法②等法律制度救济，如认定合同当事人以外的第三人承担侵权赔偿责任，应当从严把握。

就本案中信用公司的责任，最高人民法院认为，华微公司股权无偿划转方案，属华星公司企业改制方案的组成部分。虽然案涉股权无偿划转形式上经由吉林市政府及其相关部门批准，但实质是吉林市国资委履行出资人职责，改制单位华星公司无偿划转国有资产给信用公司，三方配合落实改制方案。华星公司在改制过程中对案涉股权的处分，属于国有企业无偿转让重大财产，依法不得损害债权人的合法权益。华星公司向政府有关部门请示无偿划转案涉股权资产时企业已资不抵债，对此，信用公司知道或者应当预见。债务人之外的第三人，对于依法成立并生效的债权，亦应秉持善意，不得随意侵犯。华星公司在资不抵债、濒临破产的情形下无偿划转案涉股权给他人，具有逃废债务的主观故意。信用公司未能提供证据证明其取得股权财产支付了合理对价。信用公司配合华星公司逃废债务行为违反了法律和规范性文件规定，违背公序良俗，具有侵犯他人财产权的主观过错。同时，无偿

① 现《民法典》第七编“侵权责任”。
② 现《民法典》第三编“合同”。

划转案涉股权行为直接损害了华星公司债权人财产利益。长城公司通过不良资产转让形式继受取得的担保债权无法依据担保法①、合同法②等合同之债途径突破合同相对性向合同当事人以外的第三人,即无偿接收财产的信用公司,主张权利。据此,根据本案实际情况,适用侵权责任法③作为保护财产权益的补充手段,是必要的。

有关信用公司的责任形态及范围,最高人民法院认为,本案难以认定信用公司与华星公司构成共同侵权。案涉股权的无偿划转具有国有企业改制背景,并且是在政府主管部门指导和批准后完成,信用公司作为国有出资设立的企业接受案涉股权,存在一定的被动性,不具有共同侵犯他人财产权益的主观故意。考虑到长城公司的过错、信用公司在接收案涉股权后履行股东职责,以及其接收案涉股权具有一定的被动性等因素,酌定其在无偿接收案涉股权 80% 的范围内承担相应的赔偿责任。

由上述案例可以看出,在第三方无偿受让债务人公司财产的情况下,依据《民法典》侵权责任编判令其承担责任具有严格的适用条件。并且第三方公司在此种情况下的责任存在明确限额,即不超过无偿受让财产的范围。即使在该上限范围内,亦需考虑该第三方的主观过错等因素进一步确定具体比例。

五、损害债权人利益责任纠纷的管辖及适用程序

(一)损害公司债权人利益责任纠纷的管辖

损害公司债权人利益责任纠纷不属于《民事诉讼法》及其司法解释规定的"因公司设立、确认股东资格、分配利润、解散、股东名册记载、请求变更公司登记、股东知情权、公司决议等"纠纷提起的诉讼,故不适用"公司住所地法院管辖"的特殊地域管辖原则。应当指出的是,损害公司债权人利益责任纠纷的管辖问题将受其起诉方式的影响。如果债权人依据其与债务人之间的基础法律关系起诉(如合同纠纷),同时将债务人公司的股东列为共同被告,那么此时应存在两个并列的案由(亦有部分案例中仅列基础债权债务关系对应的案由),由此案件管辖将在很大程度上受限于甚至取决于基础债权债务关系的管辖规则。

但在债权人单独起诉债务人公司股东的情况下,损害公司债权人利益责任纠纷则应作为单一的损害赔偿之诉,属于侵权案件,依据《民事诉讼法》第二十八条的

① 现《民法典》第二编第四分编"担保物权"。

② 现《民法典》第三编"合同"。

③ 现《民法典》第七编"侵权责任"。

规定,应由侵权行为地或者被告住所地法院管辖。此类案件的管辖争议通常集中于侵权行为地的认定,具体而言是侵权结果发生地的认定,即究竟是应当以公司住所地(因股东相应行为导致公司承受了偿债能力降低之后果)还是债权人住所地(因股东的上述行为导致债权人承受利益受损之后果)作为侵权结果发生地?

案例·20　-最高人民法院案例-

公司债权人住所地可视为侵权结果发生地

——科伦比亚公司诉朱卫东等股东损害公司债权人利益责任纠纷案①

原告:科伦比亚公司。

被告:朱卫东。

被告:李庆元。

2011年10月30日,壹品元和公司被吊销营业执照,朱卫东、李庆元为清算义务人。壹品元和公司债权人科伦比亚公司的债权经申请强制执行后未能获得清偿,故以清算义务人朱卫东、李庆元拒不履行清算义务,造成壹品元和公司下落不明,恶意逃避债务为由起诉至法院,请求判决朱卫东、李庆元承担壹品元和公司应当履行的债务。(见图11-16)

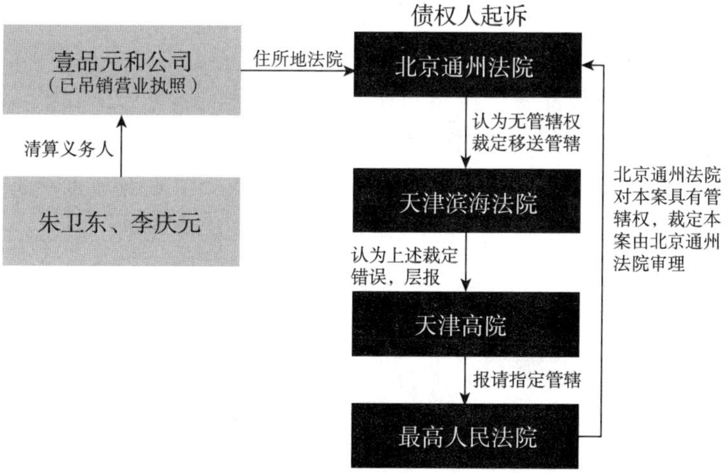

图11-16　科伦比亚公司诉朱卫东等股东损害公司债权人利益责任纠纷案

① 参见北京市通州区人民法院(2017)京0112民初894号民事裁定书;最高人民法院(2018)最高法民辖162号民事裁定书。

壹品元和公司住所地法院北京通州法院受理本案后，认为其对本案无管辖权，故裁定将本案移送至天津滨海法院处理。

天津滨海法院认为上述裁定错误，遂逐级层报天津高院。天津高院认为，北京通州法院是侵权结果地法院，对本案有管辖权。经协商未能达成一致，故报请最高人民法院指定管辖。

最高人民法院认为，北京通州法院对本案具有管辖权，在先行受理本案的情况下，将本案移送天津滨海新区法院审理错误，应予纠正，故裁定本案由北京通州法院审理。

产生本案争议的原因之一是，虽然债权人住所地是股东侵权行为结果的最终承受地，但现有法律规范体系明确规定权利人住所地可以作为侵权结果发生地的情形极为有限，“被告就原告”一般发生于名誉权纠纷以及利用信息网络实施侵权行为案件，这两类案件由权利人所在地管辖均有明确的司法解释规定作为依据。但对于其他侵权案件并无相应规定。

本案争议的另一关键问题是，对于债务人公司住所地是否属于侵权结果发生地这一问题的认识差异。尤其是本案中，债务人公司已经注销无法成为本案共同被告（否则可直接依据被告住所地确定管辖权），使得这一问题更加凸显而不得不予以正面回应。针对这一问题，北京高院在2015年12月31日发布的《关于民事诉讼管辖若干问题的规定（试行）》第十七条第三款规定：“因公司股东未履行或者未全面履行出资义务，或者公司股东未履行清算责任给公司债权人造成损失的，债权人起诉股东对公司债务承担相应赔偿责任的，不应依照民事诉讼法第二十六条由公司住所地人民法院管辖，侵权行为地不包括公司住所地。”该规定实质上是通过确认此类案件不属于公司纠纷专属管辖范围、债务人公司住所地也不属于侵权行为地的方式，排除公司住所地法院的管辖权。显然，依据该规定，债务人公司住所地既不能作为侵权行为实施地，也不能作为侵权结果发生地。北京通州法院就本案作出移送管辖的裁定，裁决理由与上述规定完全一致。

对此问题，天津高院持不同意见。在本案中，天津高院认为，因被告朱卫东、李庆元不清算行为，首先侵害了案外人壹品元和公司的利益，该公司在北京市通州区注册，北京通州法院是侵权结果地法院，对本案有管辖权。也即，天津高院认为债务人公司住所地是侵权结果发生地，对此类案件具有管辖权。

值得注意的是，最高人民法院对本案的裁定虽然在结论上与天津高院的意见一致，但裁决理由与北京高院规定及天津高院的意见均不相同。首先，在本案中，最高人民法院确认本案属于股东损害公司债权人利益责任纠纷之诉，适用侵权案件的管辖规定。其次，最高人民法院对于股东损害公司债权人利益责任纠纷案件中侵权行为地具体包括哪些连接点（包括债务人公司住所地是否属于侵权结果发生地）并未明确说明，而是认为原告科伦比亚公司住所地系侵权结果发生地，该公司住所地位于北京通州，故北京通州法院具有管辖权。事实上，原告住所地法院这一连接点，在此前无论是北京通州法院还是天津高院的处理意见中均未涉及。同时，两名被告朱卫东、李庆元住所地法院亦当然具有管辖权。在两家法院对本案均具有管辖权的情况下，北京通州法院先行受理后不得再裁定移送。

从本案相关法院的不同意见可以看出，实务中对此类案件管辖问题的争议之激烈，但"股东损害公司债权人利益责任纠纷可以由原告住所地法院管辖"这一做法在最高人民法院层面并非个案。例如，在"登峰伟业公司与华宝红、祁自升股东损害公司债权人利益责任纠纷案"①中，最高人民法院在河南高院报请指定管辖时，再次确认"登峰伟业公司作为被侵权人，其住所地北京市应当属于侵权结果发生地，故北京市房山区人民法院对本案有管辖权，其在先行受理的情况下将案件移送河南省濮阳市清丰县人民法院不当"，并裁定北京市房山区人民法院审理本案。如遵循本案的裁判思路，在股东损害公司债权人利益责任之诉中，债权人住所地可以作为侵权结果发生地，债权人住所地法院具有管辖权。因此，本案裁定无疑将拓宽"原告住所地法院"管辖原则在此类案件审理中的应用。

（二）损害公司债权人利益责任纠纷在基础债权纠纷中的适用

对于股东损害公司债权人利益的情形，债权人在起诉债务人公司的同时，能否一并起诉公司和股东，此前在实务中一直存在争议。《九民纪要》对债权人起诉债务人公司同时提起公司法人人格否认之诉给予了肯定意见，"债权人对债务人公司享有的债权提起诉讼的同时，一并提起公司人格否认诉讼，请求股东对公司债务承担连带责任的，列公司和股东为共同被告"，确认债权人有权就基础债权债务关系及公司人格否认一并提起诉讼。至于因股东出资问题引发的股东侵害债权人利益责任纠纷，《九民纪要》虽未明确规定，但鉴于该情形的适用与公司法人人格否认的适用在结果要件上并未区分，即均为债权的清偿受损，故本书倾向于认为无理由对债权人同时起诉债务人公司以及资本存在问题的股东设定更高门槛，而应同样允许一并起诉。

如债权人选择单独起诉股东，根据《九民纪要》，债权人对债务人公司享有的债

① 参见最高人民法院（2018）最高法民辖80号民事裁定书。

权尚未经生效裁判确认,直接提起公司人格否认诉讼,请求公司股东对公司债务承担连带责任的,法院应当向债权人释明,告知其追加公司为共同被告。债权人如拒绝追加,裁定驳回起诉。据此,债权人不得在债权未经生效判决确认的情况下,单独起诉股东进行法人人格否认。

在债权人同时起诉公司及股东的案件中,涉及基础债权债务关系以及股东侵权纠纷两个法律关系,因此实质上是两个诉的合并审理。作为被告,是否有权对此种情况下的合并审理提出管辖异议?

案例·21 -最高人民法院案例-

合并审理不属于管辖异议的审查范围

——润恒物流公司与卧牛山公司等建设工程施工合同纠纷上诉案①

上诉人(原审被告):润恒物流公司。

上诉人(原审被告):润恒农产品公司。

被上诉人(原审原告):卧牛山公司。

原审被告:宁夏润恒公司。

卧牛山公司与润恒市场公司发生建设工程施工合同纠纷,起诉恒润市场公司要求履行付款义务,并同时依据股东损害公司债权人利益纠纷起诉润恒物流公司、润恒农产品公司。润恒物流公司、润恒农产品公司据此提出管辖异议,认为两案显然属于完全不同的法律关系,且两案件的当事人也不相同,显然属于两个不同的案件,不应在同一案件中审理。

河北高院驳回润恒农产品公司、润恒物流公司对本案管辖权提出的异议。

最高人民法院经审查认为,对管辖权异议的审查范围应当限定于受理法院是否对案件具有管辖权,案件是否可以合并审理不属于管辖权异议审查范围,一审法院驳回润恒农产品公司、润恒物流公司对本案管辖权提出的异议,在适用法律上并无不当。故裁定驳回润恒物流公司、润恒农产品公司的上诉,维持原裁定。

① 参见宁夏回族自治区高级人民法院(2016)宁民初84-1号民事裁定书;最高人民法院(2017)最高法民辖终42号民事裁定书。

值得注意的是，最高人民法院层面此前对于基础法律关系项下债务人公司责任尚未确定时，对债权人同时起诉债务人及其股东的做法曾持否定态度。在“康居置业公司等与歌山建设集团等建设工程施工合同纠纷管辖权异议一案”①中，最高人民法院认为：“关于股东损害公司债权人利益责任纠纷与建设工程施工合同纠纷是否可以合并审理的问题。《最高人民法院关于印发修改后的〈民事案件案由规定〉的通知》（法〔2011〕42 号）是为了规范人民法院立案、审判、司法统计制定的，其中第三条第三款规定的‘同一诉讼中涉及两个以上法律关系的’，是指当事人基于同一法律事实向法院起诉时，其诉争的法律关系可能涉及两个以上，人民法院可以确定并列的两个案由进行立案，不意味着对民事诉讼法规定的诉的合并的条件有所突破，更不能理解为当事人不同、法律关系不同、法律事实不同的案件可以合并审理。”最高人民法院认为，该案基础债权债务关系是合同之诉，而股东损害公司债权人利益责任纠纷是侵权之诉，两者基于的法律关系不同，不应合并审理，可以在债权经生效法律文书确认后另行诉讼。因此，在对此问题进行案例研究及参考时，应关注司法裁判意见的变迁。

（三）损害公司债权人利益责任纠纷在执行程序中的适用

1. 除一人公司外，执行程序中不适用公司人格否认制度

最高人民法院在 2011 年 5 月 27 日发布的《关于依法制裁规避执行行为的若干意见》（法〔2011〕195 号）第二十条规定：“依法变更追加被执行主体或者告知申请执行人另行起诉。有充分证据证明被执行人通过离婚析产、不依法清算、改制重组、关联交易、财产混同等方式恶意转移财产规避执行的，执行法院可以通过依法变更追加被执行人或者告知申请执行人通过诉讼程序追回被转移的财产。”该司法文件被视为执行程序中公司人格否认制度的法律依据，实践中亦有大量执行案件，直接将与财产混同的股东列为被执行人。对此，司法解释虽未明确禁止在执行程序中适用法人人格否认制度，但最高人民法院认为在执行程序中追加被执行人应有明确的法律规定作为依据，故在相关裁判中对这一做法持否定意见。

① 参见最高人民法院（2014）民一终字第 228 号民事裁定书。

案例·22　－最高人民法院案例－

在执行程序中不能适用公司法人人格否认制度

——深圳长城公司等与董庆芳企业借贷纠纷再审案①

申诉人（追加被执行人）：深圳长城公司。

申诉人（追加被执行人）：青龙燕山公司。

申诉人（追加被执行人）：青龙矿源公司。

被申诉人（申请执行人）：董庆芳。

被执行人：孟丽娜。

被执行人：青龙冶金公司。

董庆芳与孟丽娜、青龙冶金公司借款合同纠纷一案，法院判令孟丽娜偿还董庆芳借款910万元及利息，青龙冶金公司承担连带清偿责任。因债务人未履行债务，董庆芳向唐山中院申请执行，执行中，董庆芳申请增加深圳长城公司、青龙燕山公司、青龙矿源公司（以下总称三公司）为案件被执行人。法院认为，深圳长城公司与其三子公司青龙燕山公司、青龙矿源公司/青龙冶金公司之间在财务人员、业务经营等方面交叉或混同，个人财产和公司财产混同，导致各公司财产无法区分、已构成法人人格混同、财产混同、财务人员混同、经营业务混同，严重损害了债权人的利益，遂依据《最高人民法院关于依法制裁规避执行行为的若干意见》第二十条的规定，裁定追加三公司为被执行人。

三公司不服河北高院裁定，向最高人民法院申诉。最高人民法院审理后，认为本案所涉企业法人财产混同不属于司法解释明确规定的可以追加为被执行人的法定情形，最终裁定撤销唐山中院、河北高院追加三公司的裁定。

在该案中，最高人民法院强调："关于执行程序中能否以财产混同为由追加被执行人的问题为本院通过司法解释，对在执行程序中可以追加被执行人的情形作了明确规定。"实践中，追加案外人为被执行人应严格依照法律、司法解释的规定进行，唯有符合法定适用情形的，执行法院才能裁定追加被执行人并对其采取强制执行措施。本案所涉企业法人财产混同不属于司法解释明确的可以追加为被执行人

① 参见河北省高级人民法院（2015）冀执复字第12号执行裁定书；最高人民法院（2015）执申字第90号民事裁定书。

的法定情形,法院援引非司法解释《最高人民法院关于依法制裁规避执行行为的若干意见》为裁判依据,追加深圳长城公司、青龙燕山公司、青龙矿源公司为本案被执行人不当,应予纠正。

最高人民法院进一步指出,关于申请执行人实现债权的程序问题。执行程序中追加案外人为被执行人,有严格的法定条件限制,无论本案情形是否属于财产混同或者法人人格混同,均不是追加被执行人的法定事由。债权人如认为被执行人与其他公司存在财产混同、法人人格混同的情形,可以另案提起诉讼,请求否定相关公司法人人格并承担原本由被执行人承担的债务。

严格来说,执行程序中不适用公司法人人格否认制度并不准确。因为根据最高人民法院在上述案件裁定作出后发布的《关于民事执行中变更、追加当事人若干问题的规定》(法释〔2016〕21 号)规定,作为被执行人的一人有限责任公司,财产不足以清偿生效法律文书确定的债务,股东不能证明公司财产独立于自己的财产,申请执行人可申请变更、追加该股东为被执行人,对公司债务承担连带责任。因此,可以说针对一人有限公司的有关规定是执行程序中适用公司法人人格否认制度的例外。

2. 执行程序中可追加存在资本问题的股东

根据《最高人民法院关于民事执行中变更、追加当事人若干问题的规定》,作为被执行人的企业法人,财产不足以清偿生效法律文书确定的债务,申请执行人可申请变更、追加以下人员为被执行人:第一,未缴纳或未足额缴纳出资的股东、出资人或依公司法规定对该出资承担连带责任的发起人;第二,抽逃出资的股东、出资人;第三,其股东未依法履行出资义务即转让股权时,原股东或依公司法规定对该出资承担连带责任的发起人。以上人员分别在尚未缴纳出资的范围内、抽逃出资的范围内以及未依法出资的范围内依法承担责任,而相应的情形均属于股东资本问题的行为,但应当注意的是股东不当减资损害债权人利益的情形并未包括在内。

案例·23 - 最高人民法院案例 -

抽逃出资的股东可在执行程序中被追加为被执行人

——赵良臣与沈敏等追加被执行人执行异议之诉上诉案①

上诉人(原审原告):赵良臣。

被上诉人(原审被告):沈敏。

原审第三人:盛德公司。

盛德公司于2012年10月31日成立,公司注册资本为1000万元,原始股东为赵良臣、汪晖两人,其中赵良臣出资额为780万元,持股78%,汪晖出资额为220万元,持股22%。2012年12月10日,赵良臣从其账户转入盛德公司基本账户780万元,作为向盛德公司的投资款,汪晖从其账户转入盛德公司基本账户220万元,作为向盛德公司的投资款。次日,盛德公司基本账户上的1000万元分两笔各500万元转至赵良臣的账户。

沈敏等因与盛德公司等发生合同纠纷,经生效判决确认盛德公司应付沈敏等人125,95,554元(计至2017年3月20日)。经强制执行程序,未发现盛德公司有可供执行的财产,法院遂以赵良臣作为盛德公司股东具有抽逃出资的行为为由,裁定赵良臣对盛德公司的债务在780万元范围内承担连带清偿责任。

赵良臣不服该裁定提起诉讼,一审海南高院及二审最高人民法院均驳回了其诉讼(上诉)请求。

上述案件中,一审及二审法院均确认,盛德公司账户转入注册资金的次日,该注册资金分两笔又全部转至赵良臣的账户。对注册资金转出行为,赵良臣不能提供证据证明系基于正常业务往来而形成的资金流转,也不能证明此资金转账行为是经过了公司法定程序,故构成抽逃出资。《最高人民法院关于民事执行中变更、追加当事人若干问题的规定》第十八条规定:"作为被执行人的企业法人,财产不足以清偿生效法律文书确定的债务,申请执行人申请变更、追加抽逃出资的股东、出资人为被执行人,在抽逃出资的范围内承担责任的,人民法院应予支持。"据此,本案中一审法院认为裁定追加赵良臣为被执行人并在780万元范围内承担连带赔偿

① 参见海南省高级人民法院(2017)琼民初41号民事判决书;最高人民法院(2018)最高法民终865号民事判决书。

责任并无不当。最高人民法院对一审判决予以维持。

六、损害债权人利益责任纠纷的举证责任

公司、股东或实际控制人、债权人三者中，就公司内部事项而言，债权人处于绝对的举证弱势地位。由于信息不对称，债权人很难就公司股东存在出资不实、抽逃出资、人格混同等情况举出完整的、证据链有效闭合的证据。尤其是对于作为人格混同实质性条件的“财产或财务混同”，其完全属于股东和公司内部事宜，外部债权人很难获取信息而多停留在怀疑层面。通常，债权人能够获取的证明材料也往往仅限于工商登记档案、年度报告，对于公司银行账户的开设情况、账户交易明细、业务合同、内部人员结构等，很难搜集或调取。此外，对于股东未履行出资义务等情形，债权人主张的是消极事实，难以从正面积极地证明。从本章选取的案例中可以看出，在涉及较复杂交易的情况下，成功认定相关主体构成抽逃出资、协助抽逃出资的案件多为公司或其他股东等内部主体提起的诉讼，由此亦可侧面印证此类案件中公司外部债权人搜集及提供有效证据之不易。因此，如对债权人课以较重的举证义务，则公司法人人格否认制度将在很大程度上被架空。

基于上述各项因素考虑，《公司法司法解释（三）》第二十一条就股东未履行或未完全履行出资义务的举证责任作出规定：“当事人之间对是否已履行出资义务发生争议，原告提供对股东履行出资义务产生合理怀疑证据的，被告股东应当就其已履行出资义务承担举证责任。”

（一）债权人提交初步证据的义务

如果将该条规定的原则扩展适用至损害公司债权人利益的各种情形（事实上司法实务中在类似情形下对举证责任问题亦多直接援引该条规定），则债权人的举证义务及标准为：举证证明股东存在滥用公司人格的行为以及由此产生了损害结果，该证据应达到“产生合理怀疑”的程度。但对债权人是否完成初步举证义务的把握，实务中还存在认知及操作层面的差异。

案例·24 －人民司法案例－

债权人主张公司人格否认，应寻求多种救济手段以获取证据线索

——亿达信公司与四平公司等买卖合同纠纷上诉案①

上诉人(原审原告)：亿达信公司。

被上诉人(原审被告)：四平公司。

被上诉人(原审被告)：红嘴集团。

被上诉人(原审被告)：李鹏飞。

2012年至2015年，亿达信公司持续向四平公司供货，双方最终结算确认，四平公司共计拖欠货款67,091,002.59元。因四平公司未给付上述所欠货款，亿达信公司诉至法院要求其支付货款，并要求其股东红嘴集团、李鹏飞承担连带清偿责任。

亿达信公司主张，红嘴集团分别将其持有的四平公司99.815%的股权以0元价格、0.037%的股权以1元价格转让给李鹏飞，以不合理低价转让股权属股东之间恶意串通、逃避公司债务损害债权人利益。并且，其有充分理由产生合理怀疑，红嘴集团与四平公司之间存在关联交易，二者之间存在资产混同、业务混同情况，红嘴集团存在虚假出资、出资不到位、抽逃出资行为。亿达信公司就此申请调取四平公司、红嘴集团2012年至2015年开户银行账号交易流水明细及财务收支明细，并申请审计。

该案经一审吉林高院、二审最高人民法院，均对亿达信公司的调查取证及审计申请未予准许，认为亿达信公司未完成举证义务，对其要求红嘴集团、李鹏飞承担连带责任的不予支持。

该案中，亿达信公司主张红嘴集团、李鹏飞应承担连带清偿责任的理由主要有：第一，红嘴集团和四平公司之间存在关联交易行为，红嘴集团作为股东与公司存在资产混同、业务混同，四平公司的人格被红嘴集团所吸收而不独立；第二，红嘴集团存在虚假出资、出资不到位、抽逃出资，严重侵害亿达信公司等债权人的合法权益。因此本案的关键是，亿达信公司主张的相关事实能否成立。

① 参见吉林省高级人民法院(2016)吉民初17号民事判决书；最高人民法院(2017)最高法民终87号民事判决书；《亿达信煤焦化能源有限公司、四平现代钢铁有限公司买卖合同纠纷案》，载《人民司法》2017年第26期。

有关红嘴集团是否存在虚假出资、抽逃出资的事实认定。最高人民法院认为，就红嘴集团是否虚假出资、出资不实的问题而言，在无相反证据推翻的情况下，四平公司的工商登记资料能够证明红嘴集团实际认缴出资、全面履行出资义务的事实。就红嘴集团是否抽逃出资的问题而言，亿达信公司在本案中所举的证据，缺乏与抽逃出资的关联性，不能证明红嘴集团存在上述五种抽逃出资行为，也不能使法官对股东抽逃出资产生合理怀疑；且依常理，亿达信公司若对股东抽逃出资产生怀疑又不能依法取证的话，其应穷尽包括工商行政处罚、刑事侦查在内的救济手段，但其并未积极寻求多种救济手段以获取相关证据线索。综上两个方面的分析，亿达信公司以虚假出资、抽逃出资为由请求红嘴集团对四平公司的债务承担连带清偿责任，依据不足，不予支持。

有关人格混同的事实认定。最高人民法院认为，根据亿达信公司在一审中提交、各方当事人对真实性均无异议的四平公司的工商登记资料载明，四平公司增资后实收资本为80,743万元，其中红嘴集团以货币和实物出资方式实缴出资80,594万元。工商登记资料具有推定效力，在无相反证据推翻的情况下，依据该证据能够认定红嘴集团履行了出资义务。再结合两公司的企业法人营业执照、四平公司章程等证据来看，两公司的住所地、法定代表人及组织机构等并不相同，亦无证据证明二者存在业务和利益分配上的混同，故不能认定四平公司与其控股股东红嘴集团之间存在人格混同的情形。

有关红嘴集团与四平公司之间是否存在关联交易。最高人民法院认为，《公司法》第二十一条所规定的赔偿责任，应以关联交易损害公司利益为前提。而且关联交易所产生的责任，是从事关联交易的公司控股股东及高级管理人员对公司的损害赔偿责任，责任的受偿主体是公司而不是公司的债权人。

该案中，针对亿达信公司的调查取证申请，最高人民法院认为亿达信公司申请调取四平公司、红嘴集团2012年至2015年开户银行账号交易记录明细及对3年的财务收支明细进行审计，拟证明红嘴集团滥用公司法人人格损害债权人利益、虚假出资或抽逃出资以及其与四平公司存在关联交易，一审法院对其申请未予准许并无不当。其一，银行账号交易情况及财务收支情况是涉及公司财产利益和商业秘密的交易信息，除特定情形以外公司无对外披露义务。人民法院应当尊重和维护商事主体的财产信息，人民法院不是侦查机关，不可能对没有任何证据指向的问题随意依职权调取证据。其二，本案一审中，四平公司已进入破产清算程序，该公司的破产管理人依职责应调查债务人的财产状况，制作财产状况报告，亿达信公司申请调取的上述信息能够通过破产审计予以明确，故本案无须另行调取及审计。其三，亿达信公司对四平公司的债权并不享有别除权，该公司不能单独受偿。据此，亿达信公司的该项上诉主张不成立。

（二）依职权取证或责令提交证据的适用

在案例24中，债权人因其已获得的证据及后续的取证途径均有限，故申请法院依职权调查取证。最高人民法院对于债权人申请调查取证的申请并未支持并详细阐释了理由，主要在于公司商业秘密及财产信息保护与债权人权益之间的平衡通过法院依职权调取证据的必要性以及针对该问题部分地方法院作出了相较于《公司法司法解释（三）》更加具体的规定。如《上海市高级人民法院民事审判第二庭关于审理公司法人人格否认案件的若干意见》第十条第二款进一步规定："公司债权人能够提供初步证据证明股东滥用公司独立法人地位和股东有限责任。但确因客观原因不能自行收集公司账簿、会计凭证、会议记录等相关证据，申请人民法院调查取证的，法院应当依据《最高人民法院关于民事诉讼证据的若干规定》的规定，进行必要的审查。"在部分案例中，亦有法院在面临债权人提出的职权调查取证申请时，确认了公司及其股东的证据提交义务。这类案件与案例24在具体案情及债权人举证情况方面的差别值得关注。

案例·25 －最高人民法院案例－

股东抽逃出资的举证责任分配及转移

——美达多公司与新大地公司等借款合同纠纷再审案①

再审申请人（一审原告、二审上诉人）：美达多公司。

被申请人（一审被告、二审被上诉人）：新大地公司。

被申请人（一审被告、二审被上诉人）：张军妮。

被申请人（一审被告、二审被上诉人）：周旻。

新大地公司于2006年12月4日注册成立，2011年5月6日注册资本由100万元增加为6100万元，增资部分由股东张军妮追加2820万元、股东周旻追加3180万元，会计师事务所出具验资报告证明张军妮、周旻增资的事实。2012年11月12日，张军妮将所持股份全部转让给周旻。

① 参见广东省高级人民法院（2014）粤高法民四终字第108号民事判决书；最高人民法院（2016）最高法民再2号民事判决书。

2010年12月,美达多公司与新大地公司开展合作,经最终结算欠款为1,427,000美元。美达多公司认为,有理由相信新大地公司已无能力清偿债务,原因很大程度上是新大地公司股东张军妮、周旻存在抽逃出资的行为,新大地公司增资的6000万元资金已被彻底抽空。故诉至法院请求新大地公司还款,其股东张军妮、周旻承担连带清偿责任。

广东深圳中级法院一审及广东高院二审均认为美达多公司未提供任何股东抽逃出资的证据,故对其要求股东承担连带责任的请求不予支持。二审中,美达多公司陈述了张军妮、周旻增资合计6000万元自新大地公司汇出的时间、方式及收款账户。请求法院依法调取周旻、张军妮、新大地公司2011年4月至2012年7月的银行交易流水账以及新大地公司2011年4月至2012年4月的财务会计账册。但二审法院未予准许。

判决生效后,美达多公司向最高人民法院申请再审。最高人民法院裁定提审本案,经审理,最终改判张军妮、周旻在抽逃出资本息范围内就新大地公司的债务承担补充赔偿责任。(见图11-17)

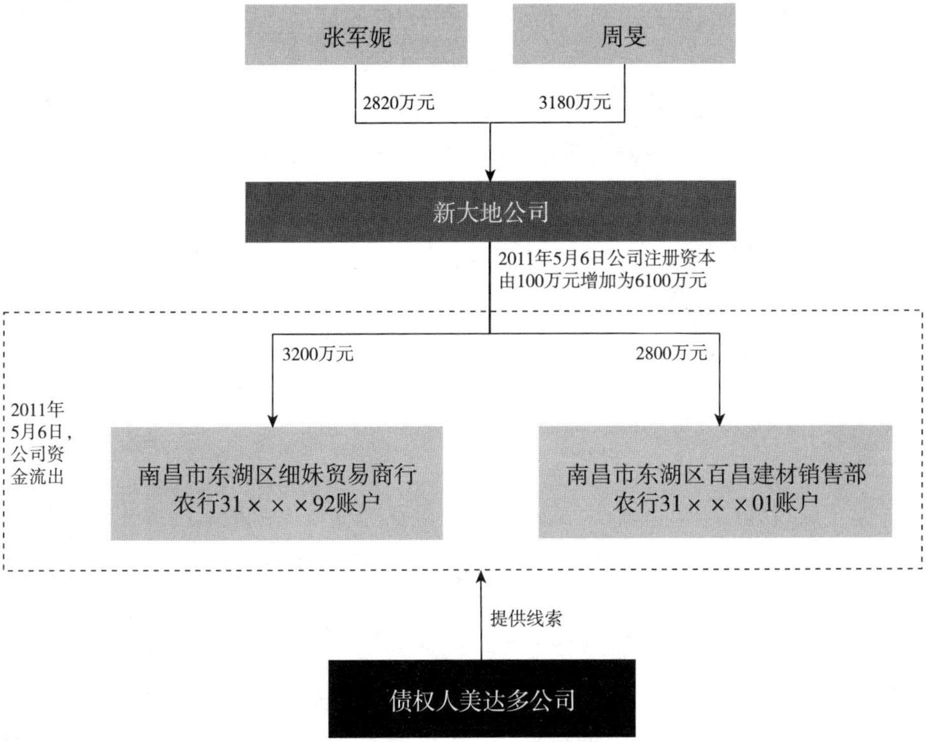

图11-17 美达多公司与新大地公司等借款合同纠纷再审案

本案与案例24对比可以发现,两案中债权人均主张债务人股东抽逃出资,但都无法提供直接证据,故均转而申请法院调取债务人公司银行账户在数年期间的流水以及财务会计账册。两案中,法院均未准予调取上述证据,但两案裁判结果却迥然不同。

本案中,最高人民法院就此陈述的裁判理由为"美达多公司虽然未提供直接证据证明新大地公司股东周旻、张军妮存在该规定所列举的抽逃出资行为,但二审期间美达多公司就新大地公司于2011年5月6日将注册资本从100万元增加至6100万元的当天即从公司账户转走6000万元的事实及资金流向提供了线索,指出张军妮、周旻的增资款6000万元于2011年5月6日当日又分成了两笔汇出,其中一笔3200万元汇入南昌市东湖区细妹贸易商行农行31×××92账户,另一笔2800万元汇入南昌市东湖区百昌建材销售部农行31×××01账户,该两笔资金汇出后又转汇至其他账户,至今没有回到新大地公司的银行账户。对此,新大地公司、张军妮、周旻并未否认6000万元于2011年5月6日增资当日即被转出的事实,张军妮仅辩称,'增资后的款项用于购买设备了,但如何购买、去哪里买,是否有合同、发票等应在新大地公司的账目中有显示',但并未提供相应的证据予以证明。《公司法司法解释(三)》第二十条规定:'当事人之间对是否已履行出资义务发生争议,原告提供对股东履行出资义务产生合理怀疑证据的,被告股东应当就其已履行出资义务承担举证责任。'根据该司法解释规定的精神,就股东是否抽逃出资的举证责任分配,由于美达多公司无法查询新大地公司及其股东周旻、张军妮的银行账户或财务账簿,在美达多公司提供了对周旻、张军妮抽逃出资合理怀疑的证明后,只能通过法院调查或者由新大地公司及周旻、张军妮提供反驳证据,才能查清事实,因此,此时应将举证责任转移至周旻、张军妮,由其提供相应的证据反驳美达多公司关于周旻、张军妮抽逃出资的主张。然而,周旻、张军妮未予举证。在这种情况下,应当作出对周旻、张军妮不利的判断,即支持美达多公司的主张,认定周旻、张军妮构成抽逃出资"。

从上述说理过程可以看出,最高人民法院认为债权人就股东抽逃出资的具体行为提供了明确而详尽的陈述,且资金流向未被股东否认,据此认为债权人的举证已经满足了"产生合理怀疑"的证明标准,举证责任进而转移至股东一方。也因举证责任已转移,故债权人无必要申请调查取证。而在案例24中,法院认为债权人尚未满足"产生合理怀疑"的证明标准,相关主张仅是主观怀疑,未能指明具体行为或线索,故不产生举证责任转移的问题。另外,两案中对于股东是否具有逃避债务之目的,均未要求债权人举证予以证明,而是仅依据已经查明的事实来判断是否存在主观故意。由此可见,在损害债权人利益责任纠纷中,举证责任的分配不仅需根据个案情况而确定,更是随着双方举证及抗辩的情况而处于一个动态调整甚至转移的过程,而非单一或机械的标准。

七、一人有限公司的特殊规则

一人有限公司作为有限责任公司的一种形态,适用法人人格否认的规则。但是,一人有限公司的特殊性在于其天然具有的股东单一性和股东控制权过大的法律特征,使其极易产生法人人格形骸化的现实特点。在评判一人有限公司是否存在不当侵犯债权人利益的情形时,应当将法律对一人有限公司的特殊规定与公司法人人格否认的一般原则结合起来进行综合认定,既要防范将一人有限公司形骸化损害债权人利益的现象视为基于公司特性的正常现象,也要防止不加区分动辄课以连带责任的做法。

(一)一人有限公司法人人格否认的举证责任

一人有限公司法人人格否认的显著特性在于举证责任分配规则。根据《公司法》第六十三条的规定,一人有限责任公司的股东不能证明公司财产独立于股东自己的财产的,应当对该公司债务承担连带责任。据此,若债权人以一人公司的股东与公司存在财产混同为由起诉要求股东对公司债务承担连带责任,应实行举证责任倒置,由被告股东承担行为意义上的提交证据责任,对其个人财产与公司财产之间不存在混同承担举证责任,并承担在举证不能时结果意义上的不利后果。

案例·26　　**–最高人民法院案例–**

一人公司"财产独立"的举证责任由股东承担

——方正物产公司与丰源汇公司合同纠纷再审案①

再审申请人(一审被告、二审上诉人):方正物产公司。

被申请人(一审原告、二审被上诉人):丰源汇公司。

丰源汇公司因与方正大连公司财产损害赔偿纠纷一案,经法院另案判决方正大连公司返还丰源汇公司货款26,735,678元及利息。方正大连公司为一人有限责

① 参见黑龙江省佳木斯市中级人民法院(2017)黑08民初63号民事判决书;黑龙江省高级人民法院(2018)黑民终478号民事判决书;最高人民法院(2019)最高法民申2863号民事裁定书。

任公司,方正物产公司系该公司股东。丰源汇公司遂提起本案诉讼,要求方正物产公司就方正大连公司的债务承担连带责任。

审理中,法院查明方正大连公司与其股东方正物产公司之间存在高级管理人员任职交叉、办公地点同一、互用资质从事对方经营业务的情形。且法院调取的方正物产公司与方正大连公司2014年1月1日至2015年12月31日的银行转账记录中,方正大连公司向方正物产公司转款106笔,涉及金额21亿余元。方正物产公司向方正大连公司转款5亿余元,方正物产公司认可有50余笔业务可能对丰源汇公司造成损害。方正物产公司银行账户明细及方正大连公司《2015年度审计报告》显示,2015年方正大连公司为方正物产公司借款支付2261万元利息。方正集团提交企业年度《审计报告》和纳税信息,拟证明其股东财产独立于公司财产。

一审黑龙江佳木斯中院综合上述情况认定方正物产公司未能依据《公司法》第六十三条的规定证明其财产独立于方正大连公司财产,判决其对方正大连公司所负债务承担责任。二审黑龙江高院维持原判。

最高人民法院受理方正物产公司申诉后,裁定驳回其再审申请。

在该案中,三级法院首先均依据《公司法》第六十三条的规定,确认方正大连公司的股东方正物产公司应举证证明其财产独立于公司。方正物产公司虽提供了企业年度《审计报告》和纳税信息用以证明其股东财产独立于公司财产,但在股东人格与公司人格存在混同的外观表象时,法院对方正大连公司与其股东方正物产公司之间财产是否存在混同进行了实质性审查,如是否存在高级管理人员任职交叉、办公地点同一、互用资质从事对方经营业务、大额转账等情形。对于可疑转账交易,本案中法院亦提出了进一步的证明要求,如要求股东方正物产公司举证证明其取得上述款项的合法依据,并在其无法证明时判令其承担结果意义上的举证责任。

另外,该案值得关注的程序性问题是,方正物产公司曾申请法院追加方正大连公司为第三人,但未获准许。对此,最高人民法院的判决意见为:“本案中,方正大连公司为一人有限责任公司,其股东为方正物产公司。根据上述法律规定,一人有限责任公司的股东对一人有限责任公司与股东之间财产独立负举证责任。原审法院认定方正物产公司承担举证责任、未追加方正大连公司为本案第三人,并无不当。”

(二)一人有限公司财产混同的审查标准

根据法律规定,一人有限责任公司有义务在每一会计年度终了时编制财务会计报告,并经会计师事务所审计。但一人公司的财产与股东个人财产是否混同,不仅需审查其在形式上是否按照法律规定编制了财务审计报告，还应审查公司是否建立了独立规范的财务制度、财务支付是否明晰、是否具有独立的经营场所等，对于涉嫌财产混同的交易或行为，应考虑股东是否有合理解释并有相应证据佐证，在此基础上进行综合认定。

案例·27　– 最高人民法院公报案例 –

一人公司的财产与股东财产是否混同，应当审查各方面因素进行综合考量

——陈惠美等与应高峰其他合同纠纷上诉案[①]

上诉人（原审被告）：陈惠美。

上诉人（原审被告）：嘉美德公司。

被上诉人（原审原告）：应高峰。

嘉美德公司为有限责任公司（台港澳自然人独资），股东及法定代表人均为陈惠美。2012 年 8 月 2 日，应高峰与嘉美德公司、案外人陈倬坚签订《投资合同》，约定应高峰对嘉美德公司进行投资。双方在《投资合同》履行过程中发生争议，应高峰提出解约并收到嘉美德公司返还的部分投资款。后应高峰提起诉讼，要求嘉美德公司返还剩余投资款并支付逾期利息，陈惠美对嘉美德公司的债务承担连带清偿责任。

上海长宁法院在认定《投资合同》已解除故嘉美德公司应返还剩余投资款的基础上，认为陈惠美未能向法院提供证据证明嘉美德公司的财产独立于其个人财产，又因嘉美德公司坚持不进行审计，故无法证明应高峰所交付的投资款已用于嘉美德公司而排除另作他用的可能性。因此，判令陈惠美对嘉美德公司的债务承担连带清偿责任。

上海一中院认为嘉美德公司已经提供相应审计报告。应高峰提出的异议并不能反映嘉美德公司财产与陈惠美个人财产有混同的迹象，故改判陈惠美无须承担连带清偿责任。

本案中，一审法院与二审法院分歧的焦点在于，一人有限公司的股东举证达到

① 参见上海市长宁区人民法院（2013）长民二（商）初字第 S829 号民事判决书；上海市第一中级人民法院（2014）沪一中民四（商）终字第 S1267 号民事判决书。

何种程度才能达到证明其个人财产与公司财产不存在混同的证明标准。对该问题，一审法院认为嘉美德公司拒绝审计，故无法证明实际财务状况以及原告投资款的用途。二审中，嘉美德公司提供了 2011 年至 2013 年的《财务报表及审计报告》、2011 年《外汇收支情况表审核报告》及 2012 年至 2013 年的《外商投资企业外方权益确认表审核报告》，欲证明嘉美德公司有独立的财务账目，与陈惠美个人不存在财产混同。其中，2011 年至 2013 年的《财务报表及审计报告》确认，嘉美德公司财务报表在所有重大方面按照小企业会计准则的规定编制，公允反映了嘉美德公司的财务状况以及经营成果和现金流量；2012 年至 2013 年的《外商投资企业外方权益确认表审核报告》及 2011 年《外汇收支情况表审核报告》确认，嘉美德公司的外方权益确认表及外汇收支情况表的编制在所有重大方面符合国家外汇管理的有关规定。

二审法院认为，陈惠美提供了嘉美德公司的相关审计报告，可以反映嘉美德公司有独立完整的财务制度，相关财务报表亦符合会计准则及国家外汇管理的规定，且未见有公司财产与股东个人财产混同的迹象，可以基本反映嘉美德公司财产与陈惠美个人财产相分离的事实。应高峰认为上述证据不足以证明嘉美德公司财产与陈惠美个人财产没有混同，并提出如下异议：审计报告未反映本案诉讼情况；嘉美德公司一审中提供的银行收支报告反映，应高峰投资后仅一周，嘉美德公司就向案外公司转移了 96 万余元，包括发放案外公司员工工资等。法院对此认为，从本案目前的证据材料可以看出，嘉美德公司收到应高峰的投资款后，虽有部分用于支付第三方的员工工资及货款等费用，但是，根据双方投资合同的约定，应高峰投资后，该第三方公司的业务将全部转入嘉美德公司，因此该公司的业务支出与应高峰的投资项目直接有关；这些费用的支出均用于第三方公司的业务支出，并无款项转入陈惠美个人账户的记录，而审计报告中是否记载本案诉讼的情况也与财产混同问题无涉。因此，应高峰提出的异议并不能反映嘉美德公司财产与陈惠美个人财产有混同的迹象，陈惠美的上诉理由成立，故予以改判。

由本案亦可印证，我国《公司法》第六十三条规定的举证责任倒置规则，并不意味着一人公司的财产没有独立性，更不意味着一人有限公司的股东在公司人格否认案件中难以进行有效的抗辩。在司法实践中，只要股东能在股东财产与公司财产上做到分别列支列收，单独核算，利润分别分配和保管，风险分别承担，对于可疑交易可作出合理说明并提供相应证据，就应当认定实现了公司和股东财产的分离。

八、法律法规及适法意见

(一)全国性

1.《公司法》节选

第二十条　公司股东应当遵守法律、行政法规和公司章程,依法行使股东权利,不得滥用股东权利损害公司或者其他股东的利益;不得滥用公司法人独立地位和股东有限责任损害公司债权人的利益。

公司股东滥用股东权利给公司或者其他股东造成损失的,应当依法承担赔偿责任。

公司股东滥用公司法人独立地位和股东有限责任,逃避债务,严重损害公司债权人利益的,应当对公司债务承担连带责任。

第二十八条　股东应当按期足额缴纳公司章程中规定的各自所认缴的出资额。股东以货币出资的,应当将货币出资足额存入有限责任公司在银行开设的账户;以非货币财产出资的,应当依法办理其财产权的转移手续。

股东不按照前款规定缴纳出资的,除应当向公司足额缴纳外,还应当向已按期足额缴纳出资的股东承担违约责任。

第三十五条　公司成立后,股东不得抽逃出资。

第六十三条　一人有限责任公司的股东不能证明公司财产独立于股东自己的财产的,应当对公司债务承担连带责任。

第一百四十七条　董事、监事、高级管理人员应当遵守法律、行政法规和公司章程,对公司负有忠实义务和勤勉义务。

董事、监事、高级管理人员不得利用职权收受贿赂或者其他非法收入,不得侵占公司的财产。

2.《公司法司法解释(二)》节选

第十八条　有限责任公司的股东、股份有限公司的董事和控股股东未在法定期限内成立清算组开始清算,导致公司财产贬值、流失、毁损或者灭失,债权人主张其在造成损失范围内对公司债务承担赔偿责任的,人民法院应依法予以支持。

有限责任公司的股东、股份有限公司的董事和控股股东因怠于履行义务,导致公司主要财产、账册、重要文件等灭失,无法进行清算,债权人主张其对公司债务承担连带清偿责任的,人民法院应依法予以支持。

上述情形系实际控制人原因造成,债权人主张实际控制人对公司债务承担相应民事责任的,人民法院应依法予以支持。

第十九条 有限责任公司的股东、股份有限公司的董事和控股股东,以及公司的实际控制人在公司解散后,恶意处置公司财产给债权人造成损失,或者未经依法清算,以虚假的清算报告骗取公司登记机关办理法人注销登记,债权人主张其对公司债务承担相应赔偿责任的,人民法院应依法予以支持。

3.《公司法司法解释(三)》节选

第十二条 公司成立后,公司、股东或者公司债权人以相关股东的行为符合下列情形之一且损害公司权益为由,请求认定该股东抽逃出资的,人民法院应予支持:

(一)制作虚假财务会计报表虚增利润进行分配;

(二)通过虚构债权债务关系将其出资转出;

(三)利用关联交易将出资转出;

(四)其他未经法定程序将出资抽回的行为。

第十三条 股东未履行或者未全面履行出资义务,公司或者其他股东请求其向公司依法全面履行出资义务的,人民法院应予支持。

公司债权人请求未履行或者未全面履行出资义务的股东在未出资本息范围内对公司债务不能清偿的部分承担补充赔偿责任的,人民法院应予支持;未履行或者未全面履行出资义务的股东已经承担上述责任,其他债权人提出相同请求的,人民法院不予支持。

股东在公司设立时未履行或者未全面履行出资义务,依照本条第一款或者第二款提起诉讼的原告,请求公司的发起人与被告股东承担连带责任的,人民法院应予支持;公司的发起人承担责任后,可以向被告股东追偿。

股东在公司增资时未履行或者未全面履行出资义务,依照本条第一款或者第二款提起诉讼的原告,请求未尽公司法第一百四十七条第一款规定的义务而使出资未缴足的董事、高级管理人员承担相应责任的,人民法院应予支持;董事、高级管理人员承担责任后,可以向被告股东追偿。

第十四条 股东抽逃出资,公司或者其他股东请求其向公司返还出资本息、协助抽逃出资的其他股东、董事、高级管理人员或者实际控制人对此承担连带责任的,人民法院应予支持。

公司债权人请求抽逃出资的股东在抽逃出资本息范围内对公司债务不能清偿的部分承担补充赔偿责任、协助抽逃出资的其他股东、董事、高级管理人员或者实际控制人对此承担连带责任的,人民法院应予支持;抽逃出资的股东已经承担上述责任,其他债权人提出相同请求的,人民法院不予支持。

第十八条　有限责任公司的股东未履行或者未全面履行出资义务即转让股权，受让人对此知道或者应当知道，公司请求该股东履行出资义务、受让人对此承担连带责任的，人民法院应予支持；公司债权人依照本规定第十三条第二款向该股东提起诉讼，同时请求前述受让人对此承担连带责任的，人民法院应予支持。

受让人根据前款规定承担责任后，向该未履行或者未全面履行出资义务的股东追偿的，人民法院应予支持。但是，当事人另有约定的除外。

第十九条　公司股东未履行或者未全面履行出资义务或者抽逃出资，公司或者其他股东请求其向公司全面履行出资义务或者返还出资，被告股东以诉讼时效为由进行抗辩的，人民法院不予支持。

公司债权人的债权未过诉讼时效期间，其依照本规定第十三条第二款、第十四条第二款的规定请求未履行或者未全面履行出资义务或者抽逃出资的股东承担赔偿责任，被告股东以出资义务或者返还出资义务超过诉讼时效期间为由进行抗辩的，人民法院不予支持。

第二十条　当事人之间对是否已履行出资义务发生争议，原告提供对股东履行出资义务产生合理怀疑证据的，被告股东应当就其已履行出资义务承担举证责任。

4.《九民纪要》(法〔2019〕254 号)节选

二、关于公司纠纷案件的审理

(四)关于公司人格否认

公司人格独立和股东有限责任是公司法的基本原则。否认公司独立人格，由滥用公司法人独立地位和股东有限责任的股东对公司债务承担连带责任，是股东有限责任的例外情形，旨在矫正有限责任制度在特定法律事实发生时对债权人保护的失衡现象。在审判实践中，要准确把握《公司法》第 20 条第 3 款规定的精神。一是只有在股东实施了滥用公司法人独立地位及股东有限责任的行为，且该行为严重损害了公司债权人利益的情况下，才能适用。损害债权人利益，主要是指股东滥用权利使公司财产不足以清偿公司债权人的债权。二是只有实施了滥用法人独立地位和股东有限责任行为的股东才对公司债务承担连带清偿责任，而其他股东不应承担此责任。三是公司人格否认不是全面、彻底、永久地否定公司的法人资格，而只是在具体案件中依据特定的法律事实、法律关系，突破股东对公司债务不承担责任的一般规则，例外地判令其承担连带责任。人民法院在个案中否认公司人格的判决的既判力仅仅约束该诉讼的各方当事人，不当然适用于涉及该公司的其他诉讼，不影响公司独立法人资格的存续。如果其他债权人提起公司人格否认诉讼，已生效判决认定的事实可以作为证据使用。四是《公司法》第 20 条第 3 款规定的滥用行为，实践中常见的情形有人格混同、过度支配与控制、资本显著不足等。在审理案件时，需要根据查明的案件事实进行综合判断，既审慎适用，又当用则用。实践中存在标准把握不严而滥用这一例外制度的现象，同时也存在因法律规定较为原则、抽象，适用难度大，而不善于适用、不敢于适用的现象，均应当引起高度重视。

10.【人格混同】认定公司人格与股东人格是否存在混同，最根本的判断标准是公司是否具有独立意思和独立财产，最主要的表现是公司的财产与股东的财产是否混同且无法区分。在认定是否构成人格混同时，应当综合考虑以下因素：

(1)股东无偿使用公司资金或者财产，不作财务记载的；

(2)股东用公司的资金偿还股东的债务，或者将公司的资金供关联公司无偿使用，不作财务记载的；

(3)公司账簿与股东账簿不分，致使公司财产与股东财产无法区分的；

(4)股东自身收益与公司盈利不加区分，致使双方利益不清的；

(5)公司的财产记载于股东名下，由股东占有、使用的；

(6)人格混同的其他情形。

在出现人格混同的情况下，往往同时出现以下混同：公司业务和股东业务混同；公司员工与股东员工混同，特别是财务人员混同；公司住所与股东住所混同。人民法院在审理案件时，关键要审查是否构成人格混同，而不要求同时具备其他方面的混同，其他方面的混同往往只是人格混同的补强。

11.【过度支配与控制】公司控制股东对公司过度支配与控制，操纵公司的决策过程，使公司完全丧失独立性，沦为控制股东的工具或躯壳，严重损害公司债权人利益，应当否认公司人格，由滥用控制权的股东对公司债务承担连带责任。实践中常见的情形包括：

(1)母子公司之间或者子公司之间进行利益输送的；

(2)母子公司或者子公司之间进行交易，收益归一方，损失却由另一方承担的；

(3)先从原公司抽走资金，然后再成立经营目的相同或者类似的公司，逃避原公司债务的；

(4)先解散公司，再以原公司场所、设备、人员及相同或者相似的经营目的另设公司，逃避原公司债务的；

(5)过度支配与控制的其他情形。

控制股东或实际控制人控制多个子公司或者关联公司，滥用控制权使多个子公司或者关联公司财产边界不清、财务混同，利益相互输送，丧失人格独立性，沦为控制股东逃避债务、非法经营,甚至违法犯罪工具的,可以综合案件事实,否认子公司或者关联公司法人人格,判令承担连带责任。

12.【资本显著不足】资本显著不足指的是,公司设立后在经营过程中,股东实际投入公司的资本数额与公司经营所隐含的风险相比明显不匹配。股东利用较少资本从事力所不及的经营,表明其没有从事公司经营的诚意,实质是恶意利用公司独立人格和股东有限责任把投资风险转嫁给债权人。由于资本显著不足的判断标准有很大的模糊性,特别是要与公司采取“以小博大”的正常经营方式相区分,因此在适用时要十分谨慎,应当与其他因素结合起来综合判断。

13.【诉讼地位】人民法院在审理公司人格否认纠纷案件时,应当根据不同情形确定当事人的诉讼地位:

(1)债权人对债务人公司享有的债权已经由生效裁判确认,其另行提起公司人格否认诉讼,请求股东对公司债务承担连带责任的,列股东为被告,公司为第三人;

(2)债权人对债务人公司享有的债权提起诉讼的同时,一并提起公司人格否认诉讼,请求股东对公司债务承担连带责任的,列公司和股东为共同被告;

(3)债权人对债务人公司享有的债权尚未经生效裁判确认,直接提起公司人格否认诉讼,请求公司股东对公司债务承担连带责任的,人民法院应当向债权人释明,告知其追加公司为共同被告。债权人拒绝追加的,人民法院应当裁定驳回起诉。

16.【诉讼时效期间】公司债权人请求股东对公司债务承担连带清偿责任,股东以公司债权人对公司的债权已经超过诉讼时效期间为由抗辩,经查证属实的,人民法院依法予以支持。

公司债权人以公司法解释(二)第 18 条第 2 款为依据,请求有限责任公司的股东对公司债务承担连带清偿责任的,诉讼时效期间自公司债权人知道或者应当知道公司无法进行清算之日起计算。

(二)地方性

1.《上海市高级人民法院民事审判第二庭关于审理公司法人人格否认案件的若干意见》节选

第五条　(构成要件)按照公司法第二十条第三款之规定,人民法院适用公司法人人格否认原则时,应当注意审查是否同时具备下列三项要求:

(一)股东实施了滥用公司法人独立地位和股东有限责任的行为;

(二)逃避债务;

(三)严重损害公司债权人利益。

第六条　(滥用公司法人独立地位和股东有限责任行为的认定)

公司存在资本显著不足，或者股东与公司人格高度混同，或者股东对公司进行不正当支配和控制情形的，可以认定属公司法第二十条第三款规定的股东滥用公司法人独立地位和股东有限责任的行为。

第七条　（资本显著不足的认定）

股东未缴纳或缴足出资，或股东在公司设立后抽逃出资，致使公司资本低于该类公司法定资本最低限额的，人民法院应当认定公司资本显著不足。

第八条　（人格高度混同的认定）

下列情形持续、广泛存在的，可以综合认定股东与公司人格高度混同：

（一）（财产混同情形）存在股东与公司资金混同、财务管理不作清晰区分等财产混同情形的；

（二）（业务混同情形）存在股东与公司业务范围重合或大部分交叉等业务混同情形的；

（三）（人事混同情形）存在股东与公司法定代表人、董事、监事或其他高管人员相互兼任，员工大量重合等人事混同情形的；

（四）（场所混同情形）存在股东与公司使用同一营业场所等情形的。

第九条　（对公司进行不正当支配和控制的认定）股东利用关联交易，非法隐匿、转移公司财产的，可以认定股东对公司进行不正当支配和控制。

第十条　（举证责任）公司债权人主张股东滥用公司法人独立地位和股东有限责任的，对股东滥用公司法人独立地位和股东有限责任的事实承担举证责任。

公司债权人能够提供初步证据证明股东滥用公司独立法人地位和股东有限责任。但确因客观原因不能自行收集公司账簿、会计凭证、会议记录等相关证据，申请人民法院调查取证的，法院应当依据《最高人民法院关于民事诉讼证据的若干规定》的规定，进行必要的审查。

一人公司的债权人主张股东财产与公司财产混同的，由股东就公司财产独立于股东的财产承担举证责任。

第十一条　（拒证责任）公司债权人有证据证明公司及股东持有证据但无正当理由拒不提供，如果公司债权人主张该证据的内容不利于证据持有人的，可根据《最高人民法院关于民事诉讼证据的若干规定》第七十五条之规定，推定债权人的主张成立。

第十二条　（适用限制）对下列情形，人民法院不宜适用法人人格否认原则：

（一）（债权人明知）公司债权人明知股东实施了滥用公司法人独立地位和股东有限责任行为，但仍与公司进行交易的；

（二）（损害后果不严重）公司虽未能清偿到期债务，但有清偿债务可能，尚不构成严重损害债权人利益的。

第十三条　（责任范围）法院经审理认为公司法人人格应予否认的，由股东对公司债务承担连带责任。股东以债权人先行起诉公司，其仅就公司不能清偿部分承担补充责任为由提出抗辩的，法院不予支持。

2.《江苏省高级人民法院关于审理适用公司法案件若干问题的意见（试行）》节选

39. 就股东是否存在出资瑕疵，在原告提供足以对股东出资存在瑕疵产生合理怀疑的证据后，由股东举证证明其已出资到位。

47. 股东补资后公司短期内将该笔资金和财产用于清偿其关联企业等特定债权人的债务或转给其他与其无债权债务关系的单位或个人的，可以公司与股东恶意串通认定外资无效。

股东诉讼前补资或者补资前公司实有资本已达到法定最低限额的，应对前款中的特定债权人范围从严确定；股东在诉讼中补资或者补资前公司实有资本未达到法定最低限额的，应从宽确定。

48. 债权人应承担股东补资存在规避法律意图的初步举证责任，证明程度为根据举证对其资金流向和使用足以产生合理怀疑。然后由公司及其出资人就资金流向和使用承担举证责任。

49. 股东在公司成立前未实际足额出资或将其缴纳的出资款抽回的，应认定为虚假出资；股东在公司成立后抽回的，应认定为抽逃出资，但根据出资款的来源、抽逃的时间等足以证明其有虚假出资意图的视为虚假出资。

53. 股东抽逃出资的，公司有权诉请其返还出资并赔偿损失，帮助该股东抽逃出资的其他股东、董事、经理等共同侵权人承担连带责任。

股东抽逃出资的，公司不能清偿债务时，公司债权人有权诉请其在所抽逃出资的范围内就公司债务承担清偿责任。

54. 公司法关于有限责任公司股东出资违约责任和差额填补责任的规定适用于股份有限公司发起人。

图书在版编目(CIP)数据

公司诉讼法律实务全解 / 李洪灯等著. -- 北京 :
法律出版社, 2021
ISBN 978 -7 -5197 -5607 -9

Ⅰ. ①公… Ⅱ. ①李… Ⅲ. ①公司－经济纠纷－民事
诉讼－法律解释－中国 Ⅳ. ①D925.105

中国版本图书馆 CIP 数据核字(2021)第 085405 号

公司诉讼法律实务全解
GONGSI SUSONG FALÜ SHIWU QUANJIE

李洪灯 等 著

策划编辑 薛 晗
责任编辑 慕雪丹 章 雯
装帧设计 马 帅

出版发行 法律出版社
编辑统筹 法商出版分社
责任校对 赵明霞
责任印制 胡晓雅
经　　销 新华书店

开本 710 毫米×1000 毫米 1/16
印张 46.75 **字数** 1127 千
版本 2021 年 6 月第 1 版
印次 2021 年 6 月第 1 次印刷
印刷 三河市龙大印装有限公司

地址:北京市丰台区莲花池西里 7 号(100073)
网址:www.lawpress.com.cn
投稿邮箱:info@lawpress.com.cn
举报盗版邮箱:jbwq@lawpress.com.cn

销售电话:010 - 83938349
客服电话:010 - 83938350
咨询电话:010 - 63939796
版权所有·侵权必究

书号:ISBN 978 -7 -5197 -5607 -9
定价:188.00 元
凡购买本社图书,如有印装错误,我社负责退换。电话:010 - 83938349